මහමෙව්නාවේ බෝධිඥාන ත්‍රිපිටක ග්‍රන්ථ මාලා 03

සූත්‍ර පිටකයට අයත්

ආශ්චර්යවත් ශ්‍රී සද්ධර්මය

දීඝ නිකායේ
(තෙවෙනි කොටස)

පාථික වර්ගය

පරිවර්තනය
පූජ්‍ය කිරිබත්ගොඩ ඤාණානන්ද ස්වාමීන් වහන්සේ

ප්‍රකාශනය
මහාමේඝ ප්‍රකාශකයෝ
වඩුවාව, යටිගල්ඔළුව, පොල්ගහවෙල.
දුර : 037 2053300, 076 8255703
ඊ-මේල් : mahameghapublishers@gmail.com

ශ්‍රී. බු.ව. 2558 ව්‍යවහාර වර්ෂ : 2014

මහමෙව්නාවේ බෝධිඥාන ත්‍රිපිටක ග්‍රන්ථ මාලා 03

සූත්‍ර පිටකයට අයත් ආශ්චර්යවත් ශ්‍රී සද්ධර්මය

දීඝ නිකාය - තෙවෙනි කොටස

පාථික වර්ගය

පරිවර්තනය : පූජ්‍ය කිරිබත්ගොඩ ඥාණානන්ද ස්වාමීන් වහන්සේ

ISBN : 978-955-687-045-9

© සියලුම හිමිකම් ඇවිරිණි.

ප්‍රථම මුද්‍රණය : ශ්‍රී බුද්ධ වර්ෂ 2558/ ව්‍යවහාරික වර්ෂ 2014

දෙවන මුද්‍රණය : ශ්‍රී බුද්ධ වර්ෂ 2561/ ව්‍යවහාරික වර්ෂ 2017

- පරිගණක අකුරු සැකසුම සහ ප්‍රකාශනය -

මහාමේඝ ප්‍රකාශකයෝ

වඩුවාව, යටිගල්ඔළුව, පොල්ගහවෙල.

දුර : (+94) 37 20 53 300, (+94) 76 82 55 703

ඊ-මේල් : mahameghapublishers@gmail.com

Mahamevnawa Bodhiñāna Tripitaka Series, Volume 03

The Wonderful Dhamma in the SuttntaPitaka

DĪGHA NIKĀYA
(The Long Discourses Of The Tathagata Sammasambuddha)

Part-3
Pātika Vagga

Translated
By
VEN. KIRIBATHGODA ÑĀNĀNANDA BHIKKHU

PUBLISHED BY:

Mahamegha Publishers
Waduwawa, Yatigal-oluwa, Polgahawela, Sri Lanka.
Tel : (+94) 37 20 53 300, (+94) 76 82 55 703
e-mail : mahameghapublishers@gmail.com

B. E. 2558

C.E. 2014

"ධම්මෝ හි වාසෙට්ඨා, සෙට්ඨෝ ජනේතස්මිං
දිට්ඨේ චේව ධම්මේ, අභිසම්පරායේච."

වාසෙට්ඨයෙනි, මෙලොවෙහි ත්, පරලොවෙහි ත් ජනයා අතර
ධර්මය ම ශ්‍රේෂ්ඨ වෙයි !

- අපගේ ශාස්තෘන් වහන්සේ

පටුන

දීඝ නිකාය - තෙවෙනි කොටස

3. පාථික වර්ගය

01. **පාථික සූත්‍රය** 13
පාථික පරිබ්‍රාජකයා පිළිබඳ ව වදාළ දෙසුම

02. **උදුම්බරික සූත්‍රය** 47
උදුම්බරිකාවගේ පරිබ්‍රාජකාරාමයේදී වදාළ දෙසුම

03. **චක්කවත්ති සීහනාද සූත්‍රය** 70
සක්විති රජු ගැන සිහනදක් ලෙසින් වදාළ දෙසුම

04. **අග්ගඤ්ඤ සූත්‍රය** 94
ලෝකය සකස් වීම පිළිබඳ ව පිළිගත් දේ ගැන වදාළ දෙසුම

05. **සම්පසාදනීය සූත්‍රය** 111
පැහැදීම ඇතිකරවන ධර්මය ගැන වදාළ දෙසුම

06. **පාසාදික සූත්‍රය** 129
පැහැදීම ඇතිකරවන කරුණු ගැන වදාළ දෙසුම

07. **ලක්ඛණ සූත්‍රය** 155
මහා පුරුෂ ලක්ෂණ ගැන වදාළ දෙසුම

08. **සිඟාලෝවාද සූත්‍රය** 188
සිඟාලකට අවවාද වශයෙන් වදාළ දෙසුම

09. **ආටානාටිය සූත්‍රය** 201
ආටානාටිය ආරක්ෂාව ගැන වදාළ දෙසුම

7

10. සංගීති සූත්‍රය 221
ධර්මය රැස්කොට පිළියෙල කිරීම ගැන වදාළ දෙසුම

11. දසුත්තර සූත්‍රය 287
එක් දහම් කරුණේ සිට දස දහම් කරුණ තෙක් වැඩී යන අයුරින් වදාළ දෙසුම

දීඝ නිකායෙහි තෙවෙනි කොටස වන පාථික වර්ගය මෙතෙකින් සමාප්ත වේ.

8

දසබලසේලප්පභවා නිබ්බානමහාසමුද්දපරියන්තා
අට්ඨංග මග්ගසලිලා ජිනවචනනදී චිරං වහතූති

දසබලයන් වහන්සේ නමැති ශෛලමය පර්වතයෙන් පැන නැගී
අමා මහ නිවන නම් වූ මහා සාගරය අවසන් කොට ඇති
ආර්ය අෂ්ටාංගික මාර්ගය නම් වූ සිහිල් දිය දහරින් හෙබි
උතුම් ශ්‍රී මුඛ බුද්ධ වචන ගංගාව (ලෝ සතුන්ගේ සසර දුක් නිවාලමින්)
බොහෝ කල් ගලාබස්නා සේක්වා !

(සළායතන සංයුත්තය - උද්දාන ගාථා)

සූත්‍ර පිටකයට අයත්

දීඝ නිකාය

තෙවෙනි කොටස

පාථික වර්ගය

නමෝ තස්ස භගවතෝ අරහතෝ සම්මාසම්බුද්ධස්ස
ඒ භාග්‍යවත් අරහත් සම්මා සම්බුදුරජාණන් වහන්සේට නමස්කාර වේවා!

සූත්‍ර පිටකයට අයත්

දීඝ නිකාය

3. පාථික වර්ගය

3.1.
පාථික සූත්‍රය
පාථික පරිබ්‍රාජකයා පිළිබඳ ව වදාළ දෙසුම

මා විසින් මෙසේ අසන ලදී.

එක් සමයෙක්හි භාග්‍යවතුන් වහන්සේ මල්ල ජනපදයෙහි අනුපියා නම් මල්ලවරුන්ගේ නියම්ගමෙහි වැඩවසන සේක.

එකල්හී භාග්‍යවතුන් වහන්සේ පෙරවරුවෙහි සිවුරු හැඳ පොරොවාගෙන, පාත්‍රය හා සිවුර ගෙන, අනුපියා නියම්ගමට පිඬු පිණිස වැඩි සේක. ඉක්බිති භාග්‍යවතුන් වහන්සේට මේ අදහස ඇතිවූයේ ය. 'අනුපියා නියම් ගමෙහි පිඬු පිණිස හැසිරෙන්නට තව ම කල්වේලා වැඩි ය. එහෙයින් මම භාර්ගව ගෝත්‍ර පරිබ්‍රාජකයාගේ ආරාමය යම් තැනක ද, භාර්ගව ගෝත්‍ර පරිබ්‍රාජකයා යම් තැනක ද, එතැනට යන්නෙම් නම් මැනැවි' යි.

ඉක්බිති භාග්‍යවතුන් වහන්සේ භාර්ගව ගෝත්‍ර පරිබ්‍රාජකයාගේ ආරාමය යම් තැනක ද, භාර්ගව ගෝත්‍ර පරිබ්‍රාජකයා යම් තැනක ද, එතැනට වැඩි සේක. එකල්හී භාර්ගව ගෝත්‍ර පරිබ්‍රාජකයා භාග්‍යවතුන් වහන්සේට මෙය පැවසුවේය.

"ස්වාමීනී, භාග්‍යවතුන් වහන්සේ වඩිනා සේක්වා! ස්වාමීනී, භාග්‍යවතුන් වහන්සේගේ මෙහි වැඩමවීම ඉතා යහපති. ස්වාමීනී, යම් මේ මෙහි වැඩමවීමක් ඇද්ද, භාග්‍යවතුන් වහන්සේ බොහෝ කලකට පසු මෙය කළ සේක. ස්වාමීනී, භාග්‍යවතුන් වහන්සේ වැඩහිඳිනා සේක්වා! මේ අසුනක් පණවන ලද්දේ ය."

භාග්‍යවතුන් වහන්සේ පණවන ලද අසුනෙහි වැඩහුන් සේක. භාර්ගව ගෝත්‍ර පරිබ්‍රාජකයා ත් එක්තරා මිටි අසුනක් ගෙන එකත්පස් ව හිඳගත්තේ ය. එකත්පස් ව හුන් භාර්ගව ගෝත්‍ර පරිබ්‍රාජකයා භාග්‍යවතුන් වහන්සේට මෙය පැවසුවේ ය.

"ස්වාමීනී, කලින් බොහෝ දවසකට පෙර මම යම් තැනක සිටියෙම් ද, සුනක්ඛත්ත ලිච්ඡවි පුත්‍රයා එතැනට පැමිණියේ ය. පැමිණ මට මෙය පැවසුවේ ය. 'භාර්ගවය, දැන් මා විසින් භාග්‍යවතුන් වහන්සේ ව ප්‍රතික්ෂේප කරන ලදහ. භාර්ගවය, දැන් මම භාග්‍යවතුන් වහන්සේ උදෙසා වාසය නොකරමි.' කිම? ස්වාමීනී, සුනක්ඛත්ත ලිච්ඡවි පුත්‍රයා යම් සේ පැවසුවේ ද, එසේ ම වූයේ ද?"

"භාර්ගවයෙනි, සුනක්ඛත්ත ලිච්ඡවි පුත්‍රයා යම් සේ පැවසුවේ ද, එය එසේ ම වූයේ ය. භාර්ගවයෙනි, කලින් බොහෝ දවසකට පෙර මම යම් තැනක හුන්නෙම් ද, සුනක්ඛත්ත ලිච්ඡවි පුත්‍රයා එතැනට පැමිණියේ ය. පැමිණ මා හට සකසා වන්දනා කොට එකත්පස් ව හිඳගත්තේ ය. භාර්ගවයෙනි, එකත්පස් ව හිඳගත් සුනක්ඛත්ත ලිච්ඡවි පුත්‍රයා මට මෙය පැවසුවේ ය. 'ස්වාමීනී, දැන් මම භාග්‍යවතුන් වහන්සේ ව ප්‍රතික්ෂේප කරමි. ස්වාමීනී, මම භාග්‍යවතුන් වහන්සේ උදෙසා වාසය නොකරන්නෙමි' යි.

මෙසේ කී කල්හී භාර්ගවයෙනි, සුනක්ඛත්ත ලිච්ඡවි පුත්‍රයාට මම මෙසේ පැවසුවෙමි. 'සුනක්ඛත්තයෙනි, මම් වූ කලී ඔබට මෙසේ පැවසුවෙම් ද? 'එන්න, ඔබ සුනක්ඛත්ත, මා උදෙසා වාසය කරව' යි.'

'ස්වාමීනී, මෙය නැත්තේ ය.'

'එසේ නම්, ඔබ හෝ මට මෙසේ පැවසුවෙහි ද? 'ස්වාමීනී, මම භාග්‍යවතුන් වහන්සේ උදෙසා වාසය කරන්නෙමි' යි?'

'ස්වාමීනී, මෙය නැත්තේ ය.'

'සුනක්ඛතයෙනි, 'එන්න, ඔබ සුනක්ඛත්තයෙනි, මා උදෙසා වාසය කරව' යි මම මෙසේ ත් ඔබට නොකියමි. 'ස්වාමීනී, භාග්‍යවතුන් වහන්සේ උදෙසා මම වාසය කරන්නෙමි' යි ඔබ ත් මෙසේ මට නොකියහි. හිස් පුරුෂය, මෙසේ ඇති කල්හී කවරෙක් ව සිට කවරෙකු ව ප්‍රතික්ෂේප කරන්නෙහි ද? බලව, හිස් පුරුෂය, ඔබ විසින් මොනතරම් වරදක් කරන ලද්දේ ද?'

'ස්වාමීනී, භාග්‍යවතුන් වහන්සේ මා හට මනුෂ්‍ය ධර්මයන්ට වඩා උසස් වූ ඉර්ධි ප්‍රාතිහාර්යයක් නොපෙන්වන සේක.'

'සුනක්ඛත්තයෙනි, මම් වූ කලී ඔබට මෙසේ පැවසුවෙම් ද? 'එන්න, ඔබ සුනක්ඛත්ත, මා උදෙසා වාසය කරව. මම ඔබට මනුෂ්‍ය ධර්මයන්ට වඩා උසස් වූ ඉර්ධි ප්‍රාතිහාර්යයක් පෙන්වන්නෙමි' යි?'

'ස්වාමීනී, මෙය නැත්තේ ය.'

'එසේ නම්, ඔබ හෝ මට මෙසේ පැවසුවෙහි ද? 'ස්වාමීනී, භාග්‍යවතුන් වහන්සේ මා හට මනුෂ්‍ය ධර්මයන්ට වඩා උසස් වූ ඉර්ධි ප්‍රාතිහාර්යයක් පෙන්වන සේක් නම්, මම භාග්‍යවතුන් වහන්සේ උදෙසා වාසය කරන්නෙමි' යි?'

'ස්වාමීනී, මෙය නැත්තේ ය.'

'සුනක්ඛතයෙනි, 'එන්න, ඔබ සුනක්ඛත්තයෙනි, මා උදෙසා වාසය කරව. මම ඔබට මනුෂ්‍ය ධර්මයන්ට වඩා උසස් වූ ඉර්ධි ප්‍රාතිහාර්යයක් පෙන්වන්නෙමි' යි මම මෙසේ ත් ඔබට නොකියමි. 'ස්වාමීනී, භාග්‍යවතුන් වහන්සේ මා හට මනුෂ්‍ය ධර්මයන්ට වඩා උසස් වූ ඉර්ධි ප්‍රාතිහාර්යයක් පෙන්වන සේක් නම්, මම භාග්‍යවතුන් වහන්සේ උදෙසා වාසය කරන්නෙමි' යි ඔබ ත් මෙසේ මට නොකියහි. හිස් පුරුෂය, මෙසේ ඇති කල්හී කවරෙක් ව සිට කවරෙකු ව ප්‍රතික්ෂේප කරන්නෙහි ද?

'සුනක්ඛත්තයෙනි, එය කිමෙකැයි සිතන්නෙහි ද? මනුෂ්‍ය ධර්මයකට වඩා උසස් ඉර්ධි ප්‍රාතිහාර්යයක් කරන ලද්දේ වේවා, මනුෂ්‍ය ධර්මයකට වඩා උසස් ඉර්ධි ප්‍රාතිහාර්යයක් නොකරන ලද්දේ වේවා, මා විසින් යම් යහපතක් උදෙසා ධර්මය දෙසන ලද්දේ ද, ඒ ධර්මය පිළිපදින තැනැත්තා හට එය මැනැවින් දුක් අවසන් කිරීම පිණිස පවතියි ද?'

'ස්වාමීනි, මනුෂ්‍ය ධර්මයකට වඩා උසස් ඉර්ධි ප්‍රාතිහාර්යයක් කරන ලද්දේ වේවා, මනුෂ්‍ය ධර්මයකට වඩා උසස් ඉර්ධි ප්‍රාතිහාර්යයක් නොකරන

ලද්දේ වේවා, භාග්‍යවතුන් වහන්සේ විසින් යම් යහපතක් උදෙසා ධර්මය දෙසන ලද්දේ ද, ඒ ධර්මය පිළිපදින තැනැත්තා හට එය මැනැවින් දුක් අවසන් කිරීම පිණිස පවතියි.'

'සුනක්ඛත්තයෙනි, මෙසේ මනුෂ්‍ය ධර්මයකට වඩා උසස් ඉර්ධි ප්‍රාතිහාර්යයක් කරන ලද්දේ වේවා, මනුෂ්‍ය ධර්මයකට වඩා උසස් ඉර්ධි ප්‍රාතිහාර්යයක් නොකරන ලද්දේ වේවා, මා විසින් යම් යහපතක් උදෙසා ධර්මය දෙසන ලද්දේ ද, ඒ ධර්මය පිළිපදින තැනැත්තා හට එය මැනැවින් දුක් අවසන් කිරීම පිණිස පවතියි නම්, එහිලා සුනක්ඛත්තයෙනි, මනුෂ්‍ය ධර්මයකට වඩා උසස් ඉර්ධි ප්‍රාතිහාර්යයක් කරන ලද්දේ නමුත් කවර ප්‍රයෝජනයක් වන්නේ ද? බලව, හිස් පුරුෂය, ඔබ විසින් මොනතරම් වරදක් කරන ලද්දේ ද?'

'ස්වාමීනී, භාග්‍යවතුන් වහන්සේ මා හට ලෝක පරිණාමය පිළිබඳ ව නොපවසන සේක.'

'සුනක්ඛත්තයෙනි, මම් වූ කලී ඔබට මෙසේ පැවසුවෙම් ද? 'එන්න, ඔබ සුනක්ඛත්ත, මා උදෙසා වාසය කරව. මම ඔබට ලෝක පරිණාමය පිළිබඳ ව පවසන්නෙමි' යි?'

'ස්වාමීනී, මෙය නැත්තේ ය.'

'එසේ නම්, ඔබ හෝ මට මෙසේ පැවසුවෙහි ද? 'ස්වාමීනී, භාග්‍යවතුන් වහන්සේ මා හට ලෝක පරිණාමය පිළිබඳ ව පවසන සේක් නම්, මම භාග්‍යවතුන් වහන්සේ උදෙසා වාසය කරන්නෙමි' යි?'

'ස්වාමීනී, මෙය නැත්තේ ය.'

'සුනක්ඛතයෙනි, 'එන්න, ඔබ සුනක්ඛත්තයෙනි, මා උදෙසා වාසය කරව. මම ඔබට ලෝක පරිණාමය පිළිබඳ ව පවසන්නෙමි' යි මම මෙසේ ත් ඔබට නොකියමි. 'ස්වාමීනී, භාග්‍යවතුන් වහන්සේ මා හට ලෝක පරිණාමය පිළිබඳ ව පවසන සේක් නම්, මම භාග්‍යවතුන් වහන්සේ උදෙසා වාසය කරන්නෙමි' යි ඔබ ත් මෙසේ මට නොකියහි. හිස් පුරුෂය, මෙසේ ඇති කල්හී කවරෙක් ව සිට කවරෙකු ව ප්‍රතික්ෂේප කරන්නෙහි ද?

'සුනක්ඛත්තයෙනි, එය කිමෙකැයි සිතන්නෙහි ද? ලෝක පරිණාමය පිළිබඳ ව පණවන ලද්දේ වේවා, ලෝක පරිණාමය පිළිබඳ ව නොපණවන ලද්දේ වේවා, මා විසින් යම් යහපතක් උදෙසා ධර්මය දෙසන ලද්දේ ද, ඒ ධර්මය පිළිපදින තැනැත්තා හට එය මැනැවින් දුක් අවසන් කිරීම පිණිස පවතියිද?'

'ස්වාමීනි, ලෝක පරිණාමය පිළිබඳ ව පණවන ලද්දේ වේවා, ලෝක පරිණාමය පිළිබඳ ව නොපණවන ලද්දේ වේවා, භාග්‍යවතුන් වහන්සේ විසින් යම් යහපතක් උදෙසා ධර්මය දෙසන ලද්දේ ද, ඒ ධර්මය පිළිපදින තැනැත්තා හට එය මැනැවින් දුක් අවසන් කිරීම පිණිස පවතියි.'

'සුනක්ඛත්තයෙනි, මෙසේ ලෝක පරිණාමය පිළිබඳ ව පණවන ලද්දේ වේවා, ලෝක පරිණාමය පිළිබඳ ව නොපණවන ලද්දේ වේවා, මා විසින් යම් යහපතක් උදෙසා ධර්මය දෙසන ලද්දේ ද, ඒ ධර්මය පිළිපදින තැනැත්තා හට එය මැනැවින් දුක් අවසන් කිරීම පිණිස පවතියි නම්, එහිලා සුනක්ඛත්තයෙනි, ලෝක පරිණාමය පිළිබඳ ව පවසන ලද්දේ නමුත් කවර ප්‍රයෝජනයක් වන්නේ ද? බලව, හිස් පුරුෂය, ඔබ විසින් මොනතරම් වරදක් කරන ලද්දේ ද?

සුනක්ඛත්තයෙනි, වජ්ජි ගමෙහි සිටියදී ඔබ විසින් මා පිළිබඳ ව නොයෙක් අයුරින් ගුණ කියන ලද්දේ ය. 'මෙසේ ත් ඒ භාග්‍යවතුන් වහන්සේ අරහං වන සේක. සම්මා සම්බුද්ධ වන සේක. විජ්ජාචරණ සම්පන්න වන සේක. සුගත වන සේක. ලෝකවිදූ වන සේක. අනුත්තරෝ පුරිසදම්ම සාරථී වන සේක. සත්ථා දේවමනුස්සානං වන සේක. බුද්ධ වන සේක. භගවා වන සේක' යනුවෙනි. මෙසේ සුනක්ඛත්තයෙනි, ඔබ විසින් වජ්ජි ගමෙහි දී මා පිළිබඳ ව නොයෙක් අයුරින් ගුණ කියන ලද්දේ ය.

සුනක්ඛත්තයෙනි, ඔබ විසින් වජ්ජි ගමෙහි දී ධර්මය පිළිබඳ ව නොයෙක් අයුරින් ගුණ කියන ලද්දේ ය. 'භාග්‍යවතුන් වහන්සේ විසින් මනාකොට ධර්මය දෙසන ලද්දේ ය. එය සන්දිට්ඨික ය. අකාලික ය. ඒහිපස්සික ය. ඕපනයික ය. පච්චත්තං වේදිතබ්බෝ විඤ්ඤූහී ගුණයෙන් යුක්තය' යනුවෙනි. මෙසේ සුනක්ඛත්තයෙනි, ඔබ විසින් වජ්ජි ගමෙහි දී ධර්මය පිළිබඳ ව නොයෙක් අයුරින් ගුණ කියන ලද්දේ ය.

සුනක්ඛත්තයෙනි, ඔබ විසින් වජ්ජි ගමෙහි දී සංඝයා පිළිබඳ ව නොයෙක් අයුරින් ගුණ කියන ලද්දේ ය. 'භාග්‍යවතුන් වහන්සේගේ ශ්‍රාවක සංඝයා සුපටිපන්නය. භාග්‍යවතුන් වහන්සේගේ ශ්‍රාවක සංඝයා උජුපටිපන්න ය. භාග්‍යවතුන් වහන්සේගේ ශ්‍රාවක සංඝයා ඤායපටිපන්න ය. භාග්‍යවතුන් වහන්සේගේ ශ්‍රාවක සංඝයා සාමීචිපටිපන්න ය. යම් මේ පුරුෂ යුගල සතරක් ද, පුරුෂ පුද්ගල අට නමක් ද වෙති. මේ භාග්‍යවතුන් වහන්සේගේ ශ්‍රාවක සංඝයා ආහුනෙය්‍ය ය. පාහුනෙය්‍ය ය. දක්ඛිණෙය්‍ය ය. අංජලිකරණීය ය. ලොවට උතුම් පින් කෙත ය' යනුවෙනි. මෙසේ සුනක්ඛත්තයෙනි, ඔබ විසින් වජ්ජි ගමෙහි දී සංඝයා පිළිබඳ ව නොයෙක් අයුරින් ගුණ කියන ලද්දේ ය.

සුනක්ඛත්තයෙනි, ඔබට දැනුම් දෙමි. සුනක්ඛත්තයෙනි, ඔබට ප්‍රකාශ කරමි. සුනක්ඛත්තයෙනි, ඔබට දොස් කියන්නෝ වන්නාහු ය. 'ලිච්ඡවි පුත්‍ර සුනක්ඛත්තයා ශ්‍රමණ ගෞතමයන් සමීපයෙහි බඹසර හැසිරෙන්නට නොහැකි වූවෙකි. ඔහු බඹසර හැසිරෙන්නට නොහැකි ව, ශික්ෂාව ප්‍රතික්ෂේප කොට නැවත කැරකී ගිහි බවට වැටුණේ ය' යි සුනක්ඛත්තයෙනි, ඔබට මෙසේ කියන්නෝ වන්නාහු ය.'

භාර්ගවයෙනි, මා විසින් සුනක්ඛත්ත ලිච්ඡවි පුත්‍රයාට මෙසේ පවසද්දී අපායට නියම වූවෙකු, නිරයට නියම වූවෙකු යම් සේ ද, එසෙයින් ම මේ ධර්ම විනයෙන් බැහැරට ගියේ ම ය.

භාර්ගවයෙනි, එක් කලෙක මම බුලු ජනපදයෙහි බුලුන්ට අයත් උත්තරකා නම් නියම් ගමෙහි වාසය කළෙමි. එකල්හී භාර්ගවයෙනි, මම පෙරවරුවෙහි සිවුරු හැඳ පොරොවාගෙන, පාත්‍රය හා සිවුර ගෙන සුනක්ඛත්ත ලිච්ඡවි පුත්‍රයා පසු ශ්‍රමණයා කොට ගෙන උත්තරකා නම් නියම් ගමට පිඬු පිණිස පිවිසියෙමි. එසමයෙහි කෝරක්ඛත්තිය නම් නිරුවත් තවුසෙක් බලු ව්‍රතය සමාදන් ව, දෙදණින් හා දෙඅතින් යන සිව් තැනින් ඇවිදිමින් ඔහු වෙනුවෙන් බිම දමන ලද ආහාර මුඛයෙන් ම ගෙන කයි. මුඛයෙන් ම අනුභව කරයි.

භාර්ගවයෙනි, සුනක්ඛත්ත ලිච්ඡවි පුත්‍රයා දෙදණින් හා දෙඅතින් යන සිව් තැනින් ඇවිදිමින්, ඔහු වෙනුවෙන් බිම දමන ලද ආහාර මුඛයෙන් ම කන්නා වූ, මුඛයෙන් ම අනුභව කරන්නා වූ, බලු ව්‍රතය සමාදන් ව සිටින කෝරක්ඛත්තිය නිරුවත් තවුසා දැක්කේ ය. දැක මෙසේ සිතුණේ ය. 'භවත්නි, ඒකාන්තයෙන් අරහත් වූ මේ ශ්‍රමණ තෙමේ සොඳුරු ගති ඇත්තෙකි. දෙදණ, දෙඅත් යන සිව් තැන බිම ගසා ඇවිදිමින් තමා වෙත දැමූ ආහාර මුඛයෙන් ම කනවා නොවැ. මුඛයෙන් ම අනුභව කරනවා නොවැ' යි.

එකල්හී භාර්ගවයෙනි, මම මාගේ සිතෙන් සුනක්ඛත්ත ලිච්ඡවි පුත්‍රයාගේ චිත්ත පරිවිතර්කය පිරිසිඳ දැන සුනක්ඛත්ත ලිච්ඡවි පුත්‍රයාට මෙය පැවසුවෙමි.

'හිස් පුරුෂය, ඔබ ත් නම් ශාක්‍යපුත්‍රීය ශ්‍රමණයෙක්මි' යි ප්‍රතිඥා දෙන්නෙහි ද?'

'කිම? ස්වාමීනී, කවර හෙයින් භාග්‍යවතුන් වහන්සේ මට මෙසේ පවසන සේක් ද? 'හිස් පුරුෂය, ඔබ ත් ශාක්‍යපුත්‍රීය ශ්‍රමණයෙක්මි' යි ප්‍රතිඥා දෙන්නෙහි ද' යනුවෙන්?'

'සුනක්ඛත්තයෙනි, දෙදණින් හා දෙඅතින් යන සිව් තැනින් ඇවිදිමින්, ඔහු වෙනුවෙන් බිම දමන ලද ආහාර මුඛයෙන් ම කන්නා වූ, මුඛයෙන් ම

අනුභව කරන්නා වූ, බලු ව්‍රතය සමාදන් ව සිටින මේ කෝරක්ඛත්තිය නිරුවත් තවුසා දැක ඔබ මෙසේ සිතුවේ නොවේ ද? 'භවත්නි, ඒකාන්තයෙන් අරහත් වූ මේ ශ්‍රමණ තෙමේ සොඳුරු ගති ඇත්තෙකි. දෙදණ, දෙඅත් යන සිව් තැන බිම ගසා ඇවිදිමින් තමා වෙත දැමූ ආහාර මුඛයෙන් ම කනවා නොවැ. මුඛයෙන් ම අනුභව කරනවා නොවැ' යි.'

'එසේ ය, ස්වාමීනී. ඉතින් ස්වාමීනී, කිම? භාග්‍යවතුන් වහන්සේ අන්‍යයන්ගේ රහත් බවට මසුරු වන සේක් ද?'

'හිස් පුරුෂය, මම රහත් බවට මසුරු නොකරමි. එනමුත් ඔබ තුළ මේ පවිටු දෘෂ්ටියකට අයත් දෙයක් උපන්නේ ය. එය අත්හැර දමව. ඔබට එය බොහෝ කල් අහිත පිණිස, දුක් පිණිස නොපවතීවා!

සුනක්ඛත්තයෙනි, සොඳුරු ගතිගුණ ඇති රහත් ශ්‍රමණයෙකි යි ඔබ යම් මේ නිරුවත් කෝරක්ඛත්තිය ගැන සිතුවෙහි ද, ඔහු මෙයින් සත්වන දවසෙහි අලසක නම් වූ අජීර්ණ රෝගයකින් කලුරිය කරන්නේ ය. කලුරිය කොට කාලකඤ්ජක නම් හැම අතින් ම නිහීන වූ අසුර ලොවක් ඇද්ද, එහි උපදින්නේ ය. මිනිස්සු, මළා වූ ඔහු බීරණත්ථම්භක නම් සොහොනට ඇද දමන්නාහ. ඉදින් සුනක්ඛත්තයෙනි, ඔබ කැමති නම් නිරුවත් කෝරක්ඛත්තියගේ මළමිනිය වෙත ගොස් 'ඇවැත, නිරුවත් කෝරක්ඛත්තිය, තමන් උපන් තැන දන්නෙහි ද' යි විමසව. 'ඇවැත, සුනක්ඛත්ත, මම තමන් උපන් තැන දනිමි. කාලකඤ්ජක නම් හැම අතින් ම නිහීන අසුර ලොවක් ඇද්ද, මම එහි උපන්මි' යි නිරුවත් කෝරක්ඛත්තිය ඔබට පිළිතුරු දෙන්නේ ය යන යමක් ඇද්ද, සුනක්ඛත්තයෙනි, එම කරුණ දකින්නට ලැබෙන දෙයකි.'

ඉක්බිති භාර්ගවයෙනි, සුනක්ඛත්ත ලිච්ඡවි පුත්‍රයා නිරුවත් කෝරක්ඛත්තිය යම් තැනක සිටියේ ද, එතැනට ගියේ ය. ගොස් නිරුවත් කෝරක්ඛත්තියට මෙය පැවසුවේ ය.

'ඇවැත් කෝරක්ඛත්තිය, ශ්‍රමණ ගෞතමයන් විසින් ඔබගේ ඉරණම පිළිබඳ ව පවසන ලද්දේ ය. නිරුවත් කෝරක්ඛත්තිය මින් සත්වන දවසෙහි අලසක නම් වූ අජීර්ණ රෝගයකින් කලුරිය කරන්නේ ය. කලුරිය කොට කාලකඤ්ජක නම් හැම අතින් ම නිහීන වූ අසුර ලොවක් ඇද්ද, එහි උපදින්නේ ය. මිනිස්සු, මළා වූ ඔහු බීරණත්ථම්භක නම් සොහොනට ඇද දමන්නාහ' කියා ය. ඇවැත් කෝරක්ඛත්තිය, ශ්‍රමණ ගෞතමයන්ගේ වචනය යම් අයුරකින් බොරුවක් වෙයි ද, ඒ සඳහා ඔබ බතුත් ටික ටික අනුභව කරව. පැනුත් ටික ටික බොව.'

එකල්හී භාර්ගවයෙනි, තථාගතයන්ගේ වචනය යම් සේ විශ්වාස නොකරමින් සුනක්ඛත්ත ලිච්ඡවි පුත්‍රයා දවස් එක දෙක වශයෙන් දිවා රාත්‍රී සතක් ගණින් කළේ ය. එකල්හී භාර්ගවයෙනි, නිරුවත් කෝරක්ඛත්තිය තෙමේ සත්වෙනි දවසෙහි අලසක නම් වූ අජීර්ණ රෝගයකින් මරණයට පත් වූයේ ය. මැරී ගොස් කාලකඤ්ජක නම් හැම අතින් ම නිහීන වූ අසුර ලොවක් ඇද්ද, එහි උපන්නේ ය. මිනිස්සු, මළා වූ ඔහු බීරණත්ථම්භක නම් සොහොනට ඇද දැමූහ.

භාර්ගවයෙනි, සුනක්ඛත්ත ලිච්ඡවි පුත්‍රයා නිරුවත් කෝරක්ඛත්තිය අලසක නම් වූ අජීර්ණ රෝගයෙන් මියගිය බව ත්, එසේ මියගිය ඔහුගේ සිරුර බීරණත්ථම්භක සොහොනට ඇද දැමූ බව ත් ඇසුවේ ය.

ඉක්බිති භාර්ගවයෙනි, සුනක්ඛත්ත ලිච්ඡවි පුත්‍රයා බීරණත්ථම්භක සොහොනෙහි නිරුවත් කෝරක්ඛත්තියගේ මළසිරුර යම් තැනක ද, එතැනට ගියේ ය. ගොස් නිරුවත් කෝරක්ඛත්තියගේ මළසිරුරට තුන් වරක් අතින් තට්ටු කළේ ය. 'ඇවැත් කෝරක්ඛත්තිය, තමන් උපන් තැන දන්නෙහි ද?' එවිට භාර්ගවයෙනි, නිරුවත් කෝරක්ඛත්තියගේ මළසිරුර අතින් පිට පිසදමමින් නැගිට්ටේ ය. 'ඇවැත් සුනක්ඛත්ත, මම තමන් උපන් තැන දනිමි. කාලකඤ්ජක නම් හැම අතින් ම නිහීන වූ, අසුර නිකායක් ඇත්තේ ය. මම එහි උපන්මි' යි පවසා එහි ම උඩුකුරු ව ඇද වැටුණේ ය.

එකල්හී භාර්ගවයෙනි, මම යම් තැනක හුන්නෙම් ද, සුනක්ඛත්ත ලිච්ඡවි පුත්‍රයා එතැනට පැමිණියේ ය. පැමිණ මට සකසා වන්දනා කොට එකත්පස් ව හිඳගත්තේ ය. එකත්පස් ව හුන් සුනක්ඛත්ත ලිච්ඡවි පුත්‍රයාට මම මෙය පැවසුවෙමි.

'සුනක්ඛත්තයෙනි, ඒ කිමෙකැයි සිතන්නෙහි ද? මම ඔබට නිරුවත් කෝරක්ඛත්තිය පිළිබඳ ව යම් අයුරකින් ප්‍රකාශ කළෙම් ද, එය එසේ ම විපාක දුන්නේ ද? අන් අයුරකින් වූයේ ද?'

"ස්වාමීනි, භාග්‍යවතුන් වහන්සේ මා හට නිරුවත් කෝරක්ඛත්තිය පිළිබඳ ව යම් අයුරකින් වදාළ සේක් ද, එය එසේ ම විපාක දුන්නේ ය. අන් අයුරකින් නොවුණේ ය."

"සුනක්ඛත්තයෙනි, ඒ කිමෙකැයි සිතන්නෙහි ද? මෙසේ ඇති කල්හී මනුෂ්‍ය ධර්මයට වඩා උසස් ඉර්ධි ප්‍රාතිහාර්යයක් කරන ලද්දේ ද? නොකරන ලද්දේ ද?"

"ඒකාන්තයෙන් ම ස්වාමීනී, මෙසේ ඇති කල්හී මනුෂ්‍ය ධර්මයට වඩා උසස් ඉර්ධි ප්‍රාතිහාර්යයක් කරන ලද්දේ ම ය. නොකරන ලද්දේ නොවෙයි."

"මෙසේ ත් හිස් පුරුෂය, මනුෂ්‍ය ධර්මයන්ට වඩා උසස් වූ ඉර්ධි ප්‍රාතිහාර්යයක් කරන්නා වූ මා හට ඔබ මෙසේ කියන්නෙහි ය. 'ස්වාමීනී, භාග්‍යවතුන් වහන්සේ මට මනුෂ්‍ය ධර්මයන්ට වඩා උසස් වූ ඉර්ධි ප්‍රාතිහාර්යයක් නොකරන සේක' යි. බලව, හිස් පුරුෂය, ඔබ මොනතරම් වරදක් කරන ලද්දේ ද?"

භාර්ගවයෙනි, මා විසින් මෙසේ ත් කියනු ලබද්දී සුනක්ඛත්ත ලිච්ඡවි පුත්‍රයා අපායට නියම වූවකු සෙයින්, නිරයට නියම වූවකු සෙයින් මේ සසුනෙන් බැහැර ව ම ගියේ ය.

භාර්ගවයෙනි, මම එක් සමයක විශාලා මහනුවර මහාවනයෙහි කූටාගාර ශාලාවෙහි වාසය කළෙමි. එසමයෙහි කළාරමට්ඨුක නම් නිරුවත් තවුසෙක් විශාලා මහනුවර වජ්ජි ග්‍රාමයෙහි ලාභයෙනුත් අගතැන් පැමිණ, යස පිරිවරිනුත් අගතැන් පැමිණ වාසය කරයි. ඔහු විසින් ව්‍රත පද සතක් සමාදන් ව සිටින්නේ වෙයි.

'දිවි තිබෙන තුරු නිරුවත් ව සිටින්නෙමි. වස්ත්‍ර නොහඳින්නෙමි. දිවි තිබෙන තුරු බ්‍රහ්මචාරී ව සිටින්නෙමි. අඹුසැමියන් ලෙස නොහැසිරෙන්නමි. දිවි තිබෙන තුරු සුරාවලින් හා මස් වලින් පමණක් යැපෙන්නෙමි. බත් ව්‍යංජන ආදිය අනුභව නොකරන්නෙමි. විශාලා මහනුවරට නැගෙනහිරින් උදේන නම් චෛත්‍යයක් තිබෙයි ද, එම සීමාව ඉක්ම නොයන්නෙමි. විශාලා මහනුවරට දකුණින් ගෝතමක නම් චෛත්‍යයක් තිබෙයි ද, එම සීමාව ඉක්ම නොයන්නෙමි. විශාලා මහනුවරට බටහිරින් සත්තම්බ නම් චෛත්‍යයක් තිබෙයි ද, එම සීමාව ඉක්ම නොයන්නෙමි. විශාලා මහනුවරට උතුරින් බහුපුත්තක නම් චෛත්‍යයක් තිබෙයි ද, එම සීමාව ඉක්ම නොයන්නෙමි.'

ඔහු මේ සප්ත ව්‍රත පදයන් සමාදන් වීම හේතුවෙන් වජ්ජි ගමෙහි ලාභයෙන් අගපත් ව, යස පිරිවරින් අගපත් ව සිටියේ ය.

එකල්හී භාර්ගවයෙනි, සුනක්ඛත්ත ලිච්ඡවි පුත්‍රයා නිරුවත් කළාරමට්ඨුක යම් තැනක සිටියේ ද, එතැනට ගොස් නිරුවත් කළාරමට්ඨුකගෙන් ප්‍රශ්නයක් ඇසුවේ ය. නිරුවත් කළාරමට්ඨුක ඔහුගේ ප්‍රශ්නයට පිළිතුරු දෙන්නට අසමර්ථ වූයේ ය. එසේ අසමර්ථ වෙමින් කෝපය ත්, ද්වේෂය ත්, නොසතුට ත් පහළ කළේ ය. එකල්හී භාර්ගවයෙනි, සුනක්ඛත්ත ලිච්ඡවි පුත්‍රයා හට මේ අදහස

ඇතිවූයේ ය. 'භවත්නි, ඒකාන්තයෙන් සොඳුරු ගති ඇති රහත් ශ්‍රමණයෙකුට හිරිහැර කළෙමු. ඒකාන්තයෙන් එය අපට බොහෝ කලක් අහිත පිණිස, දුක් පිණිස නොවේවා!' යි.

ඉක්බිති භාර්ගවයෙනි, මම් යම් තැනක හුන්නෙම් ද, සුනක්ඛත්ත ලිච්ඡවි පුත්‍රයා එතැනට පැමිණියේ ය. පැමිණ මා හට සකසා වන්දනා කොට එකත්පස් ව හිඳගත්තේ ය. එකත්පස් ව හුන් සුනක්ඛත්ත ලිච්ඡවි පුත්‍රයාට මම මෙය පැවසුවෙමි.

"හිස් පුරුෂය, ඔබ ත් 'ශාක්‍යපුත්‍රීය ශ්‍රමණයක්මි' යි ප්‍රතිඥා දෙන්නෙහිද?"

"කිම? ස්වාමීනී, කවර හෙයින් භාග්‍යවතුන් වහන්සේ මා හට මෙසේ පවසන සේක් ද? 'හිස් පුරුෂය, ඔබ ත් ශාක්‍යපුත්‍රීය ශ්‍රමණයෙක්මි' යි ප්‍රතිඥා දෙන්නෙහි ද' යනුවෙන්?"

"සුනක්ඛත්තයෙනි, ඔබ නිරුවත් කළාරමට්ඨුක වෙත ගොස් ප්‍රශ්නයක් නොඇසුවේ ද? නිරුවත් කාළාරමට්ඨුක ඔබගේ ප්‍රශ්නයට පිළිතුරු දෙන්නට අසමර්ථ වූයේ ය. එසේ අසමර්ථ වෙමින් කෝපය ත්, ද්වේෂය ත්, නොසතුට ත් පහළ කළේ ය. එකල්හී ඔබට මේ අදහස ඇතිනොවූයේ ද? 'භවත්නි, ඒකාන්තයෙන් සොඳුරු ගති ඇති රහත් ශ්‍රමණයෙකුට හිරිහැර කළෙමු. ඒකාන්තයෙන් එය අපට බොහෝ කලක් අහිත පිණිස, දුක් පිණිස නොවේවා!'යි."

"එසේ ය, ස්වාමීනී. ඉතින් ස්වාමීනී, කිම? භාග්‍යවතුන් වහන්සේ අන්‍යයන්ගේ රහත් බවට මසුරු වන සේක් ද?"

"හිස් පුරුෂය, මම රහත් බවට මසුරු නොකරමි. එනමුත් ඔබ තුළ මේ පවිටු දෘෂ්ටියකට අයත් දෙයක් උපන්නේ ය. එය අත්හැර දමව. ඔබට එය බොහෝ කල් අහිත පිණිස, දුක් පිණිස නොපවතීවා!

සුනක්ඛත්තයෙනි, නිරුවත් කළාරමට්ඨුක නම් යමෙකු පිළිබඳ ව සොඳුරු ගතිගුණ ඇති රහත් ශ්‍රමණයෙකි යි ඔබ සිතුවෙහි ද, ඔහු තව නොබෝ කලකින් පිරිහී යන්නේ, වස්ත්‍ර හැඳ, බිරිඳක ද ඇති ව, බත් ව්‍යංජන අනුභව කරමින්, විශාලාවෙහි සියළුම චෛත්‍යයන් ඉක්ම ගොස්, යස පිරිවර නැති ව මරණයට පත් වන්නේ ය."

ඉක්බිති භාර්ගවයෙනි, නිරුවත් කළාරමට්ඨුක තෙමේ නොබෝ කලකින් ම පිරිහී ගියේ වස්ත්‍ර හැඳ, බිරිඳක ද ඇති ව, බත් ව්‍යංජන අනුභව කරමින්, විශාලාවෙහි සියළුම චෛත්‍යයන් ඉක්ම ගොස්, යස පිරිවර නැති ව මරණයට

පත්වූයේ ය. භාර්ගවයෙනි, සුනක්ඛත්ත ලිච්ඡවි පුත්‍රයා 'නිරුවත් කළාරමට්ටුක පිරිහී ගියේ, වස්ත්‍ර හැඳ, බිරිඳක ද ඇති ව, බත් ව්‍යංජන අනුභව කරමින්, විශාලාවෙහි සියළුම චෛත්‍යයන් ඉක්ම ගොස්, යස පිරිවර නැති ව මරණයට පත්වූයේ ලු' යි ඇසුවේ ය.

එකල්හී භාර්ගවයෙනි, මම යම් තැනක හුන්නෙම් ද, සුනක්ඛත්ත ලිච්ඡවි පුත්‍රයා එතැනට පැමිණයේ ය. පැමිණ මට සකසා වන්දනා කොට එකත්පස් ව හිඳගත්තේ ය. භාර්ගවයෙනි, එකත්පස් ව හුන් සුනක්ඛත්ත ලිච්ඡවි පුත්‍රයාට මම මෙය පැවසුවෙමි.

'සුනක්ඛත්තයෙනි, ඒ කිමෙකැයි සිතන්නෙහි ද? මම ඔබට නිරුවත් කළාරමට්ටුක පිළිබඳ ව යම් අයුරකින් ප්‍රකාශ කළෙම් ද, එය එසේ ම විපාක දුන්නේ ද? අන් අයුරකින් වූයේ ද?'

"ස්වාමීනී, භාග්‍යවතුන් වහන්සේ මා හට නිරුවත් කළාරමට්ටුක පිළිබඳ ව යම් අයුරකින් වදාළ සේක් ද, එය එසේ ම විපාක දුන්නේ ය. අන් අයුරකින් නොවුණේ ය."

"සුනක්ඛත්තයෙනි, ඒ කිමෙකැයි සිතන්නෙහි ද? ඉදින් මෙසේ ඇති කල්හී මනුෂ්‍ය ධර්මයට වඩා උසස් ඉර්ධි ප්‍රාතිහාර්යයක් කරන ලද්දේ ද? නොකරන ලද්දේ ද?"

"ඒකාන්තයෙන් ම ස්වාමීනී, මෙසේ ඇති කල්හී මනුෂ්‍ය ධර්මයට වඩා උසස් ඉර්ධි ප්‍රාතිහාර්යයක් කරන ලද්දේ ම ය. නොකරන ලද්දේ නොවෙයි."

"මෙසේ ත් හිස් පුරුෂය, මනුෂ්‍ය ධර්මයන්ට වඩා උසස් වූ ඉර්ධි ප්‍රාතිහාර්යයක් කරන්නා වූ මා හට ඔබ මෙසේ කියන්නෙහි ය. 'ස්වාමීනී, භාග්‍යවතුන් වහන්සේ මට මනුෂ්‍ය ධර්මයන්ට වඩා උසස් වූ ඉර්ධි ප්‍රාතිහාර්යයක් නොකරන සේකැ' යි. බලව, හිස් පුරුෂය, ඔබ මොනතරම් වරදක් කරන ලද්දේද?"

භාර්ගවයෙනි, මා විසින් මෙසේ ත් කියනු ලබද්දී සුනක්ඛත්ත ලිච්ඡවි පුත්‍රයා අපායට නියම වූවකු සෙයින්, නිරයට නියම වූවකු සෙයින් මේ සසුනෙන් බැහැර ව ම ගියේ ය.

භාර්ගවයෙනි, එක් කලෙක මම ඒ විශාලා මහනුවර ම මහා වනයෙහි කූටාගාර ශාලාවෙහි වාසය කරමි. එසමයෙහි පාථිකපුත්‍ර නම් නිරුවත් තවුසෙක් විශාලාවෙහි වජ්ජිගමෙහි ලාභයෙන් අගපත් ව, යස පිරිවරින් අගපත් ව වසයි. ඔහු ද විශාලාවෙහි පිරිස මැද මෙබඳු වචනයක් කියයි.

'ශ්‍රමණ ගෞතම තෙමේ නුවණ ගැන කථා කරන්නෙකි. මම ත් නුවණ ගැන කථා කරන්නෙකි. නුවණ ගැන කථා කරන්නෙක් නුවණ ගැන කථා කරන්නෙකු සමඟ මනුෂ්‍ය ධර්මයන්ට වඩා උසස් වූ ඉර්ධි ප්‍රාතිහාර්යයන් දක්වන්නට සුදුසු ය. ඉදින් ශ්‍රමණ ගෞතම තෙමේ ඒ සඳහා මාවතෙහි අඩක් ඉදිරියට එන්නේ නම්, මම ත් ඒ සඳහා මාවතෙහි අඩක් ඉදිරියට යන්නෙමි. එහිදී ඒ අපි දෙදෙනා ම මනුෂ්‍ය ධර්මයට වඩා උසස් වූ ඉර්ධි ප්‍රාතිහාර්යය කරන්නෙමු. ඉදින් ශ්‍රමණ ගෞතම තෙමේ මනුෂ්‍ය ධර්මයට වඩා උසස් වූ එක් ඉර්ධි ප්‍රාතිහාර්යයක් කරන්නේ නම්, මම දෙකක් කරන්නෙමි. ඉදින් ශ්‍රමණ ගෞතම තෙමේ මනුෂ්‍ය ධර්මයට වඩා උසස් වූ ඉර්ධි ප්‍රාතිහාර්යය දෙකක් කරන්නේ නම්, මම සතරක් කරන්නෙමි. ඉදින් ශ්‍රමණ ගෞතම තෙමේ මනුෂ්‍ය ධර්මයට වඩා උසස් වූ ඉර්ධි ප්‍රාතිහාර්යය සතරක් කරන්නේ නම්, මම අටක් කරන්නෙමි. මෙසේ ශ්‍රමණ ගෞතම තෙමේ යම් පමණ ගණනකින් මනුෂ්‍ය ධර්මයට වඩා උසස් වූ ඉර්ධි ප්‍රාතිහාර්යයන් කරන්නේ නම්, මම එය දෙගුණයක් දෙගුණයක් කොට කරන්නෙමි' යි.

එකල්හී භාර්ගවයෙනි, මම යම් තැනක හුන්නෙම් ද, සුනක්ඛත්ත ලිච්ඡවි පුත්‍රයා එතැනට පැමිණයේ ය. පැමිණ මට සකසා වන්දනා කොට එකත්පස් ව හිඳගත්තේ ය. භාර්ගවයෙනි, එකත්පස් ව හුන් සුනක්ඛත්ත ලිච්ඡවි පුත්‍රයා මට මෙය පැවසුවේ ය.

"ස්වාමීනී, පාථිකපුත්‍ර නම් නිරුවත් තවුසෙක් විශාලාවෙහි වජ්ජිගමෙහි ලාභයෙන් අගපත් ව, යස පිරිවරින් අගපත් ව වසයි. ඔහු විශාලාවෙහි පිරිස් මැද මෙබඳු වචනයක් කියයි.

'ශ්‍රමණ ගෞතම තෙමේ නුවණ ගැන කථා කරන්නෙකි. මම ත් නුවණ ගැන කථා කරන්නෙකි. නුවණ ගැන කථා කරන්නෙක් නුවණ ගැන කථා කරන්නෙකු සමඟ මනුෂ්‍ය ධර්මයන්ට වඩා උසස් වූ ඉර්ධි ප්‍රාතිහාර්යයන් දක්වන්නට සුදුසු ය. ඉදින් ශ්‍රමණ ගෞතම තෙමේ ඒ සඳහා මාවතෙහි අඩක් ඉදිරියට එන්නේ නම්, මම ත් ඒ සඳහා මාවතෙහි අඩක් ඉදිරියට යන්නෙමි. එහිදී ඒ අපි දෙදෙනා ම මනුෂ්‍ය ධර්මයට වඩා උසස් වූ ඉර්ධි ප්‍රාතිහාර්යය කරන්නෙමු. ඉදින් ශ්‍රමණ ගෞතම තෙමේ මනුෂ්‍ය ධර්මයට වඩා උසස් වූ එක් ඉර්ධි ප්‍රාතිහාර්යයක් කරන්නේ නම්, මම දෙකක් කරන්නෙමි. ඉදින් ශ්‍රමණ ගෞතම තෙමේ මනුෂ්‍ය ධර්මයට වඩා උසස් වූ ඉර්ධි ප්‍රාතිහාර්යය දෙකක් කරන්නේ නම්, මම සතරක් කරන්නෙමි. ඉදින් ශ්‍රමණ ගෞතම තෙමේ මනුෂ්‍ය ධර්මයට වඩා උසස් වූ ඉර්ධි ප්‍රාතිහාර්යය සතරක් කරන්නේ නම්, මම අටක් කරන්නෙමි. මෙසේ ශ්‍රමණ ගෞතම තෙමේ යම් පමණ ගණනකින් මනුෂ්‍ය

ධර්මයට වඩා උසස් වූ ඉර්ධි ප්‍රාතිහාර්යයන් කරන්නේ නම්, මම එය දෙගුණයක් දෙගුණයක් කොට කරන්නෙමි' යි."

මෙසේ කී කල්හී භාර්ගවයෙනි, මම සුනක්ඛත්ත ලිච්ඡවි පුත්‍රයාට මෙය පැවසූවෙමි.

"සුනක්ඛත්තයෙනි, නිරුවත් පාථික පුත්‍රයා ඒ වචනය අත්නොහැර, ඒ සිත අත්නොහැර, ඒ දෘෂ්ටිය බැහැර නොකොට, මා ඉදිරියට එන්නට නොහැක්කේ ය. ඉදින් ඔහුට මෙසේ සිතෙයි නම්, 'මම ඒ වචනය අත්නොහැර, ඒ සිත අත්නොහැර, ඒ දෘෂ්ටිය බැහැර නොකොට, ශ්‍රමණ ගෞතමයන්ගේ ඉදිරියට යන්නෙමි' යි ඔහුගේ හිස ද ගිලිහී වැටෙනු ඇත්තේ ය."

"ස්වාමීනී, භාග්‍යවතුන් වහන්සේ ඔය වචනය රැකගන්නා සේක්වා! සුගතයන් වහන්සේ ඔය වචනය රැකගන්නා සේක්වා!"

"කිම? සුනක්ඛත්තයෙනි, ඔබ මට මෙසේ කියන්නෙහි? 'ස්වාමීනී, භාග්‍යවතුන් වහන්සේ ඔය වචනය රැකගන්නා සේක්වා! සුගතයන් වහන්සේ ඔය වචනය රැකගන්නා සේක්වා!' යි?"

"ස්වාමීනී, එනම්, 'නිරුවත් පාථික පුත්‍රයා ඒ වචනය අත්නොහැර, ඒ සිත අත්නොහැර, ඒ දෘෂ්ටිය බැහැර නොකොට, මා ඉදිරියට එන්නට නොහැක්කේ ය. ඉදින් ඔහුට මෙසේ සිතෙයි නම්, 'මම ඒ වචනය අත්නොහැර, ඒ සිත අත්නොහැර, ඒ දෘෂ්ටිය බැහැර නොකොට, ශ්‍රමණ ගෞතමයන්ගේ ඉදිරියට යන්නෙමි' යි ඔහුගේ හිස ද ගිලිහී වැටෙනු ඇත්තේ ය' යනුවෙන් භාග්‍යවතුන් වහන්සේ ඒකාන්ත කොට අවධාරණයෙන් වදාරණ ලද මේ වචනයක් ඇත්තේ ය. ස්වාමීනී, නිරුවත් පාථිකපුත්‍රයා අන්‍ය වූ විරූපී වේශයකින් භාග්‍යවතුන් වහන්සේ ඉදිරියට එන්නේ නම්, භාග්‍යවතුන් වහන්සේගේ ඒ වචනය බොරු වන්නේ ය."

"සුනක්ඛත්තයෙනි, තථාගත තෙමේ යම් වචනයක් දෙපැත්තකට යන්නේ නම් එබඳු වචනයක් කියන්නේ ද?"

"කිම? ස්වාමීනී, භාග්‍යවතුන් වහන්සේ විසින් සිය සිතින් ඔහුගේ සිත පිරිසිඳ නිරුවත් පාථිකපුත්‍රයා ව දන්නා ලද්දේ ද? එනම්, 'නිරුවත් පාථික පුත්‍රයා ඒ වචනය අත්නොහැර, ඒ සිත අත්නොහැර, ඒ දෘෂ්ටිය බැහැර නොකොට, මා ඉදිරියට එන්නට නොහැක්කේ ය. ඉදින් ඔහුට මෙසේ සිතෙයි නම්, 'මම ඒ වචනය අත්නොහැර, ඒ සිත අත්නොහැර, ඒ දෘෂ්ටිය බැහැර නොකොට, ශ්‍රමණ ගෞතමයන්ගේ ඉදිරියට යන්නෙමි' යි ඔහුගේ හිස ද ගිලිහී වැටෙනු ඇත්තේ ය' යන කරුණ යි.

එසේත් නැත්නම්, දේවතාවෝ භාග්‍යවතුන් වහන්සේට මෙකරුණ දැනුම් දුන්නාහු ද? 'ස්වාමීනී, නිරුවත් පාථික පුත්‍රයා ඒ වචනය අත්නොහැර, ඒ සිත අත්නොහැර, ඒ දෘෂ්ටිය බැහැර නොකොට, භාග්‍යවතුන් වහන්සේ ඉදිරියට එන්නට නොහැක්කේ ය. ඉදින් ඔහුට මෙසේ සිතෙයි නම්, 'මම ඒ වචනය අත්නොහැර, ඒ සිත අත්නොහැර, ඒ දෘෂ්ටිය බැහැර නොකොට, ශ්‍රමණ ගෞතමයන්ගේ ඉදිරියට යන්නෙමි' යි ඔහුගේ හිස ද ගිලිහී වැටෙනු ඇත්තේ ය' යන කරුණ යි."

"සුනක්ඛත්තයෙනි, මා විසිනුත් තම සිතින් ඔහුගේ සිත පිරිසිඳ නිරුවත් පාථිකපුත්‍රයා ව දන්නා ලද්දේ ය. එනම්, 'නිරුවත් පාථික පුත්‍රයා ඒ වචනය අත්නොහැර, ඒ සිත අත්නොහැර, ඒ දෘෂ්ටිය බැහැර නොකොට, මා ඉදිරියට එන්නට නොහැක්කේ ය. ඉදින් ඔහුට මෙසේ සිතෙයි නම්, 'මම ඒ වචනය අත්නොහැර, ඒ සිත අත්නොහැර, ඒ දෘෂ්ටිය බැහැර නොකොට, ශ්‍රමණ ගෞතමයන්ගේ ඉදිරියට යන්නෙමි' යි ඔහුගේ හිස ද ගිලිහී වැටෙනු ඇත්තේ ය' යන කරුණ යි.

එසේ ම දේවතාවෝ ත් මා හට මෙකරුණ දැනුම් දුන්නාහු ය. 'ස්වාමීනී, නිරුවත් පාථික පුත්‍රයා ඒ වචනය අත්නොහැර, ඒ සිත අත්නොහැර, ඒ දෘෂ්ටිය බැහැර නොකොට, භාග්‍යවතුන් වහන්සේ ඉදිරියට එන්නට නොහැක්කේ ය. ඉදින් ඔහුට මෙසේ සිතෙයි නම්, 'මම ඒ වචනය අත්නොහැර, ඒ සිත අත්නොහැර, ඒ දෘෂ්ටිය බැහැර නොකොට, ශ්‍රමණ ගෞතමයන්ගේ ඉදිරියට යන්නෙමි' යි ඔහුගේ හිස ද ගිලිහී වැටෙනු ඇත්තේ ය' යන කරුණ යි."

අජිත නම් ලිච්ඡවීන්ගේ සෙන්පතියෙක් ද නොබෝ කලකට පෙර කළුරිය කොට තව්තිසා දෙව්ලොව උපන්නේ ය. ඔහු ත් මා වෙත පැමිණ මෙය දැනුම් දුන්නේ ය. 'ස්වාමීනී, නිරුවත් පාථිකපුත්‍රයා ලැජ්ජා නැත්තෙකි. ස්වාමීනී, නිරුවත් පාථිකපුත්‍රයා බොරු කියන්නෙකි. ස්වාමීනී, නිරුවත් පාථික පුත්‍රයා මා පිළිබඳ වත් වජ්ජි ගමෙහි දී විස්තරයක් කළේ ය. 'අජිත නම් ලිච්ඡවී සෙන්පතියා මහා නිරයේ උපන්නේ යැ' යි. ස්වාමීනී, මම වනාහී මහා නිරයේ නූපන්නෙමි. තව්තිසා දෙව්ලොව උපන්නෙමි. ස්වාමීනී, නිරුවත් පාථිකපුත්‍රයා ලැජ්ජා නැත්තෙකි. ස්වාමීනී, නිරුවත් පාථිකපුත්‍රයා බොරු කියන්නෙකි. ස්වාමීනී, නිරුවත් පාථික පුත්‍රයා ඒ වචනය අත්නොහැර, ඒ සිත අත්නොහැර, ඒ දෘෂ්ටිය බැහැර නොකොට, භාග්‍යවතුන් වහන්සේ ඉදිරියට එන්නට නොහැක්කේ ය. ඉදින් ඔහුට මෙසේ සිතෙයි නම්, 'මම ඒ වචනය අත්නොහැර, ඒ සිත අත්නොහැර, ඒ දෘෂ්ටිය බැහැර නොකොට, ශ්‍රමණ ගෞතමයන්ගේ ඉදිරියට යන්නෙමි' යි ඔහුගේ හිස ද ගිලිහී වැටෙනු ඇත්තේ ය' යනුවෙනි.

මෙසේ සුනක්ඛත්තයෙනි, නිරුවත් පාථික පුත්‍රයා ඒ වචනය අත්නොහැර, ඒ සිත අත්නොහැර, ඒ දෘෂ්ටිය බැහැර නොකොට, මා ඉදිරියට එන්නට නොහැක්කේ ය. ඉදින් ඔහුට මෙසේ සිතෙයි නම්, 'මම ඒ වචනය අත්නොහැර, ඒ සිත අත්නොහැර, ඒ දෘෂ්ටිය බැහැර නොකොට, ශ්‍රමණ ගෞතමයන්ගේ ඉදිරියට යන්නෙමි' යි ඔහුගේ හිස ද ගිලිහී වැටෙනු ඇත්තේ ය' යි මා විසින් ද තම සිතින් ඔහුගේ සිත පිරිසිඳ නිරුවත් පාථික පුත්‍රයා දක්නා ලද්දේ ය.

දෙවියොත් මෙකරුණ මට දැනුම් දුන්නාහු ය. ස්වාමීනී, නිරුවත් පාථික පුත්‍රයා ඒ වචනය අත්නොහැර, ඒ සිත අත්නොහැර, ඒ දෘෂ්ටිය බැහැර නොකොට, භාග්‍යවතුන් වහන්සේ ඉදිරියට එන්නට නොහැක්කේ ය. ඉදින් ඔහුට මෙසේ සිතෙයි නම්, 'මම ඒ වචනය අත්නොහැර, ඒ සිත අත්නොහැර, ඒ දෘෂ්ටිය බැහැර නොකොට, ශ්‍රමණ ගෞතමයන්ගේ ඉදිරියට යන්නෙමි' යි ඔහුගේ හිස ද ගිලිහී වැටෙනු ඇත්තේ ය' යනුවෙනි.

සුනක්ඛත්තයෙනි, ඒ මම විශාලාවෙහි පිඬු පිණිස හැසිර පිණ්ඩපාතයෙන් වැළකුණු පසුබත් කාලයෙහි නිරුවත් පාථිකපුත්‍රයාගේ ආරාමය යම් තැනක ද, එතැනට දිවා විහරණය පිණිස එළැඹෙන්නෙමි. සුනක්ඛත්තයෙනි, දැන් ඔබ යමෙකුට මෙය සැළකරනු කැමැත්තෙහි නම්, ඔහුට දැනුම් දෙව."

එකල්හී භාර්ගවයෙනි, මම පෙරවරුවෙහි සිවුරු හැඳ පොරොවාගෙන, පාත්‍රය හා සිවුර ගෙන, විසල්පුරයෙහි පිඬු පිණිස පිවිසියෙමි. විසල් පුරයෙහි පිඬු පිණිස හැසිර පිණ්ඩපාතයෙන් වැළකුණු පසුබත් කාලයෙහි නිරුවත් පාථික පුත්‍රයාගේ ආරාමය යම් තැනක ද, දිවා විහරණය පිණිස එහි එළැඹුනෙමි.

එකල්හී භාර්ගවයෙනි, සුනක්ඛත්ත ලිච්ඡවී පුත්‍රයා කලබලයෙන් විසල් පුරයට පිවිස ප්‍රසිද්ධ ප්‍රසිද්ධ ලිච්ඡවීහු යම් තැනක සිටියාහු ද, එතැනට ගියේ ය. ගොස් ප්‍රසිද්ධ ප්‍රසිද්ධ ලිච්ඡවීන්ට මෙය පැවසුවේ ය. 'ඇවැත්නි, මේ භාග්‍යවතුන් වහන්සේ විසල් පුරයෙහි පිඬු පිණිස හැසිර පිණ්ඩපාතයෙන් වැළකුණු පසුබත් කාලයෙහි නිරුවත් පාථික පුත්‍රයාගේ ආරාමය යම් තැනක ද, දිවා විහරණය පිණිස එහි එළැඹුණු සේක. ආයුෂ්මත්වරුනි, ඉදිරියට එව්. ආයුෂ්මත්වරුනි, ඉදිරියට එව්. සොඳුරු ගතිගුණ ඇති ශ්‍රමණවරුන්ගේ මනුෂ්‍ය ධර්මයට වඩා උසස් වූ ඉර්ධි ප්‍රාතිහාර්යයක් වන්නේ ය' යි."

ඉක්බිති භාර්ගවයෙනි, ප්‍රසිද්ධ ප්‍රසිද්ධ ලිච්ඡවීන්ට මේ අදහස ඇතිවූයේ ය. 'භවත්නි, සොඳුරු ගතිගුණ ඇති ශ්‍රමණවරුන්ගේ මනුෂ්‍ය ධර්මයට වඩා උසස් වූ ඉර්ධි ප්‍රාතිහාර්යයක් වන්නේ ලු. එහෙනම් භවත්නි, ඒකාන්තයෙන් අපි යම්හ.'

එකල්හී භාර්ගවයෙනි, සුනක්ඛත්ත ලිච්ඡවීපුත්‍රයා ප්‍රසිද්ධ ප්‍රසිද්ධ මහාසාර බ්‍රාහ්මණයෝ ද, ගෘහපතියෝ ද, නා නා තීර්ථකයෝ ද, ශ්‍රමණ බ්‍රාහ්මණයෝ ද, යම් තැනක සිටියාහු ද, එතැනට ගියේ ය. ගොස් ප්‍රසිද්ධ ප්‍රසිද්ධ නා නා තීර්ථක ශ්‍රමණ බ්‍රාහ්මණයන්ට මෙය පැවසුවේ ය. 'ඇවැත්නි, මේ භාග්‍යවතුන් වහන්සේ විසල් පුරයෙහි පිඬු පිණිස හැසිර පිණ්ඩපාතයෙන් වැළකුණු පසුබත් කාලයෙහි නිරුවත් පාථික පුත්‍රයාගේ ආරාමය යම් තැනක ද, දිවා විහරණය පිණිස එහි එළැඹුණු සේක.

"ආයුෂ්මත්වරුනි, ඉදිරියට එව්. ආයුෂ්මත්වරුනි, ඉදිරියට එව්. සොඳුරු ගතිගුණ ඇති ශ්‍රමණවරුන්ගේ මනුෂ්‍ය ධර්මයට වඩා උසස් වූ ඉර්ධි ප්‍රාතිහාර්යයක් වන්නේ ය' යි."

ඉක්බිති භාර්ගවයෙනි, ප්‍රසිද්ධ ප්‍රසිද්ධ නා නා තීර්ථක ශ්‍රමණ බ්‍රාහ්මණයන්ට මේ අදහස ඇතිවූයේ ය. 'භවත්නි, සොඳුරු ගතිගුණ ඇති ශ්‍රමණවරුන්ගේ මනුෂ්‍ය ධර්මයට වඩා උසස් වූ ඉර්ධි ප්‍රාතිහාර්යයක් වන්නේ ලු. එහෙනම් භවත්නි, ඒකාන්තයෙන් අපි යම්හ.'

එකල්හී භාර්ගවයෙනි, ප්‍රසිද්ධ ප්‍රසිද්ධ ලිච්ඡවීහු ද, ප්‍රසිද්ධ ප්‍රසිද්ධ මහාසාර බ්‍රාහ්මණයෝ ද, ගෘහපතියෝ ද, නා නා තීර්ථකයෝ ද, ශ්‍රමණ බ්‍රාහ්මණයෝ ද, නිරුවත් පාථිකපුත්‍රයාගේ ආරාමය යම් තැනක ද, එතැනට පැමිණියාහු ය. භාර්ගවයෙනි, ඒ පිරිස නොයෙක් සිය ගණනින්, නොයෙක් දහස් ගණනින් වූහ.

ඉක්බිති භාර්ගවයෙනි, නිරුවත් පාථික පුත්‍රයා 'ප්‍රසිද්ධ ප්‍රසිද්ධ ලිච්ඡවීහු ද ඇවිත් සිටිත්ලු. ප්‍රසිද්ධ ප්‍රසිද්ධ මහාසාර බ්‍රාහ්මණයෝ ද, ගෘහපතියෝ ද, නා නා තීර්ථකයෝ ද, ශ්‍රමණ බ්‍රාහ්මණයෝ ද ඇවිත් සිටිත්ලු. ශ්‍රමණ ගෞතමයෝ ත් මාගේ ආරාමයෙහි දිවා විහරණය පිණිස පැමිණ වාඩිවී සිටිත්ලු' යි ඇසුවේ ය. ඇසීමෙන් ඔහු තුළ භයක්, තැතිගැනීමක්, ලොමු දහගැනීමක් උපන්නේ ය.

එකල්හී භාර්ගවයෙනි, බියට පත්, සංවේගයට පත්, ලොමුදහගැනීමට පත් නිරුවත් පාථික පුත්‍රයා තින්දුකඛාණු පරිබ්‍රාජක ආරාමය යම් තැනක ද, එහි ගියේ ය. එකල්හී භාර්ගවයෙනි, ඒ පිරිස 'බියට පත්, සංවේගයට පත්, ලොමුදහගැනීමට පත් නිරුවත් පාථික පුත්‍රයා තින්දුකඛාණු පරිබ්‍රාජක ආරාමය යම් තැනක ද, එහි ගියේලු' යි ඇසුවේ ය.

ඉක්බිති භාර්ගවයෙනි, ඒ පිරිස එක්තරා පුරුෂයෙකු ඇමතුවේ ය.

"එම්බා පුරුෂය, ඔබ එව. තින්දුකඛාණු පරිබ්‍රාජකයාගේ ආරාමය යම් තැනක ද, නිරුවත් පාථික පුත්‍රයා යම් තැනක ද, එතැනට යව. ගොස් නිරුවත්

පාථික පුත්‍රයාට මෙසේ පවසව. 'ඇවැත් පාථිකපුත්‍රය, පෙරට එව. ප්‍රසිද්ධ ප්‍රසිද්ධ ලිච්ඡවීහු ද ඇවිත් සිටිති. ප්‍රසිද්ධ ප්‍රසිද්ධ මහාසාර බ්‍රාහ්මණයෝ ද, ගෘහපතියෝ ද, නා නා තීර්ථකයෝ ද, ශ්‍රමණ බ්‍රාහ්මණයෝ ද ඇවිත් සිටිති. ශ්‍රමණ ගෞතමයෝ ත් ආයුෂ්මතුන්ගේ ආරාමයෙහි දිවා විහරණය පිණිස පැමිණ වාඩිවී සිටිති.

ඇවැත් පාථික පුත්‍රයෙනි, ඔබ විසින් විශාලාවෙහි පිරිස් මැද මේ වචනය කියන ලද්දේ ය. 'ශ්‍රමණ ගෞතම තෙමේ නුවණ ගැන කථා කරන්නෙකි. මම ත් නුවණ ගැන කථා කරන්නෙකි. නුවණ ගැන කථා කරන්නෙක් නුවණ ගැන කථා කරන්නෙකු සමඟ මනුෂ්‍ය ධර්මයන්ට වඩා උසස් වූ ඉර්ධි ප්‍රාතිහාර්යයන් දක්වන්නට සුදුසු ය. ඉදින් ශ්‍රමණ ගෞතම තෙමේ ඒ සඳහා මාවතෙහි අඩක් ඉදිරියට එන්නේ නම්, මම ත් ඒ සඳහා මාවතෙහි අඩක් ඉදිරියට යන්නෙමි. එහිදී අපි දෙදෙනා ම මනුෂ්‍ය ධර්මයට වඩා උසස් වූ ඉර්ධි ප්‍රාතිහාර්යය කරන්නෙමු. ඉදින් ශ්‍රමණ ගෞතම තෙමේ මනුෂ්‍ය ධර්මයට වඩා උසස් වූ එක් ඉර්ධි ප්‍රාතිහාර්යයක් කරන්නේ නම්, මම දෙකක් කරන්නෙමි. ඉදින් ශ්‍රමණ ගෞතම තෙමේ මනුෂ්‍ය ධර්මයට වඩා උසස් වූ ඉර්ධි ප්‍රාතිහාර්යය දෙකක් කරන්නේ නම්, මම සතරක් කරන්නෙමි. ඉදින් ශ්‍රමණ ගෞතම තෙමේ මනුෂ්‍ය ධර්මයට වඩා උසස් වූ ඉර්ධි ප්‍රාතිහාර්යය සතරක් කරන්නේ නම්, මම අටක් කරන්නෙමි. මෙසේ ශ්‍රමණ ගෞතම තෙමේ යම් පමණ ගණනකින් මනුෂ්‍ය ධර්මයට වඩා උසස් වූ ඉර්ධි ප්‍රාතිහාර්යයන් කරන්නේ නම්, මම එය දෙගුණයක් දෙගුණයක් කොට කරන්නෙමි' යි.

ඇවැත් පාථික පුත්‍රය, මාවතෙන් අඩක් පෙරට එව. හැමට පළමු ව ශ්‍රමණ ගෞතමයෝ පැමිණ ආයුෂ්මතුන්ගේ ආරාමයෙහි දිවා විහරණය පිණිස වැඩහිඳිති' යි."

"එසේ ය, භවත්නි" යි භාර්ගවයෙනි, ඒ පුරුෂයා ඒ පිරිසට පිළිවදන් දී තින්දුකඛාණු පරිබ්‍රාජකාරාමය යම් තැනක ද, නිරුවත් පාථිකපුත්‍රයා යම් තැනක ද, එතැනට ගියේ ය. ගොස් නිරුවත් පාථිකපුත්‍රයාට මෙය පැවසුවේ ය.

'ඇවැත් පාථිකපුත්‍රය, පෙරට එව. ප්‍රසිද්ධ ප්‍රසිද්ධ ලිච්ඡවීහු ද ඇවිත් සිටිති. ප්‍රසිද්ධ ප්‍රසිද්ධ මහාසාර බ්‍රාහ්මණයෝ ද, ගෘහපතියෝ ද, නා නා තීර්ථකයෝ ද, ශ්‍රමණ බ්‍රාහ්මණයෝ ද ඇවිත් සිටිති. ශ්‍රමණ ගෞතමයෝ ත් ආයුෂ්මතුන්ගේ ආරාමයෙහි දිවා විහරණය පිණිස පැමිණ වාඩිවී සිටිති.

ඇවැත් පාථික පුත්‍රයෙනි, ඔබ විසින් විශාලාවෙහි පිරිස් මැද මේ වචනය කියන ලද්දේ ය. 'ශ්‍රමණ ගෞතම තෙමේ නුවණ ගැන කථා කරන්නෙකි. මම

ත් නුවණ ගැන කථා කරන්නෙකි. නුවණ ගැන කථා කරන්නෙක් නුවණ ගැන කථා කරන්නෙකු සමඟ මනුෂ්‍ය ධර්මයන්ට වඩා උසස් වූ ඉර්ධි ප්‍රාතිහාර්යයන් දක්වන්නට සුදුසු ය. ....(පෙ).... මෙසේ ශ්‍රමණ ගෞතම තෙමේ යම් පමණ ගණනකින් මනුෂ්‍ය ධර්මයට වඩා උසස් වූ ඉර්ධි ප්‍රාතිහාර්යයන් කරන්නේ නම්, මම එය දෙගුණයක් දෙගුණයක් කොට කරන්නෙමි' යි.

ඇවැත් පාථික පුත්‍රය, මාවතෙන් අඩක් පෙරට එව. හැමට පළමු ව ශ්‍රමණ ගෞතමයෝ පැමිණ ආයුෂ්මතුන්ගේ ආරාමයෙහි දිවා විහරණය පිණිස වැඩහිඳිති' යි."

භාර්ගවයෙනි, එසේ කී කල්හී නිරුවත් පාථිකපුත්‍රයා "එමි, ඇවැත්නි. එමි, ඇවැත්නි" යි කියා එහි ම ගැලෙයි. ආසනයෙන් නැගිටින්නට ද නොහැකි වෙයි.

ඉක්බිති භාර්ගවයෙනි, ඒ පුරුෂයා නිරුවත් පාථික පුත්‍රයාට මෙය කීවේ ය. "හැයි? ඇවැත් පාථිකපුත්‍රය, ඔබගේ සට්ටම් දෙක පුටුවේ ඇලුණාවත් ද? එහෙමත් නැත්නම් පුටුව ඔබගේ සට්ටම් දෙකෙහි ඇලුණාවත් ද? 'එමි, ඇවැත්නි. එමි, ඇවැත්නි' යි කියා එහි ම ගැලෙනවා නොවැ. ආසනයෙන් නැගිටින්නට නොහැකි වෙනවා නොවැ." භාර්ගවයෙනි, මෙසේ කියන විට ද නිරුවත් පාථිකපුත්‍රයා "එමි, ඇවැත්නි. එමි, ඇවැත්නි" යි කියා එහි ම ගැලෙයි. ආසනයෙන් නැගිටින්නට ද නොහැකි වෙයි.

ඉතින් භාර්ගවයෙනි, යම් කලෙක ඒ පුරුෂයා 'පැරදී ගිය ස්වභාවය ඇති මේ නිරුවත් පාථිකපුත්‍රයා 'එමි, ඇවැත්නි. එමි, ඇවැත්නි' යි කියා එහි ම ගැලෙයි ද, හුනස්නෙන් නැගිටින්නට ද නොහැකි වෙයි' යි දැනගත්තේ ද, එකල්හී ඒ පිරිස වෙත පැමිණ මෙසේ දැනුම් දුන්නේ ය.

"භවත්නි, පැරදී ගිය ස්වභාවය ඇති මේ නිරුවත් පාථිකපුත්‍රයා 'එමි, ඇවැත්නි. එමි, ඇවැත්නි' යි කියා එහි ම ගැලෙයි. හුනස්නෙන් නැගිටින්නට ද නොහැකි වෙයි" කියා ය.

මෙසේ කී කල්හී භාර්ගවයෙනි, මම ඒ පිරිසට මෙය පැවසුවෙමි.

"ඇවැත්නි, නිරුවත් පාථික පුත්‍රයා ඒ වචනය අත්නොහැර, ඒ සිත අත්නොහැර, ඒ දෘෂ්ටිය බැහැර නොකොට, මා ඉදිරියට එන්නට නොහැක්කේ ය. ඉදින් ඔහුට මෙසේ සිතෙයි නම්, 'මම ඒ වචනය අත්නොහැර, ඒ සිත අත්නොහැර, ඒ දෘෂ්ටිය බැහැර නොකොට, ශ්‍රමණ ගෞතමයන්ගේ ඉදිරියට යන්නෙමි' යි ඔහුගේ හිස ද ගිලිහී වැටෙනු ඇත්තේ ය."

ඉතින් භාර්ගවයෙනි, එක්තරා ලිච්ඡවී මහඇමතියෙක් හුනස්නෙන් නැගිට ඒ පිරිස අමතා මෙය පැවසුවේ ය.

"එසේ වී නම් භවත්නි, මොහොතක් ඉවසව්. ඒ මම යමි. මමවත් ගිහින් නිරුවත් පාථික පුත්‍රයා මේ පිරිස අතරට රැගෙන එන්නට හැකිවන්නෙම් නම් ඉතා යහපති" යි.

ඉතින් භාර්ගවයෙනි, ඒ ලිච්ඡවි මහාමාත්‍යයා තින්දුකඛාණු පරිබ්‍රාජකාරාමය යම් තැනක ද, නිරුවත් පාථිකපුත්‍රයා යම් තැනක ද, එතැනට ගියේ ය. ගොස් නිරුවත් පාථිකපුත්‍රයාට මෙය පැවසුවේ ය.

'ඇවැත් පාථිකපුත්‍රය, පෙරට එව. ඔබගේ පෙරට පැමිණීම උතුම් ය. ප්‍රසිද්ධ ප්‍රසිද්ධ ලිච්ඡවීහු ද ඇවිත් සිටිති. ....(පෙ).... ශ්‍රමණ ගෞතමයෝ ත් ආයුෂ්මතුන්ගේ ආරාමයෙහි දිවා විහරණය පිණිස පැමිණ වාඩිවී සිටිති.

ඇවැත් පාථික පුත්‍රයෙනි, ඔබ විසින් විශාලාවෙහි පිරිස් මැද මේ වචනය කියන ලද්දේ ය. 'ශ්‍රමණ ගෞතම තෙමේ නුවණ ගැන කථා කරන්නෙකි. මම ත් නුවණ ගැන කථා කරන්නෙකි. නුවණ ගැන කථා කරන්නෙක් නුවණ ගැන කථා කරන්නෙකු සමඟ මනුෂ්‍ය ධර්මයන්ට වඩා උසස් වූ ඉර්ධි ප්‍රාතිහාර්යයන් දක්වන්නට සුදුසු ය. ....(පෙ).... මෙසේ ශ්‍රමණ ගෞතම තෙමේ යම් පමණ ගණනකින් මනුෂ්‍ය ධර්මයට වඩා උසස් වූ ඉර්ධි ප්‍රාතිහාර්යයන් කරන්නේ නම්, මම එය දෙගුණයක් දෙගුණයක් කොට කරන්නෙමි' යි.

ඇවැත් පාථික පුත්‍රය, මාවතෙන් අඩක් පෙරට එව. හැමට පළමු ව ශ්‍රමණ ගෞතමයෝ පැමිණ ආයුෂ්මතුන්ගේ ආරාමයෙහි දිවා විහරණය පිණිස වැඩහිඳිති. ඇවැත් පාථිකපුත්‍රයෙනි, ශ්‍රමණ ගෞතමයන් විසින් පිරිස් මැද මෙබඳු වචනයක් කියන ලද්දේ ය. 'නිරුවත් පාථික පුත්‍රයා ඒ වචනය අත්නොහැර, ඒ සිත අත්නොහැර, ඒ දෘෂ්ටිය බැහැර නොකොට, මා ඉදිරියට එන්නට නොහැක්කේ ය. ඉදින් ඔහුට මෙසේ සිතෙයි නම්, 'මම ඒ වචනය අත්නොහැර, ඒ සිත අත්නොහැර, ඒ දෘෂ්ටිය බැහැර නොකොට, ශ්‍රමණ ගෞතමයන්ගේ ඉදිරියට යන්නෙමි' යි ඔහුගේ හිස ද ගිලිහී වැටෙනු ඇත්තේ ය' යි.

'පෙරට එව, නිරුවත් පාථික පුත්‍රය, පෙරට පැමිණීමෙන් ම ඔබට ජය ලබා දෙන්නෙමු. ශ්‍රමණ ගෞතමයන්ට පරාජය දෙන්නෙමු' යි"

මෙසේ කී කල්හී භාර්ගවයෙනි, නිරුවත් පාථිකපුත්‍රයා "එමි, ඇවැත්නි. එමි, ඇවැත්නි" යි කියා එහි ම ගැලෙයි. හුනස්නෙන් නැගිටින්නට ද නොහැකි වෙයි.

ඉක්බිති භාර්ගවයෙනි, ලිච්ඡවි මහාමාත්‍යයා නිරුවත් පාථික පුත්‍රයාට මෙය කීවේ ය. "හැයි? ඇවැත් පාථිකපුත්‍රය, ඔබගේ සට්ටම් දෙක පුටුවේ ඇලුණාවත් ද? එහෙමත් නැත්නම් පුටුව ඔබගේ සට්ටම් දෙකෙහි ඇලුණාවත් ද? 'එමි, ඇවැත්නි. එමි, ඇවැත්නි' යි කියා එහි ම ගැලෙනවා නොවැ. ආසනයෙන් නැගිටින්නට ද නොහැකි වෙනවා නොවැ."

මෙසේ කියද්දී ත් භාර්ගවයෙනි, නිරුවත් පාථිකපුත්‍රයා 'එමි, ඇවැත්නි. එමි, ඇවැත්නි' යි කියා එහි ම ගැලෙයි. හුනස්නෙන් නැගිටින්නට ද නොහැකි වෙයි. යම් කලෙක භාර්ගවයෙනි, ඒ ලිච්ඡවී මහාමාත්‍යයා 'මේ නිරුවත් පාථිකපුත්‍රයා පැරදී ගිය ස්වභාවය ඇත්තේ, 'එමි, ඇවැත්නි. එමි, ඇවැත්නි' යි කියා එහි ම ගැලෙයි. හුනස්නෙන් නැගිටින්නට ද නොහැකි වෙයි' යි දැනගත්තේ ද, එකල්හී ඒ පිරිස වෙත පැමිණ අමතා මෙසේ දැනුම් දුන්නේ ය.

"භවත්නි, පැරදී ගිය ස්වභාවය ඇති මේ නිරුවත් පාථිකපුත්‍රයා 'එමි, ඇවැත්නි. එමි, ඇවැත්නි' යි කියා එහි ම ගැලෙයි. හුනස්නෙන් නැගිටින්නට ද නොහැකි වෙයි" කියා ය.

මෙසේ කී කල්හී භාර්ගවයෙනි, මම ඒ පිරිසට මෙය පැවසූවෙමි.

"ඇවැත්නි, නිරුවත් පාථික පුත්‍රයා ඒ වචනය අත්නොහැර, ඒ සිත අත්නොහැර, ඒ දෘෂ්ටිය බැහැර නොකොට, මා ඉදිරියට එන්නට නොහැක්කේ ය. ඉදින් ඔහුට මෙසේ සිතෙයි නම්, 'මම ඒ වචනය අත්නොහැර, ඒ සිත අත්නොහැර, ඒ දෘෂ්ටිය බැහැර නොකොට, ශ්‍රමණ ගෞතමයන්ගේ ඉදිරියට යන්නෙමි' යි ඔහුගේ හිස ද ගිලිහී වැටෙනු ඇත්තේ ය.

ඉදින් ආයුෂ්මත් ලිච්ඡවිවරුන්ට මෙසේ සිතෙයි නම්, 'අපි නිරුවත් පාථිකපුත්‍රයා වරපටින් බැඳ, ගොනුන් යෙදූ වියගසින් ඇදගෙන එන්නෙමු' යි, ඒ වරපට හෝ පාථිකපුත්‍රයා සිඳී කැඩී යනු ඇත්තේ ය.

නිරුවත් පාථික පුත්‍රයා ඒ වචනය අත්නොහැර, ඒ සිත අත්නොහැර, ඒ දෘෂ්ටිය බැහැර නොකොට, මා ඉදිරියට එන්නට නොහැක්කේ ය. ඉදින් ඔහුට මෙසේ සිතෙයි නම්, 'මම ඒ වචනය අත්නොහැර, ඒ සිත අත්නොහැර, ඒ දෘෂ්ටිය බැහැර නොකොට, ශ්‍රමණ ගෞතමයන්ගේ ඉදිරියට යන්නෙමි' යි ඔහුගේ හිස ද ගිලිහී වැටෙනු ඇත්තේ ය."

එකල්හී භාර්ගවයෙනි, දාරුපත්තික පරිබ්‍රාජකගේ අතවැසි ජාලිය තෙමේ හුනස්නෙන් නැගිට ඒ පිරිසට මෙය පැවසුවේ ය.

"එසේ වී නම් භවත්නි, මොහොතක් ඉවසව්. ඒ මම යමි. මමවත් ගිහින් නිරුවත් පාථික පුත්‍රයා මේ පිරිස අතරට රැගෙන එන්නට හැකිවන්නෙම් නම් ඉතා යහපති" යි.

ඉතින් භාර්ගවයෙනි, දාරුපත්තිකගේ අතවැසි ජාලියයා තින්දුකඛාණු පරිබ්‍රාජකාරාමය යම් තැනක ද, නිරුවත් පාථිකපුත්‍රයා යම් තැනක ද, එතැනට ගියේ ය. ගොස් නිරුවත් පාථිකපුත්‍රයාට මෙය පැවසුවේ ය.

'ඇවැත් පාථිකපුත්‍රය, පෙරට එව. ඔබගේ පෙරට පැමිණීම උතුම් ය. ප්‍රසිද්ධ ප්‍රසිද්ධ ලිච්ඡවීහු ද ඇවිත් සිටිති. ....(පෙ).... ශ්‍රමණ ගෞතමයෝ ත් ආයුෂ්මතුන්ගේ ආරාමයෙහි දිවා විහරණය පිණිස පැමිණ වාඩිවී සිටිති.

ඇවැත් පාථික පුත්‍රයෙනි, ඔබ විසින් විශාලාවෙහි පිරිස් මැද මේ වචනය කියන ලද්දේ ය. 'ශ්‍රමණ ගෞතම තෙමේ නුවණ ගැන කථා කරන්නෙකි. මම ත් නුවණ ගැන කථා කරන්නෙකි. නුවණ ගැන කථා කරන්නෙක් නුවණ ගැන කථා කරන්නෙකු සමඟ මනුෂ්‍ය ධර්මයන්ට වඩා උසස් වූ ඉර්ධි ප්‍රාතිහාර්යයන් දක්වන්නට සුදුසු ය. ....(පෙ).... මෙසේ ශ්‍රමණ ගෞතම තෙමේ යම් පමණ ගණනකින් මනුෂ්‍ය ධර්මයට වඩා උසස් වූ ඉර්ධි ප්‍රාතිහාර්යයන් කරන්නේ නම්, මම එය දෙගුණයක් දෙගුණයක් කොට කරන්නෙමි' යි.

ඇවැත් පාථික පුත්‍රය, මාවතෙන් අඩක් පෙරට එව. හැමට පළමු ව ශ්‍රමණ ගෞතමයෝ පැමිණ ආයුෂ්මතුන්ගේ ආරාමයෙහි දිවා විහරණය පිණිස වැඩහිඳිති. ඇවැත් පාථිකපුත්‍රයෙනි, ශ්‍රමණ ගෞතමයන් විසින් පිරිස් මැද මෙබඳු වචනයක් කියන ලද්දේ ය. 'නිරුවත් පාථික පුත්‍රයා ඒ වචනය අත්නොහැර, ඒ සිත අත්නොහැර, ඒ දෘෂ්ටිය බැහැර නොකොට, මා ඉදිරියට එන්නට නොහැක්කේ ය. ඉදින් ඔහුට මෙසේ සිතෙයි නම්, 'මම ඒ වචනය අත්නොහැර, ඒ සිත අත්නොහැර, ඒ දෘෂ්ටිය බැහැර නොකොට, ශ්‍රමණ ගෞතමයන්ගේ ඉදිරියට යන්නෙමි' යි ඔහුගේ හිස ද ගිලිහී වැටෙනු ඇත්තේ ය.

ඉදින් ආයුෂ්මත් ලිච්ඡවිවරුන්ට මෙසේ සිතෙයි නම්, 'අපි නිරුවත් පාථිකපුත්‍රයා වරපටින් බැඳ, ගොනුන් යෙදූ වියගසින් ඇදගෙන එන්නෙමු' යි, ඒ වරපට හෝ පාථිකපුත්‍රයා සිඳී කැඩී යනු ඇත්තේ ය.

නිරුවත් පාථික පුත්‍රයා ඒ වචනය අත්නොහැර, ඒ සිත අත්නොහැර, ඒ දෘෂ්ටිය බැහැර නොකොට, මා ඉදිරියට එන්නට නොහැක්කේ ය. ඉදින් ඔහුට මෙසේ සිතෙයි නම්, 'මම ඒ වචනය අත්නොහැර, ඒ සිත අත්නොහැර, ඒ දෘෂ්ටිය බැහැර නොකොට, ශ්‍රමණ ගෞතමයන්ගේ ඉදිරියට යන්නෙමි' යි ඔහුගේ හිස ද ගිලිහී වැටෙනු ඇත්තේ ය.

'පෙරට එව, නිරුවත් පාථික පුත්‍රය, පෙරට පැමිණීමෙන් ම ඔබට ජය ලබා දෙන්නෙමු. ශ්‍රමණ ගෞතමයන්ට පරාජය දෙන්නෙමු' යි"

මෙසේ කී කල්හී භාර්ගවයෙනි, නිරුවත් පාථිකපුත්‍රයා "එම්, ඇවැත්නි. එම්, ඇවැත්නි" යි කියා එහි ම ගැලෙයි. හුනස්නෙන් නැගිටින්නට ද නොහැකි වෙයි.

ඉක්බිති භාර්ගවයෙනි, දාරුපත්තිකගේ අතවැසි ජාලියයා නිරුවත් පාථික පුත්‍රයාට මෙය කීවේ ය. "හැයි? ඇවැත් පාථිකපුත්‍රය, ඔබගේ සට්ටම් දෙක පුටුවේ ඇලුණාවත් ද? එහෙමත් නැත්නම් පුටුව ඔබගේ සට්ටම් දෙකෙහි ඇලුණාවත් ද? 'එම්, ඇවැත්නි. එම්, ඇවැත්නි' යි කියා එහි ම ගැලෙනවා නොවැ. ආසනයෙන් නැගිටින්නට ද නොහැකි වෙනවා නොවැ."

මෙසේ කියද්දී ත් භාර්ගවයෙනි, නිරුවත් පාථිකපුත්‍රයා 'එම්, ඇවැත්නි. එම්, ඇවැත්නි' යි කියා එහි ම ගැලෙයි. හුනස්නෙන් නැගිටින්නට ද නොහැකි වෙයි. යම් කලෙක භාර්ගවයෙනි, දාරුපත්තිකගේ අතවැසි ජාලියයා 'මේ නිරුවත් පාථිකපුත්‍රයා පැරදී ගිය ස්වභාවය ඇත්තේ, 'එම්, ඇවැත්නි. එම්, ඇවැත්නි' යි කියා එහි ම ගැලෙයි. හුනස්නෙන් නැගිටින්නට ද නොහැකි වෙයි' යි දැනගත්තේ ද, එකල්හී ඔහු අමතා මෙය කීවේ ය.

"ඇවැත් පාථිකපුත්‍රය, මෙය පෙර සිදු වූ දෙයකි. සිව්පාවුන්ගේ රජු වූ සිංහයාට මේ අදහස ඇතිවූයේ ය. 'යම් හෙයකින් මම එක්තරා වන ලැහැබක් ඇසුරු කොට ලගින්නෙම් නම් මැනැවි. එහි ලැග සවස් වරුවෙහි සිටි තැනින් පිටතට නික්මෙන්නෙම් නම්, පිටතට නික්ම ඇඟ සොලොවා, මවිල් ගසා දමන්නෙම් නම්, ඇඟ සොලොවා මවිල් ගසා දමා සිව් දිශා හාත්පස බලන්නෙම් නම්, සිව් දිශා හාත්පස බලා තුන් වරක් සිංහනාද කරන්නෙම් නම්, තුන් වරක් සිංහනාද කොට ගොදුරු පිණිස නික්මෙන්නෙම් නම් මැනැවි. මුවන් අතුරින් හොඳ හොඳ වූ මුවෙකු මරා මෘදු මෘදු මස් භක්ෂණය කොට ඒ ලැග සිටි තැනට ම ආපසු හැරී යන්නෙම් නම් මැනැවි' යි.

ඉක්බිති ඒ සිව්පාවුන්ගේ රජු වූ සිංහයා එක්තරා වන ලැහැබක් ඇසුරු කොට ලැග්ගේ ය. එහි ලැග සවස් වරුවෙහි සිටි තැනින් පිටතට නික්මුණේ ය. පිටතට නික්ම ඇඟ සොලොවා, මවිල් ගසා දැම්මේ ය. ඇඟ සොලොවා මවිල් ගසා දමා සිව් දිශා හාත්පස බැලුවේ ය. සිව් දිශා හාත්පස බලා තුන් වරක් සිංහනාද කළේ ය. තුන් වරක් සිංහනාද කොට ගොදුරු පිණිස නික්මුණේ ය. ඔහු මුවන් අතුරින් හොඳ හොඳ වූ මුවෙකු මරා මෘදු මෘදු මස් භක්ෂණය කොට ඒ ලැග සිටි තැනට ම ආපසු හැරී ගියේ ය.

ඉතින් ඇවැත් පාථිකපුත්‍රය, සිව්පාවුන්ගේ රජු වූ ඒ සිංහයා භක්ෂණය කොට ඉතිරි වූ දෙය අනුභව කොට තර වූ නාකි සිවලෙක් උඩඟු වූයේ ත්, සවිමත් වූයේ ත් වෙයි. ඉතින් ඇවැත, ඒ නාකි සිවලාට මේ අදහස ඇතිවූයේ ය. 'මං කවුද? සිව්පාවුන්ගේ රජු වූ සිංහයා කවුද? යම් හෙයකින් මම ත් එක්තරා වන ලැහැබක් ඇසුරු කොට ලගින්නෙම් නම් මැනැවි. එහි ලැග සවස් වරුවෙහි සිටි තැනින් පිටතට නික්මෙන්නෙම් නම්, පිටතට නික්ම ඇඟ සොලොවා, මවිල් ගසා දමන්නෙම් නම්, ඇඟ සොලොවා මවිල් ගසා දමා සිව් දිශා හාත්පස බලන්නෙම් නම්, සිව් දිශා හාත්පස බලා තුන් වරක් සිංහනාද කරන්නෙම් නම්, තුන් වරක් සිංහනාද කොට ගොදුරු පිණිස නික්මෙන්නෙම් නම් මැනැවි. මුවන් අතුරින් හොඳ හොඳ වූ මුවෙකු මරා මෘදු මෘදු මස් භක්ෂණය කොට ඒ ලැග සිටි තැනට ම ආපසු හැරී යන්නෙම් නම් මැනැවි' යි.

ඉතින් ඇවැත, ඒ නාකි සිවලා එක්තරා වන ලැහැබක් ඇසුරු කොට ලැග්ගේ ය. එහි ලැග හවස් වරුවෙහි එතැනින් නික්මුණේ ය. එතැනින් නික්ම ඇඟ සොලොවා මවිල් සෙලෙව්වේ ය. මවිල් සෙලවෙන ලෙස ඇඟ සොලොවා හාත්පස සිව් දිශා මනාකොට බැලුවේ ය. හාත්පස සිව් දිශා මනාකොට බලා තුන්වරක් සිංහනාදයක් නාදකරන්නෙමි යි හිවල් නාදයක් ම කළේ ය. නරි නාදයක් ම කළේ ය. නීච නරි හඬ කුමක් ද? සිංහනාදය යනු කුමක් ද?

එසෙයින් ම ඇවැත් පාථිකපුත්‍රය, ඔබ සුගතයන් වහන්සේලාගේ දිවි පැවැත්ම උදෙසා ඇති සිව්පසයෙන් තමනුත් යැපෙමින්, සුගතයන් වහන්සේලාට පුදා ඉතිරි වූ දේ අනුභව කරමින්, තථාගත අරහත් සම්මා සම්බුදුවරයන්ට හිරිහැර කළ යුතු යැයි සිතුවෙහි ද? නීච පාථිකපුත්‍රයා කවුද? තථාගත අරහත් සම්මා සම්බුදුවරුන්ට හිරිහැර කිරීම යනු කුමක් ද?"

භාර්ගවයෙනි, යම් කලක දාරුපත්තිකගේ අතවැසි ජාලියයා මේ උපමාවෙනුත් නිරුවත් පාථිකපුත්‍රයා ව ඒ අසුනෙන් නැගිට්ටවන්නට නොහැකි වූයේ ද, එකල්හී ජාලියයා ඔහුට මෙය කීවේ ය.

(ගාථාවකි)

"හිවලෙක් තමන් දෙස බලා තමා ත් සිංහයෙකි යි සිතාගෙන, 'මම
සිංහනාදයක් කරමි' යි නරියෙකු සෙයින් ම නරි හඬ නැගුවේ
ය. නීච නරි හඬ කුමක් ද? සිංහනාදය යනු කුමක් ද?

එසෙයින් ම ඇවැත් පාථිකපුත්‍රය, ඔබ සුගතයන් වහන්සේලාට උරුම වූ සිව්පසයෙන් යැපෙමින්, සුගතයන් වහන්සේලා ඉතිරි කළ දෑ අනුභව කරමින්

තථාගත අරහත් සම්මා සම්බුදුවරුන්ට හිරිහැර කළ යුතු යැයි සිතුවෙහි ය. ලාමක පාථිකපුත්‍රයා කවුද? තථාගත අරහත් සම්මා සම්බුදුවරුන්ට හිරිහැර කිරීම යනු කුමක් ද?"

යම් කලෙක භාර්ගවයෙනි, දාරුපත්තිකගේ අතවැසි ජාලියයා මේ උපමාවෙනුත් නිරුවත් පාථිකපුත්‍රයා ව ඒ අසුනෙන් නැගිට්ටවන්නට නොහැකි වූයේ ද, ඉක්බිති ඔහුට මෙය පැවසී ය.

(ගාථාවකි)

"හිවලෙක් වනයෙහි ඇවිදින්නේ දිය වලක තමන්ගේ පිළිබිඹු ව දැක, තමා තර වී සිටින්නේ සිංහයා කා ඉතුරු දේ කෑමෙන් බව නොදක්කේ ය. ඒ තාක් තමා සිංහයා හා සම වූ ව්‍යාඝ්‍රයෙකු යැයි නරි තෙමේ සිතුවේ ය. නරියෙකු සෙයින් ම හේ නරි හඬ නැගී ය. නීච හිවල් හඬ කුමක් ද? සිංහයෙකුගේ නාදය කුමක් ද?

එසෙයින් ම ඇවැත් පාථිකපුත්‍රය, ඔබ සුගතයන් වහන්සේලාට උරුම වූ සිව්පසයෙන් යැපෙමින්, සුගතයන් වහන්සේලා ඉතිරි කළ දෑ අනුභව කරමින් තථාගත අරහත් සම්මා සම්බුදුවරුන්ට හිරිහැර කළ යුතු යැයි සිතුවෙහි ය. ලාමක පාථිකපුත්‍රයා කවුද? තථාගත අරහත් සම්මා සම්බුදුවරුන්ට හිරිහැර කිරීම යනු කුමක් ද?"

යම් කලෙක භාර්ගවයෙනි, දාරුපත්තිකගේ අතවැසි ජාලියයා මේ උපමාවෙනුත් නිරුවත් පාථිකපුත්‍රයා ව ඒ අසුනෙන් නැගිට්ටවන්නට නොහැකි වූයේ ද, ඉක්බිති ඔහුට මෙය පැවසී ය.

(ගාථාවකි)

"සිංහ, ව්‍යාඝ්‍රාදීන්ගෙන් හිස් වූ මහා වනයෙහි මැඩියන් ද, බිල්වල සිටින මීයන් ද, සොහොනෙහි දැමූ මළකුණු ද කා තරව ගිය නරි තෙමේ 'මම සිව්පාවුන්ගේ රජ වූ සිංහයා වෙමි' යි සිතුවේ ය. නරියෙකු සෙයින් ම හේ නරි හඬ නැගී ය. නීච හිවල් හඬ කුමක් ද? සිංහයෙකුගේ නාදය කුමක් ද?

එසෙයින් ම ඇවැත් පාථිකපුත්‍රය, ඔබ සුගතයන් වහන්සේලාට උරුම වූ සිව්පසයෙන් යැපෙමින්, සුගතයන් වහන්සේලා ඉතිරි කළ දෑ අනුභව කරමින් තථාගත අරහත් සම්මා සම්බුදුවරුන්ට හිරිහැර කළ යුතු යැයි සිතුවෙහි ය. ලාමක පාථිකපුත්‍රයා කවුද? තථාගත අරහත් සම්මා සම්බුදුවරුන්ට හිරිහැර කිරීම යනු කුමක් ද?"

යම් කලෙක භාර්ගවයෙනි, දාරුපත්තිකගේ අතවැසි ජාලියයා මේ උපමාවෙනුත් නිරුවත් පාථිකපුත්‍රයා ව ඒ අසුනෙන් නැගිට්ටවන්නට නොහැකි වූයේ ද, එකල්හී ඔහු ඒ පිරිස වෙත අවුත් මෙසේ දැනුම් දුන්නේ ය.

"භවත්නි, පැරදී ගිය ස්වභාවය ඇති මේ නිරුවත් පාථිකපුත්‍රයා 'එම්, ඇවැත්නි. එම්, ඇවැත්නි' යි කියා එහි ම ගැලෙයි. හුනස්නෙන් නැගිටින්නට ද නොහැකි වෙයි" කියා ය.

මෙසේ කී කල්හී භාර්ගවයෙනි, මම ඒ පිරිසට මෙය පැවසුවෙමි.

"ඇවැත්නි, නිරුවත් පාථික පුත්‍රයා ඒ වචනය අත්නොහැර, ඒ සිත අත්නොහැර, ඒ දෘෂ්ටිය බැහැර නොකොට, මා ඉදිරියට එන්නට නොහැක්කේ ය. ඉදින් ඔහුට මෙසේ සිතෙයි නම්, 'මම ඒ වචනය අත්නොහැර, ඒ සිත අත්නොහැර, ඒ දෘෂ්ටිය බැහැර නොකොට, ශ්‍රමණ ගෞතමයන්ගේ ඉදිරියට යන්නෙමි' යි ඔහුගේ හිස ද ගිලිහී වැටෙනු ඇත්තේ ය.

ඉදින් ආයුෂ්මත් ලිච්ඡවිවරුන්ට මෙසේ සිතෙයි නම්, 'අපි නිරුවත් පාථිකපුත්‍රයා වරපටින් බැඳ, ගොනුන් යෙදූ වියගසින් ඇදගෙන එන්නෙමු' යි, ඒ වරපට හෝ පාථිකපුත්‍රයා සිඳී කැඩී යනු ඇත්තේ ය.

නිරුවත් පාථික පුත්‍රයා ඒ වචනය අත්නොහැර, ඒ සිත අත්නොහැර, ඒ දෘෂ්ටිය බැහැර නොකොට, මා ඉදිරියට එන්නට නොහැක්කේ ය. ඉදින් ඔහුට මෙසේ සිතෙයි නම්, 'මම ඒ වචනය අත්නොහැර, ඒ සිත අත්නොහැර, ඒ දෘෂ්ටිය බැහැර නොකොට, ශ්‍රමණ ගෞතමයන්ගේ ඉදිරියට යන්නෙමි' යි ඔහුගේ හිස ද ගිලිහී වැටෙනු ඇත්තේ ය."

ඉක්බිති භාර්ගවයෙනි, මම ඒ පිරිසට ධර්ම කථාවෙන් කරුණු දැක්වූයෙමි. සමාදන් කරවූයෙමි. උනන්දු කළෙමි. සතුටු කළෙමි. ඒ පිරිසට ධර්ම කථාවෙන් කරුණු දක්වා, සමාදන් කරවා, උනන්දු කරවා, සතුටු කරවා, මහා සසර බන්ධනයෙන් නිදහස් කොට අසූ හාර දහසක් ප්‍රාණීන් කෙලෙස් මහා සැඩ පහරින් එගොඩ කරවා තේජෝ ධාතුවට සමවැදී තල් ගස් සතක් පමණ උසට අහසට පැන නැගී අන්‍ය වූ තල් ගස් සතක් පමණ උසට විහිදෙන ලෙසින් ගිනි දැල් මවා, දිලිහී, දුම් විහිදුවා මහා වනයෙහි කූටාගාර ශාලාවෙහි පිහිටියෙමි.

ඉක්බිති භාර්ගවයෙනි, මම යම් තැනක හුන්නෙම් ද, සුනක්ඛත්ත ලිච්ඡවි පුත්‍රයා එතැනට පැමිණියේ ය. පැමිණ මට සකසා වන්දනා කොට එකත්පස් ව හිඳගත්තේ ය. භාර්ගවයෙනි, එකත්පස් ව හුන් සුනක්ඛත්ත ලිච්ඡවි පුත්‍රයාට මම මෙය පැවසුවෙමි.

"සුනක්ඛත්තයෙනි, ඒ කිමෙකැයි සිතන්නෙහි ද? නිරුවත් පාථිකපුත්‍රයා පිළිබඳ ව මම ඔබට යමක් පැවසුවෙම් ද, එය එසේ ම වූයේ ද? අන් සැටියකින් වූයේ ද?"

"ස්වාමීනී, භාග්‍යවතුන් වහන්සේ නිරුවත් පාථිකපුත්‍රයා ගැන යම් පරිදි මට වදාළ සේක් ද, එය එසේ ම වූයේ ය. අන් සැටියකින් නොවූයේ ය."

"සුනක්ඛත්තයෙනි, ඒ කිමෙකැයි සිතන්නෙහි ද? ඉදින් මෙසේ ඇති කල්හී මනුෂ්‍ය ධර්මයට වඩා උසස් වූ ඉර්ධි ප්‍රාතිහාර්යයක් කරන ලද්දේ ද? නොකරන ලද්දේ ද?"

"ඒකාන්තයෙන්ම ස්වාමීනී, මෙසේ ඇති කල්හී මනුෂ්‍ය ධර්මයට වඩා උසස් වූ ඉර්ධි ප්‍රාතිහාර්යයක් කරන ලද්දේ ය. නොකරන ලද්දේ නොවෙයි."

"මෙසේ ත් හිස් පුරුෂය, මනුෂ්‍ය ධර්මයන්ට වඩා උසස් වූ ඉර්ධි ප්‍රාතිහාර්යයක් කරන්නා වූ මා හට ඔබ මෙසේ කියන්නෙහි ය. 'ස්වාමීනී, භාග්‍යවතුන් වහන්සේ මට මනුෂ්‍ය ධර්මයන්ට වඩා උසස් වූ ඉර්ධි ප්‍රාතිහාර්යයක් නොකරන සේකැ' යි. බලව, හිස් පුරුෂය, ඔබ මොනතරම් වරදක් කරන ලද්දේද?"

භාර්ගවයෙනි, මා විසින් මෙසේ ත් කියනු ලබද්දී සුනක්ඛත්ත ලිච්ඡවි පුත්‍රයා අපායට නියම වූවකු සෙයින්, නිරයට නියම වූවකු සෙයින් මේ සසුනෙන් බැහැර ව ම ගියේ ය.

භාර්ගවයෙනි, මම ලෝකය සකස් වීම පිළිබඳ මතවාද ත් දනිමි. එය ත් දනිමි. එයට වඩා උත්තරීතර වූ දෙය ත් දනිමි. එය දූන, සිතින් ග්‍රහණය නොකරමි. සිතින් ග්‍රහණය නොකරන්නේ මා විසින් තමා තුළ ම කෙලෙසුන්ගේ නිවීම දන්නා ලද්දේ ය. එම නිවීම දන්නා තථාගත තෙමේ ලොව පිළිබඳ තමා දත් දෙයින් කරදරයකට පත් නොවෙයි.

භාර්ගවයෙනි, ඇතැම් ශ්‍රමණ බ්‍රාහ්මණවරු සිටිති. ඔවුහු 'මැවුම්කරුවෙකු විසින් කරන ලදී. බ්‍රහ්මයෙකු විසින් මවන ලදී' යි ලෝකාරම්භය පිළිබඳ වූ මතය ආචාර්යය වාදයක් ලෙස පණවති. එවිට මම ඔවුන් වෙත ගොස් මෙසේ අසමි. "සැබෑ ද ආයුෂ්මත්නි, ඔබලා මැවුම්කරුවෙකු විසින් මවන ලදී. බ්‍රහ්මයෙකු විසින් මවන ලදී' යනුවෙන් ලෝකාරම්භය පිළිබඳ ව මතයක් ආචාර්යවාදයක් ලෙස පණවව් ද?"

මා විසින් මෙසේ අසන ලද ඔවුහු "එසේ ය" යි පිළිතුරු දෙති. එවිට මම ඔවුන්ට මෙසේ කියමි.

"ආයුෂ්මත්නි, මැවුම්කරුවෙකු විසින් මවන ලදී. බ්‍රහ්මයෙකු විසින් මවන ලදී යනුවෙන් ඔබලා ලෝකය සකස් වීම පිළිබඳ මතය ආචාර්යවාදයක් ලෙසින් කවර අයුරින් ඇති දෙයක් ලෙස පණවව් ද?"

"මා විසින් අසන ලද ඔවුහු පිළිතුරු සපයන්නට නොහැකි වෙති. පිළිතුරු සැපයිය නොහැකි ව පෙරළා මගෙන් ම අසති. ඔවුන් විසින් අසන ලද මම පිළිතුරු දෙමි.

ඇවැත්නි, අතිදීර්ඝ කාලයක් ඇවෑමෙන්, කිසියම් කලෙක මේ ලෝකය නැසෙයි ද, එබඳු කාලයක් එන්නේ ය. ලෝකය නැසෙන කල්හී බොහෝ සෙයින් ම සත්වයෝ ආභස්සර බඹලොවෙහි උපදිති. ඔවුහු එහි සිතින් සකස් වූ ජීවිත ඇති ව, ප්‍රීතිය අනුභව කරමින්, තමන්ගේ සිරුරු එළියෙන් අහසෙහි හැසිරෙමින්, සොඳුරු ලෙස සිටිමින්, ඉතා දීර්ඝ කාලයක් සිටිති.

ඇවැත්නි, ඉතා දීර්ඝ කාලයක් ඇවෑමෙන් කිසියම් කලෙක මේ ලෝකය නැවත හැදෙයි ද, එබඳු කාලයක් එන්නේ ය. මේ ලෝකය නැවත හැදෙන කල්හී හිස් බ්‍රහ්ම විමානයක් පහළ වෙයි. එවිට එක්තරා සත්වයෙක් ආයුෂ අවසන් වීමෙන් හෝ පින අවසන් වීමෙන් හෝ ආභස්සර ලොවින් චුත වී හිස් බඹ විමනෙහි උපදියි. ඔහු එහි සිතින් සකස් වූ ජීවිත ඇති ව, ප්‍රීතිය අනුභව කරමින්, තමන්ගේ සිරුරු එළියෙන් අහසෙහි හැසිරෙමින්, සොඳුරු ලෙස සිටිමින්, ඉතා දීර්ඝ කාලයක් සිටියි. එහි බොහෝ කාලයක් තනි ව වාසය කළ බැවින් ඔහු තුළ නොඇල්මක්, ආශාවකින් පෙළෙන බවක් උපදියි. 'අහෝ! ඒකාන්තයෙන් අන්‍ය වූ සත්වයෝ ත් මේ ආත්මභාවයට පැමිණෙත් නම් මැනැවැ' යි.

එකල්හී අන්‍ය වූ සත්වයෝ ත් ආයුෂ අවසන් වීමෙන් හෝ පින අවසන් වීමෙන් හෝ ආභස්සර ලොවින් චුත ව හිස් බඹ විමනෙහි උපදිති. කලින් උපන් සත්වයාගේ මිත්‍ර බවට පැමිණෙති. ඔවුනු ත් එහි සිතින් සකස් වූ ජීවිත ඇති ව, ප්‍රීතිය අනුභව කරමින්, තමන්ගේ සිරුරු එළියෙන් අහසෙහි හැසිරෙමින්, සොඳුරු ලෙස සිටිමින්, ඉතා දීර්ඝ කාලයක් සිටිති. එහිදී ඇවැත්නි, යම් ඒ සත්වයෙක් පළමු ව උපන්නේ ද, ඔහුට මෙසේ සිතෙයි. 'මම බ්‍රහ්මයා වෙමි. මහා බ්‍රහ්මයා වෙමි. ලොව මැඩපවත්වමි. අන්‍යයෙකු විසින් නොමඩනා ලද්දෙමි. සියල්ල දකිමි. සියල්ල වසඟයෙහි පවත්වමි. මැවුම්කරු වෙමි. ලොව නිර්මාණය කරන්නා වෙමි. නිර්මාපකයා වෙමි. ලොව බලය පතුරුවන්නා වෙමි. ලොව සකසන්නා වෙමි. අන්‍යයන් වසඟයෙහි පවත්වන්නා වෙමි. උපන්නා වූ ත්, ඉපදෙන්නා වූ ත් සත්වයන්ගේ පියාණන් වෙමි. මා විසින් මේ සත්වයෝ මවන ලද්දාහු ය. ඒ මක් නිසා ද යත්; මට ම කලින් මේ අදහස ඇතිවූයේ ය. 'අහෝ!

ඒකාන්තයෙන් අන්‍ය වූ සත්වයෝ ත් මේ ආත්මභාවයට පැමිණෙන්නාහු නම් මැනැවැ' යි. මෙසේ මගේ පැතුම වූයේ ය. මේ සත්වයෝ ත් මේ අත්බවට ආවාහු ය.'

යම් ඒ සත්වයෝ පසුව උපන්නාහු ද, ඔවුන්ට ත් මෙසේ සිතෙයි. 'මේ වනාහී භවත් බ්‍රහ්මයා ය. මහා බ්‍රහ්මයා ය. ලොව මැඩපවත්වන්නා ය. අන්‍යයෙකු විසින් නොමඩනා ලද්දේ ය. සියල්ල දකියි. සියල්ල වසඟයෙහි පවත්වයි. මැවුම්කරු වෙයි. ලොව නිර්මාණය කරන්නා ය. නිර්මාපකයා ය. ලොව බලය පතුරුවන්නා ය. ලොව සකසන්නා ය. අන්‍යයන් වසඟයෙහි පවත්වන්නා ය. උපන්නා වූ ත්, ඉපදෙන්නා වූ ත් සත්වයන්ගේ පියාණන් ය. මේ භවත් බ්‍රහ්මයා විසින් අපි මවන ලද්දෙමු. ඒ මක් නිසා ද යත්; මෙහි පළමු ව උපන් මොහු අපි දකිමු. අපි වනාහී පසුව උපන්නෙමු.'

එහිදී ඇවැත්නි, යම් ඒ සත්වයෙක් පළමු ව උපන්නේ ද, ඔහු වඩා ත් දීර්ඝායුෂ ඇත්තේ ද, වඩා ත් මනා පැහැ ඇත්තේ ද, වඩා ත් මහේශාක්‍ය වූයේ ද වෙයි. යම් ඒ සත්වයෝ පසු ව උපන්නාහු ද, ඔවුහු වඩා ත් අල්ප ආයුෂ ඇති ව, වඩා ත් කිලිටි පැහැ ඇති ව වඩාත් අල්පේශාක්‍ය ද වූවාහු ය.

ඇවැත්නි, එක්තරා සත්වයෙක් ඒ බඹ විමනින් චුත ව මේ මිනිසත් බවට එයි යන කරුණ දකින්නට ලැබෙයි. මේ මිනිසත් බවට පැමිණියේ ගිහි ගෙයින් නික්ම අනගාරික සසුනෙහි පැවිදි වෙයි. ගිහි ගෙයින් නික්ම අනගාරික සසුනෙහි පැවිදි වූයේ උත්සාහය වඩා, බලවත් වීරිය වඩා, නැවත නැවත වීරිය වඩා, අප්‍රමාදී ව, මැනැවින් මෙනෙහි කිරීම නිසා යම් සේ එකඟ වූ සිතින් ඒ පෙර ගත කළ ජීවිතය සිහි කරයි ද, ඉන් ඔබ්බට ජීවිතය සිහි නොකරයි ද, එබඳු වූ චිත්ත සමාධියක් ලබයි.

ඔහු මෙසේ කියයි. 'යම් ඒ භවත් බ්‍රහ්මයෙක් වෙයි ද, මහා බ්‍රහ්මයා වෙයි ද, ලොව මැඩපවත්වයි ද, අන්‍යයෙකු විසින් නොමඩනා ලද්දේ ද, සියල්ල දකියි ද, සියල්ල වසඟයෙහි පවත්වයි ද, මැවුම්කරු වෙයි ද, ලොව නිර්මාණය කරන්නා වෙයි ද, නිර්මාපකයා වෙයි ද, ලොව බලය පතුරුවන්නා වෙයි ද, ලොව සකසන්නා වෙයි ද, අන්‍යයන් වසඟයෙහි පවත්වන්නා වෙයි ද, උපන්නා වූ ත්, ඉපදෙන්නා වූ ත් සත්වයන්ගේ පියාණන් වෙයි ද, ඒ මහා බ්‍රහ්මයා විසින් අපි මවන ලද්දෙමු. ඒ මහා බ්‍රහ්මයා නිත්‍යය ය. ස්ථිර ය. සදාසිටියි. සදා පවතින වස්තු සෙයින් නොවෙනස් වන ස්වභාවයෙන් යුක්ත ව එසේ ම සිටියි. ඒ භවත් බ්‍රහ්මයා විසින් ඒ අපි මවන ලද්දෙමු ද, ඒ අපි අනිත්‍ය වූ ත්, අස්ථිර වූ ත්, අල්ප ආයුෂ ඇතිව ත්, චුත වන ස්වභාවය ඇති ව ත් මේ මිනිසත් බවට ආවෙමු' යි.

ආයුෂ්මත්නි, ඔබලා මෙසේ සකස් කරගන්නා ලද මැවුම්කරුවෙකු විසින් මවන ලද දෙයක්, බ්‍රහ්මයෙකු විසින් මවන ලද දෙයක්, ලෝකය සකස් වීම පිළිබඳ මතවාදය ආචාර්යවාදයක් ලෙස පණවව් ද?"

එවිට ඔවුහු මෙසේ කීවාහු ය.

"ඇවැත් ගෞතමයෙනි, ආයුෂ්මත් ගෞතම තෙමේ යම් පරිදි පැවසුවේ ද, එය එපරිද්දෙන් ම අප විසින් අසන ලද්දේ ය."

භාර්ගවයෙනි, මම ලෝකය සකස් වීම පිළිබඳ මතවාද ත් දනිමි. එය ත් දනිමි. එයට වඩා උත්තරීතර වූ දෙය ත් දනිමි. එය දූන, සිතින් ග්‍රහණය නොකරමි. සිතින් ග්‍රහණය නොකරන්නේ මා විසින් තමා තුළ ම කෙලෙසුන්ගේ නිවීම දන්නා ලද්දේ ය. එම නිවීම දන්නා තථාගත තෙමේ ලොව පිළිබඳ තමා දත් දෙයින් කරදරයකට පත් නොවෙයි.

භාර්ගවයෙනි, ඇතැම් ශ්‍රමණ බ්‍රාහ්මණවරු සිටිති. ඛිඩ්ඩාපදෝසික දෙවියන් මුල් කොට ලෝකය සකස් වීම පිළිබඳ මතවාදය ආචාර්යවාදයක් ලෙස පණවත්. මම ඔවුන් වෙත ගොස් මෙසේ කියමි.

"සැබෑ ද ආයුෂ්මත්නි, ඔබලා ඛිඩ්ඩාපදෝසික දෙවියන් මුල් කොට ලෝකය සකස් වීම පිළිබඳ මතවාදය ආචාර්යවාදයක් ලෙස පණවව් ද?" මා විසින් මෙසේ අසන ලද ඔවුහු "එසේ ය" යි පිළිතුරු දෙති. එවිට මම ඔවුන්ට මෙසේ කියමි. "ආයුෂ්මත්නි, ඔබලා ඛිඩ්ඩාපදෝසික දෙවියන් මුල්කොට ලෝකය සකස් වීම පිළිබඳ මතවාදය ආචාර්යවාදයක් ලෙසින් කවර අයුරින් ඇති දෙයක් ලෙස පණවව් ද?"

මා විසින් අසන ලද ඔවුහු පිළිතුරු සපයන්නට නොහැකි වෙති. පිළිතුරු සැපයිය නොහැකි ව පෙරළා මගෙන් ම අසති. ඔවුන් විසින් අසන ලද මම පිළිතුරු දෙමි.

"ඇවැත්නි, ඛිඩ්ඩාපදෝසික නමින් දෙව්වරු සිටිති. ඔවුහු අධික වේලාවක් නොයෙක් ක්‍රීඩා ආදියෙහි ඇලී ගැලී වසති. අධික වේලාවක් නොයෙක් ක්‍රීඩා ආදියෙහි ඇලී ගැලී වසන ඔවුන්ගේ සිහි මුලා වෙයි. සිහි මුලා වීමෙන් ඔවුහු ඒ දෙව්ලොවින් චුත වෙති.

ඇවැත්නි, එක්තරා සත්වයෙක් ඒ දෙව්ලොවින් චුත ව මේ මිනිසත් බවට එයි යන කරුණ දකින්නට ලැබෙයි. මේ මිනිසත් බවට පැමිණියේ ගිහි ගෙයින් නික්ම අනගාරික සසුනෙහි පැවිදි වෙයි. ගිහි ගෙයින් නික්ම අනගාරික

සසුනෙහි පැවිදි වූයේ උත්සාහය වඩා, බලවත් වීරිය වඩා, නැවත නැවත වීරිය වඩා, අප්‍රමාදී ව, මැනැවින් මෙනෙහි කිරීම නිසා යම් සේ එකඟ වූ සිතින් ඒ පෙර ගත කළ ජීවිතය සිහි කරයි ද, ඉන් ඔබ්බට ජීවිතය සිහි නොකරයි ද, එබඳු වූ චිත්ත සමාධියක් ලබයි.

ඔහු මෙසේ කියයි. 'යම් ඒ භවත් දෙවිවරු ඛිඩ්ඩාපදෝසික නොවෙත් ද, අධික වේලාවක් නොයෙක් ක්‍රීඩාවන්හි ඇලී ගැලී නොවසත්. ඔවුහු අධික වේලාවක් නොයෙක් ක්‍රීඩාවන්හි ඇලී ගැලී නොවසන ඔවුන්ගේ සිහිය මුලා නොවෙයි. සිහිය නැති නොවීමෙන් ඒ දෙවිවරු ඒ දෙව්ලොවින් චුත නොවෙති. නිත්‍ය ව, ස්ථිර ව, සදාකාලික ව, සදාකාලික වස්තූන් එසේ ම සිටින සෙයින් නොවෙනස් වන ස්වභාවයෙන් සිටිති. යම් අපි වනාහී ඛිඩ්ඩාපදෝසික දෙවිවරුන් ව සිටියෙමු ද, ඒ අපි අධික වේලාවක් ක්‍රීඩාවන්හි ඇලී ගැලී වාසය කළෙමු. අධික වේලාවක් නොයෙක් ක්‍රීඩාවන්හි ඇලී ගැලී වාසය කරන අපගේ සිහිය නැතිවූයේ ය. සිහි නැති වීමෙන් මෙසේ අපි ඒ දෙව්ලොවින් චුත ව, අනිත්‍ය ව, අස්ථිර ව, අල්ප ආයු ඇති ව, චුත වන ස්වභාවය ඇති ව, මේ මිනිස් බවට ආවෙමු' යි.

ආයුෂ්මත්නි, ඔබලා මෙසේ සකස් කරගන්නා ලද ඛිඩ්ඩාපදෝසික දෙවියන් මුල් කොට ගත් ලෝකය සකස් වීම පිළිබඳ මතවාදය ආචාර්යවාදයක් ලෙස පණවව් ද?"

එවිට ඔවුහු මෙසේ කීවාහු ය.

"ඇවැත් ගෞතමයෙනි, ආයුෂ්මත් ගෞතම තෙමේ යම් පරිදි පැවසුවේ ද, එය එපරිද්දෙන් ම අප විසින් අසන ලද්දේ ය."

භාර්ගවයෙනි, මම ලෝකය සකස් වීම පිළිබඳ මතවාද ත් දනිමි. එය ත් දනිමි. එයට වඩා උත්තරීතර වූ දෙය ත් දනිමි. එය දැන, සිතින් ග්‍රහණය නොකරමි. සිතින් ග්‍රහණය නොකරන්නේ මා විසින් තමා තුළ ම කෙලෙසුන්ගේ නිවීම දන්නා ලද්දේ ය. එම නිවීම දන්නා තථාගත තෙමේ ලොව පිළිබඳ තමා දත් දෙයින් කරදරයකට පත් නොවෙයි.

භාර්ගවයෙනි, ඇතැම් ශ්‍රමණ බ්‍රාහ්මණවරු සිටිති. මනෝපදෝසික දෙවියන් මුල් කොට ලෝකය සකස් වීම පිළිබඳ මතවාදය ආචාර්යවාදයක් ලෙස පණවත්. මම ඔවුන් වෙත ගොස් මෙසේ කියමි.

"සැබෑ ද ආයුෂ්මත්නි, ඔබලා මනෝපදෝසික දෙවියන් මුල් කොට ලෝකය සකස් වීම පිළිබඳ මතවාදය ආචාර්යවාදයක් ලෙස පණවව් ද?" මා

විසින් මෙසේ අසන ලද ඔවුහු "එසේ ය" යි පිළිතුරු දෙති. එවිට මම ඔවුන්ට මෙසේ කියමි. "ආයුෂ්මත්නි, ඔබලා මනෝපදෝසික දෙවියන් මුල්කොට ලෝකය සකස් වීම පිළිබඳ මතය ආචාර්යවාදයක් ලෙසින් කවර අයුරින් ඇති දෙයක් ලෙස පණවව් ද?"

මා විසින් අසන ලද ඔවුහු පිළිතුරු සපයන්නට නොහැකි වෙති. පිළිතුරු සැපයිය නොහැකි ව පෙරළා මගෙන් ම අසති. ඔවුන් විසින් අසන ලද මම පිළිතුරු දෙමි.

"ඇවැත්නි, මනෝපදෝසික නමින් දෙවිවරු සිටිති. ඔවුහු අධික වේලාවක් ඔවුනොවුන් දෙස නැවත නැවත බලා සිටිති. ඔවුහු ඔවුනොවුන් දෙස අධික වේලාවක් නැවත නැවත බලා සිටීමෙන් එකිනෙකා කෙරෙහි ද්වේෂයෙන් සිත් දූෂ්‍ය කරගනිති. එකිනෙකා කෙරෙහි දූෂ්ට සිත් ඇති ව, ක්ලාන්ත වූ කය ඇති ව, ක්ලාන්ත වූ සිත් ඇතිව ඔවුහු ඒ දෙව්ලොවින් චුත වෙති.

ඇවැත්නි, එක්තරා සත්වයෙක් ඒ දෙව්ලොවින් චුත ව මේ මිනිසත් බවට එයි යන කරුණ දකින්නට ලැබෙයි. මේ මිනිසත් බවට පැමිණියේ ගිහි ගෙයින් නික්ම අනගාරික සසුනෙහි පැවිදි වෙයි. ගිහි ගෙයින් නික්ම අනගාරික සසුනෙහි පැවිදි වූයේ උත්සාහය වඩා, බලවත් වීරිය වඩා, නැවත නැවත වීරිය වඩා, අප්‍රමාදී ව, මැනැවින් මෙනෙහි කිරීම නිසා යම් සේ එකඟ වූ සිතින් ඒ පෙර ගත කළ ජීවිතය සිහි කරයි ද, ඉන් ඔබ්බට ජීවිතය සිහි නොකරයි ද, එබඳු වූ චිත්ත සමාධියක් ලබයි.

ඔහු මෙසේ කියයි. 'යම් ඒ භවත් දෙවිවරු මනෝපදෝසික නොවෙත් ද, ඔවුහු අධික වේලාවක් ඔවුනොවුන් දෙස නැවත නැවත බලා නොසිටිත්. ඔවුහු ඔවුනොවුන් දෙස අධික වේලාවක් නැවත නැවත බලා නොසිටීමෙන් එකිනෙකා කෙරෙහි ද්වේෂයෙන් සිත් දූෂ්‍ය කරනොගනිති. එකිනෙකා කෙරෙහි දූෂ්ට සිත් නැත්තාහු, ක්ලාන්ත වූ කය නැත්තාහු, ක්ලාන්ත වූ සිත් නැත්තාහු ඒ දෙවිවරු ඒ දෙව්ලොවින් චුත නොවෙති. නිත්‍ය ව, ස්ථිර ව, සදාකාලික ව, සදාකාලික වස්තූන් එසේ ම සිටින සෙයින් නොවෙනස් වන ස්වභාවයෙන් සිටිති. යම් අපි වනාහී මනෝපදෝසික දෙවිවරුන් ව සිටියෙමු ද, ඒ අපි අධික වේලාවක් ඔවුනොවුන් දෙස නැවත නැවත බලා සිටියෙමු. ඒ අපි ඔවුනොවුන් දෙස අධික වේලාවක් නැවත නැවත බලා සිටීමෙන් එකිනෙකා කෙරෙහි ද්වේෂයෙන් සිත් දූෂිත කරගත්තෙමු. ඒ අපි එකිනෙකා කෙරෙහි දූෂ්ට සිත් ඇති වීමෙන්, ක්ලාන්ත වූ කය ඇති වීමෙන්, ක්ලාන්ත වූ සිත් ඇති වීමෙන් මෙසේ අපි ඒ දෙව්ලොවින් චුත ව, අනිත්‍ය ව, අස්ථිර ව, අශාස්වත ව, අල්ප ආයු ඇති ව, චුත වන ස්වභාවය ඇති ව, මේ මිනිස් බවට ආවෙමු' යි.

ආයුෂ්මත්නි, ඔබලා මෙසේ සකස් කරගන්නා ලද මනෝපදෝසික දෙවියන් මුල් කොට ලෝකය සකස් වීම පිළිබඳ මතවාදය ආචාර්යවාදයක් ලෙස පණවව් ද?"

එවිට ඔවුහු මෙසේ කීවාහු ය.

"ඇවැත් ගෞතමයෙනි, ආයුෂ්මත් ගෞතම තෙමේ යම් පරිදි පැවසුවේ ද, එය එපරිද්දෙන් ම අප විසින් අසන ලද්දේ ය."

භාර්ගවයෙනි, මම ලෝකය සකස් වීම පිළිබඳ මතවාද ත් දනිමි. එය ත් දනිමි. එයට වඩා උත්තරීතර වූ දෙය ත් දනිමි. එය දැන, සිතින් ග්‍රහණය නොකරමි. සිතින් ග්‍රහණය නොකරන්නේ මා විසින් තමා තුළ ම කෙලෙසුන්ගේ නිවීම දන්නා ලද්දේ ය. එම නිවීම දන්නා තථාගත තෙමේ ලොව පිළිබඳ තමා දත් දෙයින් කරදරයකට පත් නොවෙයි.

භාර්ගවයෙනි, ඇතැම් ශ්‍රමණ බ්‍රාහ්මණවරු සිටිති. ලොව ඉබේ හටගත් දෙයක් යන මතවාදය ආචාර්යවාදයක් ලෙස පණවත්. මම ඔවුන් වෙත ගොස් මෙසේ කියමි.

"සැබෑ ද ආයුෂ්මත්නි, ඔබලා ලොව ඉබේ හටගත් දෙයක් යන මතවාදය ආචාර්යවාදයක් ලෙස පණවව් ද?" මා විසින් මෙසේ අසන ලද ඔවුහු "එසේ ය" යි පිළිතුරු දෙති. එවිට මම ඔවුන්ට මෙසේ කියමි. "ආයුෂ්මත්නි, ඔබලා ලොව ඉබේ හටගත් දෙයක් යන මතය ආචාර්යවාදයක් ලෙසින් කවර අයුරින් ඇති දෙයක් ලෙස පණවව් ද?"

මා විසින් අසන ලද ඔවුහු පිළිතුරු සපයන්නට නොහැකි වෙති. පිළිතුරු සැපයිය නොහැකි ව පෙරළා මගෙන් ම අසති. ඔවුන් විසින් අසන ලද මම පිළිතුරු දෙමි.

"ඇවැත්නි, සංඥාවක් නොගෙන සිටින හෙවත් අසඤ්ඤසත්ත නමින් දෙවිවරු සිටිති. ඒ දෙවිවරු සංඥාව ඉපදීමෙන් ම ඒ දෙව්ලොවින් චුත වෙති.

ඇවැත්නි, එක්තරා සත්වයෙක් ඒ දෙව්ලොවින් චුත ව මේ මිනිසත් බවට එයි යන කරුණ දකින්නට ලැබෙයි. මේ මිනිසත් බවට පැමිණියේ ගිහි ගෙයින් නික්ම අනගාරික සසුනෙහි පැවිදි වෙයි. ගිහි ගෙයින් නික්ම අනගාරික සසුනෙහි පැවිදි වූයේ උත්සාහය වඩා, බලවත් වීරිය වඩා, නැවත නැවත වීරිය වඩා, අප්‍රමාදී ව, මැනැවින් මෙනෙහි කිරීම නිසා යම් සේ එකඟ වූ සිතින් ඒ පෙර ගත කළ ජීවිතය සිහි කරයි ද, ඉන් ඔබ්බට ජීවිතය සිහි නොකරයි ද, එබඳු වූ චිත්ත සමාධියක් ලබයි.

යම්බඳු සමාහිත සිතකින් ඒ සංඥාවෙහි ඉපදීම සිහි කරයි. එයින් එහාට සිහි නොකරයි. එවිට ඔහු මෙසේ කියයි. 'ආත්මයත් ලෝකය ඉබේ හටගත්තකි. ඒ මක් නිසා ද යත්; මම පෙර නොසිටියෙමි. පෙර නොසිටි ඒ මම දැන් පැවැත්මට පරිණාමය වී සිටිමි."

ආයුෂ්මත්නි, ඔබලා මෙසේ සකස් කරගන්නා ලද ලෝකය ඉබේ හටගත් දෙයක් යන මතවාදය ආචාර්යවාදයක් ලෙස පණවව් ද?"

එවිට ඔවුහු මෙසේ කීවාහු ය.

"ඇවැත් ගෞතමයෙනි, ආයුෂ්මත් ගෞතම තෙමේ යම් පරිදි පැවසුවේ ද, එය එපරිද්දෙන් ම අප විසින් අසන ලද්දේ ය."

භාර්ගවයෙනි, මම ලෝකය සකස් වීම පිළිබඳ මතවාද ත් දනිමි. එය ත් දනිමි. එයට වඩා උත්තරීතර වූ දෙය ත් දනිමි. එය දැන, සිතින් ග්‍රහණය නොකරමි. සිතින් ග්‍රහණය නොකරන්නේ මා විසින් තමා තුළ ම කෙලෙසුන්ගේ නිවීම දන්නා ලද්දේ ය. එම නිවීම දන්නා තථාගත තෙමේ ලොව පිළිබඳ තමා දත් දෙයින් කරදරයකට පත් නොවෙයි.

භාර්ගවයෙනි, මෙසේ කියන, මෙසේ කරුණු පවසන මා හට ඇතැම් ශ්‍රමණ බ්‍රාහ්මණවරු සත්‍ය නොවූ, තුච්ඡ වූ, බොරුවෙන්, අභූතයෙන් දොස් නගති. 'ශ්‍රමණ ගෞතමයෝ ත්, ඔහුගේ ශ්‍රාවක භික්ෂූහු ත් පෙරළී ගිය සිතැත්තෝ ය. ශ්‍රමණ ගෞතමයෝ මෙසේ කියත් නොවැ. 'යම් අවස්ථාවක සුභ විමෝක්ෂයක් උපදවා වාසය කරයි ද, එසමයෙහි සියල්ල අසුභ වශයෙන් දැනගනියි' කියා ය. භාර්ගවයෙනි, මම මෙසේ 'යම් අවස්ථාවක සුභ විමෝක්ෂයක් උපදවා වාසය කරයි ද, එසමයෙහි සියල්ල අසුභ වශයෙන් දැනගනියි' කියා නොකියමි. භාර්ග වයෙනි, යම් අවස්ථාවක සුභ විමෝක්ෂයක් උපදවා වාසය කරයි ද, එසමයෙහි 'සුභ ම යැයි දැනගනියි' කියා මෙසේ ය මා පවසන්නේ."

"ස්වාමීනී, යමෙක් භාග්‍යවතුන් වහන්සේ ත්, භික්ෂූහු ත් පෙරළී ගිය සිත් ඇත්තවුන් සේ පිළිගනිත් ද, පෙරළී ගිය සිත් ඇත්තෝ ඔවුහූ ම ය. ස්වාමීනී, යම් සේ මම සුභ විමෝක්ෂය උපදවා ගෙන වාසය කරන්නෙම් නම්, ඒ අයුරින් මා හට ධර්මය දේශනා කරන්නට භාග්‍යවතුන් වහන්සේ සමර්ථ වන සේක්‍යැ යි මම භාග්‍යවතුන් වහන්සේ කෙරෙහි මෙසේ පැහැදී සිටිමි."

"භාර්ගවයෙනි, මෙබඳු අන්‍ය මතවාදයකින් යුත්, අන්‍ය ලබ්ධික වූ, අන් මතයක් රුචි කරන, අන් වැඩපිළිවෙලක යෙදී සිටින, අන්‍ය තීර්ථක ආචාර්යවරයෙක් වූ ඔබ විසින් සුභ විමෝක්ෂය උපදවා වාසය කරන්නට

දුෂ්කර ය. එහෙයින් භාර්ගවයෙනි, ඔබ තුළ මා කෙරෙහි යම් මේ පැහැදීමක් ඇද්ද, එය පමණක් ඔබ හොඳින් රැකගන්න."

"ඉදින් ස්වාමීනී, අන්‍ය මතවාදයකින් යුත්, අන්‍ය ලබ්ධික වූ, අන් මතයක් රුචි කරන, අන් වැඩපිළිවෙලක යෙදී සිටින, අන්‍ය තීර්ථක ආචාර්යවරයෙක් වූ මා විසින් ඒ සුභ විමෝක්ෂය උපදවා වාසය කරන්නට දුෂ්කර නම්, ස්වාමීනී, මා තුළ භාග්‍යවතුන් වහන්සේ කෙරෙහි යම් මේ පැහැදීමක් ඇද්ද, එය පමණක් මම හොඳින් රැකගන්නෙමි."

භාග්‍යවතුන් වහන්සේ මෙය වදාළ සේක. සතුටු සිත් ඇති භාර්ගව ගෝත්‍ර පරිබ්‍රාජකයා භාග්‍යවතුන් වහන්සේගේ භාෂිතය සතුටින් පිළිගත්තේ ය.

සාදු! සාදු!! සාදු!!!

පාථික සූත්‍රය නිමා විය.

3.2.
උදුම්බරික සූත්‍රය
උදුම්බරිකාවගේ පරිබ්‍රාජකාරාමයේදී වදාළ දෙසුම

මා විසින් මෙසේ අසන ලදී.

එක් සමයෙක්හි භාග්‍යවතුන් වහන්සේ රජගහ නුවර ගිජ්ඣකූට පර්වතයෙහි වැඩවසන සේක. එසමයෙහි නිග්‍රෝධ නම් පරිබ්‍රාජකයෙක් උදුම්බරිකා දේවිය විසින් කරවන ලද පරිබ්‍රාජකාරාමයෙහි තුන්දහසක් පමණ මහත් වූ පරිබ්‍රාජක පිරිසක් සමඟ වාසය කරයි. එකල්හී සන්ධාන ගෘහපතියා භාග්‍යවතුන් වහන්සේ බැහැදකිනු පිණිස හිරු මුදුන් දහවලෙහි රජගහ නුවරින් නික්මුණේ ය. ඉක්බිති සන්ධාන ගෘහපතියාට මේ අදහස ඇතිවූයේ ය.

'තව ම වනාහී භාග්‍යවතුන් වහන්සේ බැහැදකින්නට කාලය නොවෙයි. භාග්‍යවතුන් වහන්සේ භාවනාවෙන් වැඩසිටින සේක. මනෝභාවනීය භික්ෂු සංඝයා ද බැහැදකින්නට කාලය නොවෙයි. මනෝභාවනීය භික්ෂූහු භාවනාවෙන් සිටිති. එහෙයින් මම උදුම්බරිකාවගේ පරිබ්‍රාජකාරාමය යම් තැනක ද, නිග්‍රෝධ පරිබ්‍රාජකයා යම් තැනක ද, එතැනට යන්නෙම් නම් මැනැවි' යි.

ඉක්බිති සන්ධාන ගෘහපති තෙමේ උදුම්බරිකාවගේ පරිබ්‍රාජකාරාමය යම් තැනක ද, නිග්‍රෝධ පරිබ්‍රාජකයා යම් තැනක ද, එතැනට පැමිණියේ ය. එසමයෙහි නිග්‍රෝධ පරිබ්‍රාජකයා මහත් වූ පරිබ්‍රාජක පිරිස සමඟ මහත් සේ හඬ නගමින්, උස් හඬ නගමින්, මහා හඬ නගමින් නොයෙක් අයුරින් වූ තිරිසන් කථා කතා කරමින් හුන්නේ වෙයි. ඒ කවර තිරිසන් කථාවන් ද යත්; රජුන් පිළිබඳ කථා ය, සොරු පිළිබඳ කථා ය, මහා ආමාත්‍යයන් පිළිබඳ කථා ය, හමුදාව පිළිබඳ කථා ය, භය පිළිබඳ කථා ය, යුද්ධ පිළිබඳ කථා ය, ආහාර පිළිබඳ කථා ය, බීම වර්ග පිළිබඳ කථා ය, ඇඳුම් පිළිබඳ කථා ය, සයන කථා ය, මල් වර්ග පිළිබඳ කථා ය, සුවඳ වර්ග පිළිබඳ කථා ය, ඥාතීන් පිළිබඳ කථා ය, යානවාහන පිළිබඳ කථා ය, ගම් පිළිබඳ කථා ය, නියම්ගම් පිළිබඳ

කථා ය, නගර කථා ය, ජනපද පිළිබඳ කථා ය, කාන්තාවන් පිළිබඳ කථා ය, පුරුෂයින් පිළිබඳ කථා ය, ශූරයින් පිළිබඳ කථා ය, මගතොට පිළිබඳ කථා ය, දියතොට පිළිබඳ කථා ය, මළවුන් පිළිබඳ කථා ය, නොයෙක් දේ පිළිබඳ කථා ය, ලෝකයේ අගමුල පිළිබඳ කථා ය, මහාසයුරේ අගමුල පිළිබඳ කථා ය, මෙසේ මෙසේ වූයේ ය යනාදිය පිළිබඳ කථා ය.

එකල්හී නිග්‍රෝධ පරිබ්‍රාජකයා දුරින් ම පැමිණෙන්නා වූ සන්ධාන ගෘහපතියා දුටුවේ ය. දැක සිය පිරිස නිහඬ බවෙහි පිහිටෙව්වේ ය.

"භවත්හු නිශ්ශබ්ද වෙත්වා! භවත්හු ශබ්ද කරන්නට එපා! ශ්‍රමණ ගෞතමයන්ගේ ශ්‍රාවක වූ මේ සන්ධාන ගෘහපතියා එයි. ශ්‍රමණ ගෞතමයන්ගේ සුදුවත් හඳින ගිහි ශ්‍රාවකයෝ යම්තාක් රජගහ නුවර සිටිත් ද, ඔය සන්ධාන ගෘහපතියා ඔවුන් අතුරින් කෙනෙකි. මේ ආයුෂ්මත්වරු වනාහී නිහඬ බව කැමැත්තෝ ය. නිහඬ බවෙහි හික්මුණාහු ය. නිහඬ බවෙහි ගුණ කියන්නෝ ය. නිහඬ පිරිසක් බව දැන එළඹිය යුතු යැයි හඟින්නේ නම් යෙහෙකි" යි මෙසේ කී කල්හී ඒ පරිබ්‍රාජකයෝ නිහඬ වූවාහු ය.

ඉක්බිති සන්ධාන ගෘහපති තෙමේ නිග්‍රෝධ පරිබ්‍රාජකයා යම් තැනක හුන්නේ ද, එතැනට පැමිණියේ ය. පැමිණ, නිග්‍රෝධ පරිබ්‍රාජකයා සමඟ සතුටු වූයේ ය. සතුටු විය යුතු පිළිසඳර කථාබහ නිමවා එකත්පස් ව හිඳගත්තේ ය. එකත්පස් ව හුන් සන්ධාන ගෘහපතියා නිග්‍රෝධ පරිබ්‍රාජකයාට මෙය පැවසුවේය.

"මේ භවත් අන්‍ය තීර්ථක පරිබ්‍රාජකයන්ගේ ස්වභාවය අනිකකි. මොවුහු එකට එකතු වී මහත් සේ හඬ නගමින්, උස් හඬ නගමින්, මහා හඬින් අනේක වූ තිරිසන් කථාවන්හි යෙදී වසති. එනම්; රජුන් පිළිබඳ කථා ය. ....(පෙ).... මෙසේ මෙසේ වූයේ ය යනාදිය ගැන කථා ය. එහෙත් ඒ භාග්‍යවතුන් වහන්සේ වනාහී වෙනස් වන සේක. උන්වහන්සේ නිශ්ශබ්ද වූ, අල්ප ඝෝෂා ඇති, ජනයා අතරින් හමා එන සුළඟ නැති, මිනිසුන්ගේ පෞද්ගලික කටයුතුවලට යෝග්‍ය වූ, හුදෙකලා භාවනාවට යෝග්‍ය වූ, අරණ්‍ය වනපෙත් ආදී දුර ඈත සෙනසුන් සේවනය කරන සේක."

මෙසේ කී කල්හී නිග්‍රෝධ පරිබ්‍රාජකයා සන්ධාන ගෘහපතියාට මෙය පැවසුවේ ය.

"එහෙනම් ගෘහපතිය, දැනගන්නෙහි ය. ශ්‍රමණ ගෞතම තෙමේ කවරෙකු හා දොඩයි ද? කවරෙකු හා සාකච්ඡාවට පැමිණෙයි ද? කවරෙකු හා ප්‍රඥාවෙන් ව්‍යක්තභාවයට නිසි කරුණකට පැමිණෙයි ද? ශ්‍රමණ ගෞතමයන්ගේ ප්‍රඥාව ශූන්‍යාගාරයෙහි ම නැසුණේ ය. ශ්‍රමණ ගෞතම තෙමේ පිරිස් අතර

නොහැසිරෙන්නෙකි. කථාබහට නොගැලපෙයි. ඔහු ඈත කෙළවර වන සෙනසුන් පමණක් සේවනය කරයි. යම් සේ එක් ඇසක් නොපෙනෙන ගව දෙනක් පිරිස් මගහැර යන්නී, හැමට කෙළවරින් ඇති තැන් සේවනය කරන්නී ද, එසෙයින් ම ශ්‍රමණ ගෞතමයන්ගේ ප්‍රඥාව ශූන්‍යාගාරයෙහි ම නැසුණේ ය. ශ්‍රමණ ගෞතම තෙමේ පිරිස් අතර නොහැසිරෙන්නෙකි. කථාබහට නොගැලපෙයි. ඔහු ඈත කෙළවර වන සෙනසුන් පමණක් සේවනය කරයි. එසේ නම් ගෘහපතිය, දනුව. ශ්‍රමණ ගෞතම තෙමේ මේ පිරිස වෙත එන්නේ නම්, එක් ප්‍රශ්නයකින් ම, ඔහු ව නවත්තන්නෙමු. හිස් කළයක් සෙළවෙන්නට නොදී බැඳ තබන සෙයින් සිර කොට තබන්නෙමු."

භාග්‍යවතුන් වහන්සේ නිග්‍රෝධ පරිබ්‍රාජකයා විසින් සන්ධාන ගෘහපතියා සමඟ කෙරෙන මේ කථා සල්ලාපය මිනිස් සවන්දීම ඉක්මවා ගිය පිරිසිදු දිව කනින් ඇසූ සේක් ම ය. ඉක්බිති භාග්‍යවතුන් වහන්සේ ගිජ්ඣකූට පර්වතයෙන් බැස සුමාගධා පොකුණු තෙර මොණරුන්ගේ අභයභූමිය නැමැති මෝරනිවාපය යම් තැනක ද, එතැනට වැඩි සේක. වැඩම කොට සුමාගධා පොකුණු තෙර මෝර නිවාපයෙහි එළිමහනෙහි සක්මන් කළ සේක.

එකල්හි නිග්‍රෝධ පරිබ්‍රාජකයා සුමාගධා පොකුණු තෙර මෝරනිවාපයෙහි එළිමහනෙහි සක්මන් කරමින් වැඩසිටින භාග්‍යවතුන් වහන්සේ ව දුටුවේ ය. දැක සිය පිරිස නිහඬ බවෙහි පිහිටෙව්වේ ය.

"භවත්හු නිහඬ වෙත්වා! භවත්හු ශබ්ද කරන්නට එපා! මේ ශ්‍රමණ ගෞතම තෙමේ සුමාගධා පොකුණු තෙර මෝරනිවාපයෙහි එළිමහනෙහි සක්මන් කරයි. ඒ ආයුෂ්මත් තෙමේ නිහඬ බව කැමැති ය. නිහඬ බවෙහි ගුණ කියයි. නිහඬ ව සිටින පිරිසක් බව දැන එළැඹිය යුතු යැයි හඟින්නේ නම් යෙහෙකි.

ඉදින් ශ්‍රමණ ගෞතමයෝ මේ පිරිස වෙත පැමිණෙත් නම්, ඔහු ගෙන් මේ ප්‍රශ්නය අසන්නෙමු. 'ස්වාමීනී, යම් ධර්මයකින් භාග්‍යවතුන් වහන්සේ ශ්‍රාවකයන් හික්මවත් ද, භාග්‍යවතුන් වහන්සේ විසින් යම් ධර්මයකින් හික්මවන ලද ශ්‍රාවකයෝ මුළුමනින් ම සැනීමට පත් ව, බඹසරට මුල් වූ මාර්ගය පිළිබඳ ව ප්‍රතිඥා දෙත් නම්, භාග්‍යවතුන් වහන්සේගේ ඒ ධර්මය කුමක් ද?' යන ප්‍රශ්නය යි." මෙසේ කී කල්හී ඒ පරිබ්‍රාජකයෝ නිශ්ශබ්ද වූවාහු ය.

ඉක්බිති භාග්‍යවතුන් වහන්සේ නිග්‍රෝධ පරිබ්‍රාජකයා යම් තැනක සිටියේ ද, එතැනට වැඩි සේක. එකල්හී නිග්‍රෝධ පරිබ්‍රාජකයා භාග්‍යවතුන් වහන්සේට මෙය පැවසුවේ ය.

"ස්වාමීනී, භාග්‍යවතුන් වහන්සේ වඩිනා සේක්වා! ස්වාමීනී, භාග්‍යවතුන් වහන්සේට මනා වූ වැඩමවීමෙකි! ස්වාමීනී, භාග්‍යවතුන් වහන්සේ මෙහි යම් මේ වැඩමවීමක් ඇද්ද, එය බොහෝ කාලයකට පසු කළ සේක. ස්වාමීනී, භාග්‍යවතුන් වහන්සේ වැඩහිඳින සේක්වා! මේ අසුන පණවන ලද්දේ ය."

භාග්‍යවතුන් වහන්සේ පණවන ලද අසුනෙහි වැඩහුන් සේක. නිග්‍රෝධ පරිබ්‍රාජකයා ද එක්තරා මිටි අසුනක් ගෙන එකත්පස් ව හිඳගත්තේ ය. එකත්පස් ව හුන් නිග්‍රෝධ පරිබ්‍රාජකයාට භාග්‍යවතුන් වහන්සේ මෙය වදාළ සේක.

"නිග්‍රෝධයෙනි, මෙකල්හී කවර කථාවක් කරමින් හුන්නාහු ද? ඔබගේ කවර නම් වූ කථාවක් අඩාල වූයේ ද?"

මෙසේ වදාළ කල්හී නිග්‍රෝධ පරිබ්‍රාජකයා භාග්‍යවතුන් වහන්සේට මෙය පැවසීය.

"ස්වාමීනී, මෙහි අපි සුමාගධා පොකුණු තෙර මෝර නිවාපයෙහි එළිමහනෙහි සක්මන් කරමින් සිටි භාග්‍යවතුන් වහන්සේ ව දැක්කෙමු. දැක මෙසේ කීවෙමු. 'ඉදින් ශ්‍රමණ ගෞතමයෝ මේ පිරිස වෙත පැමිණෙත් නම්, ඔහුගෙන් මේ ප්‍රශ්නය අසන්නෙමු. 'ස්වාමීනී, යම් ධර්මයකින් භාග්‍යවතුන් වහන්සේ ශ්‍රාවකයන් හික්මවත් ද, භාග්‍යවතුන් වහන්සේ විසින් යම් ධර්මයකින් හික්මවන ලද ශ්‍රාවකයෝ මුළුමනින් ම සැහීමට පත් ව, බඹසරට මුල් වූ මාර්ගය පිළිබඳ ව ප්‍රතිඥා දෙත් නම්, භාග්‍යවතුන් වහන්සේගේ ඒ ධර්මය කුමක් ද?' කියා ය. ස්වාමීනී, අපගේ මේ කථාව අඩාල වූයේ ය. එකල්හී භාග්‍යවතුන් වහන්සේ වැඩි සේක."

"නිග්‍රෝධයෙනි, යම් ධර්මයකින් මම ශ්‍රාවකයන් හික්මවම් ද, යම් ධර්මයකින් හික්මවන ලද මාගේ ශ්‍රාවකයෝ මුළුමනින් ම සැහීමකට පත් ව, බඹසරට මුල් වූ මාර්ගය පිළිබඳ ව ප්‍රතිඥා දෙත් නම්, අන්‍ය දෘෂ්ටික වූ, අන්‍ය ලබ්ධික වූ, අන් මතයක් රුචි කරන, අන් වැඩපිළිවෙලක යෙදී සිටින, අන්‍ය තීර්ථක ආචාර්ය වූ ඔබට මෙය තේරුම් ගත නොහැක්කේ ය. එසේ නම් නිග්‍රෝධයෙනි, ඔබ තම ගුරුවරුන්ගේ මතය වූ අධික තපස් ක්‍රම වලින් පව් බැහැර කිරීම පිළිබඳ ප්‍රශ්නයක් මගෙන් අසව. 'ස්වාමීනී, තපසින් පව් බැහැර කිරීම සම්පූර්ණ වන්නේ කෙසේ ඇති කල්හි ද? අසම්පූර්ණ වන්නේ කෙසේ ද?' යනුවෙනි."

මෙසේ වදාළ කල්හී ඒ පරිබ්‍රාජකයෝ මහත් සේ හඬ නගමින්, උස් හඬින්, මහා හඬින් යුක්ත වූවාහු ය. 'යම් තැනක තමන්ගේ මතය පැවසීම බැහැර

තබන්නේ ද, අනුන්ගේ මතයෙන් කරුණු කීමට පවරා ගන්නේ ද, යන මේ ශ්‍රමණ ගෞතමයන්ගේ මහත් ඉර්ධිමත් බව, මහානුභාව බව වනාහී භවත්නි, ඒකාන්තයෙන් ආශ්චර්යයකි! භවත්නි, ඒකාන්තයෙන් අද්භූතයෙකි!" යි.

ඉක්බිති නිග්‍රෝධ පරිබ්‍රාජකයා ඒ පරිබ්‍රාජකයන් නිශ්ශබ්ද කොට භාග්‍යවතුන් වහන්සේට මෙය පැවසී ය.

"ස්වාමීනී, අපි වනාහී තපසින් පව් දුරුලීම පවසන, තපසින් පව් දුරුලීම සාරය කොට සිටින, තපසින් පව් දුරුලීමට ඇලී වසන උදවිය වෙමු. ස්වාමීනි, කෙසේ ඇති කල්හී තපසින් පව් දුරුලීම සම්පූර්ණ වෙයි ද? කෙසේ අසම්පූර්ණ වෙයි ද?"

"නිග්‍රෝධයෙනි, මෙහිලා තපස් රකින්නා නිරුවත් ව සිටියි. යහපත් ආචාරයන්ගෙන් මිදෙයි. කෑම කා අත් නොසෝදා ලෙවකයි. 'හිමියනි, එනු මැනැව' යි කී කල්හී නොඑයි. 'හිමියනි, සිටු මැනැව' යි කී කල්හී නොසිටියි. තමා වෙත ගෙනවුත් දෙන දේ නොගනියි. තමා උදෙසා පිසූ දෙය නොගනියි. දන් සඳහා ඇරයුම් නොපිළිගනියි. බත් සැළියේ මුලින් දුන් කොටස නොපිළිග නියි. බත් සැළියේ යටින් දුන් කොටස නොපිළිගනියි. එළිපත්තෙහි සිට දුන් බත නොපිළිගනියි. දඬු අතරෙහි සිට දුන් බත නොපිළිගනියි. මොහොල් අතර සිට දුන් බත නොපිළිගනියි. දෙදෙනෙකු අනුභව කරද්දී එකෙකු නැගී සිට දෙන බත නොපිළිගනියි. ගැබිණිය දෙන බත නොපිළිගනියි. කිරි පොවන්නිය දෙන බත නොපිළිගනියි. පුරුෂයෙකු හා එක්වීමට ගිය ස්ත්‍රිය දෙන බත නොපිළිගනියි. සම්මාදන් කොට පිසූ බත නොපිළිගනියි. ළඟ හුන් සුනඛයාට නොදී දුන් බත නොපිළිගනියි. මැස්සන් රංචු ගැසී ඇති තැන සිට දෙන බත නොපිළිගනියි. මාළු නොපිළිගනියි. මස් නොපිළිගනියි. සුරාව නොබොයි. රා වර්ග නොබොයි. සෝවීරක නොබොයි. ඔහු එක් ගෙයකින් ලත් එක් බත් පිඬකින් හෝ යැපෙයි. ගෙවල් දෙකකින් ලත් දෙබත් පිඬකින් හෝ යැපෙයි. ගෙවල් සතකින් ලත් සත් බත් පිඬකින් හෝ යැපෙයි. එක් කුඩා බත් තලියකින් ද යැපෙයි. කුඩා බත් තලි දෙකකින් ද යැපෙයි. ....(පෙ).... කුඩා බත් තලි සතකින් ද යැපෙයි. දවසක් හැර දවසකුත් ආහාර ගනියි. දෙදවසක් හැර දවසකුත් ආහාර ගනියි. තුන් දවසක් ....(පෙ).... සිව් දවසක් ....(පෙ).... පස් දවසක් ....(පෙ).... සය දවසක් ....(පෙ).... සත් දවසක් හැර දවසකුත් ආහාර ගනියි. මේ අයුරින් අඩ මසක් හැර දවසක් ද, වාර පිළිවෙලින් ලැබෙන බත් අනුභව කිරීමේ ව්‍රතයේ යෙදී වාසය කරයි.

ඔහු අමු කොළ වර්ග හෝ අනුභව කරයි. බොඩහමු හෝ අනුභව කරයි. ඌරුහැල් හෝ අනුභව කරයි. සම් පතුරුවල කසට හෝ අනුභව කරයි. ලාටු

දිය සෙවෙල හෝ අනුභව කරයි. සහල් කුඩු හෝ අනුභව කරයි. දන්කුඩ හෝ අනුභව කරයි. පුන්නක්කු හෝ අනුභව කරයි. තණකොළ හෝ අනුභව කරයි. ගොම හෝ අනුභව කරයි. ගස්වලින් වැටෙන ගෙඩි ත්, වනමුල් ඵල ත් ආහාර කොට යැපෙයි.

ඔහු හණවැහැරි ත් දරයි. හණ රෙදි ත් දරයි. මිනී එතූ වස්ත්‍ර ත් දරයි. රෙදි කඩමාලු ත් දරයි. සුඹුලු වස්ත්‍ර ත් දරයි. අඳුන් මුවසම් ද දරයි. කුර සහිත අඳුන් මුව සම් ද දරයි. කුසතණයෙන් ගෙතූ වස්ත්‍ර ත් දරයි. පට්ටා කෙඳිවලින් ගෙතූ වස්ත්‍ර ත් දරයි. නියඳ වැහැරි ත් දරයි. කෙස් වලින් කළ කම්බිලි ත් දරයි. අස් ලොමින් කළ කම්බිලි ත් දරයි. බකමූණු පිහාටුවෙන් කළ කම්බිලි ත් දරයි.

කෙස් රැවුල් උදුරා දමන පිළිවෙතෙහි යෙදුණේ, කෙස් රැවුල් උදුරන්නේ ද වෙයි. ආසන ප්‍රතික්ෂේප කොට සිටිගෙන සිටියේ ද වෙයි. ඇන තබාගෙන හිඳීම හෙවත් උක්කුටියෙන් සිටීමෙහි ද යෙදුණේ, උක්කුටියෙන් පැන පැන යයි. කටුයහනෙහි සැතැපෙන ව්‍රතයෙහි යෙදුණේ, කටු ගැසූ ලැල්ලෙහි ද සයනය කරයි. සාමාන්‍ය ලැල්ලෙහි ද සයනය කරයි. බිම ද සයනය කරයි. එක් ඇලයකිනුත් නිදයි. දූහුවිලි ආදිය බැඳී ගිය කුණු තට්ටු ඇති සිරුරෙන් සිටියි. එළිමහනෙහි ද සිටියි. ආසන අතුරන ලද තැන්වල ද හිඳියි. අශූචි අනුභව කරන විකට භෝජනය නම් ව්‍රතයෙහි ද යෙදුණේ වෙයි. සිහිල් දිය ද නොබොන ව්‍රතයෙහි ද යෙදුණේ වෙයි. සවස් වරුව තුන්වෙනි කොට වරු තුනක් පව් සේදීම පිණිස දියට බැසීමෙහි ව්‍රතයෙහි ද යෙදුණේ වෙයි.

නිග්‍රෝධයෙනි, ඒ ගැන කුමක් සිතන්නෙහි ද? ඉදින් මෙසේ ඇති කල්හී තපසින් පව් දුරුලීම සම්පූර්ණ වෙයි ද? අසම්පූර්ණ වෙයි ද?"

"ඒකාන්තයෙන් ම ස්වාමීනී, මෙසේ ඇති කල්හී තපසින් පව් දුරුලීම සම්පූර්ණ වෙයි. අසම්පූර්ණ නොවෙයි."

"නිග්‍රෝධයෙනි, මම මෙසේ සම්පූර්ණ වූ තපසින් පව් දුරුලීමෙහි පවා නොයෙක් අයුරින් උපක්ලේශයන් ඇති බව කියමි."

"ස්වාමීනී, භාග්‍යවතුන් වහන්සේ මෙසේ සම්පූර්ණ වූ තපසින් පව් දුරුලීමෙහි නොයෙක් අයුරින් ඇති උපක්ලේශයන් ගැන කෙසේ පවසන සේක්ද?"

"නිග්‍රෝධයෙනි, මෙහිලා තපස් රකින්නා තපසක් සමාදන් වෙයි. ඔහු ඒ තපසින් සතුටු වෙයි. පිරිපුන් තෘප්තියකට පත්වෙයි. නිග්‍රෝධයෙනි, තපස් රකින්නෙක් තපසක් සමාදන් වෙයි නම්, ඔහු ඒ තපසින් 'සතුටු වෙයි, පිරිපුන් තෘප්තියකට පත්වෙයි' යන යමක් ඇද්ද, නිග්‍රෝධයෙනි, තපස් කරන්නාට මෙය

ත් උපක්ලේශයකි.

තව ද නිග්‍රෝධයෙනි, තපස් රකින්නා තපසක් සමාදන් වෙයි. ඔහු ඒ තපසින් තමා ව හුවා දක්වයි. අනුන් හෙළා දකියි. නිග්‍රෝධයෙනි, තපස් රකින්නෙක් යම් තපසක් සමාදන් වෙයි නම්, 'ඔහු ඒ තපසින් තමා ව හුවා දක්වයි, අනුන් ව හෙළා දකියි' යන යමක් ඇද්ද, නිග්‍රෝධයෙනි, තපස් කරන්නාට මෙය ත් උපක්ලේශයකි.

තව ද නිග්‍රෝධයෙනි, තපස් රකින්නා තපසක් සමාදන් වෙයි. ඔහු ඒ තපසින් මත් වෙයි. මුසපත් වෙයි. ප්‍රමාදයට පත්වෙයි. නිග්‍රෝධයෙනි, තපස් රකින්නෙක් යම් තපසක් සමාදන් වෙයි නම්, 'ඔහු ඒ තපසින් ඔහු මත් වෙයි, මුසපත් වෙයි, ප්‍රමාදයට පත්වෙයි' යන යමක් ඇද්ද, නිග්‍රෝධයෙනි, තපස් කරන්නාට මෙය ත් උපක්ලේශයකි.

තව ද නිග්‍රෝධයෙනි, තපස් රකින්නා තපසක් සමාදන් වෙයි. ඔහු ඒ තපසින් ලාභ සත්කාර කීර්ති ප්‍රශංසා උපදවයි. ඔහු ඒ ලාභ සත්කාර කීර්ති ප්‍රශංසාවෙන් සතුටු සිත් ඇත්තේ වෙයි. පිරිපුන් තෘප්තියකට පත්වෙයි. නිග්‍රෝධයෙනි, තපස් රකින්නෙක් යම් තපසක් සමාදන් වෙයි නම්, 'ඔහු ඒ තපසින් ලාභ සත්කාර කීර්ති ප්‍රශංසා උපදවයි, ඔහු ඒ ලාභ සත්කාර කීර්ති ප්‍රශංසාවෙන් සතුටු සිත් ඇත්තේ වෙයි, පිරිපුන් තෘප්තියකට පත්වෙයි' යන යමක් ඇද්ද, නිග්‍රෝධයෙනි, තපස් කරන්නාට මෙය ත් උපක්ලේශයකි.

තව ද නිග්‍රෝධයෙනි, තපස් රකින්නා තපසක් සමාදන් වෙයි. ඔහු ඒ තපසින් ලාභ සත්කාර කීර්ති ප්‍රශංසා උපදවයි. ඔහු ඒ ලාභ සත්කාර කීර්ති ප්‍රශංසාවෙන් තමා හුවාදක්වයි. අනුන් හෙළාදකියි. නිග්‍රෝධයෙනි, තපස් රකින්නෙක් යම් තපසක් සමාදන් වෙයි නම්, 'ඔහු ඒ තපසින් ලාභ සත්කාර කීර්ති ප්‍රශංසා උපදවයි, ඔහු ඒ ලාභ සත්කාර කීර්ති ප්‍රශංසාවෙන් තමා හුවාදක්වයි, අනුන් හෙළාදකියි' යන යමක් ඇද්ද, නිග්‍රෝධයෙනි, තපස් කරන්නාට මෙය ත් උපක්ලේශයකි.

තව ද නිග්‍රෝධයෙනි, තපස් රකින්නා තපසක් සමාදන් වෙයි. ඔහු ඒ තපසින් ලාභ සත්කාර කීර්ති ප්‍රශංසා උපදවයි. ඔහු ඒ ලාභ සත්කාර කීර්ති ප්‍රශංසාවෙන් මත් වෙයි. මුසපත් වෙයි. ප්‍රමාදයට පැමිණෙයි. නිග්‍රෝධයෙනි, තපස් රකින්නෙක් යම් තපසක් සමාදන් වෙයි නම්, 'ඔහු ඒ තපසින් ලාභ සත්කාර කීර්ති ප්‍රශංසා උපදවයි, ඔහු ඒ ලාභ සත්කාර කීර්ති ප්‍රශංසාවෙන් මත් වෙයි, මුසපත් වෙයි, ප්‍රමාදයට පැමිණෙයි' යන යමක් ඇද්ද, නිග්‍රෝධයෙනි, තපස් කරන්නාට මෙය ත් උපක්ලේශයකි.

තව ද නිග්‍රෝධයෙනි, තපස් රකින්නා තපසක් සමාදන් වෙයි. තමාට ලැබෙන බොජුනෙහි 'මෙය මට රුචි ය. මෙය මට රුචි නැතැ' යි හොඳ හොඳ දේ තෝරන බවට පත්වෙයි. ඔහු යම් බොජුනකට නොකැමැති වෙයි ද, එය අපේක්ෂාවෙන් යුතුව අත්හරියි. යම් බොජුනකට කැමැති වෙයි ද, එයට ගිජු වී, මුසපත් වී, ආශාවෙන් බැසගෙන, ආදීනව නොදකිමින්, එයින් නිදහස් වීම නුවණින් නොදකිමින් අනුභව කරයි. නිග්‍රෝධයෙනි, තපස් රකින්නෙක් යම් තපසක් සමාදන් වෙයි නම්, 'ඔහු තමාට ලැබෙන බොජුනෙහි 'මෙය මට රුචි ය. මෙය මට රුචි නැතැ' යි හොඳ හොඳ දේ තෝරන බවට පත්වෙයි. ඔහු යම් බොජුනකට නොකැමැති වෙයි ද, එය අපේක්ෂාවෙන් යුතුව අත්හරියි. යම් බොජුනකට කැමැති වෙයි ද, එයට ගිජු වී, මුසපත් වී, ආශාවෙන් බැසගෙන, ආදීනව නොදකිමින්, එයින් නිදහස් වීම නුවණින් නොදකිමින් අනුභව කරයි' යන යමක් ඇද්ද, නිග්‍රෝධයෙනි, තපස් කරන්නාට මෙය ත් උපක්ලේශයකි.

තව ද නිග්‍රෝධයෙනි, තපස් රකින්නා 'මට රජවරු, රාජමහාමාත්‍යවරු, ක්ෂත්‍රියවරු, බ්‍රාහ්මණවරු, ගෘහපතිවරු, තීර්ථකයෝ සත්කාර කරන්නාහ' යි ලාභ සත්කාර කීර්ති ප්‍රශංසා ලැබීමේ අපේක්ෂාවෙන් තපසක් සමාදන් වෙයි. නිග්‍රෝධයෙනි, තපස් රකින්නෙක් 'මට රජවරු, රාජමහාමාත්‍යවරු, ක්ෂත්‍රියවරු, බ්‍රාහ්මණවරු, ගෘහපතිවරු, තීර්ථකයෝ සත්කාර කරන්නාහ' යි ලාභ සත්කාර කීර්ති ප්‍රශංසා ලැබීමේ අපේක්ෂාවෙන් තපසක් සමාදන් වෙයි' යන යමක් ඇද්ද, නිග්‍රෝධයෙනි, තපස් කරන්නාට මෙය ත් උපක්ලේශයකි.

තව ද නිග්‍රෝධයෙනි, තපස් රකින්නා අන්‍ය වූ ශ්‍රමණයෙකුට හෝ බ්‍රාහ්මණයෙකුට හෝ වේවා නින්දා අපහාස කරයි. 'කිම? මෙතෙමේ ප්‍රත්‍ය බහුල ව ජීවත් වෙයි. හැම දෙයක් ම කයි. එනම්, මුලින් පැළවෙන දේ, කඳින් පැළවෙන දේ, පුරුකින් පැළවෙන දේ, දල්ලෙන් පැළවෙන දේ, පස්වෙනුව බීජයෙන් පැළවෙන දේ ය. මොහුගේ දත් සියල්ල ඇඹරෙන හෙණචක්‍රයක් බඳු නොවැ. එනමුදු ශ්‍රමණ නමින් හඳුන්වති' වශයෙනි. නිග්‍රෝධයෙනි, තපස් රකින්නෙක් 'අන්‍ය වූ ශ්‍රමණයෙකුට හෝ බ්‍රාහ්මණයෙකුට හෝ වේවා 'කිම? මෙතෙමේ ප්‍රත්‍ය බහුල ව ජීවත් වෙයි. හැම දෙයක් ම කයි. එනම්, මුලින් පැළවෙන දේ, කඳින් පැළවෙන දේ, පුරුකින් පැළවෙන දේ, දල්ලෙන් පැළවෙන දේ, බීජයෙන් පැළවෙන දේ ය. මොහුගේ දත් සියල්ල ඇඹරෙන හෙණචක්‍රයක් බඳු නොවැ. එනමුදු ශ්‍රමණ නමින් හඳුන්වති යි නින්දා අපහාස කරයි' යන යමක් ඇද්ද, නිග්‍රෝධයෙනි, තපස් කරන්නාට මෙය ත් උපක්ලේශයකි.

තව ද නිග්‍රෝධයෙනි, තපස් රකින්නා දායක පවුල් අතර සත්කාර ලබන, ගෞරව ලබන, බුහුමන් ලබන, පිදුම් ලබන, අන්‍ය වූ ශ්‍රමණයෙකු හෝ

බ්‍රාහ්මණයෙකු හෝ දකියි. දැක ඔහු මෙසේ සිතයි. 'ප්‍රත්‍ය බහුල ව දිවි ගෙවන මොහුට දායක පවුල්වල උදවිය සත්කාර කරති. ගෞරව කරති. බුහුමන් කරති. පුදති. එහෙත් රළු ජීවිතයක් ගෙවන, තපස් රකින මට දායක පවුල්වල උදවිය සත්කාර නොකරති. ගෞරව නොකරති. බුහුමන් නොකරති. නොපුදති' යි මෙසේ ඔහු දායක පවුල් කෙරෙහි ඊර්ෂ්‍යාව ත්, මසුරුකම ත් උපදවන්නේ වෙයි. නිග්‍රෝධයෙනි, තපස් රකින්නෙක් දායක පවුල් අතර සත්කාර ලබන, ගෞරව ලබන, බුහුමන් ලබන, පිදුම් ලබන, අන්‍ය වූ ශ්‍රමණයෙකු හෝ බ්‍රාහ්මණයෙකු හෝ දකියි. දැක ඔහු මෙසේ සිතයි. 'ප්‍රත්‍ය බහුල ව ජීවත් වන මොහුට දායක පවුල්වල උදවිය සත්කාර කරති. ගෞරව කරති. බුහුමන් කරති. පුදති. එහෙත් රළු ජීවිතයක් ගෙවන, තපස් රකින මට දායක පවුල්වල උදවිය සත්කාර නොකරති. ගෞරව නොකරති. බුහුමන් නොකරති. නොපුදති' යි මෙසේ ඔහු දායක පවුල් කෙරෙහි ඊර්ෂ්‍යාව ත්, මසුරුකම ත් උපදවන්නේ වෙයි' යන යමක් ඇද්ද, නිග්‍රෝධයෙනි, තපස් කරන්නාට මෙය ත් උපක්ලේශයකි.

තව ද නිග්‍රෝධයෙනි, තපස් රකින්නා මිනිසුන්ට පෙනෙන තැන්වල වාඩිවී තපස් කරයි. නිග්‍රෝධයෙනි, තපස් රකින්නෙක් 'මිනිසුන්ට පෙනෙන තැන්වල වාඩිවී තපස් කරයි' යන යමක් ඇද්ද, නිග්‍රෝධයෙනි, තපස් කරන්නාට මෙය ත් උපක්ලේශයකි.

තව ද නිග්‍රෝධයෙනි, තපස් රකින්නා 'මෙය ත් මාගේ තපසකි. මෙය ත් මාගේ තපසකි' යි දායක පිරිස් අතර තමාගේ ගුණ කියමින් හැසිරෙයි. නිග්‍රෝධයෙනි, තපස් රකින්නෙක් 'මෙය ත් මාගේ තපසකි. මෙය ත් මාගේ තපසකි' යි දායක පිරිස් අතර තමාගේ ගුණ කියමින් හැසිරෙයි' යන යමක් ඇද්ද, නිග්‍රෝධයෙනි, තපස් කරන්නාට මෙය ත් උපක්ලේශයකි.

තව ද නිග්‍රෝධයෙනි, තපස් රකින්නා තමාගේ කිසියම් දෙයක් සඟවාගෙන සේවනය කරයි. 'ඔහු ඔබට මෙය රුචි දැ'යි ඇසූ විට එය කැමති නැතත් 'රුචි යැ' යි කියයි. කැමති දේ ගැන 'රුචි නැතැ' යි කියයි. මෙසේ ඔහු දැන දැන බොරු කියන්නේ වෙයි. නිග්‍රෝධයෙනි, තපස් රකින්නෙක් 'තමාගේ කිසියම් දෙයක් සඟවාගෙන සේවනය කරයි. 'ඔහු ඔබට මෙය රුචි දැ'යි ඇසූ විට එය කැමති නැතත් 'රුචි යැ' යි කියයි. කැමති දේ ගැන 'රුචි නැතැ' යි කියයි. මෙසේ ඔහු දැන දැන බොරු කියන්නේ වෙයි' යන යමක් ඇද්ද, නිග්‍රෝධයෙනි, තපස් කරන්නාට මෙය ත් උපක්ලේශයකි.

තව ද නිග්‍රෝධයෙනි, තපස් රකින්නා දහම් දෙසන්නා වූ තථාගතයන්ගේ හෝ තථාගත ශ්‍රාවකයෙකුගේ හෝ අනුමත කළ යුතු වූ සත්‍ය වූ ම ධර්ම කථාව

අනුමත නොකරයි. නිග්‍රෝධයෙනි, තපස් රකින්නෙක් 'දහම් දෙසන්නා වූ තථාගතයන්ගේ හෝ තථාගත ශ්‍රාවකයෙකුගේ හෝ අනුමත කළ යුතු වූ සත්‍ය වූ ම ධර්ම කථාව අනුමත නොකරයි' යන යමක් ඇද්ද, නිග්‍රෝධයෙනි, තපස් කරන්නාට මෙය ත් උපක්ලේශයකි.

තව ද නිග්‍රෝධයෙනි, තපස් රකින්නා ක්‍රෝධ කරන්නේ වෙයි. බද්ධ වෛර ඇත්තේ වෙයි. නිග්‍රෝධයෙනි, තපස් රකින්නෙක් 'ක්‍රෝධ කරන්නේ වෙයි. බද්ධ වෛර ඇත්තේ වෙයි' යන යමක් ඇද්ද, නිග්‍රෝධයෙනි, තපස් කරන්නාට මෙය ත් උපක්ලේශයකි.

තව ද නිග්‍රෝධයෙනි, තපස් රකින්නා අනුන්ගේ ගුණ මකා කතා කරයි. තරඟයට වැඩ කරයි ....(පෙ).... ඊර්ෂ්‍යා කරයි. මසුරුකම් කරයි. ....(පෙ).... කපටි වෙයි. නැතිගුණ පෙන්වයි ....(පෙ).... දැඩි වෙයි. අධික මාන්නයෙන් යුතු වෙයි ....(පෙ).... පවිටු ආශාවෙන් යුතු වෙයි. පවිටු ආශාවෙහි වසඟයට ගියේ වෙයි. ....(පෙ).... මිසදිටු ගත්තේ වෙයි. තමා ගත් මිසදිටු ව දැඩි ලෙස ගත්තේ වෙයි. ....(පෙ).... තමා ගත් දෘෂ්ටියට දැඩි ව ග්‍රහණය වූයේ වෙයි. එය අත්හැර ගත නොහැක්කේ වෙයි. නිග්‍රෝධයෙනි, තපස් රකින්නෙක් 'තමා ගත් දෘෂ්ටියට දැඩි ව ග්‍රහණය වූයේ වෙයි. එය අත්හැර ගත නොහැක්කේ වෙයි' යන යමක් ඇද්ද, නිග්‍රෝධයෙනි, තපස් කරන්නාට මෙය ත් උපක්ලේශයකි.

නිග්‍රෝධයෙනි, ඒ ගැන කුමක් සිතන්නෙහි ද? ඉදින් මේ තපසින් පව් දුරැලීම් උපක්ලේශ සහිත වෙත් ද? උපක්ලේශ රහිත වෙත් ද?"

"ඒකාන්තයෙන් ම ස්වාමීනී, මේ තපසින් පව් දුරැලීම් වනාහී උපක්ලේශ සහිතයෝ වෙති. උපක්ලේශ රහිතයෝ නොවෙති. ස්වාමීනී, මෙහිලා තපස් රකින්නෙක් මේ සියළුම උපක්ලේශයන්ගෙන් යුක්ත ව සිටියි යන යමක් ඇද්ද, එය පැහැදිලි ව දකින්නට ලැබෙන දෙයකි. මේ උපක්ලේශයන්ගෙන් ඇතැම් උපක්ලේශයෙන් යුක්ත ව සිටියි යන කරුණ ගැන කියන්නට දෙයක් නැත්තේ ම ය."

"නිග්‍රෝධයෙනි, මෙහිලා තපස් රකින්නා තපසක් සමාදන් වෙයි. ඔහු ඒ තපසින් සතුටු නොවෙයි. පිරිපුන් තෘප්තියකට පත් නොවෙයි. නිග්‍රෝධයෙනි, තපස් රකින්නෙක් තපසක් සමාදන් වෙයි නම්, ඒ තපසින් 'සතුටු නොවෙයි, පිරිපුන් තෘප්තියකට පත් නොවෙයි' යන යමක් ඇද්ද, මෙසේ ඔහු එම කරුණ තුළ පිරිසිදු වෙයි.

තව ද නිග්‍රෝධයෙනි, තපස් රකින්නා තපසක් සමාදන් වෙයි. ඔහු ඒ තපසින් තමා ව හුවා නොදක්වයි. අනුන් හෙළා නොදකියි. නිග්‍රෝධයෙනි,

තපස් රකින්නෙක් යම් තපසක් සමාදන් වෙයි නම්, 'ඔහු ඒ තපසින් තමා ව හුවා නොදක්වයි, අනුන් ව හෙළා නොදකියි' යන යමක් ඇද්ද, මෙසේ ඔහු එම කරුණ තුළ පිරිසිදු වෙයි.

තව ද නිග්‍රෝධයෙනි, තපස් රකින්නා තපසක් සමාදන් වෙයි. ඔහු ඒ තපසින් මත් නොවෙයි. මුසපත් නොවෙයි. ප්‍රමාදයට පත් නොවෙයි. නිග්‍රෝධයෙනි, තපස් රකින්නෙක් යම් තපසක් සමාදන් වෙයි නම්, 'ඔහු ඒ තපසින් ඔහු මත් නොවෙයි, මුසපත් නොවෙයි, ප්‍රමාදයට පත් නොවෙයි' යන යමක් ඇද්ද, මෙසේ ඔහු එම කරුණ තුළ පිරිසිදු වෙයි.

තව ද නිග්‍රෝධයෙනි, තපස් රකින්නා තපසක් සමාදන් වෙයි. ඔහු ඒ තපසින් ලාභ සත්කාර කීර්ති ප්‍රශංසා උපදවයි. ඔහු ඒ ලාභ සත්කාර කීර්ති ප්‍රශංසාවෙන් සතුටු සිත් ඇත්තේ නොවෙයි. පිරිපුන් තෘප්තියකට පත් නොවෙයි. නිග්‍රෝධයෙනි, තපස් රකින්නෙක් යම් තපසක් සමාදන් වෙයි නම්, 'ඔහු ඒ තපසින් ලාභ සත්කාර කීර්ති ප්‍රශංසා උපදවයි, ඔහු ඒ ලාභ සත්කාර කීර්ති ප්‍රශංසාවෙන් සතුටු සිත් ඇත්තේ නොවෙයි, පිරිපුන් තෘප්තියකට පත් නොවෙයි' යන යමක් ඇද්ද, මෙසේ ඔහු එම කරුණ තුළ පිරිසිදු වෙයි.

තව ද නිග්‍රෝධයෙනි, තපස් රකින්නා තපසක් සමාදන් වෙයි. ඔහු ඒ තපසින් ලාභ සත්කාර කීර්ති ප්‍රශංසා උපදවයි. ඔහු ඒ ලාභ සත්කාර කීර්ති ප්‍රශංසාවෙන් තමා හුවා නොදක්වයි. අනුන් හෙළා නොදකියි. නිග්‍රෝධයෙනි, තපස් රකින්නෙක් යම් තපසක් සමාදන් වෙයි නම්, 'ඔහු ඒ තපසින් ලාභ සත්කාර කීර්ති ප්‍රශංසා උපදවයි, ඔහු ඒ ලාභ සත්කාර කීර්ති ප්‍රශංසාවෙන් තමා හුවා නොදක්වයි, අනුන් හෙළා නොදකියි' යන යමක් ඇද්ද, මෙසේ ඔහු එම කරුණ තුළ පිරිසිදු වෙයි.

තව ද නිග්‍රෝධයෙනි, තපස් රකින්නා තපසක් සමාදන් වෙයි. ඔහු ඒ තපසින් ලාභ සත්කාර කීර්ති ප්‍රශංසා උපදවයි. ඔහු ඒ ලාභ සත්කාර කීර්ති ප්‍රශංසාවෙන් මත් නොවෙයි. මුසපත් නොවෙයි. ප්‍රමාදයට නොපැමිණෙයි. නිග්‍රෝධයෙනි, තපස් රකින්නෙක් යම් තපසක් සමාදන් වෙයි නම්, 'ඔහු ඒ තපසින් ලාභ සත්කාර කීර්ති ප්‍රශංසා උපදවයි, ඔහු ඒ ලාභ සත්කාර කීර්ති ප්‍රශංසාවෙන් මත් නොවෙයි, මුසපත් නොවෙයි, ප්‍රමාදයට නොපැමිණෙයි' යන යමක් ඇද්ද, මෙසේ ඔහු එම කරුණ තුළ පිරිසිදු වෙයි.

තව ද නිග්‍රෝධයෙනි, තපස් රකින්නා තපසක් සමාදන් වෙයි. තමාට ලැබෙන බොජුනෙහි 'මෙය මට රුචි ය. මෙය මට රුචි නැතැ' යි හොඳ හොඳ දේ තෝරන බවට පත් නොවෙයි. ඔහු යම් බොජුනකට නොකැමැති වෙයි ද,

එය අපේක්ෂා රහිත ව අත්හරියි. යම් බොජුනකට කැමැති වෙයි ද, එයට ගිජු නොවී, මුසපත් නොවී, ආශාවෙන් නොබැසගෙන, ආදීනව දකිමින්, එයින් නිදහස් වීම නුවණින් දකිමින් අනුභව කරයි. නිග්‍රෝධයෙනි, තපස් රකින්නෙක් යම් තපසක් සමාදන් වෙයි නම්, 'ඔහු ඒ තපසින් තමාට ලැබෙන බොජුනෙහි 'මෙය මට රුචි ය. මෙය මට රුචි නැතැ' යි හොඳ හොඳ දේ තෝරන බවට පත් නොවෙයි. ඔහු යම් බොජුනකට නොකැමැති වෙයි ද, එය අපේක්ෂාවෙන් තොර ව අත්හරියි. යම් බොජුනකට කැමැති වෙයි ද, එයට ගිජු නොවී, මුසපත් නොවී, ආශාවෙන් නොබැසගෙන, ආදීනව දකිමින්, එයින් නිදහස් වීම නුවණින් දකිමින් අනුභව කරයි' යන යමක් ඇද්ද, මෙසේ ඔහු එම කරුණ තුළ පිරිසිදු වෙයි.

තව ද නිග්‍රෝධයෙනි, තපස් රකින්නා 'මට රජවරු, රාජමහාමාත්‍යවරු, ක්ෂත්‍රියවරු, බ්‍රාහ්මණවරු, ගෘහපතිවරු, තීර්ථකයෝ සත්කාර කරන්නාහ' යි ලාභ සත්කාර කීර්ති ප්‍රශංසා ලැබීමේ අපේක්ෂාවෙන් තපසක් සමාදන් නොවෙයි. නිග්‍රෝධයෙනි, තපස් රකින්නෙක් 'මට රජවරු, රාජමහාමාත්‍යවරු, ක්ෂත්‍රියවරු, බ්‍රාහ්මණවරු, ගෘහපතිවරු, තීර්ථකයෝ සත්කාර කරන්නාහ' යි ලාභ සත්කාර කීර්ති ප්‍රශංසා ලැබීමේ අපේක්ෂාවෙන් තපසක් සමාදන් නොවෙයි' යන යමක් ඇද්ද, මෙසේ ඔහු එම කරුණ තුළ පිරිසිදු වෙයි.

තව ද නිග්‍රෝධයෙනි, තපස් රකින්නා අන්‍ය වූ ශ්‍රමණයෙකුට හෝ බ්‍රාහ්මණයෙකුට හෝ චේවා නින්දා අපහාස නොකරයි. 'කිම? මෙතෙමේ ප්‍රත්‍ය බහුල ව ජීවත් වෙයි. හැම දෙයක් ම කයි. එනම්, මුලින් පැළවෙන දේ, කඳින් පැළවෙන දේ, පුරුකින් පැළවෙන දේ, දල්ලෙන් පැළවෙන දේ, පස්වෙනුව බීජයෙන් පැළවෙන දේ ය. මොහුගේ දත් සියල්ල ඇඹරෙන හෙණචක්‍රයක් බඳු නොවැ. එනමුදු ශ්‍රමණ නමින් හඳුන්වති' වශයෙනි. නිග්‍රෝධයෙනි, තපස් රකින්නෙක් 'අන්‍ය වූ ශ්‍රමණයෙකුට හෝ බ්‍රාහ්මණයෙකුට හෝ චේවා 'කිම? මෙතෙමේ ප්‍රත්‍ය බහුල ව ජීවත් වෙයි. හැම දෙයක් ම කයි. එනම්, මුලින් පැළවෙන දේ, කඳින් පැළවෙන දේ, පුරුකින් පැළවෙන දේ, දල්ලෙන් පැළවෙන දේ, පස්වෙනුව බීජයෙන් පැළවෙන දේ ය. මොහුගේ දත් සියල්ල ඇඹරෙන හෙණචක්‍රයක් බඳු නොවැ. එනමුදු ශ්‍රමණ නමින් හඳුන්වති යි නින්දා අපහාස නොකරයි' යන යමක් ඇද්ද, මෙසේ ඔහු එම කරුණ තුළ පිරිසිදු වෙයි.

තව ද නිග්‍රෝධයෙනි, තපස් රකින්නා දායක පවුල් අතර සත්කාර ලබන, ගෞරව ලබන, බුහුමන් ලබන, පිදුම් ලබන, අන්‍ය වූ ශ්‍රමණයෙකු හෝ බ්‍රාහ්මණයෙකු හෝ දකියි. දැක ඔහු මෙසේ නොසිතයි. 'ප්‍රත්‍ය බහුල ව දිවි ගෙවන මොහුට දායක පවුල්වල උදවිය සත්කාර කරති. ගෞරව කරති. බුහුමන්

කරති. පුදති. එහෙත් රළු ජීවිතයක් ගෙවන, තපස් රකින මට දායක පවුල්වල උදවිය සත්කාර නොකරති. ගෞරව නොකරති. බුහුමන් නොකරති. නොපුදති' යි මෙසේ ඔහු දායක පවුල් කෙරෙහි ඊර්ෂ්‍යාව ත්, මසුරුකම ත් නූපදවන්නේ වෙයි. නිග්‍රෝධයෙනි, තපස් රකින්නෙක් දායක පවුල් අතර සත්කාර ලබන, ගෞරව ලබන, බුහුමන් ලබන, පිදුම් ලබන, අන්‍ය වූ ශ්‍රමණයෙකු හෝ බ්‍රාහ්මණයෙකු හෝ දකියි. දැක ඔහු මෙසේ නොසිතයි. 'ප්‍රත්‍ය බහුල ව දිවි ගෙවන මොහුට දායක පවුල්වල උදවිය සත්කාර කරති. ගෞරව කරති. බුහුමන් කරති. පුදති. එහෙත් රළු ජීවිතයක් ගෙවන, තපස් රකින මට දායක පවුල්වල උදවිය සත්කාර නොකරති. ගෞරව නොකරති. බුහුමන් නොකරති. නොපුදති' යි මෙසේ ඔහු දායකයන් කෙරෙහි ඊර්ෂ්‍යාව ත්, මසුරුකම ත් නූපදවන්නේ වෙයි' යන යමක් ඇද්ද, මෙසේ ඔහු එම කරුණ තුළ පිරිසිදු වෙයි.

තව ද නිග්‍රෝධයෙනි, තපස් රකින්නා මිනිසුන්ට පෙනෙන තැන්වල වාඩිවී තපස් නොකරයි. නිග්‍රෝධයෙනි, තපස් රකින්නෙක් 'මිනිසුන්ට පෙනෙන තැන්වල වාඩිවී තපස් නොකරයි' යන යමක් ඇද්ද, මෙසේ ඔහු එම කරුණ තුළ පිරිසිදු වෙයි.

තව ද නිග්‍රෝධයෙනි, තපස් රකින්නා 'මෙය ත් මාගේ තපසකි. මෙය ත් මාගේ තපසකි' යි දායක පිරිස් අතර තමාගේ ගුණ කියමින් නොහැසිරෙයි. නිග්‍රෝධයෙනි, තපස් රකින්නෙක් 'මෙය ත් මාගේ තපසකි. මෙය ත් මාගේ තපසකි' යි දායක පිරිස් අතර තමාගේ ගුණ කියමින් නොහැසිරෙයි' යන යමක් ඇද්ද, මෙසේ ඔහු එම කරුණ තුළ පිරිසිදු වෙයි.

තව ද නිග්‍රෝධයෙනි, තපස් රකින්නා තමාගේ කිසියම් දෙයක් සඟවාගෙන සේවනය නොකරයි. 'ඔහු ඔබට මෙය රුචි දැ'යි ඇසූ විට කැමති නොවන දෙය 'රුචි නැතැ' යි කියයි ද, කැමති දේ ගැන 'රුචි යැ' යි කියයි ද, මෙබඳු ලෙස ඔහු දැන දැන බොරු නොකියන්නේ වෙයි. නිග්‍රෝධයෙනි, තපස් රකින්නෙක් 'තමාගේ කිසියම් දෙයක් සඟවාගෙන සේවනය නොකරයි. 'ඔබට මෙය රුචි දැ'යි ඇසූ විට එය කැමති නැතත් 'රුචි යැ' යි කියයි ද, කැමති දේ ගැන 'රුචි නැතැ' යි කියයි ද, මෙබඳු ලෙස ඔහු දැන දැන බොරු නොකියන්නේ වෙයි' යන යමක් ඇද්ද, මෙසේ ඔහු එම කරුණ තුළ පිරිසිදු වෙයි.

තව ද නිග්‍රෝධයෙනි, තපස් රකින්නා දහම් දෙසන්නා වූ තථාගතයන්ගේ හෝ තථාගත ශ්‍රාවකයෙකුගේ හෝ අනුමත කළ යුතු වූ සත්‍ය වූ ම ධර්ම කථාව අනුමත කරයි. නිග්‍රෝධයෙනි, තපස් රකින්නෙක් 'දහම් දෙසන්නා වූ තථාගතයන්ගේ හෝ තථාගත ශ්‍රාවකයෙකුගේ හෝ අනුමත කළ යුතු වූ සත්‍ය

වූ ම ධර්ම කථාව අනුමත කරයි' යන යමක් ඇද්ද, මෙසේ ඔහු එම කරුණ තුළ පිරිසිදු වෙයි.

තව ද නිග්‍රෝධයෙනි, තපස් රකින්නා ක්‍රෝධ නොකරන්නේ වෙයි. බද්ධ වෛර නැත්තේ වෙයි. නිග්‍රෝධයෙනි, තපස් රකින්නෙක් 'ක්‍රෝධ නොකරන්නේ වෙයි. බද්ධ වෛර නැත්තේ වෙයි' යන යමක් ඇද්ද, මෙසේ ඔහු එම කරුණින් පිරිසිදු වෙයි.

තව ද නිග්‍රෝධයෙනි, තපස් රකින්නා අනුන්ගේ ගුණ මකා කතා නොකරයි. තරඟයට වැඩ නොකරයි ....(පෙ).... ඊර්ෂ්‍යා නොකරයි. මසුරුකම් නොකරයි. ....(පෙ).... කපටි නොවෙයි. නැතිගුණ නොපෙන්වයි ....(පෙ).... දැඩි නොවෙයි. අධික මාන්නයෙන් යුතු නොවෙයි ....(පෙ).... පවිටු ආශාවෙන් යුතු නොවෙයි. පවිටු ආශාවෙහි වසඟයට නොගියේ වෙයි. ....(පෙ).... මිසදිටු නොගත්තේ වෙයි. තමා ගත් මිසදිටු ව දැඩි ලෙස නොගත්තේ වෙයි. ....(පෙ).... තමා ගත් දෘෂ්ටියට දැඩි ව ග්‍රහණය නොවූයේ වෙයි. එය පහසුවෙන් අත්හැර ගත හැක්කේ වෙයි. නිග්‍රෝධයෙනි, තපස් රකින්නෙක් 'තමා ගත් දෘෂ්ටියට දැඩි ව ග්‍රහණය නොවූයේ වෙයි. එය පහසුවෙන් අත්හැර ගත හැක්කේ වෙයි' යන යමක් ඇද්ද, මෙසේ ඔහු එම කරුණ තුළ පිරිසිදු වෙයි.

නිග්‍රෝධයෙනි, ඒ ගැන කුමක් සිතන්නෙහි ද? ඉදින් මෙසේ ඇති කල්හී තපසින් පව් දුරුලීම පිරිසිදු ද? නැත්නම් අපිරිසිදු ද?"

"ඒකාන්තයෙන් ම ස්වාමීනී, මෙසේ ඇති කල්හී තපසින් පව් දුරුලීම පිරිසිදු වූයේ වෙයි. අපිරිසිදු නොවෙයි. මුදුන් පැමිණියේ ත් වෙයි. සාරයට පැමිණියේ ත් වෙයි."

"නැත, නිග්‍රෝධයෙනි, මෙපමණකින් තපසින් පව් දුරුලීම මුදුන් පැමිණියේ නොවෙයි. සාරයට පැමිණියේ ත් නොවෙයි. හුදෙක් පිටපොත්තට පැමිණියේ ම වෙයි."

"ස්වාමීනී, කොපමණකින් තපසින් පව් දුරුලීම මුදුන් පැමිණියේ ත්, සාරයට පැමිණියේ ත් වෙයි ද? යහපති, ස්වාමීනී, භාග්‍යවතුන් වහන්සේ මා තපසින් පව් දුරුලීම පිළිබඳ ව මුදුනට ම පමුණුවන සේක්වා! සාරයට ම පමුණුවන සේක්වා!"

"නිග්‍රෝධයෙනි, මෙහිලා තපස් රකින්නා සිව් වැදෑරුම් සංවරයෙන් සංවර වූයේ වෙයි. නිග්‍රෝධයෙනි, තපස් රකින්නෙක් සිව් වැදෑරුම් සංවරයෙන් සංවර වන්නේ කෙසේ ද?

නිග්‍රෝධයෙනි, මෙහිලා තපස් රකින්නා සතුන් නොමරයි. අනුන් ලවා ත් සතුන් නොමරවයි. සතුන් මරන්නෙකුට අනුමත නොකරයි. සොරකම් නොකරයි. අනුන් ලවා ත් සොරකම් නොකරවයි. සොරකම් කරන්නෙකුට අනුමත නොකරයි. බොරු නොකියයි. අනුන් ලවා ත් බොරු නොකියවයි. බොරු කියන්නෙකුට අනුමත නොකරයි. පුරුදු කරන ලද දොස් සහිත දෙයට සෙත් නොපතයි. පුරුදු කරන ලද දොස් සහිත දෙයට අනුන් ලවා ත් සෙත් නොපතවයි. පුරුදු කරන ලද දොස් සහිත දෙයට සෙත් පතන්නාට අනුමත නොකරයි. මෙසේ නිග්‍රෝධයෙනි, තපස් රකින්නා සිව් වැදෑරුම් සංවරයෙන් සංවර වූයේ වෙයි.

නිග්‍රෝධයෙනි, යම් කලෙක තපස් රකින්නා සිව් වැදෑරුම් සංවරයෙන් සංවර වූයේ වෙයි ද, මෙය ඔහුගේ තපස් බව වෙයි. ඔහු එය ඉදිරියට දියුණු කරයි. නැවත කැරකී ගිහි ජීවිතයට නොවැටෙයි.

ඔහු අරණ්‍ය, රුක් සෙවණ, පර්වත, කඳුරැලි, ගිරිගුහා, සොහොන්, වනපෙත්, එළිමහන, පිදුරු කිළි ආදී හුදෙකලා සෙනසුනක් ඇසුරු කරයි. ඔහු පිණ්ඩපාතයෙන් වැළකුණු පසුබත් කාලයෙහි කය ඍජු කොට පළඟක් බැඳ, මුව ඉදිරියෙහි සිහිය පිහිටුවා වාඩිවෙයි. ඔහු ලෝකයෙහි ඇලීම දුරු කොට, පහව ගිය ඇලීමෙන් යුතු සිතින් වාසය කරයි. ඇලීම කෙරෙන් සිත පිරිසිදු කරයි.

ව්‍යාපාදය නම් වූ ක්‍රෝධය දුරු කොට, තරහ නැති සිතින් යුතු ව, සියළු ප්‍රාණීන් කෙරෙහි හිතානුකම්පී ව වාසය කරයි. ව්‍යාපාදය නම් වූ ක්‍රෝධය කෙරෙන් සිත පිරිසිදු කරයි.

නිදිමත හා අලසබව දුරුකොට පහ ව ගිය ථීනමිද්ධයෙන් යුතු සිතින්, සිහියෙන් හා නුවණින් යුතුව, ආලෝක සංඥාව ඇති ව වාසය කරයි. ථීනමිද්ධය කෙරෙන් සිත පිරිසිදු කරයි.

සිතේ විසිරීම ත්, කුකුස ත් දුරු කොට, තමා තුළ සංසිඳී ගිය සිතින් සංසුන් ව වාසය කරයි. සිතේ විසිරීම ත්, පසුතැවිල්ලත් කෙරෙන් සිත පිරිසිදු කරයි.

සැකය දුරුකොට, සැකයෙන් එතෙර ව වාසය කරයි. කුසල ධර්මයන්හි 'කෙසේ ද? කෙසේ ද?' යන්නෙන් තොර ව වාසය කරයි. සැකය කෙරෙන් සිත පිරිසිදු කරයි.

ඔහු ප්‍රඥාව දුර්වල කරන, සිතට උපක්ලේශ වූ මේ පංච නීවරණ දුරුකොට මෛත්‍රී සහගත සිතින් එක් දිශාවක් පතුරුවා වාසය කරයි. එසේ ම

දෙවෙනි දිශාව ද, එසේ ම තෙවෙනි දිශාව, එසේ ම සිව්වෙනි දිශාව ද පතුරුවා වාසය කරයි. මෙසේ උඩ - යට - සරස යන හැම තන්හි තමා හා සමකොට සියළු සත්ව ලෝකයට මෛත්‍රී සහගත, විපුල වූ, මහද්ගත වූ, අප්‍රමාණ වූ, වෛර නැති, තරහ නැති සිතින් පතුරුවා වාසය කරයි. කරුණා සහගත සිතින් ....(පෙ).... මුදිතා සහගත සිතින් ....(පෙ).... උපේක්ෂා සහගත සිතින් එක් දිශාවක් පතුරුවා වාසය කරයි. එසේ ම දෙවෙනි දිශාව ද, එසේ ම තෙවෙනි දිශාව, එසේ ම සිව්වෙනි දිශාව ද පතුරුවා වාසය කරයි. මෙසේ උඩ - යට - සරස යන හැම තන්හි තමා හා සමකොට සියළු සත්ව ලෝකයට උපේක්ෂා සහගත, විපුල වූ, මහද්ගත වූ, අප්‍රමාණ වූ, වෛර නැති, තරහ නැති සිතින් පතුරුවා වාසය කරයි.

නිග්‍රෝධයෙනි, ඒ ගැන කුමක් සිතන්නෙහි ද? ඉදින් මෙසේ ඇති කල්හී තපසින් පව් දුරුලීම පිරිසිදු වෙයි ද? නැතිනම් අපිරිසිදු වෙයි ද?"

"ඒකාන්තයෙන් ම ස්වාමීනී, මෙසේ ඇති කල්හී තපසින් පව් දුරුලීම පිරිසිදු වෙයි. අපිරිසිදු නොවෙයි. මුදුන් පැමිණියේ ත්, සාරයට පැමිණියේ ත් වෙයි."

"නැත, නිග්‍රෝධයෙනි. මෙපමණකින් තපසින් පව් දුරුලීම මුදුන් පැමිණියේ ත්, සාරයට පැමිණියේ ත් නොවෙයි. එනමුදු පොත්තට පැමිණියේ වෙයි."

"ස්වාමීනී, තපසින් පව් දුරුලීම කොපමණකින් මුදුන් පැමිණියේ ත්, සාරයට පැමිණියේ ත් වෙයි ද? යහපති, ස්වාමීනී, භාග්‍යවතුන් වහන්සේ තපසින් පව් දුරුලීමෙහිලා මා මුදුන් පමුණුවන සේක්වා! සාරයට පමුණුවන සේක්වා!"

"නිග්‍රෝධයෙනි, මෙහිලා තපස් රකින්නා සිව් වැදෑරුම් සංවරයෙන් සංවර වූයේ වෙයි. නිග්‍රෝධයෙනි, තපස් රකින්නෙක් කෙසේ නම් සිව් වැදෑරුම් සංවරයෙන් සංවර වූයේ වෙයි ද? ....(පෙ).... නිග්‍රෝධයෙනි, යම් කලෙක තපස් රකින්නා මෙසේ සිව් වැදෑරුම් සංවරයෙන් සංවර වූයේ වෙයි නම්, මෙය ඔහුගේ තපස් බව ය. ඔහු එය ඉදිරියට දියුණු කරයි. පෙරලා ගිහි බවට නොයයි. ඔහු හුදෙකලා සෙනසුනක් ඇසුරු කරයි ....(පෙ).... මෙසේ ඔහු ප්‍රඥාව දුර්වල කරන, සිතට උපක්ලේශ වූ, මේ පංච නීවරණ දුරු කොට මෛත්‍රී සහගත සිතින් ....(පෙ).... උපේක්ෂා සහගත සිතින් විපුල වූ, මහද්ගත වූ, අප්‍රමාණ වූ, අවෛරී වූ, තරහ නැති සිතෙන් පතුරුවා වාසය කරයි.

ඔහු නොයෙක් අයුරින් පෙර භවයන්හි ජීවිතය ගත කළ අයුරු සිහි කරයි. එනම්; එක් උපතක් ද, උපත් දෙකක් ද, උපත් තුනක් ද, උපත් සතරක්

ද, උපතක් පහක් ද, උපත් දහයක් ද, උපත් විස්සක් ද, උපත් තිහක් ද, උපත් හතළිහක් ද, උපත් පනහක් ද, උපත් සියයක් ද, උපත් දහසක් ද, උපත් සිය දහසක් ද, නොයෙක් උපත් සිය ගණන් ද, නොයෙක් උපත් දහස් ගණන් ද, නොයෙක් උපත් සියදහස් ගණන් ද, නොයෙක් විනාශවන කල්පයන් ද, නොයෙක් හැදෙන කල්පයන් ද, නොයෙක් සංවට්ට - විවට්ට කල්පයන් ද සිහි කරයි. 'අසවල් තැන මෙබඳු නමින් සිටියෙමි. මෙබඳු ගෝත්‍ර නමින්, මෙබඳු පැහැයෙන්, මෙබඳු ආහාර ඇති ව, මෙබඳු සැප දුක් විඳිමින්, මෙබඳු ආයුෂයක් ඇති ව සිටියෙමි. ඒ මම් එයින් චුත ව අසවල් තැන උපන්නෙමි. එහි ද මම මෙබඳු නම් ඇති ව සිටියෙමි. මෙබඳු ගෝත්‍ර නම් ඇති ව සිටියෙමි. මෙබඳු පැහැයෙන්, මෙබඳු ආහාරයෙන්, මෙබඳු සැප දුක් විඳිමින්, මෙබඳු ආයුෂයෙන් සිටියෙමි. ඒ මම් එයින් චුත ව මෙහි උපන්නෙමි' යි මෙසේ ආකාර සහිත ව, විස්තර සහිත ව, නොයෙක් අයුරින් පෙර භවයන්හි ජීවිතය ගත කළ අයුරු සිහි කරයි.

නිග්‍රෝධයෙනි, ඒ ගැන කුමක් සිතන්නෙහි ද? ඉදින් මෙසේ ඇති කල්හී තපසින් පව් දුරුලීම පිරිසිඳු වෙයි ද? නැතිනම් අපිරිසිඳු වෙයි ද?"

"ඒකාන්තයෙන් ම ස්වාමීනී, මෙසේ ඇති කල්හී තපසින් පව් දුරුලීම පිරිසිඳු වෙයි. අපිරිසිඳු නොවෙයි. මුදුන් පැමිණියේ ත්, සාරයට පැමිණියේ ත් වෙයි."

"නැත, නිග්‍රෝධයෙනි. මෙපමණකින් තපසින් පව් දුරුලීම මුදුන් පැමිණියේ ත්, සාරයට පැමිණියේ ත් නොවෙයි. එනමුදු එහි එළයට පැමිණයේ වෙයි."

"ස්වාමීනී, තපසින් පව් දුරුලීම කොපමණකින් මුදුන් පැමිණියේ ත්, සාරයට පැමිණියේ ත් වෙයි ද? යහපති, ස්වාමීනී, භාග්‍යවතුන් වහන්සේ තපසින් පව් දුරුලීමෙහිලා මා මුදුන් පමුණුවන සේක්වා! සාරයට පමුණුවන සේක්වා!"

"නිග්‍රෝධයෙනි, මෙහිලා තපස් රකින්නා සිව් වැදෑරුම් සංවරයෙන් සංවර වූයේ වෙයි. නිග්‍රෝධයෙනි, තපස් රකින්නෙක් කෙසේ නම් සිව් වැදෑරුම් සංවරයෙන් සංවර වූයේ වෙයි ද? ....(පෙ).... නිග්‍රෝධයෙනි, යම් කලෙක තපස් රකින්නා මෙසේ සිව් වැදෑරුම් සංවරයෙන් සංවර වූයේ වෙයි නම්, මෙය ඔහුගේ තපස් බව ය. ඔහු එය ඉදිරියට දියුණු කරයි. පෙරලා ගිහි බවට නොයයි. ඔහු හුදෙකලා සෙනසුනක් ඇසුරු කරයි ....(පෙ).... මෙසේ ඔහු ප්‍රඥාව දුර්වල කරන, සිතට උපක්ලේශ වූ, මේ පංච නීවරණ දුරු කොට මෛත්‍රී සහගත සිතින් ....(පෙ).... උපේක්ෂා සහගත සිතින් විපුල වූ, මහද්ගත වූ, අප්‍රමාණ වූ, අවෛරී වූ, තරහ නැති සිතෙන් පතුරුවා වාසය කරයි.

ඔහු නොයෙක් අයුරින් පෙර භවයන්හි ජීවිතය ගත කළ අයුරු සිහි කරයි. එනම්; එක් උපතක් ද, උපත් දෙකක් ද, ...(පෙ).... මෙසේ ආකාර සහිත ව, විස්තර සහිත ව, නොයෙක් අයුරින් පෙර භවයන්හි ජීවිතය ගත කළ අයුරු සිහි කරයි.

ඔහු සාමාන්‍ය මිනිස් පෙනීම ඉක්මවා ගිය පිරිසිදු දිවැසින් චුත වෙන - උපදින සත්වයන් දකියි. පහත්, උසස්, පැහැපත්, දුර්වර්ණ, සුගති, දුගති, කර්මානුරූප ව උපදින සත්වයන් දැනගනියි. 'ඒකාන්තයෙන් ම මේ භවත් සත්වයෝ කායික දුසිරිතෙන් යුක්ත ව සිට, වාචසික දුසිරිතෙන් යුක්ත ව සිට, මනෝ දුසිරිතෙන් යුක්ත ව සිට, ආර්යෝපවාද කරමින් සිට, මිසදිටු ගෙන, මිසදිටු ක්‍රියාවන්හි යෙදී සිටියාහු ද, ඔවුහු කය බිඳී මරණින් මතු අපාය, දුගතිය, විනිපාත නම් වූ නිරයෙහි උපන්නාහු ය. මේ භවත් සත්වයෝ වනාහී කායික සුසිරිතෙන් යුක්ත ව සිට, වාචසික සුසිරිතෙන් යුක්ත ව සිට, මනෝ සුසිරිතෙන් යුක්ත ව සිට, ආර්යෝපවාද නොකරමින් සිට, සම්දිටු ගෙන, සම්දිටු ක්‍රියාවන්හි යෙදී සිටියාහු ද, ඔවුහු කය බිඳී මරණින් මතු සුගති සංඛ්‍යාත දෙව්ලොවෙහි උපන්නාහු ය' යනුවෙන් දිවැසින් දකියි.

නිග්‍රෝධයෙනි, ඒ ගැන කුමක් සිතන්නෙහි ද? ඉදින් මෙසේ ඇති කල්හී තපසින් පව් දුරුලීම පිරිසිදු වෙයි ද? නැතිනම් අපිරිසිදු වෙයි ද?"

"ඒකාන්තයෙන් ම ස්වාමීනී, මෙසේ ඇති කල්හී තපසින් පව් දුරුලීම පිරිසිදු වෙයි. අපිරිසිදු නොවෙයි. මුදුන් පැමිණියේ ත්, සාරයට පැමිණියේ ත් වෙයි."

"නිග්‍රෝධයෙනි, මෙපමණකින් තපසින් පව් දුරුලීම මුදුන් පැමිණියේ ත්, සාරයට පැමිණියේ ත් වෙයි.

නිග්‍රෝධයෙනි, ඔබ මට යමක් මෙසේ පැවසුවෙහි ද, 'ස්වාමීනී, යම් ධර්මයකින් භාග්‍යවතුන් වහන්සේ ශ්‍රාවකයන් හික්මවත් ද, භාග්‍යවතුන් වහන්සේ විසින් යම් ධර්මයකින් හික්මවන ලද ශ්‍රාවකයෝ මුළුමනින් ම සැහීමට පත් ව, බඹසරට මුල් වූ මාර්ගය පිළිබඳ ව ප්‍රතිඥා දෙත් නම්, භාග්‍යවතුන් වහන්සේගේ ඒ ධර්මය කුමක් ද?' යි, නිග්‍රෝධයෙනි, මෙසේ යම් ධර්මයකින් මම ශ්‍රාවකයන් හික්මවම් ද, යම් ධර්මයකින් මා විසින් හික්මවන ලද ශ්‍රාවකයෝ මුළුමනින් ම සැහීමකට පත් ව, බඹසරට මුල් වූ මාර්ගය පිළිබඳ ව ප්‍රතිඥා දෙත් ද, එකරුණ මෙයට ත් උත්තරීතර ද, ප්‍රණීතතර ද වෙයි."

මෙසේ වදාළ කල්හී ඒ පරිබ්‍රාජකයෝ මහත් සේ හඬ නගමින්, උස් හඬ නගමින්, මහා හඬ නගමින් 'මෙහිලා අපි ආචාර්යයා සහිත ව නැසුනම්හ.

මෙහිලා අපි ආචාර්යයා සහිත ව වැනසුනම්හ. මෙයට වඩා උත්තරීතර වූ කරුණක් අපි නොදනිමු' යි ඝෝෂා කළහ.

යම් කලෙක සන්ධාන ගෘහපති තෙමේ 'දැන් මේ අන්‍යතීර්ථක පරිබ්‍රාජකයෝ භාග්‍යවතුන් වහන්සේගේ භාෂිතය අසනු කැමති වෙත්. සවන් යොමත්. තේරුම් ගැනීමට සිත පිහිටුවත්' යැයි දැනගත්තේ ද, එකල්හී නිග්‍රෝධ පරිබ්‍රාජකයාට මෙය පැවසුවේ ය.

"ස්වාමීනී, නිග්‍රෝධයෙනි, ඔබ මට මෙසේ යමක් කිව්වෙහි ද, 'එහෙනම් ගෘහපතිය, දැනගන්නෙහි ය. ශ්‍රමණ ගෞතම තෙමේ කවරෙකු හා දොඩයි ද? කවරෙකු හා සාකච්ඡාවට පැමිණෙයි ද? කවරෙකු හා ප්‍රඥාවෙන් ව්‍යක්තභාවයට නිසි කරුණකට පැමිණෙයි ද? ශ්‍රමණ ගෞතමයන්ගේ ප්‍රඥාව ශූන්‍යාගාරයෙහි ම නැසුණේ ය. ශ්‍රමණ ගෞතම තෙමේ පිරිස් අතර නොහැසිරෙන්නෙකි. කථාබහට නොගැලපෙයි. ඔහු ඈත කෙළවර වන සෙනසුන් පමණක් සේවනය කරයි. යම් සේ එක් ඇසක් නොපෙනෙන ගව දෙනක් පිරිස් මගහැර යන්නී, හැමට කෙළවරින් ඇති තැන් සේවනය කරන්නී ද, එසෙයින් ම ශ්‍රමණ ගෞතමයන්ගේ ප්‍රඥාව ශූන්‍යාගාරයෙහි ම නැසුණේ ය. ශ්‍රමණ ගෞතම තෙමේ පිරිස් අතර නොහැසිරෙන්නෙකි. කථාබහට නොගැලපෙයි. ඔහු ඈත කෙළවර වන සෙනසුන් පමණක් සේවනය කරයි. එසේ නම් ගෘහපතිය, දනුව. ශ්‍රමණ ගෞතම තෙමේ මේ පිරිස වෙත එන්නේ නම්, එක් ප්‍රශ්නයකින් ම, ඔහු ව නවත්තන්නෙමු. හිස් කළයක් සෙළවෙන්නට නොදී බැඳ තබන සෙයින් සිර කොට තබන්නෙමු' යි. මේ වනාහී මෙහි වැඩම කොට සිටින සේක් ඒ භාග්‍යවත් වූ, අරහත් වූ, සම්මා සම්බුදුරජාණන් වහන්සේ ය. උන්වහන්සේ ව පිරිස් අතර නොහැසිරෙන්නෙකු කරව්. උන්වහන්සේ මාවතෙහි අයින් වෙවී යන එකැස් කණ ගවදෙනක කරව්. එක් ප්‍රශ්නයෙන් ම නවත්වා දමව්. උන්වහන්සේ ව හිස් කළයක් සෙයින් පෙරළා බැඳ දමව්."

මෙසේ කී කල්හී නිග්‍රෝධ පරිබ්‍රාජකයා නිශ්ශබ්ද ව, මුහුණ හකුළාගෙන, කරබාගෙන, මුහුණ යටට හරවාගෙන, කල්පනා කරමින්, වැටහීම් රහිත ව, හිඳගෙන හුන්නේ ය. ඉක්බිති භාග්‍යවතුන් වහන්සේ නිශ්ශබ්ද ව, මුහුණ හකුළාගෙන, කරබාගෙන, මුහුණ යටට හරවාගෙන, කල්පනා කරමින්, වැටහීම් රහිත ව, හිඳගෙන හුන් නිග්‍රෝධ පරිබ්‍රාජකයාගෙන් මෙය ඇසූ සේක.

"සැබෑවක් ද නිග්‍රෝධයෙනි? ඔබ විසින් මේ වචනය කියන ලද්දේ ද?"

"සැබෑවකි ස්වාමීනී. බාලයෙකු පරිද්දෙන්, මෝඩයෙකු පරිද්දෙන්, අදක්ෂයෙකු පරිද්දෙන් මා විසින් මේ වචනය කියන ලද්දේ ය."

"නිග්‍රෝධයෙනි, මේ ගැන කුමක් සිතන්නෙහි ද? කිම? වයෝවෘද්ධ වූ, මහළු වූ, ආචාර්ය ප්‍රාචාර්ය පරිබ්‍රාජකයන් විසින් කියනු ලබන වචනය ඔබ කෙසේ අසන ලද්දේ ද? අතීතයෙහි යම් ඒ අරහත් සම්මා සම්බුදුවරු වැඩසිටියාහු ද, ඒ භාග්‍යවත්වරු මෙසේ එකතු වූ, එක්රැස් වූ කල්හී මෙකල්හී ආචාර්යයා සහිත ඔබ සෙයින් මහත් සේ හඬ ඇති ව, උස් හඬ ඇති ව, මහත් ශබ්ද ඇති ව, නොයෙක් අයුරින් තිරිසන් කථාවෙන් යුක්ත ව, එනම් රජුන් පිළිබඳ කථා ය, සොරුන් පිළිබඳ කථා ය, ...(පෙ).... මෙසේ මෙසේ වූයේ ය යන කථායෙන් යුක්ත ව සිටියාහු ද? නැතිනම් මෙසේ ඒ භාග්‍යවත්වරු මෙකල්හී මා මෙන් අල්ප ශබ්ද ඇති, අල්ප හඬ ඇති, ජනයා අතරින් හමා එන සුළඟ නැති, මිනිසුන්ගේ පෞද්ගලික කටයුතුවලට යෝග්‍ය වූ හුදෙකලා භාවනාවට යෝග්‍ය වූ, දුර ඈත අරණ්‍ය වනපෙත් සෙනසුන් සේවනය කළාහු ද?"

"ස්වාමීනී, වයෝවෘද්ධ වූ, මහළු වූ, ආචාර්ය ප්‍රාචාර්ය පරිබ්‍රාජකයන් විසින් කියනු ලබන වචනය මම මෙසේ අසන ලද්දේ ය. අතීතයෙහි යම් ඒ අරහත් සම්මා සම්බුදුවරු වැඩසිටියාහු ද, ඒ භාග්‍යවත්වරු මෙසේ එකතු වූ, එක්රැස් වූ කල්හී මෙකල්හී ආචාර්යයා සහිත මා සෙයින් මහත් සේ හඬ ඇති ව, උස් හඬ ඇති ව, මහත් ශබ්ද ඇති ව, නොයෙක් අයුරින් තිරිසන් කථාවෙන් යුක්ත ව, එනම් රජුන් පිළිබඳ කථා ය, සොරුන් පිළිබඳ කථා ය, ...(පෙ).... මෙසේ මෙසේ වූයේ ය යන කථායෙන් යුක්ත ව නොසිටියාහු ය. මෙසේ ඒ භාග්‍යවත්වරු මෙකල්හී භාග්‍යවතුන් වහන්සේ සෙයින් අල්ප ශබ්ද ඇති, අල්ප හඬ ඇති, ජනයා අතරින් හමා එන සුළඟ නැති, මිනිසුන්ගේ පෞද්ගලික කටයුතුවලට යෝග්‍ය වූ හුදෙකලා භාවනාවට යෝග්‍ය වූ, දුර ඈත අරණ්‍ය වනපෙත් සෙනසුන් සේවනය කළාහු ය."

"නිග්‍රෝධයෙනි, නුවණැති මහළු වූ ඔබට මේ අදහස ඇති නොවූයේ ද? 'ඒ භාග්‍යවත් තෙමේ සත්‍යාවබෝධ කොට, අන්‍යයන්ට ද සත්‍යාවබෝධය පිණිස දහම් දෙසයි. ඒ භාග්‍යවත් තෙමේ දමනය වී, අන්‍යයන්ට ද දමනය වීම පිණිස දහම් දෙසයි. ඒ භාග්‍යවත් තෙමේ සංසිඳී, අන්‍යයන්ට ද සංසිඳීම පිණිස දහම් දෙසයි. ඒ භාග්‍යවත් තෙමේ එතෙර වී, අන්‍යයන්ට ද එතෙර වීම පිණිස දහම් දෙසයි. ඒ භාග්‍යවත් තෙමේ මුළුමනින් ම නිවීගොස්, අන්‍යයන්ට ද මුළුමනින් ම නිවී යාම පිණිස දහම් දෙසයි' යනුවෙනි."

මෙසේ වදාළ කල්හී නිග්‍රෝධ පරිබ්‍රාජකයා භාග්‍යවතුන් වහන්සේට මෙය පැවසුවේ ය.

"ස්වාමීනී, බාලයෙකුට පරිදි, මෝඩයෙකුට පරිදි, අදක්ෂයෙකුට පරිදි, දෝෂය මාව යටකොට ගියේය. ඒ මම භාග්‍යවතුන් වහන්සේට එසේ පැවසුවෙමි.

ස්වාමීනී, භාග්‍යවතුන් වහන්සේ ඒ මාගේ වරද, මතුවට සංවර වීම පිණිස වරදක් වශයෙන් පිළිගන්නා සේක්වා!"

"සැබැවින් ම නිග්‍රෝධයෙනි, යම්බඳු ඔබ මට එසේ කීවෙහි ද, බාලයෙකුට පරිදි, මෝඩයෙකුට පරිදි, අදක්ෂයෙකුට පරිදි, දෝෂය ඔබව යටකොට ගියේය. නිග්‍රෝධයෙනි, යම්කලෙක ඔබ වරද, වරද වශයෙන් දැක ධර්මානුකූල ව පිළියම් කරයි නම්, ඔබගේ ඒ වරද අපි පිළිගනිමු. නිග්‍රෝධයෙනි, යමෙක් වරද, වරද වශයෙන් දැක ධර්මානුකූල ව පිළියම් කරයි නම්, මතුවට සංවරය පිණිස පැමිණෙයි නම්, එය ආර්ය විනයෙහි දියුණුවකි.

නිග්‍රෝධයෙනි, මම වනාහී මෙසේ පවසමි. 'වංචනික නොවූ, නැතිගුණ පෙන්වා මායා නොදක්වන, කෙලින් කටයුතු කරන, නුවණැති පුරුෂයෙක් පැමිණේවා! මම අනුශාසනා කරමි. මම දහම් දෙසමි. යම් අයුරකින් අනුශාසනාව ලබයි ද, ඒ අයුරින් පිළිපදින විට, යම් අරුතක් උදෙසා කුලපුත්‍රයෝ මනාකොට ගිහි ගෙයින් නික්ම අනගාරික ව පැවිදි වෙත් ද, සත් වසක් ඇතුළත ඒ අනුත්තර වූ බඹසරෙහි අවසානය වන අරහත්වය මේ ජීවිතයේ දී ම සිය විශිෂ්ට නුවණින් සාක්ෂාත් කොට පැමිණ වසන්නාහ.

නිග්‍රෝධයෙනි, සත් වසක් තිබේවා! වංචනික නොවූ, නැතිගුණ පෙන්වා මායා නොදක්වන, කෙලින් කටයුතු කරන, නුවණැති පුරුෂයෙක් පැමිණේවා! මම අනුශාසනා කරමි. මම දහම් දෙසමි. යම් අයුරකින් අනුශාසනාව ලබයි ද, ඒ අයුරින් පිළිපදින විට, යම් අරුතක් උදෙසා කුලපුත්‍රයෝ මනාකොට ගිහි ගෙයින් නික්ම අනගාරික ව පැවිදි වෙත් ද, සය වසක් ඇතුළත ඒ අනුත්තර වූ බඹසරෙහි අවසානය වන අරහත්වය මේ ජීවිතයේ දී ම සිය විශිෂ්ට නුවණින් සාක්ෂාත් කොට පැමිණ වසන්නාහ.

සය වසක් තිබේවා! ....(පෙ).... පස් වසක් තිබේවා! ....(පෙ).... සිව් වසක් තිබේවා! ....(පෙ).... තුන් වසක් තිබේවා! ....(පෙ).... දෙවසක් තිබේවා! ....(පෙ).... එක් වසක් තිබේවා! වංචනික නොවූ, නැතිගුණ පෙන්වා මායා නොදක්වන, කෙලින් කටයුතු කරන, නුවණැති පුරුෂයෙක් පැමිණේවා! මම අනුශාසනා කරමි. මම දහම් දෙසමි. යම් අයුරකින් අනුශාසනාව ලබයි ද, ඒ අයුරින් පිළිපදින විට, යම් අරුතක් උදෙසා කුලපුත්‍රයෝ මනාකොට ගිහි ගෙයින් නික්ම අනගාරික ව පැවිදි වෙත් ද, සත් මසක් ඇතුළත ඒ අනුත්තර වූ බඹසරෙහි අවසානය වන අරහත්වය මේ ජීවිතයේ දී ම සිය විශිෂ්ට නුවණින් සාක්ෂාත් කොට පැමිණ වසන්නාහ.

නිග්‍රෝධයෙනි, සත් මසක් තිබේවා! ....(පෙ).... සය මසක් තිබේවා! ....(පෙ).... පස් මසක් තිබේවා! ....(පෙ).... සිව් මසක් තිබේවා! ....(පෙ).... තුන්

මසක් තිබේවා! ....(පෙ).... දෙමසක් තිබේවා! ....(පෙ).... එක් මසක් තිබේවා! ....(පෙ).... අඩ මසක් තිබේවා! වංචනික නොවූ, නැතිගුණ පෙන්වා මායා නොදක්වන, කෙලින් කටයුතු කරන, නුවණැති පුරුෂයෙක් පැමිණේවා! මම අනුශාසනා කරමි. මම දහම් දෙසමි. යම් අයුරකින් අනුශාසනාව ලබයි ද, ඒ අයුරින් පිළිපදින විට, යම් අරුතක් උදෙසා කුලපුත්‍රයෝ මනාකොට ගිහි ගෙයින් නික්ම අනගාරික ව පැවිදි වෙත් ද, සතියක් ඇතුළත ඒ අනුත්තර වූ බඹසරෙහි අවසානය වන අරහත්වය මේ ජීවිතයේ දී ම සිය විශිෂ්ට නුවණින් සාක්ෂාත් කොට පැමිණ වසන්නාහ.

නිග්‍රෝධයෙනි, ඔබට මෙසේ සිතෙන්නට පුළුවනි. 'ශ්‍රමණ ගෞතමයෝ තමන්ගේ අතවැසියෙක් කරගනු කැමැති ව මෙසේ පවසති' යි. නිග්‍රෝධයෙනි, එය එසේ නොදැක්ක යුතුය. යමෙක් ඔබගේ ආචාර්යවරයා වෙයි ද, ඔහු ම ඔබගේ ආචාර්යවරයා වේවා!

නිග්‍රෝධයෙනි, ඔබට මෙසේ සිතෙන්නට පුළුවනි. 'ශ්‍රමණ ගෞතමයෝ අපගේ තීර්ථක මතවාදයන්ගෙන් අප බැහැර කරනු කැමති ව මෙසේ පවසති' යි. නිග්‍රෝධයෙනි, එය එසේ නොදැක්ක යුතුය. ඔබගේ යම් තීර්ථක මතවාදයක් ඇද්ද, එය ම ඔබගේ තීර්ථක මතවාදය වේවා!

නිග්‍රෝධයෙනි, ඔබට මෙසේ සිතෙන්නට පුළුවනි. 'ශ්‍රමණ ගෞතමයෝ අපගේ තීර්ථක ජීවිකාවෙන් අප බැහැර කරනු කැමති ව මෙසේ පවසති' යි. නිග්‍රෝධයෙනි, එය එසේ නොදැක්ක යුතුය. ඔබගේ යම් තීර්ථක ජීවිකාවක් ඇද්ද, එය ම ඔබගේ තීර්ථක ජීවිකාව වේවා!

නිග්‍රෝධයෙනි, ඔබට මෙසේ සිතෙන්නට පුළුවනි. 'ආචාර්යයා සහිත වූ අපගේ අකුසල් සංඛ්‍යාවට අයත්, යම් අකුසල් දහම් ඇද්ද, ඒවා තුළ අප ව පිහිටවනු කැමැති ව ශ්‍රමණ ගෞතමයෝ මෙසේ පවසති' යි. නිග්‍රෝධයෙනි, එය එසේ නොදැක්ක යුතුය. ආචාර්යයා සහිත වූ ඔබගේ අකුසල් සංඛ්‍යාවට අයත්, යම් අකුසල ධර්මයෝ ඇද්ද, එසේ ම වෙත්වා!

නිග්‍රෝධයෙනි, ඔබට මෙසේ සිතෙන්නට පුළුවනි. 'ආචාර්යයා සහිත වූ අපගේ කුසල් සංඛ්‍යාවට අයත්, යම් කුසල් දහම් ඇද්ද, ඒවායින් අප ව බැහැර කරනු කැමැති ව ශ්‍රමණ ගෞතමයෝ මෙසේ පවසති' යි. නිග්‍රෝධයෙනි, එය එසේ නොදැක්ක යුතුය. ආචාර්යයා සහිත වූ ඔබගේ කුසල් සංඛ්‍යාවට අයත්, යම් කුසල ධර්මයෝ ඇද්ද, එසේ ම වෙත්වා!

මෙසේ නිග්‍රෝධයෙනි, අතවැසියෙකු කරගනු කැමැති ව මම මෙසේ නොකියමි. තීර්ථක මතවාදයෙන් ඉවත් කරනු කැමැති ව මෙසේ නොකියමි.

තීර්ථක ජීවිකාවෙන් ඉවත් කරනු කැමැති ව මෙසේ නොකියමි. ආචාර්යයා සහිත ඔබගේ අකුසල් සංඛ්‍යාවට අයත් යම් අකුසල් දහම් ඇද්ද, ඒවා තුළ පිහිටවනු කැමති ව මෙසේ නොකියමි. ආචාර්යයා සහිත ඔබගේ කුසල් සංඛ්‍යාවට අයත් යම් කුසල් දහම් ඇද්ද, ඒවායින් තොර කරනු කැමති ව මෙසේ නොකියමි.

නිග්‍රෝධයෙනි, පුනර්භවය සකසා දෙන, පීඩා සහිත දුක් විපාක සහිත මතු මතු ත් ඉපදීම් - දිරීම් - මැරීම් ලබාදෙන, කිළුටු සහිත, ප්‍රහීණ නොවූ අකුසල ධර්මයෝ තිබෙත් ම ය. මම ඒ අකුසල්වල ප්‍රහාණය පිණිස ධර්මය දේශනා කරමි. ඒ අයුරින් පිළිපදින්නා වූ ඔබගේ කිලිටි සහිත අකුසල ධර්මයෝ නැති වී යන්නාහ. සිත පිරිසිදු කරන ධර්මයෝ වඩා ත් දියුණු වන්නාහ. ප්‍රඥාවෙන් සම්පූර්ණ වීමක්, විපුලත්වයත් මෙලොවෙහි දී ම තමන්ගේ විශිෂ්ට නුවණින් සාක්ෂාත් කොට පැමිණ වසන්නාහ."

මෙසේ වදාළ කල්හී ඒ පරිබ්‍රාජකයෝ නිශ්ශබ්ද ව, මුහුණ හකුළාගෙන, කරබාගෙන, මුහුණ යටිකුරු කරගෙන කල්පනා කරමින්, වැටහීම් රහිත ව හුන්නාහු ය. මාරයා විසින් යටපත් කරගන්නා ලද සිත් ඇත්තෝ බඳු වූවාහු ය. එකල්හී භාග්‍යවතුන් වහන්සේට මේ අදහස ඇතිවූයේ ය.

'මේ හිස් පුරුෂයෝ සියල්ලෝ ම පවිටු මාරයා විසින් ස්පර්ශ කරන ලද්දාහු ය. යම් කරුණෙක්හිලා එක් අයෙකුට වත් මේ අදහස ඇති නොවන්නේ ය. එසේ නම් අපි ශ්‍රමණ ගෞතමයන් කෙරෙහි දැනගැනීම පිණිසවත් බඹසර හැසිරෙමු. සත් දවසක් යනු මහාලොකු දවසක් ද?' යි.

ඉක්බිති භාග්‍යවතුන් වහන්සේ උදුම්බරිකාවගේ පරිබ්‍රාජකාරාමයෙහි සිංහනාද පවත්වා අහසට පැන නැඟී ගිජුකුළු පව්වෙහි පහළ වූ සේක. සන්ධාන ගෘහපති තෙමේ ද එකල්හී රජගහ නුවරට පිවිසියේ ය.

සාදු! සාදු!! සාදු!!!

උදුම්බරික සූත්‍රය නිමා විය.

3.3.
චක්කවත්ති සීහනාද සූත්‍රය
සක්විති රජු ගැන සිහනදක් ලෙසින් වදාළ දෙසුම

මා විසින් මෙසේ අසන ලදී.

එක් සමයෙක්හි භාග්‍යවතුන් වහන්සේ මගධ ජනපදයෙහි මාතුලා නුවර වැඩවසන සේක. එහිදී භාග්‍යවතුන් වහන්සේ "මහණෙනි" යි භික්ෂූන් ඇමතූ සේක. "පින්වතුන් වහන්සැ" යි ඒ භික්ෂූහු භාග්‍යවතුන් වහන්සේට පිළිවදන් දුන්නාහු ය. භාග්‍යවතුන් වහන්සේ මෙය වදාළ සේක.

"මහණෙනි, තමා දූපතක් බඳු කොට වාසය කරව්. තමා සරණට ගනිව්. අන් කෙනෙකු සරණට නොගනිව්. ධර්මය දූපතක් බඳු කොට වාසය කරව්. ධර්මය සරණට ගනිව්. අන් දෙයක් සරණට නොගනිව්.

මහණෙනි, භික්ෂුවක් තමා ව දූපතක් බඳු කොට, තමා සරණට ගෙන, අන් කෙනෙකු සරණට නොගෙන වාසය කරන්නේ කෙසේ ද? ධර්මය දූපතක් බඳු කොට, ධර්මය සරණට ගෙන, අන් දෙයක් සරණට නොගෙන වාසය කරන්නේ කෙසේ ද?

මහණෙනි, මෙහි භික්ෂුව කෙලෙස් තවන වීර්යයෙන් යුතුව, නුවණින් යුතුව, මනා සිහියෙන් යුතුව, ලෝකයෙහි ඇලීම් ගැටීම් දුරුකොට කය පිළිබඳ ව කායානුපස්සනාවෙන් වාසය කරයි. කෙලෙස් තවන වීර්යයෙන් යුතුව, නුවණින් යුතුව, මනා සිහියෙන් යුතුව, ලෝකයෙහි ඇලීම් ගැටීම් දුරුකොට විඳීම් පිළිබඳ ව වේදනානුපස්සනාවෙන් වාසය කරයි. කෙලෙස් තවන වීර්යයෙන් යුතුව, නුවණින් යුතුව, මනා සිහියෙන් යුතුව, ලෝකයෙහි ඇලීම් ගැටීම් දුරුකොට සිත පිළිබඳ ව චිත්තානුපස්සනාවෙන් වාසය කරයි. කෙලෙස් තවන වීර්යයෙන් යුතුව, නුවණින් යුතුව, මනා සිහියෙන් යුතුව, ලෝකයෙහි ඇලීම් ගැටීම් දුරුකොට ධර්මයන් පිළිබඳ ව ධම්මානුපස්සනාවෙන් වාසය කරයි.

මහණෙනි, භික්ෂුව තමා දූපතක් බඳු කොට, තමා ව සරණට ගෙන, අන් කෙනෙකු සරණට නොගෙන, ධර්මය දූපතක් බඳු කොට, ධර්මය සරණට ගෙන, අන් දෙයක් සරණට නොගෙන වාසය කරන්නේ මෙසේ ය.

මහණෙනි, සිය පියාගෙන් තමන්ට උරුම ව ආ සතර සතිපට්ඨානය නම් වූ, තමන් සිටිය යුතු තැනෙහි හැසිරෙව්. මහණෙනි, සිය පියාගෙන් තමන්ට උරුම ව ආ සතර සතිපට්ඨානය නම් වූ තමන් සිටිය යුතු තැනෙහි හැසිරෙන විට මාරයා ඔහු ව අල්ලා ගැනීමට සිදුරක් නොලබයි. මාරයා අරමුණක් නොලබයි. මහණෙනි, කුසල් දහම්වල සමාදන් ව යෙදී සිටීම හේතුවෙන් මෙසේ මේ පින වැඩෙයි.

මහණෙනි, මෙය පෙර සිදුවූවකි. සිව් මහා සමුදුර සීමාකොට ගත්, සිව් මහා ජනපදයන්ට අධිපති ව, සතුරන් දිනා ජයගත්, ජනපදයන්හි තහවුරු බවට පත්, සප්ත රත්නයෙන් යුක්ත වූ ධාර්මික වූ, දැහැමි රජෙකු වූ දළ්හනේමි නම් සක්විති රජෙක් සිටියේ ය. ඔහුට මේ සප්ත රත්නයෝ තිබුණාහු ය. එනම්; චක්‍ර රත්නය ය, හස්ති රත්නය ය, අශ්ව රත්නය ය, මාණික්‍ය රත්නය ය, ස්ත්‍රී රත්නය ය, ගෘහපති රත්නය ය සහ සත්වෙනි පුත්‍ර රත්නය යි. ඔහුට ශූර වීර වූ, පරසෙන් මඬින දහසකට වැඩි පුත්‍රයෝ වූවාහු ය. ඔහු සයුර සීමා කොට ඇති මේ පොළොව දඬුවමින් තොර ව, අවි ආයුධයෙන් තොර ව, ධර්මයෙන් ජයගෙන වාසය කළේ ය.

ඉක්බිති මහණෙනි, දළ්හනේමි රජු බොහෝ වසර ගණනක්, බොහෝ වසර සිය ගණනක් බොහෝ වසර දහස් ගණනක් ඇවෑමෙන් එක්තරා පුරුෂයෙකු ඇමතුවේ ය.

"එම්බා පුරුෂය, යම් කලෙක ඔබ දිව්‍ය වූ චක්‍රරත්නය තිබූ තැනින් පසු බැස, තිබූ තැනින් බැහැර වී තිබෙනු දකින්නෙහි නම්, එවිට මට දැනුම් දෙව."

මහණෙනි, "එසේ ය, දේවයිනි" යි ඒ පුරුෂයා දළ්හනේමි රජුට පිළිතුරු දුන්නේ ය. මහණෙනි, බොහෝ වසර ගණනක්, බොහෝ වසර සිය ගණනක්, බොහෝ වසර දහස් ගණනක් ඇවෑමෙන්, ඒ පුරුෂයා දිව්‍ය වූ චක්‍ර රත්නය තිබූ තැනින් පසු බැස, තිබූ තැනින් බැහැරට ගොස් තිබෙනු දුටුවේ ය. දැක දළ්හනේමි රජු යම් තැනක සිටියේ ද, එතැනට පැමිණියේ ය. පැමිණ දළ්හනේමි රජුට මෙය පැවසුවේ ය.

"එහෙනම් දේවයිනි, දැනගත මැනැව. ඔබගේ දිව්‍ය වූ චක්‍ර රත්නය තිබූ තැනින් පසු බැස්සේ ය. තිබූ තැනින් බැහැරට වූයේ ය."

ඉක්බිති මහණෙනි, දළ්හනේමි රජු වැඩිමහල් පුත් කුමරු අමතා මෙය පැවසුවේ ය.

"දරුව, කුමාරය, මාගේ දිව්‍ය වූ චක්‍රරත්නය පසුබැස ගියේලු! තිබූ තැනින් බැහැර වූයේලු! එමෙන් ම මා විසින් මෙය ද අසන ලද්දේ ය. 'යම් සක්විති රජෙකුගේ දිව්‍ය වූ චක්‍රරත්නය තිබූ තැනින් පසුබැස යයි ද, තිබූ තැනින් බැහැර වෙයි ද, දැන් ඒ රජු විසින් බොහෝ කල් ජීවත් විය හැකි නොවෙයි' යන කරුණයි.

මා විසින් මිනිස් ලොව කාමයෝ අනුභව කරන ලද්දාහු ය. දැන් මා හට දිව්‍ය වූ කාමයන් සොයන්නට කාලය යි. දරුව, ඔබ එව. කුමාරය, සයුර සීමා කොට ගත් මේ පොළොව පාලනය කරව. මම් කෙස් රැවුල් බහා කසට පෙවූ වත් හැඳ ගිහි ගෙයින් නික්ම අනගාරික ව පැවිදි වන්නෙමි යි.

එකල්හී මහණෙනි, දළ්හනේමි රජු වැඩිමහල් පුත් කුමරුට මනා ලෙස රාජ්‍යයෙහි අනුශාසනා කොට, කෙස් රැවුල් බහවා කසට පෙවූ වත් හැඳ, ගිහි ගෙයින් නික්ම අනගාරික ව පැවිදි වූයේ ය. මහණෙනි, ඒ රාජර්ෂීන් වහන්සේ පැවිදි ව සත් වෙනි දවසෙහි දිව්‍ය වූ චක්‍ර රත්නය නොපෙනී ගියේ ය.

ඉක්බිති මහණෙනි, එක්තරා පුරුෂයෙක් ඔටුනු පළන් ක්ෂත්‍රිය රජු වෙත එළැඹ මෙය කීවේ ය.

"දේවයනි, දැනගත මැනැව. දිව්‍ය වූ චක්‍ර රත්නය නොපෙනී ගියේ ය." එවිට මහණෙනි, ඔටුනු පළන් ක්ෂත්‍රිය රජු දිව්‍ය වූ චක්‍ර රත්නය නොපෙනී ගිය බව අසා නොසතුටු සිත් ඇතිවූයේ ය. නොසතුටු සිත් ඇති බව අත්වින්දේ ය. ඔහු රාජර්ෂීන් වහන්සේ යම් තැනක සිටියාහු ද, එතැනට පැමිණියේ ය. පැමිණ රාජර්ෂිහට මෙය සැළ කළේ ය.

"දේවයන් වහන්ස, දැනගන්නා සේක්වා! දිව්‍ය වූ චක්‍රරත්නය නොපෙනී ගියේ ය!"

මෙසේ කී කල්හී මහණෙනි, රාජ ඍෂි තෙමේ ඔටුනු පළන් ක්ෂත්‍රිය රජුට මෙසේ පැවසුවේ ය.

"දරුව, ඔබ දිව්‍ය වූ චක්‍ර රත්නය නොපෙනී ගිය කල්හී නොසතුටු සිත් ඇති ව ඉන්නට එපා! නොසතුටු සිත් ඇති බව විඳවන්නට එපා! දරුව, දිව්‍ය වූ චක්‍රරත්නය වනාහී ඔබට පියාගෙන් උරුම වන දායාදයක් නොවෙයි. එහෙයින් දරුව, ඔබ ආර්ය වූ චක්‍රවර්තී පිළිවෙතෙහි යෙදී වසව. යම්බඳු ඔබ විසින්

ආර්ය වූ චක්‍රවර්තී පිළිවෙතෙහි යෙදී සිටින කල්හී ඒ පසළොස්වක පොහෝ දිනයෙහි හිස සෝදා ස්නානය කොට, පෙහෙවස් සමාදන් ව, ප්‍රාසාදයෙහි උඩුමහල් සඳළුතලයෙහි සිටින විට, අර දහසක් ඇති, රථ වළල්ල සහිත, නැබ සහිත, සියළු අයුරින් පිරිපුන් දිව්‍ය වූ චක්‍ර රත්නය පහළ වන්නේ ය යන කරුණ දකින්නට ලැබෙයි."

"දේවයන් වහන්ස, ඒ ආර්ය වූ චක්‍රවර්තී පිළිවෙත් යනු මොනවාද?"

"එසේ වී නම් දරුව, ඔබ දස කුසල් දහම ම ඇසුරු කොට, දස කුසල් දහමට ම සත්කාර කරමින්, දස කුසල් දහමට ම ගෞරව කරමින්, දස කුසල් දහමට ම බුහුමන් කරමින්, දස කුසල් දහමට ම පුදමින්, දස කුසල් දහමෙහි ම යහපත් පැවැතුම් ඇති ව, දස කුසල් දහම ම ධජයක් කොට, දස කුසල් දහම ම පතාකයක් කොට, දස කුසල් දහම ම අධිපති කොට, අන්තඃපුර ජනයා කෙරෙහි ධාර්මික රැකවරණ ආරක්ෂාව පිළියෙල කරව.

දස කුසල් දහම ම ඇසුරු කොට ....(පෙ).... සිය හමුදාවන් කෙරෙහි ධාර්මික රැකවරණ ආරක්ෂාව පිළියෙල කරව. දස කුසල් දහම ම ඇසුරු කොට ....(පෙ).... යටහත් අනුයුක්ත වූ ක්ෂත්‍රියයන් කෙරෙහි ධාර්මික රැකවරණ ආරක්ෂාව පිළියෙල කරව. දස කුසල් දහම ම ඇසුරු කොට ....(පෙ).... බ්‍රාහ්මණ ගෘහපතිවරුන් කෙරෙහි ධාර්මික රැකවරණ ආරක්ෂාව පිළියෙල කරව. දස කුසල් දහම ම ඇසුරු කොට ....(පෙ).... නියම් ගම් ජනපද වැසියන් කෙරෙහි ධාර්මික රැකවරණ ආරක්ෂාව පිළියෙල කරව. දස කුසල් දහම ම ඇසුරු කොට ....(පෙ).... ශ්‍රමණ බ්‍රාහ්මණයන් කෙරෙහි ධාර්මික රැකවරණ ආරක්ෂාව පිළියෙල කරව. දස කුසල් දහම ම ඇසුරු කොට ....(පෙ).... සිව්පාවුන්, පක්ෂීන් කෙරෙහි ධාර්මික රැකවරණ ආරක්ෂාව පිළියෙල කරව.

දරුව, තොපගේ විජිතයෙහි අධාර්මික ක්‍රියා පවත්වන්නට ඉඩදෙන්න එපා! දරුව, තොපගේ විජිතයෙහි යම් කෙනෙක් ධනය නැති ව සිටිත් ද, ඔවුන්ට ධනය ලබා දෙව්. දරුව, තොපගේ විජිතයෙහි යම් ශ්‍රමණ බ්‍රාහ්මණයෝ මද ප්‍රමාදයෙන් වැළකී, ඉවසීමෙහි ත්, යහපත් වචන පිළිගැනීමෙහි ත් පිහිටා සිටිමින් එක ම සිත දමනය කරත් ද, එක ම සිත සංසිඳුවත් ද, එක ම සිත මුළුමනින් ම නිවා දමත් ද, කලින් කලට ඔවුන් වෙත එළැඹ නැවත නැවත යහපත් කරුණු අසව. නැවත නැවත විමසව. 'ස්වාමීනී, කුසල් යනු කුමක් ද? අකුසල් යනු කුමක් ද? වැරදි දේ යනු කුමක් ද? නිවැරදි දේ යනු කුමක් ද? සේවනය කළ යුතු දේ යනු කුමක් ද? සේවනය නොකළ යුතු දේ යනු කුමක් ද? මා විසින් කුමක් කළ විට බොහෝ කල් අහිත පිණිස, දුක් පිණිස පවතින්නේ ද? මා

විසින් කුමක් කළ විට බොහෝ කල් හිත පිණිස, සැප පිණිස පවතින්නේ ද?' යි. ඔවුන්ගෙන් අසාගෙන යමක් අකුසල් නම් එය දුරලව. යමක් කුසල් නම් එය සමාදන් ව පවත්වව. දරුව, මෙය වනාහී ආර්ය වූ චක්‍රවර්තී පිළිවෙත යි."

මහණෙනි, "එසේ ය, දේවයන් වහන්සැ"යි ඔටුනු පළන් ක්ෂත්‍රිය රජු රාජර්ෂිතුමාට පිළිවදන් දී ආර්ය චක්‍රවර්තී පිළිවෙතෙහි යෙදී කටයුතු කළේ ය. ආර්ය චක්‍රවර්තී පිළිවෙතෙහි යෙදී කටයුතු කරන ඔහුට ඒ පසළොස්වක පුන් පොහෝ දිනයෙහි හිස සෝදා ස්නානය කොට, පෙහෙවස් සමාදන් ව, ප්‍රාසාදයට නැග උඩුමහල් සඳළුතලයෙහි සිටි කල්හී, දහසක් අර ඇති රථ වළල්ල සහිත, නැබ සහිත, සියළු අයුරින් පිරිපුන් දිව්‍ය වූ චක්‍රරත්නය පහළ වූයේ ය.

ඒ චක්‍රරත්නය දුටු ඔටුනු පළන් ක්ෂත්‍රිය රජුට මේ අදහස ඇති වූයේ ය. 'මා විසින් මෙකරුණ අසන ලද්දේ ම ය. ඒ පුන් පොහෝ දිනයෙහි හිස සෝදා ස්නානය කොට, උපෝසථ සිල් සමාදන් ව, උතුම් මාලිගයෙහි උඩුමහලට ගොස් සිටින, යම් ඔටුණු පළන් ක්ෂත්‍රිය රජෙකු හට දහසක් අර සහිත, නිම් වළලු හෙවත් පට්ටම සහිත, නාභිය හෙවත් මැද කුඩා රවුම සහිත සියළු අයුරින් පිරිපුන් දිව්‍ය වූ චක්‍රරත්නය පහළ වෙයි ද, ඔහු සක්විති රජෙක් වෙයි යනුවෙනි. මම සක්විති රජෙක් විය හැක්කෙම් ද?'

එකල්හී මහණෙනි, ඔටුනු පළන් ක්ෂත්‍රිය රජ තෙමේ හුනස්නෙන් නැගිට, උතුරු සළුව ඒකාංශ කොට පොරොවා, වම් අතින් රන් කෙණ්ඩිය ගෙන, දකුණු අතින් චක්‍රරත්නයට පැන් ඉස්සේ ය. 'භවත් චක්‍රරත්නය කරකැවේවා! භවත් චක්‍රරත්නය විශේෂයෙන් ජය ලබා දේවා!' යි.

ඉක්බිති මහණෙනි, ඒ චක්‍රරත්නය නැගෙනහිර දිශාවට කරකැවුණේ ය. සක්විති රජු චතුරංගිනී සේනාව සමඟ ඒ චක්‍රරත්නය අනුව නික්මුණේ ය. මහණෙනි, යම් ප්‍රදේශයක චක්‍රරත්නය පිහිටියේ ද, සක්විති රජු චතුරංගිනී සේනාව සමඟ එහි නැවතුණේ ය. මහණෙනි, නැගෙනහිර දිශාවෙහි යම් විරුද්ධ රජවරු සිටියාහු ද, ඔවුහු සක්විති රජු වෙත එළඹ මෙසේ කීවාහු ය.

"මහරජාණෙනි, එනු මැනැව. මහරජාණෙනි, ඔබට සුභ ආගමනයකි! මහරජාණෙනි, මෙය ඔබගේ විජිතය යි. මහරජාණෙනි, අපට අනුශාසනා කළ මැනැව."

සක්විති රජු මෙසේ පැවසුවේ ය.

"සතුන් නොමැරිය යුත්තේ ය. සොරකම් නොකළ යුත්තේ ය. වැරදි කාම සේවනයෙහි නොයෙදිය යුත්තේ ය. බොරු නොකිව යුත්තේ ය. මත්පැන්

මත්ද්‍රව්‍ය භාවිත නොකළ යුත්තේ ය. යම් සේ රජසැප අනුභව කළේ ද, එසේ ම රජ සැප විඳිව්."

මහණෙනි, නැගෙනහිර දිශාවෙහි යම් විරුද්ධ රජවරු සිටියාහු ද, ඔවුහු සක්විති රජු අනුව යන්නෝ වූහ. ඉක්බිති මහණෙනි, ඒ චක්‍රරත්නය පෙරදිග මුහුදට බැස එයින් ගොඩ නැගී දකුණු දිශාවට කරකැවුණේ ය. ....(පෙ).... දකුණු මුහුදට බැස එයින් ගොඩ නැගී බටහිර දිශාවට කරකැවුණේ ය. ....(පෙ).... බටහිර මුහුදට බැස එයින් ගොඩ නැගී උතුරු දිශාවට කරකැවුණේ ය. සක්විති රජු චතුරංගිනී සේනාව සමඟ ඒ චක්‍රරත්නය අනුව නික්මුණේ ය. මහණෙනි, යම් ප්‍රදේශයක චක්‍රරත්නය පිහිටියේ ද, සක්විති රජු චතුරංගිනී සේනාව සමඟ එහි නැවතුණේ ය. මහණෙනි, උතුරු දිශාවෙහි යම් විරුද්ධ රජවරු සිටියාහු ද, ඔවුහු සක්විති රජු වෙත එළඹ මෙසේ කීවාහු ය.

"මහරජාණෙනි, එනු මැනැව. මහරජාණෙනි, ඔබට සුභ ආගමනයකි! මහරජාණෙනි, මෙය ඔබගේ විජිතය යි. මහරජාණෙනි, අපට අනුශාසනා කළ මැනැව."

සක්විති රජු මෙසේ පැවසුවේ ය.

"සතුන් නොමැරිය යුත්තේ ය. සොරකම් නොකළ යුත්තේ ය. වැරදි කාම සේවනයෙහි නොයෙදිය යුත්තේ ය. බොරු නොකිව යුත්තේ ය. මත්පැන් මත්ද්‍රව්‍ය භාවිත නොකළ යුත්තේ ය. යම් සේ රජසැප අනුභව කළේ ද, එසේ ම රජ සැප විඳිව්."

මහණෙනි, උතුරු දිශාවෙහි යම් විරුද්ධ රජවරු සිටියාහු ද, ඔවුහු සක්විති රජු අනුව යන්නෝ වූහ.

ඉක්බිති මහණෙනි, මහා සමුද්‍රය සීමා කොට පොළොව ජයගෙන එම රාජධානියට ම ආපසු හැරී අවුත් සක්විති රජුගේ ඇතුළු නුවර දොරටුවෙහි විනිසුරු සභාව ඉදිරියෙහි ඒ චක්‍රරත්නය කඩඇණයක් ගැසූ කලෙක මෙන් සක්විති රජුගේ අන්තඃපුරය සෝභමාන කරමින් නැවතුණේ ය.

මහණෙනි, දෙවෙනි සක්විති රජු ත් ....(පෙ).... මහණෙනි, තුන් වෙනි සක්විති රජු ත් ....(පෙ).... මහණෙනි, සිව්වෙනි සක්විති රජු ත් ....(පෙ).... මහණෙනි, පස්වෙනි සක්විති රජු ත් ....(පෙ).... මහණෙනි, සයවෙනි සක්විති රජු ත් ....(පෙ).... මහණෙනි, සත්වෙනි සක්විති රජු ත් බොහෝ වසර ගණනක්, බොහෝ වසර සිය ගණනක්, බොහෝ වසර දහස් ගණනක් ඇවෑමෙන් එක්තරා පුරුෂයෙකු ඇමතුවේ ය.

"එම්බා පුරුෂය, යම් කලෙක ඔබ දිව්‍ය වූ චක්‍රරත්නය තිබූ තැනින් පසු බැස, තිබූ තැනින් බැහැර වී තිබෙනු දකින්නෙහි නම්, එවිට මට දැනුම් දෙව."

මහණෙනි, "එසේ ය, දේවයිනි" යි ඒ පුරුෂයා සක්විති රජුට පිළිතුරු දුන්නේ ය. මහණෙනි, බොහෝ වසර ගණනක්, බොහෝ වසර සිය ගණනක්, බොහෝ වසර දහස් ගණනක් ඇවෑමෙන්, ඒ පුරුෂයා දිව්‍ය වූ චක්‍ර රත්නය තිබූ තැනින් පසු බැස, තිබූ තැනින් බැහැරට ගොස් තිබෙනු දුටුවේ ය. දැක සක්විති රජු යම් තැනක සිටියේ ද, එතැනට පැමිණියේ ය. පැමිණ සක්විති රජුට මෙය පැවසුවේ ය.

"එහෙනම් දේවයිනි, දැනගත මැනැව. ඔබගේ දිව්‍ය වූ චක්‍ර රත්නය තිබූ තැනින් පසු බැස්සේ ය. තිබූ තැනින් බැහැරට වූයේ ය."

ඉක්බිති මහණෙනි, සක්විති රජු වැඩිමහල් පුත් කුමරු අමතා මෙය පැවසුවේ ය.

"දරුව, කුමාරය, මාගේ දිව්‍ය වූ චක්‍රරත්නය පසුබැස ගියේලු! තිබූ තැනින් බැහැර වූයේලු! එමෙන් ම මා විසින් මෙය ද අසන ලද්දේ ය. 'යම් සක්විති රජෙකුගේ දිව්‍ය වූ චක්‍රරත්නය තිබූ තැනින් පසුබැස යයි ද, තිබූ තැනින් බැහැර වෙයි ද, දැන් ඒ රජු විසින් බොහෝ කල් ජීවත් විය හැකි නොවෙයි' යන කරුණ යි.

මා විසින් මිනිස් ලොව කාමයෝ අනුභව කරන ලද්දාහු ය. දැන් මා හට දිව්‍ය වූ කාමයන් සොයන්නට කාලය යි. දරුව, ඔබ එව. කුමාරය, සයුර සීමා කොට ගත් මේ පොළොව පාලනය කරව. මම් කෙස් රැවුල් බහා කසට පෙවූ වත් හැඳ ගිහි ගෙයින් නික්ම අනගාරික ව පැවිදි වන්නෙමි යි.

එකල්හී මහණෙනි, සක්විති රජු වැඩිමහල් පුත් කුමරුට මනා ලෙස රාජ්‍යයෙහි අනුශාසනා කොට, කෙස් රැවුල් බහවා කසට පෙවූ වත් හැඳ, ගිහි ගෙයින් නික්ම අනගාරික ව පැවිදි වූයේ ය. මහණෙනි, ඒ රාජර්ෂීන් වහන්සේ පැවිදි ව සත් වෙනි දවසෙහි දිව්‍ය වූ චක්‍ර රත්නය නොපෙනී ගියේ ය.

ඉක්බිති මහණෙනි, එක්තරා පුරුෂයෙක් ඔටුනු පළන් ක්ෂත්‍රිය රජු වෙත එළැඹ මෙය කීවේ ය.

"දේවයනි, දැනගත මැනැව. දිව්‍ය වූ චක්‍ර රත්නය නොපෙනී ගියේ ය." එවිට මහණෙනි, ඔටුනු පළන් ක්ෂත්‍රිය රජු දිව්‍ය වූ චක්‍ර රත්නය නොපෙනී ගිය බව අසා නොසතුටු සිත් ඇතිවූයේ ය. නොසතුටු සිත් ඇති බව අත්වින්දේ ය. නමුත් රාජඍෂිතුමා වෙත එළැඹ ආර්ය වූ චක්‍රවර්තී පිළිවෙත නොඇසුවේ ය.

ඔහු තමන්ගේ හිතුමනාපයෙන් ජනපදය පාලනය කරයි. තමන්ගේ හිතුමනාපයට ජනපදය පාලනය කරන විට කලින් සිටි රජවරුන් ආර්ය චක්‍රවර්තී පිළිවෙතින් පාලනය කළ සමයෙහි මෙන් ඔහුගේ ජනපදයෝ දියුණු නොවෙති.

එකල්හී මහණෙනි, ඇමතිවරු ද, රජ පිරිස ද, ගණකයෝ ද, මහාමාත්‍යයෝ ද, හමුදා බල ප්‍රධානීහු ද, දොරටුපාලකයෝ ද, උපදේශකයෝ ද, රැස් වී ඔටුනු පළන් ක්ෂත්‍රිය රජු වෙත එළැඹ මෙය කීවාහු ය.

"දේවයනි, තමන්ගේ හිතුමතයට ජනපදය පාලනය කරන විට කලින් සිටි රජවරුන් ආර්ය චක්‍රවර්තී පිළිවෙතින් පාලනය කළ කාලයෙහි මෙන් ඔබවහන්සේගේ ජනපදයෝ දියුණු නොවෙති. දේවයනි, යම්බඳු අපි ආර්ය චක්‍රවර්තී පිළිවෙත දරමු නම් එසේ වූ අප ද, අන්‍ය වූ ඇමතිවරු ද, රජ පිරිස ද, ගණකයෝ ද, මහාමාත්‍යයෝ ද, හමුදා බල ප්‍රධානීහු ද, දොරටුපාලකයෝ ද, උපදේශකයෝ ද ඔබවහන්සේගේ විජිතයෙහි සිටිති. එහෙනම් දේවයනි, ඔබවහන්සේ අපගෙන් ආර්ය වූ චක්‍රවර්තී පිළිවෙත අසන්න. ඔබ විසින් අසන ලද ඒ අපි ආර්ය වූ චක්‍රවර්තී පිළිවෙත පවසන්නෙමු.

ඉක්බිති මහණෙනි, ඔටුනු පළන් ක්ෂත්‍රිය රජු ඇමතියන් ද, රාජ පිරිස ද, ගණකයන් ද, මහාමාත්‍යයන් ද, බලප්‍රධානීන් ද, ද්වාර පාලකයන් ද, උපදේශකයන් ද රැස් කරවා ආර්ය චක්‍රවර්තී පිළිවෙත ඇසුවේ ය. ඒ රජු විසින් අසන ලද ඔවුහු ආර්ය චක්‍රවර්තී පිළිවෙත කියාදුන්හ. ඔවුන්ගේ වචනය ඇසූ ඒ රජු ධාර්මික රක්ෂාවරණ ආරක්ෂාව යෙදවී ය. එසේ නමුත් ධනය නැති උදවියට ධනය නොදුන්නේ ය. ධනය නැති උදවියට ධනය නොලැබෙන කල්හී දිළිඳුබව බොහෝ වැඩිවී ගියේ ය. දිළිඳු බව බොහෝ වැඩි වී ගිය කල්හී එක්තරා පුරුෂයෙක් අනුන්ට අයත්, තමාට නුදුන් දෙයක් සොර සිතින් ගත්තේ ය. මිනිස්සු ඔහු ව අල්ලා ගත්හ. අල්ලාගෙන ඔටුනු පළන් ක්ෂත්‍රිය රජුට දැක්වූහ.

"දේවයිනි, මේ පුරුෂයා අනුන්ට අයත්, තමාට නුදුන් දෙයක් සොර සිතින් ගත්තේ ය."

මෙසේ කී කල්හී මහණෙනි, ඔටුනු පළන් ක්ෂත්‍රිය රජු ඒ පුරුෂයාට මෙය පැවසුවේ ය.

"එම්බා පුරුෂය, සැබෑවක් ද? අනුන්ට අයත්, තමාට නුදුන් දෙයක් ඔබ සොර සිතින් ගත්තෙහි ද?"

"සැබෑවකි දේවයිනි."

"එසේ ගන්නට කාරණාව කුමක් ද?"

"දේවයිනි, ජීවත්වෙන්නට නොහැක්කෙමි."

එකල්හී මහණෙනි, ඔටුනු පළන් ක්ෂත්‍රිය රජු ඒ පුරුෂයාට ධනය දුන්නේය.

"එම්බා පුරුෂය, ඔබ මේ ධනයෙන් තමනුත් ජීවත් වෙව. මව්පියන් ද පෝෂණය කරව. අඹුදරුවන් ද පෝෂණය කරව. කර්මාන්ත කටයුතුවල ත් යොදවාලව. සුගතියෙහි උපතට හේතුවන, සුගතිය පිණිස පවතින, සැප විපාක දෙන පරිදි ශ්‍රමණ බ්‍රාහ්මණයන්ට ත් දන් වැටක් පිහිටුවව." මහණෙනි, "එසේ ය, දේවයිනි" යි ඒ පුරුෂයා ඔටුනු පළන් ක්ෂත්‍රිය රජුට පිළිතුරු දුන්නේ ය.

මහණෙනි, තව පුරුෂයෙකුත් අනුන්ට අයත්, තමාට නුදුන් දෙයක් සොර සිතින් ගත්තේ ය. මිනිස්සු ඔහු ව අල්ලා ගත්හ. අල්ලාගෙන ඔටුනු පළන් ක්ෂත්‍රිය රජුට දැක්වූහ.

"දේවයිනි, මේ පුරුෂයා අනුන්ට අයත්, තමාට නුදුන් දෙයක් සොර සිතින් ගත්තේ ය."

මෙසේ කී කල්හී මහණෙනි, ඔටුනු පළන් ක්ෂත්‍රිය රජු ඒ පුරුෂයාට මෙය පැවසුවේ ය.

"එම්බා පුරුෂය, සැබෑවක් ද? අනුන්ට අයත්, තමාට නුදුන් දෙයක් ඔබ සොර සිතින් ගත්තෙහි ද?"

"සැබෑවකි දේවයිනි."

"එසේ ගන්නට කාරණාව කුමක් ද?"

"දේවයිනි, ජීවත්වෙන්නට නොහැක්කෙමි."

එකල්හී මහණෙනි, ඔටුනු පළන් ක්ෂත්‍රිය රජු ඒ පුරුෂයාට ධනය දුන්නේය.

"එම්බා පුරුෂය, ඔබ මේ ධනයෙන් තමනුත් ජීවත් වෙව. මව්පියන් ද පෝෂණය කරව. අඹුදරුවන් ද පෝෂණය කරව. කර්මාන්ත කටයුතුවල ත් යොදවාලව. සුගතියෙහි උපතට හේතුවන, සුගතිය පිණිස පවතින, සැප විපාක දෙන පරිදි ශ්‍රමණ බ්‍රාහ්මණයන්ට ත් දන් වැටක් පිහිටුවව." මහණෙනි, "එසේ ය, දේවයිනි" යි ඒ පුරුෂයා ඔටුනු පළන් ක්ෂත්‍රිය රජුට පිළිතුරු දුන්නේ ය.

මහණෙනි, 'භවත්නි, යම් කෙනෙක් අනුන්ට අයත්, තමන්ට නුදුන් දෙයක් සොර සිතින් ගනිත් නම්, ඔවුන්ට රජු ධනය දෙන්නේලු!' යි මිනිස්සු ඇසූහ. අසා ඔවුන්ට මේ අදහස ඇතිවූයේ ය. 'එසේ නම් අපි ත් අනුන්ට අයත්, තමන්ට නොදුන් දේ සොර සිතින් ගන්නෙමු නම් යෙහෙකි' යි.

ඉක්බිති මහණෙනි, තවත් පුරුෂයෙක් අනුන්ට අයත්, තමාට නුදුන් දෙයක් සොර සිතින් ගත්තේ ය. මිනිස්සු ඔහු ව අල්ලා ගත්හ. අල්ලාගෙන ඔටුනු පළන් ක්ෂත්‍රිය රජුට දැක්වූහ.

"දේවයිනි, මේ පුරුෂයා අනුන්ට අයත්, තමාට නුදුන් දෙයක් සොර සිතින් ගත්තේ ය."

මෙසේ කී කල්හී මහණෙනි, ඔටුනු පළන් ක්ෂත්‍රිය රජු ඒ පුරුෂයාට මෙය පැවසුවේ ය.

"එම්බා පුරුෂය, සැබෑවක් ද? අනුන්ට අයත්, තමාට නුදුන් දෙයක් ඔබ සොර සිතින් ගත්තෙහි ද?"

"සැබෑවකි දේවයිනි."

"එසේ ගන්නට කාරණාව කුමක් ද?"

"දේවයිනි, ජීවත්වෙන්නට නොහැක්කෙමි."

එකල්හී මහණෙනි, ඔටුනු පළන් ක්ෂත්‍රිය රජුට මෙසේ සිතුණේ ය. 'ඉදින් යමෙක් යමෙක් අනුන්ට අයත්, තමන්ට නොදුන් දේ සොරකම් කරන්නේ නම්, මම ඒ ඒ කෙනාට ධනය ද දෙන්නෙම් නම්, මෙසේ මේ අන්සතු දේ පැහැර ගැනීම වැඩෙන්නේ ය. එහෙයින් මම මේ පුරුෂයා යළි සොරකම් කරන්නට බැරි වන සෙයින් නැති කරන්නෙම් නම්, මුලින් ම සිඳින්නෙම් නම්, මොහුගේ හිස සිඳින්නෙම් නම් මැනැවි' යි.

ඉක්බිති මහණෙනි, ඔටුනු පළන් ක්ෂත්‍රිය රජු රාජපුරුෂයන් ඇමතුවේ ය.

"එසේ වී නම් සගයෙනි, මේ පුරුෂයා දැඩි වූ වරපටින් දෑත් පිටුපසට කොට තද කොට බැඳ, හිස මුඩු කොට බැගෑ හඬ ඇති පණා බෙර වයමින්, පාරක් පාරක් ගානේ, හන්දියක් හන්දියක් ගානේ ගෙන ගොස් දකුණු දොරටුවෙන් නික්මී නුවරට දකුණින් නැවත සොරකම් කරන්නට බැරි වන ලෙස, නැති කරව්. මුලින් ම සිඳ දමව්. මොහුගේ හිස සිඳිව්."

මහණෙනි, "එසේ ය, දේවයිනි" යි ඒ රාජ පුරුෂයෝ ඔටුණු පළන් ක්ෂත්‍රිය රජු හට පිළිවදන් දී අර පුරුෂයා දැඩි වූ වරපටින් දෑත් පිටුපසට කොට තද කොට බැඳ, හිස මුඩු කොට බැගෑ හඬ ඇති පණා බෙර වයමින්, පාරක් පාරක් ගානේ, හන්දියක් හන්දියක් ගානේ ගෙන ගොස් දකුණු දොරටුවෙන් නික්මී නුවරට දකුණින් නැවත සොරකම් කරන්නට බැරි වන ලෙස, නැති කොට දැමූහ. මුලින් ම සිඳ දැමූහ. ඔහුගේ හිස ගසා දැමූහ.

මහණෙනි, මිනිස්සු මෙය ඇසූහ. 'භවත්නි, යම්කෙනෙක් අනුන්ට අයත්, තමන්ට නොදුන් දේ සොරසිතින් ගනිත් නම්, රජු නැවත සොරකම් කළ නොහැකි වන සේ ඔවුහු නැතිකොට දමයි. මුලින් ම සිඳ දමයි. ඔවුන්ගේ හිස් ගසා දමයි.' එය ඇසූ ඔවුන්ට මේ අදහස ඇතිවූයේ ය. 'එසේ නම් අපිත් තියුණු අවි ආයුධ කරවන්නෙමු. තියුණු අවි ආයුධ කරවා යම් අය සතු දේ සොර සිතින් පැහැර ගන්නෙමු නම්, අප ගැන කියන්නට බැරි වන සේ ඔවුන් නැති කොට දමන්නෙමු. මුලින් ම සිඳින්නෙමු. ඔවුන්ගේ හිස් ගසා දමන්නෙමු' යි.

ඔවුහු තියුණු අවි ආයුධ තැනෙව්වාහු ය. තියුණු අවි ආයුධ තනවා ගම්වැසියන් නසා, බඩු පැහැර ගන්නට පටන් ගත්හ. නියම්ගම්වැසියන් නසා බඩු පැහැර ගන්නට පටන් ගත්හ. නගරවැසියන් නසා බඩු පැහැර ගන්නට පටන් ගත්හ. පාරේ යන මිනිසුන් නසා බඩු පැහැර ගන්නට පටන් ගත්හ. ඔවුහු යම්කෙනෙකුන් සතු බඩුමුට්ටු පැහැර ගත්තාහු ද, ඒ අයිතිකාරයින්ට සාක්ෂි දී ගන්නට නොහැකි වන සෙයින් නැති කොට දමත්. මුලින් ම සිඳ දමත්. ඔවුන්ගේ හිස් ගසා දමත්.

මෙසේ මහණෙනි, ධනය නැති උදවියට ධනය ලැබෙන පිළිවෙලක් නැති කල්හි දිළිඳු බව බොහෝ පැතිරී ගියේ ය. දිළිඳු බව බොහෝ පැතිරී ගිය කල්හී අන්සතු දේ පැහැර ගැනීම බොහෝ පැතිරී ගියේ ය. අන්සතු දේ පැහැර ගැනීම බොහෝ පැතිරී ගිය කල්හී අවි ආයුධ ගැනීම බොහෝ පැතිරී ගියේ ය. අවි ආයුධ බොහෝ පැතිරී ගිය කල්හී මනුෂ්‍ය ඝාතන බොහෝ වැඩි වී ගියේ ය. මනුෂ්‍ය ඝාතන බොහෝ වැඩිවී ගිය කල්හී ඒ සත්වයන්ගේ ආයුෂ ත් පිරිහී ගියේ ය. පැහැය ත් පිරිහී ගියේ ය. ඔවුන්ගේ ආයුෂ ත් පිරිහී යන විට, පැහැයත් පිරිහී යන විට, අසූ දහසක් අවුරුදු ආයුෂ ඇති මිනිසුන්ගේ දරුවෝ සතළිස් දහසක් අවුරුදු ආයුෂ ඇත්තෝ වූහ.

මහණෙනි, මිනිසුන්ගේ ආයුෂ අවුරුදු සතළිස් දහසක් වූ කල්හී එක්තරා පුරුෂයෙක් අනුන් සතු, තමාට නොදුන් දෙයක් සොර සිතින් ගත්තේ ය. මිනිස්සු ඔහු ව අල්ලා ගත්හ. අල්ලා ගෙන ඔටුනු පළන් ක්ෂත්‍රිය රජු වෙත දැක්වූහ.

"දේවයිනි, මේ පුරුෂයා අනුන්ට අයත්, තමාට නුදුන් දෙයක් සොර සිතින් ගත්තේ ය."

මෙසේ කී කල්හී මහණෙනි, ඔටුනු පළන් ක්ෂත්‍රිය රජු ඒ පුරුෂයාට මෙය පැවසුවේ ය.

"එම්බා පුරුෂය, සැබෑවක් ද? අනුන්ට අයත්, තමාට නුදුන් දෙයක් ඔබ සොර සිතින් ගත්තෙහි ද?"

"නැත දේවයන් වහන්ස" යි දූන දූන බොරු කිව්වේ ය.

මහණෙනි, මෙසේ ධනය නැති උදවියට ධනය ලැබෙන පිළිවෙලක් නැති කල්හි දිළිඳු බව බොහෝ පැතිරී ගියේ ය. දිළිඳු බව බොහෝ පැතිරී ගිය කල්හී අන්සතු දේ පැහැර ගැනීම බොහෝ පැතිරී ගියේ ය. අන්සතු දේ පැහැර ගැනීම බොහෝ පැතිරී ගිය කල්හී අවි ආයුධ ගැනීම බොහෝ පැතිරී ගියේ ය. අවි ආයුධ බොහෝ පැතිරී ගිය කල්හී මනුෂ්‍ය ඝාතන බොහෝ වැඩි වී ගියේ ය. මනුෂ්‍ය ඝාතන බොහෝ වැඩිවී ගිය කල්හී බොරු කීම බොහෝ පැතිරී ගියේ ය. බොරු කීම බොහෝ පැතිරී ගිය කල්හී ඒ සත්වයන්ගේ ආයුෂ ත් පිරිහී ගියේ ය. පැහැය ත් පිරිහී ගියේ ය. ඔවුන්ගේ ආයුෂ ත් පිරිහී යන විට, පැහැයත් පිරිහී යන විට, හතළිස් දහසක් අවුරුදු ආයුෂ ඇති මිනිසුන්ගේ දරුවෝ විසි දහසක් අවුරුදු ආයුෂ ඇත්තෝ වූහ.

මහණෙනි, මිනිසුන්ගේ ආයුෂ අවුරුදු විසි දහසක් වූ කල්හී එක්තරා පුරුෂයෙක් අනුන් සතු, තමාට නොදුන් දෙයක් සොරකම් කළේ ය. එවිට තවත් පුරුෂයෙක් ඔටුනු පළන් ක්ෂත්‍රිය රජු වෙත ගොස් මෙය සැළ කළේ ය.

"දේවයනි, අසවල් නම් ඇති පුරුෂයා අනුන් සතු, තමාට නොදුන් දෙයක් සොරකම් කළේ ය" යි කේළාම් කීවේ ය.

මහණෙනි, මෙසේ ධනය නැති උදවියට ධනය ලැබෙන පිළිවෙලක් නැති කල්හි දිළිඳු බව බොහෝ පැතිරී ගියේ ය. දිළිඳු බව බොහෝ පැතිරී ගිය කල්හී අන්සතු දේ පැහැර ගැනීම බොහෝ පැතිරී ගියේ ය. අන්සතු දේ පැහැර ගැනීම බොහෝ පැතිරී ගිය කල්හී අවි ආයුධ ගැනීම බොහෝ පැතිරී ගියේ ය. අවි ආයුධ බොහෝ පැතිරී ගිය කල්හී මනුෂ්‍ය ඝාතන බොහෝ වැඩි වී ගියේ ය. මනුෂ්‍ය ඝාතන බොහෝ වැඩිවී ගිය කල්හී බොරු කීම බොහෝ පැතිරී ගියේ ය. බොරු කීම බොහෝ පැතිරී ගිය කල්හී කේළාම් කීම බොහෝ පැතිරී ගියේ ය. කේළාම් කීම බොහෝ පැතිරී ගිය කල්හී ඒ සත්වයන්ගේ ආයුෂ ත් පිරිහී ගියේ ය. පැහැය ත් පිරිහී ගියේ ය. ඔවුන්ගේ ආයුෂ ත් පිරිහී යන විට, පැහැයත් පිරිහී යන විට, විසි දහසක් අවුරුදු ආයුෂ ඇති මිනිසුන්ගේ දරුවෝ දස දහසක් අවුරුදු ආයුෂ ඇත්තෝ වූහ.

මහණෙනි, මිනිසුන්ගේ ආයුෂ අවුරුදු දස දහසක් වූ කල්හී ඇතැම් සත්වයෝ මනා පැහැපත් වෙති. ඇතැම් සත්වයෝ කිලිටි පැහැ ඇත්තෝ වෙති. එහිදී ඔවුන් අතර යම් ඒ සත්වයෝ කිලිටි පැහැ ඇති ව සිටියාහු ද, ඔවුහු මනා පැහැ ඇති සත්වයන් දෙස සරාගී සිතින් බලමින්, අනුන්ගේ අඹුවන් සමඟ වැරදි කාම සේවනයට පැමිණියාහු ය.

මහණෙනි, මෙසේ ධනය නැති උදවියට ධනය ලැබෙන පිළිවෙලක් නැති කල්හි දිළිඳු බව බොහෝ පැතිරී ගියේ ය. දිළිඳු බව බොහෝ පැතිරී ගිය කල්හී අන්සතු දේ පැහැර ගැනීම බොහෝ පැතිරී ගියේ ය. අන්සතු දේ පැහැර ගැනීම බොහෝ පැතිරී ගිය කල්හී අවි ආයුධ ගැනීම බොහෝ පැතිරී ගියේ ය. අවි ආයුධ බොහෝ පැතිරී ගිය කල්හී මනුෂ්‍ය ඝාතන බොහෝ වැඩි වී ගියේ ය. මනුෂ්‍ය ඝාතන බොහෝ වැඩිවී ගිය කල්හී බොරු කීම බොහෝ පැතිරී ගියේ ය. බොරු කීම බොහෝ පැතිරී ගිය කල්හී කේළාම් කීම බොහෝ පැතිරී ගියේ ය. කේළාම් කීම බොහෝ පැතිරී ගිය කල්හී වැරදි කාම සේවනය බොහෝ පැතිරී ගියේ ය. වැරදි කාම සේවනය බොහෝ පැතිරී ගිය කල්හී ඒ සත්වයන්ගේ ආයුෂ ත් පිරිහී ගියේ ය. පැහැය ත් පිරිහී ගියේ ය. ඔවුන්ගේ ආයුෂ ත් පිරිහී යන විට, පැහැයත් පිරිහී යන විට, දස දහසක් අවුරුදු ආයුෂ ඇති මිනිසුන්ගේ දරුවෝ පන් දහසක් අවුරුදු ආයුෂ ඇත්තෝ වූහ.

මහණෙනි, මිනිසුන්ගේ ආයුෂ අවුරුදු පන් දහසක් වූ කල්හී ඔවුන් අතර කරුණු දෙකක් බොහෝ සේ වැඩි වී ගියේ ය. එනම්, දරුණු වචනයෙන් බැණ වැදීම ත්, හිස් වචන කතා කිරීම ත් ය. මේ කරුණු දෙක බොහෝ වැඩි වී ගිය කල්හී ඒ සත්වයන්ගේ ආයුෂ ත් පිරිහී ගියේ ය. පැහැය ත් පිරිහී ගියේ ය. ඔවුන්ගේ ආයුෂ ත් පිරිහී යන විට, පැහැයත් පිරිහී යන විට, පන් දහසක් අවුරුදු ආයුෂ ඇති මිනිසුන්ගේ ඇතැම් දරුවෝ දෙදහස් පන්සියයක් අවුරුදු ආයුෂ ඇත්තෝ වූහ. ඇතැම් දරුවෝ දෙදහස් වසරක ආයුෂ ඇත්තෝ වූහ.

මහණෙනි, දෙදහස් පන්සිය වසරක් ආයුෂ ඇති මිනිසුන් අතර අනුන් සතු දේ තමාට අයත් කරගැනීමේ ආශාව ත්, ද්වේෂය ත් බොහෝ වැඩි වී ගියේ ය. අනුන් සතු දේ තමන් සතු කරගැනීමේ ආශාව ත්, ද්වේෂය ත් බොහෝ වැඩි වී ගිය කල්හී ඒ සත්වයන්ගේ ආයුෂ ත් පිරිහී ගියේ ය. පැහැය ත් පිරිහී ගියේ ය. ඔවුන්ගේ ආයුෂ ත් පිරිහී යන විට, පැහැයත් පිරිහී යන විට, දෙදහස් පන්සියයක් අවුරුදු ආයුෂ ඇති මිනිසුන්ගේ දරුවෝ දහසක් අවුරුදු ආයුෂ ඇත්තෝ වූහ.

මහණෙනි, දහස් වසරක ආයුෂ ඇති මිනිසුන් අතර මිථ්‍යා දෘෂ්ටිය බොහෝ සේ වැඩි වී ගියේ ය. මිථ්‍යා දෘෂ්ටිය බොහෝ පැතිරී ගිය කල්හී ඒ සත්වයන්ගේ ආයුෂ ත් පිරිහී ගියේ ය. පැහැය ත් පිරිහී ගියේ ය. ඔවුන්ගේ ආයුෂ ත් පිරිහී යන විට, පැහැයත් පිරිහී යන විට, දහසක් අවුරුදු ආයුෂ ඇති මිනිසුන්ගේ දරුවෝ පන්සියයක් අවුරුදු ආයුෂ ඇත්තෝ වූහ.

මහණෙනි, පන්සිය වසරක් ආයුෂ ඇති මිනිසුන් අතර තුන් කරුණක් බොහෝ පැතිරී ගියේ ය. අධර්ම රාගය, විෂම ලෝභය සහ මිථ්‍යා ධර්මය යි. මේ තුන් කරුණ බොහෝ පැතිරී ගිය කල්හී ඒ සත්වයන්ගේ ආයුෂ ත් පිරිහී ගියේ

ය. පැහැය ත් පිරිහී ගියේ ය. ඔවුන්ගේ ආයුෂ ත් පිරිහී යන විට, පැහැයත් පිරිහී යන විට, පන්සියයක් අවුරුදු ආයුෂ ඇති මිනිසුන්ගේ ඇතැම් දරුවෝ දෙසිය පනසක් අවුරුදු ආයුෂ ඇත්තෝ වූහ. ඇතැම් දරුවෝ දෙසිය වසරක් ආයුෂ ඇත්තෝ වූහ.

මහණෙනි, දෙසිය පනස් වසරක් ආයුෂ ඇති මිනිසුන් අතර මේ කරුණු බොහෝ පැතිර ගියේ ය. මව්ට නොසැළකීම, පියාට නොසැළකීම, ශ්‍රමණයන්ට ගරු නොකිරීම, බ්‍රාහ්මණයන්ට ගරු නොකිරීම, ගුරුවරාදී කුලදෙටුවන්ට ගරු නොකිරීම ය.

මහණෙනි, මෙසේ ධනය නැති උදවියට ධනය ලැබෙන පිළිවෙලක් නැති කල්හි දිළිඳු බව බොහෝ පැතිරී ගියේ ය. දිළිඳු බව බොහෝ පැතිරී ගිය කල්හී අන්සතු දේ පැහැර ගැනීම බොහෝ පැතිරී ගියේ ය. අන්සතු දේ පැහැර ගැනීම බොහෝ පැතිරී ගිය කල්හී අවි ආයුධ ගැනීම බොහෝ පැතිරී ගියේ ය. අවි ආයුධ බොහෝ පැතිරී ගිය කල්හී මනුෂ්‍ය ඝාතන බොහෝ වැඩි වී ගියේ ය. මනුෂ්‍ය ඝාතන බොහෝ වැඩිවී ගිය කල්හී බොරු කීම බොහෝ පැතිරී ගියේ ය. බොරු කීම බොහෝ පැතිරී ගිය කල්හී කේළාම් කීම බොහෝ පැතිරී ගියේ ය. කේළාම් කීම බොහෝ පැතිරී ගිය කල්හී වැරදි කාම සේවනය බොහෝ පැතිරී ගියේ ය. වැරදි කාම සේවනය බොහෝ පැතිරී ගිය කල්හී දරුණු වචනයෙන් බැණ වැදීම ත්, හිස් වචන කතා කිරීම ත් යන මේ කරුණ දෙක බොහෝ පැතිරී ගියේ ය. මේ කරුණු දෙක බොහෝ පැතිරී ගිය කල්හී අන්සතු දෙය තමා සතු කරගැනීමේ ආශාව ත්, ද්වේෂය ත් බොහෝ පැතිරී ගියේ ය. අන්සතු දෙය තමා සතු කරගැනීමේ ආශාව ත්, ද්වේෂය ත් බොහෝ පැතිරී ගිය කල්හී මිථ්‍යා දෘෂ්ටිය බොහෝ පැතිරී ගියේ ය. මිථ්‍යා දෘෂ්ටිය බොහෝ පැතිරී ගිය කල්හී අධර්ම රාගය, විෂම ලෝභය, මිථ්‍යා ධර්මය යන කරුණු තුන බොහෝ පැතිරී ගියේ ය. මේ කරුණු තුන බොහෝ පැතිරී ගිය කල්හී, මව්ට නොසැළකීම, පියාට නොසැළකීම, ශ්‍රමණයන්ට ගරු නොකිරීම, බ්‍රාහ්මණයන්ට ගරු නොකිරීම, ගුරුවරාදී කුලදෙටුවන්ට ගරු නොකිරීම යන මේ කරුණු බොහෝ පැතිරී ගියේ ය. මේ කරුණු බොහෝ පැතිරී ගිය කල්හී ඒ සත්වයන්ගේ ආයුෂ ත් පිරිහී ගියේ ය. පැහැය ත් පිරිහී ගියේ ය. ඔවුන්ගේ ආයුෂ ත් පිරිහී යන විට, පැහැයත් පිරිහී යන විට, දෙසිය පනසක් අවුරුදු ආයුෂ ඇති මිනිසුන්ගේ දරුවෝ සියයක් අවුරුදු ආයුෂ ඇත්තෝ වූහ.

මහණෙනි, මේ මිනිසුන්ගේ දරුවෝ දස වර්ෂයක ආයුෂ ඇත්තෝ වන්නාහු ද, එබඳු කාලයක් එන්නේ ය. මහණෙනි, දස වසරක් ආයුෂ ඇති මිනිසුන් අතර, පස් හැවිරිදි කුමරියෝ පතිකුලයට යෑමට සුදුසු වන්නෝ ය. මහණෙනි, දස වසක් ආයු ඇති මිනිසුන් අතර මේ රසයෝ අතුරුදහන් වන්නාහු ය. එනම්, ගිතෙල්

රස ය, වෙඬරු රස ය, තල තෙල් රස ය, මී පැණි රස ය, පැණි රස ය. ලුණු රසය ය.

මහණෙනි, දස වසක් ආයු ඇති මිනිසුන් අතර කුරහන් වලින් සැකසූ ආහාරය බොජුන් අතර අග්‍ර වන්නේ ය. මහණෙනි, මෙකල මස් සහිත ඇල් හාලේ බත බොජුන් අතර අග්‍ර වන්නේ යම් සේ ද, එසෙයින් ම මහණෙනි, දසවසක් ආයු ඇති මිනිසුන් අතර කුරහන් වලින් සැකසූ ආහාරය බොජුන් අතර අග්‍ර වන්නේ ය. මහණෙනි, දස වසක් ආයු ඇති මිනිසුන් අතර දස කුසල කර්මපථ සහමුලින් ම අතුරුදහන් වන්නේ ය. දස අකුසල කර්ම පථ අතිශයින් ම ඉස්මතු ව එන්නේ ය. මහණෙනි, දස වසක් ආයු ඇති මිනිසුන් අතර කුසලය යන නමවත් අසන්නට නොලැබෙන්නේ ය. කුසල් කරන්නෙක් කොයින් නම් ලබන්න ද?

මහණෙනි, දසවස් ආයු ඇති මිනිසුන් අතර යම් කෙනෙක් මවට නොසළකත් ද, පියාට නොසළකත් ද, ශ්‍රමණයින්ට ගරු නොකරත් ද, බ්‍රාහ්මණයින්ට ගරු නොකරත් ද, කුල දෙටුවන්ට අවනත නොවෙත් ද, ඔවුහු පිදුම් ද ලබන්නාහ. ප්‍රශංසා ද ලබන්නාහ. මහණෙනි, මෙකල යම් කෙනෙක් මව්ට සළකත් නම්, පියාට සළකත් නම්, ශ්‍රමණයින්ට ගරු කරත් නම්, බ්‍රාහ්මණයින්ට ගරු කරත් නම්, කුල දෙටුවන්ට අවනත වෙත් නම්, ඔවුහු යම් සේ පුද ලබත් ද, ප්‍රශංසා ලබත් ද, එසෙයින් ම මහණෙනි, දසවස් ආයු ඇති මිනිසුන් අතර යම් කෙනෙක් මවට නොසළකත් ද, පියාට නොසළකත් ද, ශ්‍රමණයින්ට ගරු නොකරත් ද, බ්‍රාහ්මණයින්ට ගරු නොකරත් ද, කුල දෙටුවන්ට අවනත නොවෙත් ද, ඔවුහු පිදුම් ද ලබන්නාහ. ප්‍රශංසා ද ලබන්නාහ.

මහණෙනි, දස වස් ආයු ඇති මිනිසුන් අතර 'මව්තුමිය ය, මෑණියන්ගේ සොහොයුරියෝ ය, නැන්දණියෝ ය, ආචාර්යවරයන්ගේ බිරින්දෑවරු ය, ගරු කළ යුත්තන්ගේ බිරින්දෑවරුන් ය වශයෙන් ගරුසරු හැඟීම් නැති වන්නේ ය. එළු බැටළුවෝ, කුකුළෝ ඌරෝ, බලු සිවල්ලු යම් සේ හැසිරෙත් ද, එසෙයින් ම ලෝක සත්වයෝ යහපත් කුලාචාර ධර්ම නොතකා, සිඳබිඳ දමා හිතුමනාපයේ හැසිරෙන්නාහ.

මහණෙනි, මිනිසුන්ගේ ආයුෂ දස වසක් ව ඇති කල්හී ඒ සත්වයන් අතර එකිනෙකා කෙරෙහි දරුණු වෛරයක් පිහිටන්නේ ය. දරුණු ද්වේෂයක්, දරුණු මානසික ආවේගයක්, දරුණු වධක චිත්තයක් පිහිටන්නේ ය. පුතු කෙරෙහි මව තුළ ත්, මව කෙරෙහි පුතු තුළ ත්, පුතු කෙරෙහි පියා තුළ ත්, පියා කෙරෙහි පුතු තුළ ත්, සොයුරා කෙරෙහි සොයුරා තුළ ත්, සොයුරිය කෙරෙහි සොයුරා තුළ ත්, සොයුරා කෙරෙහි සොයුරිය තුළ ත්, දරුණු වෛරයක් පිහිටන්නේ ය. දරුණු ද්වේෂයක්, දරුණු මානසික ආවේගයක්, දරුණු වධක චිත්තයක් පිහිටන්නේ ය.

මහණෙනි, යම් සේ මුවන් මරන්නෙකුට මුවෙකු දැක්ක විට දරුණු වෛරයක පිහිටීමක් වෙයි ද, දරුණු ද්වේෂයක, දරුණු මානසික ආවේගයක, දරුණු වධක චිත්තයක පිහිටීමක් වෙයි ද, එසෙයින් ම මහණෙනි, මිනිසුන්ගේ ආයුෂ දස වසක් ව ඇති කල්හී ඒ සත්වයන් අතර එකිනෙකා කෙරෙහි දරුණු වෛරයක් පිහිටන්නේ ය. දරුණු ද්වේෂයක්, දරුණු මානසික ආවේගයක්, දරුණු වධක චිත්තයක් පිහිටන්නේ ය. පුතු කෙරෙහි මව තුළ ත්, මව කෙරෙහි පුතු තුළ ත්, පුතු කෙරෙහි පියා තුළ ත්, පියා කෙරෙහි පුතු තුළ ත්, සොයුරා කෙරෙහි සොයුරා තුළ ත්, සොයුරිය කෙරෙහි සොයුරා තුළ ත්, සොයුරා කෙරෙහි සොයුරිය තුළ ත්, දරුණු වෛරයක් පිහිටන්නේ ය. දරුණු ද්වේෂයක්, දරුණු මානසික ආවේගයක්, දරුණු වධක චිත්තයක් පිහිටන්නේ ය.

මහණෙනි, දස වස් ආයු ඇති මිනිසුන් අතර සත් දිනක ආයුධ අන්තඃකල්පය වන්නේ ය. ඔවුහු ඔවුනොවුන් කෙරෙහි මෘග හැඟීම ලබන්නේ ය. ඔවුන්ගේ අත්වල තියුණු ආයුධ පහළ වන්නේ ය. ඔවුහු ඒ තියුණු ආයුධයෙන් 'මූ මුර්ගයෙක්, මූ මුර්ගයෙක්' යනුවෙන් ඔවුනොවුන් මරාගන්නාහු ය.

එකල්හී මහණෙනි, ඒ සත්වයන් අතර ඇතැම් කෙනෙකුට මේ අදහස වන්නේ ය. 'අපි කිසිවෙකු ත් නොමරමු. කිසි කෙනෙක් අප ව ද නොමරත්වා. යම් හෙයකින් අපි තණ වදුලකට හෝ වන වදුලකට හෝ රුක් වදුලකට හෝ නදී දුර්ගයකට හෝ විෂම පර්වතයකට හෝ පිවිස වන මුල් ගෙඩි ආදියෙන් යැපෙන්නෙමු නම් යෙහෙකි' යි. ඔවුහු තණ වදුලකට හෝ වන වදුලකට හෝ රුක් වදුලකට හෝ නදී දුර්ගයකට හෝ විෂම පර්වතයකට හෝ පිවිස වන මුල් ගෙඩි ආදියෙන් යැපෙන්නාහ. ඒ සත් දින ඇවෑමෙන් ඔවුහු තෘණ වදුලෙන්, වන වදුලෙන්, රුක් වදුලෙන්, නදී දුර්ගයෙන්, විෂම පර්වතයෙන් නික්ම අවුත් ඔවුනොවුන් වැළඳගෙන සතුටු වන්නාහ. සනසා ගන්නාහ. 'භවත් සත්වය, දකින ලද්දේ ය. ජීවත් වෙහි? භවත් සත්වය, දකින ලද්දේ ය. ජීවත් වෙහි?' යි.

ඉක්බිති මහණෙනි, ඒ සත්වයන් හට මේ අදහස ඇතිවන්නේ ය. 'අපි අකුසල් දහම් සමාදන් ව සිටි නිසාවෙන් මෙබඳු වූ මහත් වූ ඥාති ව්‍යසනයකට පත් වුණෙමු. යම් හෙයකින් අපි කුසල් කරන්නෙමු නම් මැනැව. කුමන කුසලයක් කරමු ද? යම් හෙයකින් අපි මනුෂ්‍ය ඝාතනයෙන් වැළකෙමු නම්, මේ කුසල ධර්මය සමාදන්ව පවතින්නෙමු නම් මැනැව' යි ඔවුහු මනුෂ්‍ය ඝාතනයෙන් වළකින්නාහ. මේ කුසල ධර්මය සමාදන් ව පවතින්නාහ. ඔවුහු කුසල ධර්මයන්ගේ සමාදන් වීම හේතුවෙන් ආයුෂයෙන් ද වැඩෙන්නාහු ය. පැහැයෙන් ද වැඩෙන්නාහු ය. ආයුෂයෙන් ද වැඩෙන, මනා පැහැයෙන් ද වැඩෙන, ඒ දස වස් ආයු ඇති මිනිසුන්ගේ දරුවෝ විසි වස් ආයුෂ ඇත්තෝ වන්නාහ.

එකල්හී මහණෙනි, ඒ සත්වයන්ට මේ අදහස ඇතිවන්නේ ය. 'අපි වනාහී කුසල් දහම් සමාදන් වීම හේතුවෙන් ආයුෂයෙනුත් වැඩෙමු. මනා පැහැයෙනුත් වැඩෙමු. යම් හෙයකින් අපි බොහෝ සෙයින් කුසල් කරන්නෙමු නම් මැනැව. කුමන කුසලයක් කරමු ද? එසේ නම් අපි සොරකමින් වැළකෙමු නම්, මේ කුසල ධර්මය සමාදන්ව පවතින්නෙමු නම් මැනැව' යි ඔවුහු ප්‍රාණඝාතයෙන් වළකින්නාහ. සොරකමින් වළකින්නාහ. මේ කුසල ධර්මය සමාදන් ව පවතින්නාහ. ඔවුහු කුසල ධර්මයන්ගේ සමාදන් වීම හේතුවෙන් ආයුෂයෙන් ද වැඩෙන්නාහු ය. පැහැයෙන් ද වැඩෙන්නාහු ය. ආයුෂයෙන් ද වැඩෙන, මනා පැහැයෙන් ද වැඩෙන, ඒ විසි වස් ආයු ඇති මිනිසුන්ගේ දරුවෝ සතළිස් වස් ආයුෂ ඇත්තෝ වන්නාහ.

එකල්හී මහණෙනි, ඒ සත්වයන්ට මේ අදහස ඇතිවන්නේ ය. 'අපි වනාහී කුසල් දහම් සමාදන් වීම හේතුවෙන් ආයුෂයෙනුත් වැඩෙමු. මනා පැහැයෙනුත් වැඩෙමු. යම් හෙයකින් අපි බොහෝ සෙයින් කුසල් කරන්නෙමු නම් මැනැව. කුමන කුසලයක් කරමු ද? එසේ නම් අපි කාමයේ වරදවා හැසිරීමෙන් වැළකෙමු නම්, මේ කුසල ධර්මය සමාදන්ව පවතින්නෙමු නම් මැනැව' යි ඔවුහු ප්‍රාණඝාතයෙන් වළකින්නාහ. සොරකමින් වළකින්නාහ. කාමයේ වරදවා හැසිරීමෙන් වළකින්නාහ. මේ කුසල ධර්මය සමාදන් ව පවතින්නාහ. ඔවුහු කුසල ධර්මයන්ගේ සමාදන් වීම හේතුවෙන් ආයුෂයෙන් ද වැඩෙන්නාහු ය. පැහැයෙන් ද වැඩෙන්නාහු ය. ආයුෂයෙන් ද වැඩෙන, මනා පැහැයෙන් ද වැඩෙන, ඒ සතළිස් වස් ආයු ඇති මිනිසුන්ගේ දරුවෝ අසූ වස් ආයුෂ ඇත්තෝ වන්නාහ.

එකල්හී මහණෙනි, ඒ සත්වයන්ට මේ අදහස ඇතිවන්නේ ය. 'අපි වනාහී කුසල් දහම් සමාදන් වීම හේතුවෙන් ආයුෂයෙනුත් වැඩෙමු. මනා පැහැයෙනුත් වැඩෙමු. යම් හෙයකින් අපි බොහෝ සෙයින් කුසල් කරන්නෙමු නම් මැනැව. කුමන කුසලයක් කරමු ද? එසේ නම් අපි බොරු කීමෙන් වළකිමු නම්, මේ කුසල ධර්මය සමාදන්ව පවතින්නෙමු නම් මැනැව' යි ඔවුහු ප්‍රාණඝාතයෙන් වළකින්නාහ. සොරකමින් වළකින්නාහ. කාමයේ වරදවා හැසිරීමෙන් වළකින්නාහ. බොරු කීමෙන් වළකින්නාහ. මේ කුසල ධර්මය සමාදන් ව පවතින්නාහ. ඔවුහු කුසල ධර්මයන්ගේ සමාදන් වීම හේතුවෙන් ආයුෂයෙන් ද වැඩෙන්නාහු ය. පැහැයෙන් ද වැඩෙන්නාහු ය. ආයුෂයෙන් ද වැඩෙන, මනා පැහැයෙන් ද වැඩෙන, ඒ අසූ වස් ආයු ඇති මිනිසුන්ගේ දරුවෝ එකසිය හැට වස් ආයුෂ ඇත්තෝ වන්නාහ.

එකල්හී මහණෙනි, ඒ සත්වයන්ට මේ අදහස ඇතිවන්නේ ය. 'අපි වනාහී කුසල් දහම් සමාදන් වීම හේතුවෙන් ආයුෂයෙනුත් වැඩෙමු. මනා පැහැයෙනුත් වැඩෙමු. යම් හෙයකින් අපි බොහෝ සෙයින් කුසල් කරන්නෙමු නම් මැනැව.

කුමන කුසලයක් කරමු ද? එසේ නම් අපි කේළාම් කීමෙන් වැළකෙමු නම්, මේ කුසල ධර්මය සමාදන්ව පවතින්නෙමු නම් මැනැව' යි ඔවුහු ප්‍රාණඝාතයෙන් වළකින්නාහ. සොරකමින් වළකින්නාහ. කාමයේ වරදවා හැසිරීමෙන් වළකින්නාහ. බොරු කීමෙන් වළකින්නාහ. කේළාම් කීමෙන් වළකින්නාහ. මේ කුසල ධර්මය සමාදන් ව පවතින්නාහ. ඔවුහු කුසල ධර්මයන්ගේ සමාදන් වීම හේතුවෙන් ආයුෂයෙන් ද වැඩෙන්නාහු ය. පැහැයෙන් ද වැඩෙන්නාහු ය. ආයුෂයෙන් ද වැඩෙන, මනා පැහැයෙන් ද වැඩෙන, ඒ එකසිය හැට වස් ආයු ඇති මිනිසුන්ගේ දරුවෝ තුන්සිය විසි වස් ආයුෂ ඇත්තෝ වන්නාහ.

එකල්හී මහණෙනි, ඒ සත්වයන්ට මේ අදහස ඇතිවන්නේ ය. 'අපි වනාහී කුසල් දහම් සමාදන් වීම හේතුවෙන් ආයුෂයෙනුත් වැඩෙමු. මනා පැහැයෙනුත් වැඩෙමු. යම් හෙයකින් අපි බොහෝ සෙයින් කුසල් කරන්නෙමු නම් මැනැව. කුමන කුසලයක් කරමු ද? එසේ නම් අපි දරුණු වචනයෙන් බැණ වැදීමෙන් වැළකෙමු නම්, මේ කුසල ධර්මය සමාදන්ව පවතින්නෙමු නම් මැනැව' යි ඔවුහු ප්‍රාණඝාතයෙන් වළකින්නාහ. සොරකමින් වළකින්නාහ. කාමයේ වරදවා හැසිරීමෙන් වළකින්නාහ. බොරු කීමෙන් වළකින්නාහ. කේළාම් කීමෙන් වළකින්නාහ. දරුණු වචනයෙන් බැණ වැදීමෙන් වළකින්නාහ. මේ කුසල ධර්මය සමාදන් ව පවතින්නාහ. ඔවුහු කුසල ධර්මයන්ගේ සමාදන් වීම හේතුවෙන් ආයුෂයෙන් ද වැඩෙන්නාහු ය. පැහැයෙන් ද වැඩෙන්නාහු ය. ආයුෂයෙන් ද වැඩෙන, මනා පැහැයෙන් ද වැඩෙන, ඒ තුන්සිය විසි වස් ආයු ඇති මිනිසුන්ගේ දරුවෝ හයසිය හතළිස් වස් ආයුෂ ඇත්තෝ වන්නාහ.

එකල්හී මහණෙනි, ඒ සත්වයන්ට මේ අදහස ඇතිවන්නේ ය. 'අපි වනාහී කුසල් දහම් සමාදන් වීම හේතුවෙන් ආයුෂයෙනුත් වැඩෙමු. මනා පැහැයෙනුත් වැඩෙමු. යම් හෙයකින් අපි බොහෝ සෙයින් කුසල් කරන්නෙමු නම් මැනැව. කුමන කුසලයක් කරමු ද? එසේ නම් අපි හිස් වචන කීමෙන් වැළකෙමු නම්, මේ කුසල ධර්මය සමාදන්ව පවතින්නෙමු නම් මැනැව' යි ඔවුහු ප්‍රාණඝාතයෙන් වළකින්නාහ. සොරකමින් වළකින්නාහ. කාමයේ වරදවා හැසිරීමෙන් වළකින්නාහ. බොරු කීමෙන් වළකින්නාහ. කේළාම් කීමෙන් වළකින්නාහ. දරුණු වචනයෙන් බැණ වැදීමෙන් වළකින්නාහ. හිස් වචන කීමෙන් වළකින්නාහ. මේ කුසල ධර්මය සමාදන් ව පවතින්නාහ. ඔවුහු කුසල ධර්මයන්ගේ සමාදන් වීම හේතුවෙන් ආයුෂයෙන් ද වැඩෙන්නාහු ය. පැහැයෙන් ද වැඩෙන්නාහු ය. ආයුෂයෙන් ද වැඩෙන, මනා පැහැයෙන් ද වැඩෙන, ඒ හයසිය සතළිස් වස් ආයු ඇති මිනිසුන්ගේ දරුවෝ දෙදහස් වස් ආයුෂ ඇත්තෝ වන්නාහ.

එකල්හී මහණෙනි, ඒ සත්වයන්ට මේ අදහස ඇතිවන්නේ ය. 'අපි වනාහී කුසල් දහම් සමාදන් වීම හේතුවෙන් ආයුෂයෙනුත් වැඩෙමු. මනා පැහැයෙනුත්

වැඩෙමු. යම් හෙයකින් අපි බොහෝ සෙයින් කුසල් කරන්නෙමු නම් මැනැව. කුමන කුසලයක් කරමු ද? එසේ නම් අපි අනුන් සතු තමන් සතු කරගැනීමේ ආශාව අත්හරින්නෙමු නම්, මේ කුසල ධර්මය සමාදන්ව පවතින්නෙමු නම් මැනැව' යි ඔවුහු ප්‍රාණඝාතයෙන් වළකින්නාහ. සොරකමින් වළකින්නාහ. කාමයේ වරදවා හැසිරීමෙන් වළකින්නාහ. බොරු කීමෙන් වළකින්නාහ. කේළාම් කීමෙන් වළකින්නාහ. දරුණු වචනයෙන් බැණ වැදීමෙන් වළකින්නාහ. හිස් වචන කීමෙන් වළකින්නාහ. අනුන් සතු දෙය තමන් සතු කරගැනීමේ ආශාව අත්හරින්නාහ. මේ කුසල ධර්මය සමාදන් ව පවතින්නාහ. ඔවුහු කුසල ධර්මයන්ගේ සමාදන් වීම හේතුවෙන් ආයුෂයෙන් ද වැඩෙන්නාහු ය. පැහැයෙන් ද වැඩෙන්නාහු ය. ආයුෂයෙන් ද වැඩෙන, මනා පැහැයෙන් ද වැඩෙන, ඒ දෙදහස් වස් ආයු ඇති මිනිසුන්ගේ දරුවෝ හාරදහස් වස් ආයුෂ ඇත්තෝ වන්නාහ.

එකල්හී මහණෙනි, ඒ සත්වයන්ට මේ අදහස ඇතිවන්නේ ය. 'අපි වනාහී කුසල් දහම් සමාදන් වීම හේතුවෙන් ආයුෂයෙනුත් වැඩෙමු. මනා පැහැයෙනුත් වැඩෙමු. යම් හෙයකින් අපි බොහෝ සෙයින් කුසල් කරන්නෙමු නම් මැනැව. කුමන කුසලයක් කරමු ද? එසේ නම් අපි ද්වේෂය දුරු කරන්නෙමු නම්, මේ කුසල ධර්මය සමාදන්ව පවතින්නෙමු නම් මැනැව' යි ඔවුහු ප්‍රාණඝාතයෙන් වළකින්නාහ. සොරකමින් වළකින්නාහ. කාමයේ වරදවා හැසිරීමෙන් වළකින්නාහ. බොරු කීමෙන් වළකින්නාහ. කේළාම් කීමෙන් වළකින්නාහ. දරුණු වචනයෙන් බැණ වැදීමෙන් වළකින්නාහ. හිස් වචන කීමෙන් වළකින්නාහ. අනුන් සතු දෙය තමන් සතු කරගැනීමේ ආශාව අත්හරින්නාහ. ද්වේෂය දුරුකරන්නාහ. මේ කුසල ධර්මය සමාදන් ව පවතින්නාහ. ඔවුහු කුසල ධර්මයන්ගේ සමාදන් වීම හේතුවෙන් ආයුෂයෙන් ද වැඩෙන්නාහු ය. පැහැයෙන් ද වැඩෙන්නාහු ය. ආයුෂයෙන් ද වැඩෙන, මනා පැහැයෙන් ද වැඩෙන, ඒ හාරදහස් වස් ආයු ඇති මිනිසුන්ගේ දරුවෝ අටදහස් වස් ආයුෂ ඇත්තෝ වන්නාහ.

එකල්හී මහණෙනි, ඒ සත්වයන්ට මේ අදහස ඇතිවන්නේ ය. 'අපි වනාහී කුසල් දහම් සමාදන් වීම හේතුවෙන් ආයුෂයෙනුත් වැඩෙමු. මනා පැහැයෙනුත් වැඩෙමු. යම් හෙයකින් අපි බොහෝ සෙයින් කුසල් කරන්නෙමු නම් මැනැව. කුමන කුසලයක් කරමු ද? එසේ නම් අපි මිථ්‍යා දෘෂ්ටිය දුරු කරන්නෙමු නම්, මේ කුසල ධර්මය සමාදන්ව පවතින්නෙමු නම් මැනැව' යි ඔවුහු ප්‍රාණඝාතයෙන් වළකින්නාහ. සොරකමින් වළකින්නාහ. කාමයේ වරදවා හැසිරීමෙන් වළකින්නාහ. බොරු කීමෙන් වළකින්නාහ. කේළාම් කීමෙන් වළකින්නාහ. දරුණු වචනයෙන් බැණ වැදීමෙන් වළකින්නාහ. හිස් වචන කීමෙන් වළකින්නාහ. අනුන් සතු දෙය තමන් සතු කරගැනීමේ ආශාව අත්හරින්නාහ. ද්වේෂය දුරුකරන්නාහ. මිථ්‍යා දෘෂ්ටිය දුරුකරන්නාහ. මේ කුසල ධර්මය සමාදන් ව පවතින්නාහ. ඔවුහු කුසල

ධර්මයන්ගේ සමාදන් වීම හේතුවෙන් ආයුෂයෙන් ද වැඩෙන්නාහු ය. පැහැයෙන් ද වැඩෙන්නාහු ය. ආයුෂයෙන් ද වැඩෙන, මනා පැහැයෙන් ද වැඩෙන, ඒ අටදහස් වස් ආයු ඇති මිනිසුන්ගේ දරුවෝ විසිදහස් වස් ආයුෂ ඇත්තෝ වන්නාහ.

එකල්හී මහණෙනි, ඒ සත්වයන්ට මේ අදහස ඇතිවන්නේ ය. 'අපි වනාහී කුසල් දහම් සමාදන් වීම හේතුවෙන් ආයුෂයෙනුත් වැඩෙමු. මනා පැහැයෙනුත් වැඩෙමු. යම් හෙයකින් අපි බොහෝ සෙයින් කුසල් කරන්නෙමු නම්, කුමන කුසලයක් කරමු ද? එසේ නම් අපි මේ අකුසල් තුන දුරු කරන්නෙමු නම් මැනැව. එනම් අධර්ම රාගය ත්, විෂම ලෝභය ත්, මිථ්‍යා ධර්මය ත් ය. මේ අකුසල් දුරු කිරීම නම් කුසල ධර්මය සමාදන්ව පවතින්නෙමු නම් මැනැව' යි ඔවුහු ප්‍රාණඝාතයෙන් වළකින්නාහ. සොරකමින් වළකින්නාහ. කාමයේ වරදවා හැසිරීමෙන් වළකින්නාහ. බොරු කීමෙන් වළකින්නාහ. කේළාම් කීමෙන් වළකින්නාහ. දරුණු වචනයෙන් බැණ වැදීමෙන් වළකින්නාහ. හිස් වචන කීමෙන් වළකින්නාහ. අනුන් සතු දෙය තමන් සතු කරගැනීමේ ආශාව අත්හරින්නාහ. ද්වේෂය දුරුකරන්නාහ. මිථ්‍යා දෘෂ්ටිය දුරුකරන්නාහ. මේ තුන් අකුසලය දුරු කරන්නාහ. එනම් අධර්ම රාගය ත්, විෂම ලෝභය ත්, මිථ්‍යා ධර්මය ත් ය. මේ කුසල ධර්මය සමාදන් ව පවතින්නාහ. ඔවුහු කුසල ධර්මයන්ගේ සමාදන් වීම හේතුවෙන් ආයුෂයෙන් ද වැඩෙන්නාහු ය. පැහැයෙන් ද වැඩෙන්නාහු ය. ආයුෂයෙන් ද වැඩෙන, මනා පැහැයෙන් ද වැඩෙන, ඒ විසිදහස් වස් ආයු ඇති මිනිසුන්ගේ දරුවෝ සතළිස් දහස් වස් ආයුෂ ඇත්තෝ වන්නාහ.

එකල්හී මහණෙනි, ඒ සත්වයන්ට මේ අදහස ඇතිවන්නේ ය. 'අපි වනාහී කුසල් දහම් සමාදන් වීම හේතුවෙන් ආයුෂයෙනුත් වැඩෙමු. මනා පැහැයෙනුත් වැඩෙමු. යම් හෙයකින් අපි බොහෝ සෙයින් කුසල් කරන්නෙමු නම් මැනැව. කුමන කුසලයක් කරමු ද? එසේ නම් අපි මව්ට සළකන්නෙමු. පියාට සළකන්නෙමු. ශ්‍රමණයින්ට සළකන්නෙමු. බ්‍රාහ්මණයින්ට සළකන්නෙමු. කුල දෙටුවන්ට අවනත වෙමු නම්, මේ කුසල ධර්මය සමාදන්ව පවතින්නෙමු නම් මැනැව' යි ඔවුහු ප්‍රාණඝාතයෙන් වළකින්නාහ. සොරකමින් වළකින්නාහ. කාමයේ වරදවා හැසිරීමෙන් වළකින්නාහ. බොරු කීමෙන් වළකින්නාහ. කේළාම් කීමෙන් වළකින්නාහ. දරුණු වචනයෙන් බැණ වැදීමෙන් වළකින්නාහ. හිස් වචන කීමෙන් වළකින්නාහ. අනුන් සතු දෙය තමන් සතු කරගැනීමේ ආශාව අත්හරින්නාහ. ද්වේෂය දුරුකරන්නාහ. මිථ්‍යා දෘෂ්ටිය දුරුකරන්නාහ. මේ තුන් අකුසලය දුරු කරන්නාහ. එනම් අධර්ම රාගය ත්, විෂම ලෝභය ත්, මිථ්‍යා ධර්මය ත් ය. මව්ට සළකන්නාහ. පියාට සළකන්නාහ. ශ්‍රමණයින්ට සළකන්නාහ. බ්‍රාහ්මණයින්ට සළකන්නාහ. කුල දෙටුවන්ට අවනත වන්නාහ. මේ කුසල ධර්මය සමාදන් ව පවතින්නාහ. ඔවුහු කුසල ධර්මයන්ගේ සමාදන් වීම හේතුවෙන්

ආයුෂයෙන් ද වැඩෙන්නාහු ය. පැහැයෙන් ද වැඩෙන්නාහු ය. ආයුෂයෙන් ද වැඩෙන, මනා පැහැයෙන් ද වැඩෙන, ඒ සතළිස් දහස් වස් ආයු ඇති මිනිසුන්ගේ දරුවෝ අසූ දහස් වස් ආයුෂ ඇත්තෝ වන්නාහ.

මහණෙනි, අසූ දහසක් අවුරුදු ආයු ඇති මිනිසුන් අතර පන්සියයක් අවුරුදු වයසැති කුමරියෝ පතිකුලයට යැමට සුදුසු වන්නාහ. මහණෙනි, අසූ දහස් වස් ආයු ඇති මිනිසුන් අතර රෝග තුනක් වන්නේ ය. එනම්, ආහාර තෘෂ්ණාව ත්, ආහාර නැතිවීමෙන් වන ක්ලාන්තය ත් සහ ජරා ජීර්ණ වීම ත් ය.

මහණෙනි, මිනිසුන්ගේ ආයුෂ අවුරුදු අසූ දහසක් වූ කල්හී මේ දඹදිව ඉතා සමෘද්ධිමත් ව, සැප සම්පත් ඇති වන්නේ ය. ගම් නියම්ගම්, ජනපද, රාජධානිවල වහළින් වහළට කුකුලෙකුට යා ගත හැකි තරම් බොහෝ ගේ දොර ඇතිවන්නේ ය. මහණෙනි, මිනිසුන්ගේ ආයුෂ අවුරුදු අසූ දහසක් වූ කල්හී මේ දඹදිව උණ ගස් වනයක් සෙයින්, බට ගස් වනයක් සෙයින්, අවීචි මහා නරකාදිය සෙයින් බොහෝ මිනිසුන්ගෙන් පිරී ඉතිරී යන්නේ ය.

මහණෙනි, මිනිසුන්ගේ ආයුෂ වසර අසූදහසක් වූ කල්හී මේ බරණැස් නුවර ඉතා සමෘද්ධිමත් සැප සම්පත් ඇති, බොහෝ ජනයා සිටින, මිනිසුන්ගෙන් ගැවසී ගත්, සුලභ ආහාරපාන ඇති, කේතුමතී නම් රාජධානියක් වන්නේ ය.

මහණෙනි, මිනිසුන් අතර අසූ දහස් වසරක් ආයු ඇති කල්හී මේ දඹදිව කේතුමතී රාජධානිය ප්‍රමුඛ අසූ හාර දහසක් නගරයෝ වන්නාහ. මහණෙනි, මිනිසුන් අතර අසූ දහස් වසරක් ආයු ඇති කල්හී කේතුමතී රාජධානියෙහි සිව් මහා සමුදුරු සීමා කොට ගත්, සිව් මහා දිවයිනට අධිපති, සතුරන් දිනා ජයගත්, ජනපදයන්හි තහවුරු බවට පත්, සප්ත රත්නයෙන් සමන්විත, ධාර්මික වූ, ධර්මරාජ වූ සංඛ නම් චක්‍රවර්තී රජෙක් පහළ වන්නේ ය. ඔහුට මේ සප්ත රත්නයෝ වන්නාහ. එනම්; චක්‍ර රත්නය ය, හස්ති රත්නය ය, අශ්ව රත්නය ය, මාණික්‍ය රත්නය ය, ස්ත්‍රී රත්නය ය, ගෘහපති රත්නය ය සහ සත්වෙනි පරිනායක රත්නය යි. ඔහුට ශූර වීර වූ පරසෙන් මඩින දහසකට වැඩි පුත්‍රයෝ වන්නාහ. ඔහු සයුර කෙළවර කොට ගත් මේ මහා පොළොව දඬුවමින් තොර ව, ආයුධයෙන් තොර ව, ධාර්මික ව ජයගෙන, අධිපති ව වසන්නේ ය.

මහණෙනි, මිනිසුන්ගේ ආයුෂ වසර අසූදහසක් වූ කල්හී අරහත් සම්මා සම්බුද්ධ, විජ්ජා චරණ සම්පන්න, සුගත, ලෝකවිදූ, අනුත්තරෝ පුරිසදම්ම සාරථී, සත්ථා දේවමනුස්සානං, බුද්ධ, භගවා යන ගුණැති මෛත්‍රේය නම් භාග්‍යවතුන් වහන්සේ ලෝකයෙහි පහළ වන්නාහ. මෙකල්හී ලෝකයෙහි අරහත් සම්මා සම්බුද්ධ, විජ්ජා චරණ සම්පන්න, සුගත, ලෝකවිදූ, අනුත්තරෝ පුරිසදම්ම සාරථී,

සත්ථා දේවමනුස්සානං, බුද්ධ, භගවා යන ගුණැති මම ලොව පහළ වූයෙම් යම් සේ ද, එසේ ය.

ඒ මෛත්‍රේය භාග්‍යවතුන් වහන්සේ දෙවියන් සහිත, මරුන් සහිත, බඹුන් සහිත, ශ්‍රමණ බ්‍රාහ්මණයන් සහිත, දෙව් මිනිස් ප්‍රජාවෙන් යුතු, මේ ලෝකය ස්වකීය විශිෂ්ට ඥානයෙන් සාක්ෂාත් කොට ප්‍රකාශ කරන්නාහ. මෙකල්හී මම දෙවියන් සහිත, මරුන් සහිත, බඹුන් සහිත, ශ්‍රමණ බ්‍රාහ්මණයන් සහිත, දෙව් මිනිස් ප්‍රජාවෙන් යුතු, මේ ලෝකය ස්වකීය විශිෂ්ට ඥානයෙන් සාක්ෂාත් කොට යම් සේ ප්‍රකාශ කරම් ද, එසේ ය.

ඒ මෛත්‍රේය භාග්‍යවතුන් වහන්සේ ධර්මය දේශනා කරන්නාහ. මුල කල්‍යාණ වූ, මැද කල්‍යාණ වූ, අවසානය කල්‍යාණ වූ, අර්ථ සහිත, ව්‍යංජන සහිත, මුළුමනින් ම පිරිපුන් පිරිසිදු මාර්ග බ්‍රහ්මචරියාව ප්‍රකාශ කරන්නාහ. මෙකල්හී මම යම් අයුරින් දහම් දෙසම් ද, යම් අයුරින් මුල කල්‍යාණ වූ, මැද කල්‍යාණ වූ, අවසානය කල්‍යාණ වූ, අර්ථ සහිත, ව්‍යංජන සහිත, මුළුමනින් ම පිරිපුන් පිරිසිදු මාර්ග බ්‍රහ්මචරියාව ප්‍රකාශ කරම් ද, එසේ ය.

ඒ මෛත්‍රේය භාග්‍යවතුන් වහන්සේ නොයෙක් සිය දහස් ගණන් භික්ෂු සංඝයා පරිහරණය කරන්නාහ. මෙකල්හී මම යම් සේ නොයෙක් සියගණන් භික්ෂු සංඝයා පරිහරණය කරම් ද, එසේ ය.

එකල්හී මහණෙනි, මහා පනාද නම් රජු විසින් කරවන ලද යම් ඒ ප්‍රාසාදයක් ගංගා නදියෙහි ගිලී ඇත්තේ ද, ඒ ප්‍රාසාදය ගොඩට ගෙන සංඛ නම් සක්විති රජු එහි වාසය කොට එය අත්හැර ශ්‍රමණ බ්‍රාහ්මණ දුගී මගී යාචකාදීන්ට දන් දී, අරහත් සම්මා සම්බුදු මෛත්‍රේය භාග්‍යවතුන් වහන්සේ සමීපයෙහි කෙස් රැවුල් බහා, කසට පෙවූ වත් හැඳ, ගිහි ගෙයින් නික්ම අනගාරික ව පැවිදි වන්නේ ය. ඔහු එසේ පැවිදි වූයේ, හුදෙකලාව, තනි ව, අප්‍රමාදී ව, කෙලෙස් තවන වීරිය ඇති ව, දහමට දිවි පුදා වාසය කරන්නේ, නොබෝ කලකින් ම යම් අරුතක් උදෙසා කුලපුත්‍රයෝ මනාකොට ගිහි ගෙයින් නික්ම අනගාරික ව පැවිදි වෙත් ද, ඒ බඹසරෙහි අවසානය වූ අනුත්තර වූ රහත් බව මේ ජීවිතයේ දී ම සිය විශිෂ්ට නුවණින් සාක්ෂාත් කොට පැමිණ වාසය කරන්නේ ය.

මහණෙනි, තමා දූපතක් බඳු කොට වාසය කරව්. තමා සරණට ගනිව්. අන් කෙනෙකු සරණට නොගනිව්. ධර්මය දූපතක් බඳු කොට වාසය කරව්. ධර්මය සරණට ගනිව්. අන් දෙයක් සරණට නොගනිව්.

මහණෙනි, භික්ෂුවක් තමා ව දූපතක් බඳු කොට, තමා සරණට ගෙන, අන් කෙනෙකු සරණට නොගෙන වාසය කරන්නේ කෙසේ ද? ධර්මය දූපතක්

බඳු කොට, ධර්මය සරණට ගෙන, අන් දෙයක් සරණට නොගෙන වාසය කරන්නේ කෙසේ ද?

මහණෙනි, මෙහි භික්ෂුව කෙලෙස් තවන වීර්යයෙන් යුතුව, නුවණින් යුතුව, මනා සිහියෙන් යුතුව, ලෝකයෙහි ඇලීම් ගැටීම් දුරුකොට කය පිළිබඳ ව කායානුපස්සනාවෙන් වාසය කරයි. කෙලෙස් තවන වීර්යයෙන් යුතුව, නුවණින් යුතුව, මනා සිහියෙන් යුතුව, ලෝකයෙහි ඇලීම් ගැටීම් දුරුකොට විඳීම් පිළිබඳ ව වේදනානුපස්සනාවෙන් වාසය කරයි. කෙලෙස් තවන වීර්යයෙන් යුතුව, නුවණින් යුතුව, මනා සිහියෙන් යුතුව, ලෝකයෙහි ඇලීම් ගැටීම් දුරුකොට සිත පිළිබඳ ව චිත්තානුපස්සනාවෙන් වාසය කරයි. කෙලෙස් තවන වීර්යයෙන් යුතුව, නුවණින් යුතුව, මනා සිහියෙන් යුතුව, ලෝකයෙහි ඇලීම් ගැටීම් දුරුකොට ධර්මයන් පිළිබඳ ව ධම්මානුපස්සනාවෙන් වාසය කරයි.

මහණෙනි, භික්ෂුව තමා දූපතක් බඳු කොට, තමා ව සරණට ගෙන, අන් කෙනෙකු සරණට නොගෙන, ධර්මය දූපතක් බඳු කොට, ධර්මය සරණට ගෙන, අන් දෙයක් සරණට නොගෙන වාසය කරන්නේ මෙසේ ය.

මහණෙනි, තම පියාගෙන් ලද උරුමය වන සතර සතිපට්ඨානය නම් වූ තමන් සිටිය යුතු තැනෙහි හැසිරෙව්. මහණෙනි, තම පියාගෙන් ලද උරුමය වන සතර සතිපට්ඨානය නම් වූ, තමන් සිටිය යුතු තැන හැසිරෙන විට ආයුෂයෙනුත් වැඩෙන්නහු ය. වර්ණයෙනුත් වැඩෙන්නහු ය. සැපයෙනුත් වැඩෙන්නහු ය. භෝගයෙනුත් වැඩෙන්නහු ය. බලයෙනුත් වැඩෙන්නහු ය.

මහණෙනි, භික්ෂුවගේ ආයුෂයෙහිලා වැඩීම යනු කුමක් ද? මහණෙනි, මෙහිලා භික්ෂුව ඡන්ද සමාධි පධාන සංඛාරයෙන් යුතුව ඉර්ධිපාදය වඩයි. විරිය සමාධි ....(පෙ).... චිත්ත සමාධි ....(පෙ).... වීමංසා සමාධි පධාන සංඛාරයෙන් යුතුව ඉර්ධිපාදය වඩයි. ඒ භික්ෂුව මේ සතර ඉර්ධිපාදයන් භාවිත කළ බැවින්, බහුල කළ බැවින්, කැමති වන්නේ නම් කල්පයක් හෝ කල්පයකට වැඩි කලක් හෝ සිටින්නේ ය. මහණෙනි, මේ වනාහී භික්ෂුවගේ ආයුෂයට කරුණ යි.

මහණෙනි, භික්ෂුවගේ වර්ණයෙහි වැඩීම යනු කුමක් ද? මහණෙනි, මෙහිලා භික්ෂුව සිල්වත් වෙයි. ප්‍රාතිමෝක්ෂ සංවරයෙන් සංවර වූයේ වෙයි. මනා ඇවැතුම් පැවතුමෙන් යුක්ත වූයේ වෙයි. අනුමාත්‍ර වූ වරදෙහි ත් භය දකින්නේ, සික පදයන්හි සමාදන් ව හික්මෙයි. මහණෙනි, මෙය වනාහී භික්ෂුවගේ වර්ණයට කරුණ යි.

මහණෙනි, භික්ෂුවගේ සැපයෙහි වැඩීම යනු කුමක් ද? මහණෙනි, මෙහිලා භික්ෂුව කාමයන්ගෙන් වෙන් ව, අකුසල් දහමෙන් වෙන් ව, විතර්ක

විචාර සහිත, විවේකයෙන් හටගත් ප්‍රීති සැපය ඇති පළමු ධ්‍යානය උපදවාගෙන වාසය කරයි. විතර්ක විචාරයන්ගේ සංසිඳීමෙන් ....(පෙ).... දෙවෙනි ධ්‍යානය ....(පෙ).... තුන්වෙනි ධ්‍යානය ....(පෙ).... සිව්වෙනි ධ්‍යානය උපදවා ගෙන වාසය කරයි. මහණෙනි, මෙය වනාහී භික්ෂුවගේ සැපයට කරුණ යි.

මහණෙනි, භික්ෂුවගේ භෝගයෙහි වැඩීම කුමක් ද? මහණෙනි, මෙහිලා භික්ෂුව මෛත්‍රී සහගත සිතින් එක් දිශාවක් පතුරුවා වාසය කරයි. එසේ ම දෙවෙනි දිශාව ත්, එසේ ම තුන්වෙනි දිශාව ත්, එසේ ම සිව්වෙනි දිශාවත් ය. මෙසේ උඩ - යට - සරස හැමතන්හි තමා හා සමකොට සියළු ලෝක සත්වයා කෙරෙහි විපුල වූ, මහද්ගත වූ, අප්‍රමාණ වූ, අවෛරී වූ, තරහ නැති මෛත්‍රී සහගත සිතින් පතුරුවා වාසය කරයි. මහණෙනි, මෙහිලා භික්ෂුව කරුණා සහගත සිතින් ....(පෙ).... මුදිතා සහගත සිතින් ....(පෙ).... උපේක්ෂා සහගත සිතින් එක් දිශාවක් පතුරුවා වාසය කරයි. එසේ ම දෙවෙනි දිශාව ත්, එසේ ම තුන්වෙනි දිශාව ත්, එසේ ම සිව්වෙනි දිශාවත් ය. මෙසේ උඩ - යට - සරස හැමතන්හි තමා හා සමකොට සියළු ලෝක සත්වයා කෙරෙහි විපුල වූ, මහද්ගත වූ, අප්‍රමාණ වූ, අවෛරී වූ, තරහ නැති උපේක්ෂා සහගත සිතින් පතුරුවා වාසය කරයි. මහණෙනි, මෙය වනාහී භික්ෂුවගේ භෝගයෙහි වැඩීම යි.

මහණෙනි, භික්ෂුවගේ බලයෙහි වැඩීම යනු කුමක් ද? මහණෙනි, මෙහිලා භික්ෂුව ආශ්‍රවයන්ගේ ක්ෂය වීමෙන් අනාශ්‍රව වූ චිත්ත විමුක්තිය ත්, ප්‍රඥා විමුක්තිය ත්, මෙලොව දී ම සිය විශිෂ්ට නුවණින් සාක්ෂාත් කොට පැමිණ වාසය කරයි. මහණෙනි, මෙය වනාහී භික්ෂුව බලයෙන් වැඩීම යි.

මහණෙනි, යමක් මෙසේ දුක සේ මැඩලිය යුත්තේ ද, මහණෙනි, යම් බඳු මේ මාර බලය තරම් අන්‍ය වූ එක් බලයක් වත් මම නොදකිමි. මහණෙනි, කුසල් දහම්හි සමාදන් ව යෙදී සිටීම හේතුවෙන් මෙසේ මේ පින වැඩෙයි."

භාග්‍යවතුන් වහන්සේ මෙය වදාළ සේක. සතුටු සිත් ඇති ඒ භික්ෂූහු භාග්‍යවතුන් වහන්සේගේ භාෂිතය සතුටින් පිළිගත්තාහු ය.

සාදු! සාදු!! සාදු!!!

චක්කවත්ති සීහනාද සූත්‍රය නිමා විය.

3.4.
අග්ගඤ්ඤ සූත්‍රය
ලෝකය සකස් වීම පිළිබඳ ව පිළිගත් දේ ගැන වදාළ දෙසුම

මා විසින් මෙසේ අසන ලදී.

එක් සමයෙක්හි භාග්‍යවතුන් වහන්සේ සැවැත් නුවර මිගාරමාතු ප්‍රාසාදය නමැති පූර්වාරාමයෙහි වැඩවසන සේක. එසමයෙහි වාසෙට්ඨ - භාරද්වාජ සාමණේර දෙදෙනා භික්ෂුභාවය බලාපොරොත්තුවෙන් භික්ෂූන් යටතේ වසති.

එකල්හී භාග්‍යවතුන් වහන්සේ සවස්වරුවෙහි භාවනාවෙන් නැගිට ප්‍රාසාදයෙන් පහළට වැඩම කොට, ප්‍රාසාදය සෙවණැල්ලෙහි, එළිමහනෙහි සක්මන් කරන සේක. වාසෙට්ඨ තෙමේ සවස්වරුවෙහි භාවනාවෙන් නැගිට ප්‍රාසාදයෙන් පහළට වැඩම කොට, ප්‍රාසාදය සෙවණැල්ලෙහි, එළිමහනෙහි සක්මන් කරන භාග්‍යවතුන් වහන්සේ ව දුටුවේ ය. දැක භාරද්වාජ ඇමතී ය.

"ඇවැත් භාරද්වාජයෙනි, මේ භාග්‍යවතුන් වහන්සේ සවස්වරුවෙහි භාවනාවෙන් නැගිට ප්‍රාසාදයෙන් පහළට වැඩම කොට, ප්‍රාසාදය සෙවණැල්ලෙහි, එළිමහනෙහි සක්මන් කරන සේක. එමු ඇවැත් භාරද්වාජයෙනි, භාග්‍යවතුන් වහන්සේ වෙත එළඹෙන්නෙමු. භාග්‍යවතුන් වහන්සේගේ සමීපයෙහි ධර්ම කථාවක් අසන්නට ලබන්නමෝ නම් ඉතා මැනැවි."

"එසේ ය, ඇවැත්නි" යි භාරද්වාජ තෙමේ වාසෙට්ඨයන්ට පිළිවදන් දුන්නේ ය. ඉක්බිති වාසෙට්ඨ - භාරද්වාජ දෙදෙනා භාග්‍යවතුන් වහන්සේ වෙත පැමිණියාහු ය. පැමිණ භාග්‍යවතුන් වහන්සේට සකසා වන්දනා කොට සක්මන් කරමින් සිටින භාග්‍යවතුන් වහන්සේ අනුව සක්මන් කළාහු ය.

එකල්හී භාග්‍යවතුන් වහන්සේ වාසෙට්ඨයන් ඇමතූ සේක.

"වාසෙට්ඨයෙනි, ඔබලා වනාහී බ්‍රාහ්මණවංශික ව සිට, කුලවත් බ්‍රාහ්මණයන් ව සිට, බ්‍රාහ්මණ කුලය හැර ගිහිගෙයින් නික්ම අනගාරික ව පැවිදි

වූවහු ය. කිම? වාසෙට්ඨයෙනි, බ්‍රාහ්මණයෝ ඔබලාට ආක්‍රෝශ නොකරත් ද? පරිභව නොකරත් ද?"

"ස්වාමීනී, සැබැවින් ම බ්‍රාහ්මණයෝ තමන්ට හුරුපුරුදු වූ පරිභවයෙන් අසම්පූර්ණ කොට නොව, පිරිපුන් කොට අපට අක්‍රෝශ කරත් ම ය. පරිභව කරත් ම ය."

"වාසෙට්ඨයෙනි, බ්‍රාහ්මණයෝ තමන්ට හුරුපුරුදු වූ පරිභවයෙන් නොපිරිපුන් කොට නොව, පිරිපුන් කොට, කවර අයුරින් ඔබලාට ආක්‍රෝශ කරත් ද? පරිභව කරත් ද?"

"ස්වාමීනී, බ්‍රාහ්මණයෝ මෙසේ කීවාහු ය. 'බ්‍රාහ්මණ වංශය ම ශ්‍රේෂ්ඨ ය. අන්‍ය වංශයෝ හීනයහ. බ්‍රාහ්මණ වංශය ම සුදු ය. අන්‍ය වංශයෝ කළු පැහැ ඇත්තාහ. බ්‍රාහ්මණයෝ ම ශුද්ධයහ. බ්‍රාහ්මණ නොවූවෝ අශුද්ධයහ. බ්‍රාහ්මණයෝ ම බ්‍රහ්මයාගේ ඖරස පුත්‍රයෝ ය. බ්‍රහ්මයාගේ මුවින් උපන්හ. බ්‍රහ්මයාගෙන් උපන්හ. බ්‍රහ්මයා විසින් මවන ලදහ. බ්‍රහ්ම දායාදය වූ වේදයෙහි උරුමක්කාරයෝ ය. ඒ තෙපි ශ්‍රේෂ්ඨ වූ වංශය අත්හැර යම් මේ මහබඹුගේ පාදයෙන් උපන්, කළු වූ, දාස වූ, මුඩු මහණුන් කෙරෙහි වූ ලාමක වංශයකට බැසගත්තාහු ය. තෙපි ශ්‍රේෂ්ඨ වංශයක් අත්හැර දමා යම් මේ මහබඹුගේ පාදයෙන් උපන්, කළු වූ, දාස වූ, මුඩු මහණුන් කෙරෙහි වූ ලාමක වංශයකට බැසගත්තාහු ය යන යමක් ඇද්ද, මෙය හොඳ දෙයක් නොවෙයි. මෙය ගැලපෙන දෙයක් නොවෙයි' යි යනුවෙනි. මෙසේ ස්වාමීනී, බ්‍රාහ්මණයෝ තමන්ට හුරුපුරුදු වූ පරිභවයෙන් නොපිරිපුන් කොට නොව, පිරිපුන් කොට අපට ආක්‍රෝශ කරත්. පරිභව කරත්."

"වාසෙට්ඨයෙනි, සැබැවින් ම බ්‍රාහ්මණයෝ ඔබට පුරාණ කථාව සිහි නොකොට මෙසේ කීවාහු ය. එනම්; 'බ්‍රාහ්මණ වංශය ම ශ්‍රේෂ්ඨ ය. අන්‍ය වංශයෝ හීනයහ. බ්‍රාහ්මණ වංශය ම සුදු ය. අන්‍ය වංශයෝ කළු පැහැ ඇත්තාහ. බ්‍රාහ්මණයෝ ම ශුද්ධයහ. බ්‍රාහ්මණ නොවූවෝ අශුද්ධයහ. බ්‍රාහ්මණයෝ ම බ්‍රහ්මයාගේ ඖරස පුත්‍රයෝ ය. බ්‍රහ්මයාගේ මුවින් උපන්හ. බ්‍රහ්මයාගෙන් උපන්හ. බ්‍රහ්මයා විසින් මවන ලදහ. බ්‍රහ්ම දායාදය වූ වේදයෙහි උරුමක්කාරයෝ ය' කියා ය. එහෙත් වාසෙට්ඨයෙනි, බ්‍රාහ්මණයන්ගේ මල්වර වන, ගර්භනී වන, දරුවන් බිහිකරන, කිරි පොවන බැමිණියෝ දකින්නට ලැබෙති. ඒ බ්‍රාහ්මණයෝ ත් ස්ත්‍රී යෝනියෙන් ම උපන්නාහු, මෙසේ කියති. 'බ්‍රාහ්මණ වංශය ම ශ්‍රේෂ්ඨ ය. අන්‍ය වංශයෝ හීනයහ. බ්‍රාහ්මණ වංශය ම සුදු ය. අන්‍ය වංශයෝ කළු පැහැ ඇත්තාහ. බ්‍රාහ්මණයෝ ම ශුද්ධයහ. බ්‍රාහ්මණ නොවූවෝ අශුද්ධයහ.

බ්‍රාහ්මණයෝ ම බ්‍රහ්මයාගේ ඖරස පුත්‍රයෝ ය. බ්‍රහ්මයාගේ මුවින් උපන්හ. බ්‍රහ්මයාගෙන් උපන්හ. බ්‍රහ්මයා විසින් මවන ලදහ. බ්‍රහ්ම දායාදය වූ වේදයෙහි උරුමක්කාරයෝ ය' කියා ය. ඔවුහු බ්‍රහ්මයාට ම නින්දා කරති. බොරු ද කියති. බොහෝ පව් ද රැස් කරති.

වාසෙට්ඨයෙනි, ක්ෂත්‍රිය ය, බ්‍රාහ්මණ ය, වෛශ්‍ය ය, ශූද්‍ර ය වශයෙන් මේ වංශයෝ සතරෙකි.

වාසෙට්ඨයෙනි, මෙහි ඇතැම් ක්ෂත්‍රියයෙක් ද සතුන් මරයි. සොරකම් කරයි. කාමයෙහි වරදවා හැසිරෙයි. බොරු කියයි. කේලාම් කියයි. දරුණු වචනයෙන් බැණ වදියි. හිස් වචන කියයි. අන් සතු දෙය තමා සතු කරගන්නට ලෝභ කරයි. ද්වේෂ සිතින් යුතු වෙයි. මිථ්‍යා දෘෂ්ටික වෙයි. වාසෙට්ඨයෙනි, මෙසේ යම් මේ අකුසල් ගණනට අයත් අකුසල් දහම් ඇද්ද, වැරදි ගණනට අයත් වැරදි ඇද්ද, පුරුදු නොකළ යුතු ගණනට අයත් පුරුදු නොකළ යුතු දේ ඇද්ද, ආර්යභාවයට උදව් නොවන ගණනට අයත් ආර්ය භාවයට උදව් නොවන දේ ඇද්ද, කළු ද, කළු විපාක ඇද්ද, නුවණැතියන් විසින් ගරහන ලද්දේ ද, ඒ ලාමක ධර්මයෝ මෙහි ඇතැම් ක්ෂත්‍රියයෙකු තුළ ත් දකින්නට ලැබෙයි.

වාසෙට්ඨයෙනි, මෙහි ඇතැම් බ්‍රාහ්මණයෙක් ද, ...(පෙ).... වාසෙට්ඨයෙනි, මෙහි ඇති වෛශ්‍යයෙක් ද, ...(පෙ).... වාසෙට්ඨයෙනි, මෙහි ඇතැම් ශූද්‍රයෙක් ද, සතුන් මරයි. සොරකම් කරයි. ....(පෙ).... මිථ්‍යා දෘෂ්ටික වෙයි. වාසෙට්ඨයෙනි, මෙසේ යම් මේ අකුසල් ගණනට අයත් අකුසල් දහම් ඇද්ද, ...(පෙ).... කළු ද, කළු විපාක ඇද්ද, නුවණැතියන් විසින් ගරහන ලද්දේ ද, ඒ ලාමක ධර්මයෝ මෙහි ඇතැම් ශූද්‍රයෙකු තුළ ත් දකින්නට ලැබෙයි.

වාසෙට්ඨයෙනි, මෙහි ඇතැම් ක්ෂත්‍රියයෙක් ද සතුන් මැරීමෙන් වැළකුණේ වෙයි. සොරකම් කිරීමෙන් වැළකුණේ වෙයි. කාමයෙහි වරදවා හැසිරීමෙන් වැළකුණේ වෙයි. බොරු කීමෙන් වැළකුණේ වෙයි. කේලාම් කීමෙන් වැළකුණේ වෙයි. දරුණු වචනයෙන් බැණ වැදීමෙන් වැළකුණේ වෙයි. හිස් වචන කීමෙන් වැළකුණේ වෙයි. අන් සතු දෙය තමා සතු කරගන්නට ලෝභ නොකරයි. ද්වේෂ සිතින් යුතු නොවෙයි. සම්‍යක් දෘෂ්ටික වෙයි. වාසෙට්ඨයෙනි, මෙසේ යම් මේ කුසල් ගණනට අයත් කුසල් දහම් ඇද්ද, නිවැරදි ගණනට අයත් නිවැරදි දේ ඇද්ද, පුරුදු කළ යුතු ගණනට අයත් පුරුදු කළ යුතු දේ ඇද්ද, ආර්යභාවයට උදව් වන ගණනට අයත් ආර්ය භාවයට උදව් වන දේ ඇද්ද, සුදු ද, සුදු විපාක ඇද්ද, නුවණැතියන් විසින් පසසන ලද්දේ ද, ඒ ධර්මයෝ මෙහි ඇතැම් ක්ෂත්‍රියයෙකු තුළ ත් දකින්නට ලැබෙයි.

වාසෙට්ඨයෙනි, මෙහි ඇතැම් බ්‍රාහ්මණයෙක් ද, ...(පෙ).... වාසෙට්ඨයෙනි, මෙහි ඇති වෛශ්‍යයෙක් ද, ...(පෙ).... වාසෙට්ඨයෙනි, මෙහි ඇතැම් ශූද්‍රයෙක් ද, සතුන් මැරීමෙන් වැළකුණේ වෙයි. සොරකම් කිරීමෙන් වැළකුණේ වෙයි ....(පෙ).... සම්‍යක් දෘෂ්ටික වෙයි. වාසෙට්ඨයෙනි, මෙසේ යම් මේ කුසල් ගණනට අයත් කුසල් දහම් ඇද්ද, ...(පෙ).... සුදු ද, සුදු විපාක ඇද්ද, නුවණැතියන් විසින් පසසන ලද්දේ ද, ඒ ධර්මයෝ මෙහි ඇතැම් ශූද්‍රයෙකු තුළ ත් දකින්නට ලැබෙයි.

වාසෙට්ඨයෙනි, මේ සතර වංශය ම නුවණැත්තන් විසින් ගරහන ලද්දා වූ ත්, නුවණැත්තන් විසින් පසසන ලද්දාවූ ත්, කළු - සුදු ධර්මයන් වශයෙන් මෙසේ දෙකෙන් ම මිශ්‍ර ව පවතින කල්හී එහිලා බ්‍රාහ්මණයෝ යමක් මෙසේ කීවාහු ද, එනම්; 'බ්‍රාහ්මණ වංශය ම ශ්‍රේෂ්ඨ ය. අන්‍ය වංශයෝ හීනයහ. බ්‍රාහ්මණ වංශය ම සුදු ය. අන්‍ය වංශයෝ කළු පැහැ ඇත්තාහ. බ්‍රාහ්මණයෝ ම ශුද්ධයහ. බ්‍රාහ්මණ නොවූවෝ අශුද්ධයහ. බ්‍රාහ්මණයෝ ම බ්‍රහ්මයාගේ ඖරස පුත්‍රයෝ ය. බ්‍රහ්මයාගේ මුවින් උපන්හ. බ්‍රහ්මයාගෙන් උපන්හ. බ්‍රහ්මයා විසින් මවන ලදහ. බ්‍රහ්ම දායාදය වූ වේදයෙහි උරුමක්කාරයෝ ය' වශයෙන් නුවණැත්තෝ ඔවුන්ගේ වචනය අනුමත නොකරති. එයට හේතුව කුමක් ද? වාසෙට්ඨයෙනි, මේ සතර වංශයෙන් කවර හෝ වංශයකට අයත් යම් භික්ෂුවක් රහත් ද, ක්ෂය වූ ආශ්‍රව ඇත්තේ ද, වසන ලද බඹසර ඇත්තේ ද, කළ යුතු දේ කරන ලද්දේ ද, කෙලෙස් බර බැහැර කරන ලද්දේ ද, පිළිවෙලින් පත් සම්පූර්ණ මගඵල ඇත්තේ ද, භව සංයෝජන ක්ෂය කරන ලද්දේ ද, මැනැවින් දැන කෙලෙසුන්ගෙන් නිදහස් වූයේ ද, ඔහු ඒ හැම වංශිකයන් අතුරින් අග්‍ර යැයි කියනු ලැබේ. එය ද ධර්මයෙන් ම ය. අධර්මයෙන් නොවෙයි. වාසෙට්ඨයෙනි, මෙලොවෙහි ත්, පරලොවෙහි ත් ජනයා අතර ධර්මය ම ශ්‍රේෂ්ඨ වෙයි.

වාසෙට්ඨයෙනි, යම් අයුරකින් මෙලොවෙහි ත්, පරලොවෙහි ත් ජනයා අතර ධර්මය ම ශ්‍රේෂ්ඨ වෙයි ද, එය මේ ක්‍රමයෙනුත් තේරුම් ගත යුත්තේ ය.

වාසෙට්ඨයෙනි, පසේනදී කොසොල් රජු 'ශාක්‍ය කුලයෙන් පැවිදි වූ ශ්‍රමණ ගෞතමයෝ අනුත්තරයහ' යි දනියි. වාසෙට්ඨයෙනි, ශාක්‍යවරු වනාහී පසේනදී කොසොල් රජුට සමාන ව, ඔහුට අනුයුක්ත ව සිටිති. වාසෙට්ඨයෙනි, ශාක්‍යවරු පසේනදී කොසොල් රජුට ආදර දක්වීම, වැඳීම, දැක නැගී සිටීම, ඇඳිලි බැඳ ප්‍රණාම කිරීම, වත් දක්වීම ආදිය කරති. මෙසේ වාසෙට්ඨයෙනි, ශාක්‍යවරු පසේනදී කොසොල් රජුට ආදර දක්වීම, වැඳීම, දැක නැගී සිටීම, ඇඳිලි බැඳ ප්‍රණාම කිරීම, වත් දක්වීම් ආදී යමක් කරත් ද, පසේනදී කොසොල් රජු තථාගතයන් හට ඒ ආදර දක්වීම, වැඳීම, දැක නැගී සිටීම, ඇඳිලි බැඳ

ප්‍රණාම කිරීම, වත් දැක්වීම ආදිය කරයි. ඒ 'ශ්‍රමණ ගෞතම තෙමේ මනාලෙස උපන්නෙකි. මම නොමනා ලෙස උපන්නෙක්මි' කියා නොවෙයි. 'ශ්‍රමණ ගෞතම තෙමේ බලවතෙකි. මම දුබලයෙක්මි' කියා නොවෙයි. 'ශ්‍රමණ ගෞතම තෙමේ දුටුවන් පහදවන්නෙකි. මම විරූපියෙක්මි' කියා නොවෙයි. 'ශ්‍රමණ ගෞතම තෙමේ මහේශාක්‍යයෙකි. මම අල්පේශාක්‍යයෙක්මි' කියා නොවෙයි. එසේ නමුත් ධර්මයට ම සත්කාර කරන්නේ, ධර්මයට ම ගරු කරන්නේ, ධර්මයට ම බුහුමන් කරන්නේ, ධර්මය ම පුදන්නේ, ධර්මයට ම අවනත වන්නේ, මෙසේ පසේනදී කොසොල් රජු තථාගතයන් හට ආදර දැක්වීම, වැඳීම, දැක නැගී සිටීම, ඇඳිලි බැඳ ප්‍රණාම කිරීම, වත් දැක්වීම ආදිය කරයි. වාසෙට්ඨයෙනි, යම් සේ මෙලොවෙහි ත්, පරලොවෙහි ත් ජනයා අතර ධර්මය ම ශ්‍රේෂ්ඨ වෙයි ද, එය මේ ක්‍රමයෙනුත් තේරුම් ගත යුත්තේ ය.

වාසෙට්ඨයෙනි, ඹබලා වනාහී නා නා ජාතීන්ට අයත් ව, නා නා නම්වලට අයත් ව, නා නා ගෝත්‍රයන්ට අයත් ව, නා නා කුලයන්ට අයත් ව සිට, ගිහි ගෙයින් නික්ම මේ සසුනෙහි පැවිදි වූවහු ය. 'ඹබලා කවරහු ද?' යි අසන ලද්දාහු 'ශාක්‍යපුත්‍රීය ශ්‍රමණයෝ වෙමු' යි පිළිතුරු දෙන්නාහු ය.

වාසෙට්ඨයෙනි, යමෙකු තුළ තථාගතයන් කෙරෙහි ශ්‍රද්ධාව මැනැවින් පිහිටියේ ද, මුල්බැස පිහිටියේ ද, බලවත් ව පිහිටියේ ද, ශ්‍රමණයෙකු විසින් හෝ බ්‍රාහ්මණයෙකු විසින් හෝ දෙවියෙකු විසින් හෝ මාරයෙකු විසින් හෝ බ්‍රහ්මයෙකු විසින් හෝ ලෝකයෙහි අන් කවරෙකු විසින් හෝ නොසෙල්විය හැක්කේ වෙයි ද, ඔහු විසින් නම් මේ වචනය පැවසීම සුදුසු ය. එනම්; 'මම භාග්‍යවතුන් වහන්සේගේ ඖරස පුත්‍රයෙක්මි. භාග්‍යවතුන් වහන්සේගේ මුවින් උපන්, ධර්මයෙන් උපන්, ධර්මයෙන් මවන ලද, ධර්මයෙහි උරුමක්කාරයෙක්මි' යනුවෙනි. එයට හේතුව කුමක් ද යත්; වාසෙට්ඨයෙනි, මෙසේ 'ධර්මකාය' යනුවෙනුත්, මෙසේ 'බ්‍රහ්මකාය' යනුවෙනුත්, මෙසේ 'ධර්මයෙන් හටගත්තෙකි' යි යනුවෙනුත්, මෙසේ 'ශ්‍රේෂ්ඨත්වයෙන් හටගත්තෙකි' යි යනුවෙනුත් තථාගතයන්ට නම් ඇත්තේ ය.

වාසෙට්ඨයෙනි, අතිදීර්ඝ කාලයක් ඇවෑමෙන්, කිසියම් කලෙක මේ ලෝකය නැසෙයි ද, එබඳු කාලයක් එන්නේ ය. ලෝකය නැසෙන කල්හී බොහෝ සෙයින් ම සත්වයෝ ආභස්සර බඹලොවෙහි උපදිති. ඔවුහු එහි සිතින් සකස් වූ ජීවිත ඇති ව, ප්‍රීතිය අනුභව කරමින්, තමන්ගේ සිරුරු එළියෙන් අහසෙහි හැසිරෙමින්, සොඳුරු ලෙස සිටිමින්, ඉතා දීර්ඝ කාලයක් සිටිති.

වාසෙට්ඨයෙනි, ඉතා දීර්ඝ කාලයක් ඇවෑමෙන් කිසියම් කලෙක මේ ලෝකය නැවත හැදෙයි ද, එබඳු කාලයක් එන්නේ ය. මේ ලෝකය නැවත

හැදෙන කල්හී බොහෝ සෙයින් සත්වයෝ ආභස්සර ලොවින් චුත වී මෙලොවට පැමිණෙති. ඔවුහු මෙහි සිතින් සකස් වූ ජීවිත ඇති ව, ප්‍රීතිය අනුභව කරමින්, තමන්ගේ සිරුරු එළියෙන් අහසෙහි හැසිරෙමින්, සොඳුරු ලෙස සිටිමින්, ඉතා දීර්ඝ කාලයක් සිටිති.

වාසෙට්ඨයෙනි, එසමයෙහි මේ පෘථිවිය එක ම ජල කඳක් ව, අන්ධකාරයෙන් යුතුව, මහා ඝනාන්ධකාරයක් ම වෙයි. සඳ හිරු නොපෙනෙයි. නැකත් තරු නොපෙනෙයි. රෑ දහවල් නොපෙනෙයි. මාස, අඩමාස නොපෙනෙයි. කාලගුණය, අවුරුදු නොපෙනෙයි. ස්ත්‍රී, පුරුෂයෝ නොපෙනෙති. සත්වයෝ සත්ව යන ගණනට ම යති.

එකල්හී වාසෙට්ඨයෙනි, ඒ සත්වයන් හට බොහෝ දීර්ඝ කාලයක් ගත වූ පසු කිසියම් කලෙක, නිවෙන්නා වූ, උණුකළ කිරි මතුපිට යොදයක් තිබෙන්නේ යම් සේ ද, එසෙයින් ම දිය මතුපිට රස පොළොව පැතිර පහළ වූයේ ය. එය මනා පැහැයෙන් ද, මනා සුවඳින් ද, මනා රසයෙන් ද යුක්ත වූයේ ය. රසවත් ගිතෙලක් යම් සේ ද, රසවත් වෙඬරු යම් සේ ද, එබඳු පැහැයෙන් යුතු වූයේ ය. පිරිසිදු දඬුවැල් බෑ මී වදයක් යම් සේ ද, එසෙයින් ම රසවත් වූයේ ය.

එකල්හී වාසෙට්ඨයෙනි, ලොල් ගතියෙන් යුතු එක්තරා සත්වයෙක් 'භවත්නි, මේ කෙබඳු දෙයක් වන්නේ ද?' යි රස පොළොව ඇඟිල්ලෙන් ගෙන රස බැලුවේ ය. රස පොළොව ඇඟිල්ලෙන් ගෙන රස බැලූ ඔහු එයට කැමති වූයේ ය. ඔහු තුළ ඒ කෙරෙහි තෘෂ්ණාව බැසගත්තේ ය. වාසෙට්ඨයෙනි, අන්‍ය වූ සත්වයෝ ත් ඒ සත්වයාගේ ක්‍රියාව දැක එයට අනුව පැමිණෙමින් රස පොළොව ඇඟිල්ලෙන් ගෙන රස බැලූහ. රස පොළොව ඇඟිල්ලෙන් ගෙන රස බැලූ ඔවුනුත් එයට කැමති වූහ. ඔවුන් තුළ ද ඒ කෙරෙහි තෘෂ්ණාව බැසගත්තේ ය.

ඉක්බිති වාසෙට්ඨයෙනි, ඒ සත්වයෝ රස පොළොව වළඳන්නට අත්වලින් පිඬු කිරීමට වෙහෙසුනහ. වාසෙට්ඨයෙනි, යම් කලෙක ඒ සත්වයෝ රස පොළොව වළඳන්නට අත්වලින් පිඬු කිරීමට වෙහෙසුණාහු ද, එකල්හී වාසෙට්ඨයෙනි, ඒ සත්වයන්ගේ තම සිරුරුවලින් ආ එළිය අතුරුදන් වූයේ ය. තම සිරුර වලින් ආ එළිය නොපෙනී ගිය කල්හී සඳහිරු පහළ වූයේ ය. සඳ හිරු පහළ වූ කල්හී නැකැත් තරු පහළ වූයේ ය. නැකැත් තරු පහළ වූ කල්හී රෑ දහවල් පහළ වූයේ ය. රෑ දහවල් පහළ වූ කල්හී මාස, අඩමාස පහළ වූයේ ය. මාස, අඩමාස පහළ වූ කල්හී කාලගුණය හා වර්ෂ ක්‍රමය පහළ වූයේ ය. මෙපමණකින් වාසෙට්ඨයෙනි, මේ ලෝකය නැවත හැදුණේ වෙයි.

එකල්හී වාසෙට්ඨයෙනි, ඒ සත්වයෝ රස පොළොව අනුභව කරමින්, එය වළඳමින්, එය ආහාර කොට ගෙන ඉතා දීර්ඝ කාලයක් සිටියාහු ය.

වාසෙට්ඨයෙනි, ඒ සත්වයෝ යම් යම් අයුරින් රස පොළොව අනුභව කරමින්, එය වළඳමින්, එය ආහාර කොට ගෙන ඉතා දිගු කලක් සිටියාහු ද, වාසෙට්ඨයෙනි, ඒ ඒ අයුරින් රස පොළොව අනුභව කරන්නා වූ ඒ සත්වයන්ගේ ශරීරයෙහි ගොරෝසු බව ම බැසගත්තේ ය. වර්ණ විවර්ණභාවය ද පැණවුණේ ය. ඔවුන් අතුරින් ඇතැම් සත්ව කෙනෙක් මනා පැහැයෙන් යුතු වෙති. ඇතැම් සත්වයෝ කිලිටි පැහැ ඇත්තෝ වෙති. එහි යම් ඒ සත්වයෝ මනාපැහැ ඇත්තාහු ද, ඔවුහු කිලිටි පැහැ සත්වයන් පහත් කොට සළකති. 'මොවුන් අතුරින් අපි මනා පැහැ ඇත්තෝ වෙමු. මොවුහු අපට වඩා කිලිටි පැහැ ඇත්තෝ ය' වශයෙනි. ඔවුන්ගේ මාන්නය ද, අතිමානය ද ඇති ව පැහැයෙන් හටගත් අධික මාන්නය හේතුවෙන් රස පොළොව අතුරුදහන් ව ගියේ ය.

රස පොළොව අතුරුදහන් ව ගිය කල්හී ඔවුහු එක්රැස් වූහ. එක්රැස් ව 'අහෝ! රසයි. අහෝ! රසයි' වශයෙන් ශෝකාකුල වචන කීවාහු ය. මෙකල්හිත් මිනිස්සු කිසියම් මිහිරි රසක් ලැබ 'අහෝ! රසයි. අහෝ! රසයි' යනුවෙන් මෙසේ කියති. ඒ පැරණි වූ යළි ලෝකය සකස් වීමේ මුල් අවදිය පිළිබඳ නොගෙවුණු මතකය සිහි කරත්. එහෙත් එහි තේරුම නොදනිත්.

එකල්හී වාසෙට්ඨයෙනි, ඒ සත්වයන් හට රස පොළොව අතුරුදහන් ව ගිය කල්හී බිම්හතු පහළ වූයේ ය. නා හතු යම් සේ ද, එසෙයින් ම පහළ වූයේ ය. ඒ බිම්හතු මනා පැහැයෙන් ද, මනා සුවඳින් ද, මනා රසයෙන් ද යුක්ත වූයේ ය. රසවත් ගිතෙලක් යම් සේ ද, රසවත් වෙඬරු යම් සේ ද, එබඳු පැහැයෙන් යුතු වූයේ ය. පිරිසිදු දඬුවැල් බෑ මී වදයක් යම් සේ ද, එසෙයින් ම රසවත් වූයේ ය.

ඉක්බිති වාසෙට්ඨයෙනි, ඒ සත්වයෝ බිම්හතු අනුභව කරන්නට උත්සාහ කළාහු ය. ඔවුහු එය අනුභව කරමින්, එය වළඳමින්, එය ආහාර කොට ගෙන, ඉතා දීර්ඝ කාලයක් සිටියාහු ය. වාසෙට්ඨයෙනි, ඒ සත්වයෝ යම් යම් අයුරින් බිම්හතු අනුභව කරමින්, එය වළඳමින්, එය ආහාර කොට ගෙන ඉතා දිගු කලක් සිටියාහු ද, වාසෙට්ඨයෙනි, ඒ ඒ අයුරින් බිම්හතු අනුභව කරන්නා වූ ඒ සත්වයන්ගේ බොහෝ සෙයින් ම ශරීරයෙහි ගොරෝසු බව ම බැසගත්තේ ය. වර්ණ විවර්ණභාවය ද පැණවුණේ ය. ඔවුන් අතුරින් ඇතැම් සත්ව කෙනෙක් මනා පැහැයෙන් යුතු වෙති. ඇතැම් සත්වයෝ කිලිටි පැහැ ඇත්තෝ වෙති. එහි යම් ඒ සත්වයෝ මනාපැහැ ඇත්තාහු ද, ඔවුහු කිලිටි පැහැ සත්වයන් පහත් කොට සළකති. 'මොවුන් අතුරින් අපි මනා පැහැ ඇත්තෝ වෙමු. මොවුහු අපට වඩා කිලිටි පැහැ ඇත්තෝ ය' වශයෙනි. ඔවුන්ගේ මාන්නය ද, අතිමානය ද

ඇති ව පැහැයෙන් හටගත් අධික මාන්නය හේතුවෙන් බිම්හතු අතුරුදහන් ව ගියේ ය.

බිම්හතු අතුරුදහන් ව ගිය කල්හී බදාලතා නම් වැල් වර්ගයක් පහළ වූයේ ය. විල් පලා යම් සේ ද, බදාලතා ද එසෙයින් ම පහළ වූයේ ය. එය ඉතා පැහැපත් වූයේ ත්, ඉතා සුවඳවත් වූයේ ත්, ඉතා රසවත් වූයේ ත් විය. රසවත් ගිතෙලක් යම් සේ ද, රසවත් වෙඬරු යම් සේ ද, එබඳු පැහැයෙන් යුතු වූයේ ය. පිරිසිදු දඬුවැල් බෑ මී වදයක් යම් සේ ද, එසෙයින් ම රසවත් වූයේ ය.

ඉක්බිති වාසෙට්ඨයෙනි, ඒ සත්වයෝ බදාලතා අනුභව කරන්නට උත්සාහ කළාහු ය. ඔවුහු එය අනුභව කරමින්, එය වළඳමින්, එය ආහාර කොට ගෙන, ඉතා දීර්ඝ කාලයක් සිටියාහු ය. වාසෙට්ඨයෙනි, ඒ සත්වයෝ යම් යම් අයුරින් බදාලතා අනුභව කරමින්, එය වළඳමින්, එය ආහාර කොට ගෙන ඉතා දිගු කලක් සිටියාහු ද, වාසෙට්ඨයෙනි, ඒ ඒ අයුරින් බදාලතා අනුභව කරන්නා වූ ඒ සත්වයන්ගේ බොහෝ සෙයින් ශරීරයෙහි ගොරෝසු බව ම බැසගත්තේ ය. වර්ණ විවර්ණභාවය ද පැණවුණේ ය. ඔවුන් අතුරින් ඇතැම් සත්ව කෙනෙක් මනා පැහැයෙන් යුතු වෙති. ඇතැම් සත්වයෝ කිලිටි පැහැ ඇත්තෝ වෙති. එහි යම් ඒ සත්වයෝ මනාපැහැ ඇත්තාහු ද, ඔවුහු කිලිටි පැහැ සත්වයන් පහත් කොට සළකති. 'මොවුන් අතුරින් අපි මනා පැහැ ඇත්තෝ වෙමු. මොවුහු අපට වඩා කිලිටි පැහැ ඇත්තෝ ය' වශයෙනි. ඔවුන්ගේ මාන්නය ද, අතිමානය ද ඇති ව පැහැයෙන් හටගත් අධික මාන්නය හේතුවෙන් බදාලතා අතුරුදහන් ව ගියේ ය.

බදාලතා අතුරුදහන් ව ගිය කල්හී ඔවුහු එක්රැස් වූහ. එක්රැස් ව 'ඒකාන්තයෙන් අපට බදාලතා තිබුණි. ඒකාන්තයෙන් අපට එය නැතිවූයේ ය' යි ශෝකාකුල වචන කීවාහු ය. මෙකල්හිත් මිනිස්සු කිසියම් දුක් සහගත කරුණකින් පහස ලද විට, 'ඒකාන්තයෙන් අපට තිබුණේ ය. ඒකාන්තයෙන් අපට නැතිවූයේ ය' යි මෙසේ කියති. ඒ පැරණි වූ යළි ලෝකය සකස් වීමේ මුල් අවදිය පිළිබඳ නොගෙවුණු මතකය සිහි කරත්. එහෙත් එහි තේරුම නොදනිත්.

ඉක්බිති වාසෙට්ඨයෙනි, ඒ සත්වයන් හට බදාලතා අතුරුදහන් වූ කල්හී සකස් නොකළ පොළොවෙහි කුඩු නැති, දහයියා නැති, පිරිසිදු, සුවඳවත් සහල් ම ඵලය කොට ගත් පැසී ගිය හැල් කරල් පහල වූයේ ය. යම් සහලක් සවස ආහාරය පිණිස සවසට එතැනින් රැගෙන එත් ද, පසුදින උදෑසන එහි පැසුණු සහල් නැවත පැළවී තිබෙයි. යම් සහලක් උදේ ආහාරය පිණිස උදෑසන

ගෙන එත් ද, සවස එහි පැසුණු සහල් නැවත පැළ වී තිබෙයි. කපා නොගත් තැනක් ව පෙනෙයි. එකල්හී වාසෙට්ඨයෙනි, ඒ සත්වයෝ සකස් නොකළ පොළොවෙහි පහළ වූ පැසී ගිය හැල් සහල් අනුභව කරමින්, එය වළඳමින්, එය ආහාර කොට ගෙන, ඉතා දිගු කලක් සිටියාහු ය.

වාසෙට්ඨයෙනි, ඒ සත්වයෝ යම් යම් අයුරින් සකස් නොකළ පොළොවෙහි පහළ වූ පැසී ගිය හැල් සහල් අනුභව කරමින්, එය වළඳමින්, එය ආහාර කොට ගෙන ඉතා දිගු කලක් සිටියාහු ද, වාසෙට්ඨයෙනි, ඒ ඒ අයුරින් බොහෝ සෙයින් ඒ සත්වයන්ගේ ශරීරයෙහි ගොරෝසු බව ම බැසගත්තේ ය. වර්ණ විවර්ණභාවය ද පැණවුණේ ය. ස්ත්‍රියට ස්ත්‍රී ලිංගය ත්, පුරුෂයාට පුරුෂ ලිංගය ත් පහළ වූයේ ය. ස්ත්‍රිය වූ කලී පුරුෂයා දෙස බොහෝ වෙලාවක් නැවත නැවත බලයි. පුරුෂයා ද ස්ත්‍රිය දෙස බොහෝ වෙලාවක් නැවත නැවත බලයි. අධික වේලාවක් ඔවුනොවුන් දෙස නැවත නැවත බලා සිටින ඔවුන් හට රාග සහිත බව හටගත්තේ ය. කයෙහි පරිදාහය බැසගත්තේ ය. ඔවුහු ඒ රාග දාහය හේතුවෙන් අඹුසැමියන් සේ හැසිරුණාහ.

වාසෙට්ඨයෙනි, එසමයෙහි යම් ඒ සත්වයෝ අඹුසැමියන් සේ හැසිරෙන සත්වයන් දකිත් ද, අනෙක් අය ඔවුන් වෙත පස් දමා ගසති. තව කෙනෙක් අළු දමා ගසති. තව කෙනෙක් ගොම දමා ගසති. 'නැසී යා වසලිය! නැසී යා වසලිය! කෙසේ නම් සත්වයෙක් සත්වයෙකු හට මෙබඳු දෙයක් කරන්නේ ද!' කියා ය. මෙකල්හී පවා ඇතැම් ජනපදවල මිනිස්සු ස්ත්‍රියක ගෙනයනු ලබන කල්හී අන් කෙනෙක් පස් දමා ගසති. තව කෙනෙක් අළු දමා ගසති. තව කෙනෙක් ගොම දමා ගසති. ඒ පැරණි වූ යළි ලෝකය සකස් වීමේ මුල් අවදිය පිළිබඳ නොගෙවුණු මතකය සිහි කරත්. එහෙත් එහි තේරුම නොදනිත්.

වාසෙට්ඨයෙනි, එසමයෙහි යමක් අධර්මය යැයි සම්මත වූයේ ද, එය මෙකල්හී ධර්මය යැයි සම්මත ය. වාසෙට්ඨයෙනි, එසමයෙහි යම් ඒ සත්වයෝ අඹුසැමියන් ලෙස හැසිරෙත් ද, ඔවුහු මසක් හෝ දෙමසක් හෝ ගමකට හෝ නියම්ගමකට හෝ පිවිසෙන්නට අවසර නොලබති. යම් කලෙක වාසෙට්ඨයෙනි, ඒ සත්වයෝ එසමයෙහි අධික වේලාවක් අසද්ධර්මයෙහි යෙදී සිටින බවට පැමිණියාහු ද, එකල්හී ඒ අසද්ධර්ම කටයුත්ත අනායයන්ගෙන් වසාලීම පිණිස ම ගෙවල් තනන්නට උත්සාහවත් වූහ.

එකල්හී වාසෙට්ඨයෙනි, එක්තරා කම්මැලි ගති ඇති සත්වයෙකුට මේ අදහස ඇති වූයේ ය. 'භවත්නි, සවසට ආහාර පිණිස සවස ත්, උදය ආහාර පිණිස උදෑසන ත් හැල් ගෙන එන්නේ මම කුමකට නම් මහන්සි වෙම් ද?

එහෙයින් මම සවසට ත්, උදයට ත් ආහාර පිණිස එක්වරට ම හැල් ගෙන එන්නෙම් නම් මැනැවි' යි.

ඉක්බිති වාසෙට්ඨයෙනි, ඒ සත්වයා සවසට ත්, උදයට ත් ආහාර පිණිස එක්වර ම හැල් ගෙන ආවේ ය. එවිට වාසෙට්ඨයෙනි, එක්තරා සත්වයෙක් ඒ සත්වයා වෙත එළැඹියේ ය. එළැඹ ඒ සත්වයාට මෙය කිව්වේ ය. 'භවත් සත්වය, එව. හැල් රැගෙන එනු පිණිස යන්නෙමු' යි. 'වැඩක් නැහැ භවත් සත්වය, මා විසින් සවසට ත්, උදයට ත් ආහාර පිණිස එක්වරට ම හැල් ගෙන එන ලද්දේ ය.' ඉක්බිති වාසෙට්ඨයෙනි, ඒ සත්වයා අර සත්වයාගේ ක්‍රියාව දැක ඒ අනුව කිරීමට පැමිණියේ, 'භවත, මෙසේ කිරීම යහපත් නොවැ' යි එක්වර ම දෙදිනකට සෑහෙන හැල් ගෙන ආවේ ය.

ඉක්බිති වාසෙට්ඨයෙනි, තව සත්වයෙක් ඒ සත්වයා වෙත පැමිණියේ ය. පැමිණ ඒ සත්වයාට මෙය කිව්වේ ය. 'භවත් සත්වය, එව. හැල් රැගෙන එනු පිණිස යන්නෙමු' යි. 'වැඩක් නැහැ භවත් සත්වය, මා විසින් දෙදිනකට සෑහෙන හැල් එක්වරට ම ගෙන එන ලද්දේ ය.' ඉක්බිති වාසෙට්ඨයෙනි, ඒ සත්වයා අර සත්වයාගේ ක්‍රියාව දැක ඒ අනුව කිරීමට පැමිණියේ, 'භවත, මෙසේ කිරීම යහපත් නොවැ' යි එක්වර ම සිව්දිනකට සෑහෙන හැල් ගෙන ආවේ ය.

ඉක්බිති වාසෙට්ඨයෙනි, තව සත්වයෙක් ඒ සත්වයා වෙත පැමිණියේ ය. පැමිණ ඒ සත්වයාට මෙය කිව්වේ ය. 'භවත් සත්වය, එව. හැල් රැගෙන එනු පිණිස යන්නෙමු' යි. 'වැඩක් නැහැ භවත් සත්වය, මා විසින් සිව්දිනකට සෑහෙන හැල් එක්වරට ම ගෙන එන ලද්දේ ය.' ඉක්බිති වාසෙට්ඨයෙනි, ඒ සත්වයා අර සත්වයාගේ ක්‍රියාව දැක ඒ අනුව කිරීමට පැමිණියේ, 'භවත, මෙසේ කිරීම යහපත් නොවැ' යි එක්වර ම අටදිනකට සෑහෙන හැල් ගෙන ආවේ ය.

යම් කලෙක වාසෙට්ඨයෙනි, ඒ සත්වයෝ හැල් එක්රැස් කොට තබාගෙන අනුභව කරන්නට උත්සාහවත් වූවාහු ද, එකල්හී කුඩු ත්, සහල වසාගත්තේ ය. දහයියා ත් සහල වසා ගත්තේ ය. හැල් කපා ගත් තැන යළි නොවැඩුණේ ය. හැල් නැති තැන අඩු ව පෙනුනේ ය. හැල් පඳුරු පඳුරු සිටියේ ය.

එකල්හී වාසෙට්ඨයෙනි, ඒ සත්වයෝ එක්රැස් වූහ. එක්රැස් ව ශෝකාකූල වචන කීහ. 'භවත්නි, ඒකාන්තයෙන් ම සත්වයන් අතර ලාමක ගතිගුණ පහළ වූයේ ය. පූර්වයෙහි අපි සිතින් සකස් වූ සිරුරු ඇති ව, ප්‍රීතිය අනුභව කරමින්, තම සිරුරුවල එළිය ඇති ව, අහසේ හැසිරෙමින් සොඳුරු ව සිට බොහෝ දිගු කලක් සිටියෙමු. ඒ අපට ඉතා දිගු කලක් ගෙවී ගිය පසු කිසියම් කාලයක ජලය මතුපිට රස පොළොව පැතිරී තිබුණේ ය. එය ඉතා පැහැපත් ව, ඉතා

සුවඳවත් ව, ඉතා රසවත් ව තිබුණේ ය. ඒ අපි රස පොළොව අත්වලින් පිඬු කොට අනුභව කරන්නට උත්සාහවත් වුණෙමු. රස පොළොව අත්වලින් පිඬු කොට අනුභව කරන්නට උත්සාහවත් වන ඒ අපගේ සිරුරින් නිකුත් වූ එළිය අතුරුදහන් වූයේ ය.

එසේ අතුරුදහන් වූ කල්හි සඳ හිරු පහළ වූයේ ය. සඳ හිරු පහළ වූ කල්හී නැකැත් තරු පහළ වූයේ ය. නැකැත් තරු පහළ වූ කල්හී රෑ දහවල් පහළ වූයේ ය. රෑ දහවල් පහළ වූ කල්හී මාස, අඩමාස පහළ වූයේ ය. මාස, අඩමාස පහළ වූ කල්හී කාලගුණය හා වර්ෂ ක්‍රමය පහළ වූයේ ය.

ඒ අපි රස පොළොව අනුභව කරමින්, එය වළඳමින්, එය ආහාර කොට, ඉතා දිගු කලක් සිටියෙමු. ඒ අප තුළ පවිටු අකුසල ධර්මයන්ගේ පහළ වීමෙන් ම රස පොළොව අතුරුදහන් ව ගියේ ය. රස පොළොව අතුරුදහන් වී ගිය කල්හී බිම්හතු පහළ වූයේ ය. එය ඉතා පැහැපත් ව, ඉතා සුවඳවත් ව, ඉතා රසවත් ව තිබුණේ ය. ඒ අපි බිම්හතු අනුභව කිරීමට උත්සාහවත් වුණෙමු. ඒ අපි ඒ බිම් හතු අනුභව කරමින්, එය වළඳමින්, එය ආහාර කොට ඉතා දිගු කලක් සිටියෙමු.

ඒ අප තුළ පවිටු අකුසල ධර්මයන්ගේ පහළ වීමෙන් ම බිම්හතු අතුරුදහන් ව ගියේ ය. බිම්හතු අතුරුදහන් වී ගිය කල්හී බදාලතා පහළ වූයේ ය. එය ඉතා පැහැපත් ව, ඉතා සුවඳවත් ව, ඉතා රසවත් ව තිබුණේ ය. ඒ අපි බදාලතා අනුභව කිරීමට උත්සාහවත් වුණෙමු. ඒ අපි ඒ බදාලතා අනුභව කරමින්, එය වළඳමින්, එය ආහාර කොට ඉතා දිගු කලක් සිටියෙමු.

ඒ අප තුළ පවිටු අකුසල ධර්මයන්ගේ පහළ වීමෙන් ම බදාලතා අතුරුදහන් ව ගියේ ය. බදාලතා අතුරුදහන් වී ගිය කල්හී සකස් නොකළ පොළොවෙහි කුඩු නැති, දහයියා නැති, පිරිසිදු, සුවඳවත්, සහල් ම ඵලය කොටගත් පැසී ගිය ඇල් සහල් කරල් පහළ වූයේ ය. යම් සහලක් සවස ආහාරය පිණිස සවසට එතැනින් රැගෙන ආවෙමු ද, පසුදින උදෑසන එහි පැසුණු සහල් නැවත පැළවී තිබුණේ ය. යම් සහලක් උදේ ආහාරය පිණිස උදෑසන ගෙන ආවෙමු ද, සවස එහි පැසුණු සහල් නැවත පැළ වී තිබුණේ ය. කපා නොගත් තැනක් ව පෙනුනේ ය. ඒ අපි සකස් නොකළ පොළොවෙහි පහළ වූ පැසී ගිය හැල් සහල් අනුභව කරමින්, එය වළඳමින්, එය ආහාර කොට ගෙන, ඉතා දිගු කලක් සිටියෙමු.

ඒ අප තුළ පවිටු අකුසල ධර්මයන්ගේ පහළ වීමෙන් ම කුඩු ත්, සහල වසාගත්තේ ය. දහයියා ත් සහල වසා ගත්තේ ය. හැල් කපා ගත් තැන යළි

නොවැඩුණේ ය. හැල් නැති තැන අඩු ව පෙනුනේ ය. හැල් පඳුරු පඳුරු සිටියේ ය. එහෙයින් අපි හැල් කෙත් බෙදන්නෙමු නම්, සීමාවන් තබන්නෙමු නම් මැනැව' යි ඉක්බිති වාසෙට්ඨයෙනි, ඒ සත්වයෝ හැල් කෙත් බෙදූහ. සීමා වෙන් කොට තැබූහ.

එකල්හී වාසෙට්ඨයෙනි, එක්තරා ලොල් ගති ඇති සත්වයෙක් තමන්ගේ කොටස රකිමින්, තමාට නොදුන් වෙනත් කොටසක් පැහැරගෙන අනුභව කළේ ය. අන් සත්වයෝ ඔහු අල්ලා ගත්හ. අල්ලා ගෙන මෙය කීහ. 'භවත් සත්වය, ඒකාන්තයෙන් පවිටු දෙයක් කළෙහි ය. යම් තැනක තම කොටස රැකගනිමින්, තමාට නොදුන් වෙනත් කොටසක් පැහැරගෙන බුදින්නෙහි ද? භවත් සත්වය, නැවත ත් මෙබඳු වූ දෙයක් නොකරව' යි. 'එසේ ය, භවත්නි' යි වාසෙට්ඨයෙනි, ඒ සත්ව තෙමේ ඒ සත්වයන්ට පිළිතුරු දුන්නේ ය.

වාසෙට්ඨයෙනි, ඒ සත්වයා දෙවෙනි වතාවට ත් ....(පෙ).... ඒ සත්වයා තුන්වෙනි වතාවට ත් තමන්ගේ කොටස රකිමින්, තමාට නොදුන් වෙනත් කොටසක් පැහැරගෙන අනුභව කළේ ය. අන් සත්වයෝ ඔහු අල්ලා ගත්හ. අල්ලා ගෙන මෙය කීහ. 'භවත් සත්වය, ඒකාන්තයෙන් පවිටු දෙයක් කළෙහි ය. යම් තැනක තම කොටස රැකගනිමින්, තමාට නොදුන් වෙනත් කොටසක් පැහැරගෙන බුදින්නෙහි ද? භවත් සත්වය, නැවත ත් මෙබඳු වූ දෙයක් නොකරව' යි කෙනෙක් අතින් පහර දුන්හ. කෙනෙක් ගලින් පහර දුන්හ. කෙනෙක් දණ්ඩෙන් පහර දුන්හ. වාසෙට්ඨයෙනි, එතැන් පටන් සොරකම පැණවුණේ ය. ගැරහීම පැණවුණේ ය. බොරුකීම පැණවුණේ ය. දඬුමුගුරු ගැනීම පැණවුණේ ය.

එකල්හී වාසෙට්ඨයෙනි, ඒ සත්වයෝ එක්රැස් වූහ. එක්රැස් ව ශෝකාකුල වචන කීහ.

'භවත්නි, යම් තැනක නම් සොරකම දකින්නට ලැබෙන්නේ ද, ගැරහීම දකින්නට ලැබෙන්නේ ද, බොරුකීම දකින්නට ලැබෙන්නේ ද, දඬු මුගුරු ගැනීම දකින්නට ලැබෙන්නේ ද, ඒකාන්තයෙන් සත්වයන් කෙරෙහි පවිටු ගතිගුණ පහළ වූයේ ය. එහෙයින් භවත්නි, යමෙක් අප අතර දොස් නැගිය යුත්තෙකු සිටියි නම්, ඔහුට මැනැවින් දොස් නගයි ද, ගැරහිය යුත්තෙකු සිටියි නම්, ඔහුට මැනැවින් ගරහයි ද, නෙරපිය යුත්තෙකු සිටියි නම්, ඔහු මැනැවින් නෙරපයි ද, අපි එසේ වූ එක් සත්වයෙකු සම්මත කරගන්නෙමු නම් ඉතා මැනැවි. අපි ඔහුට හැල් වලින් කොටසක් දෙන්නෙමු' යි.

ඉක්බිති වාසෙට්ඨයෙනි, ඒ සත්වයෝ ඔවුන් අතර යම් සත්වයෙක් වඩා ත් රූප සම්පන්න වූයේ ද, වඩා ත් දැකුම්කළු වූයේ ද, වඩා ත් දුටුවන් පහදිනසුළු

වූයේ ද, වඩාත් මහේශාක්‍ය වූයේ ද, ඒ සත්වයා වෙත එළැඹ මෙසේ කීවාහු ය. 'භවත් සත්වය, එව. අප අතර දොස් නැගිය යුත්තෙකු සිටියි නම්, ඔහුට මැනැවින් දොස් නගව. ගැරහිය යුත්තෙකු සිටියි නම්, ඔහුට මැනැවින් ගරහව. නෙරපිය යුත්තෙකු සිටියි නම්, ඔහු මැනැවින් නෙරපව. අපි වනාහී ඔබට හැල් වලින් කොටසක් දෙන්නෙමු' යි. වාසෙට්ඨයෙනි, ඒ සත්ව තෙමේ 'එසේ ය, භවත්නි' යි ඒ සත්වයන්ට පිළිතුරු දී දොස් නැගිය යුත්තාට මැනැවින් දොස් නැගුවේ ය. ගැරහිය යුත්තාට මැනැවින් ගැරහුවේ ය. නෙරපිය යුත්තා මැනැවින් නෙරපුවේ ය. ඔවුහු වනාහී ඔහුට හැල් වලින් කොටසක් දුන්හ.

වාසෙට්ඨයෙනි, මහාජනයා විසින් සම්මත කරන ලද්දේ ය යනුවෙන් 'මහා සම්මත, මහා සම්මත' යි යන වචනය පළමුවෙන් ව්‍යවහාරයට උපන්නේ ය. වාසෙට්ඨයෙනි, කුඹුරුවලට අධිපති ය යනුවෙන් 'ක්ෂත්‍රිය ය, ක්ෂත්‍රිය ය' යන වචනය දෙවනු ව ව්‍යවහාරයට උපන්නේ ය. වාසෙට්ඨයෙනි, ධර්මයෙන් ජනයා සුවපත් කොට ප්‍රීතිමත් කරවයි යනුවෙන් 'රාජා, රාජා' යන වචනය තුන්වෙනු ව ව්‍යවහාරයට උපන්නේ ය.

මෙසේ වාසෙට්ඨයෙනි, මේ ක්ෂත්‍රිය මණ්ඩලයේ පටන් ගැනීම පැරණි වූ, මුල් අවදියෙහි වූ වචන ව්‍යවහාරයෙන් වූවේ ය. එය ත් මේ සත්වයන් අතර ම ය. අන් සත්වයන් අතර නොවෙයි. සමාන සත්වයන් අතර ම ය. අසමාන සත්වයන් අතර නොවෙයි. ධර්මයෙන් ම ය. අධර්මයෙන් නොවෙයි. වාසෙට්ඨයෙනි, මෙලොවෙහි ත්, පරලොවෙහි ත් ජනයා අතර ධර්මය ම ශ්‍රේෂ්ඨ වෙයි.

එකල්හී වාසෙට්ඨයෙනි, ඒ සත්වයන් අතර ම ඇතැම් සත්වයන්ට මේ අදහස ඇතිවූයේ ය. 'භවත්නි, යම් තැනක සොරකම දකින්නට ලැබෙන්නේ ද, ගැරහීම දකින්නට ලැබෙන්නේ ද, දඬු මුගුරු ගැනීම දකින්නට ලැබෙන්නේ ද, නෙරපීම දකින්නට ලැබෙන්නේ ද, බොරු කීම දකින්නට ලැබෙන්නේ ද, ඒකාන්තයෙන් සත්වයන් තුළ පවිටු ගතිගුණ පහළ වූයේ ය. එහෙයින් අපි පවිටු අකුසල් දහම් බැහැර ලන්නෙමු නම් ඉතා මැනැවි' යි ඔවුහු පවිටු අකුසල් දහම් බැහැර කළහ. වාසෙට්ඨයෙනි, පවිටු අකුසල් දහම් බැහැර කරත් යනුවෙන් 'බ්‍රාහ්මණ, බ්‍රාහ්මණ' යන වචනය පළමු ව ව්‍යවහාරයට උපන්නේ ය.

ඔවුහු වනාන්තරවල, පන්සල් කුටි තනා පන්සල් කුටිවල ධ්‍යාන කරති. (තමන් ම ආහාර පිස අනුභව කිරීම අත්හළ බැවින්) බැහැර කළ අඟුරු ඇති ව, බැහැර කළ දුම් ඇති ව, බැහැර කළ මොහොල් ගස් ඇති ව, සවස ආහාරය පිණිස සවසට ත්, හීල පිණිස උදයට ත් ගම් නියම්ගම්වලට රාජධානිවලට

ආහාර සෙවීම පිණිස පිවිසෙත්. ඔවුහු ආහාර ලැබ නැවත ත් වනයට ගොස් පන්සල් කුටිවල ධ්‍යාන කරත්. මිනිස්සු ඔවුන් දැක මෙසේ කීවාහු ය. 'භවත්නි, මේ සත්වයෝ වනාහී වනයෙහි පන්සල් කුටි තනා පන්සල් කුටිවල ධ්‍යාන කරති. බැහැර කළ අඟුරු ඇති ව, බැහැර කළ දුම් ඇති ව, බැහැර කළ මොහොල් ගස් ඇති ව, සවස ආහාරය පිණිස සවසට ත්, හීල පිණිස උදයට ත් ගම් නියම්ගම්වලට රාජධානිවලට ආහාර සෙවීම පිණිස පිවිසෙත්. ඔවුහු ආහාර ලැබ නැවත ත් වනයට ගොස් පන්සල් කුටිවල ධ්‍යාන කරති' යි මෙසේ වාසෙට්ඨයෙනි, ධ්‍යාන කරති යනුවෙන් 'ඣායකයෝ හෙවත් ධ්‍යාන කරන්නෝ ය, ධ්‍යාන කරන්නෝ ය' යන වචනය දෙවනු ව ව්‍යවහාරයට උපන්නේ ය.

වාසෙට්ඨයෙනි, ඒ ධ්‍යාන කරන සත්වයන් අතර ම සිටි ඇතැම් සත්වයෝ වනයෙහි පන්සල් කුටිවල ඒ ධ්‍යානය කරගන්නට නොහැකි වීමෙන් ගම් ආසන්නයට, නියම් ගම් ආසන්නයට පැමිණ ග්‍රන්ථ කරමින් වාසය කරති. මිනිස්සු ඔවුන් දැක මෙසේ කීවාහු ය. 'භවත්නි, මේ සත්වයෝ වනාහී වනගත පෙදෙස්වල, පන්සල් කුටිවල ඒ ධ්‍යානය කරගන්නට බැරි ව ගම් ආසන්නයට, නියම්ගම් ආසන්නයට පැමිණ ග්‍රන්ථ කරමින් වාසය කරති. දැන් මොවුහු ධ්‍යාන නොකරති' යි. වාසෙට්ඨයෙනි, දැන් මොවුහු ධ්‍යාන නොකරති යනුවෙන් 'අජ්ඣායකයෝ හෙවත් ධ්‍යාන නොකරන්නෝ ය, ධ්‍යාන නොකරන්නෝ ය' යන තුන්වෙනි වචනය ව්‍යවහාරයට උපන්නේ ය.

වාසෙට්ඨයෙනි, එසමයෙහි යමක් හීන යැයි සම්මත වූයේ ද, මෙකල්හී එය ශ්‍රේෂ්ඨ යැයි සම්මත වෙයි. මෙසේ වාසෙට්ඨයෙනි, මේ බ්‍රාහ්මණ මණ්ඩලයේ පටන් ගැනීම පැරණි වූ, මුල් අවදියෙහි වූ වචන ව්‍යවහාරයෙන් වූවේ ය. එය ත් මේ සත්වයන් අතර ම ය. අන් සත්වයන් අතර නොවෙයි. සමාන සත්වයන් අතර ම ය. අසමාන සත්වයන් අතර නොවෙයි. ධර්මයෙන් ම ය. අධර්මයෙන් නොවෙයි. වාසෙට්ඨයෙනි, මෙලොවෙහි ත්, පරලොවෙහි ත් ජනයා අතර ධර්මය ම ශ්‍රේෂ්ඨ වෙයි.

වාසෙට්ඨයෙනි, ඒ සත්වයන් අතර ම ඇතැම් සත්වයෝ අඹු සැමියන් වශයෙන් ජීවත් වී ප්‍රකට ව දකින්නට ලැබෙන රැකියාවන්හි නියැලුණාහු ය. වාසෙට්ඨයෙනි, අඹුසැමියන් වශයෙන් ජීවත් වෙමින්, ප්‍රකට ව දකින්නට ලැබෙන රැකියාවන්හි යෙදෙති යනුවෙන් 'වෛශ්‍යයෝ ය, වෛශ්‍යයෝ ය' යන වචනය ව්‍යවහාරයට උපන්නේ ය.

මෙසේ වාසෙට්ඨයෙනි, මේ වෛශ්‍ය මණ්ඩලයේ පටන් ගැනීම පැරණි වූ, මුල් අවදියෙහි වූ වචන ව්‍යවහාරයෙන් වූවේ ය. එය ත් මේ සත්වයන්

අතර ම ය. අන් සත්වයන් අතර නොවෙයි. සමාන සත්වයන් අතර ම ය. අසමාන සත්වයන් අතර නොවෙයි. ධර්මයෙන් ම ය. අධර්මයෙන් නොවෙයි. වාසෙට්ඨයෙනි, මෙලොවෙහි ත්, පරලොවෙහි ත් ජනයා අතර ධර්මය ම ශ්‍රේෂ්ඨ වෙයි.

වාසෙට්ඨයෙනි, ඒ සත්වයන් අතර ම යම් ඒ ඉතිරි සත්වයෝ වෙත් ද, ඔවුහු රෞද්‍ර ගතිගුණ ඇත්තෝ වූහ. පටු ගතිගුණ ඇත්තෝ වූහ. වාසෙට්ඨයෙනි, රෞද්‍ර ගතිගුණ ඇත්තෝ ය, කුඩා ගතිගුණ ඇත්තෝ ය යනුවෙන් 'ශූද්‍රයෝ ය, ශූද්‍රයෝ ය' යන වචනය ව්‍යවහාරයට උපන්නේ ය.

මෙසේ වාසෙට්ඨයෙනි, මේ ශූද්‍ර මණ්ඩලයේ පටන් ගැනීම පැරණි වූ, මුල් අවදියෙහි වූ වචන ව්‍යවහාරයෙන් වූවේ ය. එය ත් මේ සත්වයන් අතර ම ය. අන් සත්වයන් අතර නොවෙයි. සමාන සත්වයන් අතර ම ය. අසමාන සත්වයන් අතර නොවෙයි. ධර්මයෙන් ම ය. අධර්මයෙන් නොවෙයි. වාසෙට්ඨයෙනි, මෙලොවෙහි ත්, පරලොවෙහි ත් ජනයා අතර ධර්මය ම ශ්‍රේෂ්ඨ වෙයි.

වාසෙට්ඨයෙනි, ක්ෂත්‍රියයා ත් සිය ක්ෂත්‍රිය ධර්මයට ගරහමින් ගිහි ගෙයින් නික්ම අනගාරික ව 'ශ්‍රමණයෙක් වන්නෙමි' යි පැවිදි වෙයි ද, බ්‍රාහ්මණයා ත් සිය බ්‍රාහ්මණ ධර්මයට ගරහමින් ගිහි ගෙයින් නික්ම අනගාරික ව 'ශ්‍රමණයෙක් වන්නෙමි' යි පැවිදි වෙයි ද, වෛශ්‍යයා ත් සිය වෛශ්‍ය ධර්මයට ගරහමින් ගිහි ගෙයින් නික්ම අනගාරික ව 'ශ්‍රමණයෙක් වන්නෙමි' යි පැවිදි වෙයි ද, ශූද්‍රයා ත් සිය ශූද්‍ර ධර්මයට ගරහමින් ගිහි ගෙයින් නික්ම අනගාරික ව 'ශ්‍රමණයෙක් වන්නෙමි' යි පැවිදි වෙයි ද, එබඳු වූ කාලයක් තිබුණේ ය. වාසෙට්ඨයෙනි, මේ මණ්ඩල සතරින් ම ශ්‍රමණ මණ්ඩලයෙහි ආරම්භය වූයේ ය. එය ත් මේ සත්වයන් අතර ම ය. අන් සත්වයන් අතර නොවෙයි. සමාන සත්වයන් අතර ම ය. අසමාන සත්වයන් අතර නොවෙයි. ධර්මයෙන් ම ය. අධර්මයෙන් නොවෙයි. වාසෙට්ඨයෙනි, මෙලොවෙහි ත්, පරලොවෙහි ත් ජනයා අතර ධර්මය ම ශ්‍රේෂ්ඨ වෙයි.

වාසෙට්ඨයෙනි, ක්ෂත්‍රියයා ත් කයින් දුසිරිත් කොට, වචනයෙන් දුසිරිත් කොට, මනසින් දුසිරිත් කොට, මිසදිටු ව සිට, මිසදිටු ක්‍රියා සමාදන් ව සිට, මිසදිටු ක්‍රියා සමාදන් වීම හේතුවෙන් කය බිඳී මරණින් මතු අපාය, දුර්ගති, විනිපාත නම් වූ නිරයෙහි උපදියි. වාසෙට්ඨයෙනි, බ්‍රාහ්මණයා ත් ....(පෙ).... වාසෙට්ඨයෙනි, වෛශ්‍යයා ත් ....(පෙ).... වාසෙට්ඨයෙනි ශූද්‍රයා ත් ....(පෙ).... වාසෙට්ඨයෙනි, ශ්‍රමණයා ත් කයින් දුසිරිත් කොට, වචනයෙන් දුසිරිත් කොට, මනසින් දුසිරිත් කොට, මිසදිටු ව සිට, මිසදිටු ක්‍රියා සමාදන් ව සිට, මිසදිටු

ක්‍රියා සමාදන් වීම හේතුවෙන් කය බිඳී මරණින් මතු අපාය, දුර්ගති, විනිපාත නම් වූ නිරයෙහි උපදියි.

වාසෙට්ඨයෙනි, ක්ෂත්‍රියයා ත් කයින් සුසිරිත් කොට, වචනයෙන් සුසිරිත් කොට, මනසින් සුසිරිත් කොට, සම්දිටු ව සිට, සම්දිටු ක්‍රියා සමාදන් ව සිට, සම්දිටු ක්‍රියා සමාදන් වීම හේතුවෙන් කය බිඳී මරණින් මතු සුගති සංඛ්‍යාත දෙව්ලොව උපදියි. වාසෙට්ඨයෙනි, බ්‍රාහ්මණයා ත් ....(පෙ).... වාසෙට්ඨයෙනි, වෛශ්‍යයා ත් ....(පෙ).... වාසෙට්ඨයෙනි ශුද්‍රයා ත් ....(පෙ).... වාසෙට්ඨයෙනි, ශ්‍රමණයා ත් කයින් සුසිරිත් කොට, වචනයෙන් සුසිරිත් කොට, මනසින් සුසිරිත් කොට, සම්දිටු ව සිට, සම්දිටු ක්‍රියා සමාදන් ව සිට, සම්දිටු ක්‍රියා සමාදන් වීම හේතුවෙන් කය බිඳී මරණින් මතු සුගති සංඛ්‍යාත දෙව්ලොව උපදියි.

වාසෙට්ඨයෙනි, ක්ෂත්‍රියයා ත් කයෙන් හොඳ නරක දෙක ම කරන්නේ, වචනයෙන් හොඳ නරක දෙක ම කරන්නේ, සිතෙන් හොඳ නරක දෙකම කරන්නේ, හොඳ නරක මිශ්‍ර වූ දෘෂ්ටියෙන් සිට, හොඳ නරක මිශ්‍ර වූ දෘෂ්ටියෙන් ගත් ක්‍රියාව සමාදන් ව සිට, හොඳ නරක මිශ්‍ර වූ දෘෂ්ටියෙන් ගත් ක්‍රියාව සමාදන් වීම හේතුවෙන් කය බිඳී මරණින් මතු සැපදුක් අත්විඳින්නේ වෙයි. වාසෙට්ඨයෙනි, බ්‍රාහ්මණයා ත් ....(පෙ).... වාසෙට්ඨයෙනි, වෛශ්‍යයා ත් ....(පෙ).... වාසෙට්ඨයෙනි ශුද්‍රයා ත් ....(පෙ).... වාසෙට්ඨයෙනි, ශ්‍රමණයා ත් කයෙන් හොඳ නරක දෙක ම කරන්නේ, වචනයෙන් හොඳ නරක දෙක ම කරන්නේ, සිතෙන් හොඳ නරක දෙකම කරන්නේ, හොඳ නරක මිශ්‍ර වූ දෘෂ්ටියෙන් සිට, හොඳ නරක මිශ්‍ර වූ දෘෂ්ටියෙන් ගත් ක්‍රියාව සමාදන් ව සිට, හොඳ නරක මිශ්‍ර වූ දෘෂ්ටියෙන් ගත් ක්‍රියාව සමාදන් වීම හේතුවෙන් කය බිඳී මරණින් මතු සැපදුක් අත්විඳින්නේ වෙයි.

වාසෙට්ඨයෙනි, ක්ෂත්‍රියයා ත් කයෙන් සංවර වූයේ, වචනයෙන් සංවර වූයේ, සිතෙන් සංවර වූයේ කොටස් සතකින් යුක්ත වූ බෝධිපාක්ෂික ධර්මයන් තමා තුළ දියුණු කොට මෙලොව දී ම පිරිනිවන් පාන්නේ වෙයි. වාසෙට්ඨයෙනි, බ්‍රාහ්මණයා ත් ....(පෙ).... වාසෙට්ඨයෙනි, වෛශ්‍යයා ත් ....(පෙ).... වාසෙට්ඨයෙනි ශුද්‍රයා ත් ....(පෙ).... වාසෙට්ඨයෙනි, ශ්‍රමණයා ත් කයෙන් සංවර වූයේ, වචනයෙන් සංවර වූයේ, සිතෙන් සංවර වූයේ කොටස් සතකින් යුක්ත වූ බෝධිපාක්ෂික ධර්මයන් තමා තුළ දියුණු කොට මෙලොව දී ම පිරිනිවන් පාන්නේ වෙයි.

වාසෙට්ඨයෙනි, මේ වංශ සතරින් ම පැමිණි යම් භික්ෂුවක් රහත් ද, ක්ෂය වූ ආශ්‍රව ඇත්තේ ද, වසන ලද බඹසර ඇත්තේ ද, කළ යුතු දේ කරන ලද්දේ

ද, කෙලෙස් බර බැහැර කරන ලද්දේ ද, පිළිවෙලින් පත් සම්පූර්ණ මගඵල ඇත්තේ ද, භව සංයෝජන ක්ෂය කරන ලද්දේ ද, මැනැවින් දැන කෙලෙසුන්ගෙන් නිදහස් වූයේ ද, ඔහු ඒ හැම වංශිකයන් අතුරින් අග්‍ර යැයි කියනු ලැබේ. එය ද ධර්මයෙන් ම ය. අධර්මයෙන් නොවෙයි. වාසෙට්ඨයෙනි, මෙලොවෙහි ත්, පරලොවෙහි ත් ජනයා අතර ධර්මය ම ශ්‍රේෂ්ඨ වෙයි.

වාසෙට්ඨයෙනි, සනංකුමාර බ්‍රහ්මයා විසිනුත් මේ ගාථාව පවසන ලද්දේය.

'යම් කෙනෙක් ගෝත්‍ර පිළිවෙල සිහි කරන්නාහු ද, ඒ ජනයා අතරෙහි ශ්‍රේෂ්ඨ වන්නේ ක්ෂත්‍රියයා ය. යමෙක් විද්‍යාවෙන් හා චරණයෙන් යුක්ත වෙයි ද, ඒ බුදුරජ දෙව් මිනිසුන් අතර ශ්‍රේෂ්ඨ වෙයි.'

වාසෙට්ඨයෙනි, මේ ගාථාව වනාහී සනංකුමාර බ්‍රහ්මයා විසින් මැනැවින් ගයන ලද්දේ ය. නොමනා කොට නොගයන ලද්දේ ය. මැනැවින් පවසන ලද්දේ ය. නොමැනැවින් පවසන ලද්දක් නොවෙයි. අර්ථයෙන් යුක්ත ය. අනර්ථයෙන් යුක්ත නොවෙයි. මා විසින් අනුමත කරන ලද්දේ ය. වාසෙට්ඨයෙනි, මම ත් මෙසේ කියමි.

'යම් කෙනෙක් ගෝත්‍ර පිළිවෙල සිහි කරන්නාහු ද, ඒ ජනයා අතරෙහි ශ්‍රේෂ්ඨ වන්නේ ක්ෂත්‍රියයා ය. යමෙක් විද්‍යාවෙන් හා චරණයෙන් යුක්ත වෙයි ද, ඒ බුදුරජ දෙව් මිනිසුන් අතර ශ්‍රේෂ්ඨ වෙයි.'

භාග්‍යවතුන් වහන්සේ මෙය වදාළ සේක. සතුටු සිත් ඇති වාසෙට්ඨ - භාරද්වාජ දෙදෙනා භාග්‍යවතුන් වහන්සේගේ භාෂිතය සතුටින් පිළිගත්තාහුය.

සාදු! සාදු!! සාදු!!!

අග්ගඤ්ඤ සූත්‍රය නිමා විය.

3.5.
සම්පසාදනීය සූත්‍රය
පැහැදීම ඇතිකරවන ධර්මය ගැන වදාළ දෙසුම

මා විසින් මෙසේ අසන ලදී.

එක් සමයෙක්හි භාග්‍යවතුන් වහන්සේ නාලන්දාවෙහි පාවාරික අඹ වනයෙහි වැඩවසන සේක.

එකල්හී ආයුෂ්මත් සාරිපුත්තයන් වහන්සේ භාග්‍යවතුන් වහන්සේ වෙත එළැඹියහ. එළැඹ භාග්‍යවතුන් වහන්සේට සකසා වන්දනා කොට එකත්පස් ව වැඩහුන්හ. එකත්පස් ව වැඩහුන් ආයුෂ්මත් සාරිපුත්තයන් වහන්සේ භාග්‍යවතුන් වහන්සේට මෙය පැවසූහ.

"ස්වාමීනී, භාග්‍යවතුන් වහන්සේ කෙරෙහි මම මෙබඳු වූ පැහැදීමකින් යුතු වෙමි. එනම්, භාග්‍යවතුන් වහන්සේගේ යම් මේ සම්බෝධියක් ඇද්ද, එයට වඩා වැඩිතර වූ අවබෝධයක් ඇති අන්‍ය වූ ශ්‍රමණයෙක් හෝ බ්‍රාහ්මණයෙක් හෝ අතීතයෙහි ද නොසිටියේ ය. අනාගතයෙහි ද නොවන්නේ ය. මෙකල්හි ද දකින්නට නැත්තේ ය" යනුවෙනි.

"සාරිපුත්තයෙනි, ඔබ විසින් පවසන ලද මෙම ශ්‍රේෂ්ඨ වචනය අතිමහත් වූවකි. ඒකාන්ත කොට ගන්නා ලද්දකි. නද දුන් සිංහනාදයකි. එනම්, 'ස්වාමීනී, භාග්‍යවතුන් වහන්සේ කෙරෙහි මම මෙබඳු වූ පැහැදීමකින් යුතු වෙමි. එනම්, භාග්‍යවතුන් වහන්සේගේ යම් මේ සම්බෝධියක් ඇද්ද, එයට වඩා වැඩිතර වූ අවබෝධයක් ඇති අන්‍ය වූ ශ්‍රමණයෙක් හෝ බ්‍රාහ්මණයෙක් හෝ අතීතයෙහි ද නොසිටියේ ය. අනාගතයෙහි ද නොවන්නේ ය. මෙකල්හි ද දකින්නට නැත්තේ ය' යන කරුණ යි.

කිම? සාරිපුත්තයෙනි, යම් ඒ අරහත් සම්මා සම්බුදුවරු අතීතයෙහි වැඩසිටියාහු ද, ඒ සියළු භාග්‍යවත්වරුන්ගේ සිත් ඔබ විසින් 'මෙසේ ත් ඒ

භාග්‍යවත්වරු මෙබඳු සිල් ඇත්තෝ වූහ. මෙසේ ත් ඒ භාග්‍යවත්වරු මෙබඳු ධර්මයන් ඇත්තෝ වූහ. මෙසේ ත් ඒ භාග්‍යවත්වරු මෙබඳු ප්‍රඥා ඇත්තෝ වූහ. මෙසේ ත් ඒ භාග්‍යවත්වරු මෙබඳු විහරණ ඇත්තෝ වූහ. මෙසේ ත් ඒ භාග්‍යවත්වරු මෙබඳු විමුක්ති ඇත්තෝ වූහ' යි සිය සිතින් පිරිසිඳ දන්නා ලද්දාහු ද?"

"ස්වාමීනී, එය නැත්තේ ය."

"කිම? සාරිපුත්තයෙනි, යම් ඒ අරහත් සම්මා සම්බුදුවරු අනාගතයෙහි වැඩසිටින්නාහු ද, ඒ සියළු භාග්‍යවත්වරුන්ගේ සිත් ඔබ විසින් 'මෙසේ ත් ඒ භාග්‍යවත්වරු මෙබඳු සිල් ඇතිවන්නාහු ය. මෙබඳු ධර්මයන් ....(පෙ).... මෙබඳු ප්‍රඥාවෙන් ....(පෙ).... මෙබඳු විහරණයෙන් ....(පෙ).... ඒ භාග්‍යවත්වරු මෙසේ ත් මෙබඳු විමුක්තියෙන් යුක්ත වන්නාහු ය' යි සිය සිතින් පිරිසිඳ දන්නා ලද්දාහු ද?"

"ස්වාමීනී, එය නැත්තේ ය."

"කිම? සාරිපුත්තයෙනි, මෙකල්හී අරහත් සම්මා සම්බුදු වූ මම ඔබ විසින් 'භාග්‍යවත් තෙමේ මෙසේ ත් මෙබඳු සිල් ඇත්තේ ය. මෙබඳු ධර්මය ....(පෙ).... මෙබඳු ප්‍රඥාව ....(පෙ).... මෙබඳු විහරණය ....(පෙ).... මෙසේ ත් භාග්‍යවත් තෙමේ මෙබඳු විමුක්තියෙන් යුක්තය' යි මාගේ සිත සිය සිතින් පිරිසිඳ දන්නා ලද්දාහු ද?"

"ස්වාමීනී, එය නැත්තේ ය."

"සාරිපුත්තයෙනි, මෙකරුණ පිළිබඳ ව අතීත, අනාගත, වර්තමාන අරහත් සම්මා සම්බුදුවරයන් විෂයෙහි චේතෝපරිය ඥානයක් ඔබට නැත්තේ ය. එසේ තිබිය දී ත් කෙසේ නම් සාරිපුත්තයෙනි, ඔබ විසින් මෙම අතිමහත් ශ්‍රේෂ්ඨ වචනය පවසන ලද්දේ ද? ඒකාන්ත කොට ගන්නා ලද්දේ ද? සිහනදක් නද දෙන ලද්දේ ද? එනම්, 'ස්වාමීනී, භාග්‍යවතුන් වහන්සේ කෙරෙහි මම මෙබඳු වූ පැහැදීමකින් යුතු වෙමි. එනම්, භාග්‍යවතුන් වහන්සේගේ යම් මේ සම්බෝධියක් ඇද්ද, එයට වඩා වැඩිතර වූ අවබෝධයක් ඇති අන්‍ය වූ ශ්‍රමණයෙක් හෝ බ්‍රාහ්මණයෙක් හෝ අතීතයෙහි ද නොසිටියේ ය. අනාගතයෙහි ද නොවන්නේ ය. මෙකල්හි ද දකින්නට නැත්තේ ය' යන කරුණ යි."

"ස්වාමීනී, අතීත, අනාගත, වර්තමාන අරහත් සම්මා සම්බුදුවරයන් විෂයෙහි චේතෝපරිය ඥානයක් මට නැත්තේ ය. එසේ නමුත් ස්වාමීනී, මා විසින් ධර්ම න්‍යායට අනුව නිගමනයකට පැමිණිය හැකි බව දන්නා ලද්දේ ය.

ස්වාමීනී, එය මෙබඳු දෙයකි. රජෙකු හට පිටතින් බඳින ලද ශක්තිමත් බැම් ඇති දැඩි ප්‍රාකාර තොරණක් සහිත වූ ඈත පිහිටි නගරයක් තිබෙයි. එය එක් දොරටුවකින් යුක්ත ය. ඒ දොරටුව ළඟ නුවණැති, ව්‍යක්ත, යහපත් නුවණ ඇති, නොදන්නවුන් ඇතුළුවීම වළක්වන, දන්නවුන් ඇතුල් කරන දොරටුපාලයෙක් සිටියි. ඔහු ඒ නගර ප්‍රාකාර මාර්ගය වටා ඇවිදගෙන යන්නේ යටත් පිරිසෙයින් බළලෙකුට වත් නික්ම යා හැකි ප්‍රාකාර සන්ධියක් හෝ ප්‍රාකාර සිදුරක් හෝ නොදකින්නේ ය. එවිට ඔහුට මෙසේ සිතෙයි. 'යම්කිසි ගොරෝසු ප්‍රාණීහු මේ නගරයට පිවිසෙත් ද, නික්ම යත් ද, ඒ සියල්ලෝ මේ දොරටුවෙන් පමණක් ම පිවිසෙති. නික්මෙති' යනුවෙනි.

එසෙයින් ම ස්වාමීනී, මා විසින් ධර්ම න්‍යායට අනුව නිගමනයකට පැමිණිය හැකි බව දන්නා ලද්දේ ය. ස්වාමීනී, යම් ඒ අරහත් සම්මා සම්බුදුවරු අතීතයෙහි වැඩසිටියාහු ද, ඒ සියළු භාග්‍යවතුන් වහන්සේලා සිතට උපක්ලේශ වූ, ප්‍රඥාව දුර්වල කරන, පංච නීවරණ ප්‍රහාණය කොට සතර සතිපට්ඨානය තුළ මැනැවින් පිහිටුවා ගත් සිතින් යුතුව, සප්ත බොජ්ඣංගයන් ඒ වූ සැටියෙන් ම දියුණු කොට අනුත්තර වූ සම්මා සම්බෝධිය අවබෝධ කළ සේක.

ස්වාමීනී, යම් ඒ අරහත් සම්මා සම්බුදුවරු අනාගතයෙහි පහළ වන සේක් ද, ඒ සියළු භාග්‍යවතුන් වහන්සේලා සිතට උපක්ලේශ වූ, ප්‍රඥාව දුර්වල කරන, පංච නීවරණ ප්‍රහාණය කොට සතර සතිපට්ඨානය තුළ මැනැවින් පිහිටුවා ගත් සිතින් යුතුව, සප්ත බොජ්ඣංගයන් ඒ වූ සැටියෙන් ම දියුණු කොට අනුත්තර වූ සම්මා සම්බෝධිය අවබෝධ කරන සේක.

ස්වාමීනී, මෙකල්හී අරහත් සම්මා සම්බුදු භාග්‍යවතුන් වහන්සේ පවා සිතට උපක්ලේශ වූ, ප්‍රඥාව දුර්වල කරන, පංච නීවරණ ප්‍රහාණය කොට සතර සතිපට්ඨානය තුළ මැනැවින් පිහිටුවා ගත් සිතින් යුතුව, සප්ත බොජ්ඣංගයන් ඒ වූ සැටියෙන් ම දියුණු කොට අනුත්තර වූ සම්මා සම්බෝධිය අවබෝධ කළ සේක.

ස්වාමීනී, මෙහි මම ධර්මය ශ්‍රවණය කරනු පිණිස භාග්‍යවතුන් වහන්සේ වෙත එළැඹියෙමි. ස්වාමීනී, ඒ මට භාග්‍යවතුන් වහන්සේ කුසලාකුසල ධර්ම විග්‍රහයන් සහිත කොටගෙන ප්‍රණීත ප්‍රණීත වූ, උතුම් උතුම් වූ ධර්මය දෙසූ සේක. ස්වාමීනී, යම් යම් අයුරකින් භාග්‍යවතුන් වහන්සේ කුසලාකුසල ධර්ම විග්‍රහයන් සහිත කොටගෙන ප්‍රණීත ප්‍රණීත වූ, උතුම් උතුම් වූ ධර්මය මා හට දෙසූ සේක් ද, ඒ ඒ අයුරින් මම ඒ ධර්මයෙහි ඇතැම් ධර්මයක් විශිෂ්ට වූ නුවණින් දැන ධර්මයන් කෙරෙහි සම්පූර්ණ අවබෝධයට පැමිණියෙමි. ශාස්තෘන්

වහන්සේ කෙරෙහි පැහැදුණෙමි. 'ඒකාන්තයෙන් ම ඒ භාග්‍යවතුන් වහන්සේ සම්මා සම්බුද්ධ වන සේක. භාග්‍යවතුන් වහන්සේ විසින් මැනැවින් වදාරණ ලද ධර්මය ඇත්තේ ය. භාග්‍යවතුන් වහන්සේගේ ශ්‍රාවක සංඝ තෙමේ මනා පිළිවෙතෙහි පිළිපන්නේ ය' වශයෙනි.

තව ද ස්වාමීනී, භාග්‍යවතුන් වහන්සේ කුසල ධර්මයන් පිළිබඳ ව යම් අයුරින් ධර්මය දේශනා කරන සේක් ද, මෙය අනුත්තරීය ධර්මයකි. එහිලා මේ කුසල ධර්මයෝ ය. එනම්; සතර සතිපට්ඨානයෝ ය, සතර සම්‍යක් ප්‍රධානයෝ ය, සතර ඉර්ධිපාදයෝ ය, පසක් වූ ඉන්ද්‍රිය ධර්මයෝ ය, පසක් වූ බල ධර්මයෝ ය, සතක් වූ බොජ්ඣංගයෝ ය, ආර්ය අෂ්ටාංගික මාර්ගය ය. ස්වාමීනී, මෙහිලා භික්ෂුව ආශ්‍රවයන් ක්ෂය වීමෙන් අනාශ්‍රව වූ චිත්ත විමුක්තිය ත්, ප්‍රඥා විමුක්තිය ත් මේ ජීවිතයේ දී ම තම විශිෂ්ට නුවණින් පසක් කොට, එයට පැමිණ වාසය කරයි. ස්වාමීනී, කුසල ධර්මයන් පිළිබඳ ව මෙය අනුත්තරීය ධර්මයකි. එය භාග්‍යවතුන් වහන්සේ මුළුමනින් ම දන්නා සේක. එය භාග්‍යවතුන් වහන්සේ මුළුමනින් ම දන්නා හෙයින් විශිෂ්ට ඥානයකින් දත යුතු එයට වැඩි දෙයක් නැත්තේ ය. මේ කුසල ධර්මයන් පිළිබඳ ව භාග්‍යවතුන් වහන්සේ තුළ යම් අවබෝධයක් ඇද්ද, එයට වඩා දන්නා අන්‍ය වූ ශ්‍රමණයෙක් හෝ බ්‍රාහ්මණයෙක් හෝ නැත්තේ ය.

තව ද ස්වාමීනී, භාග්‍යවතුන් වහන්සේ ආයතන පැණවීම් පිළිබඳ ව ධර්මය යම් අයුරකින් දේශනා කරන සේක් ද, මෙය ද අනුත්තරීය ධර්මයකි. ස්වාමීනී, ආධ්‍යාත්මික වූ ත්, බාහිර වූ ත් මේ ආයතනයෝ සයකි. එනම්; ඇස ත් - රූප ත් ය, කන ත් - ශබ්ද ත් ය, නාසය ත් - ගඳ සුවඳ ත් ය, දිව ත් - රස ත් ය, කය ත් - පහස ත් ය, මනස ත් - අරමුණු ත් ය. ස්වාමීනී, ආයතන ප්‍රඥප්තීන් පිළිබඳ ව වූ මෙය ද අනුත්තරීය ධර්මයකි. එය සර්වප්‍රකාරයෙන් ම භාග්‍යවතුන් වහන්සේ දන්නා සේක. එය සර්වප්‍රකාරයෙන් ම දන්නා භාග්‍යවතුන් වහන්සේ හට විශිෂ්ට ඥානයකින් දත යුතු එයට වඩා දෙයක් නැත්තේ ය. මේ ආයතන ප්‍රඥප්තීන් පිළිබඳ ව භාග්‍යවතුන් වහන්සේ තුළ යම් අවබෝධයක් ඇද්ද, එයට වඩා දන්නා අන්‍ය වූ ශ්‍රමණයෙක් හෝ බ්‍රාහ්මණයෙක් හෝ නැත්තේ ය.

තව ද ස්වාමීනී, මව්කුසක පිළිසිඳ ගැනීම පිළිබඳ ව භාග්‍යවතුන් වහන්සේ යම් අයුරකින් ධර්මය දේශනා කරන සේක් ද, මෙය ද අනුත්තරීය ධර්මයකි. ස්වාමීනී, මේ මව්කුස පිළිසිඳ ගැනීම් සතරකි. ස්වාමීනී, මෙහිලා ඇතැමෙක් නොදැන ම මව්කුස පිළිසිඳ ගනියි. නොදැන ම මව්කුසෙහි සිටියි. නොදැන ම මව්කුසෙන් බිහිවෙයි. මෙය මව්කුස පිළිසිඳ ගැනීමෙහි පළමුවැන්න යි.

තව ද ස්වාමීනී, මෙහි ඇතැමෙක් දන්නේ ම මව්කුස පිළිසිඳ ගනියි. නොදන්නේ මව්කුස සිටියි. නොදන්නේ මව්කුසින් බිහිවෙයි. මෙය මව්කුස පිළිසිඳ ගැනීමෙහි දෙවැන්න යි.

තව ද ස්වාමීනී, මෙහි ඇතැමෙක් දන්නේ මව්කුස පිළිසිඳ ගනියි. දන්නේ මව්කුස සිටියි. එනමුදු නොදන්නේ මව්කුසින් බිහිවෙයි. මෙය මව්කුස පිළිසිඳ ගැනීමෙහි තුන්වැන්න යි.

තව ද ස්වාමීනී, මෙහි ඇතැමෙක් දන්නේ මව්කුස පිළිසිඳ ගනියි. දන්නේ මව්කුස සිටියි. දන්නේ මව්කුසින් බිහිවෙයි. මෙය මව්කුස පිළිසිඳ ගැනීමෙහි සිව්වැන්න යි. ස්වාමීනී, මව්කුසක සත්වයන් පිළිසිඳ ගැනීම පිළිබඳ ව මෙය අනුත්තරීය ධර්මයකි.

තව ද ස්වාමීනී, අනුන්ගේ සිත ගැන කරුණු පැවසීමෙහි ක්‍රම පිළිබඳ ව භාග්‍යවතුන් වහන්සේ යම් අයුරින් ධර්මය දේශනා කරන සේක් ද, මෙය ද අනුත්තරීය ධර්මයකි. ස්වාමීනී, මේ අනුන්ගේ සිත ගැන කරුණු පවසන ක්‍රම සතරකි. ස්වාමීනී, මෙහිලා ඇතැමෙක් සිතෙහි ස්වභාවය ප්‍රකට වන ශාරීරික නිමිති බලා මෙසේ කියයි. 'ඔබගේ මනස මෙබඳු ත් වෙයි. ඔබගේ මනස එබඳු ත් වෙයි. ඔබගේ සිත මෙසේ ත් වෙයි' වශයෙනි. හේ බොහෝ සේ පැවසුව ද, එය එසේ ම වෙයි. අන් අයුරකින් නොවෙයි. මෙය අනුන්ගේ සිත කරුණු පවසන පළමු ක්‍රමය යි.

තව ද ස්වාමීනී, මෙහි ඇතැමෙක් නිමිති බලා නොපවසයි. එසේ නමුත් මිනිසුන්ගේ හෝ අමනුෂ්‍යයන්ගේ හෝ දෙවියන්ගේ හෝ කථා ශබ්දය අසා පවසයි. 'ඔබගේ මනස මෙබඳු ත් වෙයි. ඔබගේ මනස එබඳු ත් වෙයි. ඔබගේ සිත මෙසේ ත් වෙයි' වශයෙනි. හේ බොහෝ සේ පැවසුව ද, එය එසේ ම වෙයි. අන් අයුරකින් නොවෙයි. මෙය අනුන්ගේ සිත කරුණු පවසන දෙවෙනි ක්‍රමය යි.

තව ද ස්වාමීනී, මෙහිලා ඇතැමෙක් නිමිති බලා නොපවසයි. මිනිසුන්ගේ හෝ අමනුෂ්‍යයන්ගේ හෝ දෙවියන්ගේ හෝ කථා ශබ්දය අසා නොපවසයි. එසේ නමුත් අන්‍යයන් මනසින් විතර්ක කරන විට, විචාර කරන විට ඒ විතක්ක විප්ඵාර ශබ්දය අසා පවසයි. 'ඔබගේ මනස මෙබඳු ත් වෙයි. ඔබගේ මනස එබඳු ත් වෙයි. ඔබගේ සිත මෙසේ ත් වෙයි' වශයෙනි. හේ බොහෝ සේ පැවසුව ද, එය එසේ ම වෙයි. අන් අයුරකින් නොවෙයි. මෙය අනුන්ගේ සිත කරුණු පවසන තුන්වෙනි ක්‍රමය යි.

තව ද ස්වාමීනී, මෙහිලා ඇතැමෙක් නිමිති බලා නොපවසයි. මිනිසුන්ගේ හෝ අමනුෂ්‍යයන්ගේ හෝ දෙවියන්ගේ හෝ කථා ශබ්දය අසා නොපවසයි. අන්‍යයන් මනසින් විතර්ක කරන විට, විචාර කරන විට ඒ විතක්ක විප්ඵාර ශබ්දය අසා නොපවසයි. නමුත් විතර්ක විචාරයෙන් යුතු සමාධියකට සමවැදී සිටින්නෙකුගේ සිත තම සිතින් පිරිසිඳ දැනගනියි. 'මේ භවත්හු යම් අයුරකින් මනෝ සංස්කාරයන් සිතෙහි පිහිටුවන ලද්දේ ද, ඒ අයුරින් මේ සිතට අනතුරු ව මෙනම් විතර්කය විතර්ක කරන්නේ ය' වශයෙනි. හේ බොහෝ සේ පැවසුව ද, එය එසේ ම වෙයි. අන් අයුරකින් නොවෙයි. මෙය අනුන්ගේ සිත කරුණු පවසන සිව්වෙනි ක්‍රමය යි. ස්වාමීනී, අනුන්ගේ සිත් දැන කරුණු පැවසීමෙහි ක්‍රමයන් පිළිබඳ ව මෙය අනුත්තරීය ධර්මයකි.

තව ද ස්වාමීනී, දර්ශනසමාපත්තීන් පිළිබඳ ව භාග්‍යවතුන් වහන්සේ යම් අයුරකින් ධර්මය දේශනා කරන සේක් ද, මෙය ද අනුත්තරීය ධර්මයකි. ස්වාමීනී, මේ දර්ශන සමාපත්ති සතරකි. ස්වාමීනී, මෙහිලා ඇතැම් ශ්‍රමණයෙක් හෝ බ්‍රාහ්මණයෙක් හෝ වීර්යය කොට, දැඩි සේ වීර්යය කොට, නැවත නැවත එහි යෙදී, අප්‍රමාදී ව, මැනැවින් මෙනෙහි කිරීමෙන් යම් බඳු සමාධිමත් සිතින් මේ කයෙහි ම යටි පතුලෙන් උඩ ත්, කෙස් මතුවෙන් යට ත්, සමකින් වැසී ඇති අනේක ප්‍රකාර වූ අපිරිසිදු දෑ නුවණින් දකියි නම් එබඳු චිත්ත සමාධියක් ලබයි. එනම්; මේ කයෙහි කෙස් ඇත. ලොම්, නිය, දත්, සම, මස්, නහර, ඇට, ඇටමිදුළු, වකුගඩු, හෘදය, අක්මාව, දලබුව, බඩදිව, පෙණහළු, අතුනු, අතුනුබහන්, ආමාශය, අසූචි, පිත, සෙම, සැරව, ලේ, ඩහදිය, මේදතෙල, කඳුළු, වුරුණු තෙල, කෙළ, සොටු, සඳමිදුළු, මූත්‍රා ඇතැයි වශයෙනි. මෙය දර්ශනසමාපත්තියෙහි පළමු වැන්න යි.

තව ද ස්වාමීනී, මෙහිලා ඇතැම් ශ්‍රමණයෙක් හෝ බ්‍රාහ්මණයෙක් හෝ වීර්යය කොට, දැඩි සේ වීර්යය කොට, නැවත නැවත එහි යෙදී, අප්‍රමාදී ව, මැනැවින් මෙනෙහි කිරීමෙන් යම්බඳු සමාධිමත් සිතින් මේ කයෙහි ම යටි පතුලෙන් උඩ ත්, කෙස් මතුවෙන් යට ත්, සමකින් වැසී ඇති අනේකප්‍රකාර වූ අපිරිසිදු ද නුවණින් දකියි නම්, මේ කයෙහි කෙස් ඇත, ලොම්, නිය, දත්, ...(පෙ).... සඳමිදුළු, මූත්‍රා ඇත වශයෙනි. එමෙන් ම පුරුෂයාගේ සම, මස්, ලේ ඉක්මවා 'ඇට' නුවණින් සලකයි නම්, එබඳු චිත්ත සමාධියක් ලබයි. මෙය දර්ශන සමාපත්තියෙහි දෙවැන්න යි.

තව ද ස්වාමීනී, මෙහිලා ඇතැම් ශ්‍රමණයෙක් හෝ බ්‍රාහ්මණයෙක් හෝ වීර්යය කොට, දැඩි සේ වීර්යය කොට, නැවත නැවත එහි යෙදී, අප්‍රමාදී ව, මැනැවින් මෙනෙහි කිරීමෙන් යම් බඳු සමාධිමත් සිතින් මේ කයෙහි ම යටි

පතුලෙන් උඩ ත්, කෙස් මතුවෙන් යට ත්, සමකින් වැසී ඇති අනේකප්‍රකාර වූ අපිරිසිදු ද නුවණින් දකියි නම්, මේ කයෙහි කෙස් ඇත, ලොම්, නිය, දත්, ...(පෙ).... සඳමිදුළු, මූත්‍රා ඇත වශයෙනි. එමෙන් ම පුරුෂයාගේ සම, මස්, ලේ ඉක්මවා 'ඇට' නුවණින් සලකයි නම්, එමෙන් ම පුරුෂයාගේ මෙලොවෙහි ත් පිහිටි, පරලොවෙහි ත් පිහිටි, දෙපසෙහි ම නොසිඳී පවතින විඤ්ඤාණ වේගය නුවණින් දැනගනියි නම්, එබඳු චිත්ත සමාධියක් ලබයි. මෙය දර්ශන සමාපත්තියෙහි තුන්වැන්න යි.

තව ද ස්වාමීනී, මෙහිලා ඇතැම් ශ්‍රමණයෙක් හෝ බ්‍රාහ්මණයෙක් හෝ වීර්යය කොට, දැඩි සේ වීර්යය කොට, නැවත නැවත එහි යෙදී, අප්‍රමාදී ව, මැනැවින් මෙනෙහි කිරීමෙන් යම් බඳු සමාධිමත් සිතින් මේ කයෙහි ම යටි පතුලෙන් උඩ ත්, කෙස් මතුවෙන් යට ත්, සමකින් වැසී ඇති අනේකප්‍රකාර වූ අපිරිසිදු ද නුවණින් දකියි නම්, මේ කයෙහි කෙස් ඇත, ලොම්, නිය, දත්, ...(පෙ).... සඳමිදුළු, මූත්‍රා ඇත වශයෙනි. එමෙන් ම පුරුෂයාගේ සම, මස්, ලේ ඉක්මවා 'ඇට' නුවණින් සලකයි නම්, එමෙන් ම පුරුෂයාගේ මෙලොවෙහි ත් නොපිහිටි, පරලොවෙහි ත් නොපිහිටි, දෙපසෙහි ම නොසිඳී පවතින විඤ්ඤාණ වේගය නුවණින් දැනගනියි නම්, එබඳු චිත්ත සමාධියක් ලබයි. මෙය දර්ශන සමාපත්තියෙහි සිව්වැන්න යි. ස්වාමීනී, දර්ශන සමාපත්තීන් පිළිබඳ ව මෙය අනුත්තරීය ධර්මයකි.

තව ද ස්වාමීනී, පුද්ගලයන්ගේ පැණවීම් පිළිබඳ ව යම් අයුරකින් භාග්‍යවතුන් වහන්සේ ධර්මය දේශනා කරන සේක් ද, මෙය ද අනුත්තරීය ධර්මයකි. ස්වාමීනී, මේ පුද්ගලයෝ සත් දෙනෙකි. උභතෝභාග විමුත්තයා ය, ප්‍රඥා විමුත්තයා ය, කායසක්ඛි ය, දිට්ඨිප්පත්ත ය, සද්ධාවිමුත්ත ය, ධම්මානුසාරී ය, සද්ධානුසාරි ය. ස්වාමීනී, පුද්ගල ප්‍රඥප්තීන් පිළිබඳ ව මෙය අනුත්තරීය ධර්මයකි.

තව ද ස්වාමීනී, ප්‍රධන් වීර්යය පිළිබඳ ව යම් අයුරකින් භාග්‍යවතුන් වහන්සේ ධර්ම දේශනා කරන සේක් ද, මෙය ද අනුත්තරීය ධර්මයකි. ස්වාමීනී, මේ සම්බොජ්ඣංගයෝ සතකි. සති සම්බොජ්ඣංගය ය, ධම්මවිචය සම්බොජ්ඣංගය ය, විරිය සම්බොජ්ඣංගය ය, පීති සම්බොජ්ඣංගය ය, පස්සද්ධි සම්බොජ්ඣංගය ය, සමාධි සම්බොජ්ඣංගය ය, උපෙක්ඛා සම්බොජ්ඣංගය ය වශයෙනි. ස්වාමීනී, ප්‍රධන් වීර්යය පිළිබඳ ව මෙය අනුත්තරීය ධර්මයකි.

ස්වාමීනී, ප්‍රතිපදාවන් පිළිබඳ ව යම් අයුරකින් භාග්‍යවතුන් වහන්සේ ධර්මය දේශනා කරන සේක් ද, මෙය ද අනුත්තරීය ධර්මයකි. ස්වාමීනී, මේ

ප්‍රතිපදාවෝ සතරකි. ඉතා සෙමෙන් අවබෝධ වන දුක් ඇති ප්‍රතිපදාව ය, වහා අවබෝධ වන දුක් ඇති ප්‍රතිපදාව ය, ඉතා සෙමෙන් අවබෝධ වන සැප ඇති ප්‍රතිපදාව ය, වහා අවබෝධ වන සැප ඇති ප්‍රතිපදාව ය වශයෙනි. ස්වාමීනී, එහිලා යම් මේ ප්‍රතිපදාවක් දුක් වූයේ ත්, ඉතා සෙමෙන් අවබෝධ වන්නේ ත් වෙයි ද, ස්වාමීනී, දුක් බැවින් ද, ඉතා සෙමෙන් අවබෝධ වන බැවින් ද, මෙම ප්‍රතිපදාව දෙපසින් ම හීන යැයි කියනු ලැබේ. ස්වාමීනී, එහිලා යම් මේ ප්‍රතිපදාවක් දුක් වූයේ ත්, වහා අවබෝධ වන්නේ ත් වෙයි ද, ස්වාමීනී, මේ ප්‍රතිපදාව දුක් බැවින් හීන යැයි කියනු ලැබේ. ස්වාමීනී, එහිලා යම් මේ ප්‍රතිපදාවක් සැප වූයේ ත්, ඉතා සෙමෙන් අවබෝධ වන්නේ ත් වෙයි ද, ස්වාමීනී, ඉතා සෙමෙන් අවබෝධ වන බැවින් මේ ප්‍රතිපදාව හීන යැයි කියනු ලැබේ. ස්වාමීනී, එහිලා යම් මේ ප්‍රතිපදාවක් සැප වූයේ ත්, වහා අවබෝධ වන්නේ ත් වෙයි ද, ස්වාමීනී, සැප බැවින් ද, වහා අවබෝධ වන බැවින් ද, මෙම ප්‍රතිපදාව දෙපසින් ම ප්‍රණීත යැයි කියනු ලැබේ. ස්වාමීනී, ප්‍රතිපදාවන් පිළිබඳ ව මෙය අනුත්තරීය ධර්මයකි.

තව ද ස්වාමීනී, කතාබස් කිරීමේ වැදගත් පිළිවෙල පිළිබඳ ව යම් අයුරකින් භාග්‍යවතුන් වහන්සේ ධර්මය දේශනා කරන සේක් ද, මෙය ද අනුත්තරීය ධර්මයකි. ස්වාමීනී, මෙහිලා ඇතැමෙක් බොරු එකතු කරමින් කතා නොකරයි. එකිනෙකා බිඳුවන බස් කතා නොකරයි. කේලාම් සහිත බස් කතා නොකරයි. එකට එක කතා කොට ජය අපේක්ෂාවෙන් කතා නොකරයි. නුවණින් සිත සිතා වචන කතා කරයි. සිතෙහි රඳවා ගත යුතු කලට නිසි වූ වචන කතා කරයි. ස්වාමීනී, කතාකිරීමේ වැදගත් පිළිවෙල පිළිබඳ ව වූ මෙය අනුත්තරීය ධර්මයකි.

තව ද ස්වාමීනී, පුරුෂයාගේ ශීලයෙහි වැදගත් පිළිවෙල පිළිබඳ ව යම් අයුරකින් භාග්‍යවතුන් වහන්සේ ධර්මය දේශනා කරන සේක් ද, මෙය ද අනුත්තරීය ධර්මයකි. ස්වාමීනී, මෙහිලා ඇතැමෙක් ශ්‍රද්ධාව ඇත්තේ වෙයි. කුහක නැත්තේ වෙයි. චාටු බස් නොකියන්නේ වෙයි. ලාභාපේක්ෂාවෙන් නිමිති හඟවා නොකියන්නේ වෙයි. ලාභාපේක්ෂාවෙන් අනුන්ට ගරහා නොකියන්නේ වෙයි. ලාභයෙන් ලාභය නොසොයන්නේ වෙයි. ඉන්ද්‍රියයන් පිළිබඳ ව වසා ගත් දොරටු ඇත්තේ වෙයි. ආහාරයෙහි අර්ථය දැන වළඳන්නේ වෙයි. සමලෙස කටයුතු කරන්නේ වෙයි. නිදි වරමින් භාවනානුයෝගී ව සිටින්නේ වෙයි. අලස නොවූයේ වෙයි. පටන් ගත් වීර්යය ඇත්තේ වෙයි. ධ්‍යානයෙහි යෙදී සිටින්නේ වෙයි. සිහියෙන් යුතු වූයේ වෙයි. සොඳුරු වැටහීමෙන් යුතු වූයේ වෙයි. නොදත් දහම් දැනීමෙහි ආශා ඇත්තේ වෙයි. මනා මතක ශක්තියෙන් යුතු වූයේ වෙයි.

ප්‍රඥා ඇත්තේ වෙයි. පංච කාමයෙහි ගිජු නොවෙයි. සිහි ඇත්තේ වෙයි. අවස්ථාවෝචිත ප්‍රඥාවෙන් යුතු වූයේ වෙයි. ස්වාමීනී, පුරුෂයාගේ සීලයෙහි වැදගත් පිළිවෙල පිළිබඳ ව මෙය අනුත්තරීය ධර්මයකි.

තව ද ස්වාමීනී, අනුශාසනා ක්‍රම පිළිබඳ ව යම් අයුරකින් භාග්‍යවතුන් වහන්සේ ධර්මය දේශනා කරන සේක් ද, මෙය ද අනුත්තරීය ධර්මයකි. ස්වාමීනි, මේ අනුශාසනා ක්‍රම සතරකි. ස්වාමීනී, භාග්‍යවතුන් වහන්සේ අන්‍ය වූ පුද්ගලයෙකු පිළිබඳ ව වෙන් වෙන් ව නුවණ යොදා මෙනෙහි කිරීමෙන් දන්නා සේක. එනම්, 'මේ පුද්ගලයා යම් අයුරින් අනුශාසනාවක් ලබයි ද, ඒ අයුරින් පිළිපදියි නම්, තුන් සංයෝජනයන් ක්ෂය කිරීමෙන් සෝවාන් වන්නේ ය. සතර අපායෙන් මිදී නියත වශයෙන් නිවන පිහිට කොට සිටින්නේ ය' වශයෙනි.

එසේ ම ස්වාමීනී, භාග්‍යවතුන් වහන්සේ අන්‍ය වූ පුද්ගලයෙකු පිළිබඳ ව වෙන් වෙන් ව නුවණ යොදා මෙනෙහි කිරීමෙන් දන්නා සේක. එනම්, 'මේ පුද්ගලයා යම් අයුරින් අනුශාසනාවක් ලබයි ද, ඒ අයුරින් පිළිපදියි නම්, තුන් සංයෝජනයන් ක්ෂය කිරීමෙන්, රාග ද්වේෂ මෝහයන්ගේ බලය තුනී වීමෙන් සකදාගාමී වන්නේ ය. මෙලොවට එක් වරක් ම පැමිණ දුක් නිමාවට පත් කරන්නේ ය' වශයෙනි.

එසේ ම ස්වාමීනී, භාග්‍යවතුන් වහන්සේ අන්‍ය වූ පුද්ගලයෙකු පිළිබඳ ව වෙන් වෙන් ව නුවණ යොදා මෙනෙහි කිරීමෙන් දන්නා සේක. එනම්, 'මේ පුද්ගලයා යම් අයුරින් අනුශාසනාවක් ලබයි ද, ඒ අයුරින් පිළිපදියි නම්, ඕරම්භාගිය සංයෝජන පස ක්ෂය කිරීමෙන් සුද්ධාවාස බඹලොව ඕපපාතික ව උපදින්නේ ය. නැවත පෙරලා මෙලොවට එන ස්වභාවයෙන් තොර වූයේ එහි ම පිරිනිවන් පාන්නේ ය' වශයෙනි.

එසේ ම ස්වාමීනී, භාග්‍යවතුන් වහන්සේ අන්‍ය වූ පුද්ගලයෙකු පිළිබඳ ව වෙන් වෙන් ව නුවණ යොදා මෙනෙහි කිරීමෙන් දන්නා සේක. එනම්, 'මේ පුද්ගලයා යම් අයුරින් අනුශාසනාවක් ලබයි ද, ඒ අයුරින් පිළිපදියි නම්, ආශ්‍රවයන් ක්ෂය කිරීමෙන් අනාශ්‍රව වූ චිත්ත විමුක්තිය ත්, ප්‍රඥා විමුක්තිය ත් මේ ජීවිතයෙහි දී ම තම විශිෂ්ට නුවණින් අත්දැක එයට පැමිණ වාසය කරන්නේ ය' වශයෙනි. ස්වාමීනී, අනුශාසනා ක්‍රම පිළිබඳ ව මෙය අනුත්තරීය ධර්මයකි.

තව ද ස්වාමීනී, අන්‍ය වූ පුද්ගලයන්ගේ විමුක්ති ඥානය පිළිබඳ ව යම් අයුරකින් භාග්‍යවතුන් වහන්සේ ධර්මය දේශනා කරන සේක් ද, මෙය ද, අනුත්තරීය ධර්මයකි. ස්වාමීනී, භාග්‍යවතුන් වහන්සේ අන්‍ය පුද්ගලයෙකු

පිළිබඳ ව වෙන් වශයෙන් නුවණ යොදා මෙනෙහි කිරීමෙන් දන්නා සේක. 'මේ පුද්ගල තෙමේ තුන් සංයෝජනයන් ක්ෂය කිරීමෙන් සෝවාන් වන්නේ ය. සිව් අපාගත නොවන සුළු ව නියත වශයෙන් නිවන පිහිට කොට සිටින්නේ ය' යනුවෙනි.

එසේ ම ස්වාමීනී, භාග්‍යවතුන් වහන්සේ අන්‍ය පුද්ගලයෙකු පිළිබඳ ව වෙන් වශයෙන් නුවණ යොදා මෙනෙහි කිරීමෙන් දන්නා සේක. 'මේ පුද්ගල තෙමේ තුන් සංයෝජනයන් ක්ෂය කිරීමෙන්, රාග ද්වේෂ මෝහයන්ගේ බලය තුනී කිරීමෙන් සකදාගාමී වන්නේ ය. මෙලොවට එක් වරක් ම පැමිණ දුක් නිමාවට පත් කරන්නේ ය' යනුවෙනි.

එසේ ම ස්වාමීනී, භාග්‍යවතුන් වහන්සේ අන්‍ය පුද්ගලයෙකු පිළිබඳ ව වෙන් වශයෙන් නුවණ යොදා මෙනෙහි කිරීමෙන් දන්නා සේක. 'මේ පුද්ගල තෙමේ ඕරම්භාගිය සංයෝජනයන් පස ක්ෂය කිරීමෙන් සුද්ධාවාස බඹලොව ඕපපාතික ව උපදින්නේ ය. නැවත පෙරළා මෙලොවට නොඑන ස්වභාවයෙන් යුතු ව එහි ම පිරිනිවන් පාන්නේ ය' යනුවෙනි.

එසේ ම ස්වාමීනී, භාග්‍යවතුන් වහන්සේ අන්‍ය පුද්ගලයෙකු පිළිබඳ ව වෙන් වශයෙන් නුවණ යොදා මෙනෙහි කිරීමෙන් දන්නා සේක. 'මේ පුද්ගල තෙමේ ආශ්‍රවයන් ක්ෂය කිරීමෙන් අනාශ්‍රව වූ චිත්ත විමුක්තිය ත්, ප්‍රඥා විමුක්තිය ත් මේ ජීවිතයේ දී ම තම විශිෂ්ට නුවණින් අත්දැක එයට පැමිණ වාසය කරන්නේ ය' යනුවෙනි. ස්වාමීනී, අන්‍ය වූ පුද්ගලයන්ගේ විමුක්ති ඥානය පිළිබඳ ව වූ මෙය අනුත්තරීය ධර්මයකි.

තව ද ස්වාමීනී, තමා ත් ලෝකය ත් සදාකාලික ය යනාදී ශාස්වතවාදී මතයන් පිළිබඳ ව යම් අයුරකින් භාග්‍යවතුන් වහන්සේ ධර්මය දේශනා කරන සේක් ද, මෙය ද අනුත්තරීය ධර්මයකි. ස්වාමීනී, මේ ශාස්වතවාද තුනකි.

ස්වාමීනී, මෙහිලා ඇතැම් ශ්‍රමණයෙක් හෝ බ්‍රාහ්මණයෙක් හෝ වීර්යය කොට, දැඩි ව වීර්යය කොට, නැවත නැවත වීර්යය කොට, අප්‍රමාදී ව, මැනැවින් මෙනෙහි කිරීමෙන්, යම්බඳු සමාධිමත් සිතකින් නොයෙක් අයුරු ඇති පෙර භවයන්හි වාසය කිරීම් පිළිබඳ ව සිහි කරයි නම්, එබඳු චිත්ත සමාධියක් ලබයි. එනම්, 'එක් උපතක් ද, උපත් දෙකක් ද, උපත් තුනක් ද, උපත් සතරක් ද, උපත් පහක් ද, උපත් දහයක් ද, උපත් විස්සක් ද, උපත් තිහක් ද, උපත් හතළිහක් ද, උපත් පනහක් ද, උපත් සියයක් ද, උපත් දහසක් ද, උපත් සිය දහසක් ද වශයෙනි. නොයෙක් සිය ගණන්, නොයෙක් දහස් ගණන්, නොයෙක් සිය දහස් ගණන් උපත් මෙනෙහි කරයි. 'මම අසවල් තැන සිටියෙමි. මෙබඳු නම්

ඇති ව, මෙබඳු ගෝත්‍ර නම් ඇති ව, මෙබඳු පැහැ ඇති ව, මෙබඳු ආහාර ඇති ව, මෙබඳු සැපදුක් විඳිමින්, මෙබඳු අයුරින් ජීවිතය අවසන් කළෙමි. එයින් චුත වූ මම අසවල් තැන උපන්නෙමි. එහි මෙබඳු නම් ඇති ව, මෙබඳු ගෝත්‍ර නම් ඇති ව, මෙබඳු පැහැ ඇති ව, මෙබඳු ආහාර ඇති ව, මෙබඳු සැපදුක් විඳිමින් සිටියෙමි. මෙබඳු අයුරින් ජීවිතය අවසන් කළෙමි. එයින් චුත වූ මම මෙහි උපන්නෙමි' යනාදී වශයෙන් කරුණු සහිත ව, සවිස්තර ව, නොයෙක් අයුරු ඇති පෙර විසූ ජීවිත පිළිබඳ ව සිහි කරයි. එවිට හේ මෙසේ කියයි. 'මම් අතීත කාලය ගැන ත් දනිමි. මේ ලෝකය නැසුණේ ත් වෙයි. හටගත්තේ ත් වෙයි. අනාගත කාලය ගැන ත් මම දනිමි. මේ ලෝකය නැසෙන්නේ හෝ වෙයි. හටගන්නේ හෝ වෙයි. ආත්මය ත්, ලෝකය ත් සදාකාලික ය. කිසිවක් අලුතෙන් නූපදවයි. ගිරි කූලක් සේ සිටියේ ය. ගැඹුරට කැණ සිට වූ ගල් ටැඹක් සේ සිටියේ ය. ඒ සත්වයෝ ම උපතින් උපතට දිව යති. සැරිසරා යති. චුත වෙති. යළි උපදිති. සදාකාලික අයුරින් තිබෙන්නේ ම වෙයි' වශයෙනි. මෙය පළමුවෙනි ශාස්වතවාදය යි.

තව ද ස්වාමීනී, මෙහිලා ඇතැම් ශ්‍රමණයෙක් හෝ බ්‍රාහ්මණයෙක් හෝ වීර්යය කොට, දැඩි ව වීර්යය කොට, නැවත නැවත වීර්යය කොට, අප්‍රමාදී ව, මැනැවින් මෙනෙහි කිරීමෙන්, යම්බඳු සමාධිමත් සිතකින් නොයෙක් අයුරු ඇති පෙර භවයන්හි වාසය කිරීම් පිළිබඳ ව සිහි කරයි නම්, එබඳු චිත්ත සමාධියක් ලබයි. එනම්, නැසෙන - හැදෙන කල්පයක් ද, නැසෙන - හැදෙන කල්ප දෙකක් ද, නැසෙන - හැදෙන කල්ප තුනක් ද, නැසෙන - හැදෙන කල්ප සතරක් ද, නැසෙන - හැදෙන කල්ප පහක් ද, නැසෙන - හැදෙන කල්ප දහයක් ද සිහි කරන්නේ වෙයි. 'මම අසවල් තැන සිටියෙමි. මෙබඳු නම් ඇති ව, මෙබඳු ගෝත්‍ර නම් ඇති ව, මෙබඳු පැහැ ඇති ව, මෙබඳු ආහාර ඇති ව, මෙබඳු සැපදුක් විඳීම් ඇති ව සිටියෙමි. මෙබඳු අයුරින් ජීවිතය අවසන් කළෙමි. එයින් චුත වූ මම අසවල් තැන උපන්නෙමි. එහි මෙබඳු නම් ඇති ව, මෙබඳු ගෝත්‍ර නම් ඇති ව, මෙබඳු පැහැ ඇති ව, මෙබඳු ආහාර ඇති ව, මෙබඳු සැපදුක් විඳීම් ඇති ව, මෙබඳු අයුරින් ජීවිතය අවසන් කළෙමි. එයින් චුත වූ මම මෙහි උපන්නෙමි' යනාදී වශයෙන් කරුණු සහිත ව, සවිස්තර ව, නොයෙක් අයුරු ඇති පෙර විසූ ජීවිත පිළිබඳ ව සිහි කරයි. එවිට හේ මෙසේ කියයි. 'මම් අතීත කාලය ගැන ත් දනිමි. මේ ලෝකය නැසුණේ ත් වෙයි. හටගත්තේ ත් වෙයි. අනාගත කාලය ගැන ත් මම දනිමි. මේ ලෝකය නැසෙන්නේ හෝ වෙයි. හටගන්නේ හෝ වෙයි. ආත්මය ත්, ලෝකය ත් සදාකාලික ය. කිසිවක් අලුතෙන් නූපදවයි. ගිරි කූලක් සේ සිටියේ ය. ගැඹුරට කැණ සිට වූ ගල් ටැඹක් සේ සිටියේ ය. ඒ සත්වයෝ ම උපතින් උපතට දිව යති. සැරිසරා යති. චුත

වෙති. යළි උපදිති. සදාකාලික අයුරින් තිබෙන්නේ ම වෙයි' වශයෙනි. මෙය දෙවෙනි ශාස්වතවාදයයි.

තව ද ස්වාමීනී, මෙහිලා ඇතැම් ශ්‍රමණයෙක් හෝ බ්‍රාහ්මණයෙක් හෝ වීර්යය කොට, දැඩි ව වීර්යය කොට, නැවත නැවත වීර්යය කොට, අප්‍රමාදී ව, මැනැවින් මෙනෙහි කිරීමෙන්, යම්බඳු සමාධිමත් සිතකින් නොයෙක් අයුරු ඇති පෙර භවයන්හි වාසය කිරීම් පිළිබඳ ව සිහි කරයි නම් එබඳු චිත්ත සමාධියක් ලබයි. එනම්, ...(පෙ).... නැසෙන - හැදෙන කල්ප දහයක් ද, නැසෙන - හැදෙන කල්ප විස්සක් ද, නැසෙන - හැදෙන කල්ප තිහක් ද, නැසෙන - හැදෙන කල්ප හතළිහක් ද සිහි කරන්නේ වෙයි. 'මම අසවල් තැන සිටියෙමි. මෙබඳු නම් ඇති ව, මෙබඳු ගෝත්‍ර නම් ඇති ව, මෙබඳු පැහැ ඇති ව, මෙබඳු ආහාර ඇති ව, මෙබඳු සැපදුක් විඳීම් ඇති ව, මෙබඳු අයුරින් ජීවිතය අවසන් කළෙමි. එයින් චුත වූ මම අසවල් තැන උපන්නෙමි. එහි මෙබඳු නම් ඇති ව, මෙබඳු ගෝත්‍ර නම් ඇති ව, මෙබඳු පැහැ ඇති ව, මෙබඳු ආහාර ඇති ව, මෙබඳු සැපදුක් විඳීම් ඇති ව සිටියෙමි. මෙබඳු අයුරින් ජීවිතය අවසන් කළෙමි. එයින් චුත වූ මම මෙහි උපන්නෙමි' යනාදී වශයෙන් කරුණු සහිත ව, සවිස්තර ව, නොයෙක් අයුරු ඇති පෙර විසූ ජීවිත පිළිබඳ ව සිහි කරයි. එවිට හේ මෙසේ කියයි. 'මම් අතීත කාලය ගැන ත් දනිමි. මේ ලෝකය නැසුණේ ත් වෙයි. හටගත්තේ ත් වෙයි. අනාගත කාලය ගැන ත් මම දනිමි. මේ ලෝකය නැසෙන්නේ ද වෙයි. හටගන්නේ ද වෙයි. ආත්මය ත්, ලෝකය ත් සදාකාලික ය. කිසිවක් අලුතෙන් නූපදවයි. ගිරි කුලක් සේ සිටියේ ය. ගැඹුරට කැණ සිට වූ ගල් ටැඹක් සේ සිටියේ ය. ඒ සත්වයෝ ම උපතින් උපතට දිව යති. සැරිසරා යති. චුත වෙති. යළි උපදිති. සදාකාලික අයුරින් තිබෙන්නේ ම වෙයි' වශයෙනි. මෙය තෙවෙනි ශාස්වතවාදය යි. ස්වාමීනී, ශාස්වතවාදයන් පිළිබඳ ව වූ මෙය අනුත්තරීය ධර්මයකි.

තව ද ස්වාමීනී, පෙර භවයන්හි ජීවිත ගතකළ අයුරු දන්නා නුවණ පිළිබඳ ව යම් අයුරකින් භාග්‍යවතුන් වහන්සේ ධර්මය දේශනා කරන සේක් ද, මෙය අනුත්තරිය ධර්මයකි. මෙහිලා ඇතැම් ශ්‍රමණයෙක් හෝ බ්‍රාහ්මණයෙක් හෝ වීර්යය කොට, ...(පෙ).... යම් අයුරකින් සිත සමාහිත වූ කල්හී නොයෙක් අයුරු ඇති පෙර භවයන්හි වාසය කිරීම් පිළිබඳ ව සිහි කරයි නම් එබඳු චිත්ත සමාධියක් ලබයි. එනම්, 'එක් උපතක් ද, උපත් දෙකක් ද, උපත් තුනක් ද, උපත් සතරක් ද, උපත් පහක් ද, උපත් දහයක් ද, උපත් විස්සක් ද, උපත් තිහක් ද, උපත් හතළිහක් ද, උපත් පනහක් ද, උපත් සියයක් ද, උපත් දහසක් ද, උපත් සිය දහසක් ද, නොයෙක් නැසෙන කල්පයන් ද, නොයෙක් හැදෙන කල්පයන්

ද, නොයෙක් නැසෙන - හැදෙන කල්පයන් ද ....(පෙ).... යනාදී වශයෙන් කරුණු සහිත ව, සවිස්තර ව, නොයෙක් අයුරු ඇති පෙර විසූ ජීවිත පිළිබඳ ව සිහි කරයි. 'ස්වාමීනි, බොහෝ ආයුෂ ඇති දෙව්වරු සිටිති. ඔවුන්ගේ ආයු ප්‍රමාණය ගණනින් හෝ සංඛ්‍යාවකින් හෝ පැවසිය නොහැකි තරම් ය. නමුත් ඒ ඒ ආත්මභාවයන්හි උපන් විරූ බවක් ඇද්ද, ඉදින් රූපී භවයන්හි වේවා, ඉදින් අරූපී භවයන්හි වේවා, ඉදින් සංඥී භවයන්හි වේවා, ඉදින් අසංඥී භවයන්හි වේවා, ඉදින් නේවසංඥීනාසංඥී භවයන්හි වේවා මෙසේ කරුණු සහිත ව, සවිස්තර ව, නොයෙක් අයුරු ඇති පෙර විසූ කඳපිළිවෙල සිහිකරන්නේ වෙයි. ස්වාමීනී, පෙර විසූ ජීවිත පිළිබඳ ව සිහි කිරීමේ ඥානය පිළිබඳ ව මෙය අනුත්තරීය ධර්මයකි.

තව ද ස්වාමීනී, සත්වයන්ගේ චුතවීම - ඉපදීම පිළිබඳ දන්නා නුවණ පිළිබඳ යම් අයුරකින් භාග්‍යවතුන් වහන්සේ ධර්මය දේශනා කරන සේක් ද, මෙය ද අනුත්තරීය ධර්මයකි. ස්වාමීනී, මෙහිලා එක්තරා ශ්‍රමණයෙක් හෝ බ්‍රාහ්මණයෙක් හෝ වීර්යය වඩා, ...(පෙ).... යම් බඳු සමාධිමත් සිතකින් මිනිසුන්ගේ දැකීම් සීමාව ඉක්ම ගිය පිරිසිදු වූ දිවැසින් චුතවෙන - උපදින සතුන් දකින්නේ වෙයි නම්, පහත් වූ ත්, උසස් වූ ත්, සුරූපී වූ ත්, විරූපී වූ ත්, සුගතියෙහි වූ ත්, දුගතියෙහි වූ ත්, කර්මානුරූප ව උපන් සත්වයන් පිළිබඳ ව දන්නේ වෙයි නම්, එබඳු චිත්ත සමාධියක් ලබයි. 'අහෝ! මේ භවත් සත්වයෝ ඒකාන්තයෙන් ම කාය දුශ්චරිතයෙන් යුක්ත වූවාහු, වාක් දුශ්චරිතයෙන් යුක්ත වූවාහු, මනෝ දුශ්චරිතයෙන් යුක්ත වූවාහු, ආර්ය උපවාද කළාහු, මිසදිටු ගත්තාහු, මිසදිටු ක්‍රියාවන් සමාදන් වූවාහු ය. ඔවුහු කය බිඳී මරණින් මතු අපාය, දුර්ගති, විනිපාත නම් වූ නිරයෙහි උපන්නාහු ය. එනමුදු මේ භවත් සත්වයෝ ඒකාන්තයෙන් කාය සුචරිතයෙන් යුක්ත වූවාහු, වාක් සුචරිතයෙන් යුක්ත වූවාහු, මනෝ සුචරිතයෙන් යුක්ත වූවාහු, ආර්යෝපවාද නොකළාහු, සම්දිටු ගත්තාහු, සම්දිටු ක්‍රියාවන් සමාදන් වූවාහු ය. ඔවුහු කය බිඳී මරණින් මතු සුගති නම් වූ දෙව්ලොවෙහි උපන්නාහු ය. මේ අයුරින් මිනිසුන්ගේ දැකීම් සීමාව ඉක්ම ගිය පිරිසිදු වූ දිවැසින් චුතවෙන - උපදින සතුන් දකින්නේ වෙයි. පහත් වූ ත්, උසස් වූ ත්, සුරූපී වූ ත්, විරූපී වූ ත්, සුගතියෙහි වූ ත්, දුගතියෙහි වූ ත්, කර්මානුරූප ව උපන් සත්වයන් පිළිබඳ ව දන්නේ වෙයි. ස්වාමීනී, සත්වයන්ගේ චුතිය - උපත පිළිබඳ දන්නා වූ නුවණ පිළිබඳ මෙය අනුත්තරීය ධර්මයකි.

තව ද ස්වාමීනී, ඉර්ධීන් පිළිබඳ ව යම් අයුරකින් භාග්‍යවතුන් වහන්සේ ධර්මය දේශනා කරන සේක් ද, මෙය ද අනුත්තරීය ධර්මයකි. ස්වාමීනී, මේ

දෙවැදෑරුම් වූ ඉර්ධි ප්‍රාතිහාර්යයෝ ය. ස්වාමීනී, ආශ්‍රව සහිත වූ, කෙලෙස් සහිත වූ, අනාර්ය යැයි කියනු බලන ඉර්ධියක් ඇත. ස්වාමීනී, ආශ්‍රව රහිත වූ, කෙලෙස් රහිත වූ, ආර්ය යැයි කියනු ලබන ඉර්ධියක් ඇත.

ස්වාමීනී, ආශ්‍රව සහිත වූ ත්, කෙලෙස් සහිත වූ ත්, අනාර්ය යැයි පවසන ඉර්ධිය කුමක් ද? ස්වාමීනී, මෙහිලා එක්තරා ශ්‍රමණයෙක් හෝ බ්‍රාහ්මණයෙක් හෝ වීර්යය වඩා ....(පෙ).... යම්බඳු සමාධිමත් සිතකින් නොයෙක් අයුරු ඇති ඉර්ධීන් උපදවා ගන්නේ වෙයි නම්, එබඳු චිත්ත සමාධියක් ලබයි. එනම්, තනි කෙනෙකු ව සිට බොහෝ අයුරින් පෙන්වන්නේ වෙයි. බොහෝ අයුරින් සිට තනි ව පෙන්වන්නේ වෙයි. පෙනී සිටින්නේ ත් වෙයි. නොපෙනී සිටින්නේ ත් වෙයි. බිත්තියෙන් පිටතට, පවුරෙන් පිටතට, පර්වතයක් හරහා අහසෙහි මෙන් නොගැටී යන්නේ වෙයි. ජලයේ සෙයින් පොළොවෙහි ගිලෙන්නේ ද වෙයි. මතුවෙන්නේ ද වෙයි. පොළොවෙහි සෙයින් දිය මතින් ඇවිදින්නේ ද වෙයි. පක්ෂි ලිහිණියෙකු සෙයින් පළඟක් බැඳ අහසෙහි යන්නේ ද වෙයි. මේ සා මහා ඉර්ධිමත්, මේ සා මහානුභාව සම්පන්න හිරු සඳු ත් සිය අතින් ස්පර්ශ කරන්නේ ත් වෙයි. පිරිමදින්නේ වෙයි. බඹලොව තෙක් තම කයින් වසඟයෙහි පවත්වන්නේ වෙයි. ස්වාමීනී, යමක් ආශ්‍රව සහිත වූයේ ද, කෙලෙස් සහිත වූයේ ද, අනාර්ය වූයේ යැයි කියනු ලැබේ ද, මේ ඒ ඉර්ධිය යි.

ස්වාමීනී, ආශ්‍රව රහිත වූ ත්, නිකෙලෙස් වූ ත්, ආර්ය යැයි පවසනන්නා වූ ත් ඉර්ධිය කුමක් ද? ස්වාමීනී, මෙහිලා භික්ෂුව 'ඉදින් පිළිකුල් දෙයෙහි නොපිළිකුල් සංඥාවෙන් වාසය කරන්නෙමි' යි කැමති වන්නේ නම්, එහි නොපිළිකුල් සංඥාවෙන් වාසය කරයි. 'ඉදින් නොපිළිකුල් දෙයෙහි පිළිකුල් සංඥාවෙන් වාසය කරන්නෙමි' යි කැමති වන්නේ නම්, එහි පිළිකුල් සංඥාවෙන් වාසය කරයි. 'ඉදින් නොපිළිකුල් දෙයෙහි ත්, පිළිකුල් දෙයෙහි ත් නොපිළිකුල් සංඥාවෙන් වාසය කරන්නෙමි' යි කැමති වන්නේ නම්, එහි නොපිළිකුල් සංඥාවෙන් වාසය කරයි. 'ඉදින් නොපිළිකුල් දෙයෙහි ත්, පිළිකුල් දෙයෙහි ත් පිළිකුල් සංඥාවෙන් වාසය කරන්නෙමි' යි කැමති වන්නේ නම්, එහි පිළිකුල් සංඥාවෙන් වාසය කරයි. 'ඉදින් නොපිළිකුල් දෙය ත්, පිළිකුල් දෙය ත් ඒ දෙක ම අත්හැර සිහියෙන් හා නුවණින් යුතුව උපේක්ෂාවෙන් වාසය කිරීමට කැමැත්තේ නම්, එහි උපේක්ෂාවෙන් යුතුව සිහියෙන් හා නුවණින් යුතුව වාසය කරයි. ස්වාමීනී, යමක් ආශ්‍රව රහිත වූයේ, නිකෙලෙස් වූයේ, ආර්ය යැයි කියනු ලැබේ ද, මේ එම ඉර්ධිය යි.

ස්වාමීනී, ඉර්ධීන් පිළිබඳ වූ මෙය අනුත්තරීය ධර්මයකි. එය භාග්‍යවතුන් වහන්සේ සර්වප්‍රකාරයෙන් ම දන්නා සේක. එය භාග්‍යවතුන් වහන්සේ

මුළුමනින් ම දන්නා හෙයින් විශිෂ්ට ඥානයකින් එයට වැඩියෙන් දැනගත යුතු දෙයක් නැත්තේ ය. මේ ඉර්ධීන් පිළිබඳ ව භාග්‍යවතුන් වහන්සේ තුළ යම් අවබෝධයක් ඇද්ද, එයට වඩා දන්නා අන්‍ය වූ ශ්‍රමණයෙක් හෝ බ්‍රාහ්මණයෙක් හෝ නැත්තේ ය.

ස්වාමීනී, සැදැහැවත් කුලපුත්‍රයෙකු විසින් අරඹන ලද වීර්යයකින්, බලවත් වීර්යයකින්, පුරුෂ බලයකින්, පුරුෂ වීර්යයකින්, පුරුෂ පරාක්‍රමයකින්, වගකීම් දරණ පුරුෂයෙකු විසින් ලැබිය යුතු යමක් ඇද්ද, එය භාග්‍යවතුන් වහන්සේ විසින් අත්පත් කරගන්නා ලද්දේ ය. ස්වාමීනී, භාග්‍යවතුන් වහන්සේ හීන වූ, ග්‍රාම්‍ය වූ, පෘථග්ජනයන්ට අයත් වූ, අනාර්ය වූ, අනර්ථයෙන් යුතු වූ, කාමයන් පිළිබඳ ව කාම සුඛයෙහි ඇලී ගැලී වාසය කිරීමෙහි නොයෙදෙන සේක. භාග්‍යවතුන් වහන්සේ දුක් වූ, අනාර්ය වූ, අනර්ථයෙන් යුතු වූ, තම ශරීරයට අතිශයින් දුක් පීඩාවන් දෙන අත්තකිලමථානුයෝගයෙහි ද නොයෙදෙන සේක. භාග්‍යවතුන් වහන්සේ උසස් චිත්ත දියුණුවකින් හෙබි, මෙලොව දී ලබන සැප විහරණ ඇති සතරක් වූ ධ්‍යානයන් කැමැති සේ ලබන සේක. පහසුවෙන් ලබන සේක. මහත් සේ ලබන සේක.

ස්වාමීනී, ඉදින් මාගෙන් මෙසේ ප්‍රශ්න කරයි නම්, 'කිම? ඇවැත් සාරිපුත්තයෙනි, සම්බුද්ධත්වය පිළිබඳ ව භාග්‍යවතුන් වහන්සේට වඩා වැඩී ගිය ඥානයක් ඇති අන්‍ය වූ ශ්‍රමණයෙක් හෝ බ්‍රාහ්මණයෙක් හෝ අතීතයේ සිටියේ ද?' යි ස්වාමීනී, මෙසේ ඇසූ කල්හී මම 'නොසිටියේ ය' යි කියන්නෙමි.

'කිම? ඇවැත් සාරිපුත්තයෙනි, සම්බුද්ධත්වය පිළිබඳ ව භාග්‍යවතුන් වහන්සේට වඩා වැඩී ගිය ඥානයක් ඇති අන්‍ය වූ ශ්‍රමණයෙක් හෝ බ්‍රාහ්මණයෙක් හෝ අනාගතයේ පහළ වන්නේ ද?' යි ස්වාමීනී, මෙසේ ඇසූ කල්හී මම 'පහළ නොවන්නේ ය' යි කියන්නෙමි.

'කිම? ඇවැත් සාරිපුත්තයෙනි, සම්බුද්ධත්වය පිළිබඳ ව භාග්‍යවතුන් වහන්සේට වඩා වැඩී ගිය ඥානයක් ඇති අන්‍ය වූ ශ්‍රමණයෙක් හෝ බ්‍රාහ්මණයෙක් හෝ මෙකල්හී සිටියි ද?' යි ස්වාමීනී, මෙසේ ඇසූ කල්හී මම 'නැත්තේ ය' යි කියන්නෙමි.

ඉදින් ස්වාමීනී, මගෙන් මෙසේ ප්‍රශ්න කරයි නම්, 'කිම? ඇවැත් සාරිපුත්තයෙනි, සම්බුද්ධත්වය පිළිබඳ ව භාග්‍යවතුන් වහන්සේ හා සම සම ව ගිය ඥානයක් ඇති අන්‍ය වූ ශ්‍රමණයෙක් හෝ බ්‍රාහ්මණයෙක් හෝ අතීතයේ සිටියේ ද?' යි ස්වාමීනී, මෙසේ ඇසූ කල්හී මම 'එසේ ය. සිටියේය' යි කියන්නෙමි.

'කිම? ඇවැත් සාරිපුත්තයෙනි, සම්බුද්ධත්වය පිළිබඳ ව භාග්‍යවතුන් වහන්සේ හා සම සම ව ගිය ඥානයක් ඇති අන්‍ය වූ ශ්‍රමණයෙක් හෝ බ්‍රාහ්මණයෙක් හෝ අනාගතයේ පහළ වන්නේ ද?' යි ස්වාමීනී, මෙසේ ඇසූ කල්හී මම 'එසේ ය. පහළ වන්නේ ය' යි කියන්නෙමි.

'කිම? ඇවැත් සාරිපුත්තයෙනි, සම්බුද්ධත්වය පිළිබඳ ව භාග්‍යවතුන් වහන්සේ හා සම සම ව ගිය ඥානයක් ඇති අන්‍ය වූ ශ්‍රමණයෙක් හෝ බ්‍රාහ්මණයෙක් හෝ මෙකල සිටියි ද?' යි ස්වාමීනී, මෙසේ ඇසූ කල්හී මම 'නැත්තේ ය' යි කියන්නෙමි.

ඉදින් ස්වාමීනී, මගෙන් මෙසේ ප්‍රශ්න කරයි නම්, 'කිම? ඇවැත් සාරිපුත්තයෙනි, 'එසේ ය කියමින් ඇතැම් ශ්‍රමණ බමුණන් හා භාග්‍යවතුන් වහන්සේ හා සම සම ව ගිය සම්බුද්ධත්වය පිළිගත්තේ ය. ඇතැම් ශ්‍රමණ බමුණන් පිළිබඳ ව මෙකල්හී නැතැයි පිළිගත්තේ ය.' ස්වාමීනී, මෙසේ ඇසූ කල්හී මම මෙසේ පිළිතුරු දෙන්නෙමි.

'ඇවැත්නි, ඔය කරුණ මා විසින් භාග්‍යවතුන් වහන්සේ ඉදිරියෙහි ම අසන ලද්දේ ය. ඉදිරියෙහි ම පිළිගන්නා ලද්දේ ය. එනම් 'අතීතයෙහි වැඩසිටියා වූ අරහත් වූ සම්මා සම්බුදු රජාණන් වහන්සේලා මා හා සම්බුද්ධත්වයෙන් සම සම ව සිටි සේක' යන කරුණ යි. එමෙන්ම ඇවැත්නි, 'අනාගතයෙහි පහළ වන්නා වූ අරහත් වූ සම්මා සම්බුදු රජාණන් වහන්සේලා මා හා සම්බුද්ධත්වයෙන් සම සම ව සිටින්නාහ' යන කරුණ මා විසින් භාග්‍යවතුන් වහන්සේ ඉදිරිපිට අසන ලද්දේ ය. ඉදිරිපිට ම පිළිගන්නා ලද්දේ ය.

ඇවැත්නි, 'එක් ලෝක ධාතුවක පෙර පසු නොවී අරහත් සම්මා සම්බුදුරජාණන් වහන්සේලා දෙනමක් පහළවන්නාහ යන කරුණ නොසිදුවන දෙයකි. එබන්දකට අවකාශ නැත්තේ ය. මෙකරුණ දකින්නට නොලැබෙයි' යන කරුණ ද මා විසින් භාග්‍යවතුන් වහන්සේ ඉදිරිපිට අසන ලද්දේ ය. ඉදිරිපිට ම පිළිගන්නා ලද්දේ ය.'

ස්වාමීනී, මෙසේ විමසනු ලබන මම ඇතැම් ශ්‍රමණ බ්‍රාහ්මණ කෙනෙක් භාග්‍යවතුන් වහන්සේ හා සම සම බව පිළිගත් කරුණ ත්, මෙකල භාග්‍යවතුන් වහන්සේ හා සම සම අන් ශ්‍රමණ බ්‍රාහ්මණයෙකු නැති බව ත් යන කරුණ ඔය අයුරින් පිළිතුරු දෙන්නෙම් නම්, භාග්‍යවතුන් වහන්සේ විසින් පවසන ලද්දක් ම පැවසූවෙක් වෙම් ද? භාග්‍යවතුන් වහන්සේට අසත්‍ය කරුණකින් චෝදනා නොකරන්නෙම් ද? ධර්මයට අනුකූල වූවක් ම පවසන්නෙම් ද? කරුණු සහිත ව ඉදිරිපත් කෙරෙන ප්‍රකාශයකදී ගැරහීමකට පත් නොවන්නේ ද?"

"සාරිපුත්තයෙනි, ඒකාන්තයෙන් ම ඔබෙන් මෙසේ විමසන කල මෙසේ පිළිතුරු දෙන්නෙහි නම්, මා විසින් පවසන ලද්දක් ම පවසන්නෙහි ය. මා හට අසත්‍ය වූ දෙයකින් චෝදනා නොකරන්නෙහි ය. ධර්මයට අනුකූල වූවක් ම පවසන්නෙහි ය. කරුණු සහිත ව ඉදිරිපත් කළ ප්‍රකාශයක දී ගැරහීමකට පත් නොවන්නේ ම ය."

මෙසේ වදාළ කල්හී ආයුෂ්මත් උදායී තෙරණුවෝ භාග්‍යවතුන් වහන්සේට මෙය පැවසූහ.

"ස්වාමීනී, ආශ්චර්යයකි! ස්වාමීනී, අද්භූතයෙකි! තථාගතයන් වහන්සේගේ අල්පේච්ඡතාව, ලද දෙයින් සතුටු වීම, කෙලෙස් සිඳ දමා ඇති බව, අසිරිමත් ය! මේ සා මහත් ඉර්ධිමත් වූ, මේ සා මහානුභාව සම්පන්න වූ, තථාගතයන් වහන්සේ තමන්වහන්සේ තුළ ඇති මේ ආනුභාවයන් හෙළි නොකොට වැඩසිටින සේක!

ස්වාමීනී, අන්‍ය තීර්ථක පරිබ්‍රාජකයන් තමන් තුළ මේ ධර්මයන්ගෙන් එක ම එකක් හෝ දකින්නාහු නම්, එපමණකින් ම ඔවුහු ධජ පතාකයන් නගා ගෙන ඇවිදින්නාහ. ස්වාමීනී, ආශ්චර්යයකි! ස්වාමීනී, අද්භූතයෙකි! තථාගතයන් වහන්සේගේ අල්පේච්ඡතාව, ලද දෙයින් සතුටු වීම, කෙලෙස් සිඳ දමා ඇති බව, අසිරිමත් ය! මේ සා මහත් ඉර්ධිමත් වූ, මේ සා මහානුභාව සම්පන්න වූ, තථාගතයන් වහන්සේ තමන්වහන්සේ තුළ ඇති මේ ආනුභාවයන් හෙළි නොකොට වැඩසිටින සේක!"

"උදායී, ඔබ මෙකරුණ දැකගන්න. තථාගතයන්ගේ අල්පේච්ඡතාව, ලද දෙයින් සතුටු වීම හා කෙලෙස් සිඳ දමා ඇති බව යි. තමන් තුළ ඇති මේ සා මහත් ඉර්ධිමත් බව, මේ සා මහානුභාව සම්පන්න බව තථාගත තෙමේ ප්‍රකට නොකරන්නේ ය.

උදායි, අන්‍යතීර්ථක පරිබ්‍රාජකයෝ මෙයින් එක ම එකක් හෝ තමන් තුළ දකිත් නම්, එපමණකින් ම ඔවුහු ධජ පතාකයන් නගා ගෙන ඇවිදින්නාහ. උදායී, ඔබ මෙකරුණ දැකගන්න. තථාගතයන්ගේ අල්පේච්ඡතාව, ලද දෙයින් සතුටු වීම හා කෙලෙස් සිඳ දමා ඇති බව යි. තමන් තුළ ඇති මේ සා මහත් ඉර්ධිමත් බව, මේ සා මහානුභාව සම්පන්න බව තථාගත තෙමේ ප්‍රකට නොකරන්නේ ය."

ඉක්බිති භාග්‍යවතුන් වහන්සේ ආයුෂ්මත් සාරිපුත්තයන් වහන්සේ ඇමතූ සේක. සාරිපුත්තයෙනි, එසේ වී නම් ඔබ මේ ධර්ම ක්‍රමය භික්ෂු, භික්ෂුණී,

උපාසක, උපාසිකාවන්ට නිතර පවසව. සාරිපුත්තයෙනි, යම් හිස් පුරුෂයන් හට තථාගතයන් පිළිබඳ ව සැකයක් හෝ විමතියක් හෝ වන්නේ ද, ඔවුන් තුළ තථාගතයන් පිළිබඳ ව ඇති ඒ සැකය හෝ විමතිය මේ ධර්ම ක්‍රමය අසා පහවී යනු ඇත්තේ ය."

මේ අයුරින් ආයුෂ්මත් සාරිපුත්තයන් වහන්සේ භාග්‍යවතුන් වහන්සේ ඉදිරිපිට දී තම පැහැදීම දක්වා වදාළහ. එහෙයින් මෙම ගාථා රහිත දෙසුමට 'සම්පසාදනීය' හෙවත් 'පැහැදීම ඇති කරවන ධර්මය' යන නාමය ලැබුණේය.

සාදු! සාදු!! සාදු!!!

සම්පසාදනීය සූත්‍රය නිමා විය.

3.6.

පාසාදික සූත්‍රය

පැහැදීම ඇති කරවන කරුණු ගැන වදාළ දෙසුම

මා විසින් මෙසේ අසන ලදී.

එක් සමයෙක්හි භාග්‍යවතුන් වහන්සේ වේධඤ්ඤ නම් ශාක්‍ය රජවරු වෙත් ද, ඔවුන්ගේ අඹ වනයෙහි වූ ප්‍රාසාදයෙහි වැඩවසන සේක.

එසමයෙහි වනාහී නිගණ්ඨනාතපුත්‍ර තෙමේ රජගහ නුවරට නුදුරු වූ පාවා නම් නුවරකදී කලුරිය කොට නොබෝ කල් ඇත්තේ වෙයි. ඔහුගේ කලුරිය කිරීමෙන් පසු නිගණ්ඨයෝ දෙකොටසකට බෙදී රණ්ඩු ඇති කරගනිමින්, කෝලාහල ඇතිකරගනිමින්, වාද විවාදයන්ට පැමිණෙමින්, එකිනෙකාට වචන නැමැති අවියෙන් විදගනිමින් වාසය කරති. 'තෝ මේ ධර්ම විනය නොදන්නෙහි ය. මම් මේ ධර්ම විනය දනිමි. කිම? තෝ මේ ධර්ම විනය දන්නෙහි ද? තෝ මිථ්‍යාවට පිළිපන්නෙහි ය. මම් යහපතට පිළිපන්නෙමි. මා කියන කරුණු හේතු යුක්ත ය. තගේ කරුණු හේතු රහිත ය. කලින් කිව යුත්ත පසු ව කීවෙහි ය. පසු ව කිව යුත්ත කලින් කීවෙහි ය. තා විසින් බොහෝ කල් පුරුදු කළ දෑ මේ වාදය නිසා කණපිට පෙරලුණේ ය. මා විසින් තට වාදයක් නංවන ලද්දේ ය. මා විසින් තෝ ගරහන ලද්දෙහි ය. වාදයෙන් බේරෙන්නට උපාය සොයමින් පල. ඉදින් පුළුවන් නම් වාදය ලිහා ගනුව' යනුවෙනි.

නිගණ්ඨනාතපුත්තගේ ගෝලයන් අතර හිංසා කරගැනීමක් ම මේ නිසා පවතියි. නිගණ්ඨනාතපුත්තගේ යම් ඒ සුදුවත් හඳින ගිහි සව්වෝ වෙත් ද, ඔවුහු නිගණ්ඨනාතපුත්තගේ ගෝලයන් කෙරෙහි කලකිරුණු ස්වභාව ඇති ව, නොබැඳුණු ස්වභාව ඇති ව, පුද සත්කාරයන්හි පසුබට වන ස්වභාව ඇති වූවාහු ය. වැරදි ලෙස කියන ලද, වැරදි ලෙස දන්වන ලද, කෙලෙස් නැසීම පිණිස හේතු නොවන, කෙලෙස් සංසිඳීම පිණිස හේතු නොවන, සම්මා සම්බුදු නොවන්නෙකු විසින් පවසන ලද ධර්ම විනයක, බිඳීගිය ස්ථූපය ඇති, පිළිසරණ රහිත වූවන් හට සිදුවන්නේ යම් අයුරකින් ද, එසේ ම වූයේ ය.

එකල්හී චුන්ද සාමණේර තෙමේ පාවා නුවර වස් වැස සාමගම යම් තැන ද, ආයුෂ්මත් ආනන්දයන් වහන්සේ යම් තැනක සිටියාහු ද, එතැනට පැමිණියේ ය. පැමිණ ආයුෂ්මත් ආනන්දයන් හට සකසා වන්දනා කොට එකත් පස් ව හිඳගත්තේ ය. එකත්පස් ව හුන් චුන්ද සාමණේරයෝ ආයුෂ්මත් ආනන්දයන් හට මෙය පැවසූහ.

"ස්වාමීනී, නිගණ්ඨනාතපුත්‍ර තෙමේ රජගහ නුවරට නුදුරු වූ පාවා නම් නුවරකදී කලුරිය කොට නොබෝ කල් ඇත්තේ වෙයි. ඔහුගේ කලුරිය කිරීමෙන් පසු නිගණ්ඨයෝ දෙකොටසකට බෙදී රණ්ඩු ඇති කරගනිමින්, කෝලාහල ඇතිකරගනිමින්, වාද විවාදයන්ට පැමිණෙමින්, එකිනෙකාට වචන නැමැති අවියෙන් විදගනිමින් වාසය කරති. 'තෝ මේ ධර්ම විනය නොදන්නෙහි ය. මම් මේ ධර්ම විනය දනිමි. කිම? තෝ මේ ධර්ම විනය දන්නෙහි ද? තෝ මිථ්‍යාවට පිළිපන්නෙහි ය. මම් යහපතට පිළිපන්නෙමි. මා කියන කරුණු හේතු යුක්ත ය. තගේ කරුණු හේතු රහිත ය. කලින් කිව යුත්ත පසු ව කීවෙහි ය. පසු ව කිව යුත්ත කලින් කීවෙහි ය. තා විසින් බොහෝ කල් පුරුදු කළ දෑ මේ වාදය නිසා කණපිට පෙරලුණේ ය. මා විසින් තට වාදයක් නංවන ලද්දේ ය. මා විසින් තෝ ගරහන ලද්දෙහි ය. වාදයෙන් බේරෙන්නට උපාය සොයමින් පල. ඉදින් පුළුවන් නම් වාදය ලිහා ගනුව' යනුවෙනි.

නිගණ්ඨනාතපුත්තගේ ගෝලයන් අතර හිංසා කරගැනීමක් ම මේ නිසා පවතියි. නිගණ්ඨනාතපුත්තගේ යම් ඒ සුදුවත් හඳින ගිහි සව්වෝ වෙත් ද, ඔවුහු නිගණ්ඨනාතපුත්තගේ ගෝලයන් කෙරෙහි කලකිරුණු ස්වභාව ඇති ව, නොබැඳුණු ස්වභාව ඇති ව, පුද සත්කාරයන්හි පසුබට වන ස්වභාව ඇති වූවාහු ය. වැරදි ලෙස කියන ලද, වැරදි ලෙස දන්වන ලද, කෙලෙස් නැසීම පිණිස හේතු නොවන, කෙලෙස් සංසිඳීම පිණිස හේතු නොවන, සම්මා සම්බුදු නොවන්නෙකු විසින් පවසන ලද ධර්ම විනයක, බිඳීගිය ස්ථූපය ඇති, පිළිසරණ රහිත වූවන් හට සිදුවන්නේ යම් අයුරකින් ද, එසේ ම වූයේ ය."

මෙසේ කී කල්හී ආයුෂ්මත් ආනන්දයන් වහන්සේ චුන්ද සාමණේරයන්ට මෙය පැවසූහ.

"ඇවැත් චුන්දයෙනි, භාග්‍යවතුන් වහන්සේ බැහැදකිනු පිණිස මෙය කථා පඬුරෙකි. එමු ඇවැත් චුන්දයෙනි, භාග්‍යවතුන් වහන්සේ වෙත එළැඹෙන්නෙමු. එළැඹ භාග්‍යවතුන් වහන්සේට මෙම කරුණ සැළකරන්නෙමු."

"එසේ ය, ස්වාමීනී" යි චුන්ද සාමණේරයෝ ආයුෂ්මත් ආනන්දයන් වහන්සේට පිළිවදන් දුන්හ. ඉක්බිති ආයුෂ්මත් ආනන්දයන් වහන්සේ ත්, චුන්ද

සාමණේරයෝ ත්, භාග්‍යවතුන් වහන්සේ යම් තැනක වැඩහුන් සේක් ද, එතැනට එළැඹියහ. එළැඹ භාග්‍යවතුන් වහන්සේට සකසා වන්දනා කොට එකත්පස් ව හිඳගත්හ. එකත්පස් ව හුන් ආයුෂ්මත් ආනන්දයන් වහන්සේ භාග්‍යවතුන් වහන්සේට මෙය පැවසූහ.

"ස්වාමීනී, මේ චුන්ද සාමණේරයෝ මෙසේ කීහ. 'ස්වාමීනී, නිගණ්ඨනාතපුත්‍ර තෙමේ රජගහ නුවරට නුදුරු වූ පාවා නම් නුවරකදී කලුරිය කොට නොබෝ කල් ඇත්තේ වෙයි. ඔහුගේ කලුරිය කිරීමෙන් පසු නිගණ්ඨයෝ දෙකොටසකට බෙදී ....(පෙ).... බිඳීගිය ස්ථූපය ඇති, පිළිසරණ රහිත වූවන් හට සිදුවන්නේ යම් අයුරකින් ද, එසේ ම වූයේ ය' යි."

"චුන්දයෙනි, වැරදියට කියන ලද, වැරදියට දන්වන ලද, කෙලෙස් නැසීම පිණිස හේතු නොවන, කෙලෙස් සංසිඳීම පිණිස හේතු නොවන, සම්මා සම්බුදු නොවන්නෙකු විසින් පවසන ලද, ධර්ම විනයෙහි එය එසේ ම වෙයි.

චුන්දයෙනි, මෙහිලා ශාස්තෘවරයා ත් සම්මා සම්බුදු නොවන්නෙකු වෙයි. ධර්මය ත් වැරදියට කියන ලද, වැරදියට දන්වන ලද කෙලෙස් නැසීම පිණිස හේතු නොවන, කෙලෙස් සංසිඳීම පිණිස හේතු නොවන සම්මා සම්බුදු නොවන කෙනෙකු විසින් පවසන ලද්දේ වෙයි. ශ්‍රාවකයා ද ඒ ධර්මයෙහි ධර්මානුධර්ම ප්‍රතිපදාවෙන්, සාමීචි ප්‍රතිපදාවෙන් ධර්මයට අනුව හැසිරීමෙන් තොර ව වසයි නම්, ඔහු ඒ ධර්මයෙන් බැහැර ව පවතියි නම්, ඔහුට මෙසේ කිව යුත්තේ ය.

'ඇවැත, ඒ තොපට ලාභයකි. ඒ තොපට මනා වූ ලැබීමකි. තොපගේ ශාස්තෘ තෙමේ සම්මා සම්බුදු නොවන්නෙකි. ධර්මය ත් වැරදියට කියන ලද, වැරදියට දන්වන ලද කෙලෙස් නැසීම පිණිස හේතු නොවන, කෙලෙස් සංසිඳීම පිණිස හේතු නොවන සම්මා සම්බුදු නොවන කෙනෙකු විසින් පවසන ලද්දේ වෙයි. තොප ද ඒ ධර්මයෙහි ධර්මානුධර්ම ප්‍රතිපදාවෙන් නොවසන්නෙහි ය. සාමීචි ප්‍රතිපදාවෙන් නොවසන්නෙහි ය. ධර්මයට අනුව නොහැසිරෙන්නෙහි ය. ධර්මයෙන් බැහැර ව සිටින්නෙහි ය' යනුවෙනි.

මෙසේ චුන්දයෙනි, එහිලා ශාස්තෘවරයා ත් ගැරහිය යුත්තේ ය. එහි ධර්මය ත් ගැරහිය යුත්තේ ය. එහි ශ්‍රාවකයා මෙසේ පැසසිය යුත්තේ ය. චුන්දයෙනි, යමෙක් මෙබඳු වූ ශ්‍රාවකයෙකුට මෙසේ කියයි නම්, 'ආයුෂ්මත, පැමිණේවා! ඔබගේ ශාස්තෘවරයා විසින් යම් අයුරකින් ධර්මය දෙසන ලද්දේ ද, පණවන ලද්දේ ද, එසේ ම පිළිපදීවා!' යි, යමෙකුත් එය සමාදන් කරවයි ද, යමෙකු ව සමාදන් කරවයි ද, යමෙකුත් සමාදන් කරවන ලදු ව ඒ අයුරින්

පිළිපදියි ද, ඒ සියල්ලෝ බොහෝ පව් රැස් කරගනිති. ඒ මක් නිසා ද යත්; චුන්දයෙනි, වැරදියට කියන ලද, වැරදියට දන්වන ලද, කෙලෙස් නැසීම පිණිස නොපවතින, සංසිඳීම පිණිස නොපවතින, සම්මා සම්බුදු නොවන්නෙකු විසින් පවසන ලද ධර්ම විනයෙහි එය එසේ ම වෙයි.

චුන්දයෙනි, මෙහිලා ශාස්තෘවරයා ත් සම්මා සම්බුදු නොවන්නෙකු වෙයි. ධර්මය ත් වැරදියට කියන ලද, වැරදියට දන්වන ලද කෙලෙස් නැසීම පිණිස හේතු නොවන, කෙලෙස් සංසිඳීම පිණිස හේතු නොවන සම්මා සම්බුදු නොවන කෙනෙකු විසින් පවසන ලද්දේ වෙයි. ශ්‍රාවකයා ද ඒ ධර්මයෙහි ධර්මානුධර්ම ප්‍රතිපදාවෙන්, සාමීචි ප්‍රතිපදාවෙන් ධර්මයට අනුව හැසිරීමෙන් යුක්ත ව වසයි නම්, ඔහු ඒ ධර්මය සමාදන් ව වසයි නම්, ඔහුට මෙසේ කිව යුත්තේ ය.

'ඇවැත, ඒ තොපට අලාභයකි. ඒ තොපට නපුරු වූ ලැබීමකි. තොපගේ ශාස්තෘ තෙමේ සම්මා සම්බුදු නොවන්නෙකි. ධර්මය ත් වැරදියට කියන ලද, වැරදියට දන්වන ලද කෙලෙස් නැසීම පිණිස හේතු නොවන, කෙලෙස් සංසිඳීම පිණිස හේතු නොවන සම්මා සම්බුදු නොවන කෙනෙකු විසින් පවසන ලද්දේ වෙයි. තොප ද ඒ ධර්මයෙහි ධර්මානුධර්ම ප්‍රතිපදාවෙන් වසන්නෙහි ය. සාමීචි ප්‍රතිපදාවෙන් වසන්නෙහි ය. ධර්මයට අනුව හැසිරෙන්නෙහි ය. ඒ ධර්මය සමාදන් ව සිටින්නෙහි ය' යනුවෙනි.

මෙසේ චුන්දයෙනි, එහිලා ශාස්තෘවරයා ත් ගැරහිය යුත්තේ ය. එහි ධර්මය ත් ගැරහිය යුත්තේ ය. එහි ශ්‍රාවකයා ත් මෙසේ ගැරහිය යුත්තේ ය. චුන්දයෙනි, යමෙක් මෙබඳු වූ ශ්‍රාවකයෙකුට මෙසේ කියයි නම්, 'ඒකාන්තයෙන් ආයුෂ්මත් තෙමේ අවබෝධය පිණිස පිළිපන්නේ ය. අවබෝධය ඇතිවන්නේ ය' යනුවෙන් එය පසසන්නේ ද, යමෙකු ව පසසන්නේ ද, යමෙකුත් පසසන ලද්දේ, එසේ හැසිරීම පිණිස බොහෝ සෙයින් වීර්යය අරඹයි ද, ඒ සියල්ලෝ බොහෝ පව් රැස් කරගනිති. ඒ මක් නිසා ද යත්; චුන්දයෙනි, වැරදියට කියන ලද, වැරදියට දන්වන ලද, කෙලෙස් නැසීම පිණිස නොපවතින, සංසිඳීම පිණිස නොපවතින, සම්මා සම්බුදු නොවන්නෙකු විසින් පවසන ලද ධර්ම විනයෙහි එය එසේ ම වෙයි.

චුන්දයෙනි, මෙහිලා ශාස්තෘවරයා ත් සම්මා සම්බුදු වෙයි. ධර්මය ත් නිවැරදි ව කියන ලද, නිවැරදි ව දන්වන ලද කෙලෙස් නැසීම පිණිස හේතු වන, කෙලෙස් සංසිඳීම පිණිස හේතු වන, සම්මා සම්බුදුවරයෙකු විසින් පවසන ලද්දේ වෙයි. එසේ නමුත් ශ්‍රාවකයා ඒ ධර්මයෙහි ධර්මානුධර්ම ප්‍රතිපදාවෙන්,

සාමීචි ප්‍රතිපදාවෙන් ධර්මයට අනුව හැසිරීමෙන් තොර ව වසයි නම්, ඔහු ඒ ධර්මයෙන් බැහැර ව පවතියි නම්, ඔහුට මෙසේ කිව යුත්තේ ය.

'ඇවැත, ඒ තොපට අලාභයකි. ඒ තොපට නපුරු වූ ලැබීමකි. තොපගේ ශාස්තෘ තෙමේ සම්මා සම්බුදුවරයෙකි. ධර්මය ත් නිවැරදි ව කියන ලද, නිවැරදි ව දන්වන ලද, කෙලෙස් නැසීම පිණිස හේතු වන, කෙලෙස් සංසිඳීම පිණිස හේතු වන, සම්මා සම්බුදුවරයෙකු විසින් පවසන ලද්දේ වෙයි. එසේ නමුත් තොප ඒ ධර්මයෙහි ධර්මානුධර්ම ප්‍රතිපදාවෙන් නොවසන්නෙහි ය. සාමීචි ප්‍රතිපදාවෙන් නොවසන්නෙහි ය. ධර්මයට අනුව නොහැසිරෙන්නෙහි ය. ඒ ධර්මයෙන් බැහැර ව සිටින්නෙහි ය' යනුවෙනි.

මෙසේ චුන්දයෙනි, එහිලා ශාස්තෘවරයා ත් පැසසිය යුත්තේ ය. එහි ධර්මය ත් පැසසිය යුත්තේ ය. එහි ශ්‍රාවකයා මෙසේ ගැරහිය යුත්තේ ය. චුන්දයෙනි, යමෙක් මෙබඳු වූ ශ්‍රාවකයෙකුට මෙසේ කියයි නම්, 'ආයුෂ්මත, පැමිණේවා! ඔබගේ ශාස්තෘවරයා විසින් යම් අයුරකින් ධර්මය දෙසන ලද්දේ ද, පණවන ලද්දේ ද, එසේ ම පිළිපදීවා!' යි, යමෙකුත් එය සමාදන් කරවයි ද, යමෙකු ව සමාදන් කරවයි ද, යමෙකුත් සමාදන් කරවන ලදු ව ඒ අයුරින් පිළිපදියි ද, ඒ සියල්ලෝ බොහෝ පින් රැස් කරගනිති. ඒ මක් නිසා ද යත්; චුන්දයෙනි, නිවැරදි ව කියන ලද, නිවැරදි ව දන්වන ලද, කෙලෙස් නැසීම පිණිස පවතින, සංසිඳීම පිණිස පවතින, සම්මා සම්බුදුවරයෙකු විසින් පවසන ලද ධර්ම විනයෙහි එය එසේ ම වෙයි.

චුන්දයෙනි, මෙහිලා ශාස්තෘවරයා ත් සම්මා සම්බුදු වෙයි. ධර්මය ත් නිවැරදි ව කියන ලද, නිවැරදි ව දන්වන ලද, කෙලෙස් නැසීම පිණිස හේතු වන, කෙලෙස් සංසිඳීම පිණිස හේතු වන, සම්මා සම්බුදුවරයෙකු විසින් පවසන ලද්දේ වෙයි. ශ්‍රාවකයා ද ඒ ධර්මයෙහි ධර්මානුධර්ම ප්‍රතිපදාවෙන්, සාමීචි ප්‍රතිපදාවෙන් ධර්මයට අනුව හැසිරීමෙන් යුක්ත ව වසයි නම්, ඔහු ඒ ධර්මය සමාදන් ව වසයි නම්, ඔහුට මෙසේ කිව යුත්තේ ය.

'ඇවැත, ඒ තොපට ලාභයකි. ඒ තොපට මනා වූ ලැබීමකි. තොපගේ ශාස්තෘ තෙමේ සම්මා සම්බුදුවරයෙකි. ධර්මය ත් නිවැරදි ව කියන ලද, නිවැරදි ව දන්වන ලද, කෙලෙස් නැසීම පිණිස හේතු වන, කෙලෙස් සංසිඳීම පිණිස හේතු වන, සම්මා සම්බුදුවරයෙකු විසින් පවසන ලද්දේ වෙයි. තොප ද ඒ ධර්මයෙහි ධර්මානුධර්ම ප්‍රතිපදාවෙන් වසන්නෙහි ය. සාමීචි ප්‍රතිපදාවෙන් වසන්නෙහි ය. ධර්මයට අනුව හැසිරෙන්නෙහි ය. ඒ ධර්මය සමාදන් ව සිටින්නෙහි ය' යනුවෙනි.

මෙසේ චුන්දයෙනි, එහිලා ශාස්තෘවරයා ත් පැසසිය යුත්තේ ය. එහි ධර්මය ත් පැසසිය යුත්තේ ය. එහි ශ්‍රාවකයා ත් මෙසේ පැසසිය යුත්තේ ය. චුන්දයෙනි, යමෙක් මෙබඳු වූ ශ්‍රාවකයෙකුට මෙසේ කියයි නම්, 'ඒකාන්තයෙන් ආයුෂ්මත් තෙමේ අවබෝධය පිණිස පිළිපන්නේ ය. අවබෝධය ඇතිවන්නේ ය' යනුවෙන් එය පසසන්නේ ද, යමෙකු ව පසසන්නේ ද, යමෙකුත් පසසන ලද්දේ, එසේ හැසිරීම පිණිස බොහෝ සෙයින් වීර්යය අරඹයි ද, ඒ සියල්ලෝ බොහෝ පින් රැස් කරගනිති. ඒ මක් නිසා ද යත්; චුන්දයෙනි, නිවැරදි ව කියන ලද, නිවැරදි ව දන්වන ලද, කෙලෙස් නැසීම පිණිස පවතින, සංසිඳීම පිණිස පවතින, සම්මා සම්බුදුවරයෙකු විසින් පවසන ලද ධර්ම විනයෙහි එය එසේ ම වෙයි.

චුන්දයෙනි, මෙහිලා අරහත් සම්මා සම්බුදු ශාස්තෘ තෙමේ ත් ලෝකයෙහි පහළ වූයේය. ධර්මය ත් මැනැවින් දෙසන ලද්දේ, මැනැවින් දන්වන ලද්දේ, කෙලෙස් නැසීම පිණිස ත්, කෙලෙස් සංසිඳීම පිණිස ත් පවතින අයුරින්. සම්මා සම්බුදුන් විසින් දෙසන ලද්දේ ය. ඒ බුදුරජුන් විසින් සිය ශ්‍රාවකයෝ ද, සද්ධර්මයෙහි අරුත් අවබෝධ නොකරවන ලද්දාහු නම්, ඒ ශ්‍රාවකයන්ට මුළුමනින් ම පිරිපුන් බඹසර නොපවසන ලද්දේ නම්, ඉස්මතු නොකරන ලද්දේ නම්, සියළු ශාසනික අර්ථයන් එකට ගොනු නොකරන ලද්දේ නම්, ප්‍රාතිහාර්යය සහිත ව දහම් නොදෙසන ලද්දේ නම්, යම්තාක් දෙව්මිනිසුන් අතර මැනැවින් ප්‍රකාශිත නොවූයේ ම නම්, එකල්හී යම් හෙයකින් ඒ ශ්‍රාවකයන්ගේ ශාස්තෘන් වහන්සේ පිරිනිවී යත් නම්, චුන්දයෙනි, මෙබඳු වූ ශාස්තෘ තෙමේ කලුරිය කළේ ශ්‍රාවකයන් හට ඒ පිරිනිවීම ගැන සිතන විට මහත් පසුතැවිල්ල ඇති කරන්නේ වෙයි. ඒ මක් නිසාද යත්; 'අරහත් සම්මා සම්බුදු වූ අපගේ ශාස්තෘන් වහන්සේ ත් ලොව පහළ වූහ. ධර්මය ත් මැනැවින් දෙසන ලද්දේ, මැනැවින් දන්වන ලද්දේ, කෙලෙස් නැසීම පිණිස ත්, කෙලෙස් සංසිඳීම පිණිස ත් පවතින අයුරින්. සම්මා සම්බුදුන් විසින් දෙසන ලද්දේ ය. එහෙත් ඒ බුදුරජුන් විසින් ශ්‍රාවක අපි සද්ධර්මයෙහි අරුත් අවබෝධ නොකරවන ලද්දෙමු. ඒ අපට මුළුමනින් ම පිරිපුන් බඹසර නොපවසන ලද්දේ ය. ඉස්මතු නොකරන ලද්දේ ය. සියළු ශාසනික අර්ථයන් එකට ගොනු නොකරන ලද්දේ ය. ප්‍රාතිහාර්යය සහිත ව දහම් නොදෙසන ලද්දේ ය. යම්තාක් දෙව්මිනිසුන් අතර මැනැවින් ප්‍රකාශිත නොවූයේ ම වෙයි. එකල්හී ඒ අපගේ ශාස්තෘන් වහන්සේ පිරිනිවී ගිය සේක' යි. චුන්දයෙනි, මෙබඳු ශාස්තෘ තෙමේ කලුරිය කළේ ශ්‍රාවකයන් හට ඒ පිරිනිවීම ගැන සිත සිතා පසුතැවිල්ල ඇති කරන්නේ වෙයි."

චුන්දයෙනි, මෙහිලා අරහත් සම්මා සම්බුදු ශාස්තෘ තෙමේ ත් ලෝකයෙහි පහළ වෙයි. ධර්මය ත් මැනැවින් දෙසන ලද්දේ, මැනැවින් දන්වන ලද්දේ,

කෙලෙස් නැසීම පිණිස ත්, කෙලෙස් සංසිඳීම පිණිස ත් පවතින අයුරින් සම්මා සම්බුදුන් විසින් දෙසන ලද්දේ ය. ඒ බුදුරජුන් විසින් සිය ශ්‍රාවකයෝ ද, සද්ධර්මයෙහි අරුත් අවබෝධ කරවන ලද්දාහු නම්, ඒ ශ්‍රාවකයන්ට මුළුමනින් ම පිරිපුන් බඹසර පවසන ලද්දේ නම්, ඉස්මතු කරන ලද්දේ නම්, සියළු ශාසනික අර්ථයන් එකට ගොනු කරන ලද්දේ නම්, ප්‍රාතිහාර්යය සහිත ව දහම් දෙසන ලද්දේ නම්, යම්තාක් දෙවිමිනිසුන් අතර මැනැවින් ප්‍රකාශිත වූයේ ම නම්, එකල්හී යම් හෙයකින් ඒ ශ්‍රාවකයන්ගේ ශාස්තෘන් වහන්සේ පිරිනිවී යත් නම්, චුන්දයෙනි, මෙබඳු වූ ශාස්තෘ තෙමේ කලුරිය කළේ ශ්‍රාවකයන් හට ඒ පිරිනිවීම ගැන සිතන විට මහත් පසුතැවිල්ල ඇති නොකරන්නේ වෙයි. ඒ මක් නිසාද යත්; 'අරහත් සම්මා සම්බුදු වූ අපගේ ශාස්තෘන් වහන්සේ ත් ලොව පහළ වූහ. ධර්මය ත් මැනැවින් දෙසන ලද්දේ, මැනැවින් දන්වන ලද්දේ, කෙලෙස් නැසීම පිණිස ත්, කෙලෙස් සංසිඳීම පිණිස ත් පවතින අයුරින් සම්මා සම්බුදුන් විසින් දෙසන ලද්දකි. ඒ බුදුරජුන් විසින් ශ්‍රාවක වූ අපි සද්ධර්මයෙහි අරුත් අවබෝධ කරවන ලද්දෙමු. ඒ අපට මුළුමනින් ම පිරිපුන් බඹසර පවසන ලද්දේ ය. ඉස්මතු කරන ලද්දේ ය. සියළු ශාසනික අර්ථයන් එකට ගොනු කරන ලද්දේ ය. ප්‍රාතිහාර්යය සහිත ව දහම් දෙසන ලද්දේ ය. යම්තාක් දෙවිමිනිසුන් අතර මැනැවින් ප්‍රකාශිත වූයේ ම වෙයි. එකල්හී ඒ අපගේ ශාස්තෘන් වහන්සේ පිරිනිවී ගිය සේක' යි. චුන්දයෙනි, මෙබඳු වූ ශාස්තෘ තෙමේ කලුරිය කළේ ශ්‍රාවකයන් හට ඒ පිරිනිවීම ගැන සිත සිතා පසුතැවිල්ල ඇති නොකරන්නේ වෙයි.

ඉදින් චුන්දයෙනි, මේ අංගයන්ගෙන් යුක්ත වූ බඹසරක් ඇද්ද, එනමුත් ශාස්තෘවරයා පැවිදි ව දසවසක් ඉක්ම ගිය ස්ථවිර බවට පත් වූයේ නොවෙයි නම්, ගෙවන ලද බොහෝ රාත්‍රී ඇත්තේ නොවෙයි නම්, පැවිදි ව බොහෝ කල් ගත නොවූයේ නම්, පිළිවෙලින් වයෝවෘද්ධ බවට පත් නොවූයේ නම්, මෙසේ ඒ බඹසර ඒ අංගයෙන් අසම්පූර්ණ වෙයි.

ඉදින් චුන්දයෙනි, යම් කලෙක මේ අංගයන්ගෙන් යුක්ත වූ බඹසරක් ඇද්ද, එමෙන් ම ශාස්තෘවරයා ද පැවිදි ව දසවසක් ඉක්ම ගිය ස්ථවිර බවට පත් වූයේ වෙයි ද, ගෙවන ලද බොහෝ රාත්‍රී ඇත්තේ වෙයි ද, පැවිදි ව බොහෝ කල් ගත වූයේ ද, පිළිවෙලින් වයෝවෘද්ධ බවට පත් වූයේ ද, මෙසේ ඒ බඹසර ඒ අංගයෙන් සම්පූර්ණ වෙයි.

ඉදින් චුන්දයෙනි, මේ අංගයන්ගෙන් යුක්ත වූ බඹසරක් ඇද්ද, එමෙන් ම ශාස්තෘවරයා ද පැවිදි ව දසවසක් ඉක්ම ගිය ස්ථවිර බවට පත් වූයේ වෙයි ද, ගෙවන ලද බොහෝ රාත්‍රී ඇත්තේ වෙයි ද, පැවිදි ව බොහෝ කල් ගත

වූයේ ද, පිළිවෙලින් වයෝවෘද්ධ බවට පත් වූයේ ද, නමුත් ඔහුට ව්‍යක්ත වූ, විනීත වූ, විශාරද වූ, රහත් බවට පත් වූ, සද්ධර්මයෙහි විස්තර පවසන්නට සමර්ථ වූ, උපන් පරාපවාදයන් ධර්මය තුළින් කරුණු සහිත ව නිග්‍රහ කොට සත්‍යාවබෝධ වන පරිදි දහම් දෙසන්නට වූ සමර්ථ වූ පැවිදි ව දසවස් ඉක්ම ගිය ස්ථවිර ශ්‍රාවක භික්ෂූහු නොවෙත් නම්, මෙසේ ඒ බඹසර ඒ අංගයෙන් අසම්පූර්ණ වෙයි.

යම් කලෙක චුන්දයෙනි, මේ අංග දෙකෙන් යුක්ත වූ බඹසරක් ඇද්ද, එමෙන්ම ශාස්තෘවරයා ද පැවිදි ව දසවසක් ඉක්ම ගිය ස්ථවිර බවට පත් වූයේ වෙයි ද, ගෙවන ලද බොහෝ රාත්‍රී ඇත්තේ වෙයි ද, පැවිදි ව බොහෝ කල් ගත වූයේ ද, පිළිවෙලින් වයෝවෘද්ධ බවට පත් වූයේ ද, එමෙන් ම ඔහුට ව්‍යක්ත වූ, විනීත වූ, විශාරද වූ, රහත් බවට පත් වූ, සද්ධර්මයෙහි විස්තර පවසන්නට සමර්ථ වූ, උපන් පරාපවාදයන් ධර්මය තුළින් කරුණු සහිත ව විග්‍රහ කොට සත්‍යාවබෝධ වන පරිදි දහම් දෙසන්නට සමර්ථ වූ පැවිදි ව දසවස් ඉක්ම ගිය ස්ථවිර ශ්‍රාවක භික්ෂූහු වෙත් ද, මෙසේ ඒ බඹසර ඒ අංගයෙන් සම්පූර්ණ වෙයි.

ඉදින් චුන්දයෙනි, මේ අංගයන්ගෙන් යුක්ත වූ බඹසරක් ඇද්ද, එමෙන් ම ශාස්තෘවරයා ද පැවිදි ව දසවසක් ඉක්ම ගිය ස්ථවිර බවට පත් වූයේ වෙයි ද, ගෙවන ලද බොහෝ රාත්‍රී ඇත්තේ වෙයි ද, පැවිදි ව බොහෝ කල් ගත වූයේ ද, පිළිවෙලින් වයෝවෘද්ධ බවට පත් වූයේ ද, එමෙන් ම ඔහුට ව්‍යක්ත වූ, විනීත වූ, විශාරද වූ, රහත් බවට පත් වූ, සද්ධර්මයෙහි විස්තර පවසන්නට සමර්ථ වූ, උපන් පරාපවාදයන් ධර්මය තුළින් කරුණු සහිත ව විග්‍රහ කොට සත්‍යාවබෝධ වන පරිදි දහම් දෙසන්නට සමර්ථ වූ පැවිදි ව දසවස් ඉක්ම ගිය ස්ථවිර ශ්‍රාවක භික්ෂූහු වෙත් ද, නමුත් ඔහුට ව්‍යක්ත වූ ....(පෙ).... මධ්‍යම වස් ඇති ශ්‍රාවක භික්ෂූහු නොවෙත් ද, ...(පෙ).... එමෙන් ම ව්‍යක්ත වූ ....(පෙ).... මධ්‍යම වස් ඇති ශ්‍රාවක භික්ෂූහු වෙත් ද, නමුත් ඔහුට ව්‍යක්ත වූ ....(පෙ).... නවක ශ්‍රාවක භික්ෂූහු නොවෙත් ද, එමෙන් ම ව්‍යක්ත වූ ....(පෙ).... නවක ශ්‍රාවක භික්ෂූහු වෙත් ද, නමුත් ඔහුට ව්‍යක්ත වූ ....(පෙ).... දස වස් ඇති ස්ථවිර ශ්‍රාවිකා භික්ෂුණීහු නොවෙත් ද, ...(පෙ).... එමෙන් ම ව්‍යක්ත වූ ....(පෙ).... දස වස් ඇති ස්ථවිර ශ්‍රාවිකා භික්ෂුණීහු වෙත් ද, නමුත් ඔහුට ව්‍යක්ත වූ ....(පෙ).... මධ්‍යම වස් ඇති ශ්‍රාවිකා භික්ෂුණීහු නොවෙත් ද, ...(පෙ).... එමෙන් ම ව්‍යක්ත වූ ....(පෙ).... මධ්‍යම වස් ඇති ශ්‍රාවිකා භික්ෂුණීහු වෙත් ද, නමුත් ඔහුට ව්‍යක්ත වූ ....(පෙ).... නවක ශ්‍රාවිකා භික්ෂුණීහු නොවෙත් ද, ...(පෙ).... එමෙන් ම ව්‍යක්ත වූ ....(පෙ).... නවක ශ්‍රාවිකා භික්ෂුණීහු වෙත් ද, නමුත් ඔහුට ව්‍යක්ත වූ

බ්‍රහ්මචාරී ව සුදුවත් හැඳ ගිහි ගෙයි වසන උපාසකවරු නොවෙත් ද, ...(පෙ).... එමෙන් ම ව්‍යක්ත වූ ....(පෙ).... බ්‍රහ්මචාරී ව සුදුවත් හැඳ ගිහි ගෙයි වසන උපාසකවරු වෙත් ද, නමුත් ඔහුට ව්‍යක්ත වූ ....(පෙ).... බ්‍රහ්මචාරිනී ව සුදුවත් හැඳ ගිහි ගෙයි වසන උපාසිකාවෝ නොවෙත් ද, ...(පෙ).... එමෙන් ම ව්‍යක්ත වූ ....(පෙ).... බ්‍රහ්මචාරිනී ව සුදුවත් හැඳ ගිහි ගෙයි වසන උපාසිකාවෝ වෙත් ද, නමුත් ඔහුට ව්‍යක්ත වූ ....(පෙ).... සුදුවත් හැඳ කාමභෝගී ව ගිහි ගෙයි වසන උපාසකවරු නොවෙත් ද, ...(පෙ).... එමෙන් ම ව්‍යක්ත වූ ....(පෙ).... සුදුවත් හැඳ කාමභෝගී ව ගිහි ගෙයි වසන උපාසකවරු වෙත් ද, ...(පෙ).... නමුත් ඔහුට ව්‍යක්ත වූ ....(පෙ).... සුදුවත් හැඳ කාමභෝගී ව ගිහි ගෙයි වසන උපාසිකාවෝ නොවෙත් ද, එමෙන් ම ව්‍යක්ත වූ ....(පෙ).... සුදුවත් හැඳ කාමභෝගී ව ගිහි ගෙයි වසන උපාසිකාවෝ වෙත් ද, ...(පෙ).... නමුත් ඔහුගේ බඹසර සමෘද්ධිමත් නොවූයේ ත්, ආඪ්‍ය නොවූයේ ත්, නොපැතිර ගියේ ත්, බොහෝ ජනයා විසින් නොදන්නා ලද්දේ ත්, පුළුල් ව නොගියේ ත්, නුවණැති දෙව් මිනිසුන් අතර යම්තාක් මැනැවින් ප්‍රකාශිත නොවූයේ ත් වෙයි ද, ...(පෙ).... එමෙන් ම ඔහුගේ බඹසර සමෘද්ධිමත් වූයේ ත්, ආඪ්‍ය වූයේ ත්, පැතිර ගියේ ත්, බොහෝ ජනයා විසින් දන්නා ලද්දේ ත්, පුළුල් ව ගියේ ත්, නුවණැති දෙව් මිනිසුන් අතර යම්තාක් මැනැවින් ප්‍රකාශිත වූයේ ත් වෙයි ද, ...(පෙ).... ඔහුගේ බඹසර සමෘද්ධිමත් වූයේ ත්, ආඪ්‍ය වූයේ ත්, පැතිර ගියේ ත්, බොහෝ ජනයා විසින් දන්නා ලද්දේ ත්, පුළුල් ව ගියේ ත්, නුවණැති දෙව් මිනිසුන් අතර යම්තාක් මැනැවින් ප්‍රකාශිත වූයේ ත් වෙයි. නමුත් ලාභයෙන්, යස පිරිවරින් අගතැන්පත් නොවෙයි නම් මෙසේ ඒ බඹසර ඒ අංගයෙන් අසම්පූර්ණ වෙයි.

යම් කලෙක චුන්දයෙනි, මේ දෙඅංගයෙන් යුක්ත වූ බඹසරක් ඇද්ද, එනම්, ශාස්තෘවරයා ද පැවිදි ව දසවසක් ඉක්ම ගිය ස්ථවිර බවට පත් වූයේ වෙයි ද, ගෙවන ලද බොහෝ රාත්‍රී ඇත්තේ වෙයි ද, පැවිදි ව බොහෝ කල් ගත වූයේ ද, පිළිවෙලින් වයෝවෘද්ධ බවට පත් වූයේ ද, එමෙන් ම ඔහුට ව්‍යක්ත වූ ....(පෙ).... පැවිදි ව දසවස් ඉක්ම ගිය ස්ථවිර ශ්‍රාවක භික්ෂූහු වෙත් ද, ව්‍යක්ත වූ ....(පෙ).... එමෙන් ම මධ්‍යම වස් ඇති ශ්‍රාවක භික්ෂූහු වෙත් ද, එමෙන් ම ව්‍යක්ත වූ ....(පෙ).... නවක ශ්‍රාවක භික්ෂූහු වෙත් ද, එමෙන් ම ව්‍යක්ත වූ ....(පෙ).... දස වස් ඇති ස්ථවිර ශ්‍රාවිකා භික්ෂුණීහු වෙත් ද, එමෙන් ම ව්‍යක්ත වූ ....(පෙ).... මධ්‍යම වස් ඇති ශ්‍රාවිකා භික්ෂුණීහු වෙත් ද, එමෙන් ම ව්‍යක්ත වූ ....(පෙ).... නවක ශ්‍රාවිකා භික්ෂුණීහු වෙත් ද, එමෙන් ම ව්‍යක්ත වූ ....(පෙ).... බ්‍රහ්මචාරී ව සුදුවත් හැඳ ගිහි ගෙයි වසන උපාසකවරු වෙත් ද, එමෙන් ම ව්‍යක්ත වූ ....(පෙ).... බ්‍රහ්මචාරිනී ව සුදුවත් හැඳ ගිහි ගෙයි වසන උපාසිකාවෝ වෙත් ද, එමෙන් ම ව්‍යක්ත වූ ....(පෙ).... සුදුවත් හැඳ කාමභෝගී

ව ගිහි ගෙයි වසන උපාසකවරු වෙත් ද, එමෙන් ම ව්‍යක්ත වූ ....(පෙ).... සුදුවත් හැඳ කාමභෝගී ව ගිහි ගෙයි වසන උපාසිකාවෝ වෙත් ද, එමෙන් ම ඔහුගේ බඹසර සමෘද්ධිමත් වූයේ ත්, ආඪ්‍ය වූයේ ත්, පැතිර ගියේ ත්, බොහෝ ජනයා විසින් දන්නා ලද්දේ ත්, පුළුල් ව ගියේ ත්, නුවණැති දෙව් මිනිසුන් අතර යම්තාක් මැනැවින් ප්‍රකාශිත වූයේ ත් වෙයි ද, එමෙන් ම ලාභයෙන්, යස පිරිවරින් අගතැන්පත් ද වෙයි නම් මෙසේ ඒ බඹසර ඒ අංගයෙන් සම්පූර්ණ වෙයි.

චුන්දයෙනි, මම් වනාහී මෙකල්හී ලෝකයෙහි පහළ වූ අරහත් සම්මා සම්බුදු ශාස්තෘවරයා වෙමි. ධර්මය ද මනාකොට දෙසන ලද්දේ, මැනැවින් දන්වන ලද්දේ, කෙලෙස් නැසීම පිණිස පවතින්නේ, කෙලෙස් සංසිඳීම පිණිස පවතින්නේ, සම්මා සම්බුදු වූ මා විසින් පවසන ලද්දකි. මා විසින් ශ්‍රාවකයෝ සද්ධර්මයෙහි අරුත් අවබෝධ කරවන ලද්දාහ. ඒ ශ්‍රාවකයන්ට මුළුමනින් ම පිරිපුන් බඹසර පවසන ලද්දේ ය. ඉස්මතු කරන ලද්දේ ය. සියළු ශාසනික අර්ථයන් එකට ගොනු කරන ලද්දේ ය. ප්‍රාතිහාර්යය සහිත ව දහම් දෙසන ලද්දේ ය. යම්තාක් දෙව්මිනිසුන් අතර මැනැවින් ප්‍රකාශිත වූයේ ම වෙයි.

චුන්දයෙනි, මෙකල්හී ශාස්තෘවරයා වන මම් වනාහී පැවිදි ව දසවසක් ඉක්ම ගිය ස්ථවිර බවට පත් වූයේ වෙමි. ගෙවන ලද බොහෝ රාත්‍රී ඇත්තේ වෙමි. පැවිදි ව බොහෝ කල් ගත වූයේ වෙමි. පිළිවෙලින් වයෝවෘද්ධ බවට පත් වූයේ වෙමි. චුන්දයෙනි, මෙකල්හී මා හට පැවිදි ව දසවස් ඉක්ම ගිය ස්ථවිර ශ්‍රාවක භික්ෂූහු වෙති. ඒ ශ්‍රාවකවරු ව්‍යක්ත වෙති. විනීත වෙති. විශාරද වෙති. රහත් බවට පත් වෙති. සද්ධර්මයෙහි විස්තර පවසන්නට සමර්ථ වෙති. උපන් පරාපවාදයන් ධර්මය තුළින් කරුණු සහිත ව නිග්‍රහ කොට සත්‍යාවබෝධ වන පරිදි දහම් දෙසන්නට සමර්ථ වෙති.

චුන්දයෙනි, මෙකල්හී මා හට මධ්‍යම වස් ඇති ශ්‍රාවක භික්ෂූහු වෙති. ....(පෙ).... චුන්දයෙනි, මෙකල්හී මා හට නවක ශ්‍රාවක භික්ෂූහු වෙති. ....(පෙ).... චුන්දයෙනි, මෙකල්හී මා හට දස වස් ඇති ස්ථවිර ශ්‍රාවිකා භික්ෂුණීහු වෙති. ....(පෙ).... චුන්දයෙනි, මෙකල්හී මා හට මධ්‍යම වස් ඇති ශ්‍රාවිකා භික්ෂුණීහු වෙති. ....(පෙ).... චුන්දයෙනි, මෙකල්හී මා හට නවක ශ්‍රාවිකා භික්ෂුණීහු වෙති. ....(පෙ).... චුන්දයෙනි, මෙකල්හී මා හට බ්‍රහ්මචාරී ව සුදුවත් හැඳ ගිහි ගෙයි වසන උපාසකවරු වෙති. ....(පෙ).... චුන්දයෙනි, මෙකල්හී මා හට බ්‍රහ්මචාරිනී ව සුදුවත් හැඳ ගිහි ගෙයි වසන උපාසිකාවෝ වෙති. ....(පෙ).... චුන්දයෙනි, මෙකල්හී මා හට සුදුවත් හැඳ කාමභෝගී ව ගිහි ගෙයි වසන උපාසකවරු වෙති. ....(පෙ).... චුන්දයෙනි, මෙකල්හී මා හට සුදුවත් හැඳ කාමභෝගී ව ගිහි

ගෙයි වසන උපාසිකාවෝ වෙති. ....(පෙ).... චුන්දයෙනි, මෙකල්හී මාගේ බඹසර සමෘද්ධිමත් වූයේ ත්, ආඪ්‍ය වූයේ ත්, පැතිර ගියේ ත්, බොහෝ ජනයා විසින් දන්නා ලද්දේ ත්, පුළුල් ව ගියේ ත්, නුවණැති දෙව් මිනිසුන් අතර යම්තාක් මැනැවින් ප්‍රකාශිත වූයේ ත් වෙයි.

චුන්දයෙනි, මෙකල්හී යම්තාක් ශාස්තෘවරු ලොව පහළ වී සිටිත් ද, චුන්දයෙනි, ඔවුන් අතර මම් බඳු ලාභ සත්කාරයෙන් හා යස පිරිවරින් මුදුන් පත් අන්‍ය වූ එක් ශාස්තෘවරයෙකුවත් මම නොදකිමි.

චුන්දයෙනි, මෙකල්හී යම්තාක් සඟ පිරිසක් හෝ සමූහයක් හෝ ලොව පහළ ව සිටිත් ද, චුන්දයෙනි, මේ භික්ෂු සංඝයා බඳු ලාභසත්කාරයෙන් හා යස පිරිවරින් මුදුන් පත් අන්‍ය වූ එකදු සඟ පිරිසක් වත් මම නොදකිමි.

චුන්දයෙනි, මනාකොට කියන්නෙක් සියළු අයුරින් සම්පූර්ණ වූ, සියළු අයුරින් පිරිපුන්, අඩු ත් නොවූ, වැඩි ත් නොවූ, මැනැවින් පවසන ලද, මුළුමනින් ම පිරිපුන් සසුන් බඹසරක් මනාකොට ප්‍රකාශිත යැයි යමක් අරභයා කියයි නම්, මනාකොට කියන්නෙක් එය මේ සසුන් බඹසර අරභයා ම සියළු අයුරින් සම්පූර්ණ වූ, සියළු අයුරින් පිරිපුන්, අඩු ත් නොවූ, වැඩි ත් නොවූ, මැනැවින් පවසන ලද, මුළුමනින් ම පිරිපුන් සසුන් බඹසරක් මනාකොට ප්‍රකාශිත යැයි මැනැවින් ම කියයි.

චුන්දයෙනි, රාමපුත්ත උද්දක තෙමේ මෙබඳු වචනයක් කියයි. 'දැක්ක විට නොදකියි' යි කියා ය. කුමක් දැක්ක විට නොදකියි ද යත්; හොඳින් මුවහත් කරන ලද දැලිපිහියෙහි තලය පෙනෙයි. එහෙත් එහි මුවහත නොපෙනෙයි. චුන්දයෙනි, මෙය 'දැක්ක විට නොදකියි' යි කියනු ලැබෙයි. චුන්දයෙනි, රාම පුත්ත උද්දක විසින් යමක් කියන ලද්දේ ද, එය හීන වූ, ග්‍රාම්‍ය වූ, පෘථග්ජන වූ, අනාර්ය වූ, අනර්ථයෙන් යුක්ත වූ දැලිපිහිය අරභයා ම කියන ලද්දේ ය. නමුත් චුන්දයෙනි, ඉදින් මනාකොට කියන්නෙක් යමක් අරභයා 'දැක්ක විට නොදකියි' යි කියා කියයි නම්, මනාකොට කියන්නෙක් මේ සසුන් බඹසර අරභයා ම 'දැක්ක විට නොදකියි' යි මැනැවින් කියන්නේ ය.

කුමක් දැක්ක විට නොදකියි ද යත්; මෙසේ සියළු අයුරින් සම්පූර්ණ වූ, සියළු අයුරින් පිරිපුන්, අඩු ත් නොවූ, වැඩි ත් නොවූ, මැනැවින් පවසන ලද, මුළුමනින් ම පිරිපුන් සසුන් බඹසරක් මනාකොට ප්‍රකාශිත යැයි ද, මෙසේ ම මේ සසුන් බඹසර දකියි. මේ සසුන් බඹසරෙහි මේ කොටස බැහැර කළ යුතු ය, එය බැහැර කළ විට ඒ සසුන් බඹසර වඩාත් පිරිසිදු වෙයි කියා මෙසේ බැහැර කළ යුතු දෙයක් නොදකියි. මේ සසුන් බඹසරට බාහිරින් මේ කොටස

එක් කළ යුතුය, එවිට මෙය වඩා ත් පිරිසිදු වෙයි කියා මේ සසුන් බඹසරට බාහිරින් එක් කළ යුතු දේකුත් නොදකියි. මෙය 'දක්ක විට නොදකියි' යි කියනු ලැබෙයි.

චුන්දයෙනි, මනාකොට කියන්නෙක් සියළු අයුරින් සම්පූර්ණ වූ, සියළු අයුරින් පිරිපුන්, අඩු ත් නොවූ, වැඩි ත් නොවූ, මැනැවින් පවසන ලද, මුළුමනින් ම පිරිපුන් සසුන් බඹසරක් මනාකොට ප්‍රකාශිත යැයි යමක් අරහයා කියයි නම්, මනාකොට කියන්නෙක් එය මේ සසුන් බඹසර අරහයා ම සියළු අයුරින් සම්පූර්ණ වූ, සියළු අයුරින් පිරිපුන්, අඩු ත් නොවූ, වැඩි ත් නොවූ, මැනැවින් පවසන ලද, මුළුමනින් ම පිරිපුන් සසුන් බඹසරක් මනාකොට ප්‍රකාශිත යැයි මැනැවින් ම කියයි.

එහෙයින් චුන්දයෙනි, මා විසින් ඔබලාට යම් ධර්මයෝ විශිෂ්ට ඥානයෙන් දැන දෙසන ලද්දාහු ද, එහි සියළු දෙනා විසින් ම එකට එක් වී, එකට රැස් වී, අර්ථයෙන් අර්ථය, ව්‍යඤ්ජනයෙන් ව්‍යඤ්ජනය සංගායනා කළ යුත්තේ ය. වාද විවාද නොකළ යුත්තේ ය. යම් අයුරකින් මේ සසුන් බඹසර දිගු කලක්, බොහෝ කලක් පවත්වාලිය හැකි පරිද්දෙනි. එය බොහෝ ජනයාට හිත පිණිස, බොහෝ ජනයාට සුව පිණිස, ලෝකානුකම්පාව පිණිස, දෙවිමිනිසුන්ට යහපත හිතසුව පිණිස පවතින්නේ ය.

චුන්දයෙනි, යම් ධර්මයක් පිළිබඳ ව සියළු දෙනා විසින් ම එකට එක් වී, එකට රැස් වී, අර්ථයෙන් අර්ථය, ව්‍යඤ්ජනයෙන් ව්‍යඤ්ජනය සංගායනා කළ යුතු නම්, වාද විවාද නොකළ යුතු නම්, යම් අයුරකින් මේ සසුන් බඹසර දිගු කලක්, බොහෝ කලක් පවත්වාලිය හැකි නම්, එය බොහෝ ජනයාට හිත පිණිස, බොහෝ ජනයාට සුව පිණිස, ලෝකානුකම්පාව පිණිස, දෙවිමිනිසුන්ට යහපත හිතසුව පිණිස පවතියි නම්, මා විසින් ඔබට විශේෂ ඥානයෙන් දැන පවසන ලද්දේ කවර ධර්මයන් ද? එනම්; සතර සතිපට්ඨානයෝ ය, සතර සම්‍යක් ප්‍රධානයෝ ය, සතර ඉර්ධිපාදයෝ ය, පංච ඉන්ද්‍රියයෝ ය, පංච බලයෝ ය, සප්ත බොජ්ඣංගයෝ ය, ආර්ය අෂ්ටාංගික මාර්ගය ය.

චුන්දයෙනි, මේ ධර්මයෝ වනාහී මා විසින් ඔබට විශිෂ්ට නුවණින් යුතු ව දෙසන ලද්දාහු ය. යම් ධර්මයෙක්හි සියළු දෙනා විසින් ම එකට එක් වී, එකට රැස් වී, අර්ථයෙන් අර්ථය, ව්‍යඤ්ජනයෙන් ව්‍යඤ්ජනය සංගායනා කළ යුතු නම්, වාද විවාද නොකළ යුතු නම්, යම් අයුරකින් මේ සසුන් බඹසර දිගු කලක්, බොහෝ කලක් පවත්වාලිය හැකි නම්, එය බොහෝ ජනයාට හිත පිණිස, බොහෝ ජනයාට සුව පිණිස, ලෝකානුකම්පාව පිණිස, දෙවිමිනිසුන්ට යහපත හිතසුව පිණිස පවතියි නම් ඒ මේ ධර්මය යි.

චුන්දයෙනි, සමගි ව, සතුටින් යුතු ව, වාද විවාද නොකරමින්, ඔබලා විසින් මෙසේ හික්මිය යුත්තේ ය. එනම්; එක්තරා සබ්‍රහ්මචාරී නමක් සංඝයා මධ්‍යයෙහි ධර්මය දෙසන්නේ නම්, එවිට ඒ ධර්මය ගැන ඔබලාට මෙසේ සිතෙයි නම්, 'මේ ආයුෂ්මත් තෙමේ වනාහී අර්ථය ත් වරදවා ගනියි. ව්‍යඤ්ජන ත් වැරදියට යොදයි' යනුවෙනි. එවිට ඔහුගේ වචනය සතුටින් නොපිළිගත යුත්තේ ය. ප්‍රතික්ෂේප නොකළ යුත්තේ ය. සතුටින් නොපිළිගෙන, ප්‍රතික්ෂේප නොකොට ඔහුට මෙසේ කිව යුතු වන්නේ ය. 'ඇවැත්නි, මේ අර්ථයට මේ ව්‍යඤ්ජනයන් ගැලපෙයි ද? අසවල් ව්‍යඤ්ජනයන් ගැලපෙයි ද? වඩා ත් යෝග්‍ය වන්නේ කවර වචන භාවිතය ද? මේ වචනයන්ගේ අර්ථය මෙය ම ද? නැත්නම් අසවල් දෙය ද? වඩාත් යෝග්‍ය වන්නේ කවර අර්ථය ද?' යනුවෙනි.

එවිට ඔහු මෙසේ කියන්නේ නම්, 'ඇවැත්නි, මේ අර්ථයට මෙසේ යම් ව්‍යඤ්ජනයන් භාවිත කරන ලද්දේ ද, ඒ ව්‍යඤ්ජනයන් ම වඩා ත් යෝග්‍ය වෙයි. මේ ව්‍යඤ්ජනයන්ට මෙසේ යම් අර්ථයක් දෙන ලද්දේ ද, ඒ මේ අර්ථය ම වඩාත් යෝග්‍ය වෙයි' යනුවෙනි. එවිට ඔහු හුවා නොදැක්විය යුත්තේ ය. ගැරීමක් නොකළ යුත්තේ ය. හුවා නොදක්වා, ගැරීමක් නොකොට ඒ අර්ථයේ ත්, ඒ ව්‍යඤ්ජනයන්ගේ ත් වටහා ගැනීම පිණිස ඔහු ව හොඳින් දැනුවත් කළ යුත්තේ ය.

චුන්දයෙනි, තවත් සබ්‍රහ්මචාරී නමක් සංඝයා මධ්‍යයෙහි ධර්මය දෙසන්නේ නම්, එවිට ඒ ධර්මය ගැන ඔබලාට මෙසේ සිතෙයි නම්, 'මේ ආයුෂ්මත් තෙමේ වනාහී අර්ථය වරදවා ගනියි. ව්‍යඤ්ජනයන් නිවැරදි ව යොදයි' යනුවෙනි. එවිට ඔහුගේ වචනය සතුටින් නොපිළිගත යුත්තේ ය. ප්‍රතික්ෂේප නොකළ යුත්තේ ය. සතුටින් නොපිළිගෙන, ප්‍රතික්ෂේප නොකොට ඔහුට මෙසේ කිව යුතු වන්නේ ය. 'ඇවැත්නි, මේ ව්‍යඤ්ජනයන්ගෙන් ගත යුත්තේ මේ අර්ථය ද? අසවල් අර්ථය ද? වඩාත් යෝග්‍ය කුමක් ද?' යනුවෙනි.

එවිට ඔහු මෙසේ කියන්නේ නම්, 'ඇවැත්නි, මේ ව්‍යඤ්ජනයන්ගෙන් යම් අර්ථයක් මෙසේ කිව්වේ ද, ඒ මේ අර්ථය ම වඩාත් යෝග්‍ය ය. ' යනුවෙනි. එවිට ඔහු හුවා නොදැක්විය යුත්තේ ය. ගැරීමක් නොකළ යුත්තේ ය. හුවා නොදක්වා, ගැරීමක් නොකොට ඒ අර්ථයෙහි ම කරුණු තේරුම් ගැනීම පිණිස ඔහු ව හොඳින් දැනුවත් කළ යුත්තේ ය.

චුන්දයෙනි, තවත් සබ්‍රහ්මචාරී නමක් සංඝයා මධ්‍යයෙහි ධර්මය දෙසන්නේ නම්, එවිට ඒ ධර්මය ගැන ඔබලාට මෙසේ සිතෙයි නම්, 'මේ ආයුෂ්මත් තෙමේ වනාහී අර්ථය යහපත් ව ගනියි. නමුත් ව්‍යඤ්ජනයන් වැරදියට

යොදයි' යනුවෙනි. එවිට ඔහුගේ වචනය සතුටින් නොපිළිගත යුත්තේ ය. ප්‍රතික්ෂේප නොකළ යුත්තේ ය. සතුටින් නොපිළිගෙන, ප්‍රතික්ෂේප නොකොට ඔහුට මෙසේ කිව යුතු වන්නේ ය. 'ඇවැත්නි, මේ අර්ථය සඳහා යොදා ගත යුත්තේ මේ ව්‍යඤ්ජනයන් ද? අසවල් ව්‍යඤ්ජනයන් ද? වඩාත් යෝග්‍ය කුමක් ද?' යනුවෙනි.

එවිට ඔහු මෙසේ කියන්නේ නම්, 'ඇවැත්නි, මේ අර්ථය සඳහා යම් ව්‍යඤ්ජනයන් මෙසේ යොදන ලද ද, මේ ව්‍යඤ්ජනයන් ම වඩාත් යෝග්‍ය ය.' යනුවෙනි. එවිට ඔහු හුවා නොදැක්විය යුත්තේ ය. ගැටීමක් නොකළ යුත්තේ ය. හුවා නොදක්වා, ගැටීමක් නොකොට ඒ නිවැරදි ව්‍යඤ්ජනයන් නුවණින් සලකා බැලීම පිණිස ම ඔහු ව හොඳින් දැනුවත් කළ යුත්තේ ය.

චුන්දයෙනි, තවත් සබ්‍රහ්මචාරී නමක් සංඝයා මධ්‍යයෙහි ධර්මය දෙසන්නේ නම්, එවිට ඒ ධර්මය ගැන ඔබලාට මෙසේ සිතෙයි නම්, 'මේ ආයුෂ්මත් තෙමේ වනාහී අර්ථය ත් යහපත් ව ගනියි. ව්‍යඤ්ජන ත් යහපත් ව යොදයි' යනුවෙනි. එවිට ඔහුගේ වචනය 'ඉතා යහපති' යි සතුටින් පිළිගත යුත්තේ ය. අනුමෝදන් විය යුත්තේ ය. ඔහුගේ භාෂිතය 'ඉතා යහපති' යි සතුටින් පිළිගෙන අනුමෝදන් ව ඔහුට මෙසේ කිව යුත්තේ ය. 'ඇවැත්නි, අපට ලාභයකි. ඇවැත්නි, අපට මනා වූ ලැබීමකි. යම් බඳු අපි ආයුෂ්මතුන් වැනි මෙසේ අර්ථයෙන් යුක්ත ව, ව්‍යඤ්ජනයන්ගෙන් යුක්ත ව ධර්මය පවසන සබ්‍රහ්මචාරී නමක් දකිමු ද, එහෙයිනි.'

චුන්දයෙනි, මම ඔබලාට මෙලොව දී මුහුණ දෙන උපද්‍රව, ආශ්‍රවයන්ගේ වළක්වාලීම උදෙසා පමණක් ධර්මය නොදෙසමි. චුන්දයෙනි, මම පරලොවදී මුහුණ දෙන උපද්‍රව, ආශ්‍රවයන්ගේ නැසීම උදෙසා පමණක් ධර්මය නොදෙසමි. චුන්දයෙනි, මම මෙලොව දී මුහුණ දෙන උපද්‍රව, ආශ්‍රවයන් වළක්වාලීම උදෙසා ත්, පරලොව දී මුහුණ දෙන උපද්‍රව, ආශ්‍රවයන් නැසීම උදෙසා ත් ධර්මය දේශනා කරමි.

එහෙයින් චුන්දයෙනි, මා විසින් ඔබලාට යම් සිවුරක් අනුමත කරන ලද්දේ ද, එය හුදෙක් සීත නැසීම පිණිස, උණුසුම නැසීම පිණිස, මැසි මදුරු, අව්, සුළං, සර්පාදීන්ගේ පහස නැසීම පිණිස, හුදෙක් ලැජ්ජා ඇති වන තම සිරුරු අවයව වසා ගැනීම පිණිස ඔබලාට ප්‍රමාණවත් වෙයි.

මා විසින් ඔබලාට යම් පිණ්ඩපාතයක් අනුමත කරන ලද්දේ ද, එය හුදෙක් ඔබගේ කය පවත්වනු පිණිස, යැපීම පිණිස, කුසගිනි වෙහෙස සංසිඳවනු පිණිස, බඹසරට අනුබල පිණිස ප්‍රමාණවත් වෙයි. මෙසේ පැරණි කුසගිනි වේදනා

ත් නසමි. අලුත් කුසගිනි වේදනා ත් නූපදවන්නෙමි. මාගේ ජීවිත යාත්‍රාව ද වන්නේ ය. නිවැරදි බව ත්, පහසු විහරණය ත් වන්නේ ය කියා ය.

මා විසින් ඔබලාට යම් සෙනසුනක් අනුමත කරන ලද්දේ ද, එය හුදෙක් සීත නැසීම පිණිස, උණුසුම නැසීම පිණිස, මැසි මදුරු, අව්, සුළං, සර්පාදීන්ගේ පහස නැසීම පිණිස, හුදෙක් දේශගුණික වෙනස්කම්වලින් පැමිණෙන පීඩා දුරලනු පිණිස, භාවනාවෙහි ඇලී වසනු පිණිස ඔබලාට ප්‍රමාණවත් වෙයි.

මා විසින් ඔබලාට යම් ගිලන්පස බෙහෙත් පිරිකරක් අනුමත කරන ලද්දේ ද, එය හුදෙක් උපන්නා වූ අසනීපවලින් ඇතිවන වේදනා නැසීම පිණිස, නීරෝග බවින් වන නිදුක් බව පරම කොට ඇති බව පිණිස ඔබලාට ප්‍රමාණවත් වෙයි.

චුන්දයෙනි, අන්‍ය තීර්ථක පරිබ්‍රාජකයෝ මෙසේ යමක් පවසත් නම්, එබඳු දෙයක් දකින්නට ලැබෙයි. එනම්, 'ශාක්‍යපුත්‍රීය ශ්‍රමණයෝ සැපයේ යෙදී වාසය කරන්නාහු ය' කියා ය. චුන්දයෙනි, මෙසේ කියන්නා වූ අන්‍ය තීර්ථක පරිබ්‍රාජකයන්ට මෙසේ පිළිතුරු දිය යුත්තේ ය. 'ඇවැත්නි, ඒ සැපයේ යෙදී වාසය කිරීම යනු කුමක් ද? සැපයේ යෙදී වාසය කිරීම් බොහෝ ය. නොයෙක් අයුරු වෙයි. නා නා ප්‍රකාර වෙයි.

චුන්දයෙනි, මේ සැපයෙහි යෙදී වාසය කිරීම් සතරක් ඇත්තේ ය. ඒවා හීන ය. ග්‍රාම්‍ය ය. පෘථග්ජනයන්ට අයත් ය. අනාර්ය ය. අනර්ථයෙන් යුක්ත ය. කලකිරීම පිණිස නොපවතියි. විරාගය පිණිස නොපවතියි. නිරෝධය පිණිස නොපවතියි. සංසිඳීම පිණිස නොපවතියි. විශිෂ්ට ඥානය පිණිස නොපවතියි. අවබෝධය පිණිස නොපවතියි. නිවන පිණිස නොපවතියි. ඒ කවර සතරක් ද යත්;

චුන්දයෙනි, මෙහිලා ඇතැම් අනුවණයෙක් ප්‍රාණීන් ඝාතනය කොට, ඝාතනය කොට, තමා ව සැපවත් කරයි. පිනවයි. මෙය සැපයේ යෙදී වාසය කිරීමේ පළමුවැන්න යි.

තව ද චුන්දයෙනි, මෙහි ඇතැමෙක් නුදුන් දෙය සොරකම් කොට, සොරකම් කොට, තමා ව සැපවත් කරයි. පිනවයි. මෙය සැපයේ යෙදී වාසය කිරීමේ දෙවැන්න යි.

තව ද චුන්දයෙනි, මෙහි ඇතැමෙක් බොරු කිය කියා තමා ව සැපවත් කරයි. පිනවයි. මෙය සැපයේ යෙදී වාසය කිරීමේ තුන්වැන්න යි.

තව ද චුන්දයෙනි, මෙහි ඇතැමෙක් පංච කාමගුණයන්ගෙන් යුක්ත ව ඒවා හා එක් වී, ඒවා පිරිවරාගෙන වාසය කරයි. මෙය සැපයේ යෙදී වාසය කිරීමේ සිව්වැන්න යි.

චුන්දයෙනි, මේවා වනාහී සැපයේ යෙදී වාසය කිරීම් සතරයි. මේවා හීන ය. ග්‍රාම්‍ය ය. පෘථග්ජනයන්ට අයත් ය. අනාර්ය ය. අනර්ථයෙන් යුක්ත ය. කලකිරීම පිණිස නොපවතියි. විරාගය පිණිස නොපවතියි. නිරෝධය පිණිස නොපවතියි. සංසිඳීම පිණිස නොපවතියි. විශිෂ්ට ඥානය පිණිස නොපවතියි. අවබෝධය පිණිස නොපවතියි. නිවන පිණිස නොපවතියි.

චුන්දයෙනි, අන්‍ය තීර්ථක පරිබ්‍රාජකයෝ මෙසේ යමක් පවසත් නම්, එබඳු දෙයක් දකින්නට ලැබෙයි. එනම්; 'ශාක්‍යපුත්‍රීය ශ්‍රමණයෝ මේ සැපයෙහි යෙදී වාසය කිරීම් සතරෙහි යෙදී සිටිති' යි. එවිට ඔබ ඔවුන්ට 'එසේ නොකියනු' යි පිළිතුරු දිය යුත්තේ ය. නිවැරදි ලෙස නොකියන ඔවුහු එසේ කියන්නාහු ය. නැති දෙයින්, අභූතයෙන් දොස් කියන්නාහු ය.

චුන්දයෙනි, මේ සැපයෙහි යෙදී වාසය කිරීම් සතරකි. ඒවා ඒකාන්තයෙන් කලකිරීම පිණිස පවතියි. විරාගය පිණිස පවතියි. නිරෝධය පිණිස පවතියි. සංසිඳීම පිණිස පවතියි. විශිෂ්ට ඥානය පිණිස පවතියි. අවබෝධය පිණිස පවතියි. නිවන පිණිස පවතියි. ඒ කවර සතරක් ද යත්;

චුන්දයෙනි, මෙහිලා භික්ෂුව කාමයන්ගෙන් වෙන් ව, අකුසල ධර්මයන් ගෙන් වෙන් ව, විතර්ක සහිත වූ, විචාර සහිත වූ, විවේකයෙන් හටගත් ප්‍රීති සැපය ඇති පළමුවෙනි ධ්‍යානය උපදවාගෙන වාසය කරයි. මෙය පළමුවෙනි සැපයෙහි යෙදී වාසය කිරීම යි.

තව ද චුන්දයෙනි, භික්ෂුව විතර්ක විචාරයන්ගේ සංසිඳීමෙන්, ආධ්‍යාත්මයෙහි පැහැදීම ඇති ව, සිතෙහි එකඟ බවින් යුතු ව, විතර්ක රහිත, විචාර රහිත, සමාධියෙන් හටගත් ප්‍රීති සැපය ඇති දෙවෙනි ධ්‍යානය උපදවා ගෙන වාසය කරයි. මෙය සැපයෙහි යෙදී වාසය කිරීමේ දෙවැන්න යි.

තව ද චුන්දයෙනි, භික්ෂුව ප්‍රීතියට ද නොඇල්මෙන් ....(පෙ).... ඒ තුන්වෙනි ධ්‍යානය උපදවාගෙන වාසය කරයි. මෙය සැපයෙහි යෙදී වාසය කිරීමේ තුන්වැන්න යි.

තව ද චුන්දයෙනි, භික්ෂුව සැපය ද ප්‍රහාණය කිරීමෙන්, දුක ද ප්‍රහාණය කිරීමෙන් ....(පෙ).... ඒ සිව්වෙනි ධ්‍යානය උපදවාගෙන වාසය කරයි. මෙය සැපයෙහි යෙදී වාසය කිරීමේ සිව්වැන්න යි.

චුන්දයෙනි, මේ සැපයෙහි යෙදී වාසය කිරීම් සතර වනාහී ඒකාන්තයෙන් කලකිරීම පිණිස පවතියි. විරාගය පිණිස පවතියි. නිරෝධය පිණිස පවතියි. සංසිඳීම පිණිස පවතියි. විශිෂ්ට ඥානය පිණිස පවතියි. අවබෝධය පිණිස පවතියි. නිවන පිණිස පවතියි.

චුන්දයෙනි, අන්‍ය තීර්ථක පරිබ්‍රාජකයෝ යමක් මෙසේ පවසත් ද, මෙබඳු කරුණක් දකින්නට ලැබෙයි. එනම්; 'ශාක්‍යපුත්‍රීය ශ්‍රමණයෝ මේ සැපයෙහි යෙදී වාසය කිරීම් සතරකින් යුක්ත ව සිටිති' යි. එවිට ඔබ ඔවුන්ට 'එසේ ය' කියා පිළිතුරු දිය යුත්තේ ය. නිවැරදි ව පවසන ඔවුහු ඔබට එසේ කියන්නාහු ය. ඔවුහු ඔබට නැති දෙයින්, අභූතයෙන් චෝදනා නොකරන්නාහු ය.

චුන්දයෙනි, අන්‍ය තීර්ථක පරිබ්‍රාජකයෝ යමක් මෙසේ පවසත් ද, මෙබඳු වූ කරුණක් දකින්නට ලැබෙයි. එනම්; 'ඇවැත්නි, මේ සැපයෙහි යෙදී වාසය කිරීම් සතරින් යුක්ත වීමෙන් කොතෙක් ඵලයෝ, කොතෙක් ආනිශංසයෝ කැමති විය යුත්තාහු ද?' චුන්දයෙනි, මෙසේ කියන්නා වූ අන්‍ය තීර්ථක පරිබ්‍රාජකයන්ට මෙසේ පිළිතුරු දිය යුත්තේ ය. 'ඇවැත්නි, මේ සැපයෙහි යෙදී වාසය කිරීම් සතරින් යුක්ත ව වසද්දී සතරක් වූ ඵලයෝ, සතරක් වූ ආනිශංසයෝ කැමති විය යුත්තාහු ය. ඒ කවර සතරක් ද යත්;

ඇවැත්නි, මෙහිලා භික්ෂුව සංයෝජන තුනක් ගෙවා දැමීමෙන් සතර අපායෙන් මිදුණේ, නිත්‍ය වශයෙන් නිවන් අවබෝධ කරන සුළු ව සෝවාන් වූයේ වෙයි. මෙය පළමු ඵලය යි. පළමු ආනිශංසය යි.

තව ද ඇවැත්නි, භික්ෂුව සංයෝජන තුනක් ගෙවා දැමීමෙන් රාග ද්වේෂ මෝහයන්ගේ තුනී වීමෙන් එක්වරක් ම මෙලොවට අවුත් දුක් අවසන් කරන සුළු ව සකදාගාමී වෙයි. මෙය දෙවෙනි ඵලය යි. දෙවෙනි ආනිශංසය යි.

තව ද ඇවැත්නි, භික්ෂුව ඕරම්භාගීය සංයෝජනයන් පස ක්ෂය කිරීමෙන් සුද්ධාවාස බ්‍රහ්මලෝකයෙහි ඕපපාතික ව උපදින සුළු ව යළි ඒ බඹලොවින් මේ කාමලොවට නොඑන ස්වභාව ඇති ව, එහි ම පිරිනිවන් පාන්නේ වෙයි. මේ තුන් වෙනි ඵලය යි. තුන්වෙනි ආනිශංසය යි.

තව ද ඇවැත්නි, භික්ෂුව ආශ්‍රවයන් ක්ෂය කිරීමෙන් අනාශ්‍රව වූ චිත්ත විමුක්තිය ත්, ප්‍රඥා විමුක්තිය ත් මෙලොව දී ම සිය විශිෂ්ට නුවණින් සාක්ෂාත් කොට එයට පැමිණ වාසය කරයි. මෙය සිව්වෙනි ඵලය යි. සිව්වෙනි ආනිශංසයයි.

ඇවැත්නි, මේ සැපයේ යෙදී වාසය කිරීම් සතරින් යුක්ත ව වසන විට මෙකී සිව් ඵලයෝ, මෙකී සිව් ආනිශංසයෝ කැමති විය යුත්තාහ.'

චුන්දයෙනි, අන්‍ය තීර්ථක පරිබ්‍රාජකයෝ යමක් මෙසේ පවසත් ද, එබඳු වූ කරුණක් දකින්නට ලැබෙයි. එනම් 'ශාක්‍යපුත්‍රීය ශ්‍රමණයෝ ස්ථිර ව නොපිහිටි ස්වභාව ඇති ව වාසය කරති' යනුවෙනි. චුන්දයෙනි, මෙසේ කියන්නා වූ අන්‍ය තීර්ථක පරිබ්‍රාජකයන්ට මෙසේ පිළිතුරු දිය යුත්තේ ය.

'ඇවැත්නි, සියල්ල දන්නා, දක්නා, අරහත් සම්මා සම්බුදු වූ ඒ භාග්‍යවතුන් වහන්සේ විසින් දිවි හිමියෙන් නොඉක්මවිය යුතු ධර්මයෝ ශ්‍රාවකයන්ට දෙසන ලද්දාහු ය. පණවන ලද්දාහු ය. ඇවැත්නි, එය මෙබඳු දෙයකි. ඉන්ද්‍රඛීලයක් හෝ යකඩින් කළ කණුවක් හෝ පොළොවෙහි ගැඹුරට මැනැවින් සාරා සිටුවන ලදු ව නොසෙල්වී, අකම්පිත ව තිබෙන්නේ යම් සේ ද, එසෙයින් ම ඇවැත්නි, සියල්ල දන්නා, දක්නා, අරහත් සම්මා සම්බුදු වූ ඒ භාග්‍යවතුන් වහන්සේ විසින් දිවි හිමියෙන් නොඉක්මවිය යුතු ධර්මයෝ ශ්‍රාවකයන්ට දෙසන ලද්දාහු ය. පණවන ලද්දාහු ය.

ඇවැත්නි, යම් ඒ භික්ෂුවක් රහත් ද, ආශ්‍රවයන් ක්ෂය කරන ලද්දේ ද, බඹසර වැස අවසන් කළේ ද, කළ යුත්ත කරන ලද්දේ ද, කෙලෙස් බර බහා තබන ලද්දේ ද, පිළිවෙලින් පත් නිවන් අවබෝධය ඇත්තේ ද, භව සංයෝජනයන් ක්ෂය කොට, මැනැවින් දැන කෙලෙසුන්ගෙන් මිදුණේ ද, ඒ රහත් භික්ෂුව නව කරුණක් ඉක්මවා හැසිරෙන්නට නොහැක්කේ ම ය.

ඇවැත්නි, කෙලෙසුන් ප්‍රහාණය කළ රහත් භික්ෂුව දැන දැන සතෙකු ජීවිතයෙන් තොර කරන්නට නොහැක්කේ වෙයි.

කෙලෙසුන් ප්‍රහාණය කළ රහත් භික්ෂුව නුදුන් දෙයක් සොර සිතින් පැහැර ගන්නට නොහැක්කේ වෙයි.

කෙලෙසුන් ප්‍රහාණය කළ රහත් භික්ෂුව අඹුසැමියන් සේ මෛථුනයෙහි යෙදෙන්නට නොහැක්කේ වෙයි.

කෙලෙසුන් ප්‍රහාණය කළ රහත් භික්ෂුව දැන දැන බොරුවක් කියන්නට නොහැක්කේ වෙයි.

කෙලෙසුන් ප්‍රහාණය කළ රහත් භික්ෂුව පූර්වයෙහි ගිහි ජීවිතය ගත කළ අවදියේ මෙන් කාමයන් රැස් කොට පරිහරණය කරන්නට නොහැක්කේ වෙයි.

කෙලෙසුන් ප්‍රහාණය කළ රහත් භික්ෂුව කැමැත්ත හේතුවෙන් අගතියට යන්නට නොහැක්කේ වෙයි.

කෙලෙසුන් ප්‍රහාණය කළ රහත් භික්ෂුව ද්වේෂය හේතුවෙන් අගතියට යන්නට නොහැක්කේ වෙයි.

කෙලෙසුන් ප්‍රහාණය කළ රහත් භික්ෂුව මෝහය හේතුවෙන් අගතියට යන්නට නොහැක්කේ වෙයි.

කෙලෙසුන් ප්‍රහාණය කළ රහත් භික්ෂුව භය හේතුවෙන් අගතියට යන්නට නොහැක්කේ වෙයි.

ඇවැත්නි, යම් ඒ භික්ෂුවක් රහත් ද, ආශ්‍රවයන් ක්ෂය කරන ලද්දේ ද, බඹසර වැස අවසන් කළේ ද, කළ යුත්ත කරන ලද්දේ ද, කෙලෙස් බර බහා තබන ලද්දේ ද, පිළිවෙලින් පත් නිවන් අවබෝධය ඇත්තේ ද, භව සංයෝජනයන් ක්ෂය කොට, මැනැවින් දැන කෙලෙසුන්ගෙන් මිදුණේ ද, ඒ රහත් භික්ෂුව මේ නව කරුණ ඉක්මවා හැසිරෙන්නට නොහැක්කේ ම ය.

චුන්දයෙනි, අන්‍ය තීර්ථක පරිබ්‍රාජකයෝ යමක් මෙසේ පවසත් නම්, එබඳු කරුණක් දකින්නට ලැබෙයි. එනම්; ශ්‍රමණ ගෞතම තෙමේ අතීතය අරභයා සීමා රහිත ව (අතීත භවයන්හි ජීවිත ගත කළ අයුරු දකිනා) ඥාන දර්ශනය පණවයි. එහෙත් අනාගතය අරභයා එපරිද්දෙන් සීමා රහිත කොට ඥාන දර්ශනය නොපණවයි. ඒ මක් නිසා ද? ඒ කවර හෙයින් ද?' යනුවෙනි.

ඒ අන්‍ය තීර්ථක පරිබ්‍රාකයෝ ත් අව්‍යක්ත, අනුවණයන් සේ අන් තැනක සිත යෙදූ ඥාන දර්ශනයකින් තවත් තැනක සිත යෙදූ ඥානදර්ශනයක් පැණවිය යුතු යැයි හඟිති. චුන්දයෙනි, තථාගතයන් හට අතීතය අරභයා පෙර භවයන්හි තමන් විසූ ආකාරය පිළිබඳ ව සිහි කිරීම අනුසාරයෙන් ලත් ඥානයක් වෙයි. හෙතෙම යම් පමණ කැමති වෙයි ද, එපමණ සිහි කරයි. අනාගතය අරභයා තථාගතයන් හට චතුරාර්ය සත්‍යාවබෝධයෙන් හටගත් ඥානය උපදියි. එනම් 'මේ අන්තිම උපත ය. දැන් නැවත භවයක් නැත්තේ ය' යනුවෙනි.

චුන්දයෙනි, අතීතය පිළිබඳ වුවත්, යමක් නොවුණේ ද, අසත්‍යය ද, අනර්ථයෙන් යුක්ත ද, එබඳු දෙයක් තථාගතයෝ නොපවසති. චුන්දයෙනි, අතීතය පිළිබඳ ව වුවත් සිදු වූ, සත්‍ය වූ නමුත් අනර්ථයෙන් යුක්ත යමක් ඇද්ද, තථාගතයෝ එය ත් නොපවසති. චුන්දයෙනි, අතීතය පිළිබඳ ව සිදු වූ, සත්‍ය වූ, අර්ථයෙන් යුතු යමක් ඇද්ද, එහිදී තථාගතයෝ ඒ ප්‍රශ්නය විසඳීමෙහිලා සුදුසු කල් දනිති.

චුන්දයෙනි, අනාගතය පිළිබඳ වුවත්, සිදු නොවන, අසත්‍යය, අනර්ථයෙන් යුක්ත ....(පෙ).... චුන්දයෙනි, වර්තමානයෙහි වුවත් සිදු නොවූත්, අසත්‍යය වූ,

අනර්ථයෙන් යුක්ත වූ යමක් ඇද්ද, එබඳු දෙයක් තථාගතයෝ නොපවසති. චුන්දයෙනි, වර්තමානය පිළිබඳ ව වුවත් සිදු වූ, සත්‍ය වූ නමුත් අනර්ථයෙන් යුක්ත යමක් ඇද්ද, තථාගතයෝ එය ත් නොපවසති. චුන්දයෙනි, වර්තමානය පිළිබඳ ව සිදු වූ, සත්‍ය වූ, අර්ථයෙන් යුතු යමක් ඇද්ද, එහිදී තථාගතයෝ ඒ ප්‍රශ්නය විසඳීමෙහිලා සුදුසු කල් දනිති.

මෙසේ චුන්දයෙනි, අතීත - අනාගත - වර්තමාන ධර්මයන්හි තථාගත තෙමේ කල් දැන කියන්නෙකි. සිදු වූ දෙය කියන්නෙකි. යහපත කියන්නෙකි. ධර්මය කියන්නෙකි. විනය කියන්නෙකි. එහෙයින් 'තථාගත' යැයි කියනු ලැබේ.

චුන්දයෙනි, දෙවියන් සහිත, මරුන් සහිත, බඹුන් සහිත, ශ්‍රමණ බ්‍රාහ්මණයන් සහිත දෙව් මිනිස් ප්‍රජාවෙන් යුතු ලෝකයා විසින් දකින ලද යමක් ඇද්ද, අසන ලද යමක් ඇද්ද, ආඝ්‍රාණය කරන ලද යමක් ඇද්ද, රස විඳින ලද යමක් ඇද්ද, පහස ලබන ලද යමක් ඇද්ද, සිතන ලද යමක් ඇද්ද, ලබන ලද යමක් ඇද්ද, සොයන ලද යමක් ඇද්ද, සිතින් විමසන ලද යමක් ඇද්ද, ඒ සියල්ල තථාගතයන් විසින් අවබෝධ කරන ලද්දේ ය. එහෙයින් 'තථාගත' යැයි කියනු ලැබේ.

චුන්දයෙනි, යම් රාත්‍රියක තථාගත තෙමේ අනුත්තර සම්මා සම්බෝධිය අවබෝධ කරයි ද, යම් රාත්‍රියක අනුපාදිශේෂ නිර්වාණ ධාතුවෙන් පිරිනිවන් පායි ද, ඒ අතර කාලයෙහි යමක් පවසයි ද, කියයි ද, විස්තර කරයි ද, ඒ සියල්ල එසේ ම වෙයි. අන් අයුරකින් නොවෙයි. එහෙයින් 'තථාගත' යැයි කියනු ලැබේ.

චුන්දයෙනි, තථාගත තෙමේ යම් පරිදි කියයි ද, එසෙයින් ම කරයි. යම් පරිදි කරයි ද, එසෙයින් ම කියයි. මෙසේ යම් පරිදි කියයි ද, එසෙයින් ම කරයි ද, යම් පරිදි කරයි ද, එසෙයින් ම කියයි ද, එහෙයින් 'තථාගත' යැයි කියනු ලැබේ.

චුන්දයෙනි, තථාගත තෙමේ දෙවියන් සහිත, මරුන් සහිත, බඹුන් සහිත, ශ්‍රමණ බ්‍රාහ්මණයන් සහිත, දෙව් මිනිස් ප්‍රජාවෙන් යුතු ලෝකයෙහි සියල්ල මැඩලයි. සියල්ල විසින් තමා නොමැඩලයි. සියල්ල දකියි. තමාගේ වසඟයෙහි පවත්වයි. එහෙයින් 'තථාගත' යැයි කියනු ලැබේ.

චුන්දයෙනි, අන්‍ය තීර්ථක පරිබ්‍රාජකයෝ යමක් මෙසේ පවසත් නම්, එබඳු කරුණක් දකින්නට ලැබෙයි. එනම්, 'කිම? ඇවැත්නි, තථාගත තෙමේ මරණින් මතු සිටියි යන මෙය ම සත්‍ය ය. අන් සියල්ල හිස් ද?' යි. චුන්දයෙනි, මෙසේ කියන්නා වූ අන්‍ය තීර්ථක පරිබ්‍රාජකයන් හට මෙසේ පිළිතුරු දිය යුත්තේ ය.

'ඇවැත්නි, තථාගත තෙමේ මරණින් මතු සිටියි යන මෙය ම සත්‍ය ය. අන් සියල්ල බොරු ය' යන මෙකරුණ භාග්‍යවතුන් වහන්සේ විසින් නොවදාරණ ලද්දකි.'

චුන්දයෙනි, අන්‍ය තීර්ථක පරිබ්‍රාජකයෝ යමක් මෙසේ පවසත් නම්, එබඳු කරුණක් දකින්නට ලැබෙයි. එනම්, 'කිම? ඇවැත්නි, තථාගත තෙමේ මරණින් මතු නොසිටියි යන මෙය ම සත්‍ය ය. අන් සියල්ල හිස් ද?' යි. චුන්දයෙනි, මෙසේ කියන්නා වූ අන්‍ය තීර්ථක පරිබ්‍රාජකයන් හට මෙසේ පිළිතුරු දිය යුත්තේ ය. 'ඇවැත්නි, තථාගත තෙමේ මරණින් මතු නොසිටියි යන මෙය ම සත්‍ය ය. අන් සියල්ල බොරු ය' යන මෙකරුණ ත් භාග්‍යවතුන් වහන්සේ විසින් නොවදාරණ ලද්දකි.'

චුන්දයෙනි, අන්‍ය තීර්ථක පරිබ්‍රාජකයෝ යමක් මෙසේ පවසත් නම්, එබඳු කරුණක් දකින්නට ලැබෙයි. එනම්, 'කිම? ඇවැත්නි, තථාගත තෙමේ මරණින් මතු සිටියි, නොසිටියි යන මෙය ම සත්‍ය ය. අන් සියල්ල හිස් ද?' යි. චුන්දයෙනි, මෙසේ කියන්නා වූ අන්‍ය තීර්ථක පරිබ්‍රාජකයන් හට මෙසේ පිළිතුරු දිය යුත්තේ ය. 'ඇවැත්නි, තථාගත තෙමේ මරණින් මතු සිටියි, නොසිටියි යන මෙය ම සත්‍ය ය. අන් සියල්ල බොරු ය' යන මෙකරුණ ත් භාග්‍යවතුන් වහන්සේ විසින් නොවදාරණ ලද්දකි.'

චුන්දයෙනි, අන්‍ය තීර්ථක පරිබ්‍රාජකයෝ යමක් මෙසේ පවසත් නම්, එබඳු කරුණක් දකින්නට ලැබෙයි. එනම්, 'කිම? ඇවැත්නි, තථාගත තෙමේ මරණින් මතු නොසිටියි, නොම නොසිටියි යන මෙය ම සත්‍ය ය. අන් සියල්ල හිස් ද?' යි. චුන්දයෙනි, මෙසේ කියන්නා වූ අන්‍ය තීර්ථක පරිබ්‍රාජකයන් හට මෙසේ පිළිතුරු දිය යුත්තේ ය. 'ඇවැත්නි, තථාගත තෙමේ මරණින් මතු නොසිටියි, නොම නොසිටියි යන මෙය ම සත්‍ය ය. අන් සියල්ල බොරු ය' යන මෙකරුණ භාග්‍යවතුන් වහන්සේ විසින් නොවදාරණ ලද්දකි.'

චුන්දයෙනි, අන්‍ය තීර්ථක පරිබ්‍රාජකයෝ යමක් මෙසේ පවසත් නම්, එබඳු කරුණක් දකින්නට ලැබෙයි. එනම්, 'ඇවැත්නි, ශ්‍රමණ ගෞතමයන් විසින් එය නොවදාරණ ලද්දේ කුමක් නිසා ද?' චුන්දයෙනි, මෙසේ කියන්නා වූ අන්‍ය තීර්ථක පරිබ්‍රාජකයන් හට මෙසේ පිළිතුරු දිය යුත්තේ ය. 'ඇවැත්නි, මෙය යහපතින් යුක්ත නොවෙයි. ධර්මයෙන් යුක්ත නොවෙයි. නිවන් මගට මුල් නොවෙයි. කලකිරීම පිණිස නොපවතියි. විරාගය පිණිස නොපවතියි. නිරෝධය පිණිස නොපවතියි. සංසිඳීම පිණිස නොපවතියි. විශිෂ්ට ඥානය පිණිස නොපවතියි. අවබෝධය පිණිස නොපවතියි. නිවන පිණිස නොපවතියි. එහෙයින් භාග්‍යවතුන් වහන්සේ විසින් එය නොවදාරණ ලද්දේ ය.

චුන්දයෙනි, අන්‍ය තීර්ථක පරිබ්‍රාජකයෝ යමක් මෙසේ පවසත් නම්, එබඳු කරුණක් දකින්නට ලැබෙයි. එනම්, 'ඇවැත්නි, ශ්‍රමණ ගෞතමයන් විසින් කුමක් වදාරණ ලද්දේ ද?' චුන්දයෙනි, මෙසේ කියන්නා වූ අන්‍ය තීර්ථක පරිබ්‍රාජකයන් හට මෙසේ පිළිතුරු දිය යුත්තේ ය. 'ඇවැත්නි, භාග්‍යවතුන් වහන්සේ විසින් 'මෙය දුක යැ' යි වදාරණ ලද්දේ ය. 'ඇවැත්නි, භාග්‍යවතුන් වහන්සේ විසින් මෙය දුකෙහි හටගැනීම යැ' යි වදාරණ ලද්දේ ය. 'ඇවැත්නි, භාග්‍යවතුන් වහන්සේ විසින් මෙය දුක නිරුද්ධ වීම යැ' යි වදාරණ ලද්දේ ය. 'ඇවැත්නි, භාග්‍යවතුන් වහන්සේ විසින් මෙය දුක නිරුද්ධ වීම පිණිස පවතින ප්‍රතිපදාව යැ' යි වදාරණ ලද්දේ ය.

චුන්දයෙනි, අන්‍ය තීර්ථක පරිබ්‍රාජකයෝ යමක් මෙසේ පවසත් නම්, එබඳු කරුණක් දකින්නට ලැබෙයි. එනම්, 'ඇවැත්නි, ශ්‍රමණ ගෞතමයන් විසින් මෙය වදාරණ ලද්දේ මක් නිසා ද?' චුන්දයෙනි, මෙසේ කියන්නා වූ අන්‍ය තීර්ථක පරිබ්‍රාජකයන් හට මෙසේ පිළිතුරු දිය යුත්තේ ය. 'ඇවැත්නි, මෙය වනාහී යහපතින් යුක්ත වෙයි. මෙය ධර්මයෙන් යුක්ත වෙයි. මෙය නිවන් මගට මුල් වෙයි. ඒකාන්තයෙන් කලකිරීම පිණිස පවතියි. විරාගය පිණිස පවතියි. නිරෝධය පිණිස පවතියි. සංසිඳීම පිණිස පවතියි. විශිෂ්ට ඥානය පිණිස පවතියි. අවබෝධය පිණිස පවතියි. නිවන පිණිස පවතියි. එහෙයින් භාග්‍යවතුන් වහන්සේ විසින් එය වදාරණ ලද්දේ ය.'

චුන්දයෙනි, අතීත කෙළවර පිළිබඳ ව යම් වැරදි මතවාදයෝ වෙත් ද, යම් සේ ඒ මතවාදයෝ විස්තර කළ යුත්තාහු ද, මා විසින් ඔබලාට ඒවා ත් විස්තර කරන ලද්දාහු ය. යම් සේ ඒ මතවාදයෝ විස්තර නොකළ යුත්තාහු ද, එහිලා ඔබට ඒ මතවාදයන් මම කුමකට විස්තර කරන්නෙම් ද?

චුන්දයෙනි, අනාගත කෙළවර පිළිබඳ ව යම් වැරදි මතවාදයෝ වෙත් ද, යම් සේ ඒ මතවාදයෝ විස්තර කළ යුත්තාහු ද, මා විසින් ඔබලාට ඒවා ත් විස්තර කරන ලද්දාහු ය. යම් සේ ඒ මතවාදයෝ විස්තර නොකළ යුත්තාහු ද, එහිලා ඔබට ඒ මතවාදයන් මම කුමකට විස්තර කරන්නෙම් ද?

චුන්දයෙනි, අතීත කෙළවර පිළිබඳ ව යම් වැරදි මතවාදයෝ වෙත් ද, යම් සේ ඒ මතවාදයෝ විස්තර කළ යුත්තාහු ද, මා විසින් ඔබලාට ඒවා ත් විස්තර කරන ලද්දාහු නම්, ඒ වැරදි මතවාද මොනවාද?

චුන්දයෙනි, මෙබඳු මතයක් කියන, මෙබඳු මතයක් දරණ ඇතැම් ශ්‍රමණ බ්‍රාහ්මණයෝ සිටිති. එනම්; 'ආත්මයත් ලෝකයත් සදාකාලික ව පවතියි යන මෙය ම සත්‍ය ය. අන් සියල්ල බොරු ය.'

චුන්දයෙනි, මෙබඳු මතයක් කියන, මෙබඳු මතයක් දරණ ඇතැම් ශ්‍රමණ බ්‍රාහ්මණයෝ සිටිති. එනම්; 'ආත්මයත් ලෝකය ත් සදාකාලික ව නොපවතියි. ආත්මයත් ලෝකය ත් සදාකාලික ව පවතියි, නොපවතියි. ආත්මයත් ලෝකය ත් සදාකාලික ව නොපවතියි, නොම නොපවතියි. ආත්මය ත් ලෝකය ත් තමා විසින් කරන ලද්දේ ය. ආත්මය ත් ලෝකය ත් අනුන් විසින් කරන ලද්දේ ය. ආත්මය ත් ලෝකය ත් තමා විසිනුත් අනුන් විසිනුත් කරන ලද්දේ ය. ආත්මය ත් ලෝකය ත් තමා විසිනුත් නොකරන ලද්දේ, අනුන් විසිනුත් නොකරන ලද්දේ, ඉබේ හටගත්තකි' යන මෙය ම සත්‍ය ය. අන් සියල්ල බොරු ය.'

'සැප දුක් සදාකාලික ව පවතියි. සැප දුක් සදාකාලික ව නොපවතියි. සැප දුක් සදාකාලික ව පවතියි, නොපවතියි. සැප දුක් සදාකාලික ව නොපවතියි, නොම නොපවතියි' යන මෙය ම සත්‍ය ය. අන් සියල්ල බොරු ය.'

'සැප දුක් තමා විසින් කරන ලද්දේ ය. සැප දුක් අනුන් විසින් කරන ලද්දේ ය. සැප දුක් තමා විසිනුත් අනුන් විසිනුත් කරන ලද්දේ ය. සැප දුක් තමා විසිනුත් නොකරන ලද්දේ, අනුන් විසිනුත් නොකරන ලද්දේ, ඉබේ හටගත්තකි.' යන මෙය ම සත්‍ය ය. අන් සියල්ල බොරු ය.'

චුන්දයෙනි, එහිලා යම් ඒ ශ්‍රමණ බ්‍රාහ්මණයෝ මෙබඳු මතවාදයක් කියත් ද, මෙබඳු මතවාදයක් දරත් ද, එනම්; 'ආත්මය ත් ලෝකය ත් සදා පවතියි. මෙය ම සත්‍ය ය. අන් සියල්ල බොරු' ය කියා. මම ඔවුන් වෙත එළඹ මෙසේ අසමි. 'ඇවැත්නි, සදා පවතින ආත්මයක් හා ලෝකයක් ඇතැයි මෙය කියනු ලැබේ ද?' ඔවුහු මෙසේ යමක් කීවාහු ද, එනම්, 'මෙය ම සත්‍ය යැයි, අන් සියල්ල බොරු යැ' යි ඔවුන්ගේ ඒ වචනය අනුමත නොකරමි. ඒ මක් නිසා ද යත්; චුන්දයෙනි, මෙකරුණ පිළිබඳ ව වෙනත් ලෙසකින් සිතන ඇතැම් සත්වයෝ ත් ඇත්තාහ. චුන්දයෙනි, මේ මතවාද පැණවීම පිළිබඳ ව මම තමන් හා සම සම කොට ගත්තෙක් නොදකිමි. ඊට වැඩිතරම් කෙනෙකු ගැන කොයින් දකිම් ද? එකල්හී යම් මේ විශේෂ පැණවීමක් ඇද්ද, එහිලා මම පමණක් වැඩිතරම් වෙමි.

චුන්දයෙනි, එහිලා යම් ඒ ශ්‍රමණ බ්‍රාහ්මණයෝ මෙබඳු මතවාදයක් කියත් ද, මෙබඳු මතවාදයක් දරත් ද, එනම්; 'ආත්මයත් ලෝකය ත් සදාකාලික ව නොපවතියි. ආත්මයත් ලෝකය ත් සදාකාලික ව පවතියි, නොපවතියි. ආත්මයත් ලෝකය ත් සදාකාලික ව නොපවතියි, නොම නොපවතියි. ආත්මය ත් ලෝකය ත් තමා විසින් කරන ලද්දේ ය. ආත්මය ත් ලෝකය ත් අනුන් විසින් කරන ලද්දේ ය. ආත්මය ත් ලෝකය ත් තමා විසිනුත් අනුන් විසිනුත් කරන

ලද්දේ ය. ආත්මය ත් ලෝකය ත් තමා විසිනුත් නොකරන ලද්දේ, අනුන් විසිනුත් නොකරන ලද්දේ, ඉබේ හටගත්තකි' යන මෙය ම සත්‍ය ය. අන් සියල්ල බොරු ය.' 'සැප දුක් සදාකාලික ව පවතියි. සැප දුක් සදාකාලික ව නොපවතියි. සැප දුක් සදාකාලික ව පවතියි, නොපවතියි. සැප දුක් සදාකාලික ව නොපවතියි, නොම නොපවතියි' යන මෙය ම සත්‍ය ය. අන් සියල්ල බොරු ය.' 'සැප දුක් තමා විසින් කරන ලද්දේ ය. සැප දුක් අනුන් විසින් කරන ලද්දේ ය. සැප දුක් තමා විසිනුත් අනුන් විසිනුත් කරන ලද්දේ ය.

චුන්දයෙනි, එහිලා යම් මේ ශ්‍රමණ බ්‍රාහ්මණයෝ මෙබඳු මතවාදයක් කියත් ද, මෙබඳු මතවාදයක් දරත් ද, එනම්; 'සැප දුක් තමා විසිනුත් නොකරන ලද්දේ, අනුන් විසිනුත් නොකරන ලද්දේ, ඉබේ හටගත්තකි යන මෙය ම සත්‍ය ය. අන් සියල්ල බොරු' ය කියා. මම ඔවුන් වෙත එළඹ මෙසේ අසමි. 'ඇවැත්නි, තමා විසිනුත් නොකරන ලද, අනුන් විසිනුත් නොකරන ලද, ඉබේ හටගත් සැප දුක් ඇතැයි මෙය කියනු ලැබේ ද?' ඔවුහු මෙසේ යමක් කීවාහු ද, එනම්, 'මෙය ම සත්‍ය යැයි, අන් සියල්ල බොරු යැ' යි ඔවුන්ගේ ඒ වචනය අනුමත නොකරමි. ඒ මක් නිසා ද යත්; චුන්දයෙනි, මෙකරුණ පිළිබඳ ව වෙනත් ලෙසකින් සිතන ඇතැම් සත්වයෝ ත් ඇත්තාහ. චුන්දයෙනි, මේ මතවාද පැණවීම පිළිබඳ ව මම තමන් හා සම සම කොට ගත්තෙක් නොදකිමි. ඊට වැඩිතරම් කෙනෙකු ගැන කොයින් දකිම් ද? එකල්හී යම් මේ විශේෂ පැණවීමක් ඇද්ද, එහිලා මම පමණක් වැඩිතරම් වෙමි.

චුන්දයෙනි, අතීත කෙළවර පිළිබඳ ව යම්සේ ඒ මතවාදයෝ විස්තර කළ යුත්තාහු ද, ඔබට මා විසින් යම් ඒ මතවාදයන් විස්තර කරන ලද්දාහු ද, මේ ඒ මතවාදයෝ ය. යම්සේ ඒ මතවාදයෝ විස්තර නොකළ යුත්තාහු ද, එහිලා ඔබට ඒ මතවාදයන් මම් කුමකට විස්තර කරන්නෙම් ද?

චුන්දයෙනි, අනාගත කෙළවර පිළිබඳ ව යම්සේ ඒ මතවාදයෝ විස්තර කළ යුත්තාහු ද, ඔබට මා විසින් යම් ඒ මතවාදයන් විස්තර කරන ලද්දාහු ද, ඒ මතවාදයෝ මොනවාද?

චුන්දයෙනි, මෙබඳු මතවාදයක් කියන, මෙබඳු මතවාදයක් දරණ ඇතැම් ශ්‍රමණ බ්‍රාහ්මණයෝ සිටිති. එනම්, 'ආත්මය සතර මහා ධාතූන්ගෙන් හටගත් රූපවත් දෙයකි. එය මරණින් පසු රෝග නැත්තේ වෙයි. මෙය ම සත්‍ය ය. අන් සියල්ල බොරු ය.'

චුන්දයෙනි, මෙබඳු මතවාදයක් කියන, මෙබඳු මතවාදයක් දරණ ඇතැම් ශ්‍රමණ බ්‍රාහ්මණයෝ සිටිති. එනම්, 'ආත්මය අරූපී දෙයකි. ....(පෙ).... ආත්මය රූපී වූ ත්, අරූපී වූ ත් දෙයකි. ....(පෙ).... ආත්මය රූපී ත් නොවූ, අරූපී ත්

නොවූ දෙයකි. ....(පෙ).... ආත්මය සංඥාවෙන් යුක්ත වෙයි. ....(පෙ).... ආත්මය සංඥාවෙන් තොර දෙයකි. ....(පෙ).... ආත්මය සංඥාව ඇත්තේ ත් නොවෙයි. සංඥාව නැත්තේ ත් නොවෙයි. ....(පෙ).... ආත්මය මරණින් පසු සිඳී යයි. වැනසෙයි. මරණින් පසු නොවෙයි. මෙය ම සත්‍ය ය. අන් සියල්ල බොරු ය.'

චුන්දයෙනි, එහිලා යම් ඒ ශ්‍රමණ බ්‍රාහ්මණයෝ මෙබඳු මතවාදයක් කියත් ද, මෙබඳු මතවාදයක් දරත් ද, එනම්; 'ආත්මය සතර මහා ධාතූන්ගෙන් හටගත් රූපවත් දෙයකි. එය මරණින් පසු රෝග නැත්තේ වෙයි. මෙය ම සත්‍ය ය. අන් සියල්ල බොරු' ය කියා. මම ඔවුන් වෙත එළඹ මෙසේ අසමි. 'ඇවැත්නි, ආත්මය සතර මහා ධාතූන්ගෙන් හටගත් රූපවත් දෙයකි. එය මරණින් පසු රෝග නැත්තේ වෙයි යන මෙය කියනු ලැබේ ද?' ඔවුහු මෙසේ යමක් කීවාහු ද, එනම්, 'මෙය ම සත්‍ය යැයි, අන් සියල්ල බොරු යැ' යි ඔවුන්ගේ ඒ වචනය අනුමත නොකරමි. ඒ මක් නිසා ද යත්; චුන්දයෙනි, මෙකරුණ පිළිබඳ ව වෙනත් ලෙසකින් සිතන ඇතැම් සත්වයෝ ත් ඇත්තාහ. චුන්දයෙනි, මේ මතවාද පැණවීම පිළිබඳ ව ද මම තමන් හා සම සම කොට ගත්තෙක් නොදකිමි. ඊට වැඩිතරම් කෙනෙකු ගැන කොයින් දකිම් ද? එකල්හී යම් මේ විශේෂ පැණවීමක් ඇද්ද, එහිලා මම පමණක් වැඩිතරම් වෙමි.

චුන්දයෙනි, එහිලා යම් ඒ ශ්‍රමණ බ්‍රාහ්මණයෝ මෙබඳු මතවාදයක් කියත් ද, මෙබඳු මතවාදයක් දරත් ද, එනම්; 'ආත්මය අරූපී දෙයකි. ....(පෙ).... ආත්මය රූපී වූ ත්, අරූපී වූ ත් දෙයකි. ....(පෙ).... ආත්මය රූපී ත් නොවූ, අරූපී ත් නොවූ දෙයකි. ....(පෙ).... ආත්මය සංඥාවෙන් යුක්ත වෙයි. ....(පෙ).... ආත්මය සංඥාවෙන් තොර දෙයකි. ....(පෙ).... ආත්මය සංඥාව ඇත්තේ ත් නොවෙයි. සංඥාව නැත්තේ ත් නොවෙයි. ....(පෙ).... ආත්මය මරණින් පසු සිඳී යයි. වැනසෙයි. මරණින් පසු නොවෙයි. මෙය ම සත්‍ය ය. අන් සියල්ල බොරු' ය කියා. මම ඔවුන් වෙත එළඹ මෙසේ අසමි. ඇවැත්නි, 'ආත්මය මරණින් පසු සිඳී යයි. වැනසෙයි. මරණින් පසු නොවෙයි' යන මෙය කියනු ලැබේ ද?' ඔවුහු මෙසේ යමක් කීවාහු ද, එනම්, 'මෙය ම සත්‍ය යැයි, අන් සියල්ල බොරු යැ' යි ඔවුන්ගේ ඒ වචනය අනුමත නොකරමි. ඒ මක් නිසා ද යත්; චුන්දයෙනි, මෙකරුණ පිළිබඳ ව වෙනත් ලෙසකින් සිතන ඇතැම් සත්වයෝ ත් ඇත්තාහ. චුන්දයෙනි, මේ මතවාද පැණවීම පිළිබඳ ව ද මම තමන් හා සම සම කොට ගත්තෙක් නොදකිමි. ඊට වැඩිතරම් කෙනෙකු ගැන කොයින් දකිම් ද? එකල්හී යම් මේ විශේෂ පැණවීමක් ඇද්ද, එහිලා මම පමණක් වැඩිතරම් වෙමි.

චුන්දයෙනි, අනාගත කෙළවර පිළිබඳ ව යම්සේ ඒ මතවාදයෝ විස්තර කළ යුත්තාහු ද, ඔබට මා විසින් යම් ඒ මතවාදයන් විස්තර කරන ලද්දාහු ද,

මේ ඒ මතවාදයෝ ය. යම්සේ ඒ මතවාදයෝ විස්තර නොකළ යුත්තාහු ද, එහිලා ඔබට ඒ මතවාදයන් මම් කුමකට විස්තර කරන්නෙම් ද?

චුන්දයෙනි, අතීත කෙළවර පිළිබඳ වූ මේ මතවාදයන්ගේ ත්, අනාගත කෙළවර පිළිබඳ වූ මේ මතවාදයන්ගේ ත් ප්‍රහාණය පිණිස, ඉක්මයාම පිණිස මෙසේ මා විසින් සතර සතිපිට්ඨානයෝ දෙසන ලද්දාහු ය. පණවන ලද්දාහු ය. ඒ කවර සතරක් ද යත්;

චුන්දයෙනි, මෙහි භික්ෂුව කෙලෙස් තවන වීර්යයෙන් යුතුව, නුවණින් යුතුව, මනා සිහියෙන් යුතුව, ලෝකයෙහි ඇලීම් ගැටීම් දුරුකොට කය පිළිබඳ ව කායානුපස්සනාවෙන් වාසය කරයි. ....(පෙ).... වේදනානුපස්සනාවෙන් වාසය කරයි. ....(පෙ).... චිත්තානුපස්සනාවෙන් වාසය කරයි. කෙලෙස් තවන වීර්යයෙන් යුතුව, නුවණින් යුතුව, මනා සිහියෙන් යුතුව, ලෝකයෙහි ඇලීම් ගැටීම් දුරුකොට ධර්මයන් පිළිබඳ ව ධම්මානුපස්සනාවෙන් වාසය කරයි.

චුන්දයෙනි, අතීත කෙළවර පිළිබඳ වූ මේ මතවාදයන්ගේ ත්, අනාගත කෙළවර පිළිබඳ වූ මේ මතවාදයන්ගේ ත් ප්‍රහාණය පිණිස, ඉක්මයාම පිණිස මෙසේ මා විසින් මේ සතර සතිපට්ඨානයෝ දෙසන ලද්දාහු ය. පණවන ලද්දදාහු ය."

එසමයෙහි ආයුෂ්මත් උපවාණ තෙරණුවෝ භාග්‍යවතුන් වහන්සේට පිටුපසින් පවන් සළමින් සිටියාහු ය. ඉක්බිති ආයුෂ්මත් උපවාණ තෙරණුවෝ භාග්‍යවතුන් වහන්සේට මෙය පැවසූහ.

"ස්වාමීනී, ආශ්චර්යයකි! ස්වාමීනී, අද්භූතයකි! ස්වාමීනී, ඒකාන්තයෙන් මේ ධර්මපරියාය සිත පහදවන සුළු ය. ස්වාමීනී, ඒකාන්තයෙන් මේ ධර්මපරියාය විශේෂයෙන් සිත පහදවන සුළු ය. ස්වාමීනී, මේ ධර්මපරියාය කවර නම් ඇත්තේ ද?"

"එසේ වී නම් උපවාණයෙනි, ඔබ මේ ධර්මපරියාය 'සිත පහදවන සුළු දෙය' ලෙසින් ම මතක තබාගන්න."

භාග්‍යවතුන් වහන්සේ මෙය වදාළ සේක. සතුටු සිත් ඇති ආයුෂ්මත් උපවාණ තෙරණුවෝ භාග්‍යවතුන් වහන්සේගේ භාෂිතය සතුටින් පිළිගත්තාහුය.

සාදු! සාදු!! සාදු!!!

පාසාදික සූත්‍රය නිමා විය.

3.7.
ලක්ඛණ සූත්‍රය
මහා පුරුෂ ලක්ෂණ ගැන වදාළ දෙසුම

මා විසින් මෙසේ අසන ලදී.

එක් සමයෙක්හි භාග්‍යවතුන් වහන්සේ සැවැත් නුවර ජේතවන නම් අනේපිඬු සිටුහු ගේ ආරාමයෙහි වැඩවසන සේක.

එකල්හී භාග්‍යවතුන් වහන්සේ "මහණෙනි" යි භික්ෂූන් ඇමතූ සේක. "පින්වතුන් වහන්සැ"යි ඒ භික්ෂූහු භාග්‍යවතුන් වහන්සේට පිළිවදන් දුන්හ. භාග්‍යවතුන් වහන්සේ මෙය වදාළ සේක.

"මහණෙනි, මහා පුරුෂයෙකුට මහා පුරුෂ ලක්ෂණ දෙතිසක් ඇත්තේ ය. ඒ මහා පුරුෂ ලක්ෂණයන්ගෙන් යුක්ත වූ මහා පුරුෂයාට ඇත්තේ ගති දෙකක් ම ය. වෙනත් ගතියක් නැත්තේ ය.

ඉදින් හේ ගිහි ගෙදර වසයි නම්, ධාර්මික වූ, ධර්මරාජ වූ, චක්‍රවර්තීරාජයා වන්නේ ය. සිව්මහා සමුදුර සීමා කරගත් සිව්මහා ජනපදයන්හි අධිපති ව, දිනාගත් ජය ඇති ව, ජනපදයන්හි තහවුරු බවට පත් ව, සප්ත රත්නයකින් යුක්ත වන්නේ ය. ඔහුට මේ සප්ත රත්නයෝ වෙති. ඒ මොනවා ද යත්; චක්‍රරත්නය ය, හස්තිරත්නය ය, අශ්වරත්නය ය, මාණික්‍යරත්නය ය, ස්ත්‍රීරත්නය ය, ගෘහපතිරත්නය ය හා සත්වෙනි පරිනායකරත්නය යි. සතුරු සේනා මැඬලන ශූර වීර පරාක්‍රමයෙන් හෙබි දහසකට වැඩි පුත්‍රයෝ ද ඔහුට වෙති. ඒ සක්විති රජ තෙමේ සයුර හිම් කොට මේ පෘථිවියෙහි දඬුවමින් තොර ව, අවි ආයුධයෙන් තොර ව, දැහැමෙන් සෙමෙන් දිනා රාජ්‍යය කරන්නේ වෙයි.

ඉදින් ඒ මහා පුරුෂ තෙමේ ගිහි ගෙයින් නික්ම පැවිදි වන්නේ නම්, ලොව වසාගත් මෝහ පටලය සිඳ දැමූ අරහත් සම්මා සම්බුදුවරයෙක් වන්නේ ය. මහණෙනි, යම් මහා පුරුෂ ලක්ෂණවලින් සමන්විත මහා පුරුෂයෙකුට ගති

දෙකක් ම වෙයි ද, අනිකක් නැද්ද, ඉදින් ගිහි ගෙදර වසයි නම් සක්විති රජු වෙයි ද, ...(පෙ).... ඉදින් ගිහි ගෙයින් නික්ම පැවිදි වෙයි නම්, ලොව වසාගත් මෝහ පටලය සිඳ දැමූ අරහත් සම්මා සම්බුදුවරයෙක් වෙයි ද, යම් මහා පුරුෂ ලක්ෂණයන්ගෙන් යුක්ත වූ මහා පුරුෂයෙකුට මේ ගති දෙක පමණක් ඇත්නම්, වෙනත් ඉරණමක් නැත්තේ නම්, මහා පුරුෂයාට පිහිටන ඒ මහා පුරුෂ ලක්ෂණයෝ මොනවා ද?

මහණෙනි, මෙහිලා මහා පුරුෂ තෙමේ මැනැවින් පිහිටි පාද ඇත්තේ වෙයි. මහණෙනි, යම් හෙයකින් මහා පුරුෂ තෙමේ මැනැවින් පිහිටි පාද ඇත්තේ වෙයි ද, මහණෙනි, මෙය ත් මහා පුරුෂයාට පිහිටන මහා පුරුෂ ලක්ෂණයකි.

තව ද මහණෙනි, මහා පුරුෂයාගේ යටි පතුල්හි චක්‍රයෝ හටගෙන තිබෙති. අර දහසකින් යුතු, රථ වළල්ල සහිත, නැබ සහිත, සියළු අයුරින් පිරිපුන් චක්‍රයෝ ය. මහණෙනි, යම් හෙයකින් දහස් අරයකින් යුතු, නිම් වළල්ලෙන් යුතු, නාභියෙන් යුතු, සියළු අයුරින් පිරිපුන් චක්‍රයෝ මහා පුරුෂයාගේ යටිපතුල්හි හටගෙන තිබෙත් ද, මහණෙනි, මෙය ත් මහා පුරුෂයාට පිහිටන මහා පුරුෂ ලක්ෂණයකි.

තව ද මහණෙනි, මහා පුරුෂ තෙමේ දිගු විලුඹ ඇත්තේ වෙයි. ....(පෙ).... දිගු ඇඟිලි ඇත්තේ වෙයි. ....(පෙ).... මෘදු යොවුන් අත් පා ඇත්තේ වෙයි. ....(පෙ).... ඉතා නම්‍යශීලි අත් පා ඇත්තේ වෙයි. ....(පෙ).... ගොප් ඇටය උස් ව පිහිටි පා ඇත්තේ වෙයි. ....(පෙ).... ඕලු මුවෙකුගේ බඳු කෙණ්ඩා ඇත්තේ වෙයි. ....(පෙ).... සිටගෙන ම නොනැමී දෙඅත්ලෙන් දෙදණ ස්පර්ශ කොට පිරිමැදිය හැක්කේ වෙයි. ....(පෙ).... කොපුවක බහාලූ දෙයක් බඳු ව සැඟවී ගිය පුරුෂ නිමිත්ත ඇත්තේ වෙයි. ....(පෙ).... රන්වන් පැහැයෙන් යුතු, රන්වන් සමක් ඇත්තේ වෙයි. ....(පෙ).... සිවිය සියුම් හෙයින් කයෙහි දූහුවිලි නොරඳින සියුම් සිවියක් ඇත්තේ වෙයි. ....(පෙ).... තනි තනි ව හටගත් ලොම් ඇත්තේ වෙයි. එනම් එක් එක් රෝම කූපයෙහි එක බැගින් හටගත් රෝම ඇත්තේ වෙයි. ....(පෙ).... උඩුකුරු ව කරකැවී ගිය ලොම් ඇත්තේ, උඩුකුරු ව කරකැවී ගිය තද නිල් පැහැ ඇති, අඳුන් වන් ව කුණ්ඩලාවර්තී ව රවුම් ව කැරකී ගිය, දකුණු අතට කරකැවී ගිය ලෝමයන් ඇත්තේ වෙයි. ....(පෙ).... බ්‍රහ්මරාජයෙකුට බඳු ඍජු සිරුරක් ඇත්තේ වෙයි. ....(පෙ).... උස් ව මතු වූ සත් තැනකින් යුතු වූයේ වෙයි. ....(පෙ).... සිංහරාජයෙකුගේ බඳු පෙර අඩකය ඇත්තේ වෙයි. ....(පෙ).... පිරී ගිය පිටතුරු ඇත්තේ වෙයි. ....(පෙ).... නුගරුකක් බඳු සම ප්‍රමාණ වූ කය

ඇත්තේ වෙයි. ඔහුගේ කය යම් පමණ ද, බඹය ද එපමණ ය. බඹය යම් පමණ ද, ඔහුගේ කය ද එපමණ ය. ....(පෙ).... සමවට කඳ ඇත්තේ වෙයි. ....(පෙ).... රස නහර ඇත්තේ වෙයි. ....(පෙ).... සිංහරාජයෙකුගේ බඳු සවිමත් හනු ඇත්තේ වෙයි. ....(පෙ).... සතලිසක් දත් ඇත්තේ වෙයි. ....(පෙ).... සම වූ දත් ඇත්තේ වෙයි. ....(පෙ).... දත් අතර විවර නැති සේ පිහිටි දත් ඇත්තේ වෙයි. ....(පෙ).... ඉතා සුදු වූ දත් ඇත්තේ වෙයි ....(පෙ).... දික් වූ, පළල් වූ දිව ඇත්තේ වෙයි. ....(පෙ).... කුරවීකයන්ගේ බඳු මිහිරි හඬ බ්‍රහ්මස්වර ඇත්තේ වෙයි. ....(පෙ).... තද නිල් පැහැ ගත් නෙත් ඇත්තේ වෙයි. ....(පෙ).... වහුපැටවෙකුගේ බඳු ඇස් මඬල ඇත්තේ වෙයි. ....(පෙ).... දෙබැම අතර හටගත් ඌර්ණ රෝමය සුදු පැහැයෙන් යුතුව මොලොක් පුළුන් රොදක් සෙයින් ඇත්තේ වෙයි. මහණෙනි, යම් හෙයකින් මහා පුරුෂයාගේ දෙබැම අතර හටගත් ඌර්ණ රෝමය සුදු පැහැයෙන් යුතුව, මොලොවක් පුළුන් රොදක් සෙයින් ඇත්තේ වෙයි ද, මහණෙනි, මෙය ත් මහා පුරුෂයෙකුට පිහිටන මහා පුරුෂ ලක්ෂණයකි.

තව ද මහණෙනි, මහාපුරුෂ තෙමේ පිරිපුන් නළල් තලයකින් යුත් සිරසක් ඇත්තේ වෙයි. මහණෙනි, යම් හෙයකින් මහා පුරුෂ තෙමේ පිරිපුන් නළල් තලයකින් යුත් සිරසක් ඇත්තේ වෙයි ද, මහණෙනි, මෙය ත් මහා පුරුෂයෙකුට පිහිටන මහා පුරුෂ ලක්ෂණයකි.

මහණෙනි, යම් මහා පුරුෂ ලක්ෂණවලින් සමන්විත මහා පුරුෂයෙකුට ගති දෙකක් ම වෙයි ද, අනිකක් නැද්ද, ඉදින් ගිහි ගෙදර වසයි නම් සක්විති රජු වෙයි ද, ...(පෙ).... ඉදින් ගිහි ගෙයින් නික්ම පැවිදි වෙයි නම්, ලොව වසාගත් මෝහ පටලය සිඳ දැමූ අරහත් සම්මා සම්බුදුවරයෙක් වෙයි ද, යම් මහා පුරුෂ ලක්ෂණයන්ගෙන් යුක්ත වූ මහා පුරුෂයෙකුට මේ ගති දෙක පමණක් ඇත්නම්, වෙනත් ඉරණමක් නැත්තේ නම්, මහා පුරුෂයාට පිහිටන ඒ දෙතිසක් වූ මහා පුරුෂ ලක්ෂණයෝ මේවා ය.

මහණෙනි, මහා පුරුෂයෙකුට පිහිටන දෙතිසක් වූ මේ මහා පුරුෂ ලක්ෂණයන් සසුනෙන් බැහැර ඍෂිවරු පවා මතකයෙහි රඳවාගෙන සිටිති. එසේ නමුත් 'මේ කර්මය කළ බැවින් මේ මහා පුරුෂ ලක්ෂණය ලැබේ ය' කියා ඔවුහු නොදන්නාහු ය.

(01) සුප්පතිට්ඨිත පාදෝ - සම ව පිහිටි පා ඇත්තේ වෙයි

මහණෙනි, යම් හෙයකින් තථාගත තෙමේ පූර්ව ජාතියෙහි දී, පූර්ව භවයෙහි දී, පූර්වයෙහි සිටි තන්හි දී, පූර්වයෙහි මනුෂ්‍ය වූයේ ම කුසල් දහම් පිළිබඳ ව නොපෙරෙන ස්වභාවයෙන් යුතු ව, දැඩි ව සමාදන් ව සිටියේ

ය. කාය සුචරිතයෙහි, වාක් සුචරිතයෙහි, මනෝ සුචරිතයෙහි යෙදුණේ ය. දන් බෙදීමෙහි, සිල් රැකීමෙහි, උපෝසථ සිල් රැකීමෙහි යෙදුණේ ය. මවට උවටැන් කිරීමෙහි, පියාට උවටැන් කිරීමෙහි, ශ්‍රමණයන්ට උවටැන් කිරීමෙහි, බ්‍රාහ්මණයන්ට උවටැන් කිරීමෙහි යෙදුණේ ය. කුලදෙටුවන්ට උවටැන් කිරීමෙහි යෙදුණේ ය. අන්‍ය වූ අධිකුසල ධර්මයන්හි ද යෙදුණේ ය. හේ ඒ කර්මයන් කළ බැවින්, නැවත නැවත කළ බැවින්, ඉතා බලවත් ව කළ බැවින්, බොහෝ කළ බැවින් කය බිඳී මරණින් මතු සුගති නම් වූ දෙව්ලොව උපදින්නේ වෙයි. හේ ඒ දෙව්ලොවෙහි අන්‍ය වූ දෙවියන් අභිබවා දස කරුණකින් පෙරටුව සිටියි. එනම්; දිව්‍ය ආයුෂයෙන් ය, දිව්‍ය වර්ණයෙන් ය, දිව්‍ය සැපයෙන් ය, දිව්‍ය ඓශ්වර්යයෙන් ය, දිව්‍ය අධිපති භාවයෙන් ය, දිව්‍ය රූපයෙන් ය, දිව්‍ය ශබ්දයෙන් ය, දිව්‍ය ගන්ධයෙන් ය, දිව්‍ය රසයෙන් ය, දිව්‍ය පහසෙන් ය වශයෙනි. හේ එයින් චුත ව මේ මිනිස් බවට පැමිණියේ ම මේ මහා පුරුෂ ලක්ෂණය ලබන්නේ වෙයි. එනම්, මැනැවින් පිහිටි පා ඇත්තේ වෙයි. පාදයන් බිම සම ව තබන්නේ වෙයි. සම ව උඩට ඔසොවන්නේ වෙයි. සම වූ මුළු යටිපතුල ම පොළොවෙහි ස්පර්ශ වන්නේ වෙයි.

හෙතෙමේ ඒ ලකුණෙන් යුතුව ඉදින් ගිහි ගෙදර වසන්නේ නම්, ධාර්මික වූ, ධර්මරාජ වූ, චක්‍රවර්තීරාජයා වන්නේ ය. සිව්මහා සමුදුර සීමා කරගත් සිව්මහා ජනපදයන්හි අධිපති ව, දිනාගත් ජය ඇති ව, ජනපදයන්හි තහවුරු බවට පත් ව, සප්ත රත්නයකින් යුක්ත වන්නේ ය. ඔහුට මේ සප්ත රත්නයෝ වෙති. ඒ මොනවා ද යත්; චක්‍රරත්නය ය, හස්තිරත්නය ය, අශ්වරත්නය ය, මාණික්‍යරත්නය ය, ස්ත්‍රීරත්නය ය, ගෘහපතිරත්නය ය හා සත්වෙනි පරිනායකරත්නය යි. සතුරු සේනා මැඩලන ශූර වීර පරාක්‍රමයෙන් හෙබි දහසකට වැඩි පුත්‍රයෝ ද ඔහුට වෙති. ඒ සක්විති රජ තෙමේ සයුර හිම් කොට මේ පෘථිවියෙහි සතුරු හුල් රහිත ව, උපද්‍රව නිමිති රහිත ව, සතුරු කටු රහිත ව, සමෘද්ධිමත් ව, සැපයෙන් පිරී ගිය, භය රහිත ව, සොඳුරු ව, අර්බුද රහිත ව, දඬුවමින් තොර ව, අවි ආයුධයෙන් තොර ව, දැහැමෙන් සෙමෙන් දිනා රාජ්‍යය කරන්නේ වෙයි.

රජ වූ විට හේ කුමක් ලබයි ද? හේ මිනිස් වූ කිසිදු සතුරෙකු විසින්, විරුද්ධකාරයෙකු විසින් නොමැඩලිය හැක්කේ වෙයි. රජ බවට පත් වූ විට මෙය ලබයි.

ඉදින් ගිහි ගෙයින් නික්ම පැවිදි වන්නේ නම්, ලොව වසා ඇති මෝහ පටලය ඉවත් කළ අරහත් සම්මා සම්බුද්ධවරයෙක් වෙයි. හේ බුදුවරයෙක්

වූයේ කුමක් ලබයි ද? අභ්‍යන්තර වූ හෝ බාහිර වූ හෝ සතුරන් විසින් හෝ විරුද්ධකාරයන් විසින් හෝ රාගය විසින් හෝ ද්වේෂය විසින් හෝ මෝහය විසින් හෝ ශ්‍රමණයෙකු විසින් හෝ බ්‍රාහ්මණයෙකු විසින් දෙවියෙකු විසින් හෝ මාරයෙකු විසින් හෝ බ්‍රහ්මයෙකු විසින් හෝ ලෝකයෙහි කිසිවෙකු විසින් හෝ නොමැඬලිය හැක්කේ වෙයි. බුදුවරයෙක් වූ විට මෙය ලබයි."

භාග්‍යවතුන් වහන්සේ මෙය වදාළ සේක. එය මේ අයුරින් ද කියනු ලබයි.

(ගාථාවන් ය)

හෙතෙමේ සැබෑ බස් පැවසීම ද, කුසල ධර්මයන් ද, ඉන්ද්‍රිය දමනය ද, සංවරය ද, පිරිසිදු සිල් ඇති බව ද, උපෝසථ සිල් ඇති බව ද, දන් දෙමින් හිංසාවෙන් තොර ව, සැහැසි නොවී, යහපතෙහි ඇලුණේ, මේ ධර්මයන් දැඩි ව සමාදන් ව සම්පූර්ණත්වයට පත් කළේ ය.

හේ ඒ පුණ්‍ය කර්මයෙන් දෙව්ලොව ගියේ ය. දිව්‍ය සැපයෙන් යුතු ව, දිව්‍ය ක්‍රීඩාවන්හි ඇලී කල් ගෙවී ය. එයින් චුත ව මේ මිනිසත් බවට යළි ආයේ ය. සම වූ යටිපතුලෙන් පොළොව ස්පර්ශ කළේ ය.

රජ මාළිගයට ආ මහා පුරුෂ ලකුණු පවසන බමුණෝ මෙය කීහ. 'සම ලෙස පොළොවෙහි පතුල් පිහිටන තැනැත්තාගේ ඒ පාදයෝ මැනැවින් පිහිටා තිබෙත් ද, ඒ ලකුණ ගිහියෙකුගේ හෝ පැවිද්දෙකුගේ හෝ ඉරණම පවසයි.

හේ ගිහි ගෙදර වසන්නේ නම් සතුරන් විසින් නොමැඬලිය හැක්කේ වෙයි. අනුන් මැඬ පැවැත්වීමෙහි දක්ෂ, සතුරන් මඬිනා මහා රාජයෙක් වෙයි. මෙහි මිනිස් ලොව කිසිවෙකු විසින් හෝ නොමැඬලිය හැකි බලයක් ඔහු ලබන්නේ ඒ පුණ්‍යකර්මයාගේ විපාකයෙන් ය.

ඉදින් ඒ ලකුණින් යුතු වූවෙක් පැවිදි වන්නේ නම්, නුවණින් යුතු ව නෙක්ඛම්මයෙහි ඇලී සිටින්නේ නම්, සියළු සත්වයන් හට උත්තම වූයේ, අග්‍ර වූයේ කිසිවෙකුට හෝ නොසෙල්විය හැක්කේ වෙයි. මෙය වනාහී මහා පුරුෂයා පිළිබඳ ව ධර්මතාවකි.

(02) හෙට්ඨාපාදතලේසු චක්කානි - පාදයන්හි යටිපතුල්හි චක්‍ර ලකුණු ඇත්තේ වෙයි.

මහණෙනි, යම් හෙයකින් තථාගත තෙමේ පූර්ව ජාතියෙහි දී, පූර්ව භවයෙහි දී, පූර්වයෙහි සිටි තන්හි දී, පූර්වයෙහි මනුෂ්‍ය වූයේ ම බොහෝ ජනයාට සැප ලබා දෙන්නේ විය. සොරුන්ගෙන් වන භය දුරු කොට, අමනුෂ්‍ය භය දුරුකොට, ධාර්මික ආරක්ෂාව සළසනුයේ විය. එමෙන්ම බොහෝ දෙනාගේ සුව පහසුව සළසනුයේ, පිරිවර හා එක් ව දන් දුන්නේ ය. හේ ඒ කර්මයන් කළ බැවින්, නැවත නැවත කළ බැවින්, ඉතා බලවත් ව කළ බැවින්, බොහෝ කළ බැවින් කය බිඳී මරණින් මතු සුගති නම් වූ දෙව්ලොව උපදින්නේ වෙයි. ....(පෙ).... හේ එයින් චුත ව මේ මිනිස් බවට පැමිණියේ ම මේ මහා පුරුෂ ලක්ෂණය ලබන්නේ වෙයි. එනම්, ඔහුගේ යටිපතුල්හි චක්‍රයෝ පිහිටා ඇත්තාහ. දහසක් අර ඇති නිම්වළලු සහිත, නැබ සහිත, සියළු අයුරින් පිරිපුන් ව මැනැවින් බෙදී ඇති චක්‍රයෝ ය.

හෙතෙමේ ඒ ලකුණෙන් යුතුව ඉදින් ගිහි ගෙදර වසන්නේ නම්, ධාර්මික වූ, ධර්මරාජ වූ, චක්‍රවර්තීරාජයා වන්නේ ය. ....(පෙ).... රජ වූ විට හේ කුමක් ලබයි ද? මහා පිරිවර ඇත්තේ වෙයි. බ්‍රාහ්මණයෝ ය, ගෘහපතියෝ ය, නිගම ජනපද වැසියෝ ය, ගණකයෝ ය, මහා අමාත්‍යයෝ ය, බල ප්‍රධානයෝ ය, දොරටුපාලයෝ ය, අමාත්‍යයෝ ය, රාජ පිරිස ය, ගම් මුලාදෑනියෝ ය, රජුගෙන් යැපෙන කුමාරවරු ය යනාදී මහත් පිරිවර ඔහුට ලැබෙන්නේ ය. රජ බවට පත් වූ විට මෙය ලබයි.

ඉදින් ගිහි ගෙයින් නික්ම පැවිදි වන්නේ නම්, ලොව වසා ඇති මෝහ පටලය ඉවත් කළ අරහත් සම්මා සම්බුදුවරයෙක් වෙයි. හේ බුදුවරයෙක් වූයේ කුමක් ලබයි ද? මහා පිරිවර ලබන්නේ වෙයි. භික්ෂූහු ය, භික්ෂුණීහු ය, උපාසකයෝ ය, උපාසිකාවෝ ය, දෙවියෝ ය, මිනිස්සු ය, අසුරයෝ ය, නාගයෝ ය, ගාන්ධර්වයෝ ය යනාදී වශයෙන් බොහෝ පිරිවර ලබන්නේ ය. බුදුවරයෙක් වූ විට මෙය ලබයි."

භාග්‍යවතුන් වහන්සේ මෙය වදාළ සේක. එය මේ අයුරින් ද කියනු ලබයි.

(ගාථාවන් ය)

බොහෝ පෙර, පූර්ව ජාතීන්හි දී මනුෂ්‍ය වූයේ ම බොහෝ
ජනයාට සැප සළසා දුන්නේ ය. සොර බිය, අමනුෂ්‍ය බිය ආදිය

දුරු කළේ ය. ධාර්මික ආරක්ෂා සම්පත්තියෙහි ලා උත්සාහවත් වූයේ ය.

හේ ඒ කර්මයෙන් දෙව්ලොව ගියේ ය. දිව්‍ය වූ සැපයෙන් ද, ක්‍රීඩාවෙන් ද ඇලී කල්ගත කළේ ය. හේ ඒ දෙව්ලොවින් චුත ව යළි මිනිස් බවට පැමිණියේ ම ඔහුගේ දෙපතුල්හි දහසක් අර ඇති, හාත්පස නිම් වළලු ඇති, පිරිපුන් චක්‍රයන් පිහිටන්නේ ය.

රාජ මාළිගයට පැමිණි මහා පුරුෂ ලකුණු පවසන බමුණෝ සිය පුණ්‍ය ලක්ෂණයෙන් හෙබි කුමරු දැක මෙය පැවසූහ. 'මේ කුමාර තෙමේ මහා පිරිවර ඇති ව සතුරන් මඬින්නෙක් වන්නේ ය. එසේ හෙයින් එයට සළකුණු වශයෙන් යටිපතුල්හි හාත්පස නිම්වළලු සහිත චක්‍ර ලකුණු ඇත්තේ ය.

ඉදින් මෙබඳු ලකුණු ඇතියෙක් පැවිදි නොවන්නේ නම්, දැහැමි ව අණසක පවත්වා පෘථිවිය පාලනය කරන්නේ ය. මෙහිලා ඔහුට අනුගත වූ ක්ෂත්‍රියයෝ සිටින්නාහ. මහා යසස් ඇති ව, මහත් පිරිවරින් යුක්ත වන්නේ ය.

ඉදින් මෙබඳු ලකුණු ඇතියෙක් පැවිදි වන්නේ නම්, නුවණින් යුතු ව නෙක්ඛම්මයෙහි ඇලී වසන්නේ ය. දෙවියෝ ද, මිනිස්සු ද, අසුරයෝ ද, යක්ෂයෝ ද, රාක්ෂසයෝ ද, ගාන්ධර්වයෝ ද, නාගයෝ ද, පක්ෂීහු ද, සිව්පාවෝ ද පිරිවරට ඇත්තාහ. දෙවියන් මිනිසුන් විසින් පුදන ලද්දේ, අනුත්තර වූයේ මහා යසස් ඇති මහා පිරිවරින් යුක්ත වූයේ වෙයි.

(03 - 04 - 05) ආයතපණ්හී ච දීඝංගුලී ච බ්‍රහ්මුජ්ජුගත්තෝ ච - දික් විලුඹ ඇත්තේ ද, දික් ඇඟිලි ඇත්තේ ද, බ්‍රහ්මයෙකුට බඳු ඍජු සිරුර ඇත්තේ ද වෙයි.

මහණෙනි, යම් හෙයකින් තථාගත තෙමේ පූර්ව ජාතියෙහි දී, පූර්ව භවයෙහි දී, පූර්වයෙහි සිටි තන්හි දී, පූර්වයෙහි මනුෂ්‍ය වූයේ ම සත්ව ඝාතනය අත්හැර සතුන් මැරීමෙන් වැළකී සිටියේ විය. දඬු මුගුරු අත්හැරියේ විය. අවි ආයුධ අත්හැරියේ විය. සතුන් මැරීමෙහි ලැජ්ජා ඇත්තේ විය. සියළු ප්‍රාණභූතයින් කෙරෙහි දයානුකම්පා ඇත්තේ විය. හේ ඒ කර්මය කළ බැවින්, නැවත නැවත කළ බැවින්, ඉතා බලවත් ව කල බැවින්, බොහෝ කළ බැවින් කය බිඳී මරණින් මතු සුගති නම් වූ දෙව්ලොව උපදින්නේ වෙයි. ....(පෙ)....

හේ එයින් චුත ව මේ මිනිස් බවට පැමිණියේ ම මේ මහා පුරුෂ ලක්ෂණ තුන ලබන්නේ වෙයි. එනම්, දික් වූ විලුඹ ත්, දික් වූ ඇඟිලි ත්, බ්‍රහ්මරාජයාට බඳු සෘජු සිරුර ත් ය.

හෙතෙමේ ඒ ලකුණු වලින් යුතුව ඉදින් ගිහි ගෙදර වසන්නේ නම්, ධාර්මික වූ, ධර්මරාජ වූ, චක්‍රවර්තීරාජයා වන්නේ ය. ....(පෙ).... රජ වූ විට හේ කුමක් ලබයි ද? හේ බොහෝ කල් සිටින දීර්ඝායුෂ ලබන්නේ ය. දීර්ඝ ආයුෂයෙන් පාලනය කෙරෙයි. ඒ අතරතුර ජීවිතය කිසි මිනිසෙකු විසින් හෝ සතුරෙකු විසින් හෝ විරුද්ධ කාරයෙකු විසින් හෝ ඝාතනය නොකළ හැක්කේ වෙයි. රජ බවට පත් වූ විට මෙය ලබයි.

ඉදින් ගිහි ගෙයින් නික්ම පැවිදි වන්නේ නම්, ලොව වසා ඇති මෝහ පටලය ඉවත් කළ අරහත් සම්මා සම්බුදුවරයෙක් වෙයි. හේ බුදුවරයෙක් වූයේ කුමක් ලබයි ද? හේ බොහෝ කල් සිටින දීර්ඝායුෂ ලබන්නේ ය. දීර්ඝ ආයුෂයෙන් පාලනය කෙරෙයි. ඒ අතරතුර ජීවිතය සතුරු වූ, විරුද්ධකාර වූ, කිසි ශ්‍රමණයෙකු විසින් හෝ බ්‍රාහ්මණයෙකු විසින් හෝ දෙවියෙකු විසින් හෝ මාරයෙකු විසින් හෝ බ්‍රහ්මයෙකු විසින් හෝ ලෝකයෙහි කිසිවෙකු විසින් හෝ ඒ බුදුරජුන් ඝාතනය නොකළ හැක්කේ වෙයි. බුදුවරයෙක් වූ විට මෙය ලබයි."

භාග්‍යවතුන් වහන්සේ මෙය වදාළ සේක. එය මේ අයුරින් ද කියනු ලබයි.

(ගාථාවන් ය)

'තමා මරණ වධයට භයෙන් යුතු වෙයි' යන කරුණ දැන අනුන්ගේ ජීවිත වැනසීමෙන් වැළකී සිටියේ වෙයි. හේ ඒ සුචරිතයෙන් දෙව්ලොව ගියේ ය. යහපත් ලෙස කරන ලද කර්මයෙහි සැප විපාක අනුභව කළේ ය.

ඒ දෙව්ලොවින් චුත ව, යළි මේ මිනිස් බවට පැමිණියේ මෙහිදී මහා පුරුෂ ලක්ෂණයන් තුනක් ලබන්නේ ය. මහත් වූ දික් විලුඹ ඇත්තේ වෙයි. බ්‍රහ්මරාජයෙකුගේ බඳු සොඳුරු මැනැවින් සෘජු කාය ඇත්තේ වෙයි. ඉතා යහපත් ලෙස උපන් සිරුරක් ඇත්තේ වෙයි.

ඉතා යහපත් වූ බාහු ඇත්තේ වෙයි. ඉතා තරුණ වූයේ වෙයි. මනා ලෙස පිහිටි අත් පා ඇත්තේ වෙයි. මනා උපතක් ඇත්තේ

වෙයි. ඔහු හට තරුණ වූ, මෘදු මොලොක් වූ දික් වූ ඇඟිලි ඇත්තේ වෙයි. මේ අග්‍ර වූ, උතුම් වූ තුන් මහා පුරුෂ ලකුණකින් යුතු වූ මේ කුමාර තෙමේ දීර්ඝායු ඇත්තේ ය' යි බ්‍රාහ්මණයෝ කීහ.

ඉදින් ගිහි ව වසන්නේ නම්, බොහෝ කල් ජීවත් වන්නේ ය. ඉදින් හේ පැවිදි වන්නේ නම්, ඍද්ධිපාද භාවනාවෙන් යුක්ත වූයේ එයට ත් වඩා බොහෝ කල් ජීවත් වන්නේ වෙයි. මෙසේ දීර්ඝායුෂ බවට එය නිමිත්තකි.

(06) සත්තුස්සදෝ - සත් තැනක උස් වූයේ ය.

මහණෙනි, යම් හෙයකින් තථාගත තෙමේ පූර්ව ජාතියෙහි දී, පූර්ව භවයෙහි දී, පූර්වයෙහි සිටි තන්හි දී, පූර්වයෙහි මනුෂ්‍ය වූයේ ම දන් දෙන්නෙක් විය. ප්‍රණීත වූ, රසවත් වූ, කෑ යුතු දෙය ත්, අනුභව කළ යුතු දෙය ත්, රස වින්ද යුතු දෙය ත්, ලෙව කා රස විඳිය යුතු දෙය ත්, රසවත් ව පානය කරන දෙය ත් දෙන්නේ විය. හේ ඒ කර්මය කළ බැවින්, නැවත නැවත කළ බැවින්, ඉතා බලවත් ව කළ බැවින්, බොහෝ කළ බැවින් කය බිඳී මරණින් මතු සුගති නම් වූ දෙව්ලොව උපදින්නේ වෙයි. ....(පෙ).... හේ එයින් චුත ව මේ මිනිස් බවට පැමිණියේ ම මේ මහා පුරුෂ ලක්ෂණය ලබන්නේ වෙයි. එනම්, සත් තැනක උස් වූයේ ය. සත් තැනක පිරුණු මස් ඇත්තේ ය. දෙඅතෙහි, පිටි අත්ලෙහි පිරුණු මස් ඇත්තේ ය. දෙපයෙහි පිටි පතුලෙහි පිරුණු මස් ඇත්තේ ය. දෙඋරහිසෙහි පිරුණු මස් ඇත්තේ ය. පිටිකරෙහි පිරුණු මස් ඇත්තේ ය.

හෙතෙමේ ඒ ලකුණෙන් යුතුව ඉදින් ගිහි ගෙදර වසන්නේ නම්, ධාර්මික වූ, ධර්මරාජ වූ, චක්‍රවර්තීරාජයා වන්නේ ය. ....(පෙ).... රජ වූ විට හේ කුමක් ලබයි ද? ප්‍රණීත වූ, රසවත් වූ, කෑ යුතු දෙය ත්, අනුභව කළ යුතු දෙය ත්, රස වින්ද යුතු දෙය ත්, ලෙව කා රස විඳිය යුතු දෙය ත්, රසවත් ව පානය කරන දෙය ත් ලබන්නේ වෙයි. රජ බවට පත් වූ විට මෙය ලබයි.

ඉදින් ගිහි ගෙයින් නික්ම පැවිදි වන්නේ නම්, ලොව වසා ඇති මෝහ පටලය ඉවත් කළ අරහත් සම්මා සම්බුදුවරයෙක් වෙයි. හේ බුදුවරයෙක් වූයේ කුමක් ලබයි ද? හේ ප්‍රණීත වූ, රසවත් වූ, කෑ යුතු දෙය ත්, අනුභව කළ යුතු දෙය ත්, රස වින්ද යුතු දෙය ත්, ලෙව කා රස විඳිය යුතු දෙය ත්, රසවත් ව පානය කරන දෙය ත් ලබන්නේ වෙයි. බුදුවරයෙක් වූ විට මෙය ලබයි."

භාග්‍යවතුන් වහන්සේ මෙය වදාළ සේක. එය මේ අයුරින් ද කියනු ලබයි.

(ගාථාවන් ය)

හේ උතුම් වූ, අග්‍ර වූ, ඛාද්‍ය භෝජ්‍යාදිය රස විඳිය යුතු, ලෙවිය යුතු, ප්‍රණීත ආහාරපාන දුන්නේ ය. හේ ඒ සුචරිත කර්මයෙන් දෙව්ලොව නන්දන උයනෙහි බොහෝ කල් සතුටු වෙමින් සිටියේ ය.

මනුෂ්‍ය වූයේ උස් ව පිහිටි සත් තැනක් ලබන්නේ ය. මෘදු වූ අත් පා ලබන්නේ ය. ලක්ෂණ ශාස්ත්‍රයෙහි දක්ෂ වූ ඒ බ්‍රාහ්මණයෝ මෙසේ කීහ. මේ කුමරු ප්‍රණීත වූ කෑ යුතු, බිදිය යුතු ආහාරපාන ලබන්නේ ය.

ගිහිගෙදර සිටින්නාට ත් මේ ලකුණින් අර්ථය පැවසෙයි. පැවිදි වූවහුට ත් එසෙයින් ම ලබන්නේ වෙයි. උතුම් වූ ඛාද්‍ය භෝජ්‍යාදිය ලබන්නේ වෙයි. සියළු ගිහි බැඳුම් බිඳින්නෙක් ද වෙයි.

(07 - 08) මුදුතලුණ හත්ථපාදෝ ච ජාලහත්ථපාදෝ ච - මෘදු යොවුන් අත් පා ඇත්තේ ද, ඉතා නම්‍යශීලී අත් පා ඇත්තේ ද වෙයි.

මහණෙනි, යම් හෙයකින් තථාගත තෙමේ පූර්ව ජාතියෙහි දී, පූර්ව භවයෙහි දී, පූර්වයෙහි සිටි තන්හි දී, පූර්වයෙහි මනුෂ්‍ය වූයේ ම සතර සංග්‍රහ වස්තුවෙන් ජනයාට සංග්‍රහ කළේ ය. එනම්; දානයෙන් ය, ප්‍රිය වචනයෙන් ය, අර්ථ චර්යාවෙන් ය, සමානාත්මතාවයෙන් ය. හේ ඒ කර්මයන් කළ බැවින්, නැවත නැවත කළ බැවින්, ඉතා බලවත් ව කළ බැවින්, බොහෝ කළ බැවින් කය බිඳී මරණින් මතු සුගති නම් වූ දෙව්ලොව උපදින්නේ වෙයි. ....(පෙ).... හේ එයින් චුත ව මේ මිනිස් බවට පැමිණියේ ම මේ මහා පුරුෂ ලක්ෂණ දෙක ලබන්නේ වෙයි. එනම්, මෘදු යොවුන් අත් පා හා ඉතා නම්‍යශීලී අත් පා ය.

හෙතෙමේ ඒ ලකුණු වලින් යුතුව ඉදින් ගිහි ගෙදර වසන්නේ නම්, ධාර්මික වූ, ධර්මරාජ වූ, චක්‍රවර්තීරාජයා වන්නේ ය. ....(පෙ).... රජ වූ විට හේ කුමක් ලබයි ද? මැනැවින් සංග්‍රහ කරන ලද පිරිවර ජනයා ලබන්නේ ය. මොහු විසින් මැනැවින් සංග්‍රහ කරන ලද බ්‍රාහ්මණ ගෘහපතිවරු, නියම්ගම් ජනපදවැසියෝ, ගණකයෝ, මහාමාත්‍යයෝ, සේනාබල ප්‍රධානයෝ, දොරටුපාලයෝ, අමාත්‍යයෝ, පාරම්පරික රාජ පිරිස, රජ දරුවෝ, රජුන්ගෙන් යැපෙන කුමාරවරු ආදිය ඇත්තාහු ය. රජ බවට පත් වූ විට මෙය ලබයි.

ඉදින් ගිහි ගෙයින් නික්ම පැවිදි වන්නේ නම්, ලොව වසා ඇති මෝහ පටලය ඉවත් කළ අරහත් සම්මා සම්බුදුවරයෙක් වෙයි. හේ බුදුවරයෙක්

වූයේ කුමක් ලබයි ද? මැනැවින් සංග්‍රහ කරන ලද පිරිවර ජනයා ලබන්නේ ය. ඒ බුදුරජුන් විසින් මැනැවින් සංග්‍රහ කරන ලද භික්ෂූහු ය, භික්ෂුණීහු ය, උපාසකයෝ ය, උපාසිකාවෝ ය, දෙවියෝ ය, මිනිස්සු ය, අසුරයෝ ය, නාගයෝ ය, ගාන්ධර්වයෝ ය යනාදී වශයෙන් බොහෝ පිරිවර ඇත්තාහු ය. බුදුවරයෙක් වූ විට මෙය ලබයි."

භාග්‍යවතුන් වහන්සේ මෙය වදාළ සේක. එය මේ අයුරින් ද කියනු ලබයි.

(ගාථාවන් ය)

හේ දානය ද, අර්ථ චර්යාව ද, ප්‍රිය තෙපුල් බිණීම ද, සමානාත්මතාව ද සිදුකොට, බොහෝ ජනයාට මැනැවින් සංග්‍රහ කොට, අලාමක වූ ගුණයෙන් යුතුව දෙව්ලොව ගියේ ය.

හේ ඒ දෙව්ලොවින් චුත ව යළි මිනිස් බවට පැමිණියේ කුමාර තෙමේ ළදරු වූයේ, ඉතා යොවුන් වූයේ, ඉතා ශෝභාසම්පන්න වූයේ, ඉතා දැකුම්කළු වූයේ, මෘදු වූ නව යොවුන් අත් පා ඇත්තේ වෙයි. ඉතා නම්‍යශීලී අත් පා ඇත්තේ වෙයි.

සිය පිරිවර ජනයා ඉතා කීකරු වූයේ වෙයි. කටයුත්තෙහිලා මෙහෙයවිය හැක්කේ වෙයි. මැනැවින් සංග්‍රහ කරන ලද්දේ මේ මිහිමඬලෙහි වසන්නේ වෙයි. ප්‍රිය බස් තෙපලන්නේ වෙයි. හිත සුව පිණිස පවතින දේ සොයා බලන්නේ වෙයි. අතිශයින් සොඳුරු ගුණ දියුණු කරන්නේ වෙයි.

ඉදින් සියළු පස්කම් හැරදමා පැවිදි වන්නේ නම්, ලොව දිනන ලද්දේ, සම්බුදු ව, ජනයා හට ධර්මය දෙසන්නේ වෙයි. ඒ බුදුරජුන්ගේ ධර්මය අසා ඉතා පහන් ව, ඒ ධර්මයට අනුව කටයුතු කරන, ධර්මානුධර්ම ප්‍රතිපදාවෙන් යුක්ත වූ ශ්‍රාවකයන් ඇත්තේ වෙයි.

(09 - 10) උස්සංඛපාදෝ ච උද්ධග්ගලෝමෝ ච - ගොප් ඇටය උස් ව ගිය පාද ඇත්තේ ද, උඩු අතට කරකැවී ගිය ලොම් ඇත්තේ ද වෙයි.

මහණෙනි, යම් හෙයකින් තථාගත තෙමේ පූර්ව ජාතියෙහි දී, පූර්ව භවයෙහි දී, පූර්වයෙහි සිටි තන්හි දී, පූර්වයෙහි මනුෂ්‍ය වූයේ ම බොහෝ ජනයා හට දෙලොව යහපතට හේතු වන, කුසල් දහම් වැඩීමට උපකාරී වන වචන

කියන ලද්දේ ය. බොහෝ ජනයාට දෙලොව යහපත සැළසුවේ ය. ප්‍රාණීන්ට හිතසුව සැළසුවේ ය. ධර්මයාගය කරන්නෙක් වූයේ ය. හේ ඒ කර්මයන් කළ බැවින්, නැවත නැවත කළ බැවින්, ඉතා බලවත් ව කළ බැවින්, බොහෝ කළ බැවින් කය බිඳී මරණින් මතු සුගති නම් වූ දෙව්ලොව උපදින්නේ වෙයි. ....(පෙ).... හේ එයින් චුත ව මේ මිනිස් බවට පැමිණියේ ම මේ මහා පුරුෂ ලක්ෂණ දෙක ලබන්නේ වෙයි. එනම්, ගොප් ඇටය උස් ව ගිය පාද ඇති බව ත්, උඩු අතට කරකැවී ගිය ලෝම ඇති බව ත් ය.

හෙතෙමේ ඒ ලකුණු වලින් යුතුව ඉදින් ගිහි ගෙදර වසන්නේ නම්, ධාර්මික වූ, ධර්මරාජ වූ, චක්‍රවර්තීරාජයා වන්නේ ය. ....(පෙ).... රජ වූ විට හේ කුමක් ලබයි ද? කාමභෝගී සත්වයන් හට අග්‍ර වූයේ ත් වෙයි. ශ්‍රේෂ්ඨ වූයේ ත් වෙයි. ප්‍රමුඛ වූයේ ත් වෙයි. උතුම් වූයේ ත් වෙයි. වඩා ත් උතුම් වූයේ ත් වෙයි. රජ බවට පත් වූ විට මෙය ලබයි.

ඉදින් ගිහි ගෙයින් නික්ම පැවිදි වන්නේ නම්, ලොව වසා ඇති මෝහ පටලය ඉවත් කළ අරහත් සම්මා සම්බුදුවරයෙක් වෙයි. හේ බුදුවරයෙක් වූයේ කුමක් ලබයි ද? සියළු සත්වයන් හට අග්‍ර වූයේ ත් වෙයි. ශ්‍රේෂ්ඨ වූයේ ත් වෙයි. ප්‍රමුඛ වූයේ ත් වෙයි. උතුම් වූයේ ත් වෙයි. වඩා ත් උතුම් වූයේ ත් වෙයි. බුදුවරයෙක් වූ විට මෙය ලබයි."

භාග්‍යවතුන් වහන්සේ මෙය වදාළ සේක. එය මේ අයුරින් ද කියනු ලබයි.

(ගාථාවන් ය)

පූර්වයෙහි යහපත හා ධර්මයෙන් යුක්ත වූ වචන පවසන ලද්දේ, බොහෝ ජනයාට දෙලොව යහපත සැළසුවේ ය. ප්‍රාණීන් හට හිතසුව ලබාදෙන්නෙක් වූයේ ය. නොමසුරු ව ධර්ම යාගය කළේ ය.

හේ ඒ සුචරිත කර්මයෙන් සුගතියට ගියේ එහි සතුටු වන්නේ වෙයි. ඒ දෙව්ලොවින් චුත ව මේ මිනිස් බවට පැමිණියේ ලකුණු දෙකකින් යුක්ත වූයේ, උත්තම වූ ප්‍රමුඛත්වය ලබන්නේ වෙයි.

හේ උඩු අතට නැමී ගිය ලොම් ඇත්තේ වෙයි. ගොප් ඇටය මැනැවින් සොඳුරු ව පිහිටියේ වෙයි. මසින්, ලෙයින් යුතු ඔහුගේ කෙණ්ඩා ද සමින් වැසී ගියේ, ශෝභනාකාරයෙන් දිස් වූයේ වෙයි.

එබඳු ලකුණින් හෙබියෙක් ඉදින් ගිහි ගෙදර වසන්නේ නම්, කාමභෝගීන් අතර අග්‍ර වන්නේ ය. ඔහුට වඩා උතුම් වූවෙක් දකින්නට නොහැක්කේ ය. හේ සකල ජම්බුද්වීපය දැහැමි ව යටත් කොට වසයි.

අලාමක ගතිගුණ ඇති හේ පැවිදි වන්නේ නම් සියළු ප්‍රාණීන් හට අග්‍ර වන්නේ ය. ඒ බුදුරජුන්ට වඩා උතුම් වූ කිසිවෙකු දකින්නට නොලැබෙන්නේ ය. හේ සම්බුදු බලයෙන් මුළු ලොව යටපත් කොට වසයි.

(11) **ඒණිජංඝො - ඕලු මුවෙකුගේ බඳු කෙණ්ඩා ඇත්තේ ය.**

මහණෙනි, යම් හෙයකින් තථාගත තෙමේ පූර්ව ජාතියෙහි දී, පූර්ව භවයෙහි දී, පූර්වයෙහි සිටි තන්හි දී, පූර්වයෙහි මනුෂ්‍ය වූයේ ම සකස් කොට උගන්වන්නේ වෙයි. කිසියම් ශිල්පයක් වේවා, විද්‍යාවක් වේවා, ගුණධර්මයක් වේවා, කටයුත්තක් වේවා, ඉගැන්වීමේ දී 'කිම? මාගේ මේ ක්‍රමයෙන් මොවුහු වහා දැනගන්නාහු ද? කිම? මාගේ මේ ක්‍රමයෙන් මොවුහු වහා පුහුණු වන්නාහු ද? කිම? මාගේ මේ ක්‍රමයෙන් බොහෝ කල් වෙහෙස නොගන්නාහු ද?' යි සකස් කොට උගන්වන්නේ වෙයි. හේ ඒ කර්මය කළ බැවින්, නැවත නැවත කළ බැවින්, ඉතා බලවත් ව කළ බැවින්, බොහෝ කළ බැවින් කය බිඳී මරණින් මතු සුගති නම් වූ දෙව්ලොව උපදින්නේ වෙයි. ....(පෙ).... හේ එයින් චුත ව මේ මිනිස් බවට පැමිණියේ ම මේ මහා පුරුෂ ලක්ෂණය ලබන්නේ වෙයි. එනම්, ඕලු මුවෙකුගේ බඳු කෙණ්ඩා ඇත්තේ වෙයි.

හෙතෙමේ ඒ ලකුණෙන් යුතුව ඉදින් ගිහි ගෙදර වසන්නේ නම්, ධාර්මික වූ, ධර්මරාජ වූ, චක්‍රවර්තීරාජයා වන්නේ ය. ....(පෙ).... රජ වූ විට හේ කුමක් ලබයි ද? රජවරුන්ට යෝග්‍ය වූ රාජාංගයන් වූ, රාජ පරිභෝගයන් වූ, රජවරුන්ට ගැලපෙන්නා වූ යම් යම් දේ ඇද්ද, ඒවා වහා ලබන්නේ වෙයි. රජ බවට පත් වූ විට මෙය ලබයි.

ඉදින් ගිහි ගෙයින් නික්ම පැවිදි වන්නේ නම්, ලොව වසා ඇති මෝහ පටලය ඉවත් කළ අරහත් සම්මා සම්බුදුවරයෙක් වෙයි. හේ බුදුවරයෙක් වූයේ කුමක් ලබයි ද? ශ්‍රමණයන්ට යෝග්‍ය වූ, ශ්‍රමණයන්ගේ අංගයන් වූ, ශ්‍රමණ පරිභෝග වූ, ශ්‍රමණයන්ට නිසි වූ, යම් යම් දේ ඇද්ද, ඒවා වහා ලබන්නේ වෙයි. බුදුවරයෙක් වූ විට මෙය ලබයි."

භාග්‍යවතුන් වහන්සේ මෙය වදාළ සේක. එය මේ අයුරින් ද කියනු ලබයි.

(ගාථාවන් ය)

ශිල්පයන්හි ද, විද්‍යාවන්හි ද, චරණයන්හි ද, වැඩකටයුතුවලදී ද තමන් උගන්වන දෑ අන්‍යයෝ කෙසේ වහා දැනගන්නාහු දැයි කැමති වෙයි. යම් දැනුමක් කිසිවෙකුගේ හෝ විනාශය පිණිස හේතු නොවෙයි ද, බොහෝ කල් නොවෙහෙසෙන පරිද්දෙන් එබඳු දෑ වහා උගන්වන්නේ වෙයි.

සුවය ලබා දෙන ඒ කුසල කර්මය කොට මැනැවින් පිහිටි, වට වූ, යහපත් ව උපන්, පිළිවෙලින් උස් ව ගිය, සියුම් සිවියෙන් වැසුණු, මනෝඥ වූ කෙණ්ඩා ද, එමෙන් ම උඩු අතට කරකැවී ගිය ලෝම ද ලබන්නේ ය.

යම් පුද්ගලයෙකුට ඕලු මුවෙකුගේ බඳු කෙණ්ඩා ඇත්තේ යැයි කීවාහු ද, මේ ලකුණ හේතුවෙන් වහා සම්පත් ලබන්නේ ය. ගෘහ ජීවිතයට ගැලපෙන යමක් හේ කැමති වෙයි ද, නොපැවිදි ව සිටින හේ වහා එය ලබන්නේ ය.

එබඳු ලකුණින් හෙබියෙක් ඉදින් පැවිදි වන්නේ නම්, නුවණින් යුතුව නෙක්ඛම්මයෙහි ඇලී වසන ඒ බුදුරජුන් හට ශ්‍රමණයන්ගේ පරිභෝගයට යෝග්‍ය වූ දෙයක් ම වහා ලබන්නේ වෙයි.

(12) සුඛුමච්ඡවි - සිනිඳු සිවිය ඇත්තේ ය.

මහණෙනි, යම් හෙයකින් තථාගත තෙමේ පූර්ව ජාතියෙහි දී, පූර්ව භවයෙහි දී, පූර්වයෙහි සිටි තන්හි දී, පූර්වයෙහි මනුෂ්‍ය වූයේ ම ශ්‍රමණයෙකු හෝ බ්‍රාහ්මණයෙකු කරා යන හේ කරුණු දැනගැනීම පිණිස විමසන්නේ වෙයි. එනම් 'ස්වාමීනී, කුසලය යනු කුමක් ද? අකුසලය යනු කුමක් ද? වැරදි දෙය යනු කුමක් ද? නිවැරදි දෙය යනු කුමක් ද? සේවනය කළ යුතු දේ යනු කුමක් ද? සේවනය නොකළ යුතු දේ යනු කුමක් ද? මා විසින් කුමක් කරන ලද්දේ බොහෝ කල් අහිත පිණිස දුක් පිණිස පවතින්නේ ද? මා විසින් කුමක් කරන ලද්දේ බොහෝ කල් හිත පිණිස සැප පිණිස පවතින්නේ ද?' යනාදී වශයෙනි. හේ ඒ කර්මය කළ බැවින්, නැවත නැවත කළ බැවින්, ඉතා බලවත් ව කළ බැවින්, බොහෝ කළ බැවින් කය බිඳී මරණින් මතු සුගති නම් වූ දෙව්ලොව උපදින්නේ වෙයි. ....(පෙ).... හේ එයින් චුත ව මේ මිනිස් බවට පැමිණියේ ම මේ මහා පුරුෂ ලක්ෂණය ලබන්නේ වෙයි. එනම්, සිනිඳු වූ සිවිය ඇත්තේ වෙයි. සිනිඳු සිවිය ඇති බැවින් කයෙහි දුහුවිලි දූලි ආදිය නොරඳින්නේ වෙයි.

හෙතෙමේ ඒ ලකුණෙන් යුතුව ඉදින් ගිහි ගෙදර වසන්නේ නම්, ධාර්මික වූ, ධර්මරාජ වූ, චක්‍රවර්තිරාජයා වන්නේ ය. ....(පෙ).... රජ වූ විට හේ කුමක් ලබයි ද? මහා ප්‍රඥාව ඇත්තෙක් වෙයි. ඔහුගේ ප්‍රඥාවට සමාන වූ හෝ ශ්‍රේෂ්ඨ වූ හෝ කිසිවෙක් කාමභෝගීන් අතර නැත්තේ වෙයි. රජ බවට පත් වූ විට මෙය ලබයි.

ඉදින් ගිහි ගෙයින් නික්ම පැවිදි වන්නේ නම්, ලොව වසා ඇති මෝහ පටලය ඉවත් කළ අරහත් සම්මා සම්බුදුවරයෙක් වෙයි. හේ බුදුවරයෙක් වූයේ කුමක් ලබයි ද? මහා ප්‍රඥාව ඇත්තේ වෙයි. පැතිර පවත්නා ප්‍රඥාව ඇත්තේ වෙයි. සතුට බහුල ප්‍රඥාව ඇත්තේ වෙයි. වේගවත් ප්‍රඥාව ඇත්තේ වෙයි. තියුණු ප්‍රඥාව ඇත්තේ වෙයි. විනිවිද යන ප්‍රඥාව ඇත්තේ වෙයි. ඒ බුදුරජුන්ගේ ප්‍රඥාවට සමාන වූ හෝ ශ්‍රේෂ්ඨ වූ හෝ කිසිවෙක් සියළු සත්වයන් අතර නැත්තේ ය. බුදුවරයෙක් වූ විට මෙය ලබයි."

භාග්‍යවතුන් වහන්සේ මෙය වදාළ සේක. එය මේ අයුරින් ද කියනු ලබයි.

(ගාථාවන් ය)

බොහෝ පෙර සිට, පූර්ව ජාතීන්හි දී දැනගනු කැමැත්තේ ම, විමසන ලද්දේ ය. මැනැවින් සවන් දෙන්නේ වෙයි. පැවිද්දන් ඇසුරු කරන්නේ වෙයි. අර්ථයන් දැනගනු කැමැත්තෙන් අර්ථවත් කථාවෙහි යෙදුණේ වෙයි.

ප්‍රඥාව ලැබීම පිණිස වූ ඒ කර්මයෙන් මනුෂ්‍ය වූයේ ම සියුම් සිවිය ඇත්තේ විය. නිමිති පාඨ කීමෙහි දක්ෂ වූ ඒ බ්‍රාහ්මණයෝ 'මේ කුමාර තෙමේ සියුම් වූ අර්ථයන් අවබෝධ කරගන්නෙකි' යි පැවසූහ.

ඉදින් එබඳු ලකුණින් හෙබියෙක් නොපැවිදි ව ගිහි ගෙදර වසයි නම්, දැහැමින් අණසක පතුරා පොළොවෙහි අධිපති ව වසන්නේ ය. අර්ථ අනුශාසනාවෙහි ද, අර්ථ විමසීමෙහි ද දක්ෂ වූ ඒ සක්විති රජුට වඩා උතුම් වූ හෝ සම වූ හෝ කෙනෙක් නැත්තේ ය.

ඉදින් එබඳු ලකුණු ඇති තැනැත්තා පැවිදි වන්නේ නම්, නුවණින් යුතුව නෙක්ඛම්මයෙහි ඇලී වසන හේ අනුත්තර වූ ත්, විශිෂ්ට වූ ත් ප්‍රඥාව ලබන්නේ වෙයි. උත්තම වූ මහා නුවණැති ව සම්බුද්ධත්වයට පත්වන්නේ වෙයි.

(13) සුවණ්ණවණ්ණො හෝති, කඤ්චනසන්නිභත්තචෝ - ස්වර්ණ වර්ණ ඇත්තේ, රන්පැහැ ඇති සමක් ඇත්තේ වෙයි.

මහණෙනි, යම් හෙයකින් තථාගත තෙමේ පූර්ව ජාතියෙහි දී, පූර්ව භවයෙහි දී, පූර්වයෙහි සිටි තන්හි දී, පූර්වයෙහි මනුෂ්‍ය වූයේ ම ක්‍රෝධ රහිත ව සිටියේ ය. සිත් තැවුල් බහුල නැති ව සිටියේ ය. ඔහුට බොහෝ කොට කියන ලද්දේ නමුත් ඒ කෙරෙහි නොගැටෙන්නේ විය. නොකිපුණේ ය. ද්වේෂ නොකළේ ය. සිතෙහි ක්‍රෝධය නොපිහිටුවේ ය. කෝපය ත්, ද්වේෂය ත්, නොසතුට ත් පහළ නොකළේ ය. එමෙන් ම සිනිඳු වූ, මෘදු වූ ඇතිරිලි - පොරෝනා, සිනිඳු වූ පට සළු, සිනිඳු වූ කපු පිළී, සිනිඳු වූ පට වස්ත්‍ර, සිනිඳු වූ කම්බිලි ආදිය දන් දෙන්නේ විය. හේ ඒ කර්මයන් කළ බැවින්, නැවත නැවත කළ බැවින්, ඉතා බලවත් ව කළ බැවින්, බොහෝ කළ බැවින් කය බිඳී මරණින් මතු සුගති නම් වූ දෙව්ලොව උපදින්නේ වෙයි. ....(පෙ).... හේ එයින් චුත ව මේ මිනිස් බවට පැමිණියේ ම මේ මහා පුරුෂ ලක්ෂණය ලබන්නේ වෙයි. එනම්, ස්වර්ණ වර්ණ වූයේ රන් බඳු පැහැ ඇති සම ඇත්තේ වෙයි.

හෙතෙමේ ඒ ලකුණෙන් යුතුව ඉදින් ගිහි ගෙදර වසන්නේ නම්, ධාර්මික වූ, ධර්මරාජ වූ, චක්‍රවර්තීරාජයා වන්නේ ය. ....(පෙ).... රජ වූ විට හේ කුමක් ලබයි ද? සියුම් වූ, මෘදු වූ ඇතිරිලි, පොරෝනා, සියුම් පට රෙදි, සිනිඳු කපු පිළී, සිනිඳු පට වස්ත්‍ර, සිනිඳු කම්බිලි ආදිය ලබන්නේ වෙයි. රජ බවට පත් වූ විට මෙය ලබයි.

ඉදින් ගිහි ගෙයින් නික්ම පැවිදි වන්නේ නම්, ලොව වසා ඇති මෝහ පටලය ඉවත් කළ අරහත් සම්මා සම්බුදුවරයෙක් වෙයි. හේ බුදුවරයෙක් වූයේ කුමක් ලබයි ද? සියුම් වූ, මෘදු වූ ඇතිරිලි, පොරෝනා, සියුම් පට රෙදි, සිනිඳු කපු පිළී, සිනිඳු පට වස්ත්‍ර, සිනිඳු කම්බිලි ආදිය ලබන්නේ වෙයි. බුදුවරයෙක් වූ විට මෙය ලබයි."

භාග්‍යවතුන් වහන්සේ මෙය වදාළ සේක. එය මේ අයුරින් ද කියනු ලබයි.

(ගාථාවන් ය)

පූර්වයෙහි සිට ඒ ඒ භවයෙහි දී ක්‍රෝධ නොකිරීමට අදිටන් කරගත්තේ ය. මිහිතලය තෙමී යන වර්ෂාවක් ලෙසින් දන් දුන්නේ ය. සිනිඳු වූ මනා පැහැ ඇති වස්ත්‍ර ද දුන්නේ ය.

ඒ කර්මය කොට මෙයින් චුත ව දෙවියන් අතර උපන්නේ ය.

මැනැවින් කරන ලද කර්මයෙහි සැප විපාක අනුභව කොට යළි මෙලොවට පැමිණියේ දෙවියන්ට ශ්‍රේෂ්ඨ වූ සක් දෙවිඳු මෙන් රන් බඳු සිරුරු පැහැ ඇත්තේ වෙයි.

ඉදින් ඒ මිනිස් තෙමේ නොපැවිදි ව ගිහි ගෙයි සිටින්නේ නම්, මිහිමඬල යටපත් කොට අනුශාසනා කරයි. හේ වනාහී සප්ත රත්නයෙන් යුක්ත වූයේ වෙයි. නිර්මල වූ ත්, සියුම් වූ ත්, මනා පැහැ ඇති පිරිසිදු වස්ත්‍ර ලබයි.

ඉදින් හේ පැවිදි වන්නේ නම්, හඳින පොරොවන වස්ත්‍ර ද, ප්‍රධාන පොරෝනා වස්ත්‍ර ද, සුව සේ ලබයි. හේ පූර්ව ආත්මයන්හි කළ කුසලයන්ගේ ඵලය විඳියි. කරන ලද පුණ්‍යකර්මය විපාක නොදී වැනැසී යාමක් නොවෙයි.

(14) කෝසෝහිතවත්ථගුය්හො - කොපුවක බහාලූ දෙයක් බඳු ව පුරුෂ නිමිත්ත ඇත්තේ ය.

මහණෙනි, යම් හෙයකින් තථාගත තෙමේ පූර්ව ජාතියෙහි දී, පූර්ව භවයෙහි දී, පූර්වයෙහි සිටි තන්හි දී, පූර්වයෙහි මනුෂ්‍ය වූයේ ම බොහෝ කල් දකින්නට නැති වූ, ඉතා බොහෝ කල් වෙනත් ප්‍රදේශයන්හි කල් ගෙවූ ඥාති මිත්‍ර සුහද යහළුවන් යළි මුණගස්වන්නෙක් වූයේ ය. මව ත් පුතා හා යළි මුණගැස්සුවේ ය. පුතුත් මව හා යළි මුණගැස්සුවේ ය. පියා ත් පුතා හා යළි මුණගැස්සුවේ ය. පුතුත් පියා හා යළි මුණගැස්සුවේ ය. සොයුරා ත් සොයුරා හා යළි මුණගැස්සුවේ ය. සොයුරා ත් සොයුරිය හා යළි මුණගැස්සුවේ ය. සොයුරිය ඒ සොයුරා හා යළි මුණගැස්සුවේ ය. සොයුරිය ත් සොයුරිය හා යළි මුණගැස්සුවේ ය. මෙසේ ඔවුන් සමඟි කොට, සමඟියෙහි සතුටු වන්නේ විය. හේ ඒ කර්මයන් කළ බැවින්, නැවත නැවත කළ බැවින්, ඉතා බලවත් ව කළ බැවින්, බොහෝ කළ බැවින් කය බිඳී මරණින් මතු සුගති නම් වූ දෙව්ලොව උපදින්නේ වෙයි. ....(පෙ).... හේ එයින් චුත ව මේ මිනිස් බවට පැමිණියේ ම මේ මහා පුරුෂ ලක්ෂණය ලබන්නේ වෙයි. එනම්, කොපුවක බහාලූ දෙයක් බඳු ව පුරුෂ නිමිත්ත ඇත්තේ වෙයි.

හෙතෙමේ ඒ ලකුණෙන් යුතුව ඉදින් ගිහි ගෙදර වසන්නේ නම්, ධාර්මික වූ, ධර්මරාජ වූ, චක්‍රවර්තීරාජයා වන්නේ ය. ....(පෙ).... රජ වූ විට හේ කුමක් ලබයි ද? බොහෝ පුත්‍රයන් ලබන්නේ වෙයි. ශූර වීර පරාක්‍රමයෙන් යුතු සතුරු සේනා මැඬලීමෙහි දක්ෂ දහසකට අධික පුත්‍රයෝ ඔහුට සිටින්නාහ. රජ බවට පත් වූ විට මෙය ලබයි.

ඉදින් ගිහි ගෙයින් නික්ම පැවිදි වන්නේ නම්, ලොව වසා ඇති මෝහ පටලය ඉවත් කළ අරහත් සම්මා සම්බුදුවරයෙක් වෙයි. හේ බුදුවරයෙක් වූයේ කුමක් ලබයි ද? බොහෝ ශ්‍රාවක පුත්‍රයන් ලබන්නේ වෙයි. පරසෙන් මඬින්නා වූ, ශූර වීර පරාක්‍රමයෙන් යුතු වූ, නොයෙක් දහස් ගණන් ශ්‍රාවක පුත්‍රයන් ලබන්නේ වෙයි. බුදුවරයෙක් වූ විට මෙය ලබයි."

භාග්‍යවතුන් වහන්සේ මෙය වදාළ සේක. එය මේ අයුරින් ද කියනු ලබයි.

(ගාථාවන් ය)

බොහෝ පෙර සිට ම පූර්ව ජාතීන්හි දී බොහෝ කල් නොදක්නා ලද ඈත ප්‍රදේශවල නෑයින්ගෙන් වෙන් ව බොහෝ කල් වසන ඥාතීන්, සුහද මිත්‍රයන් එක්තැන් කළේ ය. ඔවුන් සමඟියට පත් කොට සමඟියෙහි සතුටු වූයේ ය.

ඔහු ඒ කර්මයෙන් දෙව්ලොව ගියේ ය. එහි වූ දිව්‍ය සැපයෙන් හා කෙළිදෙළෙන් කල්යැව්වේ ය. ඒ දෙව්ලොවින් චුත ව යළි මේ මිනිස් බවට පැමිණියේ කොපුවක බහාලූ දෙයක් බඳු ව පුරුෂ නිමිත්ත සැඟවුණේ වෙයි.

එබඳු ලකුණින් යුතු වූවෙකු හට බොහෝ පුත්‍රයන් ලැබෙන්නේ ය. ඒ ගිහි වූ සක්විති රජුට ප්‍රීතිය උපදවන, ප්‍රිය තෙපුල් කියන, සතුරන් මැඩලීමෙහි සමර්ථ වූ ශූර වීර වූ දහසකට අධික පුත්‍රයෝ වන්නාහ.

පැවිදි වූ තැනැත්තා හට තමාගේ වචනය පිළිපදින බහුතර ශ්‍රාවක පුත්‍රයෝ ඇතිවන්නාහ. ගිහි වුවද, පැවිදි වුවද ඒ කෝසෝහිත වත්ථගුය්හ ලක්ෂණයෙන් පවසන්නේ බොහෝ පුත්‍රයන් ඇති බව ය.

(15 - 16) නිග්‍රෝධ පරිමණ්ඩලෝ ච හෝති. ඨිතකෝ'ව අනෝනමන්තෝ උභෝහි පාණිතලේහි ජණ්ණුකානි පරිමසති, පරිමජ්ජති. - නුග රුකක් බඳු සම ප්‍රමාණ සිරුරක් ඇත්තේ වෙයි. සිටගෙන සිටිය දී ම නොනැමී දෙඅත්ලෙන් දණ මඬුළු ස්පර්ශ කරන්නේ වෙයි. පිරිමදින්නේ වෙයි.

මහණෙනි, යම් හෙයකින් තථාගත තෙමේ පූර්ව ජාතියෙහි දී, පූර්ව භවයෙහි දී, පූර්වයෙහි සිටි තන්හි දී, පූර්වයෙහි මනුෂ්‍ය වූයේ ම මහජනයාට සංග්‍රහ කිරීමේ දී සම ලෙස දකින්නේ විය. සම වූවන් දන්නේ වෙයි. තෙමේ

ම දන්නේ ය. පුරුෂයා ත් දන්නේ ය. විශේෂ පුරුෂයා ත් දන්නේ ය. 'මොහු මෙකරුණට සුදුසු ය. මොහු මෙකරුණට සුදුසු ය' වශයෙනි. ඒ ඒ කරුණ සඳහා අදාළ දක්ෂතා ඇති පුරුෂයන් හඳුනාගෙන කටයුතු කරන්නේ විය. හේ ඒ කර්මය කළ බැවින්, නැවත නැවත කළ බැවින්, ඉතා බලවත් ව කළ බැවින්, බොහෝ කළ බැවින් කය බිඳී මරණින් මතු සුගති නම් වූ දෙව්ලොව උපදින්නේ වෙයි. ....(පෙ).... හේ එයින් චුත ව මේ මිනිස් බවට පැමිණියේ ම මේ මහා පුරුෂ ලක්ෂණ දෙක ලබන්නේ වෙයි. එනම්, නුගරුකකට බඳු සම ප්‍රමාණ සිරුරක් ඇත්තේ වෙයි. සිටගෙන සිටිය දී ම නොනැමී දණ මඬුළු දෙඅත්ලෙන් ස්පර්ශ කරන්නේ, පිරිමදින්නේ වෙයි.

හෙතෙමේ ඒ ලකුණුවලින් යුතුව ඉදින් ගිහි ගෙදර වසන්නේ නම්, ධාර්මික වූ, ධර්මරාජ වූ චක්‍රවර්තීරාජයා වන්නේ ය. ....(පෙ).... රජ වූ විට හේ කුමක් ලබයි ද? ආඪ්‍ය වූයේ වෙයි. මහා ධනය ඇත්තේ, මහත් භෝග සම්පත් ඇත්තේ, බොහෝ රන් රිදී ඇත්තේ, බොහෝ වස්තු උපකරණ ඇත්තේ, බොහෝ ධන ධාන්‍ය පිරී ගිය වස්තු ගබඩා භාණ්ඩාගාර ඇත්තේ වෙයි. රජ බවට පත් වූ විට මෙය ලබයි.

ඉදින් ගිහි ගෙයින් නික්ම පැවිදි වන්නේ නම්, ලොව වසා ඇති මෝහ පටලය ඉවත් කළ අරහත් සම්මා සම්බුදුවරයෙක් වෙයි. හේ බුදුවරයෙක් වූයේ කුමක් ලබයි ද? ආඪ්‍ය වූයේ වෙයි. මහා ධනය ඇත්තේ වෙයි. මහා භෝග සම්පත් ඇත්තේ වෙයි. ඒ බුදුරජුන්ගේ ධනය මේවා ය. එනම්; ශ්‍රද්ධා ධනය ය, සීල ධනය ය, හිරි ධනය ය, ඔත්තප්ප ධනය ය, සුත ධනය ය, ත්‍යාග ධනය ය, ප්‍රඥා ධනය ය යන මෙය යි. බුදුවරයෙක් වූ විට මෙය ලබයි."

භාග්‍යවතුන් වහන්සේ මෙය වදාළ සේක. එය මේ අයුරින් ද කියනු ලබයි.

(ගාථාවන් ය)

පූර්ව ජාතීන් හිදී පුද්ගල දක්ෂතා පිළිබඳ ව නුවණින් තුලනය කොට, නැවත නැවත සිතා බලා මහජන සංග්‍රහය සම ව අපේක්ෂා කරනුයේ මෙතෙමේ මේ තැනට සුදුසු ය යනාදී වශයෙන් ඒ ඒ තන්හි පුරුෂයන්ගේ විශේෂය දැන සංග්‍රහ කළේ ය.

ඒ සුචරිත කර්මයෙන් ඉතිරි වූ විපාකයෙන් හේ සිටියේ ම නොනැමී දෙඅත්ලෙන් දණහිස ස්පර්ශ කරයි. මනා ආරෝහ පරිණාහයෙන් යුතු ව නුග රුකක් බඳු වෙයි.

බොහෝ විවිධ අයුරින් නිමිති ලක්ෂණ දන්නා වූ අතිශයින් ම දක්ෂ වූ ඒ බ්‍රාහ්මණවරු මේ ළදරු වූ ළපැටි කුමාර තෙමේ ගිහියන් හට සුදුසු වූ බොහෝ විවිධාකාර වස්තූන් ලබන්නේ යැයි පැවසූහ.

මෙහි කාමභෝගී රජෙක් වන්නේ නම් ගිහි ජීවිතයට ගැලපෙන බොහෝ වස්තූන් ලබන්නේ ය. ඉදින් සියළු කාමයන් අත්හරින්නේ නම්, අනුත්තර වූ උත්තම වූ ආර්ය ධනය ලබන්නේ ය.

(17 - 18 - 19) සීහ පුබ්බද්ධකායෝ ච හෝති. චිතන්තරංසෝ ච, සමවත්තක්ඛන්ධෝ ච. - සිංහයෙකුගේ ඉදිරිපස සිරුර සේ ආනුභාව සම්පන්න කය ඇත්තේ වෙයි. මසින් පිරුණු පිටිකර ද, සම ව වට වූ කඳ ද ඇත්තේ වෙයි.

මහණෙනි, යම් හෙයකින් තථාගත තෙමේ පූර්ව ජාතියෙහි දී, පූර්ව භවයෙහි දී, පූර්වයෙහි සිටි තන්හි දී, පූර්වයෙහි මනුෂ්‍ය වූයේ ම බොහෝ ජනයාගේ යහපත කැමති වූයේ ය. හිත කැමති වූයේ ය. පහසුව කැමති වූයේ ය. උවදුරු රහිත බව කැමති වූයේ ය. 'මේ භවත්හු කෙසේ නම් ශ්‍රද්ධාවෙන් වැඩෙන්නාහු ද? සීලයෙන් වැඩෙන්නාහු ද? සුතයෙන් වැඩෙන්නාහු ද? ත්‍යාග යෙන් වැඩෙන්නාහු ද? ධර්මයෙන් වැඩෙන්නාහු ද? ප්‍රඥාවෙන් වැඩෙන්නාහු ද? ධන ධාන්‍යයෙන් වැඩෙන්නාහු ද? කෙත් වතු වලින් වැඩෙන්නාහු ද? දෙපා සිව්පා සතුන්ගෙන් වැඩෙන්නාහු ද? අඹුදරුවන්ගෙන් වැඩෙන්නාහු ද? දාස කම්කරු පුරුෂයන්ගෙන් වැඩෙන්නාහු ද? ඥාතීන්ගෙන් වැඩෙන්නාහු ද? මිතුරන්ගෙන් වැඩෙන්නාහු ද? බන්ධූන්ගෙන් වැඩෙන්නාහු ද?' යි. හේ ඒ කර්මයන් කළ බැවින්, නැවත නැවත කළ බැවින්, ඉතා බලවත් ව කළ බැවින්, බොහෝ කළ බැවින් කය බිඳී මරණින් මතු සුගති නම් වූ දෙව්ලොව උපදින්නේ වෙයි. ....(පෙ).... හේ එයින් චුත ව මේ මිනිස් බවට පැමිණියේ ම මේ මහා පුරුෂ ලක්ෂණ තුන ලබන්නේ වෙයි. එනම්, සිංහයාගේ ඉදිරිපස සිරුර බඳු ආනුභාව ඇති කය ඇත්තේ වෙයි. පිටිකර පිරීගිය මාංස ඇත්තේ වෙයි. සම ව වටවූ කඳ ඇත්තේ වෙයි.

හෙතෙමේ ඒ ලකුණු වලින් යුතුව ඉදින් ගිහි ගෙදර වසන්නේ නම්, ධාර්මික වූ, ධර්මරාජ වූ චක්‍රවර්තීරාජයා වන්නේ ය. ....(පෙ).... රජ වූ විට හේ කුමක් ලබයි ද? නොපිරිහෙන ස්වභාවයෙන් යුක්ත වූයේ වෙයි. ධන ධාන්‍යයෙන්, කෙත් වතු වලින්, දෙපා සිව්පා සතුන්ගෙන්, අඹු දරුවන්ගෙන්, දාස කම්කරු පුරුෂයන්ගෙන්, ඥාති මිත්‍ර බන්ධූන්ගෙන් නොපිරිහෙන්නේ ය. සියළු සම්පත්තියෙන් නොපිරිහෙන්නේ ය. රජ බවට පත් වූ විට මෙය ලබයි.

ඉදින් ගිහි ගෙයින් නික්ම පැවිදි වන්නේ නම්, ලොව වසා ඇති මෝහ පටලය ඉවත් කළ අරහත් සම්මා සම්බුදුවරයෙක් වෙයි. හේ බුදුවරයෙක් වූයේ කුමක් ලබයි ද? නොපිරිහෙන ස්වභාව ඇත්තේ වෙයි. ශ්‍රද්ධාවෙන්, සීලයෙන්, සුතයෙන්, ත්‍යාගයෙන්, ප්‍රඥාවෙන් නොපිරිහෙයි. සියළු ලොව්තුරු ගුණ සම්පත්තියෙන් නොපිරිහෙයි. බුදුවරයෙක් වූ විට මෙය ලබයි."

භාග්‍යවතුන් වහන්සේ මෙය වදාළ සේක. එය මේ අයුරින් ද කියනු ලබයි.

(ගාථාවන් ය)

ශ්‍රද්ධාවෙන් ද, සීලයෙන් ද, සුතයෙන් ද, ත්‍යාගයෙන් ද, ප්‍රඥාවෙන් ද, ධර්මයෙන් ද, බොහෝ යහපත් ගුණයෙන් ද, ධන ධාන්‍යයෙන් ද, කෙත් වතුවලින් ද, දරුවන්ගෙන් ද, අඹුවන් ගෙන් ද, සිව්පාවුන්ගෙන් ද,

ඥාතීන්ගෙන් ද, මිතුරන්ගෙන් ද, බන්ධූන්ගෙන් ද, ශරීර ශක්තියෙන් ද, වර්ණයෙන් ද, සැපයෙන් ද යන දෙකෙනුත් අන්‍යයෝ නොපිරිහෙත් නම් ඒ නොපිරිහී ම පිණිස ඔවුන්ට කෙසේ උදව් කරන්නේ දැයි අන්‍යයන්ගේ සමෘද්ධිය කැමැති වෙයි.

පූර්වයෙහි මැනැවින් පුරුදු කරන ලද ඒ කර්මයේ හේතුවෙන් සිංහයෙකුගේ ඉදිරිපස සිරුර බඳු ව, මනාව පිහිටි, ආනුභාවයෙන් යුතු කය ඇත්තේ වෙයි. මසින් පිරී ගිය පිටිකර ඇත්තේ වෙයි. සමව වට වූ කඳ ඇත්තේ වෙයි. තථාගතයන් වහන්සේගේ නොපිරිහෙන ස්වභාවයට ලකුණු වූයේ ඒ කර්මය යි.

ඉදින් කුමාර තෙමේ ගිහි ව සිටින්නේ නම් ධනයෙන් ද, ධාන්‍යයෙන් ද, අඹුදරුවන්ගෙන් ද, සිව්පා ආදීන්ගෙන් ද වැඩෙයි. කිසි රැස් කිරීමක් නැති පැවිද්දෙක් වන්නේ නම් නොපිරිහෙන ස්වභාව ඇති අනුත්තර වූ සම්බෝධියට පැමිණෙන්නේ ය.

(20) රසග්ගසග්ගී හෝති - අග්‍ර රස ලබා දෙන රස නහර ඇත්තේ ය.

මහණෙනි, යම් හෙයකින් තථාගත තෙමේ පූර්ව ජාතියෙහි දී, පූර්ව භවයෙහි දී, පූර්වයෙහි සිටි තන්හි දී, පූර්වයෙහි මනුෂ්‍ය වූයේ ම සත්වයන්ට පීඩා නොදෙන ස්වභාව ඇත්තෙක් වූයේ ය. අතින් වේවා, කැට කැබැල්ලෙන් වේවා, දඬු මුගුරින් වේවා, අවි ආයුධයෙන් වේවා, පීඩා නොදෙන ස්වභාවයෙන් යුතු වූයේ ය. හේ ඒ කර්මය කළ බැවින්, නැවත නැවත කළ බැවින්, ඉතා

බලවත් ව කළ බැවින්, බොහෝ කළ බැවින් කය බිඳී මරණින් මතු සුගති නම් වූ දෙව්ලොව උපදින්නේ වෙයි. ....(පෙ).... හේ එයින් චුත ව මේ මිනිස් බවට පැමිණියේ ම මේ මහා පුරුෂ ලක්ෂණය ලබන්නේ වෙයි. එනම්, අග්‍ර රස ලබා දෙන රස නහර ඇති බව යි. ඔහුගේ ගෙලෙහි උඩු අතට කෙලින් නැගී සිටි රස නහරයෝ හටගත්තාහ. එයින් සම සේ රස ලබාදෙන්නේ වෙයි.

හෙතෙමේ ඒ ලකුණෙන් යුතුව ඉදින් ගිහි ගෙදර වසන්නේ නම්, ධාර්මික වූ, ධර්මරාජ වූ, චක්‍රවර්තීරාජයා වන්නේ ය. ....(පෙ).... රජ වූ විට හේ කුමක් ලබයි ද? අල්පාබාධ වූයේ, රෝග අඩු වූයේ, ඉතා සීත ත් නොවූ, ඉතා උෂ්ණ ත් නොවූ, සම ව ආහාර පැසවන ග්‍රහණියකින් සමන්විත වූයේ වෙයි. රජ බවට පත් වූ විට මෙය ලබයි.

ඉදින් ගිහි ගෙයින් නික්ම පැවිදි වන්නේ නම්, ලොව වසා ඇති මෝහ පටලය ඉවත් කළ අරහත් සම්මා සම්බුදුවරයෙක් වෙයි. හේ බුදුවරයෙක් වූයේ කුමක් ලබයි ද? අල්පාබාධ වූයේ, රෝග අඩු වූයේ, ඉතා සීත ත් නොවූ, ඉතා උෂ්ණ ත් නොවූ, මධ්‍යම වූ ප්‍රධන් වීර්යයට ඔරොත්තු දෙන ස්වභාව ඇති ව සම ව ආහාර පැසවන ග්‍රහණියකින් සමන්විත වූයේ වෙයි. බුදුවරයෙක් වූ විට මෙය ලබයි."

භාග්‍යවතුන් වහන්සේ මෙය වදාළ සේක. එය මේ අයුරින් ද කියනු ලබයි.

(ගාථාවන් ය)

හේ අතින් හෝ දඬු මුගුරින් හෝ අවි ආයුධයෙන් හෝ කැටකැබලිත්තෙන් හෝ මරණ වධයෙන් හෝ සිරකොට තැබීමෙන් හෝ තර්ජනය කිරීමෙන් හෝ ජනතාව පීඩාවට පත් නොකළේ ය. ජනතාව නොපෙළන්නෙක් ව සිටියේ ය.

හේ ඒ කර්මයෙන් ම පරලොව ගියේ සුගතීන්හි සතුටු වූයේ වෙයි. සැප ලබා දෙන පුණ්‍ය කර්මය කිරීමෙන් සැප විඳින්නේ වෙයි. සම ඕජස් රස උරාගන්නා රස නහරයෝ මැනැවින් පිහිටියාහු ය. මේ මිනිස් බවට පැමිණියේ අග්‍ර රස නහර ඇත්තේ වෙයි.

ඉතා සියුම් නුවණැති ඒ විචක්ෂණ බ්‍රාහ්මණයෝ එහෙයින් මෙය කීහ. 'මේ මනුෂ්‍ය තෙමේ සැප බහුලයෙක් වන්නේ ය. ගිහි වුව ද, පැවිදි වුව ද ඒ ඵලය ලබන හේතුව මේ ලක්ෂණයෙන් හෙළි වන්නේ ය.'

(21 - 22) අභිනීලනෙත්තෝ ච හෝති, ගෝපඛුමෝ ච. - අභිනීල නෙත් ඇත්තේ ය. අළුත උපන් වසු පැටවෙකුගේ බඳු ඇස් මඬල ඇත්තේ ය.

මහණෙනි, යම් හෙයකින් තථාගත තෙමේ පූර්ව ජාතියෙහි දී, පූර්ව භවයෙහි දී, පූර්වයෙහි සිටි තන්හි දී, පූර්වයෙහි මනුෂ්‍ය වූයේ ම කෝපයෙන් ඇස් ඔරොවා අනුන් දෙස නොබලන්නෙක් වූයේ ය. ක්‍රෝධ සිතින් හිස ඇල කොට ඇස් කොණින් නොබලන්නෙක් වූයේ ය. ක්‍රෝධ සිතින් අනුන් දෙස රහසින් නොබලන්නෙක් වූයේ ය. කෙලින් ඇස් පුරා බලන්නෙක් වූයේ ය. ඍජු සිතින් ප්‍රිය ඇසින් බලන්නෙක් වූයේ ය. බොහෝ ජනයා දෙස සතුටින් බලන්නෙක් වූයේ ය. හේ ඒ කර්මය කළ බැවින්, නැවත නැවත කළ බැවින්, ඉතා බලවත් ව කළ බැවින්, බොහෝ කළ බැවින් කය බිඳී මරණින් මතු සුගති නම් වූ දෙව්ලොව උපදින්නේ වෙයි. ....(පෙ).... හේ එයින් චුත ව මේ මිනිස් බවට පැමිණියේ ම මේ මහා පුරුෂ ලක්ෂණ දෙක ලබන්නේ වෙයි. එනම්, අභිනීල නෙත් ඇති බව ත්, අළුත උපන් වසු පැටවෙකුගේ බඳු ඇස් මඬල ඇති බව ත් ය.

හෙතෙමේ ඒ ලකුණු වලින් යුතුව ඉදින් ගිහි ගෙදර වසන්නේ නම්, ධාර්මික වූ, ධර්මරාජ වූ, චක්‍රවර්තීරාජයා වන්නේ ය. ....(පෙ).... රජ වූ විට හේ කුමක් ලබයි ද? ප්‍රිය වූ දැකුම් ඇත්තේ වෙයි. බොහෝ ජනයාට ප්‍රිය වූයේ, මනාප වූයේ වෙයි. බ්‍රාහ්මණ ගෘහපතියන්ට, නිගම ජනපදවැසියන්ට, ගණකයින්ට, මහා ආමාත්‍යයින්ට, සේනා බල ප්‍රධානීන්ට, දොරටුපාලයන්ට, ඇමතියන්ට, පරම්පරානුයාත පිරිසට, රජදරුවන්ට, රාජ භෝගීන්ට, රජ කුමාරවරුන්ට ප්‍රිය වූයේ මනාප වූයේ වෙයි. රජ බවට පත් වූ විට මෙය ලබයි.

ඉදින් ගිහි ගෙයින් නික්ම පැවිදි වන්නේ නම්, ලොව වසා ඇති මෝහ පටලය ඉවත් කළ අරහත් සම්මා සම්බුදුවරයෙක් වෙයි. හේ බුදුවරයෙක් වූයේ කුමක් ලබයි ද? ප්‍රිය දැකුම් ඇත්තේ වෙයි. බොහෝ ජනයාට ප්‍රියමනාප වූයේ වෙයි. භික්ෂූන්ට, භික්ෂුණීන්ට, උපාසකයින්ට, උපාසිකාවන්ට, දෙවියන්ට, මිනිසුන්ට, අසුරයින්ට, නාගයින්ට, ගාන්ධර්වයින්ට ප්‍රිය වූයේ මනාප වූයේ වෙයි. බුදුවරයෙක් වූ විට මෙය ලබයි."

භාග්‍යවතුන් වහන්සේ මෙය වදාළ සේක. එය මේ අයුරින් ද කියනු ලබයි.

(ගාථාවන් ය)

ක්‍රෝධයෙන් ඇස් ඔරොවා නොබැලුවේ ය. ක්‍රෝධයෙන් හිස
ඇල කොට ඇස් කොණින් නොබැලුවේ ය. රහසින් අනුන්ට රවා

නොබැලුවේ ය. ඍජු ලෙස ඇස් පුරා ඍජු සිතින් ප්‍රිය ඇසින් බොහෝ දෙනා දෙස බලන්නෙක් වූයේ ය.

හේ එහි ඵලවිපාක සුගතියෙහි විඳින්නේ වෙයි. එහි සැප විඳිමින් සතුටු වෙයි. යළි මේ මනුලොව උපන් කල්හී අළුත උපන් වසු පැටවෙකුගේ බඳු ඇස් මඬල ඇත්තේ වෙයි. අභිනීල නේත්‍ර ඇත්තේ වෙයි. ශෝභා දෑකුම් ඇත්තේ වෙයි.

ලක්ෂණ ශාස්ත්‍ර අධ්‍යයනයෙහි යෙදුණු, සියුම් නුවණැති, නිමිති ශාස්ත්‍රයෙහි දක්ෂ වූ, සියුම් වූ නේත්‍ර විද්‍යාවෙහි දක්ෂ වූ ඒ බොහෝ බ්‍රාහ්මණයෝ මේ ලකුණු ඇත්තා ප්‍රිය දෑකුම් ඇත්තේ යැයි විශේෂ කොට දක්වත්.

ගිහි වූයේ නමුත් ප්‍රිය දෑකුමෙන් යුක්ත වූයේ වෙයි. බොහෝ ජනයා විසින් ප්‍රිය කරනු ලබන්නේ වෙයි. ඉදින් ගිහි නොවී ශ්‍රමණයෙක් වන්නේ නම්, බොහෝ ජනයාට ප්‍රිය වූ, බොහෝ ජනයාගේ ශෝක නසන්නෙක් වෙයි.

(23) උණ්හීසසීසෝ - පිරිපුන් නළලින් යුතු හිස ඇත්තේ ය.

මහණෙනි, යම් හෙයකින් තථාගත තෙමේ පූර්ව ජාතියෙහි දී, පූර්ව භවයෙහි දී, පූර්වයෙහි සිටි තන්හි දී, පූර්වයෙහි මනුෂ්‍ය වූයේ ම බොහෝ ජනයාට පින්කම් කිරීමෙහි ප්‍රධාන වූයේ ය. කාය සුචරිතයෙහිදී, වාක් සුචරිතයෙහි දී, මනෝ සුචරිතයෙහි දී, දන් පැන් බෙදීමෙහි දී, සීල සමාදානයෙහි දී, උපෝසථයෙහි දී, මව්පිය උපස්ථානයෙහි දී, ශ්‍රමණ බ්‍රාහ්මණයන්ට සැලකීමෙහි දී, කුලදෙටුවන් පිදීමෙහි දී වෙනත් බොහෝ අධිකුසල ධර්මයන් හි දී බොහෝ ජනයාට ප්‍රමුඛ වූයේ විය. හේ ඒ කර්මය කළ බැවින්, නැවත නැවත කළ බැවින්, ඉතා බලවත් ව කළ බැවින්, බොහෝ කළ බැවින් කය බිඳී මරණින් මතු සුගති නම් වූ දෙව්ලොව උපදින්නේ වෙයි. ....(පෙ).... හේ එයින් චුත ව මේ මිනිස් බවට පැමිණියේ ම මේ මහා පුරුෂ ලක්ෂණය ලබන්නේ වෙයි. එනම්, පිරිපුන් නළලින් යුතු හිස ඇති බව යි.

හෙතෙමේ ඒ ලකුණෙන් යුතුව ඉදින් ගිහි ගෙදර වසන්නේ නම්, ධාර්මික වූ, ධර්මරාජ වූ, චක්‍රවර්තීරාජයා වන්නේ ය. ....(පෙ).... රජ වූ විට හේ කුමක් ලබයි ද? මහජන තෙමේ ඔහු අනුව යන්නේ වෙයි. බ්‍රාහ්මණ ගෘහපතිවරු, නියම් ගම් ජනපදවැසියෝ, ගණකයෝ, මහාමාත්‍යයෝ, බල ප්‍රධානයෝ, දොරටුපාලයෝ, අමාත්‍යයෝ, පරම්පරානුයාත රාජ පිරිවර, රාජභෝගීහු, රජකුමාරවරු ඔහු අනුව යන්නෝ ය. රජ බවට පත් වූ විට මෙය ලබයි.

ඉදින් ගිහි ගෙයින් නික්ම පැවිදි වන්නේ නම්, ලොව වසා ඇති මෝහ පටලය ඉවත් කළ අරහත් සම්මා සම්බුදුවරයෙක් වෙයි. හේ බුදුවරයෙක් වූයේ කුමක් ලබයි ද? මහජන තෙමේ ඒ බුදුරජුන්ගේ වචනය අනුව යන්නේ වෙයි. භික්ෂූහු, භික්ෂුණීහු, උපාසකයෝ, උපාසිකාවෝ, දෙවිවරු, මිනිස්සු, අසුරයෝ, නාගයෝ, ගාන්ධර්වයෝ ආදීහු ඒ බුදුරජුන්ගේ වචනය අනුව යන්නෝ ය. බුදුවරයෙක් වූ විට මෙය ලබයි."

භාග්‍යවතුන් වහන්සේ මෙය වදාළ සේක. එය මේ අයුරින් ද කියනු ලබයි.

(ගාථාවන් ය)

හේ සුචරිත ධර්මයන්හි පෙරමුණ ගත්තේ ය. ධර්ම චර්යාවෙහි ඇලුණේ ය. බොහෝ ජනයා ද ඔහුගේ වචනය අනුව ගියේ ය. එහි පුණ්‍යඵල ස්වර්ගයෙහි දී වින්දේ ය.

හේ සුචරිතයෙහි ඵලය එහිදී විඳ මේ මිනිසත් බවට පැමිණියේ පිරිපුන් නළලින් යුතු හිස ඇති බව ලැබුවේ ය. ලක්ෂණ ශාස්ත්‍රධර බ්‍රාහ්මණයෝ මෙය පැවසූහ. 'මෙතෙමේ බොහෝ දෙනාට පුරෝගාමී වන්නේ ය.

මේ මනුලොව දී ඔහුට බොහෝ වතාවත් කරන්නෝ සිටිති. එකල්හී ළදරු වියෙහිදී ම වතාවත් කරන්නෝ වෙති. ඉදින් පොළොවෙහි අධිපති ක්ෂත්‍රිය රජෙක් වන්නේ නම් හේ වතාවත් කරන බොහෝ ජනයා ලබයි.

ඉදින් ඒ මිනිස් තෙමේ පැවිදි වන්නේ නම්, ධර්මයන්හි පුරුදු පුහුණු කළ වශීතා ඇතියෙක් වන්නේ ය. ඔහුගේ අනුශාසනා ගුණයෙහි ඇලුණු බොහෝ ජනයා ඔහුගේ වචනයට අනුව යන්නේ ය.

(24 - 25) ඒකේකලෝමෝ ච හෝති, උණ්ණා ච භමුකන්තරේ ජාතා හෝති ඕදාතා මුදුතූලසන්නිභා - එක් එක් ලෝමය බැගින් ඇත්තේ ද වෙයි. දෙබැම අතරෙහි සුදු පැහැති මෘදු පුළුන් රොදක් බඳු ඌර්ණ රෝමයක් හටගත්තේ ය.

මහණෙනි, යම් හෙයකින් තථාගත තෙමේ පූර්ව ජාතියෙහි දී, පූර්ව භවයෙහි දී, පූර්වයෙහි සිටි තන්හි දී, පූර්වයෙහි මනුෂ්‍ය වූයේ ම බොරු කීම අත්හැර, බොරු කීමෙන් වැළකී සිටියේ විය. සත්‍යවාදී වූයේ, සත්‍යයෙන් සත්‍යය

ගලපනුයේ, ස්ථිර වචන ඇත්තේ, ඇදහිය යුතු බස් ඇත්තේ, ලොව නොරවටන බස් ඇත්තේ විය. හේ ඒ කර්මය කළ බැවින්, නැවත නැවත කළ බැවින්, ඉතා බලවත් ව කළ බැවින්, බොහෝ කළ බැවින් කය බිඳී මරණින් මතු සුගති නම් වූ දෙව්ලොව උපදින්නේ වෙයි. ....(පෙ).... හේ එයින් චුත ව මේ මිනිස් බවට පැමිණියේ ම මේ මහා පුරුෂ ලක්ෂණ දෙක ලබන්නේ වෙයි. එනම්, එක් එක් ලෝමය බැගින් ඇත්තේ ය. දෙබැම අතරෙහි සුදු පැහැති මෘදු පුළුන් රොදක් බඳු ඌර්ණ රෝමයක් හටගත්තේ ය.

හෙතෙමේ ඒ ලකුණු වලින් යුතුව ඉදින් ගිහි ගෙදර වසන්නේ නම්, ධාර්මික වූ, ධර්මරාජ වූ, චක්‍රවර්තීරාජයා වන්නේ ය. ....(පෙ).... රජ වූ විට හේ කුමක් ලබයි ද? මහජන තෙමේ ඒ රජුගේ අදහසට අනුව පවතින්නේ ය. එනම්; බ්‍රාහ්මණ ගෘහපතිවරු, නියම්ගම් ජනපදවැසියෝ, ගණකයෝ, මහාමාත්‍යයෝ, බල ප්‍රධානයෝ, දොරටුපාලයෝ, අමාත්‍යයෝ, පරම්පරානුයාත රාජ පිරිවර, රාජභෝගීහු, රජකුමාරවරු ඒ රජුගේ අදහසට අනුව පවතින්නාහ. රජ බවට පත් වූ විට මෙය ලබයි.

ඉදින් ගිහි ගෙයින් නික්ම පැවිදි වන්නේ නම්, ලොව වසා ඇති මෝහ පටලය ඉවත් කළ අරහත් සම්මා සම්බුදුවරයෙක් වෙයි. හේ බුදුවරයෙක් වූයේ කුමක් ලබයි ද? මහජන තෙමේ ඒ බුදුරජුන්ගේ අදහසට අනුව පවතින්නේ වෙයි. භික්ෂූහු, භික්ෂුණීහු, උපාසකයෝ, උපාසිකාවෝ, දෙවිවරු, මිනිස්සු, අසුරයෝ, නාගයෝ, ගාන්ධර්වයෝ ආදීහු ඒ බුදුරජුන්ගේ අදහසට අනුව පවතින්නාහ. බුදුවරයෙක් වූ විට මෙය ලබයි."

භාග්‍යවතුන් වහන්සේ මෙය වදාළ සේක. එය මේ අයුරින් ද කියනු ලබයි.

(ගාථාවන් ය)

පූර්වයෙහි ජාතීන්හි දී සත්‍ය ප්‍රතිඥා ඇත්තෙක් වූයේ ය. දෙවිදිහක වචන නැත්තෙක් වූයේ ය. බොරු බස් නොකීවේ ය. හේ කිසිවෙකු හෝ නොරැවටී ය. සිදු වූ දෙය ඒ සැටියෙන් ම පවසන, සත්‍යය පවසන, ස්ථිර වචන පවසන්නෙක් වූයේ ය.

සුදු වූ, ඉතා සුදු වූ, මෘදු පුළුනක් බඳු ඌර්ණ රෝමයක් දෙබැම අතුරෙහි මනා ව හටගත්තේ ය. රෝම කූපයන්හි රෝම දෙකක් නොහටගත්තේ ය. එක් රෝම කූපයක එක් එක් ලෝමයක් බැගින් හටගත් සිරුර ඇත්තේ වෙයි.

උපන් ලකුණු දැනීමෙහි දක්ෂ වූ, ලක්ෂණ ශාස්ත්‍රය දන්නා බොහෝ බ්‍රාහ්මණයෝ එහි රැස්වූවාහු ය. මේ ලකුණු වලින් ඇතිවන ප්‍රතිඵලය පැවසූහ. මොහුගේ සිරුරෙහි ඌර්ණ රෝමය ද, එක් එක් ලොම් ඇති බව ද, යම්සේ මැනැවින් පිහිටා තිබෙයි ද, බොහෝ ජනයා මෙබඳු ලකුණු ඇත්තා අනුව පවතින්නේ ය.

පූර්ව ජාතීන්හි කරන ලද කර්මය හේතුවෙන් ගිහි ව සිටින්නා වූ ඒ චක්‍රවර්තී රජුට අනුව බොහෝ ජනයා යන්නේ ය. කිසිවක් නැති ව පැවිදි වූ කල්හි ද, බොහෝ ජනයා ඒ අනුත්තර බුදුරජුන්ගේ අදහසට අනුව යන්නෝ ය.

(26 - 27) චත්තාළීස දන්තෝ ච හෝති, අවිරළදන්තෝ ච - සතලිසක් දත් ඇත්තේ ද වෙයි. දත් අතර විවර නැත්තේ ද වෙයි.

මහණෙනි, යම් හෙයකින් තථාගත තෙමේ පූර්ව ජාතියෙහි දී, පූර්ව භවයෙහි දී, පූර්වයෙහි සිටි තන්හි දී, පූර්වයෙහි මනුෂ්‍ය වූයේ ම කේලාම් කීම අත්හැර, කේලාම් කීමෙන් වැළකුණේ විය. මෙතැනින් අසා මොවුන් බිඳවීම පිණිස එතැන නොකියන්නේ විය. එතැනින් අසා ඔවුන් බිඳවීම පිණිස මෙතැන නොකියන්නේ විය. මෙසේ බිඳී සිටින්නවුන් සමගි කරන්නේ විය. සමගි වූවන්ගේ වඩා ත් සමඟියට ම අනුබල දෙන්නේ විය. සමඟියෙහි සිටියේ, සමඟියෙහි ඇලුණේ, සමඟියෙහි සතුටු වූයේ, සමඟිය ඇතිවන වචන කියන්නේ විය. හේ ඒ කර්මය කළ බැවින්, නැවත නැවත කළ බැවින්, ඉතා බලවත් ව කළ බැවින්, බොහෝ කළ බැවින් කය බිඳී මරණින් මතු සුගති නම් වූ දෙව්ලොව උපදින්නේ වෙයි. ....(පෙ).... හේ එයින් චුත ව මේ මිනිස් බවට පැමිණියේ ම මේ මහා පුරුෂ ලක්ෂණ දෙක ලබන්නේ වෙයි. එනම්, සතලිසක් වූ දත් ඇත්තේ ය. අතර විවර සහිත වූ දත් නැත්තේ ය.

හෙතෙමේ ඒ ලකුණුවලින් යුතුව ඉදින් ගිහි ගෙදර වසන්නේ නම්, ධාර්මික වූ, ධර්මරාජ වූ, චක්‍රවර්තීරාජයා වන්නේ ය. ....(පෙ).... රජ වූ විට හේ කුමක් ලබයි ද? නොබිඳිය හැකි පිරිස් ලබන්නේ වෙයි. බ්‍රාහ්මණ ගෘහපතිවරු, නියම්ගම් ජනපදවැසියෝ, ගණකයෝ, මහාමාත්‍යයෝ, බල ප්‍රධානයෝ, දොරටුපාලයෝ, අමාත්‍යයෝ, පරම්පරානුයාත රාජ පිරිවර, රාජභෝගීහු, රජකුමාරවරු ආදී ඔහුගේ පිරිස් නොබිඳිය හැක්කෝ වෙති. රජ බවට පත් වූ විට මෙය ලබයි.

ඉදින් ගිහි ගෙයින් නික්ම පැවිදි වන්නේ නම්, ලොව වසා ඇති මෝහ පටලය ඉවත් කළ අරහත් සම්මා සම්බුදුවරයෙක් වෙයි. හේ බුදුවරයෙක් වූයේ

කුමක් ලබයි ද? නොබිඳිය හැකි පිරිස ලබන්නේ වෙයි. භික්ෂූහු, භික්ෂුණීහු, උපාසකයෝ, උපාසිකාවෝ, දෙවිවරු, මිනිස්සු, අසුරයෝ, නාගයෝ, ගාන්ධර්වයෝ ආදී බුදුරජුන්ගේ පිරිස නොබිඳිය හැක්කෝ වෙති. බුදුවරයෙක් වූ විට මෙය ලබයි."

භාග්‍යවතුන් වහන්සේ මෙය වදාළ සේක. එය මේ අයුරින් ද කියනු ලබයි.

(ගාථාවන් ය)

පූර්ව ජාතීන්හි දී සමගි වූවන් බිඳ වීම පිණිස හෝ වාද භේද ඇතිවන දේ හටගැනීම පිණිස හෝ කෝලාහල හටගැනීම පිණිස හෝ කටයුතු නොකළේ ය. එක් වූවන් වෙන් කරවන වචන නොකිව්වේ ය.

වාද විවාදයන් හටගැනීමට හේතු නොවන්නා වූ, බෙදී ගිය වුන් සමඟි කරවන සුළු යහපත් වචන කිව්වේ ය. සමගි ජනයාගේ කෝලාහල දුරු කළේ ය. සමඟි වූවන් හා සතුටු වූයේ ය. ප්‍රමුදිත වූයේ ය.

එහි ඵලවිපාකය සුගතියෙහි විඳියි. එහි සතුටු වෙයි. මෙහි උපන් ඔහුගේ දත් අතර විවර නැත්තේ, එකට සම්බන්ධ වූයේ වෙයි. ඔහුගේ මුවෙහි සතලිසක් දත් මැනැවින් පිහිටියාහු ය.

ඉදින් හේ පොළොවෙහි අධිපති ව ක්ෂත්‍රිය රජෙක් වන්නේ නම් ඔහුගේ පිරිස්හු නොබිඳිය හැක්කාහු ය. ඉදින් හේ කෙලෙස් රජස් රහිත වූ, කෙලෙස් මල රහිත වූ ශ්‍රමණයෙක් වන්නේ නම්, ඒ බුදුරජහුගේ පිරිස් ස්ථිර ව ශ්‍රද්ධාවෙහි පිහිටා ඒ අනුව එක්සත් ව යන්නෝ වෙති.

(28 -29) පහූත ජිව්හෝ ච හෝති, බ්‍රහ්මස්සරෝ ච කරවීකභාණී - දික් පළල් වූ දිව ඇත්තේ ද වෙයි. කුරවීකයන්ගේ හඬ බඳු බ්‍රහ්මස්වරය ඇත්තේ ද වෙයි.

මහණෙනි, යම් හෙයකින් තථාගත තෙමේ පූර්ව ජාතියෙහි දී, පූර්ව භවයෙහි දී, පූර්වයෙහි සිටි තන්හි දී, පූර්වයෙහි මනුෂ්‍ය වූයේ ම දරුණු වචනයෙන් බැණ වැදීම අත්හැර, දරුණු වචන පැවසීමෙන් වැළකී සිටියේ ය. යම් ඒ වචනයක් දොස් රහිත ද, කනට සුවයි ද, ආදරය ඇති කරයි ද, හෘදයාංගම

ද, වැදගත් ද, බොහෝ ජනයාට ප්‍රියයි ද, බොහෝ ජනයාට මනාපයි ද, එබඳු වචන කිව්වේ ය. හේ ඒ කර්මය කළ බැවින්, නැවත නැවත කළ බැවින්, ඉතා බලවත් ව කළ බැවින්, බොහෝ කළ බැවින් කය බිඳී මරණින් මතු සුගති නම් වූ දෙව්ලොව උපදින්නේ වෙයි. ....(පෙ).... හේ එයින් චුත ව මේ මිනිස් බවට පැමිණියේ ම මේ මහා පුරුෂ ලක්ෂණ දෙක ලබන්නේ වෙයි. එනම්, දික් පළල් වූ දිව ඇත්තේ වෙයි. කුරවීකයන්ගේ මධුර නාදය බඳු බ්‍රහ්මස්වරය ඇත්තේ වෙයි.

හෙතෙමේ ඒ ලකුණු වලින් යුතුව ඉදින් ගිහි ගෙදර වසන්නේ නම්, ධාර්මික වූ, ධර්මරාජ වූ, චක්‍රවර්තීරාජයා වන්නේ ය. ....(පෙ).... රජ වූ විට හේ කුමක් ලබයි ද? පිළිගත හැකි වචන ඇත්තේ වෙයි. බ්‍රාහ්මණ ගෘහපතිවරු, නියම්ගම් ජනපදවැසියෝ, ගණකයෝ, මහාමාත්‍යයෝ, බල ප්‍රධානයෝ, දොරටුපාලයෝ, අමාත්‍යයෝ, පරම්පරානුයාත රාජ පිරිවර, රාජභෝගීහු, රජකුමාරවරු ආදීහු රජුගේ වචනය පිළිගනිති. රජ බවට පත් වූ විට මෙය ලබයි.

ඉදින් ගිහි ගෙයින් නික්ම පැවිදි වන්නේ නම්, ලොව වසා ඇති මෝහ පටලය ඉවත් කළ අරහත් සම්මා සම්බුදුවරයෙක් වෙයි. හේ බුදුවරයෙක් වූයේ කුමක් ලබයි ද? පිළිගත හැකි වචන ඇත්තේ වෙයි. භික්ෂූහු, භික්ෂුණීහු, උපාසකයෝ, උපාසිකාවෝ, දෙවිවරු, මිනිස්සු, අසුරයෝ, නාගයෝ, ගාන්ධර්වයෝ ආදීහු බුදුරජුන්ගේ වචනය පිළිගනිති. බුදුවරයෙක් වූ විට මෙය ලබයි."

භාග්‍යවතුන් වහන්සේ මෙය වදාළ සේක. එය මේ අයුරින් ද කියනු ලබයි.

(ගාථාවන් ය)

හේ ආක්‍රෝශ, කෝලාහල, හිංසා ඇති කරවන, සිත් අවුල් කරවන, මහජනයා මැඬලන දරුණු ඵරුෂ වචන නොකිව්වේ ය. ඉතා ආදර ඇති මධුර වූ මොලොක් වචන කථා කළේ ය.

හේ සිතට ප්‍රිය වූ, හෘදයාංගම වූ, කනට සැප ඇති වචන පැවසුවේ ය. යහපත් ලෙස පුරුදු කරන ලද වචනයෙහි ඵල වින්දේ ය. දෙව්ලොවෙහි දී ඒ පුණ්‍යඵලය වින්දේ ය.

හේ වාක් සුචරිතයෙහි යහපත් අනුසස් ලබා මේ මිනිසත් බවෙහි දී බ්‍රහ්මස්වරය ලැබුවේ ය. ඔහුගේ දිව දික් වූයේ, පළල් වූයේ ද වෙයි. හේ පිළිගත හැකි වචන ඇත්තෙක් වෙයි.

යම් සේ ගිහි ව සිට ඔහු කියන වචන පිළිගන්නේ වෙයි ද, එසෙයින් ම ඒ මනුෂ්‍යයා පැවිදි වෙයි නම්, ඔහුගේ වචනය බොහෝ ජනයෝ පිළිගනිති. බොහෝ ජනයාට යහපත් වචනය කියන්නේ යැයි පවසන ලද්දේ ය.

(30) සීහහනු හෝති - සිංහයෙකුගේ බඳු හනුව ඇත්තේ ය.

මහණෙනි, යම් හෙයකින් තථාගත තෙමේ පූර්ව ජාතියෙහි දී, පූර්ව භවයෙහි දී, පූර්වයෙහි සිටි තන්හි දී, පූර්වයෙහි මනුෂ්‍ය වූයේ ම හිස් වචනය බැහැර කොට හිස් වචනයෙන් වැළකුණෙක් වූයේ ය. කල් දැන වචන කිව්වේ ය. සිදු වූ දෙය ම කිව්වේ ය. යහපත ම කිව්වේ ය. ධර්මය කිව්වේ ය. විනය කිව්වේ ය. සිතෙහි රඳවා ගන්නට නිසි වචනයක් ම කිව්වේ ය. සුදුසු කල්හී උපදේශ සහිත ව, සීමාවක් ඇති ව අර්ථයෙන් යුතු වචන කිව්වේ ය. හේ ඒ කර්මය කළ බැවින්, නැවත නැවත කළ බැවින්, ඉතා බලවත් ව කළ බැවින්, බොහෝ කළ බැවින් කය බිඳී මරණින් මතු සුගති නම් වූ දෙව්ලොව උපදින්නේ වෙයි. ....(පෙ).... හේ එයින් චුත ව මේ මිනිස් බවට පැමිණියේ ම මේ මහා පුරුෂ ලක්ෂණය ලබන්නේ වෙයි. එනම්, සිංහයෙකුගේ බඳු හනු ඇති බව යි.

හෙතෙමේ ඒ ලකුණෙන් යුතුව ඉදින් ගිහි ගෙදර වසන්නේ නම්, ධාර්මික වූ, ධර්මරාජ වූ, චක්‍රවර්තීරාජයා වන්නේ ය. ....(පෙ).... රජ වූ විට හේ කුමක් ලබයි ද? මනුෂ්‍ය වූ කිසිම සතුරෙකු විසින් හෝ පසමිතුරෙකු විසින් හෝ නෙරපිය නොහැක්කේ වෙයි. රජ බවට පත් වූ විට මෙය ලබයි.

ඉදින් ගිහි ගෙයින් නික්ම පැවිදි වන්නේ නම්, ලොව වසා ඇති මෝහ පටලය ඉවත් කළ අරහත් සම්මා සම්බුදුවරයෙක් වෙයි. හේ බුදුවරයෙක් වූයේ කුමක් ලබයි ද? අභ්‍යන්තර හෝ බාහිර හෝ සතුරන් විසින් හෝ පසමිතුරන් විසින් හෝ රාගයෙන් හෝ ද්වේෂයෙන් හෝ මෝහයෙන් හෝ ශ්‍රමණයෙකු විසින් හෝ බ්‍රාහ්මණයෙකු විසින් හෝ දෙවියෙකු විසින් හෝ මාරයෙකු විසින් හෝ බ්‍රහ්මයෙකු විසින් හෝ ලෝකයෙහි වෙන කවරෙකු විසින් හෝ නෙරපිය නොහැක්කේ වෙයි. බුදුවරයෙක් වූ විට මෙය ලබයි."

භාග්‍යවතුන් වහන්සේ මෙය වදාළ සේක. එය මේ අයුරින් ද කියනු ලබයි.

(ගාථාවන් ය)

හේ නුවණැත්තන්ගේ වචන පිළිවෙලක් නොවන හිස් වචන
කියන්නෙක් නොවූයේ ය. නොවිසිරී ගිය වචන මාර්ගයෙන්

යුක්ත වූයේ ය. අහිත ඇතිවන වචන දුරලීය. බොහෝ ජනයාට හිතසුව දෙන වචන කිව්වේ ය.

එසේ කොට මෙයින් චුත ව දෙව්ලොව උපන්නේ ය. යහපත් ලෙස කරන ලද කර්මයෙහි ඵලවිපාක වින්දේ ය. එයින් චුත ව යළි මිනිස් ලොවට පැමිණියේ සිංහයෙකුගේ බඳු හනු ලැබුවේය.

මිනිසුන්ට ශක්‍රයා බඳු ව, මිනිසුන්ට අධිපති ව, මහානුභාව ඇති ව, කිසිවෙකු විසින් නෙරපිය නොහැකි රජෙක් වෙයි. සක් දෙවිඳු බඳු වෙයි. උතුම් සුරයෙකු වූ ඒ ඉන්ද්‍ර බඳු වෙයි.

ඉදින් එබඳු ස්වභාව ඇති ව, එබඳු ලක්ෂණ ඇති ව මෙහි උපදියි ද, සිව් දිශා අනුදිශා උඩ - යට දිශා ආදියෙහි ගාන්ධර්ව, අසුර, යක්ෂ, රාක්ෂස, දෙවි ආදී කිසිවෙකු විසිනුත් නෙරපිය නොහැක්කේ වෙයි.

(31 - 32) සම දන්තෝ ච හෝති, සුසුක්කදාඨෝ ච - සම වූ දත් ඇත්තේ ය. ඉතා සුදු දත් ඇත්තේ ය.

මහණෙනි, යම් හෙයකින් තථාගත තෙමේ පූර්ව ජාතියෙහි දී, පූර්ව භවයෙහි දී, පූර්වයෙහි සිටි තන්හි දී, පූර්වයෙහි මනුෂ්‍ය වූයේ ම මිථ්‍යා ආජීවය දුරු කොට සම්මා ආජීවයෙන් ජීවිතය ගත කළේ ය. තරාදියෙන් කරන වංචා, තැටියෙන් කරන වංචා, මිම්මෙන් කරන වංචා, අල්ලස් ගෙන කරන වංචා, අනුන් රැවටීම, නොවටිනා දේ වටිනා හැටියට පෙන්වා රැවටීම, අත් පා සිඳීම, වධදීම, බන්ධන, පැහැර ගැනීම්, ගම් පැහැරගැනීම්, බලහත්කාරයෙන් ගැනීම් ආදියෙන් ජීවිතය ගෙවීමක් ඇද්ද, එයින් සම්පූර්ණයෙන් ම වැළකී ජීවිතය ගත කළේ ය. හේ ඒ කර්මය කළ බැවින්, නැවත නැවත කළ බැවින්, ඉතා බලවත් ව කළ බැවින්, බොහෝ කළ බැවින් කය බිඳී මරණින් මතු සුගති නම් වූ දෙව්ලොව උපදියි. හේ එහි දස කරුණකින් අන්‍ය වූ දෙවියන් අභිබවා යයි. එනම්, දිව්‍ය ආයුෂයෙන්, දිව්‍ය වර්ණයෙන්, දිව්‍ය සැපයෙන්, දිව්‍ය යසසින්, දිව්‍ය අධිපතිභාවයෙන්, දිව්‍ය වූ රූපයන්ගෙන්, දිව්‍ය වූ ශබ්දයන්ගෙන්, දිව්‍ය වූ ගන්ධයන්ගෙන්, දිව්‍ය රසයන්ගෙන්, දිව්‍ය වූ පහසින් ය. හේ එයින් චුත ව මේ මිනිස් බවට පැමිණියේ ම මේ මහා පුරුෂ ලක්ෂණ දෙක ලබන්නේ වෙයි. එනම්, සම වූ දත් ඇති බව ත්, ඉතාමත් සුදු දත් ඇති බව ත් ය.

හෙතෙමේ ඒ ලකුණු වලින් යුතුව ඉදින් ගිහි ගෙදර වසන්නේ නම්, ධාර්මික වූ, ධර්මරාජ වූ, චක්‍රවර්තීරාජයා වන්නේ ය. සිව්මහා සමුදුර සීමා

කරගත් සිව්මහා ජනපදයන්හි අධිපති ව, දිනාගත් ජය ඇති ව, ජනපදයන්හි තහවුරු බවට පත් ව, සප්ත රත්නයකින් යුක්ත වන්නේ ය. ඔහුට මේ සප්ත රත්නයෝ වෙති. ඒ මොනවා ද යත්; චක්‍රරත්නය ය, හස්තිරත්නය ය, අශ්වරත්නය ය, මාණික්‍යරත්නය ය, ස්ත්‍රීරත්නය ය, ගෘහපතිරත්නය ය හා සත්වෙනි පරිනායකරත්නය යි. සතුරු සේනා මැඩලන ශූර වීර පරාක්‍රමයෙන් හෙබි දහසකට වැඩි පුත්‍රයෝ ද ඔහුට වෙති. ඒ සක්විති රජ තෙමේ සයුර හිමි කොට මේ පෘථිවියෙහි සතුරු හුල් රහිත ව, උපද්‍රව නිමිති රහිත ව, සතුරු කටු රහිත ව, සමෘද්ධිමත් ව, සැපයෙන් පිරී ගිය, භය රහිත ව, සොඳුරු ව, අර්බුද රහිත ව, දඬුවමින් තොර ව, අවි ආයුධයෙන් තොර ව, දැහැමෙන් සෙමෙන් දිනා රාජ්‍යය කරන්නේ වෙයි.

රජ වූ විට හේ කුමක් ලබයි ද? පිරිසිදු පිරිවර ලබයි. ඔහුගේ පිරිවර පිරිසිදු ය. බ්‍රාහ්මණ ගෘහපතිවරු, නියම්ගම් ජනපදවැසියෝ, ගණකයෝ, මහාමාත්‍යයෝ, බල ප්‍රධානයෝ, දොරටුපාලයෝ, අමාත්‍යයෝ, පරම්පරානුයාත රාජ පිරිවර, රාජභෝගීහු, රජකුමාරවරු ආදීහු පිරිසිදු පිරිවර වෙති. රජ බවට පත් වූ විට මෙය ලබයි.

ඉදින් ගිහි ගෙයින් නික්ම පැවිදි වන්නේ නම්, ලොව වසා ඇති මෝහ පටලය ඉවත් කළ අරහත් සම්මා සම්බුදුවරයෙක් වෙයි. හේ බුදුවරයෙක් වූයේ කුමක් ලබයි ද? පිරිසිදු පිරිවර ඇත්තේ වෙයි. ඒ බුදුරජුන්ගේ ශ්‍රාවක වූ භික්ෂූහු, භික්ෂුණීහු, උපාසකයෝ, උපාසිකාවෝ, දෙව්වරු, මිනිස්සු, අසුරයෝ, නාගයෝ, ගාන්ධර්වයෝ ආදී පිරිවර පිරිසිදු වෙති. බුදුවරයෙක් වූ විට මෙය ලබයි.”

භාග්‍යවතුන් වහන්සේ මෙය වදාළ සේක. එය මේ අයුරින් ද කියනු ලබයි.

(ගාථාවන් ය)

හේ මිථ්‍යා ආජීවය දුරු කොට, දැහැමෙන් සෙමෙන් පිරිසිදු ජීවිකාවෙන් ජීවිතය ගත කළේ ය. අහිත දෑ බැහැර කළේ ය. බොහෝ ජනයාට හිත සුව සැළසෙන පරිදි ජීවිතය ගත කළේ ය.

මනුෂ්‍ය වූ හේ දක්ෂ ව, නුවණැති ව සත්පුරුෂයන් විසින් පසසන ලද පින් කොට, දෙව්ලොවෙහි සැප විපාක වින්දේ ය. සක් දෙවිඳු බඳු ව දිව්‍ය වූ සැප ක්‍රීඩාවෙන් ඇලී වාසය කළේ ය.

එයින් චුත ව මිනිස් උපත ලැබූ කල්හී මැනැවින් කරන ලද පුණ්‍ය ඵල විපාකයෙන් ඉතිරි වූ විපාකයෙන් සම දත් ද, ඉතාමත් සුදු

දත් ද ලැබුවේ ය.

දක්ෂ යැයි සම්මත, මහා පුරුෂ ලකුණු ශාස්ත්‍රය දන්නා බොහෝ බමුණෝ රැස් ව මෙතෙමේ සම වූ, ඉතා සුදු වූ, පිරිසිදු වූ, ශෝභන දත් දත් ඇති හෙයින් පිරිසිදු ජනයාගෙන් යුතු පිරිවර ලබන්නේ යැයි පැවසූහ.

රජු වූ ඔහුට බොහෝ පිරිසිදු පිරිවර ජනයා ඇත්තේ වෙයි. මහා පොළොවෙහි අනුශාසක වෙයි. වෙනත් කෙනෙකුගෙන් ඔහුගේ විජිතයට කරදර නොවෙයි. බොහෝ ජනයාට හිත සුව සළසමින් හැසිරෙයි.

ඉදින් ඔහු පැවිදි වෙයි නම්, පව් බැහැර කළේ, සංසිඳී ගිය කෙලෙස් ඇත්තේ, බැහැර කළ කෙලෙස් පටල ඇත්තේ, පහ වූ කායික වෙහෙස ඇත්තේ, පහ වූ ක්ලාන්ත ඇත්තේ, ශ්‍රමණයෙක් වූයේ මෙලොව ත්, පරලොව ත් නුවණින් දකියි.

ඔහුගේ අවවාදය අනුව කටයුතු කරන බොහෝ ගිහියෝ ද, පැවිද්දෝ ද අශුචි සෙයින් ගැරහුම් ලද පාපී අකුසල් නසා දමති. හේ පිරිසිදු ධර්මයන් පිරිවරා ගත්තේ වෙයි. කෙලෙස්මල, කෙලෙස් හුල්, ද්වේෂ ආදී සියළු අකුසල් ප්‍රහාණය කරන්නේ වෙයි.

සාදු! සාදු!! සාදු!!!

ලක්ඛණ සූත්‍රය නිමා විය.

3.8.

සිඟාලෝවාද සූත්‍රය

සිඟාලකට අවවාද වශයෙන් වදාළ දෙසුම

මා විසින් මෙසේ අසන ලදී.

එක් සමයෙක්හි භාග්‍යවතුන් වහන්සේ රජගහ නුවර ලෙහෙනුන්ට අභය භූමියක් වූ වේළුවනයෙහි වැඩවසන සේක.

එසමයෙහි සිඟාලක නම් ගෘහපති පුත්‍රයෙක් පාන්දරින් අවදි ව රජගහ නුවරින් නික්ම තෙත් වස්ත්‍ර ඇති ව, තෙත් හිසකෙස් ඇති ව, ඇඳිලි බැඳගෙන බොහෝ දිශාවන් වඳියි. එනම්; නැගෙනහිර දිශාව ය, දකුණු දිශාව ය, බටහිර දිශාව ය, උතුරු දිශාව ය, යට දිශාව ය, උඩ දිශාව ය වශයෙනි.

එකල්හී භාග්‍යවතුන් වහන්සේ පෙරවරුවෙහි සිවුරු හැඳ පොරොවාගෙන, පාත්‍රය හා සිවුර ඇති ව රජගහ නුවරට පිඬු පිණිස වැඩි සේක. භාග්‍යවතුන් වහන්සේ සිඟාලක ගෘහපති පුත්‍රයා කලින් ම අවදි ව රජගහ නුවරින් නික්ම තෙත් වස්ත්‍ර ඇති ව, තෙත් හිසකෙස් ඇති ව, ඇඳිලි බැඳගෙන නැගෙනහිර දිශාව ය, දකුණු දිශාව ය, බටහිර දිශාව ය, උතුරු දිශාව ය, යට දිශාව ය, උඩ දිශාව ය වශයෙන් බොහෝ දිශාවන් වඳිනු දුටු සේක. දැක සිඟාලක ගෘහපති පුත්‍රයා ඇමතූ සේක.

"කිම? ගෘහපති පුත්‍රය, ඔබ කලින් ම අවදි ව රජගහ නුවරින් නික්ම තෙත් වස්ත්‍ර ඇති ව, තෙත් හිසකෙස් ඇති ව, ඇඳිලි බැඳගෙන නැගෙනහිර දිශාව ය, දකුණු දිශාව ය, බටහිර දිශාව ය, උතුරු දිශාව ය, යට දිශාව ය, උඩ දිශාව ය වශයෙන් බොහෝ දිශාවන් මක් නිසා වඳින්නෙහි ද?"

"ස්වාමීනී, මපියාණන් කලුරිය කරද්දී මට මෙසේ කීවේ ය. 'දරුව, දිශාවන් වන්දනා කරව' යි. ස්වාමීනී, ඒ මම පියාගේ වචනයට සත්කාර කරන්නෙමි, ගෞරව කරන්නෙමි, බුහුමන් කරන්නෙමි, පුදන්නෙමි, හිමිදිරියෙන් නැගිට,

රජගහ නුවරින් නික්ම තෙත් වස්ත්‍ර ඇති ව, තෙත් හිසකෙස් ඇති ව, ඇඳිලි බැඳගෙන නැගෙනහිර දිශාව ය, දකුණු දිශාව ය, බටහිර දිශාව ය, උතුරු දිශාව ය, යට දිශාව ය, උඩ දිශාව ය වශයෙන් බොහෝ දිශාවන්ට වන්දනා කරමි."

"ගෘහපති පුත්‍රය, ආර්ය විනයෙහි වනාහී මේ අයුරින් සය දිශාවෝ නොවැන්ද යුත්තාහ."

"ස්වාමීනී, ආර්ය විනයෙහි වූ කලී සය දිශාවෝ කොයි අයුරින් වැන්ද යුත්තාහු ද? යහපති ස්වාමීනී, භාග්‍යවතුන් වහන්සේ ආර්ය විනයෙහි සදිසාවෝ යම් අයුරකින් වැඳිය යුත්තාහු ද, ඒ අයුරින් මට ධර්මය දේශනා කරන සේක්වා!"

"එසේ වී නම් ගෘහපති පුත්‍රය, අසව. මැනැවින් මෙනෙහි කරව. පවසන්නෙමි."

"එසේ ය, ස්වාමීනී" යි සිඟාලක ගෘහපති පුත්‍රයා භාග්‍යවතුන් වහන්සේට පිළිවදන් දුන්නේ ය. භාග්‍යවතුන් වහන්සේ මෙය වදාළ සේක.

"ගෘහපති පුත්‍රය, යම් කලෙක ආර්ය ශ්‍රාවකයාට සතර කර්ම ක්ලේශයෝ ප්‍රහීණවූවාහු වෙත් ද, සිව් තැනෙක්හි පාප කර්මයක් නොකරයි ද, භෝග සම්පත් විනාශ වෙන දොරටු සය සේවනය නොකරයි ද, මෙසේ ඔහු දහහතරක් වූ පව් වලින් බැහැර වූයේ වෙයි ද, සය දිශාව වසා තැබුවේ වෙයි ද, දෙලොව ම ජය ගැනීම පිණිස පිළිපන්නේ වෙයි. ඔහු විසින් මෙලොව ද සතුටු කරන ලද්දේ වෙයි. පරලොව ද සතුටු කරන ලද්දේ වෙයි. ඔහු කය බිඳී මරණින් මතු සුගති සංඛ්‍යාත දෙව්ලොවෙහි උපදින්නේ ය.

ඔහුට කවර කර්මක්ලේශයෝ සතරක් ප්‍රහීණ වූවාහු වෙත් ද? ගෘහපති පුත්‍රය, සත්ව ඝාතනය වනාහී කිලිටි ක්‍රියාවකි. සොරකම කිලිටි ක්‍රියාවකි. කාමයෙහි වරදවා හැසිරීම කිලිටි ක්‍රියාවකි. බොරුකීම කිලිටි ක්‍රියාවකි. මොහුට සතරක් වූ මේ කර්මක්ලේශයෝ ප්‍රහීණ වූවාහු වෙති."

භාග්‍යවතුන් වහන්සේ මෙය වදාළ සේක. මෙය වදාළ සුගත වූ ශාස්තෘන් වහන්සේ යළි මෙය ද වදාළ සේක.

(ගාථාවකි)

සත්ව ඝාතනය, සොරකම, බොරු කීම යැයි කියනු ලැබේ නම්,
එය ත් අනුන්ගේ අඹුවන් කරා යාම ත්, යන මේ කිලිටි ක්‍රියාවන්
නුවණැත්තෝ ප්‍රශංසා නොකරති.

"කවර නම් සිව් තැනක පාප ක්‍රියාවක් නොකරයි ද? පෘථග්ජන පුද්ගලයා කැමැත්ත නිසා අගතියට යෑමෙන් පාපී ක්‍රියාවන් කරයි. ද්වේෂය නිසා අගතියට යෑමෙන් පාපී ක්‍රියාවන් කරයි. මෝහය නිසා අගතියට යෑමෙන් පාපී ක්‍රියාවන් කරයි. භය නිසා අගතියට යෑමෙන් පාපී ක්‍රියාවන් කරයි. ගෘහපති පුත්‍රය, යම් හෙයකින් ආර්ය ශ්‍රාවකයා කැමැත්ත නිසා අගතියට නොයයි ද, ද්වේෂය නිසා අගතියට නොයයි ද, මෝහය නිසා අගතියට නොයයි ද, භය නිසා අගතියට නොයයි ද, මේ සතර තැනෙහි පාපී ක්‍රියාවන් නොකරයි."

භාග්‍යවතුන් වහන්සේ මෙය වදාළ සේක. මෙය වදාළ සුගත වූ ශාස්තෘන් වහන්සේ යළි මෙය ද වදාළ සේක.

(ගාථාවන් ය)

යමෙක් කැමැත්තෙන් වේවා, ද්වේෂයෙන් වේවා, මෝහයෙන් වේවා, භයෙන් වේවා සත්පුරුෂ ධර්මය ඉක්මවා යයි ද, කළුවර පක්ෂයෙහි ගෙවී ගෙන යන සඳක් සෙයින් ඔහුගේ යස පිරිවර පිරිහී යයි.

යමෙක් කැමැත්තෙන් වේවා, ද්වේෂයෙන් වේවා, මෝහයෙන් වේවා, භයෙන් වේවා සත්පුරුෂ ධර්මය ඉක්මවා නොයයි ද, පුර පක්ෂයෙහි වැඩීගෙන යන සඳක් සෙයින් ඔහුගේ යස පිරිවර වැඩෙයි.

"භෝග සම්පත් විනාශ වන කවර දොරටු සයක් ඔහු සේවනය නොකරයි ද? ගෘහපති පුත්‍රය, මත්වීමට ත් ප්‍රමාදවීමට ත් හේතුවන මත්පැන් මත්ද්‍රව්‍ය භාවිතය වනාහී භෝග සම්පත් විනාශ වන දොරටුවකි. අවේලාවෙහි වීදිගානේ ඇවිදීම භෝග සම්පත් විනාශ වන දොරටුවකි. නැටුම්, ගැයුම් ඇති තැන්, සමාජශාලා ආදියෙහි නිතර ගැවසීම භෝග සම්පත් විනාශ වන දොරටුවකි. ප්‍රමාදය ඇති කරවන සූදුවෙහි යෙදීම භෝග සම්පත් විනාශ වන දොරටුවකි. පව්ටු මිතුරන් හා එක් ව කල් ගෙවීම භෝග සම්පත් විනාශ වන දොරටුවකි. කම්මැලිකමෙන් කල් ගෙවීම භෝග සම්පත් විනාශ වන දොරටුවකි.

ගෘහපති පුත්‍රය, මත්වීමට ත්, ප්‍රමාදයට ත් හේතුවන මත්පැන් මත්ද්‍රව්‍ය භාවිතයෙහි යෙදී සිටීමෙහි මේ දුර්විපාක සයකි. තමාගේ ඇස් පනාපිට ධනය වැනසී යයි. කලකෝලාහල වැඩෙයි. රෝගයන් හටගැනීමට මුල් වෙයි. අපකීර්තිය උපදවයි. කයෙහි වසාගත යුතු තැන් බාහිරට පෙන්වා හැසිරෙයි. නුවණ දුර්වල කරවීම සය වෙනි කරුණ යි. ගෘහපති පුත්‍රය, මේ වනාහී

මත්වීමට ත්, ප්‍රමාදයට ත් හේතු වන මත්පැන් මත්ද්‍රව්‍ය භාවිතයෙහි ඇති සයක් වූ දුර්විපාකයෝ ය.

ගෘහපති පුත්‍රය, අවේලාවෙහි වීදිගානේ ඇවිදීමෙහි මේ දුර්විපාක සයකි. ඔහු විසින් තමා ව ද පරිස්සම් නොකරන ලද්දේ, නොරකින ලද්දේ වෙයි. ඔහු විසින් සිය අඹුදරුවෝ ත් පරිස්සම් නොකරන ලද්දාහු, නොරකින ලද්දාහු වෙති. ඔහු විසින් තමා ළඟ ඇති වටිනා දේ ද පරිස්සම් නොකරන ලද්දේ, නොරකින ලද්දේ වෙයි. අන්‍යයන් විසින් කරනු ලබන පාපී කටයුතුවලදී 'මොහු ත් හවුල්කරුවෙක් ද' යි සැක කරන්නේ වෙයි. අභූත චෝදනාවන්වලට ද ලක්වෙයි. බොහෝ දුක් ඇති කරදෙන කරුණු පෙරටු කරගත්තේ වෙයි. ගෘහපති පුත්‍රයෙනි, මේවා වනාහී අවේලාවෙහි වීදිගානේ ඇවිදීමෙහි ඇති සයක් වූ දුර්විපාකයෝ ය.

ගෘහපති පුත්‍රය, නැටුම් ගැයුම් ඇති සමාජශාලා ආදියෙහි නිතර හැසිරීමෙහි මේ දුර්විපාක සයකි. 'නැටුම් කොහි තිබේ ද? ගැයුම් කොහි තිබේ ද? වැයුම් කොහි තිබේ ද? නාට්‍ය සංදර්ශන කොහි තිබේ ද? අත්පොළසන් දෙමින් සතුටුවෙන ක්‍රීඩෝත්සව කොහි තිබේ ද? කළගෙඩියෙන් කරන සෙල්ලම් කොහි තිබේ ද?' වශයෙන් එබඳු තැන් සොය සොයා කාලය ත්, ධනය ත් වනසා ගනියි. ගෘහපති පුත්‍රය, මේ වනාහී නැටුම් ගැයුම්, සමාජශාලා ආදියෙහි නිතර හැසිරීමෙහි ඇති සයක් වූ දුර්විපාකයෝ ය.

ගෘහපති පුත්‍රය, ප්‍රමාදයට හේතුවන සූදුවට ලොල් ව සිටීමෙහි මේ දුර්විපාක සයකි. ජයගත් විට පැරදුණු තැනැත්තා තුළ වෛරය උපදවයි. පැරදී ගිය විට නැතිවුණු වස්තුව ගැන ශෝක කරයි. තමාගේ ඇස් පනාපිට තම ධනය නැසී යයි. සභාවකට ගිය විට ඔහුගේ වචනයට තැනක් නොලැබෙයි. යහළු මිතුරන් ඔහු හෙලා දැක කතා කරයි. 'මේ පුරුෂ පුද්ගලයා සූදු අන්තුවෙකි. අඹු දරුවන් පෝෂණය කරන්නට නොහැක්කෙකි' වශයෙන් ආවාහ විවාහ කටයුතුවලදී නොපතන ලද්දේ වෙයි. ගෘහපති පුත්‍රය, මේ වනාහී ප්‍රමාදයට හේතුවන සූදුවට ලොල් ව සිටීමෙහි සයක් වූ දුර්විපාකයෝ ය.

ගෘහපති පුත්‍රය, පව්ටු මිතුරන් සමඟ එක් ව වාසය කිරීමෙහි මේ දුර්විපාක සයකි. යම් කෙනෙක් සූදු අන්තුවෝ වෙත් ද, ඔවුහු ඔහුගේ මිත්‍රයෝ ය; ඔහුගේ යහළුවෝ ය. යම් කෙනෙක් ස්ත්‍රී සල්ලාලයෝ ද, ඔවුහු ඔහුගේ මිත්‍රයෝ ය; ඔහුගේ යහළුවෝ ය. යම් කෙනෙක් බේබද්දෝ ද, ඔවුහු ඔහුගේ මිත්‍රයෝ ය; ඔහුගේ යහළුවෝ ය. යම් කෙනෙක් බොරුවෙන් රවටන්නෝ ද, ඔවුහු ඔහුගේ මිත්‍රයෝ ය; ඔහුගේ යහළුවෝ ය. යම් කෙනෙක් වංචාකාරයෝ ද, ඔවුහු ඔහුගේ

මිත්‍රයෝ ය; ඔහුගේ යහළුවෝ ය. යම් කෙනෙක් සාහසික අපරාධකාරයෝ ද, ඔවුහු ඔහුගේ මිත්‍රයෝ ය; ඔහුගේ යහළුවෝ ය. ගෘහපති පුත්‍රය, මේ වනාහී පවිටු මිතුරන් සමඟ එක්වීමෙහි ඇති සයක් වූ දුර්විපාකයෝ ය.

ගෘහපතිපුත්‍රය, කම්මැලි ව වාසය කිරීමෙහි මේ දුර්විපාක සයකි. සීතල අධික ය කියා වැඩ නොකරයි. උෂ්ණුසුම අධික ය කියා වැඩ නොකරයි. බොහෝ සවස් වී ඇත්තේ ය කියා වැඩ නොකරයි. තව ම ඉතා උදෑසන ය කියා වැඩ නොකරයි. ඉතා බඩගිනි ඇත්තෙමි යි කියා වැඩ නොකරයි. බොහෝ කොට අනුභව කළෙමි යි කියා වැඩ නොකරයි. මෙසේ ඔහු විසින් කළ යුතු වැඩකටයුතු බහුල වශයෙන් අතපසු කරමින් වාසය කරන විට ඔහුට නූපන් භෝගයෝ ද නූපදිති. උපන් භෝගයෝ ද පරිහරණයෙන් අවසන් වී යති. ගෘහපති පුත්‍රය, මේ වනාහී කම්මැලි ව වාසය කිරීමෙහි ඇති සයක් වූ දුර්විපාකයෝ ය."

භාග්‍යවතුන් වහන්සේ මෙය වදාළ සේක. මෙය වදාළ සුගත වූ ශාස්තෘන් වහන්සේ විසින් යළි මේ ගාථාවන් වදාළ සේක.

(ගාථාවන් ය)

හමු වූ හමු වූ තැනෙහි දී බොහෝ ලෙන්ගතු වන යහළුවෙක් සිටියි. බීමට පමණක් යහළු වන යහළුවෙක් සිටියි. වැඩක් ඇති කල්හී යමෙක් උදව් දෙයි ද, ඔහු ද යහළුවෙකි.

හිරු උදාවන තෙක් නිදාගැනීම ද, අනුන්ගේ අඹුවන් ඇසුරු කිරීම ද, වෛර බහුල ව සිටීම ද, අනුන්ට අයහපත කිරීම ද, පවිටු මිතුරන් ඇති බව ද, තද මසුරු බව ද යන මේ සය කරුණු පුරුෂයා විනාශයට පත් කරයි.

පවිටු මිතුරන් සිටින, පවිටු යහළුවන් සිටින, පාපී ඇවැතුම් පැවැතුම් ඇති මිනිසා මෙලොව ත් වැනසෙයි. පරලොව ත් වැනසෙයි.

සූදුවෙහි යෙදීම, අනුන්ගේ අඹුවන් ඇසුරු කිරීම, මත්පැන් බීම, නැටුම් සංගීත ක්‍රීඩා ආදිය සොය සොයා යෑම, දහවල් නිදා ගැනීම, අවේලාවෙහි වීදි ගානේ ඇවිදීම, පවිටු මිතුරන් සිටීම, තද මසුරු බව යන මේ සය කරුණු පුරුෂයා විනාශයට පත් කරයි.

සූදු ක්‍රීඩාවෙහි යෙදෙති. සුරා බොති. තම පණ හා සමකොට රකින අනුන්ගේ අඹුවන් කරා යති. නිහීන පුද්ගලයන් ඇසුරු

කරන ඔවුහු ගුණයෙන් වැඩුනවුන් ඇසුරට නොගනිති. ඔවුහු කලුවර පක්ෂයෙහි ගෙවී යන සඳක් සෙයින් පිරිහී යති.

යමෙක් ධනය කිසිවක් නැති ව, මත්පැන් මත්ද්‍රව්‍ය භාවිතයට ලොල් ව සිටියි ද, පිපාසිතයෙක් පොකුණක් වෙත ගොස් පැන් බොන සෙයින් බේබදු ව සිටියි ද, ණය ගනියි ද, ඔහු වහා ම සිය පවුල පරිහානියට පත් වූ පවුලක් බවට පත් කරයි.

දහවල් නිදන්නා වූ, රෑ පිබිද සිටීම නොකැමැති වූ, නිතර මත් වී සිටින, නරකට ඇබ්බැහි වූ තැනැත්තා හට ගිහිගෙයි වසන්නට නොහැක්කේ ය.

දැන් සීතල අධික ය, උණුසුම අධික ය, ඉතා සවස් වූයේ ය ආදී වශයෙන් සිය වැඩකටයුතු අත්හැර දැමූ මිනිසුන් පසුකොට ධන සම්පත් යයි.

යමෙක් මෙහිලා සීතල ත්, දැඩි උණුසුම ත් තණපතකට වත් වැඩි තරමකට ගණන් නොගෙන, වීර්යවන්ත පුරුෂයෙකු කටයුතු කරන ලෙසින් වැඩකරයි නම්, ඔහු සැපයෙන් බැහැරට නොයයි.

"ගෘහපති පුත්‍රය, මිතුරන්ගේ වේශයෙන් සිටින, මිතුරන් නොවන මොවුන් සතර දෙනා දත යුත්තාහු ය. අඤ්ඤදත්ථුහර නමින් මිතුරෙකුගේ වෙසින් සිටින මිතුරෙකු නොවන්නා දත යුත්තේ ය. වචීපරම නමින් මිතුරෙකුගේ වෙසින් සිටින මිතුරෙකු නොවන්නා දත යුත්තේ ය. අනුප්පියභාණී නමින් මිතුරෙකුගේ වෙසින් සිටින මිතුරෙකු නොවන්නා දත යුත්තේ ය. අපායසහාය නමින් මිතුරෙකුගේ වෙසින් සිටින මිතුරෙකු නොවන්නා දත යුත්තේ ය.

ගෘහපති පුත්‍රය, මිතුරෙකුගේ වෙසින් සිටින අඤ්ඤදත්ථුහර අමිත්‍රයා සිව් කරුණකින් දැනගත යුත්තේ ය.

(ගාථාවකි)

සිය මිතුරාගෙන් ඒකාන්තයෙන් ම කිසිවක් ඩැහැගෙන ම යයි. ස්වල්ප දෙයක් දී සිය මිතුරාගෙන් බොහෝ දෙයක් ගන්නට කැමැති ය. තමාට භයක්, කරදරයක් වූ විට පමණක් මිතුරාට උදව් පිණිස එයි. තමාගේ ම ලාභ ප්‍රයෝජන උදෙසා මිතුරුකම පවත්වයි.

ගෘහපති පුත්‍රය, මේ සිව් කරුණෙන් මිතුරු වෙසින් සිටින අඤ්ඤදත්ථුහර අමිත්‍රයා දැනගත යුත්තේ ය.

ගෘහපති පුත්‍රය, මිතුරෙකුගේ වෙසින් සිටින වචීපරම අමිත්‍රයා සිව් කරුණකින් දැනගත යුත්තේ ය.

(කලින් කිව්වා නම් මේ උදව්ව කළ හැකි ව තිබුණේ ය ආදී වශයෙන්) අතීතයෙන් සංග්‍රහ කරයි. (ඉදිරියෙහි දී ඔබ වෙනුවෙන් මෙබඳු දේ කරන්නෙමි ආදී වශයෙන්) අනාගතයෙන් සංග්‍රහ කරයි. නිරර්ථක වචන වලින් බොරු සංග්‍රහ කරයි. වර්තමානයෙහි උදව්වක් අවශ්‍ය වූ විට උදව් දෙනු වෙනුවට තමාට සිදු වූ විපත් කරදර කියා පායි. ගෘහපති පුත්‍රය, මේ සිව් කරුණෙන් මිතුරු වෙසින් සිටින වචීපරම අමිත්‍රයා දැනගත යුත්තේ ය.

ගෘහපති පුත්‍රය, සිව් කරුණකින් මිතුරෙකුගේ වෙසින් සිටින අනුප්පියභාණී අමිත්‍රයා දැනගත යුත්තේ ය. තම යහළුවා කරන පාපී ක්‍රියාවන් මැනැවැ යි අනුමත කරයි. ඔහුගේ යහපත් ක්‍රියාවන් ද මැනැවැ යි අනුමත කරයි. යහළුවා ඉදිරියෙහි ප්‍රශංසා මුඛයෙන් කථා කරයි. ඔහු නැති විට ඔහුගේ නුගුණ කියයි. ගෘහපති පුත්‍රය, මේ සිව් කරුණෙන් මිතුරෙකුගේ වෙසින් සිටින අනුප්පියභාණී අමිත්‍රයා දැනගත යුත්තේ ය.

ගෘහපති පුත්‍රය, සිව් කරුණකින් මිතුරෙකුගේ වෙසින් සිටින අපායසහාය අමිත්‍රයා දත යුත්තේ ය. මත්වීමට හා ප්‍රමාදයට හේතුවන මත්පැන් මත්ද්‍රව්‍ය භාවිතය වෙනුවෙන් හිතවත් වෙයි. අවේලාවෙහි වීදි ගානේ ඇවිදින්නට හිතවත් වෙයි. සංගීත නාටක ක්‍රීඩා සමාජශාලා ආදියෙහි ගැවසෙන්නට හිතවත් වෙයි. ප්‍රමාදයට හේතුවෙන සූදු ක්‍රීඩාවෙහි යෙදෙන්නට හිතවත් වෙයි. ගෘහපති පුත්‍රය, මේ සිව් කරුණෙන් මිතුරෙකුගේ වෙසින් සිටින අපායසහාය අමිත්‍රයා දැනගත යුත්තේ ය.

භාග්‍යවතුන් වහන්සේ මෙය වදාළ සේක. මෙය වදාළ සුගත වූ ශාස්තෘන් වහන්සේ යළි මෙය ද වදාළ සේක.

(ගාථාවකි)

අඤ්ඤදත්ථුහර නම් යම් මිතුරෙක් වෙයි ද, වචීපරම නම් යම් මිතුරෙක් වෙයි ද, අනුප්පියභාණී නම් යම් මිතුරෙක් වෙයි ද, ධන විනාශයට උදව් දෙන අපාය සහාය නම් යම් මිතුරෙක් වෙයි ද, නුවණැත්තා මේ සිව් දෙනා මිතුරන් නොවන බව තේරුම් ගෙන භය සහිත මාර්ගයක් දුරු කරන කෙනෙකු සෙයින් දුරින් ම දුරු කරන්නේ ය.

ගෘහපති පුත්‍රය, මේ සුහද මිතුරෝ සිව් දෙනා දත යුත්තාහු ය. උපකාරී නම් සුහද මිතුරා දත යුත්තේ ය. සමානසුඛදුක්ඛ නම් සුහද මිතුරා දත යුත්තේ

ය. අත්ථක්ඛායී නම් සුහද මිතුරා දත යුත්තේ ය. ආනුකම්පක නම් සුහද මිතුරා දත යුත්තේ ය.

ගෘහපති පුත්‍රය, සිව් කරුණකින් උපකාරී නම් සුහද මිතුරා දැනගත යුත්තේ ය. ප්‍රමාදයට පත් වූ මිතුරා ව රකියි. පමා වූ මිතුරා සතු වටිනා දේ ත් රකියි. බියක් පැමිණි විට මිතුරාට පිහිට වෙයි. මිතුරාට කළ යුතු දෙයක් ඇති කල්හී ඊට අවශ්‍ය පමණට ත් වඩා දෙගුණයක් සම්පත් දෙයි. ගෘහපති පුත්‍රය, මේ සිව් කරුණෙන් උපකාරී සුහද මිතුරා දැනගත යුත්තේ ය.

ගෘහපති පුත්‍රය, සිව් කරුණකින් සමානසුඛදුක්ඛ නම් සුහද මිතුරා දත යුත්තේ ය. හේ තමාගේ පෞද්ගලික දේ සිය මිතුරාට නොසඟවා කියයි. මිතුරාගේ පෞද්ගලික කරුණු පිටතට නොදී සුරකියි. මිතුරා විපතට පත් වූ විට අත්නොහරියි. මිතුරාගේ යහපත පිණිස සිය ජීවිතය වුවත් පුදන්නට කැමැති වෙයි. ගෘහපති පුත්‍රය, මේ සිව් කරුණෙන් සමානසුඛදුක්ඛ සුහද මිතුරා දැනගත යුත්තේ ය.

ගෘහපති පුත්‍රය, සිව් කරුණකින් අත්ථක්ඛායී නම් සුහද මිතුරා දත යුත්තේ ය. හේ සිය මිතුරා ව පවින් වළක්වයි. පිනෙහි යොදවයි. නොඇසූ ධර්මය අසන්නට සළස්වයි. දෙව්ලොවට මග කියා දෙයි. ගෘහපති පුත්‍රය, මේ සිව් කරුණෙන් අත්ථක්ඛායී සුහද මිතුරා දැනගත යුත්තේ ය.

ගෘහපති පුත්‍රය, සිව් කරුණකින් ආනුකම්පක නම් සුහද මිතුරා දත යුත්තේ ය. හේ සිය මිතුරාගේ පිරිහීම ගැන නොසතුටු වෙයි. දියුණු ව ගැන සතුටු වෙයි. අන්‍යයන් විසින් සිය මිතුරාගේ නුගුණ කියන විට එය වළක්වයි. මිතුරාගේ ගුණ කියන්නාට පසසයි. ගෘහපති පුත්‍රය, මේ සිව් කරුණෙන් ආනුකම්පක සුහද මිතුරා දැනගත යුත්තේ ය.

භාග්‍යවතුන් වහන්සේ මෙය වදාළ සේක. මෙය වදාළ සුගත වූ ශාස්තෲන් වහන්සේ යළි මෙය ද වදාළ සේක.

(ගාථාවන් ය)

යම් මිතුරෙක් උපකාරී නම් වෙයි ද, යම් මිතුරෙක් සැප දුකෙහි සම වෙයි ද, යම් මිතුරෙක් දෙලොව යහපත සළසයි ද, යම් මිතුරෙක් අනුකම්පා කරයි ද,

නුවණැත්තා මෙසේ මේ මිතුරන් සිව් දෙනා හඳුනාගෙන තම කුසෙහි උපන් පුතුට සළකන මවක සෙයින් සකස් කොට ඇසුරු කළ යුත්තේ ය.

සිල්වත් නුවණැති තැනැත්තා දිලෙන ගින්නක් සෙයින් බබලයි. මල් පැණි රැස් කරනා බඹරෙකු සෙයින් ධාර්මික ව භෝග සම්පත් රැස් කරන්නාගේ වස්තුව තුඹසක් බඳින පරිද්දෙන් භෝග සම්පත් වඩ වඩා රැස් වී යයි.

මෙසේ භෝග සම්පත් රැස් කොට, ගිහි ගෙයි වසන්නට දක්ෂ වූ ගිහි තැනැත්තා ඒ භෝග සම්පත් සිව් කොටසකට බෙදයි. ඔහු ඒකාන්තයෙන් සුහද මිතුරන් බැඳ ගනියි.

එක් භෝග සම්පත් කොටසක් තමාගේ පරිහරණයට යොදවයි. දෙකොටසක් සිය ව්‍යාපාරයන්ට යොදවයි. විපත්වලදී පිහිටවන්නේ යැයි ඒ වෙනුවෙන් සිව්වෙනි කොටස තැන්පත් කරන්නේ ය.

ගෘහපති පුත්‍රය, ආර්ය ශ්‍රාවකයා සය දිශාව වසා තබන්නේ කෙසේ ද? ගෘහපති පුත්‍රය, මේ සදිසාවෝ දත යුත්තාහු ය. පූර්ව දිශාව යනු මව්පියෝ යැයි දතයුත්තාහු ය. දකුණු දිශාව යනු ගුරුවරු යැයි දත යුත්තාහු ය. බටහිර දිශාව යනු අඹුදරුවෝ යැයි දතයුත්තාහු ය. උතුරු දිශාව යනු යහළු මිත්‍රයෝ යැයි දත යුත්තාහු ය. යට දිශාව දාස කම්කරුවෝ යැයි දත යුත්තාහු ය. උඩ දිශාව ශ්‍රමණ බ්‍රාහ්මණයෝ යැයි දත යුත්තාහු ය.

ගෘහපති පුත්‍රය, පුත්‍රයෙකු විසින් පූර්ව දිශාව වූ මව්පියෝ පස් කරුණකින් උපස්ථාන කළ යුත්තාහු ය. මව්පියන් විසින් හැදූ වැඩූ මම මහළු වූ කල ඔවුන් ව රැකබලා ගන්නෙමි යි. මව්පියන්ට කළ යුතු දෙයක් ඇති කල්හී කරදෙන්නෙමි යි. මව්පියන්ගේ කුලපරපුර ඒ අයුරින් තබා ගන්නෙමි යි. මව්පියන්ගෙන් ලද දායාදය නිසි අයුරින් පරිහරණය කරන්නෙමි යි. එමෙන් ම මව්පියන් මියගිය පසු දන්පැන් පුදා ඔවුන්ට පින්පෙත් දෙන්නෙමි යි.

ගෘහපති පුත්‍රය, පුත්‍රයෙකු විසින් පූර්ව දිශාව වූ මව්පියෝ මේ පස් කරුණෙන් උවැටන් කරනු ලබන්නාහු පස් කරුණකින් සිය පුත්‍රයාට ඔවුහු අනුකම්පා කරති. පවින් වළක්වති. පිනෙහි යොදවති. ශිල්ප ශාස්ත්‍රාදියෙහි පුහුණු කරවති. ගැලපෙන ස්ත්‍රියක හා සම්බන්ධ කරවති. සුදුසු අවස්ථාවෙහි දායාදය පවරති. ගෘහපති පුත්‍රය, පුත්‍රයා විසින් පූර්ව දිශාව වූ මව්පියෝ මේ පස් කරුණින් උවටැන් කරන ලද්දාහු යථෝක්ත පස් කරුණෙන් සිය පුතුට අනුකම්පා කරති. මෙසේ ඔහු විසින් මේ පූර්ව දිශාව අනතුරු නොවන අයුරින් රැකවරණයෙන් යුක්ත ව, භය රහිත ව වසා තබන ලද්දේ වෙයි.

ගෘහපති පුත්‍රය, ශිෂ්‍යයෙකු විසින් දකුණු දිශාව වූ ගුරුවරයෝ පස් කරුණකින් උවටැන් කළ යුත්තාහු ය. ගුරුවරු දැක හුනස්නෙන් නැගිටීමෙන් ද,

ගුරුවරුන්ට උපස්ථාන කිරීමෙන් ද, ගුරුවරුන් උගන්වන දෑ හොඳින් ඇසීමෙන් ද, ගුරුවරුන්ට වතාවත් කිරීමෙන් ද, ගුරුවරුන් උගන්වන ශිල්පාදිය සකස් කොට ඉගෙන ගැනීමෙන් ද වශයෙනි.

ගෘහපති පුත්‍රය, ශිෂ්‍යයෙකු විසින් දකුණු දිශාව වූ ගුරුවයෝ මේ පස් කරුණෙන් උවටැන් කරන ලද්දාහු පස් කරුණකින් සිය ශිෂ්‍යයාට අනුකම්පා කරති. මනා හික්මවීමකට හික්මවති. මනාකොට ගනු ලැබූවක් සෙයින් ශිල්ප උගන්වති. ගුරුවරුන් අසා ඇති සියළු ශිල්ප මැනැවින් කියා දෙති. ගුරුවරුන්ගේ විශේෂ යහළු මිතුරන්ට හඳුන්වා දෙති. දිශාවන්හි රැකවරණය සළස්වති. ගෘහපති පුත්‍රය, ශිෂ්‍යයා විසින් දකුණු දිශාව නම් වූ ගුරුවරයෝ මේ පස් කරුණෙන් උවටැන් කරන ලද්දාහු මේ පස් කරුණෙන් සිය සිසුවාට අනුකම්පා කරති. මෙසේ ඔහු විසින් මේ දකුණු දිශාව අනතුරු නොවන ලෙස රැකවරණයෙන් යුක්ත ව, භය රහිත ව වසා තබන ලද්දේ වෙයි.

ගෘහපති පුත්‍රය, සැමියා විසින් බටහිර දිශාව වූ බිරිඳ පස් කරුණකින් උපස්ථාන කළ යුත්තී ය. ගරුසරු දක්වා කථා කිරීමෙන් ද, අවමන් කොට කථා නොකිරීමෙන් ද, සිය බිරිඳ ඉක්මවා වෙනත් ස්ත්‍රීන් කරා නොයාමෙන් ද, නිවසෙහි වැඩකටයුතු වලදී සිය බිරිඳට ප්‍රධානත්වය දීමෙන් ද, තමාට ශක්ති පමණින් ඇඳුම් ආයිත්තම් ආදිය මිලට ගෙන ඇයට තෑගි කිරීමෙන් ද, ගෘහපති පුත්‍රය, මේ පස් කරුණෙන් සැමියා විසින් බටහිර දිශාව වූ බිරිඳ උවටැන් කරන ලද්දේ ඕ තොමෝ සැමියාට ද පස් කරුණකින් අනුකම්පා කරයි. කලට වේලාවට ආහාරපාන සකස් කරදීම් ආදිය කරදෙයි. සේවකකාරකාදීන්ට යහපත් ව සලකයි. සිය සැමියා ඉක්මවා වෙනත් පුරුෂයන් කරා නොයයි. සිය සැමියා රැස් කළ ධනය රකියි. සියළු කටයුතුවලදී කම්මැලි නැති ව දක්ෂ වෙයි. ගෘහපති පුත්‍රය, සැමියා විසින් බටහිර දිශාව වූ බිරිඳ මේ පස් කරුණෙන් උවටැන් කරන ලද්දී, යථෝක්ත පස් කරුණෙන් සිය සැමියාට ඕ තොමෝ අනුකම්පා කරයි. මෙසේ ඔහු විසින් මේ බටහිර දිශාව අනතුරු නොවන ලෙස රැකවරණයෙන් යුක්ත ව, භය රහිත ව වසා තබන ලද්දේ වෙයි.

ගෘහපති පුත්‍රය, කුලපුත්‍රයා විසින් උතුරු දිශාව වූ යහළු මිතුරෝ පස් කරුණකින් උවටැන් කළ යුත්තාහු ය. දානයෙන් ය. ප්‍රිය වචනයෙන් ය. ධනෝපායන මාර්ගයන්ට උදව් කිරීමෙන් ය. සමාන සැලකීමෙන් ය. නොරැවටීමෙන් ය. ගෘහපති පුත්‍රය, කුලපුත්‍රයෙකු විසින් උතුරු දිශාව වූ යහළු මිතුරෝ මෙකී පස් කරුණෙන් උවටැන් කරනු ලබන්නාහු, පස් කරුණෙකින් ඔවුහු එම කුලපුත්‍රයාට අනුකම්පා කරති. පමා වූ විට රකිති. පමා වූ මිතුරාගේ වටිනා දේ රකිති. බියක් හටගත් විට පිහිට වෙති. විපතකදී අත් නොහරිති. මිතුරාගේ පවුලේ

දූ දරුවන් ආදීන්ට ද සලකති. ගෘහපති පුත්‍රය, කුලපුත්‍රයා විසින් උතුරු දිශාව වූ යහළු මිත්‍රයෝ මේ පස් කරුණෙන් උවටැන් කරන ලදු ව ඔවුහු යථෝක්ත පස් කරුණෙන් එම කුලපුත්‍රයාට අනුකම්පා කරති. මෙසේ ඔහු විසින් මේ උතුරු දිශාව අනතුරු නොවන ලෙස රැකවරණයෙන් යුක්ත ව, භය රහිත ව වසා තබන ලද්දේ වෙයි.

ගෘහපති පුත්‍රය, ස්වාමියා විසින් යට දිශාව වූ දාස කම්කරුවෝ පස් කරුණකින් උපස්ථාන කළ යුත්තාහු ය. ඔවුන්ගේ හැකියාවන්ට ඔරොත්තු දෙන ලෙස වැඩකටයුතු පැවරීමෙන් ද, ආහාරපාන වැටුප් ආදිය යහපත් ලෙස දීමෙන් ද, ඔවුන් අසනීප වූ විට විශේෂ උපකාර ලබාදීමෙන් ද, විශේෂ රසවත් දේවල් ඔවුන් සමඟ බෙදා හදා ගැනීමෙන් ද, අවශ්‍ය අවස්ථාවන් හිදී සේවකයින්ට නිවාඩු ලබා දීමෙන් ද වශයෙනි.

ගෘහපති පුත්‍රය, ස්වාමියෙකු විසින් යට දිශාව වූ දාස කම්කරුවෝ මේ පස් කරුණෙන් උවටැන් කරනු ලබන්නාහු, පස් කරුණකින් ඔවුහු සිය ස්වාමියාට අනුකම්පා කරති. නියමිත වේලාවට ත් කලින් ම නැගිට වැඩ කටයුතු සඳහා සූදානම් වෙති. හැමට පසු ව නින්දට යන තෙක් ම වැඩෙහි යෙදී සිටිති. දුන් දේ පමණක් ගනිති (සොරකම් නොකරති). ඉතා හොඳින් සිය සේවා කටයුතු කරති. ස්වාමියාගේ හොඳ නම සිය කැමැත්තෙන් පතුරුවති. ගෘහපති පුත්‍රය, ස්වාමියා විසින් යට දිශාව වූ දාස කම්කරුවෝ මේ පස් කරුණෙන් උවටැන් කරන ලදු ව ඔවුහු යථෝක්ත පස් කරුණෙන් සිය ස්වාමියාට අනුකම්පා කරති. මෙසේ ඔහු විසින් මේ යට දිශාව අනතුරු නොවන ලෙස රැකවරණයෙන් යුක්ත ව, භය රහිත ව වසා තබන ලද්දේ වෙයි.

ගෘහපති පුත්‍රය, කුලපුත්‍රයා විසින් උඩ දිශාව වූ ශ්‍රමණ බ්‍රාහ්මණයෝ පස් කරුණකින් උවටැන් කළ යුත්තාහු ය. මෛත්‍රී කාය කර්මයෙන් ය. මෛත්‍රී වචී කර්මයෙන් ය. මෛත්‍රී මනෝ කර්මයෙන් ය. සිය නිවෙස්හි දොරටු නොවසා තැබීමෙන් ද, සිව්පසයෙන් උපස්ථාන කිරීමෙන් ද වශයෙනි.

ගෘහපති පුත්‍රය, කුලපුත්‍රයෙකු විසින් උඩ දිශාව වූ ශ්‍රමණ බ්‍රාහ්මණයෝ මේ පස් කරුණෙන් උවැටන් කරනු ලබන්නාහු ඔවුහු සය කරුණකින් කුලපුත්‍රයාට අනුකම්පා කරති. පවින් වළක්වති. පිනෙහි යොදවති. යහපත් සිතින් අනුග්‍රහ කරති. නොඇසූ ධර්මයන් අසන්නට සළස්වති. ඇසූ ධර්මයන් පිරිසිදු කරදෙති. දෙව්ලොවට මාර්ගය පවසති. ගෘහපති පුත්‍රය, කුලපුත්‍රයා විසින් උඩ දිශාව වූ ශ්‍රමණ බ්‍රාහ්මණයෝ මේ පස් කරුණෙන් උවටැන් කරන ලදු ව ඔවුහු යථෝක්ත සය කරුණෙන් කුලපුත්‍රයාට අනුකම්පා කරති. මෙසේ ඔහු විසින් මේ උඩ

දිශාව අනතුරු නොවන ලෙස ආරක්ෂාවරණයෙන් යුක්ත ව, භය රහිත ව, වසා දමන ලද්දේ වෙයි.

භාග්‍යවතුන් වහන්සේ මෙය වදාළ සේක. මෙය වදාළ සුගත වූ ශාස්තෘන් වහන්සේ යළි මෙය ද වදාළ සේක.

(ගාථාවන් ය)

පෙරදිග යනු මව්පියෝ ය. දකුණු දිග යනු ගුරුවරු ය. අවරදිග යනු අඹුදරුවෝ ය. උතුරුදිග යනු යහළු මිතුරෝ ය.

යටදිග යනු දාස කම්කරුවෝ ය. උඩ දිශාව යනු ශ්‍රමණ බ්‍රාහ්මණයෝ ය. ගිහි ගෙදර වසන්නට දක්ෂ වූ ගිහියා මේ දිශාවන් නමදින්නේ ය.

නුවණැති, සිල්වත්, සියුම් අරුත් දන්නා, වැටහෙන නුවණැති, යටහත් පැවැතුම් ඇති, ඕලාරික ගතිගුණ නැති, එබඳු තැනැත්තා යස පිරිවර ලබයි.

නැගී සිටිනා වීර්යය ඇති, කම්මැලි නැති, විපත්වලදී නොසැලෙන, නොකඩ කොට යහපත් පිළිවෙත් පවත්වන, සොඳුරු නුවණැති එබඳු තැනැත්තා යස පිරිවර ලබයි.

සතර සංග්‍රහ වස්තුවෙන් සංග්‍රහ කරන, මිතුරන්ට යහපත සලසන, අනුන් විසින් උදව් ඉල්ලන්නට සුදුසු වූ, මසුරුමල දුරුකළ, අන් අයට යහපත පෙන්වන, යහපතෙහි හික්මවන, නැවත නැවත යහපත පෙන්වන එබඳු තැනැත්තා යස පිරිවර ලබයි.

මෙහි දානය ත්, ප්‍රිය වචනය ත්, අර්ථ චර්යාව ත් යන යමක් ඇද්ද, එය ත් ඒ ඒ පුද්ගලයා කෙරෙහි ධර්මානුකූල ව සුදුසු පරිදි සමාන බව පවත්වත් ද, යන මෙයින් යුක්ත වූ කල්හී ගමන් කරන රථයෙහි ඇණය මෙන් මේවා ලොවෙහි සංග්‍රහයෝ ය. මේ සංග්‍රහයයෝ ලොව නොතිබෙත් නම් පුතුගේ ක්‍රියාවෙන් මව් හෝ පුතුගේ ක්‍රියාවෙන් පියා හෝ බුහුමනක් හෝ පූජාවක් හෝ නොලබන්නේ ය.

යම් හෙයකින් නැණවත්හු මේ සංග්‍රහ කළ යුතු කරුණු මැනැවින් දැනගත්තාහු ද, එහෙයින් උදාර බවට පත්වෙති. ඔවුහු ලොව පැසසුමට ලක්වෙති."

මෙසේ වදාළ කල්හී සිඟාලක ගෘහපති පුත්‍රයා භාග්‍යවතුන් වහන්සේට මෙය පැවසී ය.

"ස්වාමීනී, ඉතා මනහර ය. ස්වාමීනී, ඉතා මනහර ය. ස්වාමීනී, යටට හරවා තැබූ දෙයක් උඩු අතට හරවන්නේ යම් සේ ද, වසා තැබූ දෙයක් විවෘත කොට පෙන්වන්නේ යම් සේ ද, මංමුලා වූවෙකුට නිසි මග පවසන්නේ යම් සේ ද, 'ඇස් ඇත්තෝ රූප දකිත්වා' යි අඳුරෙහි තෙල් පහනක් දරන්නේ යම් සේ ද, එසෙයින් ම භාග්‍යවතුන් වහන්සේ විසින් නොයෙක් අයුරින් ධර්මය වදාරණ ලද්දේ ය. ඒ මම ස්වාමීනී, භාග්‍යවතුන් වහන්සේ ව සරණ යමි. ධර්මය ත්, භික්ෂු සංඝයා ත් සරණ යමි. භාග්‍යවතුන් වහන්සේ අද පටන් දිවි තිබෙන තුරු තෙරුවන් සරණ ගිය උපාසකයෙකු සේ මා පිළිගන්නා සේක්වා!"

සාදු! සාදු!! සාදු!!!

සිඟාලෝවාද සූත්‍රය නිමා විය.

3.9.
ආටානාටිය සූත්‍රය
ආටානාටිය ආරක්ෂාව ගැන වදාළ දෙසුම

මා විසින් මෙසේ අසන ලදී.

එක් සමයෙක්හි භාග්‍යවතුන් වහන්සේ රජගහ නුවර ගිජ්ඣකූට පර්වතයෙහි වැඩවසන සේක. එකල්හී සතර වරම් දෙව් මහරජවරු මහත් වූ යක්ෂ සේනාවකින් ද, මහත් වූ ගාන්ධර්ව සේනාවකින් ද, මහත් වූ කුම්භාණ්ඩ සේනාවකින් ද, මහත් වූ නාග සේනාවකින් ද, සිව් දිශාවෙහි රැකවල් තබා, සිව් දිශාවෙහි බලමුළු තබා, සිව් දිශාවෙහි මුරකරුවන් තබා, රාත්‍රී මධ්‍යම යාමයෙහි මනස්කාන්ත පැහැයෙන් යුතුව, මුළු ගිජ්ඣකූටය බබුළුවාගෙන, භාග්‍යවතුන් වහන්සේ යම් තැනක වැඩහුන් සේක් ද, එතැනට එළැඹියාහු ය. එළැඹ, භාග්‍යවතුන් වහන්සේට සකසා වන්දනා කොට එකත්පස් ව හිඳගත්තාහු ය. ඒ යක්ෂයින්ගෙන් ඇතැම් යක්ෂ කෙනෙක් භාග්‍යවතුන් වහන්සේට සකසා වන්දනා කොට එකත්පස් ව හිඳගත්තාහු ය. ඇතැම් යක්ෂ කෙනෙක් භාග්‍යවතුන් වහන්සේ සමඟ සතුටු වූවාහු ය. සතුටුවිය යුතු පිළිසඳර කථා බහ නිමවා එකත්පස් ව හිඳගත්තාහු ය. ඇතැම් යක්ෂ කෙනෙක් භාග්‍යවතුන් වහන්සේ වෙත ඇඳිලි බැඳ ප්‍රණාම කොට එකත්පස් ව හිඳගත්තාහු ය. ඇතැම් යක්ෂ කෙනෙක් සිය නම්ගොත් පවසා එකත්පස් ව හිඳගත්තාහු ය. ඇතැම් යක්ෂ කෙනෙක් නිශ්ශබ්ද ව එකත්පස් ව හිඳගත්තාහු ය.

එකත්පස් ව හුන් වෛශ්‍රවණ දෙව්මහරජු භාග්‍යවතුන් වහන්සේට මෙය පැවසුවේ ය.

"ස්වාමීනී, භාග්‍යවතුන් වහන්සේ කෙරෙහි අපැහැදුණු බලසම්පන්න යක්ෂයෝ සිටිති. ස්වාමීනී, භාග්‍යවතුන් වහන්සේ කෙරෙහි පැහැදුණු බලසම්පන්න යක්ෂයෝ සිටිති. ස්වාමීනී, භාග්‍යවතුන් වහන්සේ කෙරෙහි අපැහැදුණු තරමක් බල ඇති යක්ෂයෝ සිටිති. ස්වාමීනී, භාග්‍යවතුන් වහන්සේ

කෙරෙහි පැහැදුණු තරමක් බල ඇති යක්ෂයෝ සිටිති. ස්වාමීනී, භාග්‍යවතුන් වහන්සේ කෙරෙහි අපැහැදුණු පහත් යක්ෂයෝ සිටිති. ස්වාමීනී, භාග්‍යවතුන් වහන්සේ කෙරෙහි පැහැදුණු පහත් යක්ෂයෝ සිටිති.

ස්වාමීනී, බොහෝ සෙයින් ම යක්ෂයෝ භාග්‍යවතුන් වහන්සේ කෙරෙහි නොපැහැදුණෝ ම ය. ඒ මක් නිසා ද යත්; ස්වාමීනී, භාග්‍යවතුන් වහන්සේ වනාහී සත්ව ඝාතනයෙන් වැළකීම පිණිස දහම් දෙසන සේක. සොරකමෙන් වැළකීම පිණිස දහම් දෙසන සේක. වැරදි කාම සේවනයෙන් වැළකීම පිණිස දහම් දෙසන සේක. බොරු කීමෙන් වැළකීම පිණිස දහම් දෙසන සේක. මත්වීමට හා ප්‍රමාදයට හේතුවන මත්පැන් මත්ද්‍රව්‍ය භාවිතයෙන් වැළකීම පිණිස දහම් දෙසන සේක. ස්වාමීනී, බොහෝ සෙයින් ම යක්ෂයෝ සත්ව ඝාතයෙන් වෙන් නොවූවෝ ම ය. සොරකමෙන් වෙන් නොවූවෝ ම ය. වැරදි කාම සේවනයෙන් වෙන් නොවූවෝ ම ය. බොරු කීමෙන් වෙන් නොවූවෝ ම ය. මත්වීමට හා ප්‍රමාදයට හේතුවෙන් මත්පැන් මත්ද්‍රව්‍ය භාවිතයෙන් වෙන් නොවූවෝ ම ය. එහෙයින් ඔවුන්ට පංචශීල ධර්මය අප්‍රිය ය. අමනාප ය.

ස්වාමීනී, භාග්‍යවතුන් වහන්සේගේ ශ්‍රාවකයෝ අල්ප ශබ්ද ඇති, අල්ප හඬ ඇති, ජනයා අතරින් හමා එන සුළඟ නැති, මිනිසුන්ගේ පෞද්ගලික කටයුතුවලට යෝග්‍ය වූ, හුදෙකලා භාවනාවට යෝග්‍ය වූ, දුර ඈත අරණ්‍ය වනපෙත් සෙනසුන් සේවනය කරති. භාග්‍යවතුන් වහන්සේගේ මේ ශාසනයෙහි නොපැහැදුණු යම් බලසම්පන්න යක්ෂයෝ වෙත් ද, ඔවුහු ඒ සෙනසුන් පෙදෙස්හි වාසය කරති. ඔවුන්ගේ පැහැදීම පිණිස, ස්වාමීනී, භාග්‍යවතුන් වහන්සේ භික්ෂු, භික්ෂුණී, උපාසක, උපාසිකාවන්ගේ ආරක්ෂාව පිණිස, රැකවරණය පිණිස, හිංසා නොවනු පිණිස, පහසුවෙන් විසීම පිණිස ආටානාටිය ආරක්ෂාව ඉගෙන ගන්නා සේක්වා!"

භාග්‍යවතුන් වහන්සේ නිහඬ ව වැඩසිටීමෙන් ඒ ඇරයුම පිළිගත් සේක.

ඉක්බිති වෙසමුණි දෙව්මහරජු භාග්‍යවතුන් වහන්සේ එම ඇරයුම පිළිගෙන ඉවසා වදාළ බව දැන ඒ වේලාවෙහි මේ ආටානාටිය ආරක්ෂාව පැවසුවේ ය.

(ගාථාවන් ය)

1. සදහම් ඇස් ඇති, ශ්‍රීයෙන් බබලන විපස්සී බුදුරජාණන් වහන්සේට
නමස්කාර වේවා! සියළු සත්වයන් කෙරෙහි අනුකම්පා ඇති සිඛී
බුදුරජාණන් වහන්සේට නමස්කාර වේවා!

2. කෙලෙස් සෝදා හළ, උතුම් තපෝ ගුණ දරණ, වෙස්සභූ බුදුරජාණන් වහන්සේට නමස්කාර වේවා! මාරසේනාවගේ ඔද තෙද බිඳහළ කකුසඳ බුදුරජාණන් වහන්සේට නමස්කාර වේවා!

3. හැම පව් බැහැර කළ, බඹසර වාසය නිමකළ කෝණාගමන බුදුරජාණන් වහන්සේට නමස්කාර වේවා! සියළු බන්ධනයන්ගෙන් නිදහස් වූ කස්සප බුදුරජාණන් වහන්සේට නමස්කාර වේවා!

4. යම් කෙනෙකුන් වහන්සේ සියළු දුක් දුරුකරවන මේ ධර්මය දෙසා වදාළ සේක් ද, ඒ ශ්‍රීයෙන් බබලන ශාක්‍යපුත්‍ර වූ අංගීරස වූ බුදුරජාණන් වහන්සේට නමස්කාර වේවා!

5. ලෝකයෙහි යම් කෙනෙකුන් වහන්සේලා නිවී ගිය සේක් ද, ඇත්ත ඇති සැටියෙන් විදර්ශනා කළ සේක් ද, උන්වහන්සේලා ගුණ මහත් බවින් යුතු, බිය තැතිගැනීම් පහවූ, බොරු කේළාම් නැති, නුවණින් බස් පවසන උත්තමයෝ ය.

6. දෙව් මිනිසුන් කෙරෙහි හිතවත් වූ, විද්‍යාවෙන් හා චරණ ගුණයෙන් යුක්ත වූ, ගුණ මහත්වයෙන් යුක්ත වූ, බිය තැති ගැනීම් පහව ගිය, යම් ගෞතම නම් බුදුරජාණන් වහන්සේ නමකට නමස්කාර කරත් ද, එසෙයින් සත් බුදුරජාණන් වහන්සේලාට නමස්කාර වේවා!

7. යම් තැනකින් මහා රශ්මි මණ්ඩලයකින් යුත් ආදිච්ච නම් සූර්යයා උදාවෙයි ද, ඒ හිරු උදා වූ කල්හී රැය ත් නිරුද්ධ වී යයි.

8. යම් දිශාවකින් හිරු නැගුන කල්හී දවස යැයි කියනු ලබන්නේ ද, ඒ දිශාවෙහි ගංගාවන්ගෙන් පිවිසුණු ජලය ඇති සමුද්‍රය නමින් ගැඹුරු ජලාශයක් ඇත්තේ ය.

9. මෙසේ එහි ගංගාවගෙන් පිවිසි ජලය ඇති එය සමුද්‍රය යැයි දනිති. යස පිරිවර ඇති ඒ දෙව් මහරජු යම් දිශාවක් පාලනය කරයි ද, එය මෙයින් පූර්ව දිශාව යැයි ජනයා පවසයි.

10. ගාන්ධර්වයන්ට අධිපති වූ ඔහු නමින් ධතරට්ඨ වෙයි. ගාන්ධර්වයන් විසින් පෙරටු කරන ලදු ව, නැටුම් ගැයුම් වලින් සතුටු වෙයි.

11. ඔහුට එක ම නමින් යුතු පුත්‍රයෝ බොහෝ සිටිති යි මා විසින් අසන ලදී. ඉන්ද්‍ර නම් වූ බහා බලැති ඔවුහු අනූ එක් දෙනෙකි.

12. ඔවුහු ද ආදිච්චබන්ධු වූ, මහත් ගුණයට පත්, පහ ව ගිය බිය ඇති, බුද්ධ නම් වූ බුදුරජුන් දක 'ආජානේය පුරුෂයාණෙනි, ඔබට නමස්කාර වේවා! පුරුෂෝත්තමයාණෙනි, ඔබට නමස්කාර වේවා!' යි දුර සිට ම නමස්කාර කරන්නාහ.

13. කුසල් බලයෙන් යුතුව දක වදාළ මැනැව. 'අමනුෂ්‍යයෝ ත් නුඹවහන්සේට වඳිති' යි මෙකරුණ අප විසින් නිතර අසන ලද්දේ ය. එහෙයින් මෙසේ පවසන්නෙමු.

14. ලොව දිනූ ගෞතමයන් වහන්සේට වන්දනා කරව්. අපිදු ලොව දිනූ ගෞතමයන් වහන්සේට වන්දනා කරමු. විද්‍යාවෙන් හා චරණයෙන් යුතු ගෞතම බුදුරජාණන් වහන්සේට වන්දනා කරමු.

15. මරණයට පත් වූ පසු ඒ සිරුරු යම් දිශාවකට ගෙනයනු ලැබෙත් ද, කේළාම් කියන, පිටුමස් කන්නවුන් සේ පිටුපා ගිය කළ ගරහන, සත්ව ඝාතනයෙහි යෙදෙන, රෞද්‍ර සොරු ත් කපටි ජනයෝ ත් යම් දිශාවකට ගෙනගොස් සිඳිනු ලබත් ද,

16. යස පිරිවර ඇති ඒ දෙව් මහරජෙක් යම් දිශාවක් පාලනය කරයි ද, එය මෙතැනින් දකුණු දිශාව යැයි ජනයා පවසයි.

17. කුම්භාණ්ඩයන්ට අධිපති වූ ඔහු නමින් විරූළ්හ වෙයි. කුම්භාණ්ඩයන් විසින් පෙරටු කරන ලදු ව, නැටුම් ගැයුම් වලින් සතුටු වෙයි.

18. ඔහුට එක ම නමින් යුතු පුත්‍රයෝ බොහෝ සිටිති යි මා විසින් අසන ලදී. ඉන්ද්‍ර නම් වූ බහා බලැති ඔවුහු අනූ එක් දෙනෙකි.

19. ඔවුහු ද ආදිච්චබන්ධු වූ, මහත් ගුණයට පත්, පහ ව ගිය බිය ඇති, බුද්ධ නම් වූ බුදුරජුන් දක 'ආජානේය පුරුෂයාණෙනි, ඔබට නමස්කාර වේවා! පුරුෂෝත්තමයාණෙනි, ඔබට නමස්කාර වේවා!' යි දුර සිට ම නමස්කාර කරන්නාහ.

20. කුසල් බලයෙන් යුතුව දක වදාළ මැනැව. 'අමනුෂ්‍යයෝ ත් නුඹවහන්සේට වඳිති' යි මෙකරුණ අප විසින් නිතර අසන ලද්දේ ය. එහෙයින් මෙසේ පවසන්නෙමු.

21. ලොව දිනූ ගෞතමයන් වහන්සේට වන්දනා කරව්. අපිදු ලොව දිනූ ගෞතමයන් වහන්සේට වන්දනා කරමු. විද්‍යාවෙන් හා

චරණයෙන් යුතු ගෞතම බුදුරජාණන් වහන්සේට වන්දනා කරමු.

22. යම් තැනකින් මහා රශ්මි මණ්ඩලයකින් යුත් ආදිච්ච නම් සූර්යයා බැසයයි ද, ඒ හිරු බැසගිය කල්හී දවස ත් නිරුද්ධ වී යයි.

23. යම් දිශාවකින් හිරු බැසයන කල්හී රාත්‍රිය යැයි කියනු ලබන්නේ ද, ඒ දිශාවෙහි ගංගාවන්ගෙන් පිවිසුණු ජලය ඇති සමුද්‍රය නමින් ගැඹුරු ජලාශයක් ඇත්තේ ය.

24. මෙසේ එහි ගංගාවගෙන් පිවිසි ජලය ඇති එය සමුද්‍රය යැයි දනිති. යස පිරිවර ඇති ඒ දෙව් මහරජු යම් දිශාවක් පාලනය කරයි ද, එය මෙයින් බටහිර දිශාව යැයි ජනයා පවසයි.

25. නාගයන්ට අධිපති වූ ඔහු නමින් විරූපාක්ෂ වෙයි. නාගයන් විසින් පෙරටු කරන ලදු ව, නැටුම් ගැයුම් වලින් සතුටු වෙයි.

26. ඔහුට එක ම නමින් යුතු පුත්‍රයෝ බොහෝ සිටිති යි මා විසින් අසන ලදී. ඉන්ද්‍ර නම් වූ බහා බලැති ඔවුහු අනූ එක් දෙනෙකි.

27. ඔවුහු ද ආදිච්චබන්ධු වූ, මහත් ගුණයට පත්, පහ ව ගිය බිය ඇති, බුද්ධ නම් වූ බුදුරජුන් දැක 'ආජානේය පුරුෂයාණෙනි, ඔබට නමස්කාර වේවා! පුරුෂෝත්තමයාණෙනි, ඔබට නමස්කාර වේවා!' යි දුර සිට ම නමස්කාර කරන්නාහ.

28. කුසල් බලයෙන් යුතුව දැක වදාළ මැනැව. 'අමනුෂ්‍යයෝ ත් නුඹවහන්සේට වඳිති' යි මෙකරුණ අප විසින් නිතර අසන ලද්දේ ය. එහෙයින් මෙසේ පවසන්නෙමු.

29. ලොව දිනූ ගෞතමයන් වහන්සේට වන්දනා කරව්. අපිදු ලොව දිනූ ගෞතමයන් වහන්සේට වන්දනා කරමු. විද්‍යාවෙන් හා චරණයෙන් යුතු ගෞතම බුදුරජාණන් වහන්සේට වන්දනා කරමු.

30. යම් තැනක ඉතා දර්ශනීය මහාමේරු පර්වතය ඇත්තේ ද, එහි රම්‍ය වූ උතුරුකුරු රට වෙයි. එහි මමත්වයක් නැති, තමා හට අයත් කරගැනීමක් නැති ගතිගුණයෙන් යුක්ත මිනිස්සු උපදිති.

31. ඔවුහු ධාන්‍ය බීජ නොවපුරති. නගුල් ද කුඹුරුවලට නොයොදවති. සකස් නොකළ බිමෙහි හටගන්නා පැසුණු හැල් ඒ මිනිස්සු අනුභව කරති.

32. කුඩු නැති, දහයියා නැති, පිරිසිදු සුවඳැති සහල් සැළියක දමා පිස එයින් ගත් බොජුන් අනුභව කරති.

33. එහි වෙසමුණි රජුගේ මෙහෙකාර යක්ෂයෝ ගවදෙනක එක් කුරයක් ඇති වාහනයක් කොට දිශාවෙන් දිශාවට යති. සිවුපාවුන් එක් කුරයක් ඇති වාහනයක් කොට දිශාවෙන් දිශාවට යති.

34. ස්ත්‍රියක වාහනයක් කොට දිශාවෙන් දිශාවට යති. පුරුෂයෙකු වාහනයක් කොට දිශාවෙන් දිශාවට යති.

35. කුමරියක වාහනයක් කොට දිශාවෙන් දිශාවට යති. කුමරෙකු වාහනයක් කොට දිශාවෙන් දිශාවට යති.

36. ඒ වෙසමුණි රජුගේ මෙහෙකාර යක්ෂයෝ එහි එළඹ සිටි ඇත් වාහනයක, අශ්ව වාහනයක, දිව්‍ය වාහනයක යනාදී වාහනයන්හි නැගී සියළු දිශාවන් සිසාරා යති.

37. යස පිරිවර ඇති වෙසමුණි මහරජුට ප්‍රාසාදයෝ ද, සිවි ගෙවල් ද ඇත්තාහ. ඒ රජුට ආටානාටා, කුසිනාටා, පරකුසිනාටා, නාටපුරියා, පරකුසිතනාටා යන නමින් අහසෙහි මනාකොට මවන ලද නගරයෝ ඇත්තාහ.

38. උතුරු දෙසින් කපීවන්ත නම් නුවරක් ද, ඉන් එහාට ජනෝඝ නම් නුවරක් ද, නවනවුතිය නම් නුවරක් ද, අම්බරඅම්බරවතිය නම් නුවරක් ද, ආලකමන්දා නම් රාජධානියක් ද ඇත්තාහ.

39. නිදුකාණන් වහන්ස, කුවේර දෙව්මහරජුට වනාහී විසාණා නම් රාජධානියක් ඇත්තේ ය. එහෙයින් කුවේර දෙව්මහරජුට වෛශ්‍රවණ යැයි කියනු ලැබේ.

40. එහි තතෝලා, තත්තලා, තතෝතලා, ඕජසි, තේජසි, තතෝජසි, සූර, රාජ, සූරරාජ, අරිට්ඨ, නේමි, අරිට්ඨනේමි යන දොළොස් යක්ෂයෝ කරුණු සොයා බලා රජුට පවසති.

41. යම් තැනකින් දිය ඇද වැසි වසියි ද, යම් තැනකින් වැස්ස පැතිරෙයි ද, එහි ධරණී නම් ජලාශයක් ඇත්තේ ය. ඒ ධරණී විල් තෙර භගලවතී නම් සභාවෙහි යක්ෂයෝ එක්රැස් වෙති.

42. ඒ විල්තෙර නිතිඵල හටගන්නා වෘක්ෂයෝ ද ඇත්තාහ. නා නා කුරුළු සමූහයා ද, මොණරු ද, කොස්වාලිහිණියෝ ද, කොවුලෝ ද, මිහිරි නාදය නගමින් සිටිති.

43. ඒ වනයෙහි ජීවංජීවක නම් පක්ෂීහු ද, උට්ඨවචිත්තක නම් පක්ෂීහු ද, වළිකුකුළෝ ද, රන් කුකුළුවෝ ද, පොක්ඛරසාතක නම් පක්ෂීහු ද ඇත්තාහ.

44. මෙහි ගිරවුන්ගේ ද, සැළලිහිණියන්ගේ ද නාදය පවත්නේ ය. දණ්ඩමාණවක පක්ෂීහු ද ඇත්තාහ. හැම කල්හී කුවේර දෙව්මහරජුගේ පියුම්විල මේ අයුරින් ශෝභමාන වෙයි.

45. යස පිරිවර ඇති ඒ දෙව් මහරජෙක් යම් දිශාවක් පාලනය කරයි ද, එය මෙතැනින් උතුරු දිශාව යැයි ජනයා පවසයි.

46. යක්ෂයන්ට අධිපති වූ ඔහු නමින් කුවේර වෙයි. යක්ෂයන් විසින් පෙරටු කරන ලදු ව, නැටුම් ගැයුම් වලින් සතුටු වෙයි.

47. ඔහුට එක ම නමින් යුතු පුත්‍රයෝ බොහෝ සිටිති යි මා විසින් අසන ලදී. ඉන්ද්‍ර නම් වූ බහා බලැති ඔවුහු අනූ එක් දෙනෙකි.

48. ඔවුහු ද ආදිච්චබන්ධු වූ, මහත් ගුණයට පත්, පහ ව ගිය බිය ඇති, බුද්ධ නම් වූ බුදුරජුන් දැක 'ආජානේය පුරුෂයාණෙනි, ඔබට නමස්කාර වේවා! පුරුෂෝත්තමයාණෙනි, ඔබට නමස්කාර වේවා!' යි දුර සිට ම නමස්කාර කරන්නාහ.

49. කුසල් බලයෙන් යුතුව දැක වදාළ මැනැව. 'අමනුෂ්‍යයෝ ත් නුඹවහන්සේට වඳිති' යි මෙකරුණ අප විසින් නිතර අසන ලද්දේ ය. එහෙයින් මෙසේ පවසන්නෙමු.

50. ලොව දිනූ ගෞතමයන් වහන්සේට වන්දනා කරව්. අපිදු ලොව දිනූ ගෞතමයන් වහන්සේට වන්දනා කරමු. විද්‍යාවෙන් හා චරණයෙන් යුතු ගෞතම බුදුරජාණන් වහන්සේට වන්දනා කරමු.

නිදුකාණන් වහන්ස, මේ වනාහී භික්ෂු, භික්ෂුණී, උපාසක, උපාසිකාවන්ගේ ආරක්ෂාව පිණිස, රැකවරණය පිණිස, හිංසා නොවීම පිණිස, පහසුවෙන් විසීම පිණිස ඇති ආටානාටිය ආරක්ෂාව යි.

නිදුකාණන් වහන්ස, යම්කිසි භික්ෂුවක විසින් හෝ භික්ෂුණියක විසින් හෝ උපාසකයෙකු විසින් හෝ උපාසිකාවක විසින් හෝ මේ ආටානාටිය ආරක්ෂාව මනාකොට ඉගෙන ගන්නා ලද්දේ නම්, හොඳින් කටපාඩම් කරගන්නා ලද්දේ නම්,

ඉදින් යම් අමනුෂ්‍යයෙක්, යක්ෂයෙක් වේවා, යක්ෂණියක් වේවා, යක්ෂ පැටියෙක් වේවා, යක්ෂ පැටවියක් වේවා, යක්ෂ මහඇමතියෙක් වේවා, යක්ෂ පිරිසට අයත් අයෙක් වේවා, යක්ෂ මෙහෙකරුවෙක් වේවා, ගාන්ධර්වයෙක් වේවා, ගාන්ධර්වියක් වේවා, ගාන්ධර්ව පැටියෙක් වේවා, ගාන්ධර්ව පැටවියක් වේවා, ගාන්ධර්ව මහඇමතියෙක් වේවා, ගාන්ධර්ව පිරිසට අයත් අයෙක් වේවා, ගාන්ධර්ව මෙහෙකරුවෙක් වේවා, කුම්භාණ්ඩයෙක් වේවා, කුම්භාණ්ඩියක් වේවා, කුම්භාණ්ඩ පැටියෙක් වේවා, කුම්භාණ්ඩ පැටවියක් වේවා, කුම්භාණ්ඩ මහඇමතියෙක් වේවා, කුම්භාණ්ඩ පිරිසට අයත් අයෙක් වේවා, කුම්භාණ්ඩ මෙහෙකරුවෙක් වේවා, නාගයෙක් වේවා, නාගිනියක් වේවා, නාග පැටියෙක් වේවා, නාග පැටවියක් වේවා, නාග මහඇමතියෙක් වේවා, නාග පිරිසට අයත් අයෙක් වේවා, නාග මෙහෙකරුවෙක් වේවා, ද්වේෂයෙන් දූෂිත වූ සිතින් ඒ භික්ෂුව හෝ භික්ෂුණිය හෝ උපාසකයා හෝ උපාසිකාව හෝ යන විට ඒ අනුව යන්නේ හෝ වෙයි ද, සිටින විට ළං ව සිටින්නේ හෝ වෙයි ද, හිඳින විට ළඟින් හිඳින්නේ හෝ වෙයි ද, සැතපෙන විට සමීපයේ සැතපෙන්නේ හෝ වෙයි ද,

නිදුකාණන් වහන්ස, ඒ අමනුෂ්‍යයා මාගේ ගම්වල හෝ නියම්ගම්වල හෝ සත්කාරයක් හෝ ගෞරවයක් හෝ නොලබන්නේ ය. නිදුකාණන් වහන්ස, ඒ අමනුෂ්‍යයා මාගේ ආලකමන්දා රාජධානියෙහි ස්ථානවලට අරක්ගැනීමක් හෝ විසුමක් හෝ නොලබන්නේ ය. නිදුකාණන් වහන්ස, ඒ අමනුෂ්‍යයා යක්ෂයින්ගේ සමාගමට යන්නට අවසර නොලබන්නේ ය. එමෙන් ම නිදුකාණන් වහන්ස, අමනුෂ්‍යයෝ ඒ අමනුෂ්‍යයා ආවාහ - විවාහ කටයුතු නොකරගත හැක්කෙකු කරන්නාහ. තව ද නිදුකාණන් වහන්ස, අමනුෂ්‍යයෝ ඒ අමනුෂ්‍යයාට පිරිපුන් පරිභව වචනවලින් පරිභව කරන්නාහ. තව ද නිදුකාණන් වහන්ස, අමනුෂ්‍යයෝ ඒ අමනුෂ්‍යයාගේ හිසෙහි හිස් ලෝහ පාත්‍රයක් මුනින් නවන්නාහ. තව ද නිදුකාණන් වහන්ස, අමනුෂ්‍යයෝ ඒ අමනුෂ්‍යයාගේ හිස සත්කඩකට පළන්නාහ.

නිදුකාණන් වහන්ස, චණ්ඩ වූ, රෞද්‍ර වූ, කළ දෙයට වඩා දරුණු දේ කරන්නා වූ අමනුෂ්‍යයෝ ඇත්තාහ. ඔවුහු සතරවරම් දෙව්මහරජුන්ගේ බස නොපිළිගනිති. දෙව්මහරජුන්ගේ සෙනෙවියන්ගේ බස ත් නොපිළිගනිති. දෙව්මහරජුන්ගේ සෙනෙවියන් යටතේ සිටිනා මෙහෙකරුවන්ගේ බස ත් නොපිළිගනිති. නිදුකාණන් වහන්ස, ඒ අමනුෂ්‍යයෝ වනාහී වරම් මහරජුන්ගේ විරුද්ධකාරයෝ යැයි කියනු ලැබෙයි.

යම් සේ නිදුකාණන් වහන්ස, මගධ රජුගේ විජිතයෙහි මහා සොරු සිටිත් ද, ඔවුහු මගධ රජුගේ බස නොපිළිගනිති. මගධ රජුගේ සෙනෙවියන්ගේ බසත්

නොපිළිගනිති. මගධ රජුගේ සෙනෙවියන් යටතේ සිටිනා මෙහෙකරුවන්ගේ බස ත් නොපිළිගනිති. නිදුකාණන් වහන්ස, ඒ මහා සොරු වනාහී මගධ රජුගේ විරුද්ධකාරයෝ යැයි කියනු ලැබෙයි.

එසෙයින් ම නිදුකාණන් වහන්ස, චණ්ඩ වූ, රෞද්‍ර වූ, කළ දෙයට වඩා දරුණු දේ කරන්නා වූ අමනුෂ්‍යයෝ ඇත්තාහ. ඔවුහු සතරවරම් දෙව්මහරජුන්ගේ බස නොපිළිගනිති. දෙව්මහරජුන්ගේ සෙනෙවියන්ගේ බස ත් නොපිළිගනිති. දෙව්මහරජුන්ගේ සෙනෙවියන් යටතේ සිටිනා මෙහෙකරුවන්ගේ බස ත් නොපිළිගනිති. නිදුකාණන් වහන්ස, ඒ අමනුෂ්‍යයෝ වනාහී වරම් මහරජුන්ගේ විරුද්ධකාරයෝ යැයි කියනු ලැබෙයි.

නිදුකාණන් වහන්ස, යම්කිසි අමනුෂ්‍යයෙක් යක්ෂයෙක් වේවා, යක්ෂණියක් වේවා, යක්ෂ පැටියෙක් වේවා, යක්ෂ පැටවියක් වේවා, යක්ෂ මහඇමතියෙක් වේවා, යක්ෂ පිරිසට අයත් අයෙක් වේවා, යක්ෂ මෙහෙකරුවෙක් වේවා, ගාන්ධර්වයෙක් වේවා, ගාන්ධර්වියක් වේවා, ගාන්ධර්ව පැටියෙක් වේවා, ගාන්ධර්ව පැටවියක් වේවා, ගාන්ධර්ව මහඇමතියෙක් වේවා, ගාන්ධර්ව පිරිසට අයත් අයෙක් වේවා, ගාන්ධර්ව මෙහෙකරුවෙක් වේවා, කුම්භාණ්ඩයෙක් වේවා, කුම්භාණ්ඩියක් වේවා, කුම්භාණ්ඩ පැටියෙක් වේවා, කුම්භාණ්ඩ පැටවියක් වේවා, කුම්භාණ්ඩ මහඇමතියෙක් වේවා, කුම්භාණ්ඩ පිරිසට අයත් අයෙක් වේවා, කුම්භාණ්ඩ මෙහෙකරුවෙක් වේවා, නාගයෙක් වේවා, නාගිනියක් වේවා, නාග පැටියෙක් වේවා, නාග පැටවියක් වේවා, නාග මහඇමතියෙක් වේවා, නාග පිරිසට අයත් අයෙක් වේවා, නාග මෙහෙකරුවෙක් වේවා, ද්වේෂයෙන් දූෂිත වූ සිතින් ඒ භික්ෂුව හෝ භික්ෂුණිය හෝ උපාසකයා හෝ උපාසිකාව හෝ යන විට ඒ අනුව යන්නේ හෝ වෙයි ද, සිටින විට ළං ව සිටින්නේ හෝ වෙයි ද, හිඳින විට ළඟින් හිඳින්නේ හෝ වෙයි ද, සැතපෙන විට සමීපයේ සැතපෙන්නේ හෝ වෙයි ද,

එකල්හී මේ යක්ෂයින්ට, මේ මහා යක්ෂයින්ට, මේ සෙන්පතියන්ට, මේ මහා සෙන්පතියන්ට දැනුම් දිය යුත්තේ ය. හඬ නගා කිව යුත්තේ ය. කෑ ගසා කිව යුත්තේ ය. එනම්; 'මේ යක්ෂයා මා අල්ලා ගනියි. මේ යක්ෂයා මට ආවේශ වෙයි. මේ යක්ෂයා මා පෙළයි. මේ යක්ෂයා මා බොහෝ සෙයින් පෙළයි. මේ යක්ෂයා මට හිංසා කරයි. මේ යක්ෂයා මට බොහෝ හිංසා කරයි. මේ යක්ෂයා මා නිදහස් නොකරයි' කියා ය.

එසේ හඬ නගා කිව යුත්තේ කවර යක්ෂයින්ට ද යත්, කවර මහා යක්ෂයින්ට ද යත්, කවර සෙන්පතියන්ට ද යත්, කවර මහා යක්ෂ සෙන්පතියන්ට ද යත්;

(ගාථාවන් ය)

1. ඉන්ද්‍ර ය, සෝම ය, වරුණ ය, භාරද්වාජ ය, ප්‍රජාපතී ය, චන්දන ය, කාමසෙට්ඨ ය, කින්නිඝණ්ඩු ය, නිඝණ්ඩු ය,

2. පනාද ය, ඕපමඤ්ඤ ය, දෙව් රියැදුරු මාතලී ය, චිත්තසේන ය, ගන්ධබ්බ ය, නළ ය, රාජ ය, ජනවසභ ය,

3. සාතාගිරි ය, හේමවත ය, පුණ්ණක ය, කරතිය ය, ගුළ ය, සීවක ය, මුචලින්ද ය, වෙස්සාමිත්ත ය, යුගන්ධර ය,

4. ගෝපාල ය, සුප්පගේධ ය, හිරිනෙත්ති ය, මන්දිය ය, පඤ්චාලචණ්ඩ ය, ආළවක ය, පජ්ජුන්න ය, සුමන ය, සුමුඛ ය, දධිමුඛ ය, මණි ය, මාණි ය, චර ය, දීඝ ය, එමෙන් ම සේරිස්සක ය යන මේ මහා සෙන්පතිවරුන්ට ය.

මේ යක්ෂයින්ට, මේ මහා යක්ෂයින්ට, මේ සෙන්පතියන්ට, මේ මහා සෙන්පතියන්ට දැනුම් දිය යුත්තේ ය. හඬ නගා කිව යුත්තේ ය. කෑ ගසා කිව යුත්තේ ය. එනම්; 'මේ යක්ෂයා මා අල්ලා ගනියි. මේ යක්ෂයා මට ආවේශ වෙයි. මේ යක්ෂයා මා පෙළයි. මේ යක්ෂයා මා බොහෝ සෙයින් පෙළයි. මේ යක්ෂයා මට හිංසා කරයි. මේ යක්ෂයා මට බොහෝ හිංසා කරයි. මේ යක්ෂයා මා නිදහස් නොකරයි' කියා ය.

නිදුකාණන් වහන්ස, මේ වනාහී භික්ෂු, භික්ෂුණී, උපාසක, උපාසිකාවන්ගේ ආරක්ෂාව පිණිස, රැකවරණය පිණිස, හිංසා නොවීම පිණිස, පහසුවෙන් විසීම පිණිස ඇති ආටානාටිය ආරක්ෂාව යි.

නිදුකාණන් වහන්ස, එසේ නම් දැන් අපි යම්හ. අපි බොහෝ කළ යුතු දෑ ඇති, බොහෝ කටයුතු ඇති අය වෙමු."

"මහරජවරුනි, ඔබලාට දැන් යමකට කාලය නම්, එය දනිව්."

ඉක්බිති ඒ සතර වරම් දෙව්මහරජවරු හුනස්නෙන් නැගිට භාග්‍යවතුන් වහන්සේට සකසා වන්දනා කොට, පැදකුණු කොට, එහි ම නොපෙනී ගියාහු ය. ඒ යක්ෂයෝ ද හුනස්නෙන් නැගිට ඇතැම් යක්ෂ කෙනෙක් භාග්‍යවතුන් වහන්සේට සකසා වන්දනා කොට, පැදකුණු කොට, එහි ම නොපෙනී ගියාහු ය. ඇතැම් යක්ෂ කෙනෙක් භාග්‍යවතුන් වහන්සේ සමඟ සතුටු වූවාහු ය. සතුටුවිය යුතු පිළිසඳර කථා බහ නිමවා එහි ම නොපෙනී ගියාහු ය. ඇතැම් යක්ෂ කෙනෙක් භාග්‍යවතුන් වහන්සේ වෙත ඇඳිලි බැඳ ප්‍රණාම කොට එහි ම නොපෙනී ගියාහු ය. ඇතැම් යක්ෂ කෙනෙක් සිය නම්ගොත් පවසා එහි ම නොපෙනී ගියාහු ය.

ඇතැම් යක්ෂ කෙනෙක් නිශ්ශබ්ද ව එහි ම නොපෙනී ගියාහු ය.

එකල්හී භාග්‍යවතුන් වහන්සේ ඒ රාත්‍රිය ඇවෑමෙන් භික්ෂූන් ඇමතූ සේක.

"මහණෙනි, මේ රාත්‍රියෙහි සතර වරම් දෙව් මහරජවරු මහත් වූ යක්ෂ සේනාවකින් ද, මහත් වූ ගාන්ධර්ව සේනාවකින් ද, මහත් වූ කුම්භාණ්ඩ සේනාවකින් ද, මහත් වූ නාග සේනාවකින් ද, සිව් දිශාවෙහි රැකවල් තබා, සිව් දිශාවෙහි බලමුළු තබා, සිව් දිශාවෙහි මුරකරුවන් තබා, රාත්‍රී මධ්‍යම යාමයෙහි මනස්කාන්ත පැහැයෙන් යුතුව, මුළු ගිජ්ඣකූටය බබුළුවාගෙන, මම යම් තැනක හුන්නෙම් ද, එතැනට එළැඹියාහු ය. එළැඹ, මා හට සකසා වන්දනා කොට එකත්පස් ව හිඳගත්තාහු ය. මහණෙනි, ඒ යක්ෂයින්ගෙන් ඇතැම් යක්ෂ කෙනෙක් මා හට සකසා වන්දනා කොට එකත්පස් ව හිඳගත්තාහු ය. ඇතැම් යක්ෂ කෙනෙක් මා සමඟ සතුටු වූවාහු ය. සතුටුවිය යුතු පිළිසඳර කථා බහ නිමවා එකත්පස් ව හිඳගත්තාහු ය. ඇතැම් යක්ෂ කෙනෙක් මා වෙත ඇඳිලි බැඳ ප්‍රණාම කොට එකත්පස් ව හිඳගත්තාහු ය. ඇතැම් යක්ෂ කෙනෙක් සිය නම්ගොත් පවසා එකත්පස් ව හිඳගත්තාහු ය. ඇතැම් යක්ෂ කෙනෙක් නිශ්ශබ්ද ව එකත්පස් ව හිඳගත්තාහු ය.

මහණෙනි, එකත්පස් ව හුන් වෛශ්‍රවණ දෙව්මහරජු මා හට මෙය පැවසුවේ ය.

"ස්වාමීනී, භාග්‍යවතුන් වහන්සේ කෙරෙහි අපැහැදුණු බලසම්පන්න යක්ෂයෝ සිටිති. ස්වාමීනී, භාග්‍යවතුන් වහන්සේ කෙරෙහි පැහැදුණු බලසම්පන්න යක්ෂයෝ සිටිති. ස්වාමීනී, භාග්‍යවතුන් වහන්සේ කෙරෙහි අපැහැදුණු තරමක් බල ඇති යක්ෂයෝ සිටිති. ස්වාමීනී, භාග්‍යවතුන් වහන්සේ කෙරෙහි පැහැදුණු තරමක් බල ඇති යක්ෂයෝ සිටිති. ස්වාමීනී, භාග්‍යවතුන් වහන්සේ කෙරෙහි අපැහැදුණු පහත් යක්ෂයෝ සිටිති. ස්වාමීනී, භාග්‍යවතුන් වහන්සේ කෙරෙහි පැහැදුණු පහත් යක්ෂයෝ සිටිති.

ස්වාමීනී, බොහෝ සෙයින් ම යක්ෂයෝ භාග්‍යවතුන් වහන්සේ කෙරෙහි නොපැහැදුණෝ ම ය. ඒ මක් නිසා ද යත්; ස්වාමීනී, භාග්‍යවතුන් වහන්සේ වනාහී සත්ව ඝාතනයෙන් වැළකීම පිණිස දහම් දෙසන සේක. සොරකමෙන් වැළකීම පිණිස දහම් දෙසන සේක. වැරදි කාම සේවනයෙන් වැළකීම පිණිස දහම් දෙසන සේක. බොරු කීමෙන් වැළකීම පිණිස දහම් දෙසන සේක. මත්වීමට හා ප්‍රමාදයට හේතුවන මත්පැන් මත්ද්‍රව්‍ය භාවිතයෙන් වැළකීම පිණිස දහම් දෙසන සේක. ස්වාමීනී, බොහෝ සෙයින් ම යක්ෂයෝ සත්ව

සාතයෙන් වෙන් නොවූවෝ ම ය. සොරකමෙන් වෙන් නොවූවෝ ම ය. වැරදි කාම සේවනයෙන් වෙන් නොවූවෝ ම ය. බොරු කීමෙන් වෙන් නොවූවෝ ම ය. මත්වීමට හා ප්‍රමාදයට හේතුවෙන් මත්පැන් මත්ද්‍රව්‍ය භාවිතයෙන් වෙන් නොවූවෝ ම ය. එහෙයින් ඔවුන්ට පංචශීල ධර්මය අප්‍රිය ය. අමනාප ය.

ස්වාමීනී, භාග්‍යවතුන් වහන්සේගේ ශ්‍රාවකයෝ අල්ප ශබ්ද ඇති, අල්ප හඬ ඇති, ජනයා අතරින් හමා එන සුළඟ නැති, මිනිසුන්ගේ පෞද්ගලික කටයුතුවලට යෝග්‍ය වූ, හුදෙකලා භාවනාවට යෝග්‍ය වූ, දුර ඈත අරණ්‍ය වනපෙත් සෙනසුන් සේවනය කරති. භාග්‍යවතුන් වහන්සේගේ මේ ශාසනයෙහි නොපැහැදුණු යම් බලසම්පන්න යක්ෂයෝ වෙත් ද, ඔවුහු ඒ සෙනසුන් පෙදෙස්හි වාසය කරති. ඔවුන්ගේ පැහැදීම පිණිස, ස්වාමීනී, භාග්‍යවතුන් වහන්සේ භික්ෂු, භික්ෂුණී, උපාසක, උපාසිකාවන්ගේ ආරක්ෂාව පිණිස, රැකවරණය පිණිස, හිංසා නොවනු පිණිස, පහසුවෙන් විසීම පිණිස ආටානාටිය ආරක්ෂාව ඉගෙන ගන්නා සේක්වා!"

මහණෙනි, මම නිහඬ ව සිටීමෙන් ඒ ඇරයුම පිළිගත්තෙමි.

ඉක්බිති මහණෙනි, වෙසමුණි දෙව්මහරජු මා එම ඇරයුම පිළිගෙන ඉවසූ බව දැන ඒ වේලාවෙහි මේ ආටානාටිය ආරක්ෂාව පැවසුවේ ය.

(ගාථාවන් ය)

1. සදහම් ඇස් ඇති, ශ්‍රීයෙන් බබලන විපස්සී බුදුරජාණන් වහන්සේට නමස්කාර වේවා! සියළු සත්වයන් කෙරෙහි අනුකම්පා ඇති සිඛී බුදුරජාණන් වහන්සේට නමස්කාර වේවා!

2. කෙලෙස් සෝදා හළ, උතුම් තපෝ ගුණ දරණ, වෙස්සභූ බුදුරජාණන් වහන්සේට නමස්කාර වේවා! මාරසේනාවගේ ඔද තෙද බිඳහළ කකුසඳ බුදුරජාණන් වහන්සේට නමස්කාර වේවා!

3. හැම පව් බැහැර කළ, බඹසර වාසය නිමකළ කෝණාගමන බුදුරජාණන් වහන්සේට නමස්කාර වේවා! සියළු බන්ධනයන්ගෙන් නිදහස් වූ කස්සප බුදුරජාණන් වහන්සේට නමස්කාර වේවා!

4. යම් කෙනෙකුන් වහන්සේ සියළු දුක් දුරුකරවන මේ ධර්මය දෙසා වදාළ සේක් ද, ඒ ශ්‍රීයෙන් බබලන ශාක්‍යපුත්‍ර වූ අංගීරස වූ බුදුරජාණන් වහන්සේට නමස්කාර වේවා!

5. ලෝකයෙහි යම් කෙනෙකුන් වහන්සේලා නිවී ගිය සේක් ද, ඇත්ත ඇති සැටියෙන් විදර්ශනා කළ සේක් ද, උන්වහන්සේලා

ගුණ මහත් බවින් යුතු, බිය තැතිගැනීම් පහවූ, බොරු කේළාම් නැති, නුවණින් බස් පවසන උත්තමයෝ ය.

6. දෙව් මිනිසුන් කෙරෙහි හිතවත් වූ, විද්‍යාවෙන් හා චරණ ගුණයෙන් යුක්ත වූ, ගුණ මහත්වයෙන් යුක්ත වූ, බිය තැති ගැනීම් පහව ගිය, යම් ගෞතම නම් බුදුරජාණන් වහන්සේ නමකට නමස්කාර කරත් ද, එසෙයින් සත් බුදුරජාණන් වහන්සේලාට නමස්කාර වේවා!

7. යම් තැනකින් මහා රශ්මි මණ්ඩලයකින් යුත් ආදිච්ච නම් සූර්යයා උදාවෙයි ද, ඒ හිරු උදා වූ කල්හී රැය ත් නිරුද්ධ වී යයි.

8. යම් දිශාවකින් හිරු නැගුන කල්හී දවස යැයි කියනු ලබන්නේ ද, ඒ දිශාවෙහි ගංගාවන්ගෙන් පිවිසුණු ජලය ඇති සමුද්‍රය නමින් ගැඹුරු ජලාශයක් ඇත්තේ ය.

9. මෙසේ එහි ගංගාවගෙන් පිවිසි ජලය ඇති එය සමුද්‍රය යැයි දනිති. යස පිරිවර ඇති ඒ දෙව් මහරජු යම් දිශාවක් පාලනය කරයි ද, එය මෙයින් පූර්ව දිශාව යැයි ජනයා පවසයි.

10. ගාන්ධර්වයන්ට අධිපති වූ ඔහු නමින් ධතරට්ඨ වෙයි. ගාන්ධර්වයන් විසින් පෙරටු කරන ලදු ව, නැටුම් ගැයුම් වලින් සතුටු වෙයි.

11. ඔහුට එක ම නමින් යුතු පුත්‍රයෝ බොහෝ සිටිති යි මා විසින් අසන ලදී. ඉන්ද්‍ර නම් වූ බහා බලැති ඔවුහු අනූ එක් දෙනෙකි.

12. ඔවුහු ද ආදිච්චබන්ධු වූ, මහත් ගුණයට පත්, පහ ව ගිය බිය ඇති, බුද්ධ නම් වූ බුදුරජුන් දැක 'ආජානේය පුරුෂයාණෙනි, ඔබට නමස්කාර වේවා! පුරුෂෝත්තමයාණෙනි, ඔබට නමස්කාර වේවා!' යි දුර සිට ම නමස්කාර කරන්නාහ.

13. කුසල් බලයෙන් යුතුව දැක වදාළ මැනැව. 'අමනුෂ්‍යයෝ ත් නුඹවහන්සේට වඳිති' යි මෙකරුණ අප විසින් නිතර අසන ලද්දේ ය. එහෙයින් මෙසේ පවසන්නෙමු.

14. ලොව දිනූ ගෞතමයන් වහන්සේට වන්දනා කරව්. අපිදු ලොව දිනූ ගෞතමයන් වහන්සේට වන්දනා කරමු. විද්‍යාවෙන් හා චරණයෙන් යුතු ගෞතම බුදුරජාණන් වහන්සේට වන්දනා කරමු.

15. මරණයට පත් වූ පසු ඒ සිරුරු යම් දිශාවකට ගෙනයනු ලැබෙත් ද, කේළාම් කියන, පිටුමස් කන්නවුන් සේ පිටුපා ගිය කළ ගරහන,

සත්ව ඝාතනයෙහි යෙදෙන, රෞද්‍ර සොරු ත් කපටි ජනයෝ ත් යම් දිශාවකට ගෙනගොස් සිඳිනු ලබත් ද,

16. යස පිරිවර ඇති ඒ දෙව් මහරජෙක් යම් දිශාවක් පාලනය කරයි ද, එය මෙතැනින් දකුණු දිශාව යැයි ජනයා පවසයි.

17. කුම්භාණ්ඩයන්ට අධිපති වූ ඔහු නමින් විරූළ්හ වෙයි. කුම්භාණ්ඩයන් විසින් පෙරටු කරන ලදු ව, නැටුම් ගැයුම් වලින් සතුටු වෙයි.

18. ඔහුට එක ම නමින් යුතු පුත්‍රයෝ බොහෝ සිටිති යි මා විසින් අසන ලදී. ඉන්ද්‍ර නම් වූ බහා බලැති ඔවුහු අනූ එක් දෙනෙකි.

19. ඔවුහු ද ආදිච්චබන්ධු වූ, මහත් ගුණයට පත්, පහ ව ගිය බිය ඇති, බුද්ධ නම් වූ බුදුරජුන් දැක 'ආජානේය පුරුෂයාණෙනි, ඔබට නමස්කාර වේවා! පුරුෂෝත්තමයාණෙනි, ඔබට නමස්කාර වේවා!' යි දුර සිට ම නමස්කාර කරන්නාහ.

20. කුසල් බලයෙන් යුතුව දැක වදාළ මැනැව. 'අමනුෂ්‍යයෝ ත් නුඹවහන්සේට වඳිති' යි මෙකරුණ අප විසින් නිතර අසන ලද්දේ ය. එහෙයින් මෙසේ පවසන්නෙමු.

21. ලොව දිනූ ගෞතමයන් වහන්සේට වන්දනා කරව්. අපිදු ලොව දිනූ ගෞතමයන් වහන්සේට වන්දනා කරමු. විද්‍යාවෙන් හා චරණයෙන් යුතු ගෞතම බුදුරජාණන් වහන්සේට වන්දනා කරමු.

22. යම් තැනකින් මහා රශ්මි මණ්ඩලයකින් යුත් ආදිච්ච නම් සූර්යයා බැසයයි ද, ඒ හිරු බැසගිය කල්හී දවස ත් නිරුද්ධ වී යයි.

23. යම් දිශාවකින් හිරු බැසයන කල්හී රාත්‍රිය යැයි කියනු ලබන්නේ ද, ඒ දිශාවෙහි ගංගාවන්ගෙන් පිවිසුණු ජලය ඇති සමුද්‍රය නමින් ගැඹුරු ජලාශයක් ඇත්තේ ය.

24. මෙසේ එහි ගංගාවගෙන් පිවිසි ජලය ඇති එය සමුද්‍රය යැයි දනිති. යස පිරිවර ඇති ඒ දෙව් මහරජු යම් දිශාවක් පාලනය කරයි ද, එය මෙයින් බටහිර දිශාව යැයි ජනයා පවසයි.

25. නාගයන්ට අධිපති වූ ඔහු නමින් විරූපාක්ෂ වෙයි. නාගයන් විසින් පෙරටු කරන ලදු ව, නැටුම් ගැයුම් වලින් සතුටු වෙයි.

26. ඔහුට එක ම නමින් යුතු පුත්‍රයෝ බොහෝ සිටිති යි මා විසින් අසන ලදී. ඉන්ද්‍ර නම් වූ බහා බලැති ඔවුහු අනූ එක් දෙනෙකි.

27. ඔවුහු ද ආදිච්චබන්ධු වූ, මහත් ගුණයට පත්, පහ ව ගිය බිය ඇති, බුද්ධ නම් වූ බුදුරජුන් දැක 'ආජානේය පුරුෂයාණෙනි, ඔබට නමස්කාර වේවා! පුරුෂෝත්තමයාණෙනි, ඔබට නමස්කාර වේවා!' යි දුර සිට ම නමස්කාර කරන්නාහ.

28. කුසල් බලයෙන් යුතුව දැක වදාළ මැනැව. 'අමනුෂ්‍යයෝ ත් නුඹවහන්සේට වඳිති' යි මෙකරුණ අප විසින් නිතර අසන ලද්දේ ය. එහෙයින් මෙසේ පවසන්නෙමු.

29. ලොව දිනූ ගෞතමයන් වහන්සේට වන්දනා කරව්. අපිදු ලොව දිනූ ගෞතමයන් වහන්සේට වන්දනා කරමු. විද්‍යාවෙන් හා චරණයෙන් යුතු ගෞතම බුදුරජාණන් වහන්සේට වන්දනා කරමු.

30. යම් තැනක ඉතා දර්ශනීය මහාමේරු පර්වතය ඇත්තේ ද, එහි රම්‍ය වූ උතුරුකුරු රට වෙයි. එහි මමත්වයක් නැති, තමා හට අයත් කරගැනීමක් නැති ගතිගුණයෙන් යුක්ත මිනිස්සු උපදිති.

31. ඔවුහු ධාන්‍ය බීජ නොවපුරති. නගුල් ද කුඹුරුවලට නොයොදවති. සකස් නොකළ බිමෙහි හටගන්නා පැසුණු හැල් ඒ මිනිස්සු අනුභව කරති.

32. කුඩු නැති, දහයියා නැති, පිරිසිදු සුවඳති සහල් සැළියක දමා පිස එයින් ගත් බොජුන් අනුභව කරති.

33. එහි වෙසමුණි රජුගේ මෙහෙකාර යක්ෂයෝ ගවදෙනක එක් කුරයක් ඇති වාහනයක් කොට දිශාවෙන් දිශාවට යති. සිවුපාවුන් එක් කුරයක් ඇති වාහනයක් කොට දිශාවෙන් දිශාවට යති.

34. ස්ත්‍රියක වාහනයක් කොට දිශාවෙන් දිශාවට යති. පුරුෂයෙකු වාහනයක් කොට දිශාවෙන් දිශාවට යති.

35. කුමරියක වාහනයක් කොට දිශාවෙන් දිශාවට යති. කුමරෙකු වාහනයක් කොට දිශාවෙන් දිශාවට යති.

36. ඒ වෙසමුණි රජුගේ මෙහෙකාර යක්ෂයෝ එහි එළඹ සිටි ඇත් වාහනයක, අශ්ව වාහනයක, දිව්‍ය වාහනයක යනාදී වාහනයන්හි නැගී සියළු දිශාවන් සිසාරා යති.

37. යස පිරිවර ඇති වෙසමුණි මහරජුට ප්‍රාසාදයෝ ද, සිවි ගෙවල් ද ඇත්තාහ. ඒ රජුට ආටානාටා, කුසිනාටා, පරකුසිනාටා, නාටපුරියා, පරකුසිතනාටා යන නමින් අහසෙහි මනාකොට මවන ලද නගරයෝ ඇත්තාහ.

38. උතුරු දෙසින් කපීවන්ත නම් නුවරක් ද, ඉන් එහාට ජනෝඝ නම් නුවරක් ද, නවනවුතිය නම් නුවරක් ද, අම්බරඅම්බරවතිය නම් නුවරක් ද, ආලකමන්දා නම් රාජධානියක් ද ඇත්තාහ.

39. නිදුකාණන් වහන්ස, කුවේර දෙව්මහරජුට වනාභී විසාණා නම් රාජධානියක් ඇත්තේ ය. එහෙයින් කුවේර දෙව්මහරජුට වෛශ්‍රවණ යැයි කියනු ලැබේ.

40. එහි තතෝලා, තත්තලා, තතෝතලා, ඕජසි, තේජසි, තතෝජසි, සූර, රාජ, සූරරාජ, අරිට්ඨ, නේමි, අරිට්ඨනේමි යන දොළොස් යක්ෂයෝ කරුණු සොයා බලා රජුට පවසති.

41. යම් තැනකින් දිය ඇද වැසි වසියි ද, යම් තැනකින් වැස්ස පැතිරෙයි ද, එහි ධරණී නම් ජලාශයක් ඇත්තේ ය. ඒ ධරණී විල් තෙර භගලවතී නම් සභාවෙහි යක්ෂයෝ එක්රැස් වෙති.

42. ඒ විල්තෙර නිතිඵල හටගන්නා වෘක්ෂයෝ ද ඇත්තාහ. නා නා කුරුළු සමූහයා ද, මොණරු ද, කොස්වාලිහිණියෝ ද, කොවුලෝ ද, මිහිරි නාදය නගමින් සිටිති.

43. ඒ වනයෙහි ජීවංජීවක නම් පක්ෂීහු ද, උට්ඨවචිත්තක නම් පක්ෂීහු ද, වළිකුකුළෝ ද, රන් කකුළුවෝ ද, පොක්ඛරසාතක නම් පක්ෂීහු ද ඇත්තාහ.

44. මෙහි ගිරවුන්ගේ ද, සැළලිහිණියන්ගේ ද නාදය පවත්නේ ය. දණ්ඩමාණවක පක්ෂීහු ද ඇත්තාහ. හැම කල්හී කුවේර දෙව්මහරජුගේ පියුම්විල මේ අයුරින් ශෝභමාන වෙයි.

45. යස පිරිවර ඇති ඒ දෙව් මහරජෙක් යම් දිශාවක් පාලනය කරයි ද, එය මෙතැනින් උතුරු දිශාව යැයි ජනයා පවසයි.

46. යක්ෂයන්ට අධිපති වූ ඔහු නමින් කුවේර වෙයි. යක්ෂයන් විසින් පෙරටු කරන ලදු ව, නැටුම් ගැයුම් වලින් සතුටු වෙයි.

47. ඔහුට එක ම නමින් යුතු පුත්‍රයෝ බොහෝ සිටිති යි මා විසින් අසන ලදී. ඉන්ද්‍ර නම් වූ බහා බලැති ඔවුහු අනූ එක් දෙනෙකි.

48. ඔවුහු ද ආදිච්චබන්ධු වූ, මහත් ගුණයට පත්, පහ ව ගිය බිය ඇති, බුද්ධ නම් වූ බුදුරජුන් දැක 'ආජානේය පුරුෂයාණෙනි, ඔබට නමස්කාර වේවා! පුරුෂෝත්තමයාණෙනි, ඔබට නමස්කාර වේවා!' යි දුර සිට ම නමස්කාර කරන්නාහ.

49. කුසල් බලයෙන් යුතුව දැක වදාළ මැනැව. 'අමනුෂ්‍යයෝ ත් නුඹවහන්සේට වඳිති' යි මෙකරුණ අප විසින් නිතර අසන ලද්දේ ය. එහෙයින් මෙසේ පවසන්නෙමු.

50. ලොව දිනූ ගෞතමයන් වහන්සේට වන්දනා කරව්. අපිදු ලොව දිනූ ගෞතමයන් වහන්සේට වන්දනා කරමු. විද්‍යාවෙන් හා චරණයෙන් යුතු ගෞතම බුදුරජාණන් වහන්සේට වන්දනා කරමු.

නිදුකාණන් වහන්ස, මේ වනාහී භික්ෂු, භික්ෂුණී, උපාසක, උපාසිකාවන්ගේ ආරක්ෂාව පිණිස, රැකවරණය පිණිස, හිංසා නොවීම පිණිස, පහසුවෙන් විසීම පිණිස ඇති ආටානාටිය ආරක්ෂාව යි.

නිදුකාණන් වහන්ස, යම්කිසි භික්ෂුවක විසින් හෝ භික්ෂුණියක විසින් හෝ උපාසකයෙකු විසින් හෝ උපාසිකාවක විසින් හෝ මේ ආටානාටිය ආරක්ෂාව මනාකොට ඉගෙන ගන්නා ලද්දේ නම්, හොඳින් කටපාඩම් කරගන්නා ලද්දේ නම්,

ඉදින් යම් අමනුෂ්‍යයෙක්, යක්ෂයෙක් වේවා, යක්ෂණියක් වේවා, යක්ෂ පැටියෙක් වේවා, යක්ෂ පැටවියක් වේවා, යක්ෂ මහඇමතියෙක් වේවා, යක්ෂ පිරිසට අයත් අයෙක් වේවා, යක්ෂ මෙහෙකරුවෙක් වේවා, ගාන්ධර්වයෙක් වේවා, ගාන්ධර්වියක් වේවා, ගාන්ධර්ව පැටියෙක් වේවා, ගාන්ධර්ව පැටවියක් වේවා, ගාන්ධර්ව මහඇමතියෙක් වේවා, ගාන්ධර්ව පිරිසට අයත් අයෙක් වේවා, ගාන්ධර්ව මෙහෙකරුවෙක් වේවා, කුම්භාණ්ඩයෙක් වේවා, කුම්භාණ්ඩියක් වේවා, කුම්භාණ්ඩ පැටියෙක් වේවා, කුම්භාණ්ඩ පැටවියක් වේවා, කුම්භාණ්ඩ මහඇමතියෙක් වේවා, කුම්භාණ්ඩ පිරිසට අයත් අයෙක් වේවා, කුම්භාණ්ඩ මෙහෙකරුවෙක් වේවා, නාගයෙක් වේවා, නාගිනියක් වේවා, නාග පැටියෙක් වේවා, නාග පැටවියක් වේවා, නාග මහඇමතියෙක් වේවා, නාග පිරිසට අයත් අයෙක් වේවා, නාග මෙහෙකරුවෙක් වේවා, ද්වේෂයෙන් දූෂිත වූ සිතින් ඒ භික්ෂුව හෝ භික්ෂුණිය හෝ උපාසකයා හෝ උපාසිකාව හෝ යන විට ඒ අනුව යන්නේ හෝ වෙයි ද, සිටින විට ළං ව සිටින්නේ හෝ වෙයි ද, හිඳින විට ළඟින් හිඳින්නේ හෝ වෙයි ද, සැතපෙන විට සමීපයේ සැතපෙන්නේ හෝ වෙයි ද,

නිදුකාණන් වහන්ස, ඒ අමනුෂ්‍යයා මාගේ ගම්වල හෝ නියම්ගම්වල හෝ සත්කාරයක් හෝ ගෞරවයක් හෝ නොලබන්නේ ය. නිදුකාණන් වහන්ස, ඒ අමනුෂ්‍යයා මාගේ ආලකමන්දා රාජධානියෙහි ස්ථානවලට අරක්ගැනීමක් හෝ විසුමක් හෝ නොලබන්නේ ය. නිදුකාණන් වහන්ස, ඒ අමනුෂ්‍යයා යක්ෂයින්ගේ සමාගමට යන්නට අවසර නොලබන්නේ ය. එමෙන් ම නිදුකාණන් වහන්ස, අමනුෂ්‍යයෝ ඒ අමනුෂ්‍යයා ආවාහ - විවාහ කටයුතු නොකරගත හැක්කෙකු කරන්නාහ. තව ද නිදුකාණන් වහන්ස, අමනුෂ්‍යයෝ ඒ අමනුෂ්‍යයාට පිරිපුන් පරිභව වචනවලින් පරිභව කරන්නාහ. තව ද නිදුකාණන් වහන්ස, අමනුෂ්‍යයෝ ඒ අමනුෂ්‍යයාගේ හිසෙහි හිස් ලෝහ පාත්‍රයක් මුනින් නවන්නාහ. තව ද නිදුකාණන් වහන්ස, අමනුෂ්‍යයෝ ඒ අමනුෂ්‍යයාගේ හිස සත්කඩකට පළන්නාහ.

නිදුකාණන් වහන්ස, චණ්ඩ වූ, රෞද්‍ර වූ, කළ දෙයට වඩා දරුණු දේ කරන්නා වූ අමනුෂ්‍යයෝ ඇත්තාහ. ඔවුහු සතරවරම් දෙව්මහරජුන්ගේ බස නොපිළිගනිති. දෙව්මහරජුන්ගේ සෙනෙවියන්ගේ බස ත් නොපිළිගනිති. දෙව්මහරජුන්ගේ සෙනෙවියන් යටතේ සිටිනා මෙහෙකරුවන්ගේ බස ත් නොපිළිගනිති. නිදුකාණන් වහන්ස, ඒ අමනුෂ්‍යයෝ වනාහී වරම් මහරජුන්ගේ විරුද්ධකාරයෝ යැයි කියනු ලැබෙයි.

යම් සේ නිදුකාණන් වහන්ස, මගධ රජුගේ විජිතයෙහි මහා සොරු සිටිත් ද, ඔවුහු මගධ රජුගේ බස නොපිළිගනිති. මගධ රජුගේ සෙනෙවියන්ගේ බස ත් නොපිළිගනිති. මගධ රජුගේ සෙනෙවියන් යටතේ සිටිනා මෙහෙකරුවන්ගේ බස ත් නොපිළිගනිති. නිදුකාණන් වහන්ස, ඒ මහා සොරු වනාහී මගධ රජුගේ විරුද්ධකාරයෝ යැයි කියනු ලැබෙයි.

එසෙයින් ම නිදුකාණන් වහන්ස, චණ්ඩ වූ, රෞද්‍ර වූ, කළ දෙයට වඩා දරුණු දේ කරන්නා වූ අමනුෂ්‍යයෝ ඇත්තාහ. ඔවුහු සතරවරම් දෙව්මහරජුන්ගේ බස නොපිළිගනිති. දෙව්මහරජුන්ගේ සෙනෙවියන්ගේ බස ත් නොපිළිගනිති. දෙව්මහරජුන්ගේ සෙනෙවියන් යටතේ සිටිනා මෙහෙකරුවන්ගේ බස ත් නොපිළිගනිති. නිදුකාණන් වහන්ස, ඒ අමනුෂ්‍යයෝ වනාහී වරම් මහරජුන්ගේ විරුද්ධකාරයෝ යැයි කියනු ලැබෙයි.

නිදුකාණන් වහන්ස, යම්කිසි අමනුෂ්‍යයෙක් යක්ෂයෙක් වේවා, යක්ෂණියක් වේවා, යක්ෂ පැටියෙක් වේවා, යක්ෂ පැටවියක් වේවා, යක්ෂ මහඇමතියෙක් වේවා, යක්ෂ පිරිසට අයත් අයෙක් වේවා, යක්ෂ මෙහෙකරුවෙක් වේවා, ගාන්ධර්වයෙක් වේවා, ගාන්ධර්වියක් වේවා, ගාන්ධර්ව පැටියෙක් වේවා, ගාන්ධර්ව පැටවියක් වේවා, ගාන්ධර්ව මහඇමතියෙක් වේවා, ගාන්ධර්ව පිරිසට අයත් අයෙක් වේවා, ගාන්ධර්ව මෙහෙකරුවෙක් වේවා, කුම්භාණ්ඩයෙක් වේවා,

කුම්භාණ්ඩියක් වේවා, කුම්භාණ්ඩ පැටියෙක් වේවා, කුම්භාණ්ඩ පැටවියක් වේවා, කුම්භාණ්ඩ මහඇමතියෙක් වේවා, කුම්භාණ්ඩ පිරිසට අයත් අයෙක් වේවා, කුම්භාණ්ඩ මෙහෙකරුවෙක් වේවා, නාගයෙක් වේවා, නාගිනියක් වේවා, නාග පැටියෙක් වේවා, නාග පැටවියක් වේවා, නාග මහඇමතියෙක් වේවා, නාග පිරිසට අයත් අයෙක් වේවා, නාග මෙහෙකරුවෙක් වේවා, ද්වේෂයෙන් දූෂිත වූ සිතින් ඒ භික්ෂුව හෝ භික්ෂුණිය හෝ උපාසකයා හෝ උපාසිකාව හෝ යන විට ඒ අනුව යන්නේ හෝ වෙයි ද, සිටින විට ළං ව සිටින්නේ හෝ වෙයි ද, හිඳින විට ළඟින් හිඳින්නේ හෝ වෙයි ද, සැතපෙන විට සමීපයේ සැතපෙන්නේ හෝ වෙයි ද,

එකල්හී මේ යක්ෂයින්ට, මේ මහා යක්ෂයින්ට, මේ සෙන්පතියන්ට, මේ මහා සෙන්පතියන්ට දැනුම් දිය යුත්තේ ය. හඬ නගා කිව යුත්තේ ය. කෑ ගසා කිව යුත්තේ ය. එනම්; 'මේ යක්ෂයා මා අල්ලා ගනියි. මේ යක්ෂයා මට ආවේශ වෙයි. මේ යක්ෂයා මා පෙළයි. මේ යක්ෂයා මා බොහෝ සෙයින් පෙළයි. මේ යක්ෂයා මට හිංසා කරයි. මේ යක්ෂයා මට බොහෝ හිංසා කරයි. මේ යක්ෂයා මා නිදහස් නොකරයි' කියා ය.

එසේ හඬ නගා කිව යුත්තේ කවර යක්ෂයින්ට ද යත්, කවර මහා යක්ෂයින්ට ද යත්, කවර සෙන්පතියන්ට ද යත්, කවර මහා සෙන්පතියන්ට ද යත්;

(ගාථාවන් ය)

1. ඉන්ද්‍ර ය, සෝම ය, වරුණ ය, භාරද්වාජ ය, ප්‍රජාපතී ය, චන්දන ය, කාමසෙට්ඨ ය, කින්නිඝණ්ඩු ය, නිඝණ්ඩු ය,

2. පනාද ය, ඕපමඤ්ඤ ය, දෙව් රියැදුරු මාතලී ය, චිත්තසේන ය, ගන්ධබ්බ ය, නළ ය, රාජ ය, ජනවසභ ය,

3. සාතාගිරි ය, හේමවත ය, පුණ්ණක ය, කරතිය ය, ගුළ ය, සීවක ය, මුචලින්ද ය, වෙස්සාමිත්ත ය, යුගන්ධර ය,

4. ගෝපාල ය, සුප්පගේධ ය, හිරිනෙත්ති ය, මන්දිය ය, පඤ්චාලචණ්ඩ ය, ආළවක ය, පජ්ජුන්න ය, සුමන ය, සුමුඛ ය, දධිමුඛ ය, මණි ය, මාණි ය, චර ය, දීඝ ය, එමෙන් ම සේරිස්සක ය යන මේ මහා සෙන්පතිවරුන්ට ය.

මේ යක්ෂයින්ට, මේ මහා යක්ෂයින්ට, මේ සෙන්පතියන්ට, මේ මහා සෙන්පතියන්ට දැනුම් දිය යුත්තේ ය. හඬ නගා කිව යුත්තේ ය. කෑ ගසා කිව

යුත්තේ ය. එනම්; 'මේ යක්ෂයා මා අල්ලා ගනියි. මේ යක්ෂයා මට ආවේශ වෙයි. මේ යක්ෂයා මා පෙළයි. මේ යක්ෂයා මා බොහෝ සෙයින් පෙළයි. මේ යක්ෂයා මට හිංසා කරයි. මේ යක්ෂයා මට බොහෝ හිංසා කරයි. මේ යක්ෂයා මා නිදහස් නොකරයි' කියා ය.

නිදුකාණන් වහන්ස, මේ වනාහී භික්ෂු, භික්ෂුණී, උපාසක, උපාසිකාවන්ගේ ආරක්ෂාව පිණිස, රැකවරණය පිණිස, හිංසා නොවීම පිණිස, පහසුවෙන් විසීම පිණිස ඇති ආටානාටිය ආරක්ෂාව යි.

නිදුකාණන් වහන්ස, එසේ නම් දැන් අපි යම්හ. අපි බොහෝ කළ යුතු දෑ ඇති, බොහෝ කටයුතු ඇති අය වෙමු."

"මහරජවරුනි, ඔබලාට දැන් යමකට කාලය නම්, එය දනිව්."

ඉක්බිති මහණෙනි, ඒ සතර වරම් දෙව්මහරජවරු හුනස්නෙන් නැගිට මා හට සකසා වන්දනා කොට, පැදකුණු කොට, එහි ම නොපෙනී ගියාහු ය. මහණෙනි, ඒ යක්ෂයෝ ද හුනස්නෙන් නැගිට ඇතැම් යක්ෂ කෙනෙක් මා හට සකසා වන්දනා කොට, පැදකුණු කොට, එහි ම නොපෙනී ගියාහු ය. ඇතැම් යක්ෂ කෙනෙක් මා සමඟ සතුටු වූවාහු ය. සතුටුවිය යුතු පිළිසඳර කථා බහ නිමවා එහි ම නොපෙනී ගියාහු ය. ඇතැම් යක්ෂ කෙනෙක් මා වෙත ඇඳිලි බැඳ ප්‍රණාම කොට එහි ම නොපෙනී ගියාහු ය. ඇතැම් යක්ෂ කෙනෙක් සිය නම්ගොත් පවසා එහි ම නොපෙනී ගියාහු ය. ඇතැම් යක්ෂ කෙනෙක් නිශ්ශබ්ද ව එහි ම නොපෙනී ගියාහු ය.

මහණෙනි, ආටානාටිය ආරක්ෂාව ඉගෙන ගනිව්. මහණෙනි, ආටානාටිය ආරක්ෂාව පාඩම් කරගනිව්. මහණෙනි, ආටානාටිය ආරක්ෂාව මතකයෙහි දරා ගනිව්. මහණෙනි, ආටානාටිය ආරක්ෂාව යහපත පිණිස හේතුවෙයි. භික්ෂූන්ගේ ත්, භික්ෂුණීන්ගේ ත්, උපාසකයින්ගේ ත්, උපාසිකාවන්ගේ ත් ආරක්ෂාව පිණිස, රැකවරණය පිණිස, හිංසා නොවීම පිණිස, පහසුවෙන් විසීම පිණිස හේතු වෙයි."

භාග්‍යවතුන් වහන්සේ මෙය වදාළ සේක. සතුටු සිත් ඇති ඒ භික්ෂූහු භාග්‍යවතුන් වහන්සේගේ භාෂිතය සතුටින් පිළිගත්තාහු ය.

සාදු! සාදු!! සාදු!!!

ආටානාටිය සූත්‍රය නිමා විය.

3.10.

සංගීති සූත්‍රය

ධර්මය රැස්කොට පිළියෙල කිරීම ගැන වදාළ දෙසුම

මා විසින් මෙසේ අසන ලදී.

එක් සමයෙක්හි භාග්‍යවතුන් වහන්සේ පන්සියයක් පමණ වූ මහත් භික්ෂු සංඝයා සමඟ මල්ල ජනපදයන්හි චාරිකාවෙහි වඩිනා සේක්, පාවා නම් වූ මල්ලවරුන්ගේ නගරයට වැඩම කළ සේක. එහිදී භාග්‍යවතුන් වහන්සේ පාවා නුවර රන්කරුගේ පුත්‍ර වූ චුන්දයන්ගේ අඹවනයෙහි වැඩවසන සේක.

එසමයෙහි පාවා නුවරවැසි මල්ලවරුන්ගේ 'උබ්භතක' නම් අළුත් සන්ථාගාරයක් ඉදිකොට නොබෝ කල් වෙයි. එය ශ්‍රමණයෙකු විසින් හෝ බ්‍රාහ්මණයෙකු විසින් හෝ වෙනත් මිනිසෙකු විසින් හෝ තවම පරිභෝග නොකරන ලද්දේ ය. පාවා නුවරවැසි මල්ලවරු මෙකරුණ ඇසුවාහු ය. එනම්; 'භාග්‍යවතුන් වහන්සේ වනාහී පන්සියයක් පමණ මහත් භික්ෂු සංඝයා සමඟ මල්ල ජනපදයන්හි චාරිකාවෙහි වඩින අතරෙහි පාවා නුවරට වැඩම කොට පාවා නුවර රන්කරු පුත්‍ර වූ චුන්දයන්ගේ අඹවනයෙහි වැඩවසන සේක් ලු' යි.

ඉක්බිති පාවා නුවරවැසි මල්ලවරු භාග්‍යවතුන් වහන්සේ යම් තැනක වැඩසිටි සේක් ද, එතනට පැමිණියාහු ය. පැමිණ භාග්‍යවතුන් වහන්සේට සකසා වන්දනා කොට එකත්පස් ව හුන්නාහු ය. එකත්පස් ව හුන් පාවා නුවරවැසි මල්ලවරු භාග්‍යවතුන් වහන්සේට මෙය පැවසූහ.

"ස්වාමීනී, මෙහි පාවා නුවරවැසි මල්ලවරුන්ගේ 'උබ්භතක' නම් අළුත් සන්ථාගාරයක් ඉදිකොට නොබෝ කල් වෙයි. එය ශ්‍රමණයෙකු විසින් හෝ බ්‍රාහ්මණයෙකු විසින් හෝ වෙනත් මිනිසෙකු විසින් හෝ තවම පරිභෝග නොකරන ලද්දේ ය. ස්වාමීනී, භාග්‍යවතුන් වහන්සේ එය පළමුවෙන් පරිභෝග

කරන සේක්වා! භාග්‍යවතුන් වහන්සේ විසින් පළමුව පරිභෝග කරන ලදු ව පසු ව පාවා නුවරවැසි මල්ලවරු එය පරිභෝග කරන්නාහ. එය ඒ පාවා නුවරවැසි මල්ලවරුන්ට බොහෝ කලක් හිත සුව පිණිස පවතින්නේ ය."

භාග්‍යවතුන් වහන්සේ නිහඬ ව වැඩසිටීමෙන් ඒ ඇරයුම පිළිගත් සේක. ඉක්බිති පාවා නුවරවැසි මල්ලවරු භාග්‍යවතුන් වහන්සේ ඒ ඇරයුම පිළිගත් බව දැන හුනස්නෙන් නැගිට භාග්‍යවතුන් වහන්සේට සකසා වන්දනා කොට, පැදකුණු කොට, සන්ථාගාරය යම් තැනක ද, එතැනට ගියාහු ය. ගොස් සන්ථාගාරයෙහි සියළු ඇතිරිලි අතුරා, අසුන් පණවා, පා සේදීම පිණිස මහත් දිය සැළියක් තබා, තෙල් පහනක් දල්වා ඔසොවා, භාග්‍යවතුන් වහන්සේ යම් තැනක වැඩසිටි සේක් ද, එතැනට එළැඹියාහු ය. එළඹ භාග්‍යවතුන් වහන්සේට සකසා වන්දනා කොට එකත්පස් ව සිටගත්තාහු ය. එකත්පස් ව සිටගත් ඒ පාවා නුවරවැසි මල්ලවරු භාග්‍යවතුන් වහන්සේට මෙය පැවසූහ.

"ස්වාමීනී, සන්ථාගාරය සියළු ඇතිරිල්ලෙන් අතුරන ලද්දේ ය. අසුන් පණවන ලද්දේ ය. පා සේදීම පිණිස මහත් දිය සැළියක් තබන ලද්දේ ය. තෙල් පහණක් දල්වා ඔසොවන ලද්දේ ය. ස්වාමීනී, දැන් යමකට කාලය වෙයි නම් භාග්‍යවතුන් වහන්සේ එය දන්නා සේක."

ඉක්බිති භාග්‍යවතුන් වහන්සේ සිවුරු හැඳ පොරොවා ගෙන, පාත්‍රය හා සිවුර ගෙන භික්ෂු සංඝයා සමඟ සන්ථාගාරය යම් තැනක ද, එහි වැඩි සේක. වැඩම කොට, පා සෝදා, තානායම් නිවසට පිවිස, එහි මැද මහ කණුවට පිටුපා, පෙරදිගට මුහුණලා වැඩහුන් සේක. භික්ෂු සංඝයා වහන්සේත් පා සෝදා, සන්ථාගාරයට පිවිස, බටහිර පෙදෙසෙහි වූ බිත්තියට පිටුපා භාග්‍යවතුන් වහන්සේ ව ම පෙරටු කොට පෙරදිගට මුහුණලා වැඩහුන්නාහු ය. පාවා නුවරවැසි මල්ලවරුත් පා සෝදා, තානායම් නිවසට පිවිස, පෙරදිග පෙදෙසෙහි වූ බිත්තියට පිටුපා භාග්‍යවතුන් වහන්සේ ව ම පෙරටු කොට බටහිර දෙසට මුහුණ ලා හිඳගත්තාහු ය.

එකල්හී භාග්‍යවතුන් වහන්සේ පාවා නුවරවැසි මල්ලවරුන්ට රැය බොහෝ වේලා ගෙවෙන තුරු ධර්ම කථාවෙන් කරුණු දක්වා, සමාදන් කරවා, උනන්දු කරවා, සතුටු කරවා, "වාසෙට්ඨයෙනි, බොහෝ රෑ බෝ වූයේ ය. දැන් යමකට කල් නම් ඔබ එය දැනගනිව්" යි නික්මයෑමට උනන්දු කළ සේක. "එසේ ය, ස්වාමීනී" යි පාවා නුවරවැසි මල්ලවරු භාග්‍යවතුන් වහන්සේට පිළිවදන් දී හුනස්නෙන් නැගිට භාග්‍යවතුන් වහන්සේට සකසා වන්දනා කොට, පැදකුණු කොට පිටත් ව ගියාහු ය.

එකල්හී භාග්‍යවතුන් වහන්සේ පාවා නුවරවැසි මල්ලවරු පිටත් ව ගිය නොබෝ වේලාවකින් ඉතා සංසුන් ව, නිශ්ශබ්ද ව සිටින භික්ෂු සංඝයා දෙස බලා ආයුෂ්මත් සාරිපුත්තයන් වහන්සේ ඇමතූ සේක.

"සාරිපුත්තයෙනි, භික්ෂු සංඝයා ථීනමිද්ධයෙන් තොර ව සිටියි. සාරිපුත්තයෙනි, භික්ෂූන්ට පවසනු පිණිස ඔබට ධර්ම කථාවක් වැටහේවා! මාගේ පිට ගිලන් ය. එහෙයින් මම මඳක් විවේක ගන්නෙමි."

"එසේ ය ස්වාමීනී" යි ආයුෂ්මත් සාරිපුත්තයන් වහන්සේ භාග්‍යවතුන් වහන්සේට පිළිවදන් දුන්හ.

ඉක්බිති භාග්‍යවතුන් වහන්සේ දෙපොට සිවුර සිව් ගුණ කොට පණවා නැගී සිටින හැඟීම මෙනෙහි කොට දකුණු පාදය මත වම් පාදය මඳක් මෑත් කොට තබා, සිහියෙන් හා නුවණින් යුතුව, දකුණු ඇලයෙන් සිංහසෙය්‍යාවෙන් සැතපුණු සේක.

එසමයෙහි වනාහී නිගණ්ඨනාතපුත්‍ර තෙමේ (රජගහ නුවරට නුදුරු වූ) පාවා නම් නුවර දී කලුරිය කොට නොබෝ කල් ඇත්තේ වෙයි. ඔහුගේ කලුරිය කිරීමෙන් පසු නිගණ්ඨයෝ දෙකොටසකට බෙදී රණ්ඩු ඇති කරගනිමින්, කෝලාහල ඇතිකරගනිමින්, වාද විවාදයන්ට පැමිණෙමින්, එකිනෙකාට වචන නැමැති අවියෙන් විදගනිමින් වාසය කරති. 'තෝ මේ ධර්ම විනය නොදන්නෙහි ය. මම් මේ ධර්ම විනය දනිමි. කිම? තෝ මේ ධර්ම විනය දන්නෙහි ද? තෝ මිථ්‍යාවට පිළිපන්නෙහි ය. මම් යහපතට පිළිපන්නෙමි. මා කියන කරුණු හේතු යුක්ත ය. තගේ කරුණු හේතු රහිත ය. කලින් කිව යුත්ත පසු ව කීවෙහි ය. පසු ව කිව යුත්ත කලින් කීවෙහි ය. තා විසින් බොහෝ කල් පුරුදු කළ දෑ මේ වාදය නිසා කණපිට පෙරලුණේ ය. මා විසින් තට වාදයක් නංවන ලද්දේ ය. මා විසින් තෝ ගරහන ලද්දෙහි ය. වාදයෙන් බේරෙන්නට උපාය සොයමින් පල. ඉදින් පුළුවන් නම් වාදය ලිහා ගනුව' යනුවෙනි.

නිගණ්ඨනාතපුත්තගේ ශෝලයන් අතර හිංසා කරගැනීමක් ම මේ නිසා පවතියි. නිගණ්ඨනාතපුත්තගේ යම් ඒ සුදුවත් හඳින ගිහි සව්වෝ වෙත් ද, ඔවුහු ද නිගණ්ඨනාතපුත්තගේ ශෝලයන් කෙරෙහි කලකිරුණු ස්වභාව ඇති ව, නොබැඳුණු ස්වභාව ඇති ව, පුද සත්කාරයන්හි පසුබට වන ස්වභාව ඇති වූවාහු ය. වැරදි ලෙස කියන ලද, වැරදි ලෙස දන්වන ලද, කෙලෙස් නැසීම පිණිස හේතු නොවන, කෙලෙස් සංසිඳීම පිණිස හේතු නොවන, සම්මා සම්බුදු නොවන්නෙකු විසින් පවසන ලද ධර්ම විනයක, බිඳීගිය ස්ථූපය ඇති ව, පිළිසරණ රහිත වූවන් හට සිදුවන්නේ යම් අයුරකින් ද, එසේ ම වූයේ ය.

ඉක්බිති ආයුෂ්මත් සාරිපුත්තයන් වහන්සේ භික්ෂූන් ඇමතූ සේක.

"ඇවැත්නි, නිගණ්ඨනාතපුත්‍ර තෙමේ (රජගහ නුවරට නුදුරු වූ) පාවා නම් නුවර දී කලුරිය කොට නොබෝ කල් ඇත්තේ වෙයි. ඔහුගේ කලුරිය කිරීමෙන් පසු නිගණ්ඨයෝ දෙකොටසකට බෙදී රණ්ඩු ඇති කරගනිමින්, ...(පෙ).... ඇවැත්නි, වැරදි ලෙස කියන ලද, වැරදි ලෙස දන්වන ලද, කෙලෙස් නැසීම පිණිස හේතු නොවන, කෙලෙස් සංසිඳීම පිණිස හේතු නොවන, සම්මා සම්බුදු නොවන්නෙකු විසින් පවසන ලද ධර්ම විනයක, බිඳීගිය ස්ථූපය ඇති, පිළිසරණ රහිත වූවන් හට මෙය මෙසේ ම සිදුවෙයි.

ඇවැත්නි, මේ ධර්මය වනාහී අපගේ භාග්‍යවතුන් වහන්සේ විසින් මනාකොට දෙසන ලද්දේ ය. මැනැවින් දන්වන ලද්දේ ය. සසර දුකින් නිදහස් වීම පිණිස පවතියි. කෙලෙස් සංසිඳීම පිණිස පවතියි. සම්මා සම්බුදුවරයෙකු විසින් පවසන ලද්දකි. යම් පරිදි මේ සසුන් බඹසර බොහෝ කලක් පවතින්නේ ද, එහිලා සියළු දෙනා ම එක් ව සංගායනා කළ යුත්තේ ය. වාද විවාද නොකළ යුත්තේ ය. එය බොහෝ ජනයාට හිත පිණිස, බොහෝ ජනයාට සුව පිණිස, ලොවට අනුකම්පාව පිණිස, දෙවි මිනිසුන්ගේ යහපත හිතසුව පිණිස පවතින්නේ ය.

ඇවැත්නි, අපගේ භාග්‍යවතුන් වහන්සේ විසින් මනාකොට දෙසන ලද, මැනැවින් දන්වන ලද, සසර දුකින් නිදහස් වීම පිණිස පවතින, කෙලෙස් සංසිඳීම පිණිස පවතින, සම්මා සම්බුදුන් විසින් පවසන ලද යම් පරිදි මේ සසුන් බඹසර බොහෝ කලක් පවතින්නේ ද, එහිලා සියළු දෙනා ම එක් ව සංගායනා කළ යුතු, වාද විවාද නොකළ යුතු, එය බොහෝ ජනයාට හිත පිණිස, බොහෝ ජනයාට සුව පිණිස, ලොවට අනුකම්පාව පිණිස, දෙවි මිනිසුන්ගේ යහපත හිතසුව පිණිස පවතින්නේ කවර ධර්මයක් ද?

1

ඇවැත්නි, සියල්ල දන්නා, සියල්ල දක්නා, ඒ අරහත් සම්මා සම්බුදු භාග්‍යවතුන් වහන්සේ විසින් මැනැවින් වදාරණ ලද එක් ධර්මයක් ඇත්තේ ය. යම් පරිදි මේ සසුන් බඹසර බොහෝ කලක් පවතින්නේ ද, එහිලා සියළු දෙනා ම එක් ව සංගායනා කළ යුතු ය. වාද විවාද නොකළ යුතු ය. එය බොහෝ ජනයාට හිත පිණිස, බොහෝ ජනයාට සුව පිණිස, ලොවට අනුකම්පාව පිණිස, දෙවි මිනිසුන්ගේ යහපත හිතසුව පිණිස පවතින්නේ ය. ඒ කවර එක් ධර්මයක්ද?

එනම්; 'සියළු සත්වයෝ ආහාරයෙන් සිටින්නෝ ය. සියළු සත්වයෝ හේතුප්‍රත්‍ය ධර්මතාවෙන් සිටින්නෝ ය' යන එක ම ධර්මය යි.

ඇවැත්නි, මෙය වනාහී සියල්ල දන්නා, සියල්ල දක්නා, ඒ අරහත් සම්මා සම්බුදු භාග්‍යවතුන් වහන්සේ විසින් මැනැවින් වදාරණ ලද එක් ධර්මය යි. යම් පරිදි මේ සසුන් බඹසර බොහෝ කලක් පවතින්නේ ද, එහිලා සියළු දෙනා ම එක් ව සංගායනා කළ යුත්තේ ය. වාද විවාද නොකළ යුත්තේ ය. එය බොහෝ ජනයාට හිත පිණිස, බොහෝ ජනයාට සුව පිණිස, ලොවට අනුකම්පාව පිණිස, දෙව් මිනිසුන්ගේ යහපත හිතසුව පිණිස පවතින්නේ ය.

2

ඇවැත්නි, සියල්ල දන්නා, සියල්ල දක්නා, ඒ අරහත් සම්මා සම්බුදු භාග්‍යවතුන් වහන්සේ විසින් මැනැවින් වදාරණ ලද දෙක බැගින් වූ ධර්මයෝ ඇත්තාහ. යම් පරිදි ඒ සසුන් බඹසර බෙහෝ කලක් පවතින්නේ ද, එහිලා සියළු දෙනා ම එක් ව සංගායනා කළ යුතු ය. වාද විවාද නොකළ යුතු ය. එය බොහෝ ජනයාට හිත පිණිස, බොහෝ ජනයාට සුව පිණිස, ලොවට අනුකම්පාව පිණිස, දෙව් මිනිසුන්ගේ යහපත හිතසුව පිණිස පවතින්නේ ය. ඒ දෙක බැගින් වූ ධර්මයෝ කවරහු ද?

එනම්; නාමය ත් - රූපය ත් යන ධර්ම දෙක ය. ....(පෙ).... අවිද්‍යාව ත් - භව තෘෂ්ණාව ත් යන ධර්ම දෙක ය. ....(පෙ).... භව දෘෂ්ටිය ත් - විභව දෘෂ්ටිය ත් යන ධර්ම දෙක ය. ....(පෙ).... පවට ලැජ්ජා නැති බව ත් - පවට භය නැති බව ත් යන ධර්ම දෙක ය. ....(පෙ).... පවට ලැජ්ජාව ත් - පවට භය ත් යන ධර්ම දෙක ය. ....(පෙ).... අකීකරුකම ත් - පවිටු මිතුරන් ඇති බව ත් යන ධර්ම දෙක ය. ....(පෙ).... කීකරුකම ත් - කලණ මිතුරන් ඇති බව ත් යන ධර්ම දෙක ය. ....(පෙ).... ඇවැත් දැනගැනීමේ දක්ෂකම ත් - ඇවැතින් නැගී සිටීමේ දක්ෂකම ත් යන ධර්ම දෙක ය. ....(පෙ).... සමාපත්තියට සමවැදීමේ දක්ෂකම ත් - සමාපත්තියෙන් නැගී සිටීමේ දක්ෂකම ත් යන ධර්ම දෙක ය. ....(පෙ).... ධාතු ස්වභාවය දැනගැනීමේ දක්ෂකමත් - එය මෙනෙහි කිරීමේ දක්ෂකම ත් යන ධර්ම දෙක ය. ....(පෙ).... ආයතන දැනගැනීමේ දක්ෂකම ත් - පටිච්ච සමුප්පාදය දැනගැනීමේ දක්ෂකම ත් යන ධර්ම දෙක ය. ....(පෙ).... සිදුවිය හැකි දේ දැනගැනීමේ දක්ෂකම ත් - සිදුවිය නොහැකි දේ දැනගැනීමේ දක්ෂකමත් යන ධර්ම දෙක ය. ....(පෙ).... අවංකබව ත් - ලැජ්ජාව ත් යන ධර්ම දෙක ය. ....(පෙ).... ඉවසීම ත් - කීකරුකම ත් යන ධර්ම දෙක ය. ....(පෙ).... මොලොක් වචන ඇතිබව ත් - පිළිසඳර කථාවත් යන ධර්ම දෙක ය. ....(පෙ).... අහිංසාව

ත් - මෛත්‍රිය ත් යන ධර්ම දෙක ය. ....(පෙ).... සිහිමුලාව ත් - අඥානකම ත් යන ධර්ම දෙක ය. ....(පෙ).... සිහිය ත් - නුවණින් යුක්ත බව ත් යන ධර්ම දෙක ය. ....(පෙ).... ඉඳුරන්හි නොවැසූ දොරටු ඇති බව ත් - ආහාරයෙහි අරුත නොදන්නා බව ත් යන ධර්ම දෙක ය. ....(පෙ).... ඉඳුරන් හි වැසූ දොරටු ඇති බව ත් - ආහාරයෙහි අරුත දන්නා බවත් යන ධර්ම දෙක ය. ....(පෙ).... නුවණින් සලකා බැලීමේ බලය ත් - භාවනාවේ බලය ත් යන ධර්ම දෙක ය. ....(පෙ).... සති බලය ත් - සමාධි බලයත් යන ධර්ම දෙක ය. ....(පෙ).... සමථය ත් - විදර්ශනාව ත් යන ධර්ම දෙක ය. ....(පෙ).... වීර්යය ත් - සිතෙහි එකඟ බව ත් යන ධර්ම දෙක ය. ....(පෙ).... සමථයට අදාළ අරමුණ ත් - වීර්යයට අදාළ අරමුණ ත් යන ධර්ම දෙක ය. ....(පෙ).... සීල විපත්තිය ත් - දෘෂ්ටි විපත්තිය ත් යන ධර්ම දෙක ය. ....(පෙ).... සීල සම්පත්තිය ත් - දෘෂ්ටි සම්පත්තිය ත් යන ධර්ම දෙක ය. ....(පෙ).... සීල විශුද්ධිය ත් - දෘෂ්ටි විශුද්ධිය ත් යන ධර්ම දෙක ය. ....(පෙ).... දෘෂ්ටි විශුද්ධිය වනාහී යම් දෘෂ්ටියකින් යුක්ත වූ කෙනෙකුට එයින් සංවේගයට පත් ව ප්‍රධන් වීර්යය ත් කිරීම ත් - සංවේගයට පත්වන කරුණු පිළිබඳ ව සංවේග වූවෙකු විසින් නුවණ යොදා කරනු ලබන ප්‍රධන් වීර්යය ත් යන ධර්ම දෙක ය. ....(පෙ).... කුසල් දහම්හි සෑහීමකට පත් නොවන බව ත් - ප්‍රධන් වීර්යයෙහි නොපසුබස්නා බව ත් යන ධර්ම දෙක ය. ....(පෙ).... විද්‍යාව ත් - විමුක්තිය ත් යන ධර්ම දෙක ය. ....(පෙ).... කෙලෙස් ක්ෂය වී ගිය බව දන්නා නුවණ ත් - නැවත ක්ෂය වූ කෙලෙස් නොහටගන්නා බව දන්නා නුවණ ත් යන ධර්ම දෙක ය. ....(පෙ)....

ඇවැත්නි, මේ වනාහී සියල්ල දන්නා, සියල්ල දක්නා, ඒ අරහත් සම්මා සම්බුදු භාග්‍යවතුන් වහන්සේ විසින් මැනැවින් වදාරණ ලද දෙක බැගින් වූ ධර්මයෝ ය. යම් පරිදි මේ සසුන් බඹසර බොහෝ කලක් පවතින්නේ ද, එහිලා සියළු දෙනා ම එක් ව සංගායනා කළ යුත්තේ ය. වාද විවාද නොකළ යුත්තේ ය. එය බොහෝ ජනයාට හිත පිණිස, බොහෝ ජනයාට සුව පිණිස, ලොවට අනුකම්පාව පිණිස, දෙවි මිනිසුන්ගේ යහපත හිතසුව පිණිස පවතින්නේ ය.

3

ඇවැත්නි, සියල්ල දන්නා, සියල්ල දක්නා, ඒ අරහත් සම්මා සම්බුදු භාග්‍යවතුන් වහන්සේ විසින් මැනැවින් වදාරණ ලද තුන බැගින් වූ ධර්මයෝ ඇත්තාහ. එහිලා යම් පරිදි මේ සසුන් බඹසර බොහෝ කලක් පවතින්නේ ද, සියළු දෙනා ම එක් ව සංගායනා කළ යුතු ය. වාද විවාද නොකළ යුතු ය. එය බොහෝ ජනයාට හිත පිණිස, බොහෝ ජනයාට සුව පිණිස, ලොවට

අනුකම්පාව පිණිස, දෙවි මිනිසුන්ගේ යහපත හිතසුව පිණිස පවතින්නේ ය. තුන බැගින් වූ ධර්මයෝ කවරහු ද?

එනම්;

අකුසල මුල් තුනකි. ලෝභය අකුසල්වලට මුල්වෙයි. ද්වේෂය අකුසල්වලට මුල්වෙයි. මෝහය අකුසල්වලට මුල්වෙයි.

කුසල මුල් තුනකි. අලෝභය කුසල්වලට මුල්වෙයි. අද්වේෂය කුසල්වලට මුල්වෙයි. අමෝහය කුසල්වලට මුල්වෙයි.

දුසිරිත් තුනකි. කයෙන් වැරදි ලෙස හැසිරීම ය. වචනයෙන් වැරදි ලෙස හැසිරීම ය. මනසින් වැරදි ලෙස හැසිරීම ය.

සුසිරිත් තුනකි. කයෙන් නිවැරදි ලෙස හැසිරීම ය. වචනයෙන් නිවැරදි ලෙස හැසිරීම ය. මනසින් නිවැරදි ලෙස හැසිරීම ය.

අකුසල විතර්ක තුනකි. කාමයන් ගැන නැවත නැවත කල්පනා කිරීම ය. ව්‍යාපාදය ගැන නැවත නැවත කල්පනා කිරීම ය. හිංසා කිරීම ගැන නැවත නැවත කල්පනා කිරීම ය.

කුසල විතර්ක තුනකි. කාමයෙන් වෙන්වීම ගැන නැවත නැවත කල්පනා කිරීම ය. මෛත්‍රිය ගැන නැවත නැවත කල්පනා කිරීම ය. හිංසා නොකිරීම ගැන නැවත නැවත කල්පනා කිරීම ය.

අකුසල සංකල්ප තුනකි. කාමයන් ගැන කල්පනා කිරීම ය. ව්‍යාපාදය ගැන කල්පනා කිරීම ය. හිංසා කිරීම ගැන කල්පනා කිරීම ය.

කුසල සංකල්ප තුනකි. කාමයෙන් වෙන්වීම ගැන කල්පනා කිරීම ය. මෛත්‍රිය ගැන කල්පනා කිරීම ය. හිංසා නොකිරීම ගැන කල්පනා කිරීම ය.

අකුසල සංඥා තුනකි. කාම සංඥා ය. ව්‍යාපාද සංඥා ය. විහිංසා සංඥාය.

කුසල සංඥා තුනකි. නෙක්ඛම්ම සංඥා ය. අව්‍යාපාද සංඥා ය. අවිහිංසා සංඥා ය.

අකුසල ධාතු තුනකි. කාම ධාතුව ය. ව්‍යාපාද ධාතුව ය. විහිංසා ධාතුවය.

කුසල ධාතු තුනකි. නෙක්ඛම්ම ධාතුව ය. අව්‍යාපාද ධාතුව ය. අවිහිංසා ධාතුව ය.

තවත් ධාතු තුනකි. කාම ධාතුව ය. රූප ධාතුව ය. අරූප ධාතුව ය.

තවත් ධාතු තුනකි. රූප ධාතුව ය. අරූප ධාතුව ය. නිරෝධ ධාතුව ය.

තවත් ධාතු තුනකි. හීන ධාතුව ය. මධ්‍යම ධාතුව ය. ප්‍රණීත ධාතුව ය.

තණ්හා තුනකි. කාම තණ්හාව ය. භව තණ්හාව ය, විභව තණ්හාව ය.

තවත් තණ්හා තුනකි. කාම තණ්හාව ය. රූප තණ්හාව ය, අරූප තණ්හාවය.

තවත් තණ්හා තුනකි. රූප තණ්හාව ය. අරූප තණ්හාව ය, නිරෝධ තණ්හාව ය.

සංයෝජන තුනකි. සක්කාය දිට්ඨිය ය. විචිකිච්ඡාව ය. සීලබ්බත පරාමාසය.

ආශ්‍රව තුනකි. කාම ආශ්‍රව ය. භව ආශ්‍රව ය. අවිද්‍යා ආශ්‍රව ය.

භව තුනකි. කාම භවය ය. රූප භවය ය. අරූප භවය ය.

සෙවීම් තුනකි. කාමයන් සෙවීම ය. භවයන් සෙවීම ය. බඹසර සෙවීමය.

මාන්න තුනකි. 'අන්‍යයන්ට වඩා මම උසස් වෙමි' යි මාන්නයකි. 'අන්‍යයන් හා මම සමාන වෙමි' යි මාන්නයකි. 'අන්‍යයන්ට වඩා මම හීන වෙමි' යි මාන්නයකි.

කාල තුනකි. අතීත කාලය ය. අනාගත කාලය ය. වර්තමාන කාලය ය.

අන්ත තුනකි. සක්කාය එක් අන්තයකි. සක්කාය හටගැනීම තව අන්තයකි. සක්කාය නිරෝධය තව අන්තයකි.

විඳීම් තුනකි. සැප විඳීම ය. දුක් විඳීම ය. දුක් සැප රහිත විඳීම ය.

දුක්ඛිතභාව තුනකි. දුක දුක්ඛිතභාවයකි. සංස්කාර දුක්ඛිතභාවයකි. වෙනස්වීම දුක්ඛිතභාවයකි.

රැස්වෙන දේවල් තුනකි. මිථ්‍යා දෙයින් ද රැස්වෙයි. යහපත් දෙයින් ද රැස්වෙයි. ඒ දෙකෙන් තොරව ද රැස්වෙයි.

සැක තුනකි. අතීත කාලය අරභයා හෝ සැක කරයි. විචිකිච්ඡා කරයි. නොබැසගනියි. නොපහදියි. අනාගත කාලය අරභයා හෝ සැක කරයි.

විචිකිච්ඡා කරයි. නොබැසගනියි. නොපහදියි. වර්තමාන කාලය අරභයා හෝ සැක කරයි. විචිකිච්ඡා කරයි. නොබැසගනියි. නොපහදියි.

තථාගතයන් වහන්සේගේ නොරක්ක යුතු කරුණු තුනකි. ඇවැත්නි, තථාගතයන් වහන්සේ පිරිසිදු කායික හැසිරීමෙන් යුතු සේක. තථාගතයන් වහන්සේ 'මාගේ මේ කායික හැසිරීම වෙනත් අයෙක් නොදනීවා' යි යමක් රකිත් නම්, එබඳු වූ කාය දුෂ්චරිතයක් තථාගතයන් වහන්සේට නැත්තේ ය. ඇවැත්නි, තථාගතයන් වහන්සේ පිරිසිදු වාචසික හැසිරීමෙන් යුතු සේක. තථාගතයන් වහන්සේ 'මාගේ මේ වාචසික හැසිරීම වෙනත් අයෙක් නොදනීවා' යි යමක් රකිත් නම්, එබඳු වූ වාක් දුෂ්චරියතයක් තථාගතයන් වහන්සේට නැත්තේ ය. ඇවැත්නි, තථාගතයන් වහන්සේ පිරිසිදු මානසික හැසිරීමෙන් යුතු සේක. තථාගතයන් වහන්සේ 'මාගේ මේ මානසික හැසිරීම වෙනත් අයෙක් නොදනීවා' යි යමක් රකිත් නම්, එබඳු වූ මනෝ දුෂ්චරිතයක් තථාගතයන් වහන්සේට නැත්තේ ය.

කෙලෙස් තුනකි. රාගය ක්ලේශයකි. ද්වේෂය ක්ලේශයකි. මෝහය ක්ලේශයකි.

ගිනි තුනකි. රාගය ගින්නකි. ද්වේෂය ගින්නකි. මෝහය ගින්නකි.

තවත් ගිනි තුනකි. ආහුනෙය්‍ය නම් මව්පියන් පිදිය යුතු ගින්නකි. අඹුදරුවන් හා දාසිදස්සන් යනු පිදිය යුතු ගින්නකි. දක්ඛිණෙය්‍ය නම් භික්ෂු සංඝයා නම් පිදිය යුතු ගින්නකි.

රූපයන් ගණන් ගැනීම තුන් අයුරු ය. නිදර්ශන සහිත ඕලාරික රූපය ය. නිදර්ශන රහිත ඕලාරික රූපය ය. නිදර්ශන රහිත ඕලාරික නොවන රූපයය.

සංස්කාර තුනකි. පුණ්‍යාභිසංස්කාර ය. අපුණ්‍යාභිසංස්කාර ය. ආනෙඤ්ජාභිසංස්කාර ය.

පුද්ගලයෝ තිදෙනෙකි. නිවන් මග පිළිපන් පුද්ගලයා ය. රහත් පුද්ගලයා ය. නිවන් මග නොපිළිපන්, රහත් නොවූ පුද්ගලයා ය.

ස්ථවිරවරු තිදෙනෙකි. ඉපදී වයසට ගිය හෙවත් ජාති ස්ථවිර ය. ගුණධර්මයන් ගෙන් දියුණු වූ පැවිද්දා හෙවත් ධම්ම ස්ථවිර ය. සම්මුතියෙන් පැවිදි ව වයසට ගිය හෙවත් සම්මුති ස්ථවිර ය.

පින් කිරීමට හේතුවන කරුණු තුනකි. දානයෙන් උපදවාගන්නා දෙය පින් කිරීමට කරුණකි. සීලයෙන් උපදවාගන්නා දෙය පින් කිරීමට කරුණකි. භාවනාවෙන් උපදවාගන්නා දෙය පින් කිරීමට කරුණකි.

චෝදනා කිරීමට කරුණු තුනකි. දක්නා ලද දෙයක් මුල් කොට ය. ඇසූ දෙයක් මුල් කොට ය. සැක කළ දෙයක් මුල් කොට ය.

කාම උපප්‍රාප්ති තුනකි. ඇවැත්නි, තමා වෙත පැමිණි කාමයන් ඇති සත්වයෝ සිටිති. ඔවුහු ඒ තමා වටා ඇති කාමයන් කෙරෙහි තමාගේ වසඟය පවත්වා සිටිති. මිනිස්සු යම් සේ ද, ඇතැම් දෙවියෝ යම් සේ ද, ඇතැම් විනිපාතිකයෝ යම් සේ ද, එසේ ය. මෙය පළමුවෙනි කාම උපප්‍රාප්තිය යි. ඇවැත්නි, තමා උදෙසා පින් බලයෙන් මවාගත් කාමයන් ඇති සත්වයෝ සිටිති. ඔවුහු තමන්ට රිසි සේ කාම සම්පත් මව මවා ඒ කාමයන් කෙරෙහි තමාගේ වසඟය පවත්වා සිටිති. නිම්මාණරතී දෙවියෝ යම් සේ ද එසේ ය. මෙය දෙවෙනි කාම උපප්‍රාප්තිය යි. ඇවැත්නි, අනුන් විසින් තමා උදෙසා පින් බලයෙන් මවන ලද කාමයන් ඇති සත්වයෝ සිටිති. ඔවුහු අනුන් විසින් මවන ලද ඒ කාමයන් කෙරෙහි තමාගේ වසඟය පවත්වා සිටිති. පරනිම්මිත වසවත්තී දෙවියෝ යම් සේ ද එසේ ය. මෙය තුන්වෙනි කාම උපප්‍රාප්තිය යි.

සැප උපප්‍රාප්ති තුනකි. ඇවැත්නි, සැප උපදවා උපදවා වසත් නම්, එබඳු සත්වයෝ සිටිති. බ්‍රහ්මකායික දෙවියෝ යම් සේ ද, එසේ ය. මෙය පළමු වෙනි සැප උපප්‍රාප්තිය යි. ඇවැත්නි, සැපයෙන් තෙමී ගොස්, හැම ලෙසින් තෙමී ගොස් පිරිපුන් ව තම ජීවිතය පුරා පැතිරී ගිය සැප ඇති සත්වයෝ සිටිති. ඔවුහු ඇතැම් කලෙක 'අහෝ! සැපයකි. අහෝ! සැපයකි' යි උදන් අනති. ආභස්සර බඹලොව දෙවියෝ යම් සේ ද, එසේ ය. මෙය දෙවෙනි සැප උපප්‍රාප්තිය යි. ඇවැත්නි, සැපයෙන් තෙමී ගොස්, හැම ලෙසින් තෙමී ගොස් පිරිපුන් ව තම ජීවිතය පුරා පැතිරී ගිය සැප ඇති සත්වයෝ සිටිති. ඔවුහු තිබෙන්නා වූ ම සතුටින් සතුටු ව සැප විඳිති. සුභකිණ්හ දෙවියෝ යම් සේ ද, එසේ ය. මෙය තුන්වෙනි සැප උපප්‍රාප්තිය යි.

ප්‍රඥා තුනකි. නිවන් මග ගමන් කරන පුද්ගලයාගේ ප්‍රඥාව ය. නිවන් මග සම්පූර්ණ කළ රහතුන්ගේ ප්‍රඥාව ය. නිවන් මග ගමන් නොකරන, රහත් නොවූ පුද්ගලයාගේ ප්‍රඥාව ය.

තවත් ප්‍රඥා තුනකි. සිතීමේ හැකියාවෙන් උපදවා ගන්නා ප්‍රඥාව නම් වූ චින්තාමය ප්‍රඥාව ය. ඇසීම තුළින් උපදවා ගන්නා ප්‍රඥාව නම් වූ සුතමය ප්‍රඥාව ය. භාවනා වශයෙන් උපදවා ගන්නා ප්‍රඥාව නම් වූ භාවනාමය ප්‍රඥාවය.

ආයුධ තුනකි. ඇසීම තුළින් ලබාගන්නා ලද ශ්‍රැත ආයුධය ය. විවේකයෙන් ලබාගන්නා ලද පවිවේක ආයුධය ය. ප්‍රඥාවෙන් ලබාගන්නා ප්‍රඥා ආයුධය ය.

ඉන්ද්‍රියයන් තුනකි. 'අවබෝධ නොකළ මාර්ගඵලාවබෝධයන් අවබෝධ කරගන්නෙමි' යි සෝවාන් මාර්ගයට පත් කෙනා තුළ හටගන්නා අනඤ්ඤාතඤ්ඤස්සාමීතින්ද්‍රිය ය. සෝවාන් ඵලයේ සිට අරහත් මාර්ගය දක්වා ඇතිවන අවබෝධය දැනගන්නා අඤ්ඤින්ද්‍රිය ය. අරහත්ඵලයට පත් වූ බව දැනගන්නා අඤ්ඤාතාවීන්ද්‍රිය ය.

ඇස් තුනකි. මස් ඇස ය. දිවැස ය. ප්‍රඥා ඇස ය.

හික්මීම් තුනකි. අධිශීලයෙහි හික්මීම ය. අධිචිත්තයෙහි හික්මීම ය. අධිප්‍රඥාවෙහි හික්මීම ය.

භාවනා තුනකි. කාය භාවනා ය. චිත්ත භාවනා ය. ප්‍රඥා භාවනා ය.

අනුත්තරිය තුනකි. දස්සනානුත්තරිය ය. පටිපදා අනුත්තරිය ය. විමුක්ත අනුත්තරිය ය.

සමාධි තුනකි. විතර්ක සහිත විචාර සහිත සමාධිය ය. විතර්ක රහිත විචාරමාත්‍ර සමාධිය ය. විතර්ක රහිත විචාර රහිත සමාධිය ය.

තවත් සමාධි තුනකි. ශූන්‍යතා සමාධිය ය. අනිමිත්ත සමාධිය ය. අප්පණිහිත සමාධිය ය.

පිරිසිදුවීම් තුනකි. දුසිරිතෙන් වැළකී කයින් කරන සුසිරිත් ය. දුසිරිතෙන් වැළකී වචනයෙන් කරන සුසිරිත් ය. දුසිරිතෙන් වැළකී මනසින් කරන සුසිරිත්ය.

මුනි බවට පත්කරන කරුණු තුනකි. කයෙන් සුචරිතය වැඩීම ය. වචනයෙන් සුචරිතය වැඩීම ය. මනසින් සුචරිතය වැඩීම ය.

කුසලතා තුනකි. දියුණු වීම ගැන දන්නා නුවණ ය. පිරිහීම ගැන දන්නා නුවණ ය. උපාය ගැන දන්නා නුවණ ය.

මත්වීම් තුනකි. නීරෝග බව ගැන උඩඟු වීම මත්වීමකි. තරුණ බව ගැන උඩඟු වීම මත්වීමකි. නොමැරී සිටීම ගැන උඩඟු වීම මත්වීමකි.

අධිපති බව පෙරටුකොට ගැනීම් තුනකි. තමාගේ ආත්ම ගෞරවය පෙරටු කොටගෙන පවින් වැළකීම අත්තාධිපතෙය්‍ය වෙයි. ලෝකයාගෙන් ලැබෙන අපවාදයන්ට ලැජ්ජාවෙන් පවින් වැළකීම ලෝකාධිපතෙය්‍ය වෙයි. භාග්‍යවතුන් වහන්සේගේ ධර්මය සිහි කරමින් පවින් වැළකීම ධම්මාධිපතෙය්‍ය වෙයි.

කථාවන්ට කරුණු තුනකි. අතීත කාලයෙහි මෙසේ වූයේ ය කියා අතීත කාලය අරභයා හෝ කථාවක් කථා කරයි. අනාගත කාලයෙහි මෙසේ වන්නේ ය කියා අනාගත කාලය අරභයා හෝ කථාවක් කථා කරයි. වර්තමාන කාලයෙහි

මෙසේ වෙයි කියා වර්තමාන කාලය අරභයා හෝ කථාවක් කථා කරයි.

විද්‍යා තුනකි. පෙර භවයන්හි ජීවිතය ගත කළ අයුරු දන්නා නුවණ වූ පුබ්බේනිවාසානුස්සති ඥානය විද්‍යාවකි. සත්වයන්ගේ චුතිය උපත දන්නා නුවණ වූ චුතූපපාත ඥානය විද්‍යාවකි. ආශ්‍රවයන් ක්ෂය වූ බව දන්නා නුවණ වූ ආසවක්ඛය ඥානය විද්‍යාවකි.

විහරණ තුනකි. ධ්‍යාන ලබා සැප විඳීම නම් වූ දිව්‍ය විහරණය ය. සතර බ්‍රහ්ම විහරණ තුළින් සමාධිය උපදවා ගැනීම නම් වූ බ්‍රහ්ම විහාරය ය. මාර්ගඵලයන්ගෙන් සැප විඳීම නම් වූ ආර්ය විහාරය ය.

ප්‍රාතිහාර්යය තුනකි. අහසට පැන නැඟීම් ආදී ඉර්ධි ප්‍රාතිහාර්ය ය. චිත්ත ස්වභාවය ඉස්මතු කොට කථා කිරීම නම් වූ ආදේශනා ප්‍රාතිහාර්ය ය. ධර්මය ම කථා කිරීම නම් වූ අනුශාසනී ප්‍රාතිහාර්ය ය.

ඇවැත්නි, මේ වනාහී සියල්ල දන්නා, සියල්ල දක්නා, ඒ අරහත් සම්මා සම්බුදු භාග්‍යවතුන් වහන්සේ විසින් මැනැවින් වදාරණ ලද තුන බැගින් වූ ධර්මයෝ ය. යම් පරිදි මේ සසුන් බඹසර බොහෝ කලක් පවතින්නේ ද, එහිලා සියළු දෙනා ම එක් ව සංගායනා කළ යුත්තේ ය. වාද විවාද නොකළ යුත්තේ ය. එය බොහෝ ජනයාට හිත පිණිස, බොහෝ ජනයාට සුව පිණිස, ලොවට අනුකම්පාව පිණිස, දෙව් මිනිසුන්ගේ යහපත හිතසුව පිණිස පවතින්නේ ය.

4

ඇවැත්නි, සියල්ල දන්නා, සියල්ල දක්නා, ඒ අරහත් සම්මා සම්බුදු භාග්‍යවතුන් වහන්සේ විසින් මැනැවින් වදාරණ ලද සතර බැගින් වූ ධර්මයෝ ඇත්තාහ. යම් පරිදි මේ සසුන් බඹසර බොහෝ කලක් පවතින්නේ ද, එහිලා සියළු දෙනා ම එක් ව සංගායනා කළ යුතු ය. වාද විවාද නොකළ යුතු ය. එය බොහෝ ජනයාට හිත පිණිස, බොහෝ ජනයාට සුව පිණිස, ලොවට අනුකම්පාව පිණිස, දෙව් මිනිසුන්ගේ යහපත හිතසුව පිණිස පවතින්නේ ය. සතර බැගින් වූ ධර්මයෝ කවරහු ද?

එනම්;

සතිපට්ඨාන සතරකි. ඇවැත්නි, මෙහිලා භික්ෂුව කෙලෙස් තවන වීර්යයෙන් යුතු ව, නුවණින් යුතු ව, සිහියෙන් යුතු ව, ලෝකයෙහි ඇලීම් ගැටීම් දුරුකොට කය පිළිබඳ ව කායානුපස්සනාවෙන් වාසය කරයි. ....(පෙ).... වේදනාවන්හි වේදනානුපස්සනාවෙන් වාසය කරයි. ....(පෙ).... සිත පිළිබඳ

ව චිත්තානුපස්සනාවෙන් වාසය කරයි. කෙලෙස් තවන වීර්යයෙන් යුතු ව, නුවණින් යුතු ව, සිහියෙන් යුතු ව, ලෝකයෙහි ඇලීම් ගැටීම් දුරුකොට ධර්මයන් පිළිබඳ ව ධම්මානුපස්සනාවෙන් වාසය කරයි.

සම්‍යක්ප්‍රධාන සතරකි. ඇවැත්නි, මෙහිලා භික්ෂුව නූපන් පාපී අකුසල් දහම් නූපදවීම පිණිස කැමැත්ත උපදවයි. උත්සාහ කරයි. වීරිය අරඹයි. සිත දැඩි කොට ගනියි. ප්‍රධන් වීර්යය කරයි. උපන් පාපී අකුසල් දහම් ප්‍රහාණය පිණිස කැමැත්ත උපදවයි. උත්සාහ කරයි. වීරිය අරඹයි. සිත දැඩි කොට ගනියි. ප්‍රධන් වීර්යය කරයි. නූපන් කුසල් දහම් ඉපදවීම පිණිස කැමැත්ත උපදවයි. උත්සාහ කරයි. වීරිය අරඹයි. සිත දැඩි කොට ගනියි. ප්‍රධන් වීර්යය කරයි. උපන් කුසල් දහම් පවතිනු පිණිස, නැති නොවීම පිණිස, වැඩිදියුණු වීම පිණිස, බොහෝ දියුණුවීම පිණිස, භාවනාවෙන් පිරිපුන් වීම පිණිස කැමැත්ත උපදවයි. උත්සාහ කරයි. වීරිය අරඹයි. සිත දැඩි කොට ගනියි. ප්‍රධන් වීර්යය කරයි.

ඉර්ධිපාද සතරකි. ඇවැත්නි, මෙහිලා භික්ෂුව බලවත් කැමැත්ත මුල්කොට උපදවාගත් සමාධියෙන් යුතු ප්‍රධන් වීර්යයෙන් යුතු සංස්කාරයන්ගෙන් යුතුව ඉර්ධිපාදය වඩයි. බලවත් අධිෂ්ඨානය මුල්කොට උපදවාගත් සමාධියෙන් යුතු ප්‍රධන් වීර්යයෙන් යුතු සංස්කාරයන්ගෙන් යුතුව ඉර්ධිපාදය වඩයි. බලවත් වීර්යය මුල්කොට උපදවාගත් සමාධියෙන් යුතු ප්‍රධන් වීර්යයෙන් යුතු සංස්කාරයන්ගෙන් යුතුව ඉර්ධිපාදය වඩයි. බලවත් ලෙස නුවණින් විමසීම මුල්කොට උපදවාගත් සමාධියෙන් යුතු ප්‍රධන් වීර්යයෙන් යුතු සංස්කාරයන්ගෙන් යුතුව ඉර්ධිපාදය වඩයි.

ධ්‍යාන සතරකි. ඇවැත්නි, මෙහිලා භික්ෂුව කාමයන්ගෙන් වෙන් ව, අකුසල් දහමින් වෙන් ව, විතර්ක සහිත, විචාර සහිත, විවේකයෙන් හටගත් ප්‍රීති සුවය ඇති ප්‍රථම ධ්‍යානය උපදවාගෙන වාසය කරයි. විතර්ක විචාරයන්ගේ සංසිඳීමෙන් තමා තුළ පැහැදීම ඇතිවන අයුරින් සිතේ එකඟ බවින් යුතු ව විතර්ක විචාර රහිත, සමාධියෙන් හටගත් ප්‍රීති සුවය ඇති දෙවෙනි ධ්‍යානය උපදවාගෙන වාසය කරයි. ප්‍රීතියට ද නොඇලීමෙන්, උපේක්ෂාවෙන් ද වාසය කරයි. සිහියෙන් යුතුව, නුවණින් යුතුව කයෙන් සැපයක් ද විඳියි. ආර්යයෝ යම් සමාධියකට 'උපේක්ෂාවෙන් සිහියෙන් යුතු ව සුවසේ විසීම යැයි' පවසත් ද ඒ තුන්වෙනි ධ්‍යානය උපදවාගෙන වාසය කරයි. සැපය ද ප්‍රහාණය වීමෙන්, දුක ද ප්‍රහාණය වීමෙන්, කලින් ම සොම්නස් දොම්නස් නැති වීමෙන් දුක් සැප රහිත වූ පාරිශුද්ධ උපේක්ෂාවෙන් යුතු සිහිය ඇති සතර වෙනි ධ්‍යානය උපදවාගෙන වාසය කරයි.

සමාධි භාවනා සතරකි. ඇවැත්නි, සමාධි භාවනාවක් ඇත්තේ ය. එය දියුණු කරගත් විට, බහුල ව ප්‍රගුණ කරගත් විට මේ ජීවිතයේ සැප සේ ගත කළ හැක්කේ ය.

ඇවැත්නි, සමාධි භාවනාවක් ඇත්තේ ය. එය දියුණු කරගත් විට, බහුල ව ප්‍රගුණ කරගත් විට දිවැස් නුවණ ලැබීම පිණිස පවතින්නේ ය.

ඇවැත්නි, සමාධි භාවනාවක් ඇත්තේ ය. එය දියුණු කරගත් විට, බහුල ව ප්‍රගුණ කරගත් විට සිහි නුවණ වැඩීම පිණිස පවතින්නේ ය.

ඇවැත්නි, සමාධි භාවනාවක් ඇත්තේ ය. එය දියුණු කරගත් විට, බහුල ව ප්‍රගුණ කරගත් විට ආශ්‍රවයන් ක්ෂය වීම පිණිස පවතින්නේ ය.

1. ඇවැත්නි, දියුණු කරගත් විට, බහුල ව ප්‍රගුණ කරගත් විට මේ ජීවිතයේ සැප සේ ගත කළ හැකි සමාධි භාවනාව කුමක් ද?

ඇවැත්නි, මෙහිලා භික්ෂුව කාමයන්ගෙන් වෙන් ව ....(පෙ).... සතර වෙනි ධ්‍යානය උපදවා ගෙන වාසය කරයි.

ඇවැත්නි, දියුණු කරගත් විට, බහුල ව ප්‍රගුණ කරගත් විට මේ ජීවිතයේ සැප සේ ගත කළ හැකි සමාධි භාවනාව යනු මෙය යි.

2. ඇවැත්නි, දියුණු කරගත් විට, බහුල ව ප්‍රගුණ කරගත් විට දිවැස් නුවණ ලැබීම පිණිස පවතින සමාධි භාවනාව කුමක් ද?

ඇවැත්නි, මෙහිලා භික්ෂුව ආලෝක සංඥාව මෙනෙහි කරයි. දහවල් යන සංඥාව අදිටන් කරයි. දහවල් කාලය යම් සේ ද, රෑ කාලය ත් එසේ ය. රෑ කාලය යම් සේ ද, දහවල් කාලය ත් එසේ ය. මෙසේ ප්‍රකට වූ හාත්පස පැතිරී ගිය ආලෝකය සහිත ව සිත වඩයි.

ඇවැත්නි, මේ සමාධි භාවනාව දියුණු කරගත් විට, බහුල ව ප්‍රගුණ කරගත් විට දිවැස් නුවණ ලැබීම පිණිස පවතියි.

3. ඇවැත්නි, දියුණු කරගත් විට, බහුල ව ප්‍රගුණ කරගත් විට සිහි නුවණ වැඩීම පිණිස පවතින සමාධි භාවනාව කුමක් ද?

ඇවැත්නි, මෙහිලා භික්ෂුව හට විඳීම් ප්‍රකට ව හටගනියි. ප්‍රකට ව වැටහෙයි. ප්‍රකට ව නැති වී යයි. සංඥාව ප්‍රකට ව හටගනියි. ප්‍රකට ව වැටහෙයි. ප්‍රකට ව නැති වී යයි. විතර්කයන් ප්‍රකට ව හටගනියි. ප්‍රකට ව වැටහෙයි. ප්‍රකට ව නැති වී යයි.

ඇවැත්නි, මේ සමාධි භාවනාව දියුණු කරගත් විට, බහුල ව ප්‍රගුණ කරගත් විට සිහි නුවණ වැඩීම පිණිස පවතියි.

4. ඇවැත්නි, දියුණු කරගත් විට, බහුල ව ප්‍රගුණ කරගත් විට ආශ්‍රවයන් ක්ෂය වීම පිණිස පවතින සමාධි භාවනාව කුමක් ද?

ඇවැත්නි, මෙහිලා භික්ෂුව පංච උපාදානස්කන්ධයන් පිළිබඳ ව හටගැනීම ත්, නැතිවීම ත් නුවණින් දකිමින් වාසය කරයි. එනම් රූපය යනු මෙය යි. රූපයෙහි හටගැනීම යනු මෙය යි. රූපය නැති වී යාම යනු මෙය යි. විඳීම යනු මෙය යි. විඳීමෙහි හටගැනීම යනු මෙය යි. විඳීම නැති වී යාම යනු මෙය යි. සංඥාව යනු මෙය යි. සංඥාවෙහි හටගැනීම යනු මෙය යි. සංඥාව නැති වී යාම යනු මෙය යි. සංස්කාර යනු මෙය යි. සංස්කාරයන්හි හටගැනීම යනු මෙය යි. සංස්කාරයන් නැති වී යාම යනු මෙය යි. විඤ්ඤාණය යනු මෙය යි. විඤ්ඤාණයෙහි හටගැනීම යනු මෙය යි. විඤ්ඤාණය නැති වී යාම යනු මෙය යි.

ඇවැත්නි, මේ සමාධි භාවනාව දියුණු කරගත් විට, බහුල ව ප්‍රගුණ කරගත් විට ආශ්‍රවයන් ක්ෂය වීම පිණිස පවතියි.

අප්‍රමාණ ලෙස පැවැත්වීම් හෙවත් අප්පමඤ්ඤා සතරකි. ඇවැත්නි, මෙහිලා භික්ෂුව මෛත්‍රී සහගත සිතින් එක් දිශාවක් පතුරුවා වාසය කරයි. එසේ ම දෙවෙනි දිශාව ද, එසේ ම තුන්වෙනි දිශාව ද, එසේ ම සතරවෙනි දිශාව ද පතුරුවා වාසය කරයි. මෙසේ උඩ - යට - සරස සෑම තන්හි ම, තමා හට සම කොට සියළු ලොවට විපුල වූ මහද්ගත වූ, අප්‍රමාණ වූ, අවෛරී වූ, තරහ නැති මෙත් සිත පතුරුවා වාසය කරයි. ....(පෙ).... කරුණා සහගත සිතින් ....(පෙ).... මුදිතා සහගත සිතින් ....(පෙ).... උපේක්ෂා සහගත සිතින් එක් දිශාවක් පතුරුවා වාසය කරයි. එසේ ම දෙවෙනි දිශාව ද, එසේ ම තුන්වෙනි දිශාව ද, එසේ ම සතරවෙනි දිශාව ද පතුරුවා වාසය කරයි. මෙසේ උඩ - යට - සරස සෑම තන්හි ම, තමා හට සම කොට සියළු ලොවට විපුල වූ මහද්ගත වූ, අප්‍රමාණ වූ, අවෛරී වූ, තරහ නැති උපේක්ෂා සහගත සිත පතුරුවා වාසය කරයි.

අරූප සමවත් සතරකි. ඇවැත්නි, මෙහිලා භික්ෂුව සියළු අයුරින් රූප සංඥාවන්ගේ ඉක්ම යෑමෙන්, ගොරෝසු සංඥාවන්ගේ නැතිවීමෙන්, නා නා සංඥාවන් මෙනෙහි නොකිරීමෙන් 'අනන්ත ආකාසය යැ' යි ආකාසානඤ්චායතනය උපදවාගෙන වාසය කරයි. සියළු අයුරින් ආකාසානඤ්චායතනය ඉක්ම යෑමෙන්, 'අනන්ත විඤ්ඤාණය යැ' යි විඤ්ඤාණඤ්චායතනය උපදවාගෙන

වාසය කරයි. සියළු අයුරින් විඤ්ඤාණඤ්චායතනය ඉක්ම යෑමෙන්, 'කිසිවක් නැතැ' යි ආකිඤ්චඤ්ඤායතනය උපදවාගෙන වාසය කරයි. සියළු අයුරින් ආකිඤ්චඤ්ඤායතනය ඉක්ම යෑමෙන්, නේවසඤ්ඤානාසඤ්ඤායතනය උපදවා ගෙන වාසය කරයි.

පරිහරණය කිරීම් සතරකි. ඇවැත්නි, මෙහිලා භික්ෂුව නුවණින් සළකා සේවනය කළ යුතු දෙය සේවනය කරයි. නුවණින් සළකා ඉවසිය යුතු දෙය ඉවසයි. නුවණින් සළකා ඉවත් කළ යුතු දෙය ඉවත් කරයි. නුවණින් සළකා දුරු කළ යුතු දෙය දුරු කරයි.

අරියවංශ සතරකි. ඇවැත්නි, මෙහිලා භික්ෂුව ලද සිවුරකින් සතුටු වෙයි. ලද සිවුරකින් ලබන සතුට පිළිබඳ ව වර්ණනා කරන්නේ වෙයි. සිවුරක් උදෙසා භික්ෂූන් හට අයෝග්‍ය වූ නොසරුප් දෙයකට නොපැමිණෙයි. සිවුරක් නොලැබුණේ වුව ද එයින් කම්පා නොවෙයි. සිවුරක් ලැබුණේ වුව ද එහි දැඩි ආශා ඇත්තේ නොවෙයි. එයින් මුසපත් නොවී, එහි නොබැසගෙන, ආදීනව දකිනා සුළු ව එහි ඇල්ම දුරු කරන ප්‍රඥාවෙන් යුක්ත ව පරිහරණය කරයි. ඒ ලද සිවුරෙන් සතුටු වීම හේතුවෙන් තමා හුවා නොදක්වන්නේ වෙයි. අනුන් හෙළා නොදකියි. ඒ භික්ෂුව ලද සිවුරෙන් සතුටු වීමට දක්ෂ වූයේ, අලස නොවූයේ, මනා නුවණින් හා සිහියෙන් යුක්ත වූයේ වෙයි. ඇවැත්නි, මේ භික්ෂුව ඉතා පැරණි වූ, අග්‍ර යැයි දන්නා ලද, ආර්ය වංශයෙහි පිහිටා සිටින්නේ යැයි කියනු ලැබේ.

2. තව ද ඇවැත්නි, භික්ෂුව පිඬු සිඟීමෙන් ලත් ආහාරයකින් සතුටු වෙයි. පිඬු සිඟීමෙන් ලත් ආහාරයකින් ලබන සතුට පිළිබඳ ව වර්ණනා කරන්නේ වෙයි. ආහාරයක් උදෙසා භික්ෂූන් හට අයෝග්‍ය වූ නොසරුප් දෙයකට නොපැමිණෙයි. පිඬු සිඟීමෙන් ලත් ආහාරයක් නොලැබුණේ වුව ද එයින් කම්පා නොවෙයි. පිඬු සිඟීමෙන් ලත් ආහාරයක් ලැබුණේ වුව ද එහි දැඩි ආශා ඇත්තේ නොවෙයි. එයින් මුසපත් නොවී, එහි නොබැසගෙන, ආදීනව දකිනා සුළු ව එහි ඇල්ම දුරු කරන ප්‍රඥාවෙන් යුක්ත ව පරිහරණය කරයි. ඒ පිඬු සිඟීමෙන් ලත් ආහාරයෙන් සතුටු වීම හේතුවෙන් තමා හුවා නොදක්වන්නේ වෙයි. අනුන් හෙළා නොදකියි. ඒ භික්ෂුව පිඬු සිඟීමෙන් ලත් ආහාරයෙන් සතුටු වීමට දක්ෂ වූයේ, අලස නොවූයේ, මනා නුවණින් හා සිහියෙන් යුක්ත වූයේ වෙයි. ඇවැත්නි, මේ භික්ෂුව ඉතා පැරණි වූ, අග්‍ර යැයි දන්නා ලද, ආර්ය වංශයෙහි පිහිටා සිටින්නේ යැයි කියනු ලැබේ.

3. තව ද ඇවැත්නි, භික්ෂුව ලද නවාතැනකින් සතුටු වෙයි. ලද නවාතැනකින් ලබන සතුට පිළිබඳ ව වර්ණනා කරන්නේ වෙයි. නවාතැනක් උදෙසා භික්ෂූන්

හට අයෝග්‍ය වූ නොසරුප් දෙයකට නොපැමිණෙයි. නවාතැනක් නොලැබුණේ වුව ද එයින් කම්පා නොවෙයි. නවාතැනක් ලැබුණේ වුව ද එහි දැඩි ආශා ඇත්තේ නොවෙයි. එයින් මුසපත් නොවී, එහි නොබැසගෙන, ආදීනව දකිනා සුළු ව එහි ඇල්ම දුරු කරන ප්‍රඥාවෙන් යුක්ත ව පරිහරණය කරයි. ඒ ලද නවාතැනෙන් සතුටු වීම හේතුවෙන් තමා හුවා නොදක්වන්නේ වෙයි. අනුන් හෙළා නොදකියි. ඒ භික්ෂුව ලද නවාතැනෙන් සතුටු වීමට දක්ෂ වූයේ, අලස නොවූයේ, මනා නුවණින් හා සිහියෙන් යුක්ත වූයේ වෙයි. ඇවැත්නි, මේ භික්ෂුව ඉතා පැරණි වූ, අග්‍ර යැයි දන්නා ලද, ආර්ය වංශයෙහි පිහිටා සිටින්නේ යැයි කියනු ලැබේ.

4. තව ද ඇවැත්නි, භික්ෂුව භාවනාවට ආශා කරන්නේ වෙයි. භාවනාවෙහි ඇලුණේ වෙයි. කෙලෙස් ප්‍රහාණයට ආශා කරන්නේ වෙයි. කෙලෙස් ප්‍රහාණයෙහි ඇලුණේ වෙයි. ඒ භාවනාවට ආශා කිරීම, භාවනාවෙහි ඇලී සිටීම, කෙලෙස් ප්‍රහාණයට ආශා කිරීම, කෙලෙස් ප්‍රහාණයෙහි ඇලී සිටීම හේතුවෙන් තමා හුවා නොදක්වන්නේ වෙයි. අනුන් හෙළා නොදකියි. ඒ භික්ෂුව එම කරුණෙහි දක්ෂ වූයේ, අලස නොවූයේ, මනා නුවණින් හා සිහියෙන් යුක්ත වූයේ වෙයි. ඇවැත්නි, මේ භික්ෂුව ඉතා පැරණි වූ, අග්‍ර යැයි දන්නා ලද, ආර්ය වංශයෙහි පිහිටා සිටින්නේ යැයි කියනු ලැබේ.

ප්‍රධන් වීර්යය සතරකි. සංවරප්පධාන ය, පහානප්පධාන ය, භාවනප්පධාන ය, අනුරක්ඛනප්පධාන ය.

1. ඇවැත්නි, සංවරප්පධානය යනු කුමක් ද? ඇවැත්නි, මෙහිලා භික්ෂුව ඇසින් රූපයක් දැක එහි සළකුණු සිතට නොගනියි. එම රූපයෙහි අනුකොටසක වත් සළකුණු සිතට නොගනියි. ඇස නම් වූ ඉන්ද්‍රිය අසංවර ව වාසය කිරීම හේතුවෙන් ලෝභ, ද්වේෂ ආදී පාපී අකුසල් දහම් තමා ව ලුහු බැඳ එයි නම් එබඳු වූ දෙය කරා නොයනු පිණිස ඇස සංවර වීමට පිළිපදියි. ඇස නම් වූ ඉන්ද්‍රිය රකියි. ඇස නම් වූ ඉන්ද්‍රියෙහි සංවරයට පැමිණෙයි. කනෙන් ශබ්දයක් අසා ....(පෙ).... නාසයෙන් ගඳ සුවඳක් ආඝ්‍රාණය කොට ....(පෙ).... දිවෙන් රසයක් විඳ ....(පෙ).... කයෙන් පහසක් ලබා ....(පෙ).... මනසින් අරමුණක් සිතා එහි සළකුණු සිතට නොගනියි. එම අරමුණෙහි අනුකොටසක වත් සළකුණු සිතට නොගනියි. මනස නම් වූ ඉන්ද්‍රිය අසංවර ව වාසය කිරීම හේතුවෙන් ලෝභ, ද්වේෂ ආදී පාපී අකුසල් දහම් තමා ව ලුහු බැඳ එයි නම් එබඳු වූ දෙය කරා නොයනු පිණිස මනස සංවර වීමට පිළිපදියි. මනස නම් වූ ඉන්ද්‍රිය රකියි. මනස නම් වූ ඉන්ද්‍රියෙහි සංවරයට පැමිණෙයි. ඇවැත්නි, මෙය සංවරප්පධාන යැයි කියනු ලැබේ.

2. ඇවැත්නි, පහානප්පධාන යනු කුමක් ද? ඇවැත්නි, මෙහිලා භික්ෂුව උපන් කාම විතර්කය නොඉවසයි, බැහැර කරයි, දුරු කරයි, නැති කරයි, අභාවයට පත් කරයි. උපන් ව්‍යාපාද විතර්කය ....(පෙ).... උපන් විහිංසා විතර්කය ....(පෙ).... උපනුපන් පාපී අකුසල් දහම් නොඉවසයි, බැහැර කරයි, දුරු කරයි, නැති කරයි, අභාවයට පත් කරයි. ඇවැත්නි, මෙය පහානප්පධාන යැයි කියනු ලැබේ.

3. ඇවැත්නි, භාවනප්පධාන යනු කුමක් ද? ඇවැත්නි, මෙහිලා භික්ෂුව කාය චිත්ත විවේකයෙන් යුතුව, නොඇල්මෙන් යුතුව, ඇල්ම නිරුද්ධ කරන සිතින් යුතුව, නිවනට නැඹුරු වූ සිතින් යුතුව සති සම්බොජ්ඣංගය දියුණු කරයි. ....(පෙ).... ධම්මවිචය සම්බොජ්ඣංගය දියුණු කරයි. ....(පෙ).... විරිය සම්බොජ්ඣංගය දියුණු කරයි. ....(පෙ).... පීති සම්බොජ්ඣංගය දියුණු කරයි. ....(පෙ).... පස්සද්ධි සම්බොජ්ඣංගය දියුණු කරයි. ....(පෙ).... සමාධි සම්බොජ්ඣංගය දියුණු කරයි. කාය චිත්ත විවේකයෙන් යුතුව, නොඇල්මෙන් යුතුව, ඇල්ම නිරුද්ධ කරන සිතින් යුතුව, නිවනට නැඹුරු වූ සිතින් යුතුව උපෙක්ඛා සම්බොජ්ඣංගය දියුණු කරයි. ඇවැත්නි, මෙය භාවනප්පධාන යැයි කියනු ලැබේ.

4. ඇවැත්නි, අනුරක්ඛනප්පධාන යනු කුමක් ද? ඇවැත්නි, මෙහිලා භික්ෂුව තමා තුළ උපන් සොඳුරු සමාධි නිමිත්ත ආරක්ෂා කර ගනියි. එනම් අට්ඨික සංඥාව ය, පුලවක සංඥාව ය, විනීලක සංඥාව ය, විච්ඡිද්දක සංඥාව ය, උද්ධුමාතක සංඥාව ය. ඇවැත්නි, මෙය අනුරක්ඛනප්පධාන යැයි කියනු ලැබේ.

ඥාන සතරකි. චතුරාර්ය සත්‍යය පිළිබඳ වූ ධම්මෙ ඥානය යි. ඒ අනුව නුවණින් විමසීමෙන් ලත් නුවණ වන අන්වයේ ඥානය යි. පරසිත් දන්නා නුවණ වන පරියායේ ඥානය යි. ලොව ඇති සාමාන්‍ය ඥානය වන සම්මුති ඥානය යි.

තවත් ඥාන සතරකි. දුක පිළිබඳ ව අවබෝධය වන දුක්ඛේ ඥානය යි. දුක හටගන්නා කරුණු පිළිබඳ ව ඇති අවබෝධය වන දුක්ඛ සමුදයේ ඥානය යි. දුක නිරුද්ධ වීම පිළිබඳ ව ඇති අවබෝධය වන දුක්ඛ නිරෝධයේ ඥානය යි. දුක් නිරුද්ධ වන්නා වූ මාර්ගය වන ආර්ය අෂ්ටාංගික මාර්ගය පිළිබඳ ව ඇති අවබෝධය වන දුක්ඛ නිරෝධගාමිනී ප්‍රතිපදා ඥානය යි.

සෝවාන් ඵලය ලැබීමට හේතුවන අංග සතරකි. සත්පුරුෂයන් ආශ්‍රය කිරීම ය. සද්ධර්මය ශ්‍රවණය කිරීම ය. ඒ ශ්‍රවණය කළ ධර්මයට අනුව නුවණින් සිතීම ය. ධර්මානුධර්ම ප්‍රතිපත්තිය ය.

සෝවාන් වූ තැනැත්තාගේ අංග සතරකි. ඇවැත්නි, මෙහිලා ආර්යශ්‍රාවකයා බුදුරජුන් කෙරෙහි නිසැක බවට පැමිණි නොසෙල්වෙන පැහැදීමෙන් යුක්ත වූයේ වෙයි. එනම්, 'ඒ භාග්‍යවතුන් වහන්සේ මෙසේ ත් අරහං වන සේක. සම්මා සම්බුද්ධ වන සේක. විජ්ජාචරණ සම්පන්න වන සේක. සුගත වන සේක. ලෝකවිදූ වන සේක. අනුත්තරෝ පුරිසදම්ම සාරථී වන සේක. සත්ථා දේවමනුස්සානං වන සේක. බුද්ධ වන සේක. භගවා වන සේක' යනුවෙනි.

ධර්මය කෙරෙහි නිසැක බවට පැමිණි නොසෙල්වෙන පැහැදීමෙන් යුක්ත වූයේ වෙයි. එනම්, 'භාග්‍යවතුන් වහන්සේ විසින් ධර්මය මැනැවින් වදාරණ ලද්දේ ය. එය මේ ජීවිතයේදී ම තමා විසින් දැක්ක යුතුය. කල් නොයවා ඵල දෙයි. ඇවිත් බලන්න යැයි කිව හැක්කේ ය. තමා තුළට පමුණුවා ගත යුත්තේ ය. නුවණැත්තන් විසින් තම තම නැණ පමණින් දැක්ක යුත්තේ ය' යනුවෙනි.

සංඝයා කෙරෙහි නිසැක බවට පැමිණි නොසෙල්වෙන පැහැදීමෙන් යුක්ත වූයේ වෙයි. එනම්, 'භාග්‍යවතුන් වහන්සේගේ ශ්‍රාවක සංඝ තෙමේ සුපටිපන්න වෙයි. භාග්‍යවතුන් වහන්සේගේ ශ්‍රාවක සංඝ තෙමේ උජුපටිපන්න වෙයි. භාග්‍යවතුන් වහන්සේගේ ශ්‍රාවක සංඝ තෙමේ ඤායපටිපන්න වෙයි. භාග්‍යවතුන් වහන්සේගේ ශ්‍රාවක සංඝ තෙමේ සාමීචිපටිපන්න වෙයි. පුරුෂ යුගල සතරකින් ද, පුරුෂ පුද්ගල අට කෙනෙකුගෙන් ද යුතු වෙයි. භාග්‍යවතුන් වහන්සේගේ ශ්‍රාවක සංඝ තෙමේ ආහුනෙය්‍ය වෙයි. පාහුනෙය්‍ය වෙයි. දක්ඛිණෙය්‍ය වෙයි. අංජලිකරණීය වෙයි. ලොවට උතුම් පින්කෙත වෙයි' යනුවෙනි.

ආර්යකාන්ත සීලයකින් යුක්ත වූයේ වෙයි. නොකැඩුණු, සිදුරු නැති, කැලැල් නැති, පැල්ලම් නැති, තෘෂ්ණා දාස භාවයෙන් මිදුණු, නුවණැත්තන් විසින් පසසන ලද, බාහිර දෘෂ්ටීන්ට ගැති නොවූ, සමාධිය පිණිස පවතින, සීලයෙන් යුක්ත වෙයි.

ශ්‍රමණ ඵල සතරකි. සෝවාන් ඵලය ය. සකදාගාමී ඵලය ය. අනාගාමී ඵලය ය. රහත් ඵලය ය.

ධාතු සතරකි. පඨවි ධාතු. ආපෝ ධාතු. තේජෝ ධාතු. වායෝ ධාතුවය.

ආහාර සතරකි. ගොරෝසු වේවා, සියුම් වේවා කබලිංකාර ආහාරය ය. දෙවැන්න ස්පර්ශය යි. තුන්වැන්න මනෝසංචේතනාව ය. සතරවැන්න විඤ්ඤාණය යි.

විඤ්ඤාණය පිහිටන තැන් සතරකි. ඇවැත්නි, විඤ්ඤාණය පිහිටා සිටියොත් සිටින්නේ රූපයෙහි හෝ බැසගෙන ය. රූපය අරමුණුකොට ය. රූපයෙහි පිහිටා ය. ආශාවෙන් තෙත් කරමින් වැඩී ලියලා විපුල බවට පත්වෙයි. ඇවැත්නි, විඤ්ඤාණය පිහිටා සිටියොත් සිටින්නේ වේදනාවෙහි හෝ බැසගෙන ය. ....(පෙ).... ඇවැත්නි, විඤ්ඤාණය පිහිටා සිටියොත් සිටින්නේ සංඥාවෙහි හෝ බැසගෙන ය. ....(පෙ).... ඇවැත්නි, විඤ්ඤාණය පිහිටා සිටියොත් සිටින්නේ සංස්කාරවල හෝ බැසගෙන ය. සංස්කාර අරමුණුකොට ය. සංස්කාරවල පිහිටා ය. ආශාවෙන් තෙත් කරමින් වැඩී ලියලා විපුල බවට පත්වෙයි.

අගතියට යෑම් සතරකි. ඡන්දයෙන් අගතියට යයි. ද්වේෂයෙන් අගතියට යයි. මෝහයෙන් අගතියට යයි. භයෙන් අගතියට යයි.

තණ්හාව උපදින තැන් සතරකි. ඇවැත්නි, සිවුරු නිසා හෝ භික්ෂුව තුළ තණ්හාව උපදිනවා නම් උපදියි. ඇවැත්නි, දානය නිසා හෝ භික්ෂුව තුළ තණ්හාව උපදිනවා නම් උපදියි. ඇවැත්නි, සේනාසන නිසා හෝ භික්ෂුව තුළ තණ්හාව උපදිනවා නම් උපදියි. ඇවැත්නි, මෙසේත් මෙය හොඳ ය, මෙය වඩාත් හොඳ ය යනාදී වශයෙන් සැළකීම නිසා හෝ භික්ෂුව තුළ තණ්හාව උපදිනවා නම් උපදියි.

ප්‍රතිපදා සතරකි. දුක් සහිත ප්‍රතිපදාවෙන් යුතුව ඉතා සෙමෙන් අවබෝධ වීම නම් වූ දුක්ඛා පටිපදා දන්ධාභිඤ්ඤා ය. දුක් සහිත ප්‍රතිපදාවෙන් යුතුව ඉතා වේගයෙන් අවබෝධ වීම නම් වූ දුක්ඛා පටිපදා ඛිප්පාභිඤ්ඤා ය. සැප සහිත ප්‍රතිපදාවෙන් යුතුව ඉතා සෙමෙන් අවබෝධ වීම නම් වූ සුඛා පටිපදා දන්ධාභිඤ්ඤා ය. සැප සහිත ප්‍රතිපදාවෙන් යුතුව ඉතා වේගයෙන් අවබෝධ වීම නම් වූ සුඛා පටිපදා ඛිප්පාභිඤ්ඤා ය.

තවත් ප්‍රතිපදා සතරකි. නොඉවසිය යුතු කරුණු නොඉවසීම ප්‍රතිපදාව කොට ගත් 'අක්ඛමා පටිපදා' ය. ඉවසිය යුතු කරුණු ඉවසීම ප්‍රතිපදාව කොට ගත් 'ඛමා පටිපදා' ය. ඉන්ද්‍රිය දමනය නම් වූ 'දමා පටිපදා' ය. කෙලෙස් සංසිඳවීම නම් වූ 'සමා පටිපදා' ය.

ධම්මපද සතරකි. අන් සතු දෙයට ආශා නැතිකම හෙවත් අනභිධ්‍යාව ධම්ම පදයකි. තරහ නැති මෙත් සිත ධම්මපදයකි. සම්මා සතිය ධම්මපදයකි. සම්මා සමාධිය ධම්මපදයකි.

ධම්මසමාදාන සතරකි. ඇවැත්නි, මෙලොව ජීවිතයේ ත් දුක් ලැබෙන, මරණින් මතු ත් දුක් විපාක දෙන ධර්ම පුරුදු කිරීමක් ඇත්තේ ය. ඇවැත්නි,

මෙලොව ජීවිතයේ දුක් ලැබෙන, මරණින් මතු සැප විපාක දෙන ධර්ම පුරුදු කිරීමක් ඇත්තේ ය. ඇවැත්නි, මෙලොව ජීවිතයේ සැප ලැබෙන, මරණින් මතු දුක් විපාක දෙන ධර්ම පුරුදු කිරීමක් ඇත්තේ ය. ඇවැත්නි, මෙලොව ජීවිතයේ ත් සැප ලැබෙන, මරණින් මතු ත් සැප විපාක දෙන ධර්ම පුරුදු කිරීමක් ඇත්තේ ය.

ධර්මස්කන්ධ සතරකි. සීලය ධර්මස්කන්ධයකි. සමාධිය ධර්මස්කන්ධයකි. ප්‍රඥාව ධර්මස්කන්ධයකි. විමුක්තිය ධර්මස්කන්ධයකි.

බල සතරකි. වීර්යය බලයකි. සිහිය බලයකි. සමාධිය බලයකි. ප්‍රඥාව බලයකි.

අධිෂ්ඨාන සතරකි. ප්‍රඥාව අධිෂ්ඨානයකි. සත්‍යය අධිෂ්ඨානයකි. ත්‍යාගය අධිෂ්ඨානයකි. කෙලෙස් සංසිඳීම අධිෂ්ඨානයකි.

ප්‍රශ්න විසඳීම් සතරකි. එක එල්ලේ පිළිතුරු දීම් වශයෙන් විසඳිය යුතු ප්‍රශ්නයකි. නැවත නැවත ප්‍රශ්න කරමින් විසඳිය යුතු ප්‍රශ්නයකි. කරුණු බෙදා වෙන් කරමින් විසඳිය යුතු ප්‍රශ්නයකි. පිළිතුරු නොදී පසෙකින් තැබීමෙන් විසඳිය යුතු ප්‍රශ්නයකි.

කර්ම සතරකි. ඇවැත්නි, කළු විපාක දෙන කළු කර්මයක් ඇත්තේ ය. ඇවැත්නි, සුදු විපාක දෙන සුදු කර්මයක් ඇත්තේ ය. ඇවැත්නි, කළු සුදු විපාක දෙන කළු සුදු කර්මයක් ඇත්තේ ය. ඇවැත්නි, කළු ත් නොවන සුදු ත් නොවන විපාක ඇති, කර්මය ක්ෂය වීම පිණිස පවතින්නා වූ කළු සුදු නොවන කර්මයක් ඇත්තේ ය.

සාක්ෂාත් කළ යුතු ධර්ම සතරකි. තමා පෙර භවයෙහි ගත කළ අයුරු සිහි කිරීම සිහියෙන් අත්දැකිය යුත්තකි. සත්වයන් චුතවෙන අයුරු ත්, උපදින අයුරු ත් දැකීම දිවැසින් අත්දැකිය යුත්තකි. අෂ්ට විමෝක්ෂයන් කයෙන් අත්දැකිය යුත්තකි. ආශ්‍රවයන්ගේ ක්ෂය වීම ප්‍රඥාවෙන් අත්දැකිය යුත්තකි.

ඕඝ සතරකි. කාමය ඕඝයකි. භවය ඕඝයකි. දෘෂ්ටි ඕඝයකි. අවිද්‍යාව ඕඝයකි.

යෝග හෙවත් සසරෙහි නැවත නැවත යෙදවීම් සතරකි. කාමය යෝග යකි. භවය යෝගයකි. දෘෂ්ටි යෝගයකි. අවිද්‍යාව යෝගයකි.

විසංයෝග හෙවත් වෙන්වීම් සතරකි. කාමයෙන් වෙන්වීම කාමයෝග විසංයෝගය යි. භවයෙන් වෙන්වීම භවයෝග විසංයෝගය යි. දෘෂ්ටීන්ගෙන්

වෙන් වීම දෘෂ්ටියෝග විසංයෝගය යි. අවිද්‍යාවෙන් වෙන්වීම අවිද්‍යායෝග විංසයෝගය යි.

ගන්ථ හෙවත් බැමි සතරකි. අභිධ්‍යාව කයට බැඳුණු බැම්මකි. ද්වේෂය කයට බැඳුණු බැම්මකි. සීලබ්බත පරාමාස කයට බැඳුණු බැම්මකි. අවබෝධයකින් තොර ව 'මෙය ම සත්‍ය යැ'යි දැඩි ව බැසගැනීම කයට බැඳුණු බැම්මකි.

උපාදාන සතරකි. කාමයට ග්‍රහණය වීම කාම උපාදානය යි. දෘෂ්ටීන්ට ග්‍රහණය වීම දෘෂ්ටි උපාදානය යි. සීලව්‍රතයන්ට ග්‍රහණය වීම සීලබ්බත උපාදානය යි. ආත්ම සංකල්පයට ග්‍රහණය වීම අත්තවාද උපාදානය යි.

යෝනි සතරකි. බිත්තරයෙන් ඉපදීම අණ්ඩජ යෝනිය යි. මව්කුසෙන් ඉපදීම ජලාබුජ යෝනිය යි. තෙත් පරිසරයෙහි ඉපදීම සංසේදජ යෝනිය යි. ඒ තුනෙන් තොර ව ඉපදීම ඕපපාතික යෝනිය යි.

මව්කුස බැසගැනීම් සතරකි. ඇවැත්නි, මෙහිලා ඇතැමෙක් නොදන මව්කුසෙහි බැසගනියි. නොදන මව්කුසෙහි සිටියි. නොදන මව්කුසින් නික්මෙයි. මෙය මව්කුසෙහි බැසගැනීමෙහි පළමුවැන්න යි. තව ද ඇවැත්නි, මෙහිලා ඇතැමෙක් දන මව්කුසෙහි බැසගනියි. නොදන මව්කුසෙහි සිටියි. නොදන මව්කුසින් නික්මෙයි. මෙය මව්කුසෙහි බැසගැනීමෙහි දෙවැන්න යි. තව ද ඇවැත්නි, මෙහිලා ඇතැමෙක් දන මව්කුසෙහි බැසගනියි. දන මව්කුසෙහි සිටියි. නොදන මව්කුසින් නික්මෙයි. මෙය මව්කුසෙහි බැසගැනීමෙහි තුන්වැන්න යි. තව ද ඇවැත්නි, මෙහිලා ඇතැමෙක් දන මව්කුසෙහි බැසගනියි. දන මව්කුසෙහි සිටියි. දන මව්කුසින් නික්මෙයි. මෙය මව්කුසෙහි බැසගැනීමෙහි සිව්වැන්නයි.

ආත්මභාව ප්‍රතිලාභ සතරකි. ඇවැත්නි, යම් ආත්මභාවයක් ලැබීම තුළ තමාගේ කර්මය අනුව ම පවතියි ද, අන්‍යයන්ගේ කර්මය අනුව නොපවතියි ද, එබඳු ආත්මභාවයක ලැබීමක් ඇත. ඇවැත්නි, යම් ආත්මභාවයක් ලැබීම තුළ අන්‍යයන්ගේ කර්මය අනුව ම පවතියි ද, තමන්ගේ කර්මය අනුව නොපවතියි ද, එබඳු ආත්මභාවයක ලැබීමක් ඇත. ඇවැත්නි, යම් ආත්මභාවයක් ලැබීම තුළ තමාගේ කර්මය අනුව ත් පවතියි ද, එමෙන් ම අන්‍යයන්ගේ කර්මය අනුව ත් පවතියි ද, එබඳු ආත්මභාවයක ලැබීමක් ඇත. ඇවැත්නි, යම් ආත්මභාවයක් ලැබීම තුළ තමාගේ කර්මය අනුව ත් නොපවතියි ද, එමෙන් ම අන්‍යයන්ගේ කර්මය අනුව ත් නොපවතියි ද, එබඳු ආත්මභාවයක ලැබීමක් ඇත.

දන් පිරිසිදු වීම් සතරකි. ඇවැත්නි, දායක පක්ෂයෙන් පිරිසිදු වන, පිළිග න්නා පක්ෂයෙන් පිරිසිදු නොවන දානයක් ඇත්තේ ය. ඇවැත්නි, පිළිගන්නා

පක්ෂයෙන් පිරිසිදු වන, දායක පක්ෂයෙන් පිරිසිදු නොවන දානයක් ඇත්තේ ය. ඇවැත්නි, දායක පක්ෂයෙනුත් පිරිසිදු නොවන, පිළිගන්නා පක්ෂයෙනුත් පිරිසිදු නොවන දානයක් ඇත්තේ ය. ඇවැත්නි, දායක පක්ෂයෙනුත් පිරිසිදු වන, පිළිගන්නා පක්ෂයෙනුත් පිරිසිදු වන දානයක් ඇත්තේ ය.

සංග්‍රහවස්තු සතරකි. දානය, ප්‍රියවචනය, අර්ථචර්යාව, සමානාත්මතාවය.

ආර්ය නොවූවන්ගේ කතා බස් කිරීම් සතරකි. බොරු කීම, කේලාම් කීම, නපුරු දරුණු වචනයෙන් බැණ වැදීම, හිස් වචන කීම.

ආර්ය උතුමන්ගේ කතා බස් කිරීම් සතරකි. බොරු නොකීම, කේලාම් නොකීම, නපුරු දරුණු වචනයෙන් බැණ නොවැදීම, හිස් වචන නොකීම.

තවත් ආර්ය නොවූවන්ගේ කතා බස් කිරීම් සතරකි. නුදුටු දේ දැක්ක බව පවසයි. නොඇසූ දේ අසන ලද්දේ යැයි පවසයි. ආඝ්‍රාණය නොකළ දේ ත්, රස නොවිඳී දේ ත්, පහස නොලද දේ ත්, ඒ ඒ දේ ලද බව පවසයි. සිතෙන් නොදැනගත් දේ දැනගත් බව පවසයි.

තවත් ආර්ය උතුමන්ගේ කතා බස් කිරීම් සතරකි. නුදුටු දේ නොදැක්ක බව පවසයි. නොඇසූ දේ නොඅසන ලද්දේ යැයි පවසයි. ආඝ්‍රාණය නොකළ දේ ත්, රස නොවිඳී දේ ත්, පහස නොලද දේ ත්, ඒ ඒ දේ නොලද බව පවසයි. සිතෙන් නොදැනගත් දේ නොදැනගත් බව පවසයි.

තවත් ආර්ය නොවූවන්ගේ කතා බස් කිරීම් සතරකි. දුටු දේ නොදැක්ක බව පවසයි. ඇසූ දේ නොඅසන ලද්දේ යැයි පවසයි. ආඝ්‍රාණය කළ දේ ත්, රස විඳී දේ ත්, පහස ලද දේ ත්, ඒ ඒ දේ නොලද බව පවසයි. සිතෙන් දැනගත් දේ දැන නොගත් බව පවසයි.

තවත් ආර්ය උතුමන්ගේ කතා බස් කිරීම් සතරකි. දුටු දේ දැක්ක බව පවසයි. ඇසූ දේ අසන ලද්දේ යැයි පවසයි. ආඝ්‍රාණය කළ දේ ත්, රස විඳී දේ ත්, පහස ලද දේ ත්, ඒ ඒ දේ ලද බව පවසයි. සිතෙන් දැනගත් දේ දැනගත් බව පවසයි.

පුද්ගලයෝ සතර දෙනෙකි. ඇවැත්නි, මෙහිලා ඇතැම් පුද්ගලයෙක් තමා ව පීඩාවට පත් කරගන්නේ තමා ව පීඩාවට පත්කරවන ක්‍රමයන්හි යෙදුණේ වෙයි. ඇවැත්නි, මෙහිලා ඇතැම් පුද්ගලයෙක් අනුන් ව පීඩාවට පත් කරන්නේ අනුන් ව පීඩාවට පත්කරවන ක්‍රමයන්හි යෙදුණේ වෙයි. ඇවැත්නි, මෙහිලා ඇතැම් පුද්ගලයෙක් තමා ව පීඩාවට පත් කරගන්නේ ත්, තමා ව පීඩාවට පත්කරවන ක්‍රමයන්හි යෙදුණේ ත් වෙයි. අනුන් ව පීඩාවට පත් කරන්නේ ත්, අනුන් ව පීඩාවට පත්කරවන ක්‍රමයන්හි යෙදුණේ ත් වෙයි. ඇවැත්නි,

මෙහිලා ඇතැම් පුද්ගලයෙක් තමා ව පීඩාවට පත් නොකර ගන්නේ ත්, තමා ව පීඩාවට පත්කරවන ක්‍රමයන්හි නොයෙදුණේ ත් වෙයි. අනුන් ව පීඩාවට පත් නොකරන්නේ ත්, අනුන් ව පීඩාවට පත්කරවන ක්‍රමයන්හි නොයෙදුණේ ත් වෙයි. ඔහු තමාවත් පීඩාවට පත් නොකරන්නේ, අනුන්වත් පීඩාවට පත් නොකරන්නේ, මෙලොවදී ම තෘෂ්ණා රහිත වූයේ, නිවුණේ, සිහිල් වූයේ, සැප විඳින්නේ ශ්‍රේෂ්ඨ වූ ජීවිතයකින් යුතුව වාසය කරයි.

තවත් පුද්ගලයෝ සතර දෙනෙකි. ඇවැත්නි, මෙහිලා ඇතැම් පුද්ගලයෙක් තමා හට යහපත පිණිස පිළිපන්නේ වෙයි; අනුන් හට යහපත පිණිස නොවෙයි. ඇවැත්නි, මෙහිලා ඇතැම් පුද්ගලයෙක් අනුන් හට යහපත පිණිස පිළිපන්නේ වෙයි; තමා හට යහපත පිණිස නොවෙයි. ඇවැත්නි, මෙහිලා ඇතැම් පුද්ගලයෙක් තමා හට ත්, අනුන් හට ත් යහපත පිණිස පිළිපන්නේ නොවෙයි. ඇවැත්නි, මෙහිලා ඇතැම් පුද්ගලයෙක් තමා හට ත්, අනුන් හට ත් යහපත පිණිස පිළිපන්නේ වෙයි.

තවත් පුද්ගලයෝ සතර දෙනෙකි. අඳුරෙන් අඳුරට යන තමෝතම පරායන පුද්ගලයා ය. අඳුරෙන් එළියට එන තමෝජෝති පරායන පුද්ගලයා ය. එළියෙන් අඳුරට යන ජෝතිතම පරායන පුද්ගලයා ය. එළියෙන් එළියට යන ජෝතිජෝති පරායන පුද්ගලයා ය.

තවත් පුද්ගලයෝ සතර දෙනෙකි. සෝවාන් ඵලයට පත් භික්ෂුව හෙවත් අචල ශ්‍රමණයා ය. සකදාගාමී භික්ෂුව හෙවත් නෙළුමක් බඳු ශ්‍රමණපදුම ය. අනාගාමී භික්ෂුව හෙවත් සුදු නෙළුමක් බඳු ශ්‍රමණ පුණ්ඩරීක ය. රහතන් වහන්සේ හෙවත් ශ්‍රමණයන් අතර ශ්‍රමණ සුකුමාල ය.

ඇවැත්නි, මේ වනාහී සියල්ල දන්නා, සියල්ල දක්නා, ඒ අරහත් සම්මා සම්බුදු භාග්‍යවතුන් වහන්සේ විසින් මැනැවින් වදාරණ ලද සතර බැගින් වූ ධර්මයෝ ය. යම් පරිදි මේ සසුන් බඹසර බොහෝ කලක් පවතින්නේ ද, එහිලා සියළු දෙනා ම එක් ව සංගායනා කළ යුත්තේ ය. වාද විවාද නොකළ යුත්තේ ය. එය බොහෝ ජනයාට හිත පිණිස, බොහෝ ජනයාට සුව පිණිස, ලොවට අනුකම්පාව පිණිස, දෙවි මිනිසුන්ගේ යහපත හිතසුව පිණිස පවතින්නේ ය.

5

ඇවැත්නි, සියල්ල දන්නා, සියල්ල දක්නා, ඒ අරහත් සම්මා සම්බුදු භාග්‍යවතුන් වහන්සේ විසින් මැනැවින් වදාරණ ලද පස බැගින් වූ ධර්මයෝ ඇත්තාහ. යම් පරිදි මේ සසුන් බඹසර බොහෝ කලක් පවතින්නේ ද, එහිලා

සියළු දෙනා ම එක් ව සංගායනා කළ යුතු ය. වාද විවාද නොකළ යුතු ය. එය බොහෝ ජනයාට හිත පිණිස, බොහෝ ජනයාට සුව පිණිස, ලොවට අනුකම්පාව පිණිස, දෙව් මිනිසුන්ගේ යහපත හිතසුව පිණිස පවතින්නේ ය. ඒ පසක් බැගින් වූ ධර්මයෝ කවරහු ද?

එනම්;

ස්කන්ධ පසකි. රූප ස්කන්ධය ය. වේදනා ස්කන්ධය ය. සංඥා ස්කන්ධය ය. සංස්කාර ස්කන්ධය ය. විඤ්ඤාණ ස්කන්ධය ය.

උපාදානස්කන්ධ පසකි. රූප උපාදානස්කන්ධය ය. වේදනා උපාදානස්කන්ධය ය. සංඥා උපාදානස්කන්ධය ය. සංස්කාර උපාදානස්කන්ධය ය. විඤ්ඤාණ උපාදානස්කන්ධය ය.

කාමගුණ පසකි. ඇසින් දත යුතු ඉෂ්ට වූ, කාන්ත වූ, මනාප වූ, ප්‍රිය ස්වභාව ඇති, කැමැත්ත ඇතිවෙන, කෙලෙස් හටගන්නා රූපයෝ ය. කනින් දත යුතු ශබ්දයෝ ය. ....(පෙ).... නාසයෙන් දත යුතු ගන්ධයෝ ය. ....(පෙ).... දිවෙන් දත යුතු රසයෝ ය. ....(පෙ).... කයෙන් දත යුතු ඉෂ්ට වූ, කාන්ත වූ, මනාප වූ, ප්‍රිය ස්වභාව ඇති, කැමැත්ත ඇතිවෙන, කෙලෙස් හටගන්නා ස්පර්ශයෝ ය.

ගති පසකි. නිරය ය. තිරිසන් යෝනිය ය. ප්‍රේත විෂය ය. මිනිස් බව ය. දෙව් බව ය.

මසුරුකම් පසකි. ආවාසයට මසුරු කිරීම ය. කුලයට මසුරු කිරීම ය. ලාභයට මසුරු කිරීම ය. සිරුරු පැහැයට මසුරු කිරීම ය. ධර්මයට මසුරු කිරීම ය.

නීවරණ පසකි. කාමච්ඡන්ද නීවරණය ය. ව්‍යාපාද නීවරණය ය. ථීනමිද්ධ නීවරණය ය. උද්ධච්ච කුක්කුච්ච නීවරණය ය. විචිකිච්ඡා නීවරණය ය.

ඕරම්භාගිය සංයෝජන පසකි. සක්කාය දිට්ඨිය ය. විචිකිච්ඡාව ය. සීලබ්බත පරාමාස ය. කාමච්ඡන්දය ය. ව්‍යාපාදය ය.

උද්ධම්භාගිය සංයෝජන පසකි. රූපරාගය ය. අරූපරාගය ය. මානය ය. උද්ධච්චය ය. අවිද්‍යාව ය.

සිල්පද පසකි. සතුන් මැරීමෙන් වැළකීම ය. සොරකමින් වැළකීම ය. වැරදි කාමසේවනයෙන් වැළකීම ය. බොරු කීමෙන් වැළකීම ය. මත්වීමට හා ප්‍රමාදයට හේතුවන මත්පැන් මත්ද්‍රව්‍ය භාවිතයෙන් වැළකීම ය.

කිසිසේත් නොවිය හැකි කරුණු පසකි. ඇවැත්නි, ක්ෂීණාශ්‍රව භික්ෂුව දැන දැන ප්‍රාණියෙකු ජීවිතයෙන් තොරකරන්නට නොහැක්කේ ය. ක්ෂීණාශ්‍රව භික්ෂුව නුදුන් දෙයක් සොරසිතින් ගන්නට නොහැක්කේ ය. ක්ෂීණාශ්‍රව භික්ෂුව අබ්‍රහ්මචාරී ලෙස හැසිරෙන්නට නොහැක්කේ ය. ක්ෂීණාශ්‍රව භික්ෂුව දැන දැන බොරු කියන්නට නොහැක්කේ ය. ක්ෂීණාශ්‍රව භික්ෂුව පැවිදි වෙන්නට කලින් ගිහි ගෙදර සිටි අයුරින් කාමයන් රැස්කොට පරිභෝග කරන්නට නොහැක්කේ ය.

ව්‍යසන පසකි. ඥාති ව්‍යසනය ය. භෝග ව්‍යසනය ය. රෝග ව්‍යසනය ය. සීල ව්‍යසන ය. දිට්ඨි ව්‍යසන ය. ඇවැත්නි, සත්වයෝ ඥාති ව්‍යසනය නිසා හෝ භෝග ව්‍යසනය නිසා හෝ රෝග ව්‍යසනය නිසා හෝ කය බිඳී මරණින් මතු අපාය දුර්ගති විනිපාත නම් වූ නිරයෙහි නූපදිති. ඇවැත්නි, සත්වයෝ සීල ව්‍යසනය හේතුවෙන් හෝ දෘෂ්ටි ව්‍යසනය හේතුවෙන් හෝ කය බිඳී මරණින් මතු අපාය දුර්ගති විනිපාත නම් වූ නිරයෙහි උපදිති.

සම්පත් පසකි. ඥාති සම්පත් ය. භෝග සම්පත් ය. නීරෝග සම්පත් ය. සීල සම්පත් ය. දිට්ඨි සම්පත් ය. ඇවැත්නි, සත්වයෝ ඥාති සම්පත් නිසා හෝ භෝග සම්පත් නිසා හෝ නීරෝග සම්පත් නිසා හෝ කය බිඳී මරණින් මතු සුගති සංඛ්‍යාත දෙව්ලොවෙහි නූපදිති. ඇවැත්නි, සත්වයෝ සීල සම්පත් හේතුවෙන් හෝ දෘෂ්ටි සම්පත් හේතුවෙන් හෝ කය බිඳී මරණින් මතු සුගති සංඛ්‍යාත දෙව්ලොවෙහි උපදිති.

දුස්සීලයාගේ සීල විපත්තියෙහි දුර්විපාක පසකි. ඇවැත්නි, මෙහිලා සිල් වැනසුණු දුස්සීලයා ප්‍රමාදය හේතුවෙන් මහත් වූ භෝග සම්පත්වල හානියට පැමිණෙයි. දුස්සීලයාගේ සීල විපත්තියෙහි මේ පළමු ආදීනවය යි.

තව ද ඇවැත්නි, සිල් වැනසුණු දුස්සීලයාගේ ලාමක අපකීර්තියක් පැතිර යයි. දුස්සීලයාගේ සීල විපත්තියෙහි මේ දෙවෙනි ආදීනවය යි.

තව ද ඇවැත්නි, සිල් වැනසුණු දුස්සීලයා ක්ෂත්‍රිය පිරිසක් හෝ වේවා, බ්‍රාහ්මණ පිරිසක් හෝ වේවා, ගෘහපති පිරිසක් හෝ වේවා, ශ්‍රමණ පිරිසක් හෝ වේවා, යම් ම වූ පිරිසක් කරා එළඹෙයි නම් තේජස් නැති ව සැක සහිත ව එළඹෙන්නේ වෙයි. දුස්සීලයාගේ සීල විපත්තියෙහි මේ තුන්වෙනි ආදීනවයයි.

තව ද ඇවැත්නි, සිල් වැනසුණු දුස්සීලයා සිහිමුළා ව කළුරිය කරයි. දුස්සීලයාගේ සීල විපත්තියෙහි මේ සිව්වෙනි ආදීනවය යි.

තව ද ඇවැත්නි, සිල් වැනසුණු දුස්සීලයා කය බිඳී මරණින් මතු අපාය

දුර්ගති විනිපාත නම් වූ නිරයෙහි උපදියි. දුස්සීලයාගේ සීල විපත්තියෙහි මේ පස්වෙනි ආදීනවය යි.

සිල්වතාගේ සීල සම්පත්තියෙහි අනුසස් පසකි. ඇවැත්නි, මෙහිලා සිල්වතා සීලසම්පන්න වූයේ අප්‍රමාදය හේතුවෙන් මහත් වූ භෝගස්කන්ධයක් ලබයි. සිල්වතාගේ සීල සම්පත්තියෙහි මේ පළමු ආනිශංසය යි.

තව ද ඇවැත්නි, සිල්වතා සීලසම්පන්න වූයේ කල්‍යාණ කීර්ති ඝෝෂාවක් පැතිර යයි. සිල්වතාගේ සීල සම්පත්තියෙහි මේ දෙවෙනි ආනිශංසය යි.

තව ද ඇවැත්නි, සිල්වතා සීලසම්පන්න වූයේ ක්ෂත්‍රිය පිරිසක් හෝ වේවා, බ්‍රාහ්මණ පිරිසක් හෝ වේවා, ගෘහපති පිරිසක් හෝ වේවා, ශ්‍රමණ පිරිසක් හෝ වේවා, යම් ම වූ පිරිසක් කරා එළඹෙයි නම් විශාරද ව සැක රහිත ව එළඹෙන්නේ වෙයි. සිල්වතාගේ සීල සම්පත්තියෙහි මේ තෙවෙනි ආනිශංසයයි.

තව ද ඇවැත්නි, සිල්වතා සීලසම්පන්න වූයේ සිහි මුළා නොවී කළුරිය කරයි. සිල්වතාගේ සීල සම්පත්තියෙහි මේ සිව්වෙනි ආනිශංසය යි.

තව ද ඇවැත්නි, සිල්වතා සීලසම්පන්න වූයේ කය බිඳී මරණින් මතු සුගති සංඛ්‍යාත ස්වර්ග ලෝකයෙහි උපදියි. සිල්වතාගේ සීල සම්පත්තියෙහි මේ පස්වෙනි ආනිශංසය යි.

ඇවැත්නි, අනුන්ට චෝදනා කරනු කැමැති චෝදක භික්ෂුව විසින් පස් කරුණක් තමා තුළ පිහිටුවාගෙන අනුන්ට චෝදනා කළ යුත්තේ ය. සුදුසු කාලයෙහි කියමි; නුසුදුසු කාලයෙහි නොවෙයි. සත්‍ය වූ දෙයින් කියමි; අසත්‍යයෙන් නොවෙයි. මෘදු වචනයෙන් කියමි; ඵරුෂ වචනයෙන් නොවෙයි. අර්ථවත් දෙයින් කියමි; අනර්ථවත් දෙයින් නොවෙයි. මෛත්‍රී සිතින් කියමි; ද්වේෂ සිතින් නොවෙයි. ඇවැත්නි, අනුන්ට චෝදනා කරනු කැමැති චෝදක භික්ෂුව විසින් මේ පස් කරුණ තමා තුළ පිහිටුවාගෙන අනුන්ට චෝදනා කළ යුත්තේ ය.

ප්‍රධන් වීර්යයෙහි අංග පසකි.

1. ඇවැත්නි, මෙහිලා භික්ෂුව ශ්‍රද්ධාව ඇත්තේ වෙයි. තථාගතයන්ගේ අවබෝධය අදහන්නේ වෙයි. එනම් 'ඒ භාග්‍යවතුන් වහන්සේ මේ මේ කරුණින් අරහං වන සේක. සම්මා සම්බුද්ධ වන සේක. විජ්ජාචරණ සම්පන්න වන සේක. සුගත වන සේක. ලෝකවිදූ වන සේක. අනුත්තරෝ පුරිසදම්ම සාරථී

වන සේක. සත්ථා දේවමනුස්සානං වන සේක. බුද්ධ වන සේක. භගවා වන සේක' යනුවෙනි.

2. අල්ප ආබාධ ඇත්තේ වෙයි. අල්ප රෝග ඇත්තේ වෙයි. වඩා ත් සීත නොවූ ත්, වඩා ත් උෂ්ණ නොවූ ත් මධ්‍යම වූ ප්‍රධන් වීර්යයට ඔරොත්තු දෙන ආකාරයේ සම ව දිරවන ග්‍රහණියකින් සමන්විත වූයේ වෙයි.

3. වංචා නැත්තේ වෙයි. මායා නැත්තේ වෙයි. ඒ වූ සැටියෙන් ම තමාගේ ස්වභාවය ශාස්තෘන් වහන්සේට හෝ නුවණැති සබ්‍රහ්මචාරීන් වහන්සේලාට හෝ හෙළිදරව් කරන්නේ වෙයි.

4. අකුසල් දහම් ප්‍රහාණය කිරීම පිණිස ත්, කුසල් දහම් උපදවා ගැනීම පිණිස ත් පටන්ගත් වීරිය ඇත්තේ වෙයි. බලවත් වීරිය ඇත්තේ වෙයි. දැඩි පරාක්‍රමයෙන් යුක්ත වූයේ වෙයි. කුසල් දහම්හි නොපසුබස්නා වීරිය ඇත්තේ වෙයි.

5. ප්‍රඥාවන්ත වෙයි. හටගැනීම ත්, නැතිවීම ත් දැකීමට සමර්ථ ප්‍රඥාවෙන් යුක්ත වූයේ වෙයි. ආර්ය වූ තියුණු අවබෝධය ඇති කරවන, මැනැවින් දුක් ක්ෂය කරවන ප්‍රඥාවෙන් යුක්ත වූයේ වෙයි.

සුද්ධාවාස පසකි. අවිහ, අතප්ප, සුදස්ස, සුදස්සී, අකනිට්ඨ යන මේ බ්‍රහ්ම ලෝකයන් අනාගාමී සහ රහත් ශුද්ධ පුද්ගලයන්ට වාසස්ථාන වෙයි.

අනාගාමී පස් දෙනෙකි. අන්තරා පරිනිබ්බායී, උපහච්ච පරිනිබ්බායී, අසංකාර පරිනිබ්බායී, සසංකාර පරිනිබ්බායී සහ උද්ධංසෝතෝ අකනිට්ඨ ගාමීය.

සිතෙහි ඇනෙන හුල් පසකි.

1. ඇවැත්නි, මෙහිලා භික්ෂුව තම ශාස්තෘන් වහන්සේ පිළිබඳ ව සැක කරයි. විචිකිච්ඡා කරයි. ශ්‍රද්ධාවෙහි නොබැස ගනියි. නොපහදියි. ඇවැත්නි, යම් ඒ භික්ෂුවක් තම ශාස්තෘන් වහන්සේ පිළිබඳව සැක කරයි ද, විචිකිච්ඡා කරයි ද, ශ්‍රද්ධාවෙහි නොබැස ගනියි ද, නොපහදියි ද, එකල්හී කෙලෙස් තවන වීර්යයෙන් යුතු ව, නැවත නැවත යෙදෙමින් දැඩි වීර්යයෙන් යුතු ව ධර්මයේ හැසිරෙන්නට ඔහුගේ සිත නොනැමෙයි. යමෙකුගේ සිත කෙලෙස් තවන වීර්යයෙන් යුතු ව, නැවත නැවත යෙදෙමින්, නිතර කරනු ලබන, දැඩි වීර්යයෙන් යුතුව ධර්මයේ හැසිරෙන්නට යම් කරුණකින් නොපෙළඹෙයි නම් මෙසේ ඔහුගේ සිතෙහි ඇණී ඇති මෙම පළමු වැනි හුල වෙයි.

2.-5. තවද ඇවැත්නි, මෙහිලා භික්ෂුව ධර්මය පිළිබඳ ව සැක කරයි. ....(පෙ).... සංඝයා පිළිබඳ ව සැක කරයි. ....(පෙ).... ශික්ෂාව පිළිබඳ ව සැක කරයි. ....(පෙ).... සබ්‍රහ්මචාරීන් වහන්සේලා පිළිබඳ ව කෝපයෙන් සිටියි. අමනාපයෙන් සිටියි. ගැටුණු සිතින් හටගත් හුල ඇති ව සිටියි. ඇවැත්නි, යම් ඒ භික්ෂුවක් සබ්‍රහ්මචාරීන් වහන්සේලා පිළිබඳ ව කෝපයෙන් සිටියි ද, අමනාපයෙන් සිටියි ද, ගැටුණු සිතින් හටගත් හුල ඇති ව සිටියි ද, එකල්හී කෙලෙස් තවන වීර්යයෙන් යුතු ව, නැවත නැවත යෙදෙමින්, නිතර කරනු ලබන, දැඩි වීර්යයෙන් යුතු ව ධර්මයේ හැසිරෙන්නට ඔහුගේ සිත නොනැමෙයි. යමෙකුගේ සිත කෙලෙස් තවන වීර්යයෙන් යුතු ව, නැවත නැවත යෙදෙමින්, නිතර කරනු ලබන, දැඩි වීර්යයෙන් යුතු ව ධර්මයේ හැසිරෙන්නට යම් කරුණකින් නොපෙළඹෙයි නම් මෙය ඔහුගේ සිතෙහි ඇණී ඇති පස්වෙනි හුල වෙයි.

සිතා වෙලා ගත් බැඳීම් පසකි.

1. ඇවැත්නි, භික්ෂුව පංචකාම ගුණයන් පිළිබඳව දුරු නොකර ගත් රාගයෙන් යුක්ත වූයේ වෙයි. දුරු නොකර ගත් ආශාවෙන් යුක්ත වූයේ වෙයි. දුරු නොකර ගත් ප්‍රේමයෙන් යුක්ත වූයේ වෙයි. දුරු නොකර ගත් පිපාසයෙන් යුක්ත වූයේ වෙයි. දුරු නොකර ගත් දාහයෙන් යුක්ත වූයේ වෙයි. දුරු නොකර ගත් තෘෂ්ණාවෙන් යුක්ත වූයේ වෙයි. ඇවැත්නි, යම් ඒ භික්ෂුවක් පංචකාම ගුණයන් පිළිබඳව දුරු නොකර ගත් රාගයෙන් යුක්ත වූයේ නම්, දුරු නොකර ගත් ආශාවෙන් යුක්ත වූයේ නම්, දුරු නොකර ගත් ප්‍රේමයෙන් යුක්ත වූයේ නම්, දුරු නොකර ගත් පිපාසයෙන් යුක්ත වූයේ නම්, දුරු නොකර ගත් දාහයෙන් යුක්ත වූයේ නම්, දුරු නොකර ගත් තෘෂ්ණාවෙන් යුක්ත වූයේ නම් එකල්හී කෙලෙස් තවන වීර්යයෙන් යුතු ව, නැවත නැවත යෙදෙමින්, නිතර කරනු ලබන, දැඩි වීර්යයෙන් යුතු ව ධර්මයේ හැසිරෙන්නට ඔහුගේ සිත නොනැමෙයි. යමෙකුගේ සිත කෙලෙස් තවන වීර්යයෙන් යුතු ව, නැවත නැවත යෙදෙමින්, නිතර කරනු ලබන, දැඩි වීර්යයෙන් යුතු ව ධර්මයේ හැසිරෙන්නට යම් කරුණකින් නොපෙළඹෙයි නම් මෙය ඔහුගේ සිතෙහි බැඳී ඇති පළමුවෙනි බන්ධනය යි.

2.-5. තව ද ඇවැත්නි, භික්ෂුව කය පිළිබඳව දුරු නොකර ගත් රාගයෙන් යුක්ත වූයේ වෙයි. ....(පෙ).... රූපය පිළිබඳව දුරු නොකර ගත් රාගයෙන් යුක්ත වූයේ වෙයි. ....(පෙ).... තවද ඇවැත්නි, භික්ෂුව කුස පුරා ඇති තාක් වළඳා නින්දෙන් ලැබෙන සැපයෙහි, ස්පර්ශ සැපයෙහි, අලස සැපයෙහි යෙදෙමින් වාසය කරයි. ....(පෙ).... තවද ඇවැත්නි, භික්ෂුව එක්තරා දෙව්ලොවක සිත පිහිටුවාගෙන බඹසරෙහි හැසිරෙයි. එනම් 'මම් මේ සීලයෙන් හෝ ව්‍රතයෙන් හෝ තපසින් හෝ

බඹසරින්, දෙවියෙක් හෝ වන්නෙමි. අන්‍ය වූ දෙවිකෙනෙක් හෝ වන්නෙමි'යි. ඇවැත්නි, යම් ඒ භික්ෂුවක් එක්තරා දෙව්ලොවක සිත පිහිටුවාගෙන බඹසර හැසිරෙයි නම්, එනම් 'මම් මේ සීලයෙන් හෝ ව්‍රතයෙන් හෝ තපසින් හෝ බඹසරින් හෝ දෙවියෙක් හෝ වන්නෙමි. අන්‍ය වූ දෙවිකෙනෙක් හෝ වන්නෙමි' යි. එකල්හී කෙලෙස් තවන වීර්යයෙන් යුතු ව, නැවත නැවත යෙදෙමින්, නිතර කරනු ලබන, දැඩි වීර්යයෙන් යුතු ව ධර්මයේ හැසිරෙන්නට ඔහුගේ සිත නොනැමෙයි. යමෙකුගේ සිත කෙලෙස් තවන වීර්යයෙන් යුතු ව, නැවත නැවත යෙදෙමින්, නිතර කරනු ලබන, දැඩි වීර්යයෙන් යුතු ව ධර්මයේ හැසිරෙන්නට යම් කරුණකින් නොපෙළඹෙයි නම් මෙය ඔහුගේ සිතෙහි බැඳී ඇති පස්වෙනි බන්ධනය යි.

ඉන්ද්‍රිය පසකි. ඇස යනු ඉන්ද්‍රියකි. කන යනු ඉන්ද්‍රියකි. නාසය යනු ඉන්ද්‍රියකි. දිව යනු ඉන්ද්‍රියකි. කය යනු ඉන්ද්‍රියකි.

තවත් ඉන්ද්‍රිය පසකි. සැපය යනු ඉන්ද්‍රියකි. දුක යනු ඉන්ද්‍රියකි. සොම්නස යනු ඉන්ද්‍රියකි. දොම්නස යනු ඉන්ද්‍රියකි. උපේක්ෂාව යනු ඉන්ද්‍රියකි.

තවත් ඉන්ද්‍රිය පසකි. ශ්‍රද්ධාව යනු ඉන්ද්‍රියකි. වීර්යය යනු ඉන්ද්‍රියකි. සිහිය යනු ඉන්ද්‍රියකි. සමාධිය යනු ඉන්ද්‍රියකි. ප්‍රඥාව යනු ඉන්ද්‍රියකි.

නිස්සරණීය ධාතු පසකි.

ඇවැත්නි, මෙහිලා භික්ෂුව හට කාමයන් මෙනෙහි කරද්දී කාමයන් තුළ සිත නොබැසගනියි. නොපහදියි. නොපිහිටයි. නොගැලෙයි. ඒ භික්ෂුවට කාමයන්ගෙන් නික්මීම වූ අසුභය මෙනෙහි කරද්දී ඒ නෙක්ඛම්මයෙහි සිත බැසගනියි. පහදියි. පිහිටයි. ගැලෙයි. ඔහුගේ ඒ සිත මැනැවින් නෙක්ඛම්මයට ගියේ ය. මැනැවින් දියුණු වූයේ ය. කාමයන්ගෙන් මැනැවින් නැගී සිටියේ ය. මැනැවින් මිදුණේ ය. මැනැවින් කාමයන්ගෙන් විසංයුක්ත වූයේ ය. කාමයන් හේතුවෙන් දුක් පරිදාහ ඇති යම් ආශ්‍රවයෝ උපදිත් නම් හේ එයින් මිදුණේ වෙයි. හේ ඒ කාම වේදනාව නොවිඳියි. මේ අසුභ සමාධිය කාමයන්ගේ නික්ම යෑම යැයි කියන ලදී.

තව ද ඇවැත්නි, භික්ෂුව හට ද්වේෂය මෙනෙහි කරද්දී ද්වේෂය තුළ සිත නොබැසගනියි. නොපහදියි. නොපිහිටයි. නොගැලෙයි. ඒ භික්ෂුවට ද්වේෂයෙන් නික්මීම වූ මෛත්‍රිය මෙනෙහි කරද්දී ඒ මෛත්‍රියෙහි සිත බැස ගනියි. පහදියි. පිහිටයි. ගැලෙයි. ඔහුගේ ඒ සිත මැනැවින් මෛත්‍රියට ගියේ ය. මැනැවින් දියුණු වූයේ ය. ද්වේෂයෙන් මැනැවින් නැගී සිටියේ ය. මැනැවින්

මිදුණේ ය. මැනැවින් ද්වේෂයෙන් විසංයුක්ත වූයේ ය. ද්වේෂය හේතුවෙන් දුක් පරිදාහ ඇති යම් ආශ්‍රවයෝ උපදිත් නම් හේ එයින් මිදුණේ වෙයි. හේ ඒ ද්වේෂ වේදනාව නොවිඳියි. මේ මෛත්‍රී සමාධිය ද්වේෂයෙන් නික්ම යෑම යැයි කියන ලදී.

තව ද ඇවැත්නි, භික්ෂුව හට හිංසාව මෙනෙහි කරද්දී හිංසාව තුළ සිත නොබැසගනියි. නොපහදියි. නොපිහිටයි. නොගැලෙයි. ඒ භික්ෂුවට හිංසාවෙන් නික්මීම වූ කරුණාව මෙනෙහි කරද්දී ඒ කරුණාවෙහි සිත බැසගනියි. පහදියි. පිහිටයි. ගැලෙයි. ඔහුගේ ඒ සිත මැනැවින් කරුණාවට ගියේ ය. මැනැවින් දියුණු වූයේ ය. හිංසාවෙන් මැනැවින් නැගී සිටියේ ය. මැනැවින් මිදුණේ ය. මැනැවින් හිංසාවෙන් විසංයුක්ත වූයේ ය. හිංසාව හේතුවෙන් දුක් පරිදාහ ඇති යම් ආශ්‍රවයෝ උපදිත් නම් හේ එයින් මිදුණේ වෙයි. හේ ඒ හිංසා වේදනාව නොවිඳියි. මේ කරුණා සමාධිය හිංසාවෙන් නික්ම යෑම යැයි කියන ලදී.

තව ද ඇවැත්නි, භික්ෂුව හට රූපයන් මෙනෙහි කරද්දී රූපයන් තුළ සිත නොබැසගනියි. නොපහදියි. නොපිහිටයි. නොගැලෙයි. ඒ භික්ෂුවට රූපයෙන් නික්මීම වූ අරූපය මෙනෙහි කරද්දී ඒ අරූපයෙහි සිත බැසගනියි. පහදියි. පිහිටයි. ගැලෙයි. ඔහුගේ ඒ සිත මැනැවින් අරූපයට ගියේ ය. මැනැවින් දියුණු වූයේ ය. රූපයෙන් මැනැවින් නැගී සිටියේ ය. මැනැවින් මිදුණේ ය. මැනැවින් රූපයෙන් විසංයුක්ත වූයේ ය. රූපය හේතුවෙන් දුක් පරිදාහ ඇති යම් ආශ්‍රවයෝ උපදිත් නම් හේ එයින් මිදුණේ වෙයි. හේ ඒ රූප වේදනාව නොවිඳියි. මේ අරූප සමාධිය රූපයෙන් නික්ම යෑම යැයි කියන ලදී.

තව ද ඇවැත්නි, භික්ෂුව හට පංච උපාදානස්කන්ධය මෙනෙහි කරද්දී පංච උපාදානස්කන්ධය තුළ සිත නොබැසගනියි. නොපහදියි. නොපිහිටයි. නොගැලෙයි. ඒ භික්ෂුවට පංච උපාදානස්කන්ධයෙන් නික්මීම වූ සක්කාය නිරෝධය මෙනෙහි කරද්දී ඒ සක්කාය නිරෝධයෙහි සිත බැසගනියි. පහදියි. පිහිටයි. ගැලෙයි. ඔහුගේ ඒ සිත මැනැවින් සක්කාය නිරෝධයට ගියේ ය. මැනැවින් දියුණු වූයේ ය. පංච උපාදානස්කන්ධයෙන් මැනැවින් නැගී සිටියේ ය. මැනැවින් මිදුණේ ය. මැනැවින් පංච උපාදානස්කන්ධයෙන් විසංයුක්ත වූයේ ය. පංච උපාදානස්කන්ධය හේතුවෙන් දුක් පරිදාහ ඇති යම් ආශ්‍රවයෝ උපදිත් නම් හේ එයින් මිදුණේ වෙයි. හේ ඒ පංච උපාදානස්කන්ධ වේදනාව නොවිඳියි. මේ සක්කාය නිරෝධය සක්කායෙන් නික්ම යෑම යැයි කියන ලදී.

විමුක්තායතන පසකි.

1. ඇවැත්නි, මෙහිලා භික්ෂුව හට ශාස්තෲන් වහන්සේ හෝ වෙනත් ගුරු තන්හිලා සැලකෙන සබ්‍රහ්මචාරීන් වහන්සේ නමක් හෝ ධර්මය දේශනා

කරති. ඇවැත්නි, ඒ භික්ෂුවට ශාස්තෘන් වහන්සේ හෝ වෙනත් ගුරු තන්හිලා සැලකෙන සබ්‍රහ්මචාරීන් වහන්සේ නමක් හෝ යම් යම් අයුරින් ධර්මය දේශනා කරත් ද, ඒ ඒ අයුරින් ඒ භික්ෂුව ඒ ධර්මයෙහි අරුත් මැනැවින් දන්නේ ද වෙයි. ධර්මය මැනැවින් දන්නේ ද වෙයි. ධර්මයේ අරුත් නුවණින් දැනගන්නා, ධර්මය නුවණින් දැනගන්නා ඒ භික්ෂුවට ප්‍රමුදිත බව ඇතිවෙයි. ප්‍රමුදිත බව ඇත්තහුට ප්‍රීතිය ඇතිවෙයි. ප්‍රීති සිත් ඇත්තහුගේ කය සංසිඳෙයි. සංසිඳුණු කය ඇති කෙනා සැපයක් විඳියි. සැප ඇත්තහුගේ සිත සමාධිමත් වෙයි. පළමු විමුත්තායතනය මෙය යි.

2. තව ද ඇවැත්නි, භික්ෂුව හට ශාස්තෘන් වහන්සේ හෝ වෙනත් ගුරු තන්හිලා සැලකෙන සබ්‍රහ්මචාරීන් වහන්සේ නමක් හෝ ධර්මය දේශනා නොකරති. වැලිදු යම් අයුරකින් අසන ලද්දේ වෙයි ද, යම් අයුරකින් ඉගෙන ගන්නා ලද්දේ වෙයි ද, ඒ අයුරින් ඒ ධර්මය විස්තර වශයෙන් අන්‍යයන්ට දේශනා කරයි. ඇවැත්නි, භික්ෂුව යම් අයුරින් අසන ලද්දේ ද, යම් අයුරින් පිරිවහන ලද්දේ ද, ඒ අයුරින් ධර්මය විස්තර වශයෙන් අන්‍යයන්ට දේශනා කරයි ද, ඒ ඒ අයුරින් ඒ භික්ෂුව ඒ ධර්මයෙහි අරුත් මැනැවින් දන්නේ ද වෙයි. ධර්මය මැනැවින් දන්නේ ද වෙයි. ධර්මයේ අරුත් නුවණින් දැනගන්නා, ධර්මය නුවණින් දැනගන්නා ඒ භික්ෂුවට ප්‍රමුදිත බව ඇතිවෙයි. ප්‍රමුදිත බව ඇත්තහුට ප්‍රීතිය ඇතිවෙයි. ප්‍රීති සිත් ඇත්තහුගේ කය සංසිඳෙයි. සංසිඳුණු කය ඇති කෙනා සැපයක් විඳියි. සැප ඇත්තහුගේ සිත සමාධිමත් වෙයි. දෙවන විමුත්තායතනය මෙය යි.

3. තව ද ඇවැත්නි, භික්ෂුව හට ශාස්තෘන් වහන්සේ හෝ වෙනත් ගුරු තන්හිලා සැලකෙන සබ්‍රහ්මචාරීන් වහන්සේ නමක් හෝ ධර්මය දේශනා නොකරති. යම් අයුරකින් අසන ලද්දේ වෙයි ද, යම් අයුරකින් ඉගෙන ගන්නා ලද්දේ වෙයි ද, ඒ අයුරින් ධර්මය විස්තර වශයෙන් අන්‍යයන්ට දේශනා ද නොකරයි. වැලිදු යම් අයුරකින් අසන ලද්දේ ද, යම් අයුරකින් ඉගෙන ගන්නා ලද්දේ ද, ඒ අයුරින් ධර්මය විස්තර වශයෙන් සජ්ඣායනා කරයි. ඇවැත්නි, භික්ෂුව යම් අයුරකින් අසන ලද, යම් අයුරකින් ඉගෙන ගත් ධර්මය යම් යම් අයුරින් විස්තර වශයෙන් සජ්ඣායනා කරයි ද, ඒ ඒ අයුරින් ඒ භික්ෂුව ඒ ධර්මයෙහි අරුත් මැනැවින් දන්නේ ද වෙයි. ධර්මය මැනැවින් දන්නේ ද වෙයි. ධර්මයේ අරුත් නුවණින් දැනගන්නා, ධර්මය නුවණින් දැනගන්නා ඒ භික්ෂුවට ප්‍රමුදිත බව ඇතිවෙයි. ප්‍රමුදිත බව ඇත්තහුට ප්‍රීතිය ඇතිවෙයි. ප්‍රීති සිත් ඇත්තහුගේ කය සංසිඳෙයි. සංසිඳුණු කය ඇති කෙනා සැපයක් විඳියි. සැප ඇත්තහුගේ සිත සමාධිමත් වෙයි. තුන්වන විමුත්තායතනය මෙය යි.

4. තව ද ඇවැත්නි, භික්ෂුව හට ශාස්තෘන් වහන්සේ හෝ වෙනත් ගුරු තන්හිලා සැලකෙන සබ්‍රහ්මචාරීන් වහන්සේ නමක් හෝ ධර්මය දේශනා නොකරති. යම් අයුරකින් අසන ලද්දේ වෙයි ද, යම් අයුරකින් ඉගෙන ගන්නා ලද්දේ වෙයි ද, ඒ අයුරින් ධර්මය විස්තර වශයෙන් අන්‍යයන්ට දේශනා ද නොකරයි. යම් අයුරකින් අසන ලද්දේ ද, යම් අයුරකින් ඉගෙන ගන්නා ලද්දේ ද ඒ අයුරින් ධර්මය විස්තර වශයෙන් සජ්ඣායනා ද නොකරයි. වැලිදු යම් අයුරකින් අසන ලද්දේ ද, යම් අයුරකින් ඉගෙන ගන්නා ලද්දේ ද ඒ අයුරින් ධර්මය සිතින් නැවත නැවත මෙනෙහි කරයි. නැවත නැවත විචාරයි. නුවණින් විමසයි. ඇවැත්නි, භික්ෂුව යම් අයුරකින් අසන ලද, යම් අයුරකින් ඉගෙන ගත් ධර්මය යම් යම් අයුරින් සිතින් නැවත නැවත මෙනෙහි කරයි ද, නැවත නැවත විචාරයි ද, නුවණින් විමසයි ද, ඒ ඒ අයුරින් ඒ භික්ෂුව ඒ ධර්මයෙහි අරුත් මැනැවින් දන්නේ ද වෙයි. ධර්මය මැනැවින් දන්නේ ද වෙයි. ධර්මයේ අරුත් නුවණින් දැනගන්නා, ධර්මය නුවණින් දැනගන්නා ඒ භික්ෂුවට ප්‍රමුදිත බව ඇතිවෙයි. ප්‍රමුදිත බව ඇත්තහුට ප්‍රීතිය ඇතිවෙයි. ප්‍රීති සිත් ඇත්තහුගේ කය සංසිඳෙයි. සංසිඳුණු කය ඇති කෙනා සැපයක් විඳියි. සැප ඇත්තහුගේ සිත සමාධිමත් වෙයි. සිව්වෙනි විමුත්තායතනය මෙය යි.

5. තව ද ඇවැත්නි, භික්ෂුව හට ශාස්තෘන් වහන්සේ හෝ වෙනත් ගුරු තන්හිලා සැලකෙන සබ්‍රහ්මචාරීන් වහන්සේ නමක් හෝ ධර්මය දේශනා නොකරති. යම් අයුරකින් අසන ලද්දේ වෙයි ද, යම් අයුරකින් ඉගෙන ගන්නා ලද්දේ වෙයි ද, ඒ අයුරින් ධර්මය විස්තර වශයෙන් අන්‍යයන්ට දේශනා ද නොකරයි. යම් අයුරකින් අසන ලද්දේ ද, යම් අයුරකින් ඉගෙන ගන්නා ලද්දේ ද ඒ අයුරින් ධර්මය විස්තර වශයෙන් සජ්ඣායනා ද නොකරයි. යම් අයුරකින් අසන ලද්දේ ද, යම් අයුරකින් ඉගෙන ගන්නා ලද්දේ ද ඒ අයුරින් ධර්මය සිතින් නැවත නැවත මෙනෙහි නොකරයි. නැවත නැවත නොවිචාරයි. නුවණින් නොවිමසයි. වැලිදු ඔහු විසින් එක්තරා සමාධි නිමිත්තක් මැනැවින් ඇති කරගත්තේ වෙයි. හොඳින් මෙනෙහි කරන ලද්දේ වෙයි. හොඳින් දරා ගන්නා ලද්දේ වෙයි. ප්‍රඥාවෙන් මැනැවින් අවබෝධ කරන ලද්දේ වෙයි. ඇවැත්නි, භික්ෂුව යම් යම් අයුරකින් එක්තරා සමාධි නිමිත්තක් මැනැවින් ඇති කරගත්තේ වෙයි ද, හොඳින් මෙනෙහි කරන ලද්දේ වෙයි ද, හොඳින් දරා ගන්නා ලද්දේ වෙයි ද, ප්‍රඥාවෙන් මැනැවින් අවබෝධ කරන ලද්දේ වෙයි ද, ඒ ඒ අයුරින් ඒ භික්ෂුව ඒ ධර්මයෙහි අරුත් මැනැවින් දන්නේ ද වෙයි. ධර්මය මැනැවින් දන්නේ ද වෙයි. ධර්මයේ අරුත් නුවණින් දැනගන්නා, ධර්මය නුවණින් දැනගන්නා ඒ භික්ෂුවට ප්‍රමුදිත බව ඇතිවෙයි. ප්‍රමුදිත බව ඇත්තහුට ප්‍රීතිය ඇතිවෙයි. ප්‍රීති සිත් ඇත්තහුගේ කය සංසිඳෙයි. සංසිඳුණු කය ඇති කෙනා සැපයක් විඳියි. සැප ඇත්තහුගේ සිත සමාධිමත් වෙයි. පස්වෙනි විමුත්තායතනය මෙය යි.

විමුක්තිය පිණිස නුවණ මේරීමට පවතින සංඥා පසකි. අනිත්‍ය සංඥාව ය, අනිත්‍යයෙහි දුක්ඛ සංඥාව ය, දුක්ඛයෙහි අනාත්ම සංඥාව ය, ප්‍රහාණ සංඥාව ය, විරාග සංඥාව ය.

ඇවැත්නි, මේ වනාහී සියල්ල දන්නා, සියල්ල දක්නා, ඒ අරහත් සම්මා සම්බුදු භාග්‍යවතුන් වහන්සේ විසින් මැනැවින් වදාරණ ලද පසක් බැගින් වූ ධර්මයෝ ය. යම් පරිදි මේ සසුන් බඹසර බොහෝ කලක් පවතින්නේ ද, එහිලා සියළු දෙනා ම එක් ව සංගායනා කළ යුත්තේ ය. වාද විවාද නොකළ යුත්තේ ය. එය බොහෝ ජනයාට හිත පිණිස, බොහෝ ජනයාට සුව පිණිස, ලොවට අනුකම්පාව පිණිස, දෙවි මිනිසුන්ගේ යහපත හිතසුව පිණිස පවතින්නේ ය.

6

ඇවැත්නි, සියල්ල දන්නා, සියල්ල දක්නා, ඒ අරහත් සම්මා සම්බුදු භාග්‍යවතුන් වහන්සේ විසින් මැනැවින් වදාරණ ලද සය බැගින් වූ ධර්මයෝ ඇත්තාහ. යම් පරිදි මේ සසුන් බඹසර බොහෝ කලක් පවතින්නේ වෙයි ද, එහිලා සියළු දෙනා ම එක් ව සංගායනා කළ යුතු ය. වාද විවාද නොකළ යුතු ය. එය බොහෝ ජනයාට හිත පිණිස, බොහෝ ජනයාට සුව පිණිස, ලොවට අනුකම්පාව පිණිස, දෙවි මිනිසුන්ගේ යහපත හිතසුව පිණිස පවතින්නේ ය. ඒ සයක් බැගින් වූ ධර්මයෝ කවරහු ද?

එනම්;

ආධ්‍යාත්මික ආයතන සයකි. ඇස ආයතනයකි. කන ආයතනයකි. නාසය ආයතනයකි. දිව ආයතනයකි. කය ආයතනයකි. මනස ආයතනයකි.

බාහිර ආයතන සයකි. රූප ආයතනයකි. ශබ්ද ආයතනයකි. ගන්ධ ආයතනයකි. රස ආයතනයකි. පහස ආයතනයකි. අරමුණු ආයතනයකි.

විඤ්ඤාණකාය සයකි. ඇසේ විඤ්ඤාණය ය. කනේ විඤ්ඤාණය ය. නාසයේ විඤ්ඤාණය ය. දිවේ විඤ්ඤාණය ය. කයේ විඤ්ඤාණය ය. මනසේ විඤ්ඤාණය ය.

ස්පර්ශකාය සයකි. ඇසේ ස්පර්ශය ය. කනේ ස්පර්ශය ය. නාසයේ ස්පර්ශය ය. දිවේ ස්පර්ශය ය. කයේ ස්පර්ශය ය. මනසේ ස්පර්ශය ය.

වේදනාකාය සයකි. ඇසේ ස්පර්ශයෙන් උපන් වේදනාව ය. කනේ ස්පර්ශයෙන් උපන් වේදනාව ය. නාසයේ ස්පර්ශයෙන් උපන් වේදනාව ය.

දිවේ ස්පර්ශයෙන් උපන් වේදනාව ය. කයේ ස්පර්ශයෙන් උපන් වේදනාව ය. මනසේ ස්පර්ශයෙන් උපන් වේදනාව ය.

සංඥාකාය සයකි. රූප සංඥා ය. ශබ්ද සංඥා ය. ගන්ධ සංඥා ය. රස සංඥා ය. පහස සංඥා ය. අරමුණු සංඥා ය.

සංචේතනාකාය සයකි. රූප පිළිබඳ ව චේතනා පහළ කිරීම ය. ශබ්ද පිළිබඳ ව චේතනා පහළ කිරීම ය. ගන්ධ පිළිබඳ ව චේතනා පහළ කිරීම ය. රස පිළිබඳ ව චේතනා පහළ කිරීම ය. පහස පිළිබඳ ව චේතනා පහළ කිරීම ය. අරමුණු පිළිබඳ ව චේතනා පහළ කිරීම ය.

තණ්හාකාය සයකි. රූප තණ්හාව ය. ශබ්ද තණ්හාව ය. ගන්ධ තණ්හාව ය. රස තණ්හාව ය. පහස තණ්හාව ය. අරමුණු තණ්හාව ය.

අගෞරව සයකි. ඇවැත්නි, මෙහිලා භික්ෂුව ශාස්තෘන් වහන්සේ කෙරෙහි ගෞරව නැති ව, යටහත් පැවැතුම් නැති ව වාසය කරයි. ධර්මය කෙරෙහි ගෞරව නැති ව, යටහත් පැවැතුම් නැති ව වාසය කරයි. සංඝයා කෙරෙහි ගෞරව නැති ව, යටහත් පැවැතුම් නැති ව වාසය කරයි. ශික්ෂාව කෙරෙහි ගෞරව නැති ව, යටහත් පැවැතුම් නැති ව වාසය කරයි. අප්‍රමාදය කෙරෙහි ගෞරව නැති ව, යටහත් පැවැතුම් නැති ව වාසය කරයි. දහම් පිළිසඳර කෙරෙහි ගෞරව නැති ව, යටහත් පැවැතුම් නැති ව වාසය කරයි.

ගෞරව සයකි. ඇවැත්නි, මෙහිලා භික්ෂුව ශාස්තෘන් වහන්සේ කෙරෙහි ගෞරව ඇති ව, යටහත් පැවැතුම් ඇති ව වාසය කරයි. ධර්මය කෙරෙහි ගෞරව ඇති ව, යටහත් පැවැතුම් ඇති ව වාසය කරයි. සංඝයා කෙරෙහි ගෞරව ඇති ව, යටහත් පැවැතුම් ඇති ව වාසය කරයි. ශික්ෂාව කෙරෙහි ගෞරව ඇති ව, යටහත් පැවැතුම් ඇති ව වාසය කරයි. අප්‍රමාදය කෙරෙහි ගෞරව ඇති ව, යටහත් පැවැතුම් ඇති ව වාසය කරයි. දහම් පිළිසඳර කෙරෙහි ගෞරව ඇති ව, යටහත් පැවැතුම් ඇති ව වාසය කරයි.

සොම්නස් උපවිචාර සයකි. ඇසින් රූපයක් දැක සොම්නසට කරුණු වූ ඒ රූපය ගැන නැවත නැවත සිතයි. කනින් ශබ්දයක් අසා ....(පෙ).... නාසයෙන් ගඳ සුවඳ දැන ....(පෙ).... දිවෙන් රස විඳ ....(පෙ).... කයෙන් පහස ලබා ....(පෙ).... මනසින් අරමුණු දැන සොම්නසට කරුණු වූ ඒ අරමුණු ගැන නැවත නැවත සිතයි.

දොම්නස් උපවිචාර සයකි. ඇසින් රූපයක් දැක දොම්නසට කරුණු වූ ඒ රූපය ගැන නැවත නැවත සිතයි. කනින් ශබ්දයක් අසා ....(පෙ).... නාසයෙන්

ගඳ සුවඳ දැන ....(පෙ).... දිවෙන් රස විඳ ....(පෙ).... කයෙන් පහස ලබා ....(පෙ).... මනසින් අරමුණු දැන දොම්නසට කරුණු වූ ඒ අරමුණු ගැන නැවත නැවත සිතයි.

උපේක්ෂා උපවිචාර සයකි. ඇසින් රූපයක් දැක උපේක්ෂාවට කරුණු වූ ඒ රූපය ගැන නැවත නැවත සිතයි. කනින් ශබ්දයක් අසා ....(පෙ).... නාසයෙන් ගඳ සුවඳ දැන ....(පෙ).... දිවෙන් රස විඳ ....(පෙ).... කයෙන් පහස ලබා ....(පෙ).... මනසින් අරමුණු දැන උපේක්ෂාවට කරුණු වූ ඒ අරමුණු ගැන නැවත නැවත සිතයි.

සිහි කටයුතු ධර්ම සයකි.

1. ඇවැත්නි, මෙහිලා භික්ෂුව හට සබ්‍රහ්මචාරීන් වහන්සේලා කෙරෙහි ඉදිරිපිට ත්, නැති විට ත් මෛත්‍රී සහගත කායික ක්‍රියාවන් හොඳින් පිහිටියේ වෙයි. මෙය ද ප්‍රිය බව ඇති කරන, ගෞරවය ඇති කරන, එක් වීම පිණිස පවතින, විවාද නොවීම පිණිස පවතින, සමඟිය පිණිස පවතින, සුව සේ එකට වාසය කිරීම පිණිස පවතින සාරාණීය ධර්මයකි.

2.-3. තව ද ඇවැත්නි, භික්ෂුව හට සබ්‍රහ්මචාරීන් වහන්සේලා කෙරෙහි ඉදිරිපිට ත්, නැති විට ත් මෛත්‍රී සහගත වචන භාවිතය ....(පෙ).... මෛත්‍රී සහගත සිතුවිලි හොඳින් පිහිටියේ වෙයි. මෙය ද ප්‍රිය බව ඇති කරන, ගෞරවය ඇති කරන, එක් වීම පිණිස පවතින, විවාද නොවීම පිණිස පවතින, සමඟිය පිණිස පවතින, සුව සේ එකට වාසය කිරීම පිණිස පවතින සාරාණීය ධර්මයකි.

4. තව ද ඇවැත්නි, භික්ෂුවක් ධාර්මික ව දැහැමින් ලද යම් ඒ ලාභයන් ඇද්ද, අඩුගණනේ තම පාත්‍රයට ලැබුණු යමක් ඇද්ද, එබඳු වූ ලද දෙයක් සම සේ බෙදා වළඳන සුළු වූයේ වෙයි. සිල්වත් සබ්‍රහ්මචාරීන් වහන්සේලා සමඟ සැමට සාධාරණ ව බෙදා වළඳන සුළු වූයේ වෙයි. මෙය ද ප්‍රිය බව ඇති කරන, ගෞරවය ඇති කරන, එක් වීම පිණිස පවතින, විවාද නොවීම පිණිස පවතින, සමඟිය පිණිස පවතින, සුව සේ එකට වාසය කිරීම පිණිස පවතින සාරාණීය ධර්මයකි.

5. තව ද ඇවැත්නි, භික්ෂුවක් යම් ඒ සිල්පද ඇද්ද, කඩ නොවූ ත්, සිදුරු නොවූ ත්, කැලැල් නොවූ ත්, පැල්ලම් නොවූ ත්, තෘෂ්ණාදාස බවට පත් නොවූ ත්, නුවණැත්තන්ගේ පැසසුමට ලක්වන්නා වූ ත්, දෘෂ්ටි ග්‍රහණයට හසු නොවූ ත්, සමාධිය පිණිස පවතින්නා වූ ත් සිල්පද ඇද්ද, එබඳු වූ සීලයෙන් යුතුව සබ්‍රහ්මචාරීන් වහන්සේලා ඉදිරිපිට ත්, නැති විට ත් සීලයෙන් සමාන බවට

පැමිණ වාසය කරයි. මෙය ද ප්‍රිය බව ඇති කරන, ගෞරවය ඇති කරන, එක් වීම පිණිස පවතින, විවාද නොවීම පිණිස පවතින, සමගිය පිණිස පවතින, සුව සේ එකට වාසය කිරීම පිණිස පවතින සාරාණීය ධර්මයකි.

6. තව ද ඇවැත්නි, භික්ෂුවක් යම් මේ දෘෂ්ටියක් ආර්ය වෙයි ද, නිවන පිණිස පවතියි ද, එයින් යුක්ත වූවහුට මැනැවින් දුක් ගෙවා යයි නම්, එබඳු වූ දෘෂ්ටියකින් යුතුව සබ්‍රහ්මචාරීන් වහන්සේලා ඉදිරිපිට ත්, නැති විට ත් දෘෂ්ටියෙන් සමාන බවට පැමිණ වාසය කරයි. මෙය ද ප්‍රිය බව ඇති කරන, ගෞරවය ඇති කරන, එක් වීම පිණිස පවතින, විවාද නොවීම පිණිස පවතින, සමගිය පිණිස පවතින, සුව සේ එකට වාසය කිරීම පිණිස පවතින සාරාණීය ධර්මයකි.

විවාදයන්ට මුල් වන කරුණු සයකි.

1. ඇවැත්නි, මෙහිලා භික්ෂුව ක්‍රෝධයෙන් යුක්ත වූයේ, බද්ධ වෛර ඇත්තේ වෙයි. ඇවැත්නි, යම් ඒ භික්ෂුවක් ක්‍රෝධයෙන් යුක්ත ව බද්ධ වෛරී ව සිටියි නම්, හේ ශාස්තෘන් වහන්සේට ද ගෞරව නැති ව, යටහත් පැවතුම් නැති ව වාසය කරයි. ධර්මයට ද ගෞරව නැති ව, යටහත් පැවතුම් නැති ව වාසය කරයි. සංඝයාට ද ගෞරව නැති ව, යටහත් පැවතුම් නැති ව වාසය කරයි. ශික්ෂාව ත් පිරිපුන් නොකරන්නේ වෙයි. ඇවැත්නි, යම් ඒ භික්ෂුවක් ශාස්තෘන් වහන්සේට ගෞරව නැති ව, යටහත් පැවතුම් නැති ව වාසය කරයි ද, ධර්මයට ද ගෞරව නැති ව, යටහත් පැවතුම් නැති ව වාසය කරයි ද, සංඝයාට ද ගෞරව නැති ව, යටහත් පැවතුම් නැති ව වාසය කරයි ද, ශික්ෂාව ත් පිරිපුන් නොකරන්නේ වෙයි ද, යම් විවාදයක් බොහෝ ජනයාට අහිත පිණිස, බොහෝ ජනයාට දුක් පිණිස, බොහෝ ජනයාට අනර්ථය පිණිස, දෙව් මිනිසුන්ට අහිත පිණිස, දුක් පිණිස හේතු වෙයි ද, සංඝයා මැද ඒ විවාදය උපදවන්නේ ඔහු ය.

ඇවැත්නි, ඉදින් ඔබ විවාදයට මුල් වූ මෙබඳු වූ දෙයක් තමන් තුළ වේවා, බාහිර පිරිස තුළ වේවා දකින්නහු නම්, ඇවැත්නි, ඔබ ඒ පවිටු විවාද මූලය ප්‍රහාණය කිරීමට වීර්යය කරව්. ඇවැත්නි, ඉදින් ඔබ විවාදයට මුල් වූ මෙබඳු වූ දෙයක් තමන් තුළ වේවා, බාහිර පිරිස තුළ වේවා නොදකින්නහු නම්, ඇවැත්නි, ඔබ ඒ පවිටු විවාද මූලය අනාගතයෙහි ත් හටනොගැනීම පිණිස පිළිපදිව්. මේ අයුරින් ඒ පවිටු විවාද මූලය ප්‍රහාණය වෙයි. මේ අයුරින් ඒ පවිටු විවාද මූලය අනාගතයෙහි නූපදීම වෙයි.

2. තව ද ඇවැත්නි, භික්ෂුව ගුණමකු වූයේ, එකටඑක කරන්නේ වෙයි. ....(පෙ).... 3. ඊර්ෂ්‍යා කරන්නේ, මසුරු වූයේ වෙයි. ....(පෙ).... 4. වංචා ඇත්තේ,

මායා ඇත්තේ වෙයි. ....(පෙ).... 5. පවිටු ආශා ඇත්තේ, මිසදිටු ගත්තේ වෙයි. ....(පෙ).... 6. තම දෘෂ්ටිය ම දැඩි ව ගත්තේ, තමා දැඩි ව ගත් වැරදි මතය බැහැර නොකළ හැක්කේ වෙයි. ඇවැත්නි, යම් ඒ භික්ෂුවක් තම දෘෂ්ටිය දැඩි ව ගෙන, තමා ගත් වැරදි මතය බැහැර නොකර සිටියි නම්, හේ ශාස්තෘන් වහන්සේට ද ගෞරව නැති ව, යටහත් පැවතුම් නැති ව වාසය කරයි. ධර්මයට ද ගෞරව නැති ව, යටහත් පැවතුම් නැති ව වාසය කරයි. සංඝයාට ද ගෞරව නැති ව, යටහත් පැවතුම් නැති ව වාසය කරයි. ශික්ෂාව ත් පිරිපුන් නොකරන්නේ වෙයි. ඇවැත්නි, යම් ඒ භික්ෂුවක් ශාස්තෘන් වහන්සේට ගෞරව නැති ව, යටහත් පැවතුම් නැති ව වාසය කරයි ද, ධර්මයට ද ගෞරව නැති ව, යටහත් පැවතුම් නැති ව වාසය කරයි ද, සංඝයාට ද ගෞරව නැති ව, යටහත් පැවතුම් නැති ව වාසය කරයි ද, ශික්ෂාව ත් පිරිපුන් නොකරන්නේ වෙයි ද, යම් විවාදයක් බොහෝ ජනයාට අහිත පිණිස, බොහෝ ජනයාට දුක් පිණිස, බොහෝ ජනයාට අනර්ථය පිණිස, දෙව් මිනිසුන්ට අහිත පිණිස, දුක් පිණිස හේතු වෙයි ද, සංඝයා මැද විවාදය උපදවන්නේ ඔහු ය.

ඇවැත්නි, ඉදින් ඔබ විවාදයට මුල් වූ මෙබඳු වූ දෙයක් තමන් තුළ වේවා, බාහිර පිරිස තුළ වේවා දකින්නහු නම්, ඇවැත්නි, ඔබ ඒ පවිටු විවාද මූලය ප්‍රහාණය කිරීමට වීර්යය කරව්. ඇවැත්නි, ඉදින් ඔබ විවාදයට මුල් වූ මෙබඳු වූ දෙයක් තමන් තුළ වේවා, බාහිර පිරිස තුළ වේවා නොදකින්නහු නම්, ඇවැත්නි, ඔබ ඒ පවිටු විවාද මූලය අනාගතයෙහි ත් හටනොගැනීම පිණිස පිළිපදිව්. මේ අයුරින් ඒ පවිටු විවාද මූලය ප්‍රහාණය වෙයි. මේ අයුරින් ඒ පවිටු විවාද මූලය අනාගතයෙහි නූපදීම වෙයි.

ධාතු සයකි. පඨවි ධාතු, ආපෝ ධාතු, තේජෝ ධාතු, වායෝ ධාතු, ආකාස ධාතු, විඤ්ඤාණ ධාතු ය.

නිස්සරණීය ධාතු සයකි.

1. ඇවැත්නි, මෙහිලා භික්ෂුවක් මෙසේ කියයි නම්, ඇවැත්නි, 'මවිසින් මෛත්‍රී චිත්ත විමුක්තිය දියුණු කරන ලද්දේ ය. බහුල වශයෙන් ප්‍රගුණ කරන ලද්දේ ය. සැණෙකින් නැග යා හැකි යානාවක් මෙන් කරන ලද්දේ ය. මැනැවින් ලැග සිටිය හැකි බිමක් මෙන් කරන ලද්දේ ය. මැනැවින් සිතෙහි පිහිටුවන ලද්දේ ය. පුරුදු කරන ලද්දේ ය. මැනැවින් ප්‍රගුණ කරන ලද්දේ ය. එසේ නමුත් ද්වේෂය මාගේ සිත යටපත් කරනවා නොවැ' යි. එවිට ඔහුට මෙසේ කිව යුතු වන්නේ ය. 'ආයුෂ්මත, එසේ නොපවසව. භාග්‍යවතුන් වහන්සේට අභූතයෙන් චෝදනා නොකරව. භාග්‍යවතුන් වහන්සේට අභූතයෙන් චෝදනා කිරීම හොඳ

දෙයක් නම් නොවෙයි. භාග්‍යවතුන් වහන්සේ ඔය අයුරින් නොවදාළ සේක් ම ය. ආයුෂ්මත, යම් හෙයකින් මෛත්‍රී චිත්ත විමුක්තිය දියුණු කරන ලද්දේ ද, බහුල වශයෙන් ප්‍රගුණ කරන ලද්දේ ද, සැණෙකින් නැග යා හැකි යානාවක් මෙන් කරන ලද්දේ ද, මැනැවින් ලැග සිටිය හැකි බිමක් මෙන් කරන ලද්දේ ද, මැනැවින් සිතෙහි පිහිටුවන ලද්දේ ද, පුරුදු කරන ලද්දේ ද, මැනැවින් ප්‍රගුණ කරන ලද්දේ ද, එකල්හී ද්වේෂය ඔහුගේ සිත යට කොට ගෙන සිටින්නේ ය යන කරුණ විය නොහැක්කකි. වන්නට ඉඩක් නැත්තේ ම ය. එය සිදු නොවන දෙයකි. ආයුෂ්මත, යම් මේ මෛත්‍රී චිත්ත විමුක්තියක් ඇද්ද, මෙය ද්වේෂයෙන් නිදහස් වීම ම ය.'

2. ඇවැත්නි, මෙහිලා භික්ෂුවක් මෙසේ කියයි නම්, 'ඇවැත්නි, මවිසින් කරුණා චිත්ත විමුක්තිය දියුණු කරන ලද්දේ ය. බහුල වශයෙන් ප්‍රගුණ කරන ලද්දේ ය. සැණෙකින් නැගී යා හැකි යානාවක් මෙන් කරන ලද්දේ ය. මැනැවින් ලැග සිටිය හැකි බිමක් මෙන් කරන ලද්දේ ය. මැනැවින් සිතෙහි පිහිටුවන ලද්දේ ය. පුරුදු කරන ලද්දේ ය. මැනැවින් ප්‍රගුණ කරන ලද්දේ ය. එසේ නමුත් හිංසාව මාගේ සිත යටපත් කරනවා නොවැ' යි. එවිට ඔහුට මෙසේ කිව යුතු වන්නේ ය. 'ආයුෂ්මත, එසේ නොපවසව. භාග්‍යවතුන් වහන්සේට අභූතයෙන් චෝදනා නොකරව. භාග්‍යවතුන් වහන්සේට අභූතයෙන් චෝදනා කිරීම හොඳ දෙයක් නම් නොවෙයි. භාග්‍යවතුන් වහන්සේ ඔය අයුරින් නොවදාළ සේක් ම ය. ආයුෂ්මත, යම් හෙයකින් කරුණා චිත්ත විමුක්තිය දියුණු කරන ලද්දේ ද, බහුල වශයෙන් ප්‍රගුණ කරන ලද්දේ ද, සැණෙකින් නැග යා හැකි යානාවක් මෙන් කරන ලද්දේ ද, මැනැවින් ලැග සිටිය හැකි බිමක් මෙන් කරන ලද්දේ ද, මැනැවින් සිතෙහි පිහිටුවන ලද්දේ ද, පුරුදු කරන ලද්දේ ද, මැනැවින් ප්‍රගුණ කරන ලද්දේ ද, එකල්හී හිංසාව ඔහුගේ සිත යට කොට ගෙන සිටින්නේ ය යන කරුණ විය නොහැක්කකි. වන්නට ඉඩක් නැත්තේ ම ය. එය සිදු නොවන දෙයකි. ආයුෂ්මත, යම් මේ කරුණා චිත්ත විමුක්තියක් ඇද්ද, මෙය හිංසාවෙන් නිදහස් වීම ම ය.'

3. ඇවැත්නි, මෙහිලා භික්ෂුවක් මෙසේ කියයි නම්, 'ඇවැත්නි, මවිසින් මුදිතා චිත්ත විමුක්තිය දියුණු කරන ලද්දේ ය. බහුල වශයෙන් ප්‍රගුණ කරන ලද්දේ ය. සැණෙකින් නැග යා හැකි යානාවක් මෙන් කරන ලද්දේ ය. මැනැවින් ලැග සිටිය හැකි බිමක් මෙන් කරන ලද්දේ ය. මැනැවින් සිතෙහි පිහිටුවන ලද්දේ ය. පුරුදු කරන ලද්දේ ය. මැනැවින් ප්‍රගුණ කරන ලද්දේ ය. එසේ නමුත් අරතිය මාගේ සිත යටපත් කරනවා නොවැ' යි. එවිට ඔහුට මෙසේ කිව යුතු වන්නේ ය. 'ආයුෂ්මත, එසේ නොපවසව. භාග්‍යවතුන් වහන්සේට අභූතයෙන්

චෝදනා නොකරව. භාග්‍යවතුන් වහන්සේට අභූතයෙන් චෝදනා කිරීම හොඳ දෙයක් නම් නොවෙයි. භාග්‍යවතුන් වහන්සේ ඔය අයුරින් නොවදාළ සේක් ම ය. ආයුෂ්මත, යම් හෙයකින් මුදිතා චිත්ත විමුක්තිය දියුණු කරන ලද්දේ ද, බහුල වශයෙන් ප්‍රගුණ කරන ලද්දේ ද, සැණෙකින් නැග යා හැකි යානාවක් මෙන් කරන ලද්දේ ද, මැනැවින් ලැග සිටිය හැකි බිමක් මෙන් කරන ලද්දේ ද, මැනැවින් සිතෙහි පිහිටුවන ලද්දේ ද, පුරුදු කරන ලද්දේ ද, මැනැවින් ප්‍රගුණ කරන ලද්දේ ද, එකල්හී අරතිය ඔහුගේ සිත යට කොට ගෙන සිටින්නේ ය යන කරුණ විය නොහැක්කකි. වන්නට ඉඩක් නැත්තේ ම ය. එය සිදු නොවන දෙයකි. ආයුෂ්මත, යම් මේ මුදිතා චිත්ත විමුක්තියක් ඇද්ද, මෙය අරතියෙන් නිදහස් වීම ම ය.'

4. ඇවැත්නි, මෙහිලා භික්ෂුවක් මෙසේ කියයි නම්, 'ඇවැත්නි, මවිසින් උපේක්ෂා චිත්ත විමුක්තිය දියුණු කරන ලද්දේ ය. බහුල වශයෙන් ප්‍රගුණ කරන ලද්දේ ය. සැණෙකින් නැගී යා හැකි යානාවක් මෙන් කරන ලද්දේ ය. මැනැවින් ලැග සිටිය හැකි බිමක් මෙන් කරන ලද්දේ ය. මැනැවින් සිතෙහි පිහිටුවන ලද්දේ ය. පුරුදු කරන ලද්දේ ය. මැනැවින් ප්‍රගුණ කරන ලද්දේ ය. එසේ නමුත් රාගය මාගේ සිත යටපත් කරනවා නොවැ' යි. එවිට ඔහුට මෙසේ කිව යුතු වන්නේ ය. 'ආයුෂ්මත, එසේ නොපවසව. භාග්‍යවතුන් වහන්සේට අභූතයෙන් චෝදනා නොකරව. භාග්‍යවතුන් වහන්සේට අභූතයෙන් චෝදනා කිරීම හොඳ දෙයක් නම් නොවෙයි. භාග්‍යවතුන් වහන්සේ ඔය අයුරින් නොවදාළ සේක් ම ය. ආයුෂ්මත, යම් හෙයකින් උපේක්ෂා චිත්ත විමුක්තිය දියුණු කරන ලද්දේ ද, බහුල වශයෙන් ප්‍රගුණ කරන ලද්දේ ද, සැණෙකින් නැගී යා හැකි යානාවක් මෙන් කරන ලද්දේ ද, මැනැවින් ලැග සිටිය හැකි බිමක් මෙන් කරන ලද්දේ ද, මැනැවින් සිතෙහි පිහිටුවන ලද්දේ ද, පුරුදු කරන ලද්දේ ද, මැනැවින් ප්‍රගුණ කරන ලද්දෙ ද, එකල්හී රාගය ඔහුගේ සිත යට කොට ගෙන සිටින්නේ ය යන කරුණ විය නොහැක්කකි. වන්නට ඉඩක් නැත්තේ ම ය. එය සිදු නොවන දෙයකි. ආයුෂ්මත, යම් මේ උපේක්ෂා චිත්ත විමුක්තියක් ඇද්ද, මෙය රාගයෙන් නිදහස් වීම ම ය.'

5. ඇවැත්නි, මෙහිලා භික්ෂුවක් මෙසේ කියයි නම්, 'ඇවැත්නි, මවිසින් අනිමිත්ත චිත්ත විමුක්තිය දියුණු කරන ලද්දේ ය. බහුල වශයෙන් ප්‍රගුණ කරන ලද්දේ ය. සැණෙකින් නැගී යා හැකි යානාවක් මෙන් කරන ලද්දේ ය. මැනැවින් ලැග සිටිය හැකි බිමක් මෙන් කරන ලද්දේ ය. මැනැවින් සිතෙහි පිහිටුවන ලද්දේ ය. පුරුදු කරන ලද්දේ ය. මැනැවින් ප්‍රගුණ කරන ලද්දේ ය. එසේ නමුත් මාගේ විඤ්ඤාණය නිමිති ඇසුරු කරනවා නොවැ' යි. එවිට

ඔහුට මෙසේ කිව යුතු වන්නේ ය. 'ආයුෂ්මත, එසේ නොපවසව. භාග්‍යවතුන් වහන්සේට අභූතයෙන් චෝදනා නොකරව. භාග්‍යවතුන් වහන්සේට අභූතයෙන් චෝදනා කිරීම හොඳ දෙයක් නම් නොවෙයි. භාග්‍යවතුන් වහන්සේ ඔය අයුරින් නොවදාළ සේක් ම ය. ආයුෂ්මත, යම් හෙයකින් අනිමිත්ත චිත්ත විමුක්තිය දියුණු කරන ලද්දේ ද, බහුල වශයෙන් ප්‍රගුණ කරන ලද්දේ ද, සැණෙකින් නැගී යා හැකි යානාවක් මෙන් කරන ලද්දේ ද, මැනැවින් ලැග සිටිය හැකි බිමක් මෙන් කරන ලද්දේ ද, මැනැවින් සිතෙහි පිහිටුවන ලද්දේ ද, පුරුදු කරන ලද්දේ ද, මැනැවින් ප්‍රගුණ කරන ලද්දේ ද, එකල්හී නිමිත්තානුසාරී විඤ්ඤාණය පවතින්නේ ය යන කරුණ විය නොහැක්කකි. වන්නට ඉඩක් නැත්තේ ම ය. එය සිදු නොවන දෙයකි. ආයුෂ්මත, යම් මේ අනිමිත්ත චිත්ත විමුක්තියක් ඇද්ද, මෙය සියළු නිමිති වලින් නිදහස් වීම ම ය.'

6. ඇවැත්නි, මෙහිලා භික්ෂුවක් මෙසේ කියයි නම්, 'මම වෙමි යි යන හැඟීම මා තුළින් බැහැර විය. මේ මම වෙමි යි කියා කිසිවක් නොදකිමි. එසේ නමුත් සැක කටයුතු වූ කෙසේ ද කෙසේ ද යන හුල මාගේ සිත යටපත් කරනවා නොවැ' යි. එවිට ඔහුට මෙසේ කිව යුතු වන්නේ ය. 'ආයුෂ්මත, එසේ නොපවසව. භාග්‍යවතුන් වහන්සේට අභූතයෙන් චෝදනා නොකරව. භාග්‍යවතුන් වහන්සේට අභූතයෙන් චෝදනා කිරීම හොඳ දෙයක් නම් නොවෙයි. භාග්‍යවතුන් වහන්සේ ඔය අයුරින් නොවදාළ සේක් ම ය. ආයුෂ්මත, මම වෙමි යි යන හැඟීම දුරු වූයේ වෙයි ද, මේ මෙම වෙමි යි නොදකින්නේ වෙයි ද, එකල්හි ත් විචිකිච්ඡාවෙන් යුතු කෙසේ ද කෙසේ ද යන සැක හුල ඔහුගේ සිත යටකොට සිටින්නේ යන කරුණ විය නොහැක්කකි. වන්නට ඉඩක් නැත්තේ ම ය. එය සිදු නොවන දෙයකි. ආයුෂ්මත, යම් මේ 'මම වෙමි' යි යන මානය මුළුමනින් ම නැසී යාමක් වෙයි ද, මෙය විචිකිච්ඡාවෙන් යුතු කෙසේ ද කෙසේ ද යන හුලෙන් නිදහස් වීම ම ය.'

අනුත්තරිය සයකි. දස්සනානුත්තරිය ය. සවණානුත්තරිය ය. ලාභානුත්තරිය ය. සික්ඛානුත්තරිය ය. පාරිචරියානුත්තරිය ය. අනුස්සතානුත්තරිය ය.

සිහි කළ යුතු තැන් සයකි. බුද්ධානුස්සති ය. ධම්මානුස්සති ය. සංඝානුස්සති ය. සීලානුස්සති ය, චාගානුස්සති ය. දේවතානුස්සති ය.

නිකෙලෙස් භික්ෂුවට නිතර පවතින විහරණ සයකි. ඇවැත්නි, මෙහිලා භික්ෂුව, ඇසින් රූපයක් දැක සතුටු නොවෙයි. නොගැටෙයි. සිහියෙන් නුවණින් යුතුව උපේක්ෂාවෙන් වාසය කරයි. කනෙන් ශබ්දයක් අසා ....(පෙ).... නාසයෙන් ගඳ සුවඳක් දැන ....(පෙ).... දිවෙන් රසයක් දැන ....(පෙ).... කයෙන් පහසක් ලබා

....(පෙ).... මනසින් අරමුණක් දැන සතුටු නොවෙයි. නොගැටෙයි. සිහියෙන් නුවණින් යුතුව උපේක්ෂාවෙන් වාසය කරයි.

අභිජාති සයකි. ඇවැත්නි, මෙහිලා ඇතැමෙක් කළු උපතක් ලබා කළු ධර්මයක් උපදවයි. ඇවැත්නි, මෙහිලා ඇතැමෙක් කළු උපතක් ලබා සුදු ධර්මයක් උපදවයි. ඇවැත්නි, මෙහිලා ඇතැමෙක් කළු උපතක් ලබා සුදු ත් නොවන කළු ත් නොවන නිර්වාණය උපදවයි. ඇවැත්නි, මෙහිලා ඇතැමෙක් සුදු උපතක් ලබා කළු ධර්මයක් උපදවයි. ඇවැත්නි, මෙහිලා ඇතැමෙක් සුදු උපතක් ලබා සුදු ධර්මයක් උපදවයි. ඇවැත්නි, මෙහිලා ඇතැමෙක් සුදු උපතක් ලබා සුදු ත් නොවන කළු ත් නොවන නිර්වාණය උපදවයි.

තියුණු අවබෝධය ඇති කරවන සංඥා සයකි. අනිත්‍ය සංඥාව ය. අනිත්‍යයෙහි දුක්ඛ සංඥාව ය. දුකෙහි අනාත්ම සංඥාව ය. ප්‍රහාණ සංඥාව ය. විරාග සංඥාව ය. නිරෝධ සංඥාව ය.

ඇවැත්නි, මේ වනාහී සියල්ල දන්නා, සියල්ල දක්නා, ඒ අරහත් සම්මා සම්බුදු භාග්‍යවතුන් වහන්සේ විසින් මැනැවින් වදාරණ ලද සයක් බැගින් වූ ධර්මයෝ ය. යම් පරිදි මේ සසුන් බඹසර බොහෝ කලක් පවතින්නේ ද, එහිලා සියළු දෙනා ම එක් ව සංගායනා කළ යුත්තේ ය. වාද විවාද නොකළ යුත්තේ ය. එය බොහෝ ජනයාට හිත පිණිස, බොහෝ ජනයාට සුව පිණිස, ලොවට අනුකම්පාව පිණිස, දෙව් මිනිසුන්ගේ යහපත හිතසුව පිණිස පවතින්නේ ය.

7

ඇවැත්නි, සියල්ල දන්නා, සියල්ල දක්නා, ඒ අරහත් සම්මා සම්බුදු භාග්‍යවතුන් වහන්සේ විසින් මැනැවින් වදාරණ ලද සත බැගින් වූ ධර්මයෝ ඇත්තාහ. යම් පරිදි මේ සසුන් බඹසර බොහෝ කලක් පවතින්නේ ද එහිලා සියළු දෙනා ම එක් ව සංගායනා කළ යුතු ය. වාද විවාද නොකළ යුතු ය. එය බොහෝ ජනයාට හිත පිණිස, බොහෝ ජනයාට සුව පිණිස, ලොවට අනුකම්පාව පිණිස, දෙව් මිනිසුන්ගේ යහපත හිතසුව පිණිස පවතින්නේ ය. ඒ සතක් බැගින් වූ ධර්මයෝ කවරහු ද?

එනම්;

ආර්ය ධන සතකි. ශ්‍රද්ධා ධනය ය. සීල ධනය ය. හිරි ධනය ය. ඔත්තප්ප ධනය ය. සුත ධනය ය. ත්‍යාග ධනය ය. ප්‍රඥා ධනය ය.

සම්බොජ්ඣංග සතකි. සති සම්බොජ්ඣංගය ය. ධම්මවිචය සම්බොජ්ඣංගය ය. විරිය සම්බොජ්ඣංගය ය. පීති සම්බොජ්ඣංගය ය. පස්සද්ධි සම්බොජ්ඣංගය ය. සමාධි සම්බොජ්ඣංගය ය. උපෙක්ඛා සම්බොජ්ඣංගයය.

සමාධි පරිෂ්කාර සතකි. සම්මා දිට්ඨිය ය. සම්මා සංකල්පය ය. සම්මා වාචා ය. සම්මා කම්මන්තය ය. සම්මා ආජීව ය. සම්මා වායාම ය. සම්මා සතියය.

අසද්ධර්ම සතකි. ඇවැත්නි, මෙහිලා භික්ෂුව ශ්‍රද්ධා නැත්තේ වෙයි. පවට ලැජ්ජා නැත්තේ වෙයි. පවට භය නැත්තේ වෙයි. අල්පශ්‍රැතයෙක් වෙයි. කුසීත වෙයි. මුලා සිහි ඇත්තේ වෙයි. දුෂ්ප්‍රාඥ වෙයි.

සද්ධර්ම සතකි. ඇවැත්නි, මෙහිලා භික්ෂුව ශ්‍රද්ධා ඇත්තේ වෙයි. පවට ලැජ්ජා ඇත්තේ වෙයි. පවට භය ඇත්තේ වෙයි. බහුශ්‍රැතයෙක් වෙයි. පටන්ගත් වීරිය ඇත්තෙක් වෙයි. පිහිටුවා ගත් සිහි ඇත්තේ වෙයි. ප්‍රඥාවන්ත වෙයි.

සත්පුරුෂ ධර්ම සතකි. ඇවැත්නි, මෙහිලා භික්ෂුව ධර්මය දන්නේ වෙයි. අර්ථ ද දන්නේ වෙයි. තමාගේ දියුණු කළ ගුණ දන්නේ වෙයි. සිව්පසයෙහි අර්ථ දන්නේ වෙයි. ධර්මය ඇසීමට කල් දන්නේ වෙයි. පිරිස දන්නේ වෙයි. ඇසුරු කළ යුතු - නොකළ යුතු පුද්ගලයා දන්නේ වෙයි.

නිද්දසවත්ථු සතකි.

ඇවැත්නි, මෙහිලා භික්ෂුව ශික්ෂා සමාදන් වීමෙහි තියුණු ආශාවක් ඇත්තේ වෙයි, මත්තෙහි ද ශික්ෂා සමාදන් වීමෙහි දුරු නොවූ ප්‍රේමය ඇත්තේ වෙයි.

ධර්මාවබෝධයෙහි තියුණු ආශාවක් ඇත්තේ වෙයි, මත්තෙහි ද ධර්මාවබෝධයෙහි දුරු නොවූ ප්‍රේමය ඇත්තේ වෙයි.

තෘෂ්ණාව දුරු කිරීමෙහි තියුණු ආශාවක් ඇත්තේ වෙයි, මත්තෙහි ද තෘෂ්ණාව දුරු කිරීමෙහි දුරු නොවූ ප්‍රේමය ඇත්තේ වෙයි.

භාවනාවෙහි තියුණු ආශාවක් ඇත්තේ වෙයි, මත්තෙහි ද භාවනාවෙහි දුරු නොවූ ප්‍රේමය ඇත්තේ වෙයි.

අරඹන ලද වීරියෙහි තියුණු ආශාවක් ඇත්තේ වෙයි, මත්තෙහි ද අරඹන ලද වීරියෙහි දුරු නොවූ ප්‍රේමය ඇත්තේ වෙයි.

සිහිය හා අවස්ථාවෝචිත ප්‍රඥාවෙහි තියුණු ආශාවක් ඇත්තේ වෙයි,

මත්තෙහි ද සිහිය හා අවස්ථාවෝචිත ප්‍රඥාවෙහි දුරු නොවූ ප්‍රේමය ඇත්තේ වෙයි.

මාර්ගඵලාවබෝධයෙහි තියුණු ආශාවක් ඇත්තේ වෙයි, මත්තෙහි ද මාර්ගඵලාවබෝධයෙහි දුරු නොවූ ප්‍රේමය ඇත්තේ වෙයි.

සංඥා සතකි. අනිත්‍ය සංඥාව ය. අනාත්ම සංඥාව ය. අසුභ සංඥාව ය. ආදීනව සංඥාව ය. ප්‍රහාණ සංඥාව ය. විරාග සංඥාව ය. නිරෝධ සංඥාව ය.

බල සතකි. ශ්‍රද්ධා බලය ය. විරිය බලය ය. හිරි බලය ය. ඔත්තප්ප බලය ය. සති බලය ය. සමාධි බලය ය. ප්‍රඥා බලය ය.

විඤ්ඤාණය පිහිටන තැන් සතකි.

1. ඇවැත්නි, නා නා කයෙන් යුතු, නා නා සංඥාවෙන් යුතු සත්වයෝ ඇත්තාහ. එනම්, මිනිස්සු ය. ඇතැම් දෙවිවරු ය. ඇතැම් විනිපාතිකයෝ ය. මෙය විඤ්ඤාණය පවතින පළමුවෙනි තැන යි.

2. ඇවැත්නි, නා නා කයෙන් යුතු, එක ම සංඥාවෙන් යුතු සත්වයෝ ඇත්තාහ. එනම්, පඨම ධ්‍යානයෙන් උපන් බ්‍රහ්මකායික දෙවිවරු බඳු ය. මෙය විඤ්ඤාණය පවතින දෙවෙනි තැන යි.

3. ඇවැත්නි, එක් අයුරු වූ කයෙන් යුතු, නා නා සංඥාවෙන් යුතු සත්වයෝ ඇත්තාහ. එනම්, ආභස්සර දෙවිවරු බඳු ය. මෙය විඤ්ඤාණය පවතින තෙවෙනි තැන යි.

4. ඇවැත්නි, එක් ස්වභාවයෙන් යුතු කයෙන් ද, එක් ස්වභාවයෙන් යුතු සංඥාවෙන් ද යුතු සත්වයෝ ඇත්තාහ. එනම්, සුභකිණ්හ දෙවියෝ බඳු ය. මෙය විඤ්ඤාණය පවතින සිව්වෙනි තැන යි.

5. ඇවැත්නි, සියළු අයුරින් රූප සංඥාවන් ඉක්ම ගිය, ගොරෝසු සංඥාවන් නැති කර දමූ නා නා සංඥාවන් නොමෙනෙහි කිරීමෙන් අනන්ත වූ ආකාසය යැයි මෙනෙහි කිරීමෙන් ආකාසානාඤ්චායතනයට පැමිණි සත්වයෝ ඇත්තාහ. මෙය විඤ්ඤාණය පවතින පස්වෙනි තැන යි.

6. ඇවැත්නි, සියළු අයුරින් ආකාසානඤ්චායතනය ඉක්ම ගිය, අනන්ත වූ විඤ්ඤාණය යැයි මෙනෙහි කිරීමෙන් විඤ්ඤාණඤ්චායතනයට පැමිණි සත්වයෝ ඇත්තාහ. මෙය විඤ්ඤාණය පවතින හයවෙනි තැන යි.

7. ඇවැත්නි, සියළු අයුරින් විඤ්ඤාණඤ්චායතනය ඉක්ම ගිය, කිසිවක් නැතැයි මෙනෙහි කිරීමෙන් ආකිඤ්චඤ්ඤායතනයට පැමිණි සත්වයෝ ඇත්තාහ. මෙය විඤ්ඤාණය පවතින සත්වෙනි තැන යි.

පින් රැස් කිරීම පිණිස දන් පිදීමට සුදුසු පුද්ගලයෝ සත් දෙනෙකි. උභතෝභාග විමුත්තයා ය. පඤ්ඤා විමුත්තයා ය. කායසක්ඛි ය. දිට්ඨිප්පත්ත ය. සද්ධාවිමුත්තයා ය. ධම්මානුසාරි ය. සද්ධානුසාරි ය.

සිත ඇතුළෙහි මුල් බැස ඇති කෙලෙස් සතකි. කාමරාග අනුසය ය. පටිඝ අනුසය ය. දිට්ඨි අනුසය ය. විචිකිච්ඡා අනුසය ය. මාන අනුසය ය. භවරාග අනුසය ය. අවිජ්ජා අනුසය ය.

සංයෝජන සතකි. ඇලීම සංයෝජනයකි. ගැටීම සංයෝජනයකි. දෘෂ්ටිය සංයෝජනයකි. විචිකිච්ඡාව සංයෝජනයකි. මානය සංයෝජනයකි. භවරාගය සංයෝජනයකි. අවිද්‍යාව සංයෝජනයකි.

අර්බුද සංසිඳවීම් සතකි. උපනුපන් අර්බුදයන්ගේ සංසිඳවීම, නිවාදැමීම පිණිස සම්මුඛාවිනය දිය යුත්තේ ය. සතිවිනය දිය යුත්තේ ය. අමූළ්හවිනය දිය යුත්තේ ය. පටිඤ්ඤාතකරණය කළ යුත්තේ ය. යේභුය්‍යසිකාව කළ යුත්තේ ය. තස්සපාපියසිකාව කළ යුත්තේ ය. තිණවත්ථාරකය කළ යුත්තේ ය.

ඇවැත්නි, මේ වනාහී සියල්ල දන්නා, සියල්ල දක්නා, ඒ අරහත් සම්මා සම්බුදු භාග්‍යවතුන් වහන්සේ විසින් මැනැවින් වදාරණ ලද සතක් බැගින් වූ ධර්මයෝ ය. යම් පරිදි මේ සසුන් බඹසර බොහෝ කලක් පවතින්නේ ද, එහිලා සියළු දෙනා ම එක් ව සංගායනා කළ යුත්තේ ය. වාද විවාද නොකළ යුත්තේ ය. එය බොහෝ ජනයාට හිත පිණිස, බොහෝ ජනයාට සුව පිණිස, ලොවට අනුකම්පාව පිණිස, දෙව් මිනිසුන්ගේ යහපත හිතසුව පිණිස පවතින්නේ ය.

8

ඇවැත්නි, සියල්ල දන්නා, සියල්ල දක්නා, ඒ අරහත් සම්මා සම්බුදු භාග්‍යවතුන් වහන්සේ විසින් මැනැවින් වදාරණ ලද අට බැගින් වූ ධර්මයෝ ඇත්තාහ. යම් පරිදි මේ සසුන් බඹසර බොහෝ කලක් පවතින්නේ ද, එහිලා සියළු දෙනා ම එක් ව සංගායනා කළ යුතු ය. වාද විවාද නොකළ යුතු ය. එය බොහෝ ජනයාට හිත පිණිස, බොහෝ ජනයාට සුව පිණිස, ලොවට අනුකම්පාව පිණිස, දෙව් මිනිසුන්ගේ යහපත හිතසුව පිණිස පවතින්නේ ය. අටක් බැගින් වූ ධර්මයෝ කවරහු ද?

එනම්;

වැරදි බවට පත් කරුණු අටකි. මිථ්‍යා දෘෂ්ටිය ය. මිථ්‍යා සංකල්ප ය. මිථ්‍යා වාචා ය. මිථ්‍යා කර්මාන්තය ය. මිථ්‍යා ආජීවය ය. මිථ්‍යා වායාම ය. මිථ්‍යා සතිය ය. මිථ්‍යා සමාධිය ය.

නිවැරදි බවට පත් කරුණු අටකි. සම්‍යක් දෘෂ්ටිය ය. සම්‍යක් සංකල්ප ය. සම්‍යක් වාචා ය. සම්‍යක් කර්මාන්තය ය. සම්‍යක් ආජීවය ය. සම්‍යක් වායාම ය. සම්‍යක් සතිය ය. සම්‍යක් සමාධිය ය.

පින් රැස් කරගැනීම පිණිස දන් දීමට සුදුසු පුද්ගලයෝ අට දෙනෙකි. සෝවාන් පුද්ගලයා ය. සෝවාන් ඵලය පසක් කිරීමට පිළිපන් පුද්ගලයා ය. සකදාගාමී පුද්ගලයා ය. සකදාගාමී ඵලය පසක් කිරීමට පිළිපන් පුද්ගලයා ය. අනාගාමී පුද්ගලයා ය. අනාගාමී ඵලය පසක් කිරීමට පිළිපන් පුද්ගලයා ය. රහතන් වහන්සේ ය. රහත් ඵලය පසක් කිරීමට පිළිපන් පුද්ගලයා ය.

කම්මැලිකමට කරුණු අටකි.

1. ඇවැත්නි, මෙහිලා භික්ෂුව විසින් කළ යුතු කිසියම් කටයුත්තක් ඇත්තේ වෙයි. එවිට ඔහුට මෙසේ සිතෙයි. 'මා විසින් මේ කටයුත්ත කළ යුතු වන්නේ නොවැ. මේ වැඩය කරන කල්හී මාගේ ශරීරය ක්ලාන්ත වනු ඇත. එහෙයින් මම එයට පෙර නිදාගන්නෙමි' යි ඔහු නිදයි. නොපැමිණි මාර්ගඵලයන්ට පැමිණීම පිණිස, නොලැබූ මාර්ගඵලයන් ලැබීම පිණිස, අත්නොදුටු මාර්ගඵලයන් අත්දැකීම පිණිස, වීර්යය පටන් නොගනියි. මෙය කුසීත බවට මුල් වන පළමු කරුණ යි.

2. තව ද ඇවැත්නි, භික්ෂුව විසින් කිසියම් කටයුත්තක් කරන ලද්දේ වෙයි. එවිට ඔහුට මෙසේ සිතෙයි. 'මම මේ කටයුත්ත කළෙමි. මේ වැඩය කරන කල්හී මාගේ ශරීරය ක්ලාන්ත වී ගියේ නොවැ. එහෙයින් මම දැන් නිදාගන්නෙමි' යි ඔහු නිදයි. නොපැමිණි මාර්ගඵලයන්ට පැමිණීම පිණිස, නොලැබූ මාර්ගඵලයන් ලැබීම පිණිස, අත්නොදුටු මාර්ගඵලයන් අත්දැකීම පිණිස, වීර්යය පටන් නොග නියි. මෙය කුසීත බවට මුල් වන දෙවෙනි කරුණ යි.

3. තව ද ඇවැත්නි, භික්ෂුව විසින් යා යුතු කිසියම් ගමනක් ඇත්තේ වෙයි. එවිට ඔහුට මෙසේ සිතෙයි. 'මා විසින් මේ ගමන යා යුතු වන්නේ නොවැ. මේ ගමන යන කල්හී මාගේ ශරීරය ක්ලාන්ත වනු ඇත. එහෙයින් මම එයට පෙර නිදාගන්නෙමි' යි ඔහු නිදයි. නොපැමිණි මාර්ගඵලයන්ට පැමිණීම පිණිස, නොලැබූ මාර්ගඵලයන් ලැබීම පිණිස, අත්නොදුටු මාර්ගඵලයන් අත්දැකීම පිණිස, වීර්යය පටන් නොගනියි. මෙය කුසීත බවට මුල් වන තුන්වෙනි කරුණයි.

4. තව ද ඇවැත්නි, භික්ෂුව විසින් කිසියම් ගමනක් ගියේ වෙයි. එවිට ඔහුට මෙසේ සිතෙයි. 'මම මේ ගමන ගියෙමි. මේ ගමන යන කල්හී මාගේ ශරීරය ක්ලාන්ත වී ගියේ නොවැ. එහෙයින් මම දැන් නිදාගන්නෙමි' යි ඔහු නිදයි. නොපැමිණි මාර්ගඵලයන්ට පැමිණීම පිණිස, නොලැබූ මාර්ගඵලයන් ලැබීම පිණිස, අත්නොදුටු මාර්ගඵලයන් අත්දැකීම පිණිස, වීර්යය පටන් නොගනියි. මෙය කුසීත බවට මුල් වන සිව්වෙනි කරුණ යි.

5. තව ද ඇවැත්නි, භික්ෂුව ගමකට හෝ නියම් ගමකට හෝ පිඬු පිණිස යයි. එහිදී රූක්ෂ වේවා, ප්‍රණීත වේවා කුස පිරෙන තරමට ආහාර නොලැබුණේ වෙයි. එවිට ඔහුට මෙසේ සිතෙයි. 'මම ගමකට හෝ නියම් ගමකට හෝ පිඬු පිණිස ගියෙමි. එහිදී රූක්ෂ වේවා, ප්‍රණීත වේවා කුස පිරෙන තරමට ආහාර නොලැබුණේ නොවැ. ඒ මාගේ ශරීරය ක්ලාන්ත වී ඇත. මම කිසිවක් කරගත නොහැක්කෙමි. එහෙයින් මම නිදාගන්නෙමි' යි ඔහු නිදයි. නොපැමිණි මාර්ගඵලයන්ට පැමිණීම පිණිස, නොලැබූ මාර්ගඵලයන් ලැබීම පිණිස, අත්නොදුටු මාර්ගඵලයන් අත්දැකීම පිණිස, වීර්යය පටන් නොගනියි. මෙය කුසීත බවට මුල් වන පස්වෙනි කරුණ යි.

6. තව ද ඇවැත්නි, භික්ෂුව ගමකට හෝ නියම් ගමකට හෝ පිඬු පිණිස යයි. එහිදී රූක්ෂ වේවා, ප්‍රණීත වේවා කුස පිරෙන තරමට ආහාර ලැබුණේ වෙයි. එවිට ඔහුට මෙසේ සිතෙයි. 'මම ගමකට හෝ නියම් ගමකට හෝ පිඬු පිණිස ගියෙමි. එහිදී රූක්ෂ වේවා, ප්‍රණීත වේවා කුස පිරෙන තරමට ආහාර ලැබුණේ නොවැ. එහෙයින් මාගේ ශරීරයෙහි බර ගතියක් ඇත. මම කිසිවක් කරගත නොහැක්කෙමි. මෑ ඇට වැළඳූ කලක සෙයින් හැඟෙයි. එහෙයින් මම නිදා ගන්නෙමි' යි ඔහු නිදයි. නොපැමිණි මාර්ගඵලයන්ට පැමිණීම පිණිස, නොලැබූ මාර්ගඵලයන් ලැබීම පිණිස, අත්නොදුටු මාර්ගඵලයන් අත්දැකීම පිණිස, වීර්යය පටන් නොගනියි. මෙය කුසීත බවට මුල් වන සයවෙනි කරුණයි.

7. තව ද ඇවැත්නි, භික්ෂුවට ස්වල්ප වූ ආබාධයක් උපන්නේ වෙයි. එවිට ඔහුට මෙසේ සිතෙයි. 'මට මේ ස්වල්ප වූ ආබාධයක් උපන්නේ නොවැ. හාන්සි වී සිටින්නට අදහස ඇත. එහෙයින් මම නිදාගන්නෙමි' යි ඔහු නිදයි. නොපැමිණි මාර්ගඵලයන්ට පැමිණීම පිණිස, නොලැබූ මාර්ගඵලයන් ලැබීම පිණිස, අත්නොදුටු මාර්ගඵලයන් අත්දැකීම පිණිස, වීර්යය පටන් නොගනියි. මෙය කුසීත බවට මුල් වන සත්වෙනි කරුණ යි.

8. තව ද ඇවැත්නි, භික්ෂුව ගිලන් බවින් නැගී සිටියේ වෙයි. ගිලන් බවින් නැගිට වැඩිකල් ඇත්තේ නොවෙයි. එවිට ඔහුට මෙසේ සිතෙයි. 'මම ගිලන්

බව්න් නැගී සිටියේ වෙමි. ගිලන් බව්න් නැගිට වැඩිකල් ඇත්තේ නොවෙමි. එහෙයින් මගේ කය දුර්වල නොවැ. කිසි කටයුත්තකට නොනැමෙයි. හාන්සි වී සිටින්නට අදහස ඇත. එහෙයින් මම නිදාගන්නෙමි' යි ඔහු නිදයි. නොපැමිණි මාර්ගඵලයන්ට පැමිණීම පිණිස, නොලැබූ මාර්ගඵලයන් ලැබීම පිණිස, අත්නොදුටු මාර්ගඵලයන් අත්දැකීම පිණිස, වීර්යය පටන් නොගනියි. මෙය කුසීත බවට මුල් වන අටවෙනි කරුණ යි.

වීර්යය උපදවා ගැනීමට කරුණු අටකි.

1. ඇවැත්නි, මෙහිලා භික්ෂුව විසින් කළ යුතු කිසියම් කටයුත්තක් ඇත්තේ වෙයි. එවිට ඔහුට මෙසේ සිතෙයි. 'මා විසින් මේ කටයුත්ත කළ යුතු වන්නේ නොවැ. මේ වැඩය කරන කල්හී මා හට බුදුරජුන්ගේ අනුශාසනය මෙනෙහි කරන්නට පහසු නොවෙයි. එහෙයින් මම කලින් ම නොපැමිණි මාර්ගඵලයන්ට පැමිණීම පිණිස, නොලැබූ මාර්ගඵලයන් ලැබීම පිණිස, අත්නොදුටු මාර්ගඵලයන් අත්දැකීම පිණිස, වීර්යය පටන් ගනිමි.' ඔහු නොලැබූ මාර්ගඵලයන් ලැබීම පිණිස, අත්නොදුටු මාර්ගඵලයන් අත්දැකීම පිණිස, වීර්යය පටන් ගනියි. මෙය වීරිය පටන් ගැනීමට මුල් වන පළමු කරුණ යි.

2. තව ද ඇවැත්නි, භික්ෂුව විසින් කිසියම් කටයුත්තක් කරන ලද්දේ වෙයි. එවිට ඔහුට මෙසේ සිතෙයි. 'මම මේ කටයුත්ත කළෙමි. මේ වැඩය කරන කල්හී මට බුදුරජුන්ගේ අනුශාසනය මෙනෙහි කරන්නට බැරි වූයේ නොවැ. එහෙයින් මම නොපැමිණි මාර්ගඵලයන්ට පැමිණීම පිණිස, නොලැබූ මාර්ගඵලයන් ලැබීම පිණිස, අත්නොදුටු මාර්ගඵලයන් අත්දැකීම පිණිස, වීර්යය පටන් ගනිමි.' ඔහු නොපැමිණි මාර්ගඵලයන්ට පැමිණීම පිණිස, නොලැබූ මාර්ගඵලයන් ලැබීම පිණිස, අත්නොදුටු මාර්ගඵලයන් අත්දැකීම පිණිස, වීර්යය පටන් ගනියි. මෙය වීරිය පටන් ගැනීමට මුල් වන දෙවෙනි කරුණ යි.

3. තව ද ඇවැත්නි, භික්ෂුව විසින් යා යුතු කිසියම් ගමනක් ඇත්තේ වෙයි. එවිට ඔහුට මෙසේ සිතෙයි. 'මා විසින් මේ ගමන යා යුතු වන්නේ නොවැ. මේ ගමන යන කල්හී මා හට බුදුරජුන්ගේ අනුශාසනය මෙනෙහි කරන්නට පහසු නොවෙයි. එහෙයින් මම කලින් ම නොපැමිණි මාර්ගඵලයන්ට පැමිණීම පිණිස, නොලැබූ මාර්ගඵලයන් ලැබීම පිණිස, අත්නොදුටු මාර්ගඵලයන් අත්දැකීම පිණිස, වීර්යය පටන් ගනිමි.' ඔහු නොපැමිණි මාර්ගඵලයන්ට පැමිණීම පිණිස, නොලැබූ මාර්ගඵලයන් ලැබීම පිණිස, අත්නොදුටු මාර්ගඵලයන් අත්දැකීම පිණිස, වීර්යය පටන් ගනියි. මෙය වීරිය පටන් ගැනීමට මුල් වන තුන්වෙනි කරුණ යි.

4. තව ද ඇවැත්නි, භික්ෂුව කිසියම් ගමනක් ගියේ වෙයි. එවිට ඔහුට මෙසේ සිතෙයි. 'මම මේ ගමන ගියෙමි. මේ ගමන ගිය නිසාවෙන් මා හට බුදුරජුන්ගේ අනුශාසනය මෙනෙහි කරන්නට බැරි වූයේ නොවැ. එහෙයින් මම නොපැමිණි මාර්ගඵලයන්ට පැමිණීම පිණිස, නොලැබූ මාර්ගඵලයන් ලැබීම පිණිස, අත්නොදුටු මාර්ගඵලයන් අත්දැකීම පිණිස, වීර්යය පටන් ගනිමි.' ඔහු නොපැමිණි මාර්ගඵලයන්ට පැමිණීම පිණිස, නොලැබූ මාර්ගඵලයන් ලැබීම පිණිස, අත්නොදුටු මාර්ගඵලයන් අත්දැකීම පිණිස, වීර්යය පටන් ගනියි. මෙය වීරිය පටන් ගැනීමට මුල් වන සිව්වෙනි කරුණ යි.

5. තව ද ඇවැත්නි, භික්ෂුව ගමකට හෝ නියම් ගමකට හෝ පිඬු පිණිස යයි. එහිදී රූක්ෂ වේවා, ප්‍රණීත වේවා කුස පිරෙන තරමට ආහාර නොලැබුණේ වෙයි. එවිට ඔහුට මෙසේ සිතෙයි. 'මම ගමකට හෝ නියම් ගමකට හෝ පිඬු පිණිස ගියෙමි. එහිදී රූක්ෂ වේවා, ප්‍රණීත වේවා කුස පිරෙන තරමට ආහාර නොලැබුණේ නොවැ. ඒ මාගේ ශරීරය සැහැල්ලු වී ඇත. මම යමක් කරගත හැක්කෙමි. එහෙයින් මම නොපැමිණි මාර්ගඵලයන්ට පැමිණීම පිණිස, නොලැබූ මාර්ගඵලයන් ලැබීම පිණිස, අත්නොදුටු මාර්ගඵලයන් අත්දැකීම පිණිස, වීර්යය පටන් ගනිමි.' ඔහු නොපැමිණි මාර්ගඵලයන්ට පැමිණීම පිණිස, නොලැබූ මාර්ගඵලයන් ලැබීම පිණිස, අත්නොදුටු මාර්ගඵලයන් අත්දැකීම පිණිස, වීර්යය පටන් ගනියි. මෙය වීරිය පටන් ගැනීමට මුල් වන පස්වෙනි කරුණ යි.

6. තව ද ඇවැත්නි, භික්ෂුව ගමකට හෝ නියම් ගමකට හෝ පිඬු පිණිස යයි. එහිදී රූක්ෂ වේවා, ප්‍රණීත වේවා කුස පිරෙන තරමට ආහාර ලැබුණේ වෙයි. එවිට ඔහුට මෙසේ සිතෙයි. 'මම ගමකට හෝ නියම් ගමකට හෝ පිඬු පිණිස ගියෙමි. එහිදී රූක්ෂ වේවා, ප්‍රණීත වේවා කුස පිරෙන තරමට ආහාර ලැබුණේ නොවැ. එහෙයින් මාගේ ශරීරයෙහි සවිබල ඇත. මම කිසිවක් කරගත හැක්කෙමි. එහෙයින් මම නොපැමිණි මාර්ගඵලයන්ට පැමිණීම පිණිස, නොලැබූ මාර්ගඵලයන් ලැබීම පිණිස, අත්නොදුටු මාර්ගඵලයන් අත්දැකීම පිණිස, වීර්යය පටන් ගනිමි.' ඔහු නොපැමිණි මාර්ගඵලයන්ට පැමිණීම පිණිස, නොලැබූ මාර්ගඵලයන් ලැබීම පිණිස, අත්නොදුටු මාර්ගඵලයන් අත්දැකීම පිණිස, වීර්යය පටන් ගනියි. මෙය වීරිය පටන් ගැනීමට මුල් වන සයවෙනි කරුණ යි.

7. තව ද ඇවැත්නි, භික්ෂුවට ස්වල්ප වූ ආබාධයක් උපන්නේ වෙයි. එවිට ඔහුට මෙසේ සිතෙයි. 'මට මේ ස්වල්ප වූ ආබාධයක් උපන්නේ නොවැ. යම් හෙයකින් මේ ආබාධය වැඩිවෙයි නම්, එබඳු දෙයකට කරුණු ද පෙනෙයි. එහෙයින් මම කලින් ම නොපැමිණි මාර්ගඵලයන්ට පැමිණීම පිණිස, නොලැබූ මාර්ගඵලයන් ලැබීම පිණිස, අත්නොදුටු මාර්ගඵලයන් අත්දැකීම පිණිස, වීර්යය

පටන් ගනිමි.' ඔහු නොපැමිණි මාර්ගඵලයන්ට පැමිණීම පිණිස, නොලැබූ මාර්ගඵලයන් ලැබීම පිණිස, අත්නොදුටු මාර්ගඵලයන් අත්දැකීම පිණිස, වීර්යය පටන් ගනියි. මෙය වීරිය පටන් ගැනීමට මුල් වන සත්වෙනි කරුණ යි.

8. තව ද ඇවැත්නි, භික්ෂුව ගිලන් බවින් නැගී සිටියේ වෙයි. ගිලන් බවින් නැගිට වැඩිකල් ඇත්තේ නොවෙයි. එවිට ඔහුට මෙසේ සිතෙයි. 'මම ගිලන් බවින් නැගී සිටියේ වෙමි. ගිලන් බවින් නැගිට වැඩිකල් ඇත්තේ නොවෙමි. මේ ආබාධය නැවත ත් හටගන්නට ඇති ඉඩකඩ පෙනෙයි. එහෙයින් මම කලින් ම නොපැමිණි මාර්ගඵලයන්ට පැමිණීම පිණිස, නොලැබූ මාර්ගඵලයන් ලැබීම පිණිස, අත්නොදුටු මාර්ගඵලයන් අත්දැකීම පිණිස, වීර්යය පටන් ගනිමි.' ඔහු නොපැමිණි මාර්ගඵලයන්ට පැමිණීම පිණිස, නොලැබූ මාර්ගඵලයන් ලැබීම පිණිස, අත්නොදුටු මාර්ගඵලයන් අත්දැකීම පිණිස, වීර්යය පටන් ගනියි. මෙය වීරිය පටන් ගැනීමට මුල් වන අටවෙනි කරුණ යි.

දන් දීමට කරුණු අටකි. පැමිණි ආගන්තුකයාට වහා දන් දෙයි. භය හේතුවෙන් දන් දෙයි. 'මොහු මට දුන්නේ යැ' යි දන්දෙයි. 'මොහු අනාගතයෙහි මට දෙනු ලබන්නේ යැ' යි දන් දෙයි. 'දන් දීම මැනැවැ'යි දන් දෙයි. 'මම ආහාර පිසමි. මොවුහු ආහාර නොපිසිති. ආහාර පිසින මම ආහාර නොපිසින්නවුන්ට නොදී සිටින්නට නොවටියි' යි දන් දෙයි. 'මේ දන් දෙන මාගේ කල්‍යාණ කීර්ති ඝෝෂාව පැතිරෙයි' යි දන්දෙයි. සමථ විදර්ශනා සිතට අලංකාරය පිණිස, උදව්ව පිණිස දන්දෙයි.

දාන උපප්‍රාප්තීන් අටකි.

1. ඇවැත්නි, මෙහිලා කෙනෙක් ශ්‍රමණයෙකුට හෝ බ්‍රාහ්මණයෙකුට හෝ දානයක් දෙයි. ආහාර පාන, වස්ත්‍ර, පාවහන්, මල්, ගඳ විලවුන්, සයනාසන, කුටි, ප්‍රදීපෝපකරණ ආදිය දන් දෙයි. ඔහු යමක් දෙයි නම්, එය නැවත ලැබීමට පතයි. ඔහු පංචකාම ගුණයෙන් යුතුව සතුටින් ඉඳුරන් පිනවන මහාසාර ක්ෂත්‍රියෙක් හෝ මහාසාර බ්‍රාහ්මණයෙක් හෝ මහාසාර ගෘහපතියෙක් හෝ දකියි. එවිට ඔහුට මෙසේ සිතෙයි. 'අහෝ! ඒකාන්තයෙන් මම කය බිඳී මරණින් මතු මහාසාර ක්ෂත්‍රියයන්ගේ හෝ මහාසාර බ්‍රාහ්මණයන්ගේ හෝ මහාසාර ගෘහපතියන්ගේ හෝ කුලයක උපදින්නේ නම් මැනැවැ' යි සිතා ඔහු ඒ කෙරෙහි සිත පිහිටුවයි. ඒ සිත අධිෂ්ඨාන කරයි. ඒ සිත දියුණු කරයි. හීන වූ පංච කාමයෙහි යෙදුණු ඔහුගේ සිත මතුවට මාර්ගඵල අවබෝධය පිණිස දියුණු නොකළ හෙයින් එහි ඉපදීම පිණිස හේතු වෙයි. එය ත් සිල්වතාට යැයි කියමි. දුස්සීලයාට නොවෙයි. ඇවැත්නි, සිල්වත් තැනැත්තාගේ සිතෙහි ඇති අධිෂ්ඨානය පිරිසිදු බැවින් ඉෂ්ට වෙයි.

2. තව ද ඇවැත්නි, මෙහිලා කෙනෙක් ශ්‍රමණයෙකුට හෝ බ්‍රාහ්මණයෙකුට හෝ දානයක් දෙයි. ආහාර පාන, වස්ත්‍ර, පාවහන්, මල්, ගඳ විලවුන්, සයනාසන, කුටි, ප්‍රදීපෝපකරණ ආදිය දන් දෙයි. ඔහු යමක් දෙයි නම්, එය නැවත ලැබීමට පතයි. ඔහු මෙය අසන ලද්දේ ය. එනම් 'චාතුම්මහාරාජික දෙවිවරු දීර්ඝායුෂ ඇති ව සොඳුරු පැහැය ඇති ව සැප බහුල ව වසන බව යි.' එවිට ඔහුට මෙසේ සිතෙයි. 'අහෝ! ඒකාන්තයෙන් මම කය බිඳී මරණින් මතු චාතුම්මහාරාජික දෙවියන් අතර උපදින්නේ නම් මැනැවැ' යි සිතා ඔහු ඒ කෙරෙහි සිත පිහිටුවයි. ඒ සිත අධිෂ්ඨාන කරයි. ඒ සිත දියුණු කරයි. හීන වූ පංච කාමයෙහි යෙදුණු ඔහුගේ සිත මතුවට මාර්ගඵල අවබෝධය පිණිස දියුණු නොකළ හෙයින් එහි ඉපදීම පිණිස හේතු වෙයි. එය ත් සිල්වතාට යැයි කියමි. දුස්සීලයාට නොවෙයි. ඇවැත්නි, සිල්වත් තැනැත්තාගේ සිතෙහි ඇති අධිෂ්ඨානය පිරිසිදු බැවින් ඉෂ්ට වෙයි.

3.-7. තව ද ඇවැත්නි, මෙහිලා කෙනෙක් ශ්‍රමණයෙකුට හෝ බ්‍රාහ්මණයෙකුට හෝ දානයක් දෙයි. ආහාර පාන, වස්ත්‍ර, පාවහන්, මල්, ගඳ විලවුන්, සයනාසන, කුටි, ප්‍රදීපෝපකරණ ආදිය දන් දෙයි. ඔහු යමක් දෙයි නම්, එය නැවත ලැබීමට පතයි. ඔහු මෙය අසන ලද්දේ ය. එනම් 'තව්තිසා දෙවිවරු ....(පෙ).... යාම දෙවිවරු ....(පෙ).... තුසිත දෙවිවරු ....(පෙ).... නිම්මාණරතී දෙවිවරු ....(පෙ).... පරනිම්මිත වසවත්තී දෙවිවරු දීර්ඝායුෂ ඇති ව සොඳුරු පැහැය ඇති ව සැප බහුල ව වසන බව යි.' එවිට ඔහුට මෙසේ සිතෙයි. 'අහෝ! ඒකාන්තයෙන් මම කය බිඳී මරණින් මතු පරනිම්මිත වසවත්තී දෙවියන් අතර උපදින්නේ නම් මැනැවැ' යි සිතා ඔහු ඒ කෙරෙහි සිත පිහිටුවයි. ඒ සිත අධිෂ්ඨාන කරයි. ඒ සිත දියුණු කරයි. හීන වූ පංච කාමයෙහි යෙදුණු ඔහුගේ සිත මතුවට මාර්ගඵල අවබෝධය පිණිස දියුණු නොකළ හෙයින් එහි ඉපදීම පිණිස හේතු වෙයි. එය ත් සිල්වතාට යැයි කියමි. දුස්සීලයාට නොවෙයි. ඇවැත්නි, සිල්වත් තැනැත්තාගේ සිතෙහි ඇති අධිෂ්ඨානය පිරිසිදු බැවින් ඉෂ්ට වෙයි.

8. තව ද ඇවැත්නි, මෙහිලා කෙනෙක් ශ්‍රමණයෙකුට හෝ බ්‍රාහ්මණයෙකුට හෝ දානයක් දෙයි. ආහාර පාන, වස්ත්‍ර, පාවහන්, මල්, ගඳ විලවුන්, සයනාසන, කුටි, ප්‍රදීපෝපකරණ ආදිය දන් දෙයි. ඔහු යමක් දෙයි නම්, එය නැවත ලැබීමට පතයි. ඔහු මෙය අසන ලද්දේ ය. එනම් 'බ්‍රහ්මකායික දෙවිවරු දීර්ඝායුෂ ඇති ව සොඳුරු පැහැය ඇති ව සැප බහුල ව වසන බව යි.' එවිට ඔහුට මෙසේ සිතෙයි. 'අහෝ! ඒකාන්තයෙන් මම කය බිඳී මරණින් මතු බ්‍රහ්මකායික දෙවියන් අතර උපදින්නේ නම් මැනැවැ' යි සිතා ඔහු ඒ කෙරෙහි සිත පිහිටුවයි. ඒ සිත අධිෂ්ඨාන කරයි. ඒ සිත දියුණු කරයි. හීන වූ පංච කාමයෙහි යෙදුණු ඔහුගේ

සිත මතුවට මාර්ගඵල අවබෝධය පිණිස දියුණු නොකළ හෙයින් එහි ඉපදීම පිණිස හේතු වෙයි. එය ත් සිල්වතාට යැයි කියමි. දුස්සීලයාට නොවෙයි. වීතරාගී තැනැත්තාට යැයි කියමි. සරාගී තැනැත්තාට නොවෙයි. ඇවැත්නි, සිල්වත් තැනැත්තාගේ සිතෙහි ඇති අධිෂ්ඨානය වීතරාගී බැවින් ඉෂ්ට වෙයි.

පිරිස් අටකි. ක්ෂත්‍රිය පිරිස ය. බ්‍රාහ්මණ පිරිස ය. ගෘහපති පිරිස ය. ශ්‍රමණ පිරිස ය. චාතුම්මහාරාජික පිරිස ය. තව්තිසා පිරිස ය. මාර පිරිස ය. බ්‍රහ්ම පිරිස ය.

ලෝක ධර්ම අටකි. ලාභය ය. අලාභය ය. යස පිරිවර ඇති වීම ය. යස පිරිවර නැති වීම ය. නින්දා ලැබීම ය. ප්‍රශංසා ලැබීම ය. සැප ය. දුක ය.

අභිභූ ආයතන අටකි.

1. ආධ්‍යාත්මයෙහි රූප සංඥා ඇත්තේ කෙනෙක් බාහිර ස්වල්ප වූ වර්ණවත්, දුර්වර්ණ රූප දකියි. ඒවා මැඩගෙන දනිමි යි දකිමි යි යන මෙබඳු සංඥාව ඇත්තේ වෙයි. මෙය පළමු අභිභූ ආයතනය යි.

2. ආධ්‍යාත්මයෙහි රූප සංඥා ඇත්තේ කෙනෙක් බාහිර අප්‍රමාණ වූ වර්ණවත්, දුර්වර්ණ රූප දකියි. ඒවා මැඩගෙන දනිමි යි දකිමි යි යන මෙබඳු සංඥාව ඇත්තේ වෙයි. මෙය දෙවෙනි අභිභූ ආයතනය යි.

3. ආධ්‍යාත්මයෙහි අරූප සංඥා ඇත්තේ කෙනෙක් බාහිර ස්වල්ප වූ වර්ණවත්, දුර්වර්ණ රූප දකියි. ඒවා මැඩගෙන දනිමි යි දකිමි යි යන මෙබඳු සංඥාව ඇත්තේ වෙයි. මෙය තුන්වෙනි අභිභූ ආයතනය යි.

4. ආධ්‍යාත්මයෙහි අරූප සංඥා ඇත්තේ කෙනෙක් බාහිර අප්‍රමාණ වූ වර්ණවත්, දුර්වර්ණ රූප දකියි. ඒවා මැඩගෙන දනිමි යි දකිමි යි යන මෙබඳු සංඥාව ඇත්තේ වෙයි. මෙය සිව්වෙනි අභිභූ ආයතනය යි.

5. ආධ්‍යාත්මයෙහි අරූප සංඥා ඇත්තේ කෙනෙක් බාහිර නිල් වූ, නිල් පැහැ ඇති, නීල නිදර්ශන ඇති, නිල් ආලෝක ඇති රූප දකියි. නිල්වන්, නිල්වන් දැකුම් ඇති, නිල්වන් ආලෝක ඇති, නිල් දියබෙරලිය මල යම් සේ ද, නිල්වන්, නිල්වන් දැකුම් ඇති, නිල්වන් ආලෝක ඇති, දෙපැත්ත ම මටසිලිටි වූ බරණැස නීල කසීසළුව යම් සේ ද, එසෙයින් ම ආධ්‍යාත්මයෙහි අරූප සංඥා ඇත්තේ කෙනෙක් බාහිර නිල් වූ, නිල් පැහැ ඇති, නීල නිදර්ශන ඇති, නිල් ආලෝක ඇති රූප දකියි. ඒවා මැඩගෙන දනිමි යි දකිමි යි යන මෙබඳු සංඥාව ඇත්තේ වෙයි. මෙය පස්වෙනි අභිභූ ආයතනය යි.

6. ආධ්‍යාත්මයෙහි අරූප සංඥා ඇත්තේ කෙනෙක් බාහිර කහ වූ, කහ පැහැ ඇති, කහ නිදර්ශන ඇති, කහ ආලෝක ඇති රූප දකියි. කහවන්, කහවන් දැකුම් ඇති, කහවන් ආලෝක ඇති, කහ කිණිහිරි මල යම් සේ ද, කහවන්, කහවන් දැකුම් ඇති, කහවන් ආලෝක ඇති, දෙපැත්ත ම මටසිලිටි වූ බරණැස කසීසළුව යම් සේ ද, එසෙයින් ම ආධ්‍යාත්මයෙහි අරූප සංඥා ඇත්තේ කෙනෙක් බාහිර කහ වූ, කහ පැහැ ඇති, කහ නිදර්ශන ඇති, කහ ආලෝක ඇති රූප දකියි. ඒවා මැඩගෙන දනිමි යි දකිමි යි යන මෙබඳු සංඥාව ඇත්තේ වෙයි. මෙය සයවෙනි අභිභූ ආයතනය යි.

7. ආධ්‍යාත්මයෙහි අරූප සංඥා ඇත්තේ කෙනෙක් බාහිර රතු වූ, රතු පැහැ ඇති, රතු නිදර්ශන ඇති, රතු ආලෝක ඇති රූප දකියි. රතුවන්, රතුවන් දැකුම් ඇති, රතුවන් ආලෝක ඇති, රතු බඳුවද මල යම් සේ ද, රතුවන්, රතුවන් දැකුම් ඇති, රතුවන් ආලෝක ඇති, දෙපැත්ත ම මටසිලිටි වූ බරණැස රතුවන් කසීසළුව යම් සේ ද, එසෙයින් ම ආධ්‍යාත්මයෙහි අරූප සංඥා ඇත්තේ කෙනෙක් බාහිර රතු වූ, රතු පැහැ ඇති, රතු නිදර්ශන ඇති, රතු ආලෝක ඇති රූප දකියි. ඒවා මැඩගෙන දනිමි යි දකිමි යි යන මෙබඳු සංඥාව ඇත්තේ වෙයි. මෙය සත්වෙනි අභිභූ ආයතනය යි.

8. ආධ්‍යාත්මයෙහි අරූප සංඥා ඇත්තේ කෙනෙක් බාහිර සුදු වූ, සුදු පැහැ ඇති, සුදු නිදර්ශන ඇති, සුදු ආලෝක ඇති රූප දකියි. සුදුවන්, සුදුවන් දැකුම් ඇති, සුදුවන් ආලෝක ඇති, ඕෂධී තාරුකාව යම් සේ ද, සුදුවන්, සුදුවන් දැකුම් ඇති, සුදුවන් ආලෝක ඇති, දෙපැත්ත ම මටසිලිටි වූ බරණැස සුදුවන් කසීසළුව යම් සේ ද, එසෙයින් ම ආධ්‍යාත්මයෙහි අරූප සංඥා ඇත්තේ කෙනෙක් බාහිර සුදු වූ, සුදු පැහැ ඇති, සුදු නිදර්ශන ඇති, සුදු ආලෝක ඇති රූප දකියි. ඒවා මැඩගෙන දනිමි යි දකිමි යි යන මෙබඳු සංඥාව ඇත්තේ වෙයි. මෙය අටවෙනි අභිභූ ආයතනය යි.

විමෝක්ෂ අටකි.

1. රූප ධ්‍යානයෙන් යුක්ත වූයේ බාහිර රූපයන් දකියි. මෙය පළමු විමෝක්ෂය යි.

2. ආධ්‍යාත්මයෙහි අරූප සංඥා ඇත්තේ බාහිර රූප දකියි. මෙය දෙවෙනි විමෝක්ෂය යි.

3. සුභ දෙයක් ම යැයි සළකා ධ්‍යානයට ඇළුණේ වෙයි. මෙය තුන්වෙනි විමෝක්ෂය යි.

4. සියළු ආකාරයෙන් ම රූප සංඥාවන් ඉක්මවීමෙන්, ගොරෝසු සංඥාවන් නැති වීමෙන් නා නා සංඥා මෙනෙහි නොකිරීමෙන් 'අනන්ත වූ ආකාසය' යැයි ආකාසානඤ්චායතනයට පැමිණ වාසය කරයි. මෙය සිව්වෙනි විමෝක්ෂයයි.

5. සියළු ආකාරයෙන් ම ආකාසානඤ්චායතනය ඉක්මවීමෙන්, 'අනන්ත වූ විඤ්ඤාණය' යැයි විඤ්ඤාණඤ්චායතනයට පැමිණ වාසය කරයි. මෙය පස්වෙනි විමෝක්ෂය යි.

6. සියළු ආකාරයෙන් ම විඤ්ඤාණඤ්චායතනය ඉක්මවීමෙන් 'කිසිවක් නැතැ' යි ආකිඤ්චඤ්ඤායතනයට පැමිණ වාසය කරයි. මෙය සයවෙනි විමෝක්ෂය යි.

7. සියළු ආකාරයෙන් ම ආකිඤ්චඤ්ඤායතනය ඉක්මවීමෙන් නේවසංඥානාසංඥායතනයට පැමිණ වාසය කරයි. මෙය සත්වෙනි විමෝක්ෂයයි.

8. සියළු ආකාරයෙන් ම නේවසංඥානාසංඥායතනය ඉක්මවීමෙන් සංඥාවේදයිත නිරෝධයට පැමිණ වාසය කරයි. මෙය අටවෙනි විමෝක්ෂයයි.

ඇවැත්නි, මේ වනාහී සියල්ල දන්නා, සියල්ල දක්නා, ඒ අරහත් සම්මා සම්බුදු භාග්‍යවතුන් වහන්සේ විසින් මැනැවින් වදාරණ ලද අටක් බැගින් වූ ධර්මයෝ ය. යම් පරිදි මේ සසුන් බඹසර බොහෝ කලක් පවතින්නේ ද, එහිලා සියළු දෙනා ම එක් ව සංගායනා කළ යුත්තේ ය. වාද විවාද නොකළ යුත්තේ ය. එය බොහෝ ජනයාට හිත පිණිස, බොහෝ ජනයාට සුව පිණිස, ලොවට අනුකම්පාව පිණිස, දෙවි මිනිසුන්ගේ යහපත හිතසුව පිණිස පවතින්නේ ය.

9

ඇවැත්නි, සියල්ල දන්නා, සියල්ල දක්නා, ඒ අරහත් සම්මා සම්බුදු භාග්‍යවතුන් වහන්සේ විසින් මැනැවින් වදාරණ ලද නවය බැගින් වූ ධර්මයෝ ඇත්තාහ. යම් පරිදි මේ සසුන් බඹසර බොහෝ කලක් පවතින්නේ ද, එහිලා සියළු දෙනා ම එක් ව සංගායනා කළ යුතු ය. වාද විවාද නොකළ යුතුය. එය බොහෝ ජනයාට හිත පිණිස, බොහෝ ජනයාට සුව පිණිස, ලොවට අනුකම්පාව පිණිස, දෙවි මිනිසුන්ගේ යහපත හිතසුව පිණිස පවතින්නේ ය. ඒ නවයක් බැගින් වූ ධර්මයෝ කවරහු ද?

එනම්;

දීඝ නිකාය - 3 (පාථික වර්ගය) (3.10 සංගීති සූත්‍රය) 275

වෛර බැඳ ගැනීමට කරුණු නවයකි.

පෙර මට අනර්ථය කළේ ය කියා වෛර බැඳ ගනියි. දැනුත් මට අනර්ථය කරයි කියා වෛර බැඳ ගනියි. අනාගතයේ ත් මට අනර්ථය කරන්නේ ය කියා වෛර බැඳ ගනියි.

පෙර මාගේ ප්‍රියමනාප කෙනාට අනර්ථය කළේ ය කියා වෛර බැඳ ගනියි. දැනුත් මාගේ ප්‍රියමනාප කෙනාට අනර්ථය කරයි කියා වෛර බැඳ ගනියි. අනාගතයේ ත් මාගේ ප්‍රියමනාප කෙනාට අනර්ථය කරන්නේ ය කියා වෛර බැඳ ගනියි.

පෙර මාගේ අප්‍රිය අමනාප කෙනාට උදව් කළේ ය කියා වෛර බැඳ ගනියි. දැනුත් මාගේ අප්‍රිය අමනාප කෙනාට උදව් කරයි කියා වෛර බැඳ ගනියි. අනාගතයේ ත් මාගේ අප්‍රිය අමනාප කෙනාට උදව් කරන්නේ ය කියා වෛර බැඳ ගනියි.

වෛර දුරු කරගැනීමට කරුණු නවයකි.

පෙර මට අනර්ථය කළේ ය. එනමුත් එය නොවේවා කියා මෙහිලා කෙසේ නම් ලබන්ට දැයි සිතා ඒ වෛර බැඳ ගැනීම දුරු කරයි. දැනුත් මට අනර්ථය කරයි. එනමුත් එය නොවේවා කියා මෙහිලා කෙසේ නම් ලබන්ට දැයි සිතා ඒ වෛර බැඳ ගැනීම දුරු කරයි. අනාගතයේ ත් මට අනර්ථය කරන්නේ ය. එනමුත් එය නොවේවා කියා මෙහිලා කෙසේ නම් ලබන්ට දැයි සිතා ඒ වෛර බැඳ ගැනීම දුරු කරයි.

පෙර මාගේ ප්‍රියමනාප කෙනාට අනර්ථය කළේ ය. එනමුත් එය නොවේවා කියා මෙහිලා කෙසේ නම් ලබන්ට දැයි සිතා ඒ වෛර බැඳ ගැනීම දුරු කරයි. දැනුත් මාගේ ප්‍රියමනාප කෙනාට අනර්ථය කරයි. එනමුත් එය නොවේවා කියා මෙහිලා කෙසේ නම් ලබන්ට දැයි සිතා ඒ වෛර බැඳ ගැනීම දුරු කරයි. අනාගතයේ ත් මාගේ ප්‍රියමනාප කෙනාට අනර්ථය කරන්නේ ය. එනමුත් එය නොවේවා කියා මෙහිලා කෙසේ නම් ලබන්ට දැයි සිතා ඒ වෛර බැඳ ගැනීම දුරු කරයි.

පෙර මාගේ අප්‍රිය අමනාප කෙනාට උදව් කළේ ය. එනමුත් එය නොවේවා කියා මෙහිලා කෙසේ නම් ලබන්ට දැයි සිතා ඒ වෛර බැඳ ගැනීම දුරු කරයි. දැනුත් මාගේ අප්‍රිය අමනාප කෙනාට උදව් කරයි. එනමුත් එය නොවේවා කියා මෙහිලා කෙසේ නම් ලබන්ට දැයි සිතා ඒ වෛර බැඳ ගැනීම දුරු කරයි. අනාගතයේ ත් මාගේ අප්‍රිය අමනාප කෙනාට උදව් කරන්නේ ය.

එනමුත් එය නොවේවා කියා මෙහිලා කෙසේ නම් ලබන්ට දැයි සිතා ඒ වෛර බැඳ ගැනීම දුරු කරයි.

සත්වයන්ගේ වාසස්ථාන නවයකි.

1. ඇවැත්නි, කයින් ද නා නා ස්වභාව ඇති, සංඥාවෙන් ද නා නා ස්වභාව ඇති සත්වයෝ සිටිති. යම් සේ මිනිස්සු ද, ඇතැම් දෙවියෝ ද, ඇතැම් විනිපාතිකයෝ ද වෙත් නම් එබඳු ය. මෙය සත්වයන්ගේ පළමු වාසස්ථානයයි.

2. ඇවැත්නි, කයින් නා නා ස්වභාව ඇති, සංඥාවෙන් එක ම ස්වභාවයක් ඇති සත්වයෝ සිටිති. යම් සේ පළමු ධ්‍යානයෙන් උපන් බ්‍රහ්මකායික දෙවියෝ වෙත් නම් එබඳු ය. මෙය සත්වයන්ගේ දෙවෙනි වාසස්ථානය යි.

3. ඇවැත්නි, කයින් එක ම ස්වභාව ඇති, සංඥාවෙන් නා නා ස්වභාව ඇති සත්වයෝ සිටිති. යම් සේ ආභස්සර දෙවියෝ වෙත් නම් එබඳු ය. මෙය සත්වයන්ගේ තෙවෙනි වාසස්ථානය යි.

4. ඇවැත්නි, කයින් ද එක ම ස්වභාව ඇති, සංඥාවෙන් ද එක ම ස්වභාව ඇති සත්වයෝ සිටිති. යම් සේ සුභකිණ්හ දෙවියෝ වෙත් නම් එබඳු ය. මෙය සත්වයන්ගේ සිව්වෙනි වාසස්ථානය යි.

5. ඇවැත්නි, සංඥාවෙන් තොර වූ සංවේදී බවින් තොර වූ සත්වයෝ සිටිති. යම් සේ අසඤ්ඤසත්ත දෙවියෝ වෙත් නම් එබඳු ය. මෙය සත්වයන්ගේ පස්වෙනි වාසස්ථානය යි.

6. ඇවැත්නි, සියළු අයුරින් රූප සංඥාවන් ඉක්මවීමෙන්, ගොරෝසු සංඥාවන් නැති වීමෙන් සංඥාවන්ගේ නා නා ස්වභාවය මෙනෙහි නොකිරීමෙන් 'අනන්ත ආකාසය' යැයි ආකාසානඤ්චායතනයට පැමිණි සත්වයෝ සිටිති. මෙය සත්වයන්ගේ සය වෙනි වාසස්ථානය යි.

7. ඇවැත්නි, සියළු අයුරින් ආකාසානඤ්චායතනය ඉක්මවීමෙන්, 'විඤ්ඤාණය අනන්ත' යැයි විඤ්ඤාණඤ්චායතනයට පැමිණි සත්වයෝ සිටිති. මෙය සත්වයන්ගේ සත්වෙනි වාසස්ථානය යි.

8. ඇවැත්නි, සියළු අයුරින් විඤ්ඤාණඤ්චායතනය ඉක්ම ගොස් 'කිසිවක් නැතැ' යි ආකිඤ්චඤ්ඤායතනයට පැමිණි සත්වයෝ සිටිති. මෙය සත්වයන්ගේ අටවෙනි වාසස්ථානය යි.

9. ඇවැත්නි, සියළු අයුරින් ආකිඤ්චඤ්ඤායතනය ඉක්මවීමෙන් නේවසඤ්ඤා නාසඤ්ඤායතනයට පැමිණි සත්වයෝ සිටිති. මෙය සත්වයන්ගේ නව වෙනි වාසස්ථානය යි.

නිවන් මග හැසිරෙන්නට නොහැකි වන අවස්ථා වන අක්ෂණ නවයකි.

1. ඇවැත්නි, මෙහිලා අරහත් වූ සම්මා සම්බුද්ධ වූ තථාගතයන් වහන්සේ ත් ලෝකයෙහි උපන්නාහු වෙති. කෙලෙස් සංසිඳවන්නා වූ පිරිනිවීමට හේතුවන්නා වූ සත්‍යාවබෝධය කරවන්නා වූ සුගතයන් වහන්සේ විසින් දෙසන ලද ධර්මය ද දේශනා කරනු ලැබෙයි. එකල්හී මේ පුද්ගලයා ත් නිරයෙහි උපන්නේ වෙයි. මෙය නිවන් මග හැසිරෙන්නට නොකල් වූ නුසුදුසු පළමු අවස්ථාව යි.

2. තව ද ඇවැත්නි, අරහත් වූ සම්මා සම්බුද්ධ වූ තථාගතයන් වහන්සේ ත් ලෝකයෙහි උපන්නාහු වෙති. ....(පෙ).... සුගතයන් වහන්සේ විසින් දෙසන ලද ධර්මය ද දේශනා කරනු ලැබෙයි. එකල්හී මේ පුද්ගලයා ත් තිරිසන් යෝනියෙහි උපන්නේ වෙයි. මෙය නිවන් මග හැසිරෙන්නට නොකල් වූ නුසුදුසු දෙවෙනි අවස්ථාව යි.

3. තව ද ඇවැත්නි, අරහත් වූ සම්මා සම්බුද්ධ වූ තථාගතයන් වහන්සේ ත් ලෝකයෙහි උපන්නාහු වෙති. ....(පෙ).... සුගතයන් වහන්සේ විසින් දෙසන ලද ධර්මය ද දේශනා කරනු ලැබෙයි. එකල්හී මේ පුද්ගලයා ත් ප්‍රේත විෂයෙහි උපන්නේ වෙයි. මෙය නිවන් මග හැසිරෙන්නට නොකල් වූ නුසුදුසු තෙවෙනි අවස්ථාව යි.

4. තව ද ඇවැත්නි, අරහත් වූ සම්මා සම්බුද්ධ වූ තථාගතයන් වහන්සේ ත් ලෝකයෙහි උපන්නාහු වෙති. ....(පෙ).... සුගතයන් වහන්සේ විසින් දෙසන ලද ධර්මය ද දේශනා කරනු ලැබෙයි. එකල්හී මේ පුද්ගලයා ත් අසුර ලෝකයෙහි උපන්නේ වෙයි. මෙය නිවන් මග හැසිරෙන්නට නොකල් වූ නුසුදුසු සිව්වෙනි අවස්ථාව යි.

5. තව ද ඇවැත්නි, අරහත් වූ සම්මා සම්බුද්ධ වූ තථාගතයන් වහන්සේ ත් ලෝකයෙහි උපන්නාහු වෙති. ....(පෙ).... සුගතයන් වහන්සේ විසින් දෙසන ලද ධර්මය ද දේශනා කරනු ලැබෙයි. එකල්හී මේ පුද්ගලයා ත් එක්තරා දීර්ඝ ආයුෂ ඇති දෙව් ලොවක උපන්නේ වෙයි. මෙය නිවන් මග හැසිරෙන්නට නොකල් වූ නුසුදුසු පස්වෙනි අවස්ථාව යි.

6. තව ද ඇවැත්නි, අරහත් වූ සම්මා සම්බුද්ධ වූ තථාගතයන් වහන්සේ ත් ලෝකයෙහි උපන්නාහු වෙති. ....(පෙ).... සුගතයන් වහන්සේ විසින් දෙසන

ලද ධර්මය ද දේශනා කරනු ලැබෙයි. එකල්හී යම් තැනක භික්ෂු, භික්ෂුණී, උපාසක, උපාසිකාවන්ගේ ගමනක් නැද්ද, එබඳු වූ අතිශයින් අඥාන වූ ම්ලේච්ඡ වූ ප්‍රත්‍යයන්ත ජනපදයන්හි මේ පුද්ගලයා ත් උපන්නේ වෙයි. මෙය නිවන් මග හැසිරෙන්නට නොකල් වූ නුසුදුසු සයවෙනි අවස්ථාව යි.

7. තව ද ඇවැත්නි, අරහත් වූ සම්මා සම්බුද්ධ වූ තථාගතයන් වහන්සේ ත් ලෝකයෙහි උපන්නාහු වෙති. කෙලෙස් සංසිඳවන්නා වූ පිරිනිවීමට හේතුවන්නා වූ සත්‍යාවබෝධය කරවන්නා වූ සුගතයන් වහන්සේ විසින් දෙසන ලද ධර්මය ද දේශනා කරනු ලැබෙයි. එකල්හී මේ පුද්ගලයා ත් මධ්‍ය දේශයෙහි උපන්නේ වෙයි. නමුත් විපරීත දැකුම් ඇති මිථ්‍යා දෘෂ්ටිකයෙක් වෙයි. 'දුන් දෙයෙහි විපාක නැත. උපස්ථානයෙහි විපාක නැත. සේවයෙහි විපාක නැත. කුසල - අකුසල කර්මයන්ගේ ඵල විපාක නැත. මෙලොවක් නැත. පරලොවක් නැත. මවක් නැත. පියෙක් නැත. ඕපපාතික සත්වයෝ නැත. යමෙක් මෙලොව ත් පරලොව ත් තම විශිෂ්ට ඥානයෙන් සාක්ෂාත් කොට ප්‍රකාශ කරයි ද, එබඳු වූ යහපත් මග ගිය, යහපතෙහි පිළිපන් ශ්‍රමණ බ්‍රාහ්මණයෝ ලෝකයෙහි නැත' යන මිසදිටුව ගත්තේ වෙයි. මෙය නිවන් මග හැසිරෙන්නට නොකල් වූ නුසුදුසු සත්වෙනි අවස්ථාව යි.

8. තව ද ඇවැත්නි, අරහත් වූ සම්මා සම්බුද්ධ වූ තථාගතයන් වහන්සේ ත් ලෝකයෙහි උපන්නාහු වෙති. කෙලෙස් සංසිඳවන්නා වූ පිරිනිවීමට හේතුවන්නා වූ සත්‍යාවබෝධය කරවන්නා වූ සුගතයන් වහන්සේ විසින් දෙසන ලද ධර්මය ද දේශනා කරනු ලැබෙයි. එකල්හී මේ පුද්ගලයා ත් මධ්‍ය දේශයෙහි උපන්නේ වෙයි. නමුත් හේ ජඩ වූයේ, කෙළතොළු වූයේ, ප්‍රඥාවෙන් තොර වූයේ වෙයි. මනා ලෙස පැවසූ දෙයෙහි ත්, නොමනා ලෙස පැවසූ දෙයෙහි ත් අරුත් හඳුනාගන්නට අසමර්ථ වෙයි. මෙය නිවන් මග හැසිරෙන්නට නොකල් වූ නුසුදුසු අටවෙනි අවස්ථාව යි.

9. තව ද ඇවැත්නි, අරහත් වූ සම්මා සම්බුද්ධ වූ තථාගතයන් වහන්සේ ත් ලෝකයෙහි නූපන්නාහු වෙති. කෙලෙස් සංසිඳවන්නා වූ පිරිනිවීමට හේතුවන්නා වූ සත්‍යාවබෝධය කරවන්නා වූ සුගතයන් වහන්සේ විසින් දෙසන ලද ධර්මය ද දේශනා කරනු නොලැබෙයි. එකල්හී මේ පුද්ගලයා ත් මධ්‍ය දේශයෙහි උපන්නේ වෙයි. හේ ජඩ නොවූ, කෙළතොළු නොවූ, ප්‍රඥාවන්තයෙක් වෙයි. මනා ලෙස පැවසූ දෙයෙහි ත්, නොමනා ලෙස පැවසූ දෙයෙහි ත් අරුත් හඳුනාගන්නට සමර්ථ වෙයි. මෙය නිවන් මග හැසිරෙන්නට නොකල් වූ නුසුදුසු නවවෙනි අවස්ථාව යි.

අනුපිළිවෙලින් ඇතිකරගන්නා සමාධියෙන් වාසය කිරීම් නවයකි.

1. ඇවැත්නි, මෙහිලා භික්ෂුව කාමයන්ගෙන් වෙන් ව, අකුසල ධර්මයන්ගෙන් වෙන් ව, විතර්ක විචාර සහිත වූ විවේකයෙන් හටගත් ප්‍රීති සුවය ඇති පළමුවෙනි ධ්‍යානය උපදවාගෙන වාසය කරයි.

2. විතර්ක විචාරයන් සංසිඳීමෙන් තමා තුළ පැහැදීම ඇති කරවන සිතේ එකඟ බවින් යුතුව විතර්ක විචාර රහිත වූ සමාධියෙන් හටගත් ප්‍රීති සැපය ඇති දෙවෙනි ධ්‍යානය උපදවාගෙන වාසය කරයි.

3. ප්‍රීතියට ද නොඇලීමෙන් සිහියෙන් හා නුවණින් යුතුව උපේක්ෂාවෙන් වසයි. කයෙන් සැපයක් ද විඳියි. ආර්යයන් වහන්සේලා උපේක්ෂාවෙන් යුතුව, සිහියෙන් යුතුව ඇති සැප විහරණය යැයි යම් ධ්‍යානයකට කියන ලද්දේ ද, ඒ තුන්වෙනි ධ්‍යානය උපදවාගෙන වාසය කරයි.

4. සැපය ද ප්‍රහාණය කිරීමෙන්, දුක ද ප්‍රහාණය කිරීමෙන් කලින් ම සොම්නස් දොම්නස් ඉක්ම යෑමෙන් දුක් සැප රහිත වූ උපෙක්ෂා සති පාරිශුද්ධියෙන් යුතු සතර වෙනි ධ්‍යානය උපදවාගෙන වාසය කරයි.

5. සියළු අයුරින් රූප සංඥාවන් ඉක්මවීමෙන්, ගොරෝසු සංඥාවන් නැති වීමෙන් සංඥාවන්ගේ නා නා ස්වභාවය මෙනෙහි නොකිරීමෙන් 'අනන්ත ආකාසය' යැයි ආකාසානඤ්චායතනය උපදවාගෙන වාසය කරයි.

6. සියළු අයුරින් ආකාසානඤ්චායතනය ඉක්මවීමෙන්, 'විඤ්ඤාණය අනන්ත' යැයි විඤ්ඤාණඤ්චායතනය උපදවාගෙන වාසය කරයි.

7. සියළු අයුරින් විඤ්ඤාණඤ්චායතනය ඉක්ම ගොස් 'කිසිවක් නැතැ' යි ආකිඤ්චඤ්ඤායතනය උපදවාගෙන වාසය කරයි.

8. සියළු අයුරින් ආකිඤ්චඤ්ඤායතනය ඉක්මවීමෙන් නේවසඤ්ඤානාසඤ්ඤායතනය උපදවාගෙන වාසය කරයි.

9. සියළු අයුරින් නේවසඤ්ඤානාසඤ්ඤායතනය ඉක්මවා ගොස් සංඥාවේදයිත නිරෝධ සමාපත්තිය උපදවාගෙන වාසය කරයි.

අනුපිළිවෙලින් නිරුද්ධ වීම් නවයකි.

ප්‍රථම ධ්‍යානයට සමවැදී සිටින තැනැත්තාගේ කාම සංඥාව නිරුද්ධ වෙයි.

දෙවෙනි ධ්‍යානයට සමවැදී සිටින තැනැත්තාගේ විතර්ක විචාරයෝ නිරුද්ධ වෙති.

තුන්වෙනි ධ්‍යානයට සමවැදී සිටින තැනැත්තාගේ ප්‍රීතිය නිරුද්ධ වෙයි.

සිව්වෙනි ධ්‍යානයට සමවැදී සිටින තැනැත්තාගේ ආශ්වාස ප්‍රශ්වාසයෝ නිරුද්ධ වෙති.

ආකාසානඤ්චායතනයට සමවැදී සිටින තැනැත්තාගේ රූප සංඥා නිරුද්ධ වෙයි.

විඤ්ඤාණඤ්චායතනයට සමවැදී සිටින තැනැත්තාගේ ආකාසානඤ්චායතන සංඥාව නිරුද්ධ වෙයි.

ආකිඤ්චඤ්ඤායතනයට සමවැදී සිටින තැනැත්තාගේ විඤ්ඤාණඤ්චායතන සංඥාව නිරුද්ධ වෙයි.

නේවසඤ්ඤානාසඤ්ඤායතනයට සමවැදී සිටින තැනැත්තාගේ ආකිඤ්චඤ්ඤායතන සංඥාව නිරුද්ධ වෙයි.

සංඥා වේදයිත නිරෝධයට සමවැදී සිටින තැනැත්තාගේ සංඥාව ත් වේදනාවත් නිරුද්ධ වෙයි.

ඇවැත්නි, මේ වනාහී සියල්ල දන්නා, සියල්ල දක්නා, ඒ අරහත් සම්මා සම්බුදු භාග්‍යවතුන් වහන්සේ විසින් මැනැවින් වදාරණ ලද නවයක් බැගින් වූ ධර්මයෝ ය. යම් පරිදි මේ සසුන් බඹසර බොහෝ කලක් පවතින්නේ ද, එහිලා සියළු දෙනා ම එක් ව සංගායනා කළ යුත්තේ ය. වාද විවාද නොකළ යුත්තේ ය. එය බොහෝ ජනයාට හිත පිණිස, බොහෝ ජනයාට සුව පිණිස, ලොවට අනුකම්පාව පිණිස, දෙව් මිනිසුන්ගේ යහපත හිතසුව පිණිස පවතින්නේ ය.

10

ඇවැත්නි, සියල්ල දන්නා, සියල්ල දක්නා, ඒ අරහත් සම්මා සම්බුදු භාග්‍යවතුන් වහන්සේ විසින් මැනැවින් වදාරණ ලද දසය බැගින් වූ ධර්මයෝ ඇත්තාහ. යම් පරිදි මේ සසුන් බඹසර බොහෝ කලක් පවතින්නේ ද, එහිලා සියළු දෙනා ම එක් ව සංගායනා කළ යුතු ය. වාද විවාද නොකළ යුතු ය. එය බොහෝ ජනයාට හිත පිණිස, බොහෝ ජනයාට සුව පිණිස, ලොවට අනුකම්පාව පිණිස, දෙව් මිනිසුන්ගේ යහපත හිතසුව පිණිස පවතින්නේ ය. ඒ දසයක් බැගින් වූ ධර්මයෝ කවරහු ද?

එනම්;

තමාට පිහිට සළසා දෙන ධර්ම දසයකි.

1. ඇවැත්නි, මෙහිලා භික්ෂුව සිල්වත් වෙයි. ප්‍රාතිමෝක්ෂ සංවරයෙන් සංවර වූයේ වෙයි. යහපත් ඇවතුම් පැවතුම් ඇති ව වසන්නේ වෙයි. අණුමාත්‍ර වූ වරදෙහි ත් බිය දකින සුළු ව සමාදන් වූ ශික්ෂාපදයන්හි හික්මෙන්නේ වෙයි. ඇවැත්නි, යම් හෙයකින් භික්ෂුව සිල්වත් වෙයි නම් ....(පෙ).... සමාදන් වූ ශික්ෂාපදයන්හි හික්මෙන්නේ නම් මෙය ද පිහිට ලබා දෙන ධර්මයකි.

2. තව ද ඇවැත්නි, භික්ෂුව ධර්මය බොහෝ සෙයින් අසන ලද්දේ වෙයි. ඒ ඇසූ දහම් දරන්නේ වෙයි. ඒ ඇසූ දහම් සිත්හිලා රැස් කරගන්නේ වෙයි. යම් ඒ ධර්මයෝ කල්‍යාණ වූ පටන් ගැනීමකින් යුක්ත වෙත් ද, කල්‍යාණ වූ මැදකින් යුක්ත වෙත් ද, කල්‍යාණ වූ අවසානයකින් යුක්ත වෙත් ද, අර්ථ සහිත වෙත් ද, පැහැදිලි වචනයෙන් යුක්ත වෙත් ද, හැම ලෙසින් ම පිරිපුන් පිරිසිදු නිවන් මග පවසත් ද, එබඳු වූ ධර්මයෝ ඔහු විසින් බොහෝ කොට අසන ලද්දාහු ය. ධාරණය කරගන්නා ලද්දාහු ය. වචනයෙන් පිරිවහන ලද්දාහු ය. මනසින් විමසන ලද්දාහු ය. නුවණින් අවබෝධ කරන ලද්දාහු ය. ඇවැත්නි,යම් හෙයකින් භික්ෂුව ධර්මය බොහෝ කොට අසන ලද්දේ වෙයි ද, ...(පෙ).... නුවණින් අවබෝධ කරන ලද්දේ වෙයි ද, මෙය ද පිහිට ලබා දෙන ධර්මයකි.

3. තව ද ඇවැත්නි, භික්ෂුව කලණ මිතුරන් ඇත්තේ වෙයි. කල්‍යාණ සහායකයන් ඇත්තේ වෙයි. කලණ මිතුරන්ගේ ඇසුරට නැඹුරු වූයේ වෙයි. ඇවැත්නි, යම් හෙයකින් භික්ෂුව කලණ මිතුරන් ඇත්තේ වෙයි ද, කල්‍යාණ සහායකයන් ඇත්තේ වෙයි ද, කලණ මිතුරන්ගේ ඇසුරට නැඹුරු වූයේ වෙයි ද මෙය ද පිහිට ලබා දෙන ධර්මයකි.

4. තව ද ඇවැත්නි, භික්ෂුව කීකරු වූයේ වෙයි. කීකරු බව ඇතිකරන ගුණදහමින් යුක්ත වූයේ ද වෙයි. ඉවසීමෙන් යුක්ත වූයේ වෙයි. අවවාදයන් ලැබෙන විට පැදකුණු කොට ගරු බුහුමන් සහිතව පිළිගන්නේ වෙයි. ඇවැත්නි, යම් හෙයකින් භික්ෂුව කීකරු වූයේ වෙයි ද, කීකරු බව ඇතිකරන ගුණ දහමින් යුක්ත වූයේ වෙයි ද, ඉවසීමෙන් යුක්ත වෙයි ද, අවවාද ලැබෙන විට පැදකුණු කොට ගරු බුහුමන් සහිතව පිළිගන්නේ වෙයි ද, මෙය ද පිහිට ලබා දෙන ධර්මයකි.

5. තව ද ඇවැත්නි, භික්ෂුව සබ්‍රහ්මචාරීන් වහන්සේලාගේ යම් කුදු මහත් වැඩපළ සොයා බැලිය යුතු ව ඇද්ද, එහිලා දක්ෂ වෙයි. අලස බවින් තොර

වෙයි. එහිලා නුවණින් යුතුව විමසා බලා වැඩකටයුතු කරන්නේ වෙයි. ඒ කටයුතු කිරීමට දක්ෂ වූයේ ද වෙයි. පිළිවෙලකට කිරීමට දක්ෂ වූයේ ද වෙයි. ඇවැත්නි, යම් හෙයකින් භික්ෂුව සබ්‍රහ්මචාරීන් වහන්සේලාගේ යම් කුඩු මහත් වැඩපළ සොයා බැලිය යුතු ව ඇද්ද, එහිලා දක්ෂ වෙයි ද, අලස බවින් තොර වෙයි ද, එහිලා විමසා බලා වැඩකටයුතු කරන්නේ වෙයි ද, ඒ කටයුතු කිරීමට දක්ෂ වූයේ වෙයි ද පිළිවෙලකට කිරීමට දක්ෂ වූයේ වෙයි ද මෙය ද පිහිට ලබා දෙන ධර්මයකි.

6. තවද ඇවැත්නි, භික්ෂුව ධර්මයට කැමති වූයේ වෙයි. ප්‍රිය වූ බසින් ධර්මය දෙසන්නේ ද වෙයි. ගැඹුරු ධර්මයෙහි ත්, ගැඹුරු විනයෙහි ත් උදාර වූ සතුටක් විඳින්නේ වෙයි. ඇවැත්නි, යම් හෙයකින් භික්ෂුව ධර්මයට කැමති වන්නේ ද, ප්‍රිය වූ බසින් දහම් දෙසන්නේ ද, ගැඹුරු ධර්මයෙහි ත්, ගැඹුරු විනයෙහි ත් උදාර වූ සතුටක් විඳින්නේ ද මෙය ද පිහිට ලබා දෙන ධර්මයකි.

7. තව ද ඇවැත්නි, භික්ෂුව ලද දෙයින් සතුටු වූයේ වෙයි. ලද සිවුරකින්, ලද පිණ්ඩපාතයකින්, ලද සෙනසුනකින්, ලද ගිලන්පස බෙහෙත් පිරිකරකින් සතුටු වූයේ වෙයි. ඇවැත්නි, යම් හෙයකින් භික්ෂුව ලද දෙයින් සතුටු වූයේ වෙයි ද, ලද සිවුරකින්, ලද පිණ්ඩපාතයකින්, ලද සෙනසුනකින්, ලද ගිලන්පස බෙහෙත් පිරිකරකින් සතුටු වූයේ වෙයි ද මෙය ද පිහිට ලබා දෙන ධර්මයකි.

8. තව ද ඇවැත්නි, භික්ෂුව පටන්ගත් වීර්යයෙන් යුක්ත වූයේ වෙයි. අකුසල් දහම් ප්‍රහාණය කිරීම ත්, කුසල් දහම් උපදවා ගැනීමට ත් නිසි බල ඇතියෙක් වෙයි. දැඩි වීර්යයකින් යුක්ත වෙයි. කුසල් දහම් ඉපිදවීමෙහිලා අත් නොහළ වීර්යය ඇත්තේ වෙයි. ඇවැත්නි, යම් හෙයකින් භික්ෂුව පටන් ගත් වීර්යයෙන් යුක්ත වූයේ වෙයි ද, අකුසල් දහම් ප්‍රහාණය කිරීම ත්, කුසල් දහම් උපදවා ගැනීමට ත් නිසි බල ඇතියෙක් වෙයි ද, දැඩි වීර්යයකින් යුක්ත වෙයි ද, කුසල් දහම් ඉපිදවීමෙහිලා අත් නොහළ වීර්යය ඇත්තේ වෙයි ද මෙය ද පිහිට ලබා දෙන ධර්මයකි.

9. තව ද ඇවැත්නි, භික්ෂුව මනා සිහි ඇත්තේ වෙයි. නුවණින් යුතුව උතුම් අයුරින් සිහිය පවත්වන්නේ වෙයි. බොහෝ කලකට පෙර කරන ලද යමක් ඇද්ද, බොහෝ කලකට පෙර පැවසූ යමක් ඇද්ද එය සිහි කරන්නේ, නැවත නැවත සිහි කරන්නේ වෙයි. ඇවැත්නි, යම් හෙයකින් භික්ෂුව මනා සිහි ඇත්තේ වෙයි ද, නුවණින් යුතුව උතුම් අයුරින් සිහිය පවත්වන්නේ වෙයි ද, බොහෝ කලකට පෙර කරන ලද යමක් ඇද්ද, බොහෝ කලකට පෙර පැවසූ යමක් ඇද්ද එය සිහි කරන්නේ, නැවත නැවත සිහි කරන්නේ වෙයි ද මෙය ද පිහිට ලබා දෙන ධර්මයකි.

10. තව ද ඇවැත්නි, භික්ෂුව ප්‍රඥාවන්ත වෙයි. මැනැවින් දුක් ගෙවී යාමෙහි සමර්ථ වූ ආර්ය වූ තියුණු අවබෝධයකින් යුක්ත වූයේ, හටගැනීම ත් නැතිවීම ත් මැනැවින් වැටහෙන ප්‍රඥාවකින් යුක්ත වූයේ වෙයි. ඇවැත්නි, යම්හෙයකින් භික්ෂුව ප්‍රඥාවන්ත වෙයි ද, මැනැවින් දුක් ගෙවී යාමෙහි සමර්ථ වූ ආර්ය වූ තියුණු අවබෝධයෙකින් යුක්ත වූයේ ද, හටගැනීම ත් නැතිවීම ත් මැනැවින් වැටහෙන ප්‍රඥාවෙකින් යුක්ත වූයේ වෙයි ද, මෙය ද පිහිට ලබා දෙන ධර්මයකි.

කසිණ ආයතන දසයකි.

ඇතැමෙක් උඩ - යට - සරස දෙකක් නොවූ අප්‍රමාණ ලෙස පඨවි කසිණය හඳුනාගනියි. ....(පෙ).... ඇතැමෙක් ආපෝ කසිණය හඳුනාගනියි. ....(පෙ).... ඇතැමෙක් තේජෝ කසිණය හඳුනාගනියි. ....(පෙ).... ඇතැමෙක් වායෝ කසිණය හඳුනාගනියි. ....(පෙ).... ඇතැමෙක් නීල කසිණය හඳුනාග නියි. ....(පෙ).... ඇතැමෙක් පීත කසිණය හඳුනාගනියි. ....(පෙ).... ඇතැමෙක් ලෝහිත කසිණය හඳුනාගනියි. ....(පෙ).... ඇතැමෙක් ඕදාත කසිණය හඳුනාග නියි. ....(පෙ).... ඇතැමෙක් ආකාස කසිණය හඳුනාගනියි. ඇතැමෙක් උඩ - යට - සරස දෙකක් නොවූ අප්‍රමාණ ලෙස විඤ්ඤාණ කසිණය හඳුනාගනියි.

අකුසල කර්මපථ දසයකි. සත්ව ඝාතනය, සොරකම, වැරදි කාමසේවනයෙහි යෙදීම, බොරු කීම, කේළාම් කීම, ඵරුෂ වචනය, හිස් වචනය, අන්සතු දෙය තමා සතු කරගැනීමට ආශා කිරීම, ව්‍යාපාදය, මිථ්‍යා දෘෂ්ටිය.

කුසල කර්මපථ දසයකි. සත්ව ඝාතනයෙන් වැළකීම, සොරකමෙන් වැළකීම, වැරදි කාමසේවනයෙන් වැළකීම, බොරු කීමෙන් වැළකීම, කේළාම් කීමෙන් වැළකීම, ඵරුෂ වචනයෙන් වැළකීම, හිස් වචනයෙන් වැළකීම, අන්සතු දෙය තමා සතු කරගැනීමට ආශා නොකිරීම, මෛත්‍රිය, සම්‍යක් දෘෂ්ටිය.

ආර්යයන්ගේ වාසස්ථාන දසයකි.

ඇවැත්නි, මෙහිලා භික්ෂුව ප්‍රහාණය කරන ලද අංග පසකින් යුක්ත වූයේ වෙයි. අංග සයකින් සමන්විත වූයේ වෙයි. එක් ආරක්ෂකයෙක් සහිත වූයේ වෙයි. හේත්තු වන පුවරු සතරක් ඇත්තේ වෙයි. මැනැවින් බැහැර කරන ලද වෙන් වෙන් වූ සත්‍ය ඇත්තේ වෙයි. දුරු කරන ලද නිසරු සෙවීම් ඇත්තේ වෙයි. නොකැළඹුණු සංකල්ප ඇත්තේ වෙයි. සංසිඳී ගිය කායසංස්කාර ඇත්තේ වෙයි. මැනැවින් නිදහස් වූ සිතක් ඇත්තේ වෙයි. මැනැවින් නිදහස් වූ ප්‍රඥාව ඇත්තේ වෙයි.

1. ඇවැත්නි, භික්ෂුව ප්‍රහාණය කරන ලද පස් කරුණකින් යුක්ත වන්නේ කෙසේ ද? ඇවැත්නි, භික්ෂුවගේ පංච කාමයන් කෙරෙහි ඇති ආශාව ප්‍රහාණය

වූයේ වෙයි. ද්වේෂය ප්‍රහාණය වූයේ වෙයි. නිදිමත හා අලස බව ප්‍රහාණය වූයේ වෙයි. සිතෙහි විසිරීමත්, පසුතැවීමත් ප්‍රහාණය වූයේ වෙයි. සැකයත් ප්‍රහාණය වූයේ වෙයි. ඇවැත්නි, මේ අයුරින් භික්ෂුව ප්‍රහාණය කරන ලද පස් කරුණකින් යුක්ත වූයේ වෙයි.

2. ඇවැත්නි, භික්ෂුව අංග සයකින් යුක්ත වන්නේ කෙසේ ද? ඇවැත්නි, මෙහිලා භික්ෂුව ඇසින් රූපයක් දැක සතුටු නොවන්නේ ද වෙයි. ගැටුණේ ද නොවෙයි. මනා සිහි නුවණින් යුක්ත ව උපේක්ෂාවෙන් වාසය කරයි. කනෙන් ශබ්දයක් අසා ....(පෙ).... නාසයෙන් ගඳ සුවඳක් ආඝ්‍රාණය කොට ....(පෙ).... දිවෙන් රසයක් විඳ ....(පෙ).... කයෙන් පහසක් විඳ ....(පෙ).... මනසින් අරමුණක් දැන සතුටු නොවන්නේ ද වෙයි. ගැටුණේ ද නොවෙයි. මනා සිහි නුවණින් යුක්ත ව උපේක්ෂාවෙන් වාසය කරයි. ඇවැත්නි, මේ අයුරින් භික්ෂුව අංග සයකින් යුක්ත වූයේ වෙයි.

3. ඇවැත්නි, භික්ෂුව එක ආරක්ෂකයෙක් සහිත ව සිටින්නේ කෙසේ ද? ඇවැත්නි, මෙහිලා භික්ෂුව සිහිය නම් වූ ආරක්ෂකයා සහිත වූ සිතින් යුක්ත වෙයි. ඇවැත්නි, මේ අයුරින් භික්ෂුව එක ආරක්ෂකයෙක් සහිත ව සිටින්නේ වේ.

4. ඇවැත්නි, භික්ෂුව අපස්සේන නම් වූ හේත්තු වන පුවරු සතරක් ඇති ව වසන්නේ කෙසේද? ඇවැත්නි, මෙහිලා භික්ෂුව නුවණින් සලකමින් එක් දෙයක් සේවනය කරයි. නුවණින් සලකමින් එක් දෙයක් ඉවසයි. නුවණින් සලකමින් එක දෙයක් වළකයි. නුවණින් සලකමින් එක් දෙයක් දුරු කරයි. ඇවැත්නි, මේ අයුරින් භික්ෂුව අපස්සේන සතරකින් යුක්ත වූයේ වෙයි.

5. ඇවැත්නි, භික්ෂුව 'මෙය ම සත්‍යය' යැයි වෙන් වෙන් ව පවසන දෑ දුරු කරන්නේ කෙසේ ද? ඇවැත්නි, මෙහිලා භික්ෂුව විසින් යම් ඒ බොහෝ ශ්‍රමණ බ්‍රාහ්මණවරු වෙන් වෙන් ව සත්‍යය යැයි පවසන නොයෙක් දේ ඇද්ද, ඒ සියල්ල බැහැර කරන ලද්දේ ය. මැනැවින් බැහැර කරන ලද්දේ ය. අත්හරින ලද්දේ ය. වමාරන ලද්දේ ය. නිදහස් වෙන ලද්දේ ය. ප්‍රහීණ කරන ලද්දේ ය. මැනැවින් සංසිඳවන ලද්දේ ය. ඇවැත්නි, මේ අයුරින් භික්ෂුව මැනැවින් දුරු කරන ලද වෙන් වෙන් ව පවසන ලද සත්‍යයන් ඇත්තේ වෙයි.

6. ඇවැත්නි, භික්ෂුව ඒසනා හෙවත් නිසරු සෙවීම් දුරු කොට සිටින්නේ කෙසේ ද? ඇවැත්නි, මෙහිලා භික්ෂුව තුළ පංච කාමයන් සෙවීම ප්‍රහාණය වූයේ වෙයි. භවයන් සෙවීම ප්‍රහාණය වූයේ වෙයි. බුදු සසුනෙන් බැහැර මතවාදයන්හි ප්‍රතිපදාවන් සෙවීම සංසිඳුණේ වෙයි. ඇවැත්නි, මේ අයුරින් භික්ෂුව නිසරු සෙවීම් දුරුකොට සිටින්නේ වෙයි.

7. ඇවැත්නි, භික්ෂුව නොකැළඹී ගිය සංකල්ප ඇතිව සිටින්නේ කෙසේ ද? ඇවැත්නි, මෙහිලා භික්ෂුව තුළ පංච කාමයන් පිළිබඳව සංකල්ප ප්‍රහාණය වූයේ වෙයි. ද්වේෂ සහගත සංකල්ප ප්‍රහාණය වූයේ වෙයි. හිංසාකාරී සංකල්ප ප්‍රහාණය වූයේ වෙයි. ඇවැත්නි, මේ අයුරින් භික්ෂුව නොකැළඹී ගිය සංකල්ප ඇත්තේ වෙයි.

8. ඇවැත්නි, භික්ෂුව සංසිඳී ගිය කාය සංස්කාර ඇතිව සිටින්නේ කෙසේ ද? ඇවැත්නි, මෙහිලා භික්ෂුව සැපය ද ප්‍රහාණය වීමෙන්, දුක ද ප්‍රහාණය වීමෙන් කලින් ම සොම්නස් දොම්නස් දෙක අත්හැරීමෙන් දුක් සැප රහිත වූ පාරිශුද්ධ සිහියෙන් යුතු උපේක්ෂාව ඇති සතර වෙනි ධ්‍යානයට පැමිණ වාසය කරයි. ඇවැත්නි, මේ අයුරින් භික්ෂුව සංසිඳී ගිය ආශ්වාස ප්‍රශ්වාස නම් වූ කාය සංස්කාර ඇත්තේ වෙයි.

9. ඇවැත්නි, භික්ෂුව මැනැවින් නිදහස් වූ සිතක් ඇති ව සිටින්නේ කෙසේ ද? ඇවැත්නි, මෙහිලා භික්ෂුවගේ සිත රාගයෙන් නිදහස් වූයේ වෙයි. ද්වේෂයෙන් නිදහස් වූ සිතක් ඇත්තේ වෙයි. මෝහයෙන් නිදහස් වූ සිතක් ඇත්තේ වෙයි. ඇවැත්නි, මේ අයුරින් භික්ෂුව මැනැවින් නිදහස් වූ සිතක් ඇත්තේ වෙයි.

10. ඇවැත්නි, භික්ෂුව මැනැවින් නිදහස් වූ ප්‍රඥාවකින් යුක්ත වන්නේ කෙසේ ද? ඇවැත්නි, මෙහිලා භික්ෂුව 'මා තුළ රාගය ප්‍රහාණය වී ඇත. මුලින් ම සිඳී ගොස් ඇත. මුදුන් කරටිය සිඳුණු තල් ගසක් මෙන් වී ඇත. අභාවයට පත් වී ඇත. යළි කිසිදා නූපදිනා ස්වභාවයට පත් වී ඇතැ'යි දන්නේ වෙයි. 'මා තුළ ද්වේෂය ප්‍රහාණය වී ඇත. ....(පෙ).... මා තුළ මෝහය ප්‍රහාණය වී ඇත. මුලින් ම සිඳී ගොස් ඇත. මුදුන් කරටිය සිඳුණු තල් ගසක් මෙන් වී ඇත. අභාවයට පත් වී ඇත. යළි කිසිදා නූපදිනා ස්වභාවයට පත් වී ඇතැ'යි දන්නේ වෙයි. ඇවැත්නි, මේ අයුරින් භික්ෂුව මැනැවින් නිදහස් වූ ප්‍රඥාවෙන් යුක්ත වූයේ වෙයි.

නිවන් මග හික්මී අවසන් කරන ලද ධර්ම දසයකි. අසේඛ සම්මා දිට්ඨිය ය. අසේඛ සම්මා සංකල්පය ය. අසේඛ සම්මා වාචා ය. අසේඛ සම්මා කම්මන්තය ය. අසේඛ සම්මා ආජීවය ය. අසේඛ සම්මා වායාම ය. අසේඛ සම්මා සතිය ය. අසේඛ සම්මා සමාධිය ය. අසේඛ සම්මා ඤාණය ය. අසේඛ සම්මා විමුක්තිය ය.

ඇවැත්නි, මේ වනාහී සියල්ල දන්නා, සියල්ල දක්නා, ඒ අරහත් සම්මා සම්බුදු භාග්‍යවතුන් වහන්සේ විසින් මැනැවින් වදාරණ ලද දසයක් බැගින් වූ

ධර්මයෝ ය. යම් පරිදි මේ සසුන් බඹසර බොහෝ කලක් පවතින්නේ ද, එහිලා සියළු දෙනා ම එක් ව සංගායනා කළ යුත්තේ ය. වාද විවාද නොකළ යුත්තේ ය. එය බොහෝ ජනයාට හිත පිණිස, බොහෝ ජනයාට සුව පිණිස, ලොවට අනුකම්පාව පිණිස, දෙවි මිනිසුන්ගේ යහපත හිතසුව පිණිස පවතින්නේ ය."

ඉක්බිති භාග්‍යවතුන් වහන්සේ නැගිට ආයුෂ්මත් සාරිපුත්තයන් වහන්සේ ඇමතූ සේක.

"සාරිපුත්තයෙනි, සාදු! සාදු! සාරිපුත්තයෙනි, ඔබ භික්ෂූන්ට ධර්මය රැස් කොට පිළියෙල කිරීමට නිසි ක්‍රමය පැවසූ අයුරු ඉතා මැනැවි."

ආයුෂ්මත් සාරිපුත්තයන් වහන්සේ මෙය වදාළ සේක. ශාස්තෲන් වහන්සේ එය අනුමත කළ සේක. සතුටු සිත් ඇති ඒ භික්ෂූහු ආයුෂ්මත් සාරිපුත්තයන් වහන්සේගේ ඒ භාෂිතය සතුටින් පිළිත්තාහු ය.

සාදු! සාදු!! සාදු!!!

සංගීති සූත්‍රය නිමා විය.

3.11.
දසුත්තර සූත්‍රය
එක් දහම් කරුණේ සිට දස දහම් කරුණ තෙක් වැඩී යන අයුරින් වදාළ දෙසුම

මා විසින් මෙසේ අසන ලදී.

එක් සමයෙක්හි භාග්‍යවතුන් වහන්සේ පන්සියයක් පමණ මහත් භික්ෂු සංඝයා සමඟ චම්පා නුවර ගග්ගරා පොකුණු තෙර වැඩවසන සේක.

එහිදී ආයුෂ්මත් සාරිපුත්තයන් වහන්සේ "ඇවැත් මහණෙනි" යි භික්ෂූන් ඇමතූහ. "ඇවැත්නි" යි ඒ භික්ෂූහු ආයුෂ්මත් සාරිපුත්තයන් වහන්සේට පිළිවදන් දුන්හ. ආයුෂ්මත් සාරිපුත්තයන් වහන්සේ මෙම ගාථාව පැවසූහ.

"අමා නිවනට පත්වනු පිණිස, සියළු කෙලෙස් ගැට ගැසීම් ලිහා
දමන්නා වූ, දුක් අවසන් කරවන ධර්මය එක් දහම් කරුණේ සිට
දස දහම් කරුණ තෙක් පවසමි."

1

"ඇවැත්නි, එක් ධර්මයක් බොහෝ උපකාරී වෙයි. එක් ධර්මයක් ප්‍රගුණ කළ යුතු වෙයි. එක් ධර්මයක් පිරිසිඳ දැක්ක යුතු වෙයි. එක් ධර්මයක් ප්‍රහාණය කළ යුතු වෙයි. එක් ධර්මයක් පිරිහීම ඇති කර දෙයි. එක් ධර්මයක් දියුණුව ඇති කර දෙයි. එක් ධර්මයක් අවබෝධයට දුෂ්කර වෙයි. එක් ධර්මයක් උපදවා ගත යුතු වෙයි. එක් ධර්මයක් විශිෂ්ට නුවණින් දැක්ක යුතු වෙයි. එක් ධර්මයක් සාක්ෂාත් කළ යුතු වෙයි.

බොහෝ උපකාරී වන එක් ධර්මය කුමක් ද? කුසල ධර්මයන්හි අප්‍රමාදය යි. මෙය බොහෝ උපකාරී වන එක් ධර්මය යි.

ප්‍රගුණ කළ යුතු එක් ධර්මය කුමක් ද? සිතට සැප සහනය දෙන කායගතාසතිය යි. මෙය ප්‍රගුණ කළ යුතු එක් ධර්මය යි.

පිරිසිඳ දැක්ක යුතු එක් ධර්මය කුමක් ද? උපාදානය ඇති කරවන ආශ්‍රව සහිත වූ ස්පර්ශය යි. මෙය පිරිසිඳ දැකිය යුතු එක් ධර්මය යි.

ප්‍රහාණය කළ යුතු එක් ධර්මය කුමක් ද? 'මම වෙමි' යි යන මාන්නය යි. මෙය ප්‍රහාණය කළ යුතු එක් ධර්මය යි.

පිරිහීම ඇති කර දෙන එක් ධර්මය කුමක් ද? අයෝනිසෝ මනසිකාරය යි. මෙය පිරිහීම ඇති කර දෙන එක් ධර්මය යි.

දියුණුව ඇති කර දෙන එක් ධර්මය කුමක් ද? යෝනිසෝ මනසිකාරය යි. මෙය දියුණුව ඇති කර දෙන එක් ධර්මය යි.

අවබෝධයට දුෂ්කර වූ එක් ධර්මය කුමක් ද? රහත් ඵලය හෙවත් ආනන්තරික චිත්ත සමාධිය යි. මෙය අවබෝධයට දුෂ්කර වූ එක් ධර්මය යි.

උපදවා ගත යුතු එක් ධර්මය කුමක් ද? ආශ්‍රවයන් ක්ෂය වීමෙන් රහතන් වහන්සේ ලබන නොවෙනස් වන චිත්ත විමුක්තිය ඇති බව දන්නා වූ අකෝප්‍ය ඥානය යි. මෙය උපදවා ගත යුතු එක් ධර්මය යි.

විශිෂ්ට ඥානයෙන් දැක්ක යුතු එක් ධර්මය කුමක් ද? සියළු සත්වයෝ ආහාරයෙන් සිටින්නෝ ය යන්නයි. මෙය විශිෂ්ට ඥානයෙන් දැක්ක යුතු එක් ධර්මය යි.

සාක්ෂාත් කළ යුතු එක් ධර්මය කුමක් ද? ආශ්‍රවයන් ක්ෂය කිරීමෙන් රහතන් වහන්සේ ලබන නොවෙනස් වන චිත්ත විමුක්තිය හෙවත් අකෝප්‍ය චිත්ත විමුක්තිය යි. මෙය සාක්ෂාත් කළ යුතු එක් ධර්මය යි.

මෙසේ සැබෑ ලෙස ම ඇති, සත්‍ය ලෙස ම ඇති, ඒ වූ පරිදි ම ඇති, කියූ අයුරින් මිස අන් පරිදි නොවන ස්වභාව ඇති, වෙනත් ස්වභාවයකට පත් වන ගති නැති, මේ දස ධර්මයෝ තථාගතයන් වහන්සේ විසින් ඉතා මනා කොට පිරිපුන් ව අවබෝධ කරන ලද්දාහු ය.

2

ධර්ම දෙකක් බොහෝ උපකාරී වෙයි. ධර්ම දෙකක් ප්‍රගුණ කළ යුතු වෙයි. ධර්ම දෙකක් පිරිසිඳ දැක්ක යුතු වෙයි. ධර්ම දෙකක් ප්‍රහාණය කළ යුතු

වෙයි. ධර්ම දෙකක් පිරිහීම ඇති කර දෙයි. ධර්ම දෙකක් දියුණුව ඇති කර දෙයි. ධර්ම දෙකක් අවබෝධයට දුෂ්කර වෙයි. ධර්ම දෙකක් උපදවා ගත යුතු වෙයි. ධර්ම දෙකක් විශිෂ්ට නුවණින් දැක්ක යුතු වෙයි. ධර්ම දෙකක් සාක්ෂාත් කළ යුතු වෙයි.

බොහෝ උපකාරී වන ධර්ම දෙක මොනවා ද? සිහිය ත්, නුවණත් ය. මේ බොහෝ උපකාරී වන ධර්ම දෙක යි.

ප්‍රගුණ කළ යුතු ධර්ම දෙක මොනවා ද? සමථය ත්, විදර්ශනාව ත් ය. මේ ප්‍රගුණ කළ යුතු ධර්ම දෙක යි.

පිරිසිඳ දැක්ක යුතු ධර්ම දෙක මොනවා ද? නාමය ත්, රූපය ත් ය. මේ පිරිසිඳ දැකිය යුතු ධර්ම දෙක යි.

ප්‍රහාණය කළ යුතු ධර්ම දෙක මොනවා ද? අවිද්‍යාව ත්, භව තණ්හාව ත් ය. මේ ප්‍රහාණය කළ යුතු ධර්ම දෙක යි.

පිරිහීම ඇති කර දෙන ධර්ම දෙක මොනවා ද? අකීකරුකම ත්, පාප මිත්‍රයන් ඇති බව ත් ය. මේ පිරිහීම ඇති කර දෙන ධර්ම දෙක යි.

දියුණුව ඇති කර දෙන ධර්ම දෙක මොනවා ද? කීකරුකම ත්, කල්‍යාණ මිත්‍රයන් ඇති බවත් ය. මේ දියුණුව ඇති කර දෙන ධර්ම දෙක යි.

අවබෝධයට දුෂ්කර වූ ධර්ම දෙක මොනවා ද? සත්වයන්ගේ කිලිටි වීමට යම් හේතුවක් ඇද්ද, යම් ප්‍රත්‍යයක් ඇද්ද, එය ත්, සත්වයන්ගේ පිරිසිදු වීමට යම් හේතුවක් ඇද්ද, යම් ප්‍රත්‍යයක් ඇද්ද, එය ත් ය. මේ අවබෝධයට දුෂ්කර වූ ධර්ම දෙක යි.

උපදවා ගත යුතු ධර්ම දෙක මොනවා ද? ඥාන දෙකකි. ආශ්‍රවයන් ක්ෂය වූ බව දන්නා ඥානය ත්, ක්ෂය වූ ආශ්‍රවයන් යළි නූපදින බව දන්නා ඥානය ත් ය. මේ උපදවා ගත යුතු ධර්ම දෙක යි.

විශිෂ්ට ඥානයෙන් දැක්ක යුතු ධර්ම දෙක මොනවා ද? ධාතු දෙකකි. සංඛත ධාතුව ත්, අසංඛත ධාතුවත් ය. මේ විශිෂ්ට ඥානයෙන් දැක්ක යුතු ධර්ම දෙක යි.

සාක්ෂාත් කළ යුතු ධර්ම දෙක මොනවා ද? විද්‍යාව ත්, විමුක්තිය ත් ය. මේ සාක්ෂාත් කළ යුතු ධර්ම දෙක යි.

මෙසේ සැබෑ ලෙස ම ඇති, සත්‍ය ලෙස ම ඇති, ඒ වූ පරිදි ම ඇති,

කියූ අයුරින් මිස අන් පරිදි නොවන ස්වභාව ඇති, වෙනත් ස්වභාවයකට පත් වන ගති නැති, මේ විසි ධර්මයෝ තථාගතයන් වහන්සේ විසින් ඉතා මනා කොට පිරිපුන් ව අවබෝධ කරන ලද්දාහු ය.

3

ධර්ම තුනක් බොහෝ උපකාරී වෙයි. ධර්ම තුනක් ප්‍රගුණ කළ යුතු වෙයි. ධර්ම තුනක් පිරිසිඳ දැක්ක යුතු වෙයි. ධර්ම තුනක් ප්‍රහාණය කළ යුතු වෙයි. ධර්ම තුනක් පිරිහීම ඇති කර දෙයි. ධර්ම තුනක් දියුණුව ඇති කර දෙයි. ධර්ම තුනක් අවබෝධයට දුෂ්කර වෙයි. ධර්ම තුනක් උපදවා ගත යුතු වෙයි. ධර්ම තුනක් විශිෂ්ට නුවණින් දැක්ක යුතු වෙයි. ධර්ම තුනක් සාක්ෂාත් කළ යුතු වෙයි.

බොහෝ උපකාරී වන ධර්ම තුන මොනවා ද? සත්පුරුෂ ඇසුර ත්, සද්ධර්ම ශ්‍රවණය ත්, ධර්මානුධර්ම ප්‍රතිපදාවත් ය. මේ බොහෝ උපකාරී වන ධර්ම තුන යි.

ප්‍රගුණ කළ යුතු ධර්ම තුන මොනවා ද? සමාධි තුනකි. විතර්ක සහිත විචාර සහිත සමාධිය ත්, විතර්ක රහිත විචාර මාත්‍ර සමාධිය ත්, විතර්ක රහිත විචාර රහිත සමාධිය ත් ය. මේ ප්‍රගුණ කළ යුතු ධර්ම තුන යි.

පිරිසිඳ දැක්ක යුතු ධර්ම තුන මොනවා ද? විඳීම් තුනකි. සැප විඳීම ත්, දුක් විඳීම ත්, දුක් සැප රහිත විඳීම ත් ය. මේ පිරිසිඳ දැකිය යුතු ධර්ම තුන යි.

ප්‍රහාණය කළ යුතු ධර්ම තුන මොනවා ද? තණ්හා තුනකි. කාම තණ්හාව ත්, භව තණ්හාව ත්, විභව තණ්හාව ත් ය. මේ ප්‍රහාණය කළ යුතු ධර්ම තුනයි.

පිරිහීම ඇති කර දෙන ධර්ම තුන මොනවා ද? අකුසල මුල් තුනකි. අකුසල මූලයක් වූ ලෝභය ත්, අකුසල මූලයක් වූ ද්වේෂය ත්, අකුසල මූලයක් වූ මෝහය ත් ය. මේ පිරිහීම ඇති කර දෙන ධර්ම තුන යි.

දියුණුව ඇති කර දෙන ධර්ම තුන මොනවා ද? කුසල මුල් තුනකි. කුසල මූලයක් වූ අලෝභය ත්, කුසල මූලයක් වූ අද්වේෂය ත්, කුසල මූලයක් වූ අමෝහය ත් ය. මේ දියුණුව ඇති කර දෙන ධර්ම තුන යි.

අවබෝධයට දුෂ්කර වූ ධර්ම තුන මොනවා ද? නිස්සරණීය ධාතු තුනකි. යම් මේ නෙක්ඛම්මයක් ඇද්ද, මෙය කාමයන්ගෙන් නිදහස්වීම යි. යම් මේ අරූප සමාධියක් ඇද්ද, මෙය රූපයන්ගෙන් නිදහස්වීම යි. උපන්නා වූ ත්, හේතු ප්‍රත්‍යයෙන් සකස් වූ ත්, පටිච්ච සමුප්පාදයෙන් උපන්නා වූ ත්, යම් කිසිවක්

ඇද්ද, අරහත් ඵලය නම් වූ නිරෝධය එයින් නිදහස් වීම යි. මේ අවබෝධයට දුෂ්කර වූ ධර්ම තුන යි.

උපදවා ගත යුතු ධර්ම තුන මොනවා ද? ඥාන තුනකි. හේතු ඵල දහමින් යුතු අතීතයක් තිබූ බවට ඥානය යි. ජාති, ජරා, මරණයෙන් මිදුණු බවට අනාගතයේ ඥානය යි. වර්තමානයෙහි කිසිවක් තුළ නොපිහිටි බවට ඥානය යි. මේ උපදවා ගත යුතු ධර්ම තුන යි.

විශිෂ්ට ඥානයෙන් දැක්ක යුතු ධර්ම තුන මොනවා ද? ධාතු තුනකි. කාම ධාතුව ත්, රූප ධාතුව ත්, අරූප ධාතුව ත් ය. මේ විශිෂ්ට ඥානයෙන් දැක්ක යුතු ධර්ම තුන යි.

සාක්ෂාත් කළ යුතු ධර්ම තුන මොනවා ද? විද්‍යා තුනකි. පුබ්බේ නිවාසානුස්සති ඥානය විද්‍යාවකි. සත්වයන් පිළිබඳ ව චුතූපපාත ඥානය විද්‍යාවකි. ආශ්‍රවයන් ක්ෂය වූ බව දන්නා ඥානය විද්‍යාවකි. මේ සාක්ෂාත් කළ යුතු ධර්ම තුන යි.

මෙසේ සැබෑ ලෙස ම ඇති, සත්‍ය ලෙස ම ඇති, ඒ වූ පරිදි ම ඇති, කියූ අයුරින් මිස අන් පරිදි නොවන ස්වභාව ඇති, වෙනත් ස්වභාවයකට පත් වන ගති නැති, මේ තිස් ධර්මයෝ තථාගතයන් වහන්සේ විසින් ඉතා මනා කොට පිරිපුන් ව අවබෝධ කරන ලද්දාහු ය.

4

ධර්ම සතරක් බොහෝ උපකාරී වෙයි. ධර්ම සතරක් ප්‍රගුණ කළ යුතු වෙයි. ධර්ම සතරක් පිරිසිඳ දැක්ක යුතු වෙයි. ධර්ම සතරක් ප්‍රහාණය කළ යුතු වෙයි. ධර්ම සතරක් පිරිහීම ඇති කර දෙයි. ධර්ම සතරක් දියුණුව ඇති කර දෙයි. ධර්ම සතරක් අවබෝධයට දුෂ්කර වෙයි. ධර්ම සතරක් උපදවා ගත යුතු වෙයි. ධර්ම සතරක් විශිෂ්ට නුවණින් දැක්ක යුතු වෙයි. ධර්ම සතරක් සාක්ෂාත් කළ යුතු වෙයි.

බොහෝ උපකාරී වන ධර්ම සතර මොනවා ද? චක්‍ර සතරකි. සුදුසු පෙදෙසක වාසය කිරීම ත්, සත්පුරුෂයන් ඇසුරු කිරීම ත්, තමා ධර්මය තුළ පිහිටුවා ගැනීම ත්, පෙර භවයන්හි කළ පින් ඇති බවත් ය. මේ බොහෝ උපකාරී වන ධර්ම සතර යි.

ප්‍රගුණ කළ යුතු ධර්ම සතර මොනවා ද? සතිපට්ඨාන සතරකි. ඇවැත්නි, මෙහිලා භික්ෂුව කෙලෙස් තවන වීර්යයෙන් යුතුව, නුවණින් යුතුව, සිහියෙන්

යුතුව, ලෝකයෙහි ඇලීම් ගැටීම් දුරුකොට කය පිළිබඳ ව කායානුපස්සනාවෙන් වාසය කරයි. ....(පෙ).... විඳීම් පිළිබඳ ව වේදනානුපස්සනාවෙන් වාසය කරයි. ....(පෙ).... සිත පිළිබඳ ව චිත්තානුපස්සනාවෙන් වාසය කරයි. කෙලෙස් තවන වීර්යයෙන් යුතුව, නුවණින් යුතුව, සිහියෙන් යුතුව, ලෝකයෙහි ඇලීම් ගැටීම් දුරුකොට ධර්මයන් පිළිබඳ ව ධම්මානුපස්සනාවෙන් වාසය කරයි. මේ ප්‍රගුණ කළ යුතු ධර්ම සතර යි.

පිරිසිඳ දැක්ක යුතු ධර්ම සතර මොනවා ද? ආහාර සතරකි. ගොරෝසු හෝ සියුම් හෝ කබලිංකාර ආහාර ය. දෙවැන්න ස්පර්ශය යි. මනෝ සංචේතනාව තුන්වැන්න යි. සිව්වැන්න විඤ්ඤාණය යි. මේ පිරිසිඳ දැකිය යුතු ධර්ම සතරයි.

ප්‍රහාණය කළ යුතු ධර්ම සතර මොනවා ද? සැඩපහර හෙවත් ඕඝ සතරකි. කාමය ඕඝයකි. භවය ඕඝයකි. දෘෂ්ටි ඕඝයකි. අවිද්‍යාව ඕඝයකි. මේ ප්‍රහාණය කළ යුතු ධර්ම සතර යි.

පිරිහීම ඇති කර දෙන ධර්ම සතර මොනවා ද? නැවත නැවත යෙදීම් හෙවත් යෝග සතරකි. කාමය යෝගයකි. භවය යෝගයකි. දෘෂ්ටි යෝගයකි. අවිද්‍යාව යෝගයකි. මේ පිරිහීම ඇති කර දෙන ධර්ම සතර යි.

දියුණුව ඇති කර දෙන ධර්ම සතර මොනවා ද? වෙන්වීම් හෙවත් විසංයෝග සතරකි. අනාගාමී කෙනා කාමයෝගයෙන් වෙන් වෙයි. රහත් වීමෙන් භව යෝගයෙන් වෙන්වෙයි. සෝවාන් වීමෙන් දෘෂ්ටි යෝගයෙන් වෙන්වෙයි. රහත් ඵලයෙන් අවිද්‍යා යෝගයෙන් වෙන් වෙයි. මේ දියුණුව ඇති කර දෙන ධර්ම සතර යි.

අවබෝධයට දුෂ්කර වූ ධර්ම සතර මොනවා ද? සමාධි සතරකි. නීවරණ තුළින් පිරිහී යන ස්වභාව ඇති හානභාගිය සමාධිය ය. පිරිහීමක් හෝ දියුණුවක් හෝ නැති ව තිබෙන ඨිතිභාගිය සමාධිය ය. දියුණුවට පත්වෙන විශේෂ භාගිය සමාධිය ය. තියුණු අවබෝධය ඇති කර දෙන නිබ්බේධභාගිය සමාධිය ය. මේ අවබෝධයට දුෂ්කර වූ ධර්ම සතර යි.

උපදවා ගත යුතු ධර්ම සතර මොනවා ද? ඥාන සතරකි. චතුරාර්ය සත්‍යය පිළිබඳ වූ ධම්මේ ඥානය ය. ඒ අනුව නුවණින් මෙනෙහි කොට උපදවා ගන්නා අන්වයේ ඥානය ය. අනුන්ගේ සිත් දැනගන්නා ඥානය පරියායේ ඥානය ය. සාමාන්‍ය ලොව ඇති ඥානය සම්මුති ඥානය ය. මේ උපදවා ගත යුතු ධර්ම සතර යි.

විශිෂ්ට ඥානයෙන් දැක්ක යුතු ධර්ම සතර මොනවා ද? ආර්ය සත්‍ය සතරකි. දුක ආර්ය සත්‍යයකි. දුකෙහි හටගැනීම ආර්ය සත්‍යයකි. දුක නිරුද්ධ වීම ආර්ය සත්‍යයකි. දුක නිරුද්ධ වන්නා වූ ප්‍රතිපදාව ආර්ය සත්‍යයකි. මේ විශිෂ්ට ඥානයෙන් දැක්ක යුතු ධර්ම සතර යි.

සාක්ෂාත් කළ යුතු ධර්ම සතර මොනවා ද? ශ්‍රමණ ඵල සතරකි. සෝවාන් ඵලය ය. සකදාගාමී ඵලය ය. අනාගාමී ඵලය ය. අරහත් ඵලය ය. මේ සාක්ෂාත් කළ යුතු ධර්ම සතර යි.

මෙසේ සැබෑ ලෙස ම ඇති, සත්‍ය ලෙස ම ඇති, ඒ වූ පරිදි ම ඇති, කියූ අයුරින් මිස අන් පරිදි නොවන ස්වභාව ඇති, වෙනත් ස්වභාවයකට පත් වන ගති නැති, මේ සතලිස් ධර්මයෝ තථාගතයන් වහන්සේ විසින් ඉතා මනා කොට පිරිපුන් ව අවබෝධ කරන ලද්දාහු ය.

5

ධර්ම පසක් බොහෝ උපකාරී වෙයි. ධර්ම පසක් ප්‍රගුණ කළ යුතු වෙයි. ධර්ම පසක් පිරිසිඳ දැක්ක යුතු වෙයි. ධර්ම පසක් ප්‍රහාණය කළ යුතු වෙයි. ධර්ම පසක් පිරිහීම ඇති කර දෙයි. ධර්ම පසක් දියුණුව ඇති කර දෙයි. ධර්ම පසක් අවබෝධයට දුෂ්කර වෙයි. ධර්ම පසක් උපදවා ගත යුතු වෙයි. ධර්ම පසක් විශිෂ්ට නුවණින් දැක්ක යුතු වෙයි. ධර්ම පසක් සාක්ෂාත් කළ යුතු වෙයි.

බොහෝ උපකාරී වන ධර්ම පස මොනවා ද? පධානියංග පසකි.

1. ඇවැත්නි, මෙහිලා භික්ෂුව ශ්‍රද්ධාව ඇත්තේ වෙයි. තථාගතයන් වහන්සේගේ අවබෝධය අදහන්නේ වෙයි. එනම් 'ඒ භාග්‍යවතුන් වහන්සේ මේ මේ කරුණින් අරහං වන සේක. සම්මා සම්බුද්ධ වන සේක. විජ්ජාචරණ සම්පන්න වන සේක. සුගත වන සේක. ලෝකවිදූ වන සේක. අනුත්තරෝ පුරිසදම්ම සාරථී වන සේක. සත්ථා දේවමනුස්සානං වන සේක. බුද්ධ වන සේක. භගවා වන සේක' යනුවෙනි.

2. අල්ප ආබාධ ඇත්තේ වෙයි. අල්ප රෝග ඇත්තේ වෙයි. වඩා ත් සීත නොවූ ත්, වඩා ත් උෂ්ණ නොවූ ත් මධ්‍යම ප්‍රධන් වීර්යයට ඔරොත්තු දෙන ආකාරයේ සම ව ආහාර දිරවන ග්‍රහණියකින් සමන්විත වූයේ වෙයි.

3. වංචා නැත්තේ වෙයි. මායා නැත්තේ වෙයි. ඒ වූ සැටියෙන් ම තමාගේ ස්වභාවය ශාස්තෘන් වහන්සේට හෝ නුවණැති සබ්‍රහ්මචාරීන් වහන්සේලාට හෝ හෙළිදරව් කරන්නේ වෙයි.

4. අකුසල් දහම් ප්‍රහාණය කිරීම පිණිස ත්, කුසල් දහම් උපදවා ගැනීම පිණිස ත් පටන්ගත් වීරිය ඇත්තේ වෙයි. බලවත් වීරිය ඇත්තේ වෙයි. දැඩි පරාක්‍රමයෙන් යුක්ත වූයේ වෙයි. කුසල් දහම්හි නොපසුබස්නා වීරිය ඇත්තේ වෙයි.

5. ප්‍රඥාවන්ත වෙයි. හටගැනීම ත්, නැතිවීම ත් දැකීමට සමර්ථ ප්‍රඥාවෙන් යුක්ත වූයේ වෙයි. ආර්ය වූ තියුණු අවබෝධය ඇති කරවන, මැනැවින් දුක් ක්ෂය කරවන ප්‍රඥාවෙන් යුක්ත වූයේ වෙයි. මේ බොහෝ උපකාරී වන ධර්ම පස යි.

ප්‍රගුණ කළ යුතු ධර්ම පස මොනවා ද? අංග පසකින් යුතු සම්මා සමාධිය යි. ප්‍රීතිය පතුරුවමින් උපදිනා පළමු වෙනි ධ්‍යාන සමාධිය ය. සැපය පතුරුවමින් උපදනා දෙවෙනි ධ්‍යාන සමාධිය ය. අන්‍යයන්ගේ සිත් දැනගන්නා අයුරින් නුවණ පතුරුවන සමාධිය ය. ආලෝකය පැතිරවීමෙන් දිවැස් ලබන සමාධිය ය. නැසූ කෙලෙස් පිළිබඳ ව ප්‍රත්‍යවෙක්ෂා කොට ගන්නා ඥානයෙන් යුතු සමාධිය ය. මේ ප්‍රගුණ කළ යුතු ධර්ම පස යි.

පිරිසිඳ දැක්ක යුතු ධර්ම පස මොනවා ද? උපාදානස්කන්ධ පසකි. එනම්; රූප උපාදානස්කන්ධය ය. වේදනා උපාදානස්කන්ධය ය. සංඥා උපාදානස්කන්ධය ය. සංස්කාර උපාදානස්කන්ධය ය. විඤ්ඤාණ උපාදානස්කන්ධය ය. මේ පිරිසිඳ දැකිය යුතු ධර්ම පස යි.

ප්‍රහාණය කළ යුතු ධර්ම පස මොනවා ද? නීවරණ පසකි. කාමච්ඡන්දය නීවරණයකි. ව්‍යාපාදය නීවරණයකි. ථීනමිද්ධය නීවරණයකි. උද්ධච්ච කුක්කුච්චය නීවරණයකි. විචිකිච්ඡාව නීවරණයකි. මේ ප්‍රහාණය කළ යුතු ධර්ම පස යි.

පිරිහීම ඇති කර දෙන ධර්ම පස මොනවා ද? සිතෙහි ඇනුණු හුල් පසය.

1. ඇවැත්නි, මෙහිලා භික්ෂුව තම ශාස්තෘන් වහන්සේ පිළිබඳ ව සැක කරයි. විචිකිච්ඡා කරයි. ශ්‍රද්ධාවෙහි නොබැස ගනියි. නොපහදියි. ඇවැත්නි, යම් ඒ භික්ෂුවක් තම ශාස්තෘන් වහන්සේ පිළිබඳව සැක කරයි ද, විචිකිච්ඡා කරයි ද, ශ්‍රද්ධාවෙහි නොබැස ගනියි ද, නොපහදියි ද, එකල්හී කෙලෙස් තවන වීර්යයෙන් යුතු ව, නැවත නැවත යෙදෙමින්, නිතර බහුල ව යෙදෙමින්, දැඩි වීර්යයෙන් යුතු ව ධර්මයේ හැසිරෙන්නට ඔහුගේ සිත නොනැමෙයි. යමෙකුගේ සිත කෙලෙස් තවන වීර්යයෙන් යුතු ව, නැවත නැවත යෙදෙමින්

දැඩි වීර්යයෙන් යුතුව ධර්මයේ හැසිරෙන්නට යම් කරුණකින් නොපෙළඹෙයි නම් මෙය ඔහුගේ සිතෙහි ඇණී ඇති පළමු වැනි හුල වෙයි.

2.-5. තවද ඇවැත්නි, භික්ෂුව ධර්මය පිළිබඳ ව සැක කරයි. ....(පෙ).... සංඝයා පිළිබඳ ව සැක කරයි. ....(පෙ).... ශික්ෂාව පිළිබඳ ව සැක කරයි. ....(පෙ).... සබ්‍රහ්මචාරීන් වහන්සේලා පිළිබඳ ව කෝපයෙන් සිටියි. අමනාපයෙන් සිටියි. ගැටුණු සිතින් හටගත් හුල ඇති ව සිටියි. ඇවැත්නි, යම් ඒ භික්ෂුවක් සබ්‍රහ්මචාරීන් වහන්සේලා පිළිබඳ ව කෝපයෙන් සිටියි ද, අමනාපයෙන් සිටියි ද, ගැටුණු සිතින් හටගත් හුල ඇති ව සිටියි ද, එකල්හී කෙලෙස් තවන වීර්යයෙන් යුතු ව, නැවත නැවත යෙදෙමින්, නිතර බහුල ව යෙදෙමින්, දැඩි වීර්යයෙන් යුතු ව ධර්මයේ හැසිරෙන්නට ඔහුගේ සිත නොනැමෙයි. යමෙකුගේ සිත කෙලෙස් තවන වීර්යයෙන් යුතු ව, නැවත නැවත යෙදෙමින්, නිතර බහුල ව යෙදෙමින්, දැඩි වීර්යයෙන් යුතු ව ධර්මයේ හැසිරෙන්නට යම් කරුණකින් නොපෙළඹෙයි නම් මෙය ඔහුගේ සිතෙහි ඇණී ඇති පස්වෙනි හුල වෙයි. මේ පිරිහීම ඇති කර දෙන ධර්ම පස යි.

දියුණුව ඇති කර දෙන ධර්ම පස මොනවා ද? ඉන්ද්‍රියයෝ පසකි. ශ්‍රද්ධාව ඉන්ද්‍රියයකි. විරිය ඉන්ද්‍රියයකි. සතිය ඉන්ද්‍රියයකි. සමාධිය ඉන්ද්‍රියයකි. ප්‍රඥාව ඉන්ද්‍රියයකි. මේ දියුණුව ඇති කර දෙන ධර්ම පස යි.

අවබෝධයට දුෂ්කර වූ ධර්ම පස මොනවා ද? නිස්සරණීය ධාතු පසකි.

ඇවැත්නි, මෙහිලා භික්ෂුව හට කාමයන් මෙනෙහි කරද්දී කාමයන් තුළ සිත නොබැසගනියි. නොපහදියි. නොපිහිටයි. නොගැලෙයි. ඒ භික්ෂුවට කාමයන්ගෙන් නික්මීම වූ අසුභය මෙනෙහි කරද්දී ඒ නෙක්ඛම්මයෙහි සිත බැසගනියි. පහදියි. පිහිටයි. ගැලෙයි. ඔහුගේ ඒ සිත මැනැවින් නෙක්ඛම්මයට ගියේ ය. මැනැවින් දියුණු වූයේ ය. කාමයන්ගෙන් මැනැවින් නැගී සිටියේ ය. මැනැවින් මිදුණේ ය. මැනැවින් කාමයන්ගෙන් විසංයුක්ත වූයේ ය. කාමයන් හේතුවෙන් දුක් පරිදාහ ඇති යම් ආශ්‍රවයෝ උපදිත් නම් හේ එයින් මිදුණේ වෙයි. හේ ඒ කාම වේදනාව නොවිඳියි. මේ අසුභ සමාධිය කාමයන්ගේ නික්ම යෑම යැයි කියන ලදී.

තව ද ඇවැත්නි, භික්ෂුව හට ද්වේෂය මෙනෙහි කරද්දී ද්වේෂය තුළ සිත නොබැසගනියි. නොපහදියි. නොපිහිටයි. නොගැලෙයි. ඒ භික්ෂුවට ද්වේෂයෙන් නික්මීම වූ මෛත්‍රිය මෙනෙහි කරද්දී ඒ මෛත්‍රියෙහි සිත බැස ගනියි. පහදියි. පිහිටයි. ගැලෙයි. ඔහුගේ ඒ සිත මැනැවින් මෛත්‍රියට ගියේ ය. මැනැවින් දියුණු වූයේ ය. ද්වේෂයෙන් මැනැවින් නැගී සිටියේ ය. මැනැවින්

මිදුණේ ය. මැනැවින් ද්වේෂයෙන් විසංයුක්ත වූයේ ය. ද්වේෂය හේතුවෙන් දුක් පරිදාහ ඇති යම් ආශ්‍රවයෝ උපදිත් නම් හේ එයින් මිදුණේ වෙයි. හේ ඒ ද්වේෂ වේදනාව නොවිඳියි. මේ මෛත්‍රී සමාධිය ද්වේෂයෙන් නික්ම යෑම යැයි කියන ලදී.

තව ද ඇවැත්නි, භික්ෂුව හට හිංසාව මෙනෙහි කරද්දී හිංසාව තුළ සිත නොබැසගනියි. නොපහදියි. නොපිහිටයි. නොගැලෙයි. ඒ භික්ෂුවට හිංසාවෙන් නික්මීම වූ කරුණාව මෙනෙහි කරද්දී ඒ කරුණාවෙහි සිත බැසගනියි. පහදියි. පිහිටයි. ගැලෙයි. ඔහුගේ ඒ සිත මැනැවින් කරුණාවට ගියේ ය. මැනැවින් දියුණු වූයේ ය. හිංසාවෙන් මැනැවින් නැගී සිටියේ ය. මැනැවින් මිදුණේ ය. මැනැවින් හිංසාවෙන් විසංයුක්ත වූයේ ය. හිංසාව හේතුවෙන් දුක් පරිදාහ ඇති යම් ආශ්‍රවයෝ උපදිත් නම් හේ එයින් මිදුණේ වෙයි. හේ ඒ හිංසා වේදනාව නොවිඳියි. මේ කරුණා සමාධිය හිංසාවෙන් නික්ම යෑම යැයි කියන ලදී.

තව ද ඇවැත්නි, භික්ෂුව හට රූපයන් මෙනෙහි කරද්දී රූපයන් තුළ සිත නොබැසගනියි. නොපහදියි. නොපිහිටයි. නොගැලෙයි. ඒ භික්ෂුවට රූපයෙන් නික්මීම වූ අරූපය මෙනෙහි කරද්දී ඒ අරූපයෙහි සිත බැසගනියි. පහදියි. පිහිටයි. ගැලෙයි. ඔහුගේ ඒ සිත මැනැවින් අරූපයට ගියේ ය. මැනැවින් දියුණු වූයේ ය. රූපයෙන් මැනැවින් නැගී සිටියේ ය. මැනැවින් මිදුණේ ය. මැනැවින් රූපයෙන් විසංයුක්ත වූයේ ය. රූපය හේතුවෙන් දුක් පරිදාහ ඇති යම් ආශ්‍රවයෝ උපදිත් නම් හේ එයින් මිදුණේ වෙයි. හේ ඒ රූප වේදනාව නොවිඳියි. මේ අරූප සමාධිය රූපයෙන් නික්ම යෑම යැයි කියන ලදී.

තව ද ඇවැත්නි, භික්ෂුව හට පංච උපාදානස්කන්ධය මෙනෙහි කරද්දී පංච උපාදානස්කන්ධය තුළ සිත නොබැසගනියි. නොපහදියි. නොපිහිටයි. නොගැලෙයි. ඒ භික්ෂුවට පංච උපාදානස්කන්ධයෙන් නික්මීම වූ සක්කාය නිරෝධය මෙනෙහි කරද්දී ඒ සක්කාය නිරෝධයෙහි සිත බැසගනියි. පහදියි. පිහිටයි. ගැලෙයි. ඔහුගේ ඒ සිත මැනැවින් සක්කාය නිරෝධයට ගියේ ය. මැනැවින් දියුණු වූයේ ය. පංච උපාදානස්කන්ධයෙන් මැනැවින් නැගී සිටියේ ය. මැනැවින් මිදුණේ ය. මැනැවින් පංච උපාදානස්කන්ධයෙන් විසංයුක්ත වූයේ ය. පංච උපාදානස්කන්ධය හේතුවෙන් දුක් පරිදාහ ඇති යම් ආශ්‍රවයෝ උපදිත් නම් හේ එයින් මිදුණේ වෙයි. හේ ඒ පංච උපාදානස්කන්ධ වේදනාව නොවිඳියි. මේ සක්කාය නිරෝධය සක්කායෙන් නික්ම යෑම යැයි කියන ලදී.

මේ අවබෝධයට දුෂ්කර වූ ධර්ම පස යි.

උපදවා ගත යුතු ධර්ම පස මොනවා ද? ඥාන පසක් ඇති සම්මා සමාධිය

යි. 'මේ සමාධිය වර්තමානයේ ද සැපවත් වෙයි. මතුවට ත් සැප විපාක ඇත්තේ ය' යි තමා තුළ ම ඥානය උපදියි.

'මේ සමාධිය ආර්ය ය. නිරාමිස ය' යි තමා තුළ ම ඥානය උපදියි.

'මේ සමාධිය ලාමක නොවන පුරුෂයන් සේවනය කරන ලද්දකි' යි තමා තුළ ම ඥානය උපදියි.

'මේ සමාධිය ශාන්ත ය. ප්‍රණීත ය. කෙලෙස් සංසිඳීමෙන් ලද්දකි. සිතේ එකඟ බවින් අත්දුටුවකි. උත්සාහයෙන් කෙලෙස් මැඬ පවත්වා ඇති නොකර ගත් දෙයකි' යි තමා තුළ ම ඥානය උපදියි.

'ඒ මම් වනාහී මේ සමාධියට සිහි ඇති ව ම සමවදිමි. සිහියෙන් ම නැගිටිමි' යි තමා තුළ ම ඥානය උපදියි. මේ උපදවා ගත යුතු ධර්ම පස යි.

විශිෂ්ට ඥානයෙන් දැක්ක යුතු ධර්ම පස මොනවා ද? විමුක්තිය ලබාදෙන තැන් පසකි.

1. ඇවැත්නි, මෙහිලා භික්ෂුව හට ශාස්තෲන් වහන්සේ හෝ වෙනත් ගුරු තන්හිලා සැලකෙන සබ්‍රහ්මචාරීන් වහන්සේ නමක් හෝ ධර්මය දේශනා කරති. ඇවැත්නි, ඒ භික්ෂුවට ශාස්තෲන් වහන්සේ හෝ වෙනත් ගුරු තන්හිලා සැලකෙන සබ්‍රහ්මචාරීන් වහන්සේ නමක් හෝ යම් යම් අයුරින් ධර්මය දේශනා කරත් ද, ඒ ඒ අයුරින් ඒ භික්ෂුව ඒ ධර්මයෙහි අරුත් මැනැවින් දන්නේ ද වෙයි. ධර්මය මැනැවින් දන්නේ ද වෙයි. ධර්මයේ අරුත් නුවණින් දැනගන්නා, ධර්මය නුවණින් දැනගන්නා ඒ භික්ෂුවට ප්‍රමුදිත බව ඇතිවෙයි. ප්‍රමුදිත බව ඇත්තහුට ප්‍රීතිය ඇතිවෙයි. ප්‍රීති සිත් ඇත්තහුගේ කය සංසිඳෙයි. සංසිඳුණු කය ඇති කෙනා සැපයක් විඳියි. සැප ඇත්තහුගේ සිත සමාධිමත් වෙයි. පළමු විමුත්තායතනය මෙය යි.

2. තව ද ඇවැත්නි, භික්ෂුව හට ශාස්තෲන් වහන්සේ හෝ වෙනත් ගුරු තන්හිලා සැලකෙන සබ්‍රහ්මචාරීන් වහන්සේ නමක් හෝ ධර්මය දේශනා නොකරති. වැලිදු යම් අයුරකින් අසන ලද්දේ වෙයි ද, යම් අයුරකින් ඉගෙන ගන්නා ලද්දේ වෙයි ද, ඒ අයුරින් ධර්මය විස්තර වශයෙන් අන්‍යයන්ට දේශනා කරයි. ඇවැත්නි, භික්ෂුව යම් අයුරින් අසන ලද්දේ ද, යම් අයුරින් පිරිවහන ලද්දේ ද, ඒ අයුරින් ධර්මය විස්තර වශයෙන් අන්‍යයන්ට යම් යම් අයුරින් දේශනා කරයි ද, ඒ ඒ අයුරින් ඒ භික්ෂුව ඒ ධර්මයෙහි අරුත් මැනැවින් දන්නේ වෙයි. ධර්මය මැනැවින් දන්නේ වෙයි. ධර්මයේ අරුත් නුවණින් දැනගන්නා, ධර්මය නුවණින් දැනගන්නා ඒ භික්ෂුවට ප්‍රමුදිත බව ඇතිවෙයි. ප්‍රමුදිත බව ඇත්තහුට ප්‍රීතිය ඇතිවෙයි. ප්‍රීති සිත් ඇත්තහුගේ කය සංසිඳෙයි. සංසිඳුණු කය

ඇති කෙනා සැපයක් විදියි. සැප ඇත්තහුගේ සිත සමාධිමත් වෙයි. දෙවන විමුත්තායතනය මෙය යි.

3. තව ද ඇවැත්නි, හික්ෂුව හට ශාස්තෲන් වහන්සේ හෝ වෙනත් ගුරු තන්හිලා සැලකෙන සබ්‍රහ්මචාරීන් වහන්සේ නමක් හෝ ධර්මය දේශනා නොකරති. යම් අයුරකින් අසන ලද්දේ වෙයි ද, යම් අයුරකින් ඉගෙන ගන්නා ලද්දේ වෙයි ද, ඒ අයුරින් ධර්මය විස්තර වශයෙන් අන්‍යයන්ට දේශනා ද නොකරයි. වැලිදු යම් අයුරකින් අසන ලද්දේ ද, යම් අයුරකින් ඉගෙන ගන්නා ලද්දේ ද, ඒ අයුරින් ධර්මය විස්තර වශයෙන් සජ්ඣායනා කරයි. ඇවැත්නි, හික්ෂුව යම් අයුරකින් අසන ලද, යම් අයුරකින් ඉගෙන ගත් ධර්මය යම් යම් අයුරින් විස්තර වශයෙන් සජ්ඣායනා කරයි ද, ඒ ඒ අයුරින් ඒ හික්ෂුව ඒ ධර්මයෙහි අරුත් මැනැවින් දන්නේ ද වෙයි. ධර්මය මැනැවින් දන්නේ ද වෙයි. ධර්මයේ අරුත් නුවණින් දනගන්නා, ධර්මය නුවණින් දනගන්නා ඒ හික්ෂුවට ප්‍රමුදිත බව ඇතිවෙයි. ප්‍රමුදිත බව ඇත්තහුට ප්‍රීතිය ඇතිවෙයි. ප්‍රීති සිත් ඇත්තහුගේ කය සංසිඳෙයි. සංසිඳුණු කය ඇති කෙනා සැපයක් විදියි. සැප ඇත්තහුගේ සිත සමාධිමත් වෙයි. තුන්වන විමුත්තායතනය මෙය යි.

4. තව ද ඇවැත්නි, හික්ෂුව හට ශාස්තෲන් වහන්සේ හෝ වෙනත් ගුරු තන්හිලා සැලකෙන සබ්‍රහ්මචාරීන් වහන්සේ නමක් හෝ ධර්මය දේශනා නොකරති. යම් අයුරකින් අසන ලද්දේ වෙයි ද, යම් අයුරකින් ඉගෙන ගන්නා ලද්දේ වෙයි ද, ඒ අයුරින් ධර්මය විස්තර වශයෙන් අන්‍යයන්ට දේශනා ද නොකරයි. යම් අයුරකින් අසන ලද්දේ ද, යම් අයුරකින් ඉගෙන ගන්නා ලද්දේ ද ඒ ධර්මය විස්තර වශයෙන් සජ්ඣායනා ද නොකරයි. වැලිදු යම් අයුරකින් අසන ලද්දේ ද, යම් අයුරකින් ඉගෙන ගන්නා ලද්දේ ද ඒ අයුරින් ධර්මය සිතින් නැවත නැවත මෙනෙහි කරයි. නැවත නැවත විචාරයි. නුවණින් විමසයි. ඇවැත්නි, හික්ෂුව යම් අයුරකින් අසන ලද, යම් අයුරකින් ඉගෙන ගත් ධර්මය යම් යම් අයුරින් සිතින් නැවත නැවත මෙනෙහි කරයි ද, නැවත නැවත විචාරයි ද, නුවණින් විමසයි ද, ඒ ඒ අයුරින් ඒ හික්ෂුව ඒ ධර්මයෙහි අරුත් මැනැවින් දන්නේ ද වෙයි. ධර්මය මැනැවින් දන්නේ ද වෙයි. ධර්මයේ අරුත් නුවණින් දනගන්නා, ධර්මය නුවණින් දනගන්නා ඒ හික්ෂුවට ප්‍රමුදිත බව ඇතිවෙයි. ප්‍රමුදිත බව ඇත්තහුට ප්‍රීතිය ඇතිවෙයි. ප්‍රීති සිත් ඇත්තහුගේ කය සංසිඳෙයි. සංසිඳුණු කය ඇති කෙනා සැපයක් විදියි. සැප ඇත්තහුගේ සිත සමාධිමත් වෙයි. සිව්වෙනි විමුත්තායතනය මෙය යි.

5. තව ද ඇවැත්නි, හික්ෂුව හට ශාස්තෲන් වහන්සේ හෝ වෙනත් ගුරු තන්හිලා සැලකෙන සබ්‍රහ්මචාරීන් වහන්සේ නමක් හෝ ධර්මය දේශනා

නොකරති. යම් අයුරකින් අසන ලද්දේ වෙයි ද, යම් අයුරකින් ඉගෙන ගන්නා ලද්දේ වෙයි ද, ඒ අයුරින් ධර්මය විස්තර වශයෙන් අන්‍යයන්ට දේශනා ද නොකරයි. යම් අයුරකින් අසන ලද්දේ ද, යම් අයුරකින් ඉගෙන ගන්නා ලද්දේ ද ඒ අයුරින් ධර්මය විස්තර වශයෙන් සජ්ඣායනා ද නොකරයි. යම් අයුරකින් අසන ලද්දේ ද, යම් අයුරකින් ඉගෙන ගන්නා ලද්දේ ද ඒ අයුරින් ධර්මය සිතින් නැවත නැවත මෙනෙහි නොකරයි. නැවත නැවත නොවිචාරයි. නුවණින් නොවිමසයි. වැලිදු ඔහු විසින් එක්තරා සමාධි නිමිත්තක් මැනැවින් ඇති කරගත්තේ වෙයි. හොඳින් මෙනෙහි කරන ලද්දේ වෙයි. හොඳින් දරා ගන්නා ලද්දේ වෙයි. ප්‍රඥාවෙන් මැනැවින් අවබෝධ කරන ලද්දේ වෙයි. ඇවැත්නි, භික්ෂුව යම් යම් අයුරකින් එක්තරා සමාධි නිමිත්තක් මැනැවින් ඇති කරගත්තේ වෙයි ද, හොඳින් මෙනෙහි කරන ලද්දේ වෙයි ද, හොඳින් දරා ගන්නා ලද්දේ වෙයි ද, ප්‍රඥාවෙන් මැනැවින් අවබෝධ කරන ලද්දේ වෙයි ද, ඒ ඒ අයුරින් ඒ භික්ෂුව ඒ ධර්මයෙහි අරුත් මැනැවින් දන්නේ ද වෙයි. ධර්මය මැනැවින් දන්නේ ද වෙයි. ධර්මයේ අරුත් නුවණින් දැනගන්නා, ධර්මය නුවණින් දැනගන්නා ඒ භික්ෂුවට ප්‍රමුදිත බව ඇතිවෙයි. ප්‍රමුදිත බව ඇත්තහුට ප්‍රීතිය ඇතිවෙයි. ප්‍රීති සිත් ඇත්තහුගේ කය සංසිඳෙයි. සංසිඳුණු කය ඇති කෙනා සැපයක් විඳියි. සැප ඇත්තහුගේ සිත සමාධිමත් වෙයි. පස්වෙනි විමුත්තායතනය මෙය යි. මේ විශිෂ්ට ඥානයෙන් දැක්ක යුතු ධර්ම පස යි.

සාක්ෂාත් කළ යුතු ධර්ම පස මොනවා ද? ධර්මස්කන්ධ පසකි. සීල ස්කන්ධය ය. සමාධි ස්කන්ධය ය. ප්‍රඥා ස්කන්ධය ය. විමුක්ති ස්කන්ධය ය. විමුක්ති ඥානදර්ශන ස්කන්ධය ය. මේ සාක්ෂාත් කළ යුතු ධර්ම පස යි.

මෙසේ සැබෑ ලෙස ම ඇති, සත්‍ය ලෙස ම ඇති, ඒ වූ පරිදි ම ඇති, කියූ අයුරින් මිස අන් පරිදි නොවන ස්වභාව ඇති, වෙනත් ස්වභාවයකට පත් වන ගති නැති, මේ පනස් ධර්මයෝ තථාගතයන් වහන්සේ විසින් ඉතා මනා කොට පිරිපුන් ව අවබෝධ කරන ලද්දාහු ය.

6

ධර්ම සයක් බොහෝ උපකාරී වෙයි. ධර්ම සයක් ප්‍රගුණ කළ යුතු වෙයි. ධර්ම සයක් පිරිසිඳ දැක්ක යුතු වෙයි. ධර්ම සයක් ප්‍රහාණය කළ යුතු වෙයි. ධර්ම සයක් පිරිහීම ඇති කර දෙයි. ධර්ම සයක් දියුණුව ඇති කර දෙයි. ධර්ම සයක් අවබෝධයට දුෂ්කර වෙයි. ධර්ම සයක් උපදවා ගත යුතු වෙයි. ධර්ම සයක් විශිෂ්ට නුවණින් දැක්ක යුතු වෙයි. ධර්ම සයක් සාක්ෂාත් කළ යුතු වෙයි.

බොහෝ උපකාරී වන ධර්ම සය මොනවා ද? නිතර සිහිකළ යුතු හෙවත් සාරාණීය ධර්ම සයකි.

1. ඇවැත්නි, මෙහිලා භික්ෂුව හට සබ්‍රහ්මචාරීන් වහන්සේලා කෙරෙහි ඉදිරිපිට ත්, නැති විට ත් මෛත්‍රී සහගත කායික ක්‍රියාවන් හොඳින් පිහිටියේ වෙයි. මෙය ද ප්‍රිය බව ඇති කරන, ගෞරවය ඇති කරන, එක් වීම පිණිස පවතින, විවාද නොවීම පිණිස පවතින, සමඟිය පිණිස පවතින, සුව සේ එකට වාසය කිරීම පිණිස පවතින සාරාණීය ධර්මයකි.

2.-3. තව ද ඇවැත්නි, භික්ෂුව හට සබ්‍රහ්මචාරීන් වහන්සේලා කෙරෙහි ඉදිරිපිට ත්, නැති විට ත් මෛත්‍රී සහගත වචන භාවිතය ....(පෙ).... මෛත්‍රී සහගත සිතුවිලි හොඳින් පිහිටියේ වෙයි. මෙය ද ප්‍රිය බව ඇති කරන, ගෞරවය ඇති කරන, එක් වීම පිණිස පවතින, විවාද නොවීම පිණිස පවතින, සමඟිය පිණිස පවතින, සුව සේ එකට වාසය කිරීම පිණිස පවතින සාරාණීය ධර්මයකි.

4. තව ද ඇවැත්නි, භික්ෂුවක් ධාර්මික ව දැහැමින් ලද යම් ඒ ලාභයන් ඇද්ද, අඩුගණනේ තම පාත්‍රයට ලැබුණු යමක් ඇද්ද, එබඳු වූ ලද දෙයක් සම සේ බෙදා වළඳන සුළු වූයේ වෙයි. සිල්වත් සබ්‍රහ්මචාරීන් වහන්සේලා සමඟ සැමට සාධාරණ ව බෙදා වළඳන සුළු වූයේ වෙයි. මෙය ද ප්‍රිය බව ඇති කරන, ගෞරවය ඇති කරන, එක් වීම පිණිස පවතින, විවාද නොවීම පිණිස පවතින, සමඟිය පිණිස පවතින, සුව සේ එකට වාසය කිරීම පිණිස පවතින සාරාණීය ධර්මයකි.

5. තව ද ඇවැත්නි, භික්ෂුවක් යම් ඒ සිල්පද ඇද්ද, කඩ නොවූ ත්, සිදුරු නොවූ ත්, කැලැල් නොවූ ත්, පැල්ලම් නොවූ ත්, තෘෂ්ණාදාස බවට පත් නොවූ ත්, නුවණැත්තන්ගේ පැසසුමට ලක්වන්නා වූ ත්, දෘෂ්ටි ග්‍රහණයට හසු නොවූ ත්, සමාධිය පිණිස පවතින්නා වූ ත් සිල්පද ඇද්ද, එබඳු වූ සීලයෙන් යුතුව සබ්‍රහ්මචාරීන් වහන්සේලා ඉදිරිපිට ත්, නැති විට ත් සීලයෙන් සමාන බවට පැමිණ වාසය කරයි. මෙය ද ප්‍රිය බව ඇති කරන, ගෞරවය ඇති කරන, එක් වීම පිණිස පවතින, විවාද නොවීම පිණිස පවතින, සමඟිය පිණිස පවතින, සුව සේ එකට වාසය කිරීම පිණිස පවතින සාරාණීය ධර්මයකි.

6. තව ද ඇවැත්නි, භික්ෂුවක් යම් මේ දෘෂ්ටියක් ආර්ය වෙයි ද, නිවන පිණිස පවතියි ද, එයින් යුක්ත වූවහුට මැනැවින් දුක් ගෙවා යයි නම්, එබඳු වූ දෘෂ්ටියකින් යුතුව සබ්‍රහ්මචාරීන් වහන්සේලා ඉදිරිපිට ත්, නැති විට ත් දෘෂ්ටියෙන් සමාන බවට පැමිණ වාසය කරයි. මෙය ද ප්‍රිය බව ඇති කරන, ගෞරවය ඇති කරන, එක් වීම පිණිස පවතින, විවාද නොවීම පිණිස පවතින,

සමඟිය පිණිස පවතින, සුව සේ එකට වාසය කිරීම පිණිස පවතින සාරාණීය ධර්මයකි. මේ බොහෝ උපකාරී වන ධර්ම සය යි.

ප්‍රගුණ කළ යුතු ධර්ම සය මොනවා ද? සිහිකළ යුතු භාවනා සයකි. බුද්ධානුස්සති ය, ධම්මානුස්සති ය, සංඝානුස්සති ය, සීලානුස්සති ය, චාගානුස්සති ය, දේවතානුස්සති ය. මේ ප්‍රගුණ කළ යුතු ධර්ම සය යි.

පිරිසිඳ දැක්ක යුතු ධර්ම සය මොනවා ද? ආධ්‍යාත්මික ආයතනයෝ සයකි. ඇස ආයතනයකි. කන ආයතනයකි. නාසය ආයතනයකි. දිව ආයතනයකි. කය ආයතනයකි. මනස ආයතනයකි. මේ පිරිසිඳ දැකිය යුතු ධර්ම සය යි.

ප්‍රහාණය කළ යුතු ධර්ම සය මොනවා ද? තෘෂ්ණාකාය සයකි. රූප තණ්හාව ය. ශබ්ද තණ්හාව ය. ගන්ධ තණ්හාව ය. රස තණ්හාව ය. ස්පර්ශ තණ්හාව ය. අරමුණු තණ්හාව ය. මේ ප්‍රහාණය කළ යුතු ධර්ම සය යි.

පිරිහීම ඇති කර දෙන ධර්ම සය මොනවා ද? අගෞරව සයකි. ඇවැත්නි, මෙහිලා භික්ෂුව ශාස්තෘන් වහන්සේ කෙරෙහි ගෞරව නැති ව, යටහත් පැවැතුම් නැති ව වාසය කරයි. ධර්මය කෙරෙහි ....(පෙ).... සංඝයා කෙරෙහි ....(පෙ).... ශික්ෂාව කෙරෙහි ....(පෙ).... අප්‍රමාදය කෙරෙහි ....(පෙ).... දහම් පිළිසඳර කෙරෙහි ගෞරව නැති ව, යටහත් පැවැතුම් නැති ව වාසය කරයි. මේ පිරිහීම ඇති කර දෙන ධර්ම සය යි.

දියුණුව ඇති කර දෙන ධර්ම සය මොනවා ද? ගෞරව සයකි. ඇවැත්නි, මෙහිලා භික්ෂුව ශාස්තෘන් වහන්සේ කෙරෙහි ගෞරව ඇති ව, යටහත් පැවැතුම් ඇති ව වාසය කරයි. ධර්මය කෙරෙහි ....(පෙ).... සංඝයා කෙරෙහි ....(පෙ).... ශික්ෂාව කෙරෙහි ....(පෙ).... අප්‍රමාදය කෙරෙහි ....(පෙ).... දහම් පිළිසඳර කෙරෙහි ගෞරව ඇති ව, යටහත් පැවැතුම් ඇති ව වාසය කරයි. මේ දියුණුව ඇති කර දෙන ධර්ම සය යි.

අවබෝධයට දුෂ්කර වූ ධර්ම සය මොනවා ද? නිස්සරණීය ධාතු සයකි.

1. ඇවැත්නි, මෙහිලා භික්ෂුවක් මෙසේ කියයි නම්, 'ඇවැත්නි, මවිසින් මෛත්‍රී චිත්ත විමුක්තිය දියුණු කරන ලද්දේ ය. බහුල වශයෙන් ප්‍රගුණ කරන ලද්දේ ය. සැණෙකින් නැග යා හැකි යානාවක් මෙන් කරන ලද්දේ ය. මැනැවින් ලැග සිටිය හැකි බිමක් මෙන් කරන ලද්දේ ය. මැනැවින් සිතෙහි පිහිටුවන ලද්දේ ය. පුරුදු කරන ලද්දේ ය. මැනැවින් ප්‍රගුණ කරන ලද්දේ ය. එසේ නමුත් ද්වේෂය මාගේ සිත යටපත් කරනවා නොවැ' යි. එවිට ඔහුට මෙසේ කිව යුතු වන්නේ ය. 'ආයුෂ්මත, එසේ නොපවසව. භාග්‍යවතුන් වහන්සේට අභූතයෙන්

චෝදනා නොකරව. භාග්‍යවතුන් වහන්සේට අභූතයෙන් චෝදනා කිරීම හොඳ දෙයක් නම් නොවෙයි. භාග්‍යවතුන් වහන්සේ ඔය අයුරින් නොවදාළ සේක් ම ය. ආයුෂ්මත, යම් හෙයකින් මෛත්‍රී චිත්ත විමුක්තිය දියුණු කරන ලද්දේ ද, බහුල වශයෙන් ප්‍රගුණ කරන ලද්දේ ද, සැණෙකින් නැග යා හැකි යානාවක් මෙන් කරන ලද්දේ ද, මැනැවින් ලැග සිටිය හැකි බිමක් මෙන් කරන ලද්දේ ද, මැනැවින් සිතෙහි පිහිටුවන ලද්දේ ද, පුරුදු කරන ලද්දේ ද, මැනැවින් ප්‍රගුණ කරන ලද්දේ ද, එකල්හී ද්වේෂය ඔහුගේ සිත යට කොට ගෙන සිටින්නේ ය යන කරුණ විය නොහැක්කකි. වන්නට ඉඩක් නැත්තේ ම ය. එය සිදු නොවන දෙයකි. ආයුෂ්මත, යම් මේ මෛත්‍රී චිත්ත විමුක්තියක් ඇද්ද, මෙය ද්වේෂයෙන් නිදහස් වීම ම ය.'

2. ඇවැත්නි, මෙහිලා භික්ෂුවක් මෙසේ කියයි නම්, 'ඇවැත්නි, මවිසින් කරුණා චිත්ත විමුක්තිය දියුණු කරන ලද්දේ ය. බහුල වශයෙන් ප්‍රගුණ කරන ලද්දේ ය. සැණෙකින් නැගී යා හැකි යානාවක් මෙන් කරන ලද්දේ ය. මැනැවින් ලැග සිටිය හැකි බිමක් මෙන් කරන ලද්දේ ය. මැනැවින් සිතෙහි පිහිටුවන ලද්දේ ය. පුරුදු කරන ලද්දේ ය. මැනැවින් ප්‍රගුණ කරන ලද්දේ ය. එසේ නමුත් හිංසාව මාගේ සිත යටපත් කරනවා නොවැ' යි. එවිට ඔහුට මෙසේ කිව යුතු වන්නේ ය. 'ආයුෂ්මත, එසේ නොපවසව. භාග්‍යවතුන් වහන්සේට අභූතයෙන් චෝදනා නොකරව. භාග්‍යවතුන් වහන්සේට අභූතයෙන් චෝදනා කිරීම හොඳ දෙයක් නම් නොවෙයි. භාග්‍යවතුන් වහන්සේ ඔය අයුරින් නොවදාළ සේක් ම ය. ආයුෂ්මත, යම් හෙයකින් කරුණා චිත්ත විමුක්තිය දියුණු කරන ලද්දේ ද, බහුල වශයෙන් ප්‍රගුණ කරන ලද්දේ ද, සැණෙකින් නැග යා හැකි යානාවක් මෙන් කරන ලද්දේ ද, මැනැවින් ලැග සිටිය හැකි බිමක් මෙන් කරන ලද්දේ ද, මැනැවින් සිතෙහි පිහිටුවන ලද්දේ ද, පුරුදු කරන ලද්දේ ද, මැනැවින් ප්‍රගුණ කරන ලද්දේ ද, එකල්හී හිංසාව ඔහුගේ සිත යට කොට ගෙන සිටින්නේ ය යන කරුණ විය නොහැක්කකි. වන්නට ඉඩක් නැත්තේ ම ය. එය සිදු නොවන දෙයකි. ආයුෂ්මත, යම් මේ කරුණා චිත්ත විමුක්තියක් ඇද්ද, මෙය හිංසාවෙන් නිදහස් වීම ම ය.'

3. ඇවැත්නි, මෙහිලා භික්ෂුවක් මෙසේ කියයි නම්, 'ඇවැත්නි, මවිසින් මුදිතා චිත්ත විමුක්තිය දියුණු කරන ලද්දේ ය. බහුල වශයෙන් ප්‍රගුණ කරන ලද්දේ ය. සැණෙකින් නැග යා හැකි යානාවක් මෙන් කරන ලද්දේ ය. මැනැවින් ලැග සිටිය හැකි බිමක් මෙන් කරන ලද්දේ ය. මැනැවින් සිතෙහි පිහිටුවන ලද්දේ ය. පුරුදු කරන ලද්දේ ය. මැනැවින් ප්‍රගුණ කරන ලද්දේ ය. එසේ නමුත් අරතිය මාගේ සිත යටපත් කරනවා නොවැ' යි. එවිට ඔහුට මෙසේ කිව යුතු

වන්නේ ය. 'ආයුෂ්මත, එසේ නොපවසව. භාග්‍යවතුන් වහන්සේට අභූතයෙන් චෝදනා නොකරව. භාග්‍යවතුන් වහන්සේට අභූතයෙන් චෝදනා කිරීම හොඳ දෙයක් නම් නොවෙයි. භාග්‍යවතුන් වහන්සේ ඔය අයුරින් නොවදාළ සේක් ම ය. ආයුෂ්මත, යම් හෙයකින් මුදිතා චිත්ත විමුක්තිය දියුණු කරන ලද්දේ ද, බහුල වශයෙන් ප්‍රගුණ කරන ලද්දේ ද, සැණෙකින් නැග යා හැකි යානාවක් මෙන් කරන ලද්දේ ද, මැනැවින් ලැග සිටිය හැකි බිමක් මෙන් කරන ලද්දේ ද, මැනැවින් සිතෙහි පිහිටුවන ලද්දේ ද, පුරුදු කරන ලද්දේ ද, මැනැවින් ප්‍රගුණ කරන ලද්දේ ද, එකල්හී අරතිය ඔහුගේ සිත යට කොට ගෙන සිටින්නේ ය යන කරුණ විය නොහැක්කකි. වන්නට ඉඩක් නැත්තේ ම ය. එය සිදු නොවන දෙයකි. ආයුෂ්මත, යම් මේ මුදිතා චිත්ත විමුක්තියක් ඇද්ද, මෙය අරතියෙන් නිදහස් වීම ම ය.'

4. ඇවැත්නි, මෙහිලා භික්ෂුවක් මෙසේ කියයි නම්, 'ඇවැත්නි, මවිසින් උපේක්ෂා චිත්ත විමුක්තිය දියුණු කරන ලද්දේ ය. බහුල වශයෙන් ප්‍රගුණ කරන ලද්දේ ය. සැණෙකින් නැගී යා හැකි යානාවක් මෙන් කරන ලද්දේ ය. මැනැවින් ලැග සිටිය හැකි බිමක් මෙන් කරන ලද්දේ ය. මැනැවින් සිතෙහි පිහිටුවන ලද්දේ ය. පුරුදු කරන ලද්දේ ය. මැනැවින් ප්‍රගුණ කරන ලද්දේ ය. එසේ නමුත් රාගය මාගේ සිත යටපත් කරනවා නොවැ' යි. එවිට ඔහුට මෙසේ කිව යුතු වන්නේ ය. 'ආයුෂ්මත, එසේ නොපවසව. භාග්‍යවතුන් වහන්සේට අභූතයෙන් චෝදනා නොකරව. භාග්‍යවතුන් වහන්සේට අභූතයෙන් චෝදනා කිරීම හොඳ දෙයක් නම් නොවෙයි. භාග්‍යවතුන් වහන්සේ ඔය අයුරින් නොවදාළ සේක් ම ය. ආයුෂ්මත, යම් හෙයකින් උපේක්ෂා චිත්ත විමුක්තිය දියුණු කරන ලද්දේ ද, බහුල වශයෙන් ප්‍රගුණ කරන ලද්දේ ද, සැණෙකින් නැගී යා හැකි යානාවක් මෙන් කරන ලද්දේ ද, මැනැවින් ලැග සිටිය හැකි බිමක් මෙන් කරන ලද්දේ ද, මැනැවින් සිතෙහි පිහිටුවන ලද්දේ ද, පුරුදු කරන ලද්දේ ද, මැනැවින් ප්‍රගුණ කරන ලද්දේ ද, එකල්හී රාගය ඔහුගේ සිත යට කොට ගෙන සිටින්නේ ය යන කරුණ විය නොහැක්කකි. වන්නට ඉඩක් නැත්තේ ම ය. එය සිදු නොවන දෙයකි. ආයුෂ්මත, යම් මේ උපේක්ෂා චිත්ත විමුක්තියක් ඇද්ද, මෙය රාගයෙන් නිදහස් වීම ම ය.'

5. ඇවැත්නි, මෙහිලා භික්ෂුවක් මෙසේ කියයි නම්, 'ඇවැත්නි, මවිසින් අනිමිත්ත චිත්ත විමුක්තිය දියුණු කරන ලද්දේ ය. බහුල වශයෙන් ප්‍රගුණ කරන ලද්දේ ය. සැණෙකින් නැගී යා හැකි යානාවක් මෙන් කරන ලද්දේ ය. මැනැවින් ලැග සිටිය හැකි බිමක් මෙන් කරන ලද්දේ ය. මැනැවින් සිතෙහි පිහිටුවන ලද්දේ ය. පුරුදු කරන ලද්දේ ය. මැනැවින් ප්‍රගුණ කරන ලද්දේ ය. එසේ නමුත් මාගේ

විඤ්ඤාණය නිමිති ඇසුරු කරනවා නොවැ' යි. එවිට ඔහුට මෙසේ කිව යුතු වන්නේ ය. 'ආයුෂ්මත, එසේ නොපවසව. භාග්‍යවතුන් වහන්සේට අභූතයෙන් චෝදනා නොකරව. භාග්‍යවතුන් වහන්සේට අභූතයෙන් චෝදනා කිරීම හොඳ දෙයක් නම් නොවෙයි. භාග්‍යවතුන් වහන්සේ ඔය අයුරින් නොවදාළ සේක් ම ය. ආයුෂ්මත, යම් හෙයකින් අනිමිත්ත චිත්ත විමුක්තිය දියුණු කරන ලද්දේ ද, බහුල වශයෙන් ප්‍රගුණ කරන ලද්දේ ද, සැණෙකින් නැගී යා හැකි යානාවක් මෙන් කරන ලද්දේ ද, මැනැවින් ලැග සිටිය හැකි බිමක් මෙන් කරන ලද්දේ ද, මැනැවින් සිතෙහි පිහිටුවන ලද්දේ ද, පුරුදු කරන ලද්දේ ද, මැනැවින් ප්‍රගුණ කරන ලද්දේ ද, එකල්හී නිමිත්තානුසාරී විඤ්ඤාණයක් පවතින්නේ ය යන කරුණ විය නොහැක්කකි. වන්නට ඉඩක් නැත්තේ ම ය. එය සිදු නොවන දෙයකි. ආයුෂ්මත, යම් මේ අනිමිත්ත චිත්ත විමුක්තියක් ඇද්ද, මෙය සියළු නිමිති වලින් නිදහස් වීම ම ය.'

6. ඇවැත්නි, මෙහිලා භික්ෂුවක් මෙසේ කියයි නම්, 'මම වෙමි යි යන හැඟීම මා තුළින් බැහැර විය. මේ 'මම වෙමි' යි කියා කිසිවක් නොදකිමි. එසේ නමුත් සැක කටයුතු වූ කෙසේ ද කෙසේ ද යන හුල මාගේ සිත යටපත් කරනවා නොවැ' යි. එවිට ඔහුට මෙසේ කිව යුතු වන්නේ ය. 'ආයුෂ්මත, එසේ නොපවසව. භාග්‍යවතුන් වහන්සේට අභූතයෙන් චෝදනා නොකරව. භාග්‍යවතුන් වහන්සේට අභූතයෙන් චෝදනා කිරීම හොඳ දෙයක් නම් නොවෙයි. භාග්‍යවතුන් වහන්සේ ඔය අයුරින් නොවදාළ සේක් ම ය. ආයුෂ්මත, යම්හෙයකින් 'මම වෙමි' යි යන හැඟීම දුරු වූයේ වෙයි ද, මේ 'මම වෙමි' යි නොදකින්නේ වෙයි ද, එකල්හි ත් විචිකිච්ඡාවෙන් යුතු කෙසේ ද කෙසේ ද යන සැක හුල ඔහුගේ සිත යටකොට සිටින්නේ යන කරුණ විය නොහැක්කකි. වන්නට ඉඩක් නැත්තේ ම ය. එය සිදු නොවන දෙයකි. ආයුෂ්මත, යම් මේ වෙමි යි යන මානය මුළුමනින් ම නැසී යාමක් වෙයි ද, මෙය විචිකිච්ඡාවෙන් යුතු කෙසේ ද කෙසේ ද යන හුලෙන් නිදහස් වීම ම ය.' මේ අවබෝධයට දුෂ්කර වූ ධර්ම සය යි.

උපදවා ගත යුතු ධර්ම සය මොනවා ද? රහත් භික්ෂුව විසින් නිරතුරුව පවත්වන විහරණ සයකි. ඇවැත්නි, මෙහිලා භික්ෂුව, ඇසින් රූපයක් දැක සතුටු නොවෙයි. නොගැටෙයි. සිහියෙන් නුවණින් යුතුව උපේක්ෂාවෙන් වාසය කරයි. කනෙන් ශබ්දයක් අසා ....(පෙ).... නාසයෙන් ගඳ සුවඳක් දැන ....(පෙ).... දිවෙන් රසයක් දැන ....(පෙ).... කයෙන් පහසක් ලබා ....(පෙ).... මනසින් අරමුණක් දැන සතුටු නොවෙයි. නොගැටෙයි. සිහියෙන් නුවණින් යුතුව උපේක්ෂාවෙන් වාසය කරයි. මේ උපදවා ගත යුතු ධර්ම සය යි.

විශිෂ්ට ඥානයෙන් දැක්ක යුතු ධර්ම සය මොනවා ද? අනුත්තරිය සයකි. දස්සනානුත්තරිය ය. සවණානුත්තරිය ය. ලාභානුත්තරිය ය. සික්ඛානුත්තරිය ය. පාරිචරියානුත්තරිය ය. අනුස්සතානුත්තරිය ය. මේ විශිෂ්ට ඥානයෙන් දැක්ක යුතු ධර්ම සය යි.

සාක්ෂාත් කළ යුතු ධර්ම සය මොනවා ද? අභිඥා සයකි.

1. ඇවැත්නි, මෙහිලා භික්ෂුව අනේක ප්‍රකාර වූ ඉර්ධි විශේෂයන් කළ හැකි වන්නේ ය. එනම් එක් කෙනෙක් ව සිට බොහෝ අය ලෙස පෙනී සිටියි. බොහෝ අය වී එක් අයෙක් ව පෙනී සිටියි. බිත්ති හරහා යයි, ප්‍රාකාරය හරහා යයි, පර්වත හරහා යයි, අහසින් යන සෙයින් ඒ කිසිවක නොගැටෙමින් යයි. පොළොවෙහි යටට කිමිදෙයි. උඩට මතුවෙයි. ජලයෙහි සේ ය. නොගිලෙමින් ජලයෙහි ඇවිදගෙන යයි. පොළොවෙහි යන සේ ය. පළඟක් බැඳ අහසින් යයි. පක්ෂි ලිහිණියෙකු සේ ය. මෙබඳු මහත් ඉර්ධි ඇති මහත් ආනුභාව ඇති මේ හිරු සඳු දෙක ද අතින් ස්පර්ශ කරයි. පිරිමදියි. බඹලොව සීමා කොට සිය කයින් වසඟයෙහි පවත්වයි.

2. මිනිස් හැකියාව ඉක්මවා ගිය විශුද්ධ වූ දිව්‍ය ශ්‍රවණයෙන් යුක්ත ව දිව්‍ය වූ ද, මනුෂ්‍ය වූ ද දුර හෝ ළඟ හෝ ඇති දෙආකාර ශබ්දයන් අසන්නේ වේ.

3. අන්‍ය සත්වයන්ගේ, අන්‍ය පුද්ගලයන්ගේ සිත තම සිතින් පිරිසිඳ දන්නේ වෙයි. එනම් සරාගී සිත සරාගී සිත යැයි දන්නේ ය. වීතරාගී සිත වීතරාගී සිත යැයි දන්නේ ය. සදෝසී සිත ....(පෙ).... වීතදෝසී සිත ....(පෙ).... සමෝහී සිත ....(පෙ).... වීතමෝහී සිත ....(පෙ).... හැකිළුණු සිත ....(පෙ).... විසිරුණු සිත ....(පෙ).... මහග්ගත සිත ....(පෙ).... අමහග්ගත සිත ....(පෙ).... සඋත්තර සිත ....(පෙ).... අනුත්තර සිත ....(පෙ).... සමාහිත සිත ....(පෙ).... අසමාහිත සිත ....(පෙ).... මිදුණු සිත ....(පෙ).... නොමිදුණු සිත නොමිදුණු සිත යැයි දැන ගනී.

4. අනේක ප්‍රකාර වූ පෙර විසූ කඳ පිළිවෙල සිහි කරයි. එනම් එක උපතක් වශයෙන් ද, උපත් දෙකක් වශයෙන් ද, උපත් තුනක් වශයෙන් ද, උපත් සතරක් වශයෙන් ද, උපත් පහක් වශයෙන් ද, උපත් දහයක් වශයෙන් ද, උපත් විස්සක් වශයෙන් ද, උපත් තිහක්, උපත් හතළිහක්, උපත් පණහක්, උපත් සියයක්, උපත් දහසක්, උපත් සිය දහසක් වශයෙන් ද, අනේක වූ සංවට්ට කල්ප, අනේක වූ විවට්ට කල්ප, අනේක වූ සංවට්ට විවට්ට කල්ප වශයෙන් ද සිහි කරයි. 'මම් අසවල් තැන සිටියෙමි. මෙබඳු නමින් සිටියෙමි. මෙබඳු ගෝත්‍රයෙන් සිටියෙමි. මෙබඳු පැහැයෙන් සිටියෙමි. මෙබඳු ආහාර ගත්තෙමි. මෙබඳු අයුරින් සැප දුක් වින්දෙමි. මෙබඳු අයුරින් දිවිය අවසන් කළෙමි. එයින් චුත ව ඒ මම් අසවල්

තැන උපන්නෙමි. එහිදී ද මම් මෙබඳු නමින් සිටියෙමි. මෙබඳු ගෝත්‍ර නමින් සිටියෙමි. මෙබඳු පැහැයෙන් සිටියෙමි. මෙබඳු ආහාර ගත්තෙමි. මෙබඳු සැප දුක් වින්දෙමි. මෙබඳු අයුරින් දිවිය අවසන් කළෙමි. ඒ මම් එයින් චුත ව මෙහි උපන්නෙමි' ආදී වශයෙනි. මෙසේ කරුණු සහිත වූ, විස්තර සහිත වූ අනේක ප්‍රකාර වූ පෙර විසූ කඳ පිළිවෙල සිහි කරයි.

5. මිනිස් දැක්ම ඉක්මවා ගිය විශුද්ධ දිව්‍ය නේත්‍රයෙන් චුතවන්නා වූත්, උපදින්නා වූත් සත්වයන් දකියි. ඒ සත්වයන් කර්මානුරූපව පහත් වූත්, උසස් වූත්, මනා පැහැයෙන් ඇත්තා වූත්, විරූපී වූත්, සුගතියේත් දුගතියේත් උපදින අයුරු දනියි. එනම් 'ඒකාන්තයෙන් මේ භවත් සත්වයෝ කාය දුෂ්චරිතයෙන් යුක්ත වූවාහු ය. වචී දුෂ්චරිතයෙන් යුක්ත වූවාහු ය. මනෝ දුෂ්චරිතයෙන් යුක්ත වූවාහු ය. ආර්යයන් හට නින්දා අපහාස කළාහු ය. මිසදිටු ගත්තාහු ය. මිසදිටු ක්‍රියායෙහි යෙදුණාහු ය. ඔවුහු කය බිඳී මරණින් මතු අපාය නම් වූ, දුගතිය නම් වූ යටට වැටෙන නිරයෙහි උපන්නාහු ය. එසේ ම මේ භවත් සත්වයෝ කාය සුචරිතයෙන් යුක්ත වූවාහු ය. වචී සුචරිතයෙන් යුක්ත වූවාහු ය. මනෝ සුචරිතයෙන් යුක්ත වූවාහු ය. ආර්යයන් හට නින්දා අපහාස නොකළාහු ය. සම්දිටු ගත්තාහු ය. සම්දිටු ක්‍රියායෙහි යෙදුණාහු ය. ඔවුහු කය බිඳී මරණින් මතු සුගති නම් වූ ස්වර්ග ලෝකයෙහි උපන්නාහු ය. මෙසේ මිනිස් දැක්ම ඉක්මවා ගිය විශුද්ධ දිව්‍ය නේත්‍රයෙන් චුතවන්නා වූත්, උපදින්නා වූත් සත්වයන් දකියි. ඒ සත්වයන් කර්මානුරූපව පහත් වූත්, උසස් වූත්, මනා පැහැයෙන් ඇත්තා වූත්, විරූපී වූත්, සුගතියේත් දුගතියේත් උපදින අයුරු දනියි.

6. ආශ්‍රවයන් ක්ෂය වීමෙන් අනාශ්‍රව වූ චිත්ත විමුක්තියත්, ප්‍රඥා විමුක්තියත් මේ ජීවිතයේදී ම තම විශිෂ්ට නුවණින් අත්දැක එයට පැමිණ වාසය කරයි. මේ සාක්ෂාත් කළ යුතු ධර්ම සය යි.

මෙසේ සැබෑ ලෙස ම ඇති, සත්‍ය ලෙස ම ඇති, ඒ වූ පරිදි ම ඇති, කියූ අයුරින් මිස අන් පරිදි නොවන ස්වභාව ඇති, වෙනත් ස්වභාවයකට පත් වන ගති නැති, මේ සැට ධර්මයෝ තථාගතයන් වහන්සේ විසින් ඉතා මනා කොට පිරිපුන් ව අවබෝධ කරන ලද්දාහු ය.

7

ධර්ම සතක් බොහෝ උපකාරී වෙයි. ධර්ම සතක් ප්‍රගුණ කළ යුතු වෙයි. ධර්ම සතක් පිරිසිඳ දැක්ක යුතු වෙයි. ධර්ම සතක් ප්‍රහාණය කළ යුතු වෙයි. ධර්ම සතක් පිරිහීම ඇති කර දෙයි. ධර්ම සතක් දියුණුව ඇති කර දෙයි. ධර්ම

සතක් අවබෝධයට දුෂ්කර වෙයි. ධර්ම සතක් උපදවා ගත යුතු වෙයි. ධර්ම සතක් විශිෂ්ට නුවණින් දැක්ක යුතු වෙයි. ධර්ම සතක් සාක්ෂාත් කළ යුතු වෙයි.

බොහෝ උපකාරී වන ධර්ම සත මොනවා ද? ආර්ය ධන සතකි. ශ්‍රද්ධාව ධනයකි. සීලය ධනයකි. පවට ඇති ලැජ්ජාව ධනයකි. පවට ඇති භය ධනයකි. ශ්‍රැතය ධනයකි. ත්‍යාගය ධනයකි. ප්‍රඥාව ධනයකි. මේ බොහෝ උපකාරී වන ධර්ම සත යි.

ප්‍රගුණ කළ යුතු ධර්ම සත මොනවා ද? සම්බොජ්ඣංග සතකි. සති සම්බොජ්ඣංගය ය. ධම්මවිචය සම්බොජ්ඣංගය ය. විරිය සම්බොජ්ඣංගය ය. පීති සම්බොජ්ඣංගය ය. පස්සද්ධි සම්බොජ්ඣංගය ය. සමාධි සම්බොජ්ඣංගය ය. උපෙක්ඛා සම්බොජ්ඣංගය ය. මේ ප්‍රගුණ කළ යුතු ධර්ම සත යි.

පිරිසිඳ දැක්ක යුතු ධර්ම සත මොනවා ද? විඤ්ඤාණය පිහිටන තැන් සතකි.

1. ඇවැත්නි, නා නා කයෙන් යුතු, නා නා සංඥාවෙන් යුතු සත්වයෝ ඇත්තාහ. එනම්, මිනිස්සු ය. ඇතැම් දෙවිවරු ය. ඇතැම් විනිපාතිකයෝ ය. මෙය විඤ්ඤාණය පවතින පළමුවෙනි තැන යි.

2. ඇවැත්නි, නා නා කයෙන් යුතු, එක ම සංඥාවෙන් යුතු සත්වයෝ ඇත්තාහ. එනම්, පඨම ධ්‍යානයෙන් උපන් බ්‍රහ්මකායික දෙවිවරු බඳු ය. මෙය විඤ්ඤාණය පවතින දෙවෙනි තැන යි.

3. ඇවැත්නි, එක් අයුරු වූ කයෙන් යුතු, නා නා සංඥාවෙන් යුතු සත්වයෝ ඇත්තාහ. එනම්, ආභස්සර දෙවිවරු බඳු ය. මෙය විඤ්ඤාණය පවතින තෙවෙනි තැන යි.

4. ඇවැත්නි, එක් ස්වභාවයෙන් යුතු කයෙන් ද, එක් ස්වභාවයෙන් යුතු සංඥාවෙන් ද යුතු සත්වයෝ ඇත්තාහ. එනම්, සුභකිණ්හ දෙවියෝ බඳු ය. මෙය විඤ්ඤාණය පවතින සිව්වෙනි තැන යි.

5. ඇවැත්නි, සියළු අයුරින් රූප සංඥාවන් ඉක්ම ගිය, ගොරෝසු සංඥාවන් නැති කර දැමූ නා නා සංඥාවන් නොමෙනෙහි කිරීමෙන් අනන්ත වූ ආකාසය යැයි මෙනෙහි කිරීමෙන් ආකාසානඤ්චායතනයට පැමිණි සත්වයෝ ඇත්තාහ. මෙය විඤ්ඤාණය පවතින පස්වෙනි තැන යි.

6. ඇවැත්නි, සියළු අයුරින් ආකාසානඤ්චායතනය ඉක්ම ගිය, අනන්ත වූ විඤ්ඤාණය යැයි මෙනෙහි කිරීමෙන් විඤ්ඤාණඤ්චායතනයට පැමිණි සත්වයෝ ඇත්තාහ. මෙය විඤ්ඤාණය පවතින හයවෙනි තැන යි.

7. ඇවැත්නි, සියළු අයුරින් විඤ්ඤාණඤ්චායතනය ඉක්ම ගිය, කිසිවක් නැතැයි මෙනෙහි කිරීමෙන් ආකිඤ්චඤ්ඤායතනයට පැමිණි සත්වයෝ ඇත්තාහ. මෙය විඤ්ඤාණය පවතින සත්වෙනි තැන යි. මේ පිරිසිඳ දැකිය යුතු ධර්ම සත යි.

ප්‍රහාණය කළ යුතු ධර්ම සත මොනවා ද? අනුසය සත යි. කාමරාගය අනුසයකි. පටිඝය අනුසයකි. දෘෂ්ටි අනුසයකි. විචිකිච්ඡාව අනුසයකි. මානය අනුසයකි. භවරාගය අනුසයකි. අවිද්‍යාව අනුසයකි. මේ ප්‍රහාණය කළ යුතු ධර්ම සත යි.

පිරිහීම ඇති කර දෙන ධර්ම සත මොනවා ද? අසද්ධර්ම සත යි. ඇවැත්නි, මෙහිලා භික්ෂුව ශ්‍රද්ධා නැත්තේ වෙයි. පවට ලැජ්ජා නැත්තේ වෙයි. පවට භය නැත්තේ වෙයි. අල්පශ්‍රැත වෙයි. අකුසල් ප්‍රහාණයට ත්, කුසල් වැඩීමට ත් කම්මැලි වෙයි. මුලා සිහි ඇත්තේ වෙයි. දුෂ්ප්‍රාඥ වෙයි. මේ පිරිහීම ඇති කර දෙන ධර්ම සත යි.

දියුණුව ඇති කර දෙන ධර්ම සත මොනවා ද? සද්ධර්ම සත යි. ඇවැත්නි, මෙහිලා භික්ෂුව ශ්‍රද්ධා ඇත්තේ වෙයි. පවට ලැජ්ජා ඇත්තේ වෙයි. පවට භය ඇත්තේ වෙයි. බහුශ්‍රැත වෙයි. අකුසල් ප්‍රහාණයට ත්, කුසල් වැඩීමට ත් පටන් ගත් වීරිය ඇත්තේ වෙයි. පිහිටුවාගත් සිහි ඇත්තේ වෙයි. ප්‍රඥාවන්ත වෙයි. මේ දියුණුව ඇති කර දෙන ධර්ම සත යි.

අවබෝධයට දුෂ්කර වූ ධර්ම සත මොනවා ද? සත්පුරුෂ ධර්ම සත යි. ඇවැත්නි, මෙහිලා භික්ෂුව ධර්මය ද දන්නේ වෙයි. අර්ථ ද දන්නේ වෙයි. තමාගේ දියුණු කළ ගුණ ද දන්නේ වෙයි. සිව්පසයෙහි පිළිගැනීමෙහි පමණ ද දන්නේ වෙයි. ධර්මය ශ්‍රවණයට, භාවනාවට, විමසීමට කල් ද දන්නේ වෙයි. පිරිස ද දන්නේ වෙයි. ඇසුරු කළ යුතු - නොකළ යුතු පුද්ගලයා ද දන්නේ වෙයි. මේ අවබෝධයට දුෂ්කර වූ ධර්ම සත යි.

උපදවා ගත යුතු ධර්ම සත මොනවා ද? සංඥා සත යි. අනිත්‍ය සංඥාව ය. අනාත්ම සංඥාව ය. අසුභ සංඥාව ය. ආදීනව සංඥාව ය. පහාණ සංඥාව ය. විරාග සංඥාව ය. නිරෝධ සංඥාව ය. මේ උපදවා ගත යුතු ධර්ම සත යි.

විශිෂ්ට ඥානයෙන් දැක්ක යුතු ධර්ම සත මොනවා ද? නිද්දසවත්ථු සතය.

ඇවැත්නි, මෙහිලා භික්ෂුව ශික්ෂා සමාදන් වීමෙහි තියුණු ආශාවක් ඇත්තේ වෙයි, මත්තෙහි ද ශික්ෂා සමාදන් වීමෙහි දුරු නොවූ ප්‍රේමය ඇත්තේ වෙයි.

ධර්මාවබෝධයෙහි තියුණු ආශාවක් ඇත්තේ වෙයි, මත්තෙහි ද ධර්මාවබෝධයෙහි දුරු නොවූ ප්‍රේමය ඇත්තේ වෙයි.

තෘෂ්ණාව දුරු කිරීමෙහි තියුණු ආශාවක් ඇත්තේ වෙයි, මත්තෙහි ද තෘෂ්ණාව දුරු කිරීමෙහි දුරු නොවූ ප්‍රේමය ඇත්තේ වෙයි.

භාවනාවෙහි තියුණු ආශාවක් ඇත්තේ වෙයි, මත්තෙහි ද භාවනාවෙහි දුරු නොවූ ප්‍රේමය ඇත්තේ වෙයි.

අරඹන ලද වීරියෙහි තියුණු ආශාවක් ඇත්තේ වෙයි, මත්තෙහි ද අරඹන ලද වීරියෙහි දුරු නොවූ ප්‍රේමය ඇත්තේ වෙයි.

සිහිය හා අවස්ථාවෝචිත ප්‍රඥාවෙහි තියුණු ආශාවක් ඇත්තේ වෙයි, මත්තෙහි ද සිහිය හා අවස්ථාවෝචිත ප්‍රඥාවෙහි දුරු නොවූ ප්‍රේමය ඇත්තේ වෙයි.

මාර්ගඵලාවබෝධයෙහි තියුණු ආශාවක් ඇත්තේ වෙයි, මත්තෙහි ද මාර්ගඵලාවබෝධයෙහි දුරු නොවූ ප්‍රේමය ඇත්තේ වෙයි. මේ විශිෂ්ට ඥානයෙන් දැක්ක යුතු ධර්ම සත යි.

සාක්ෂාත් කළ යුතු ධර්ම සත මොනවා ද? ඛීණාසව බල සත යි.

ඇවැත්නි, මෙහි ආශ්‍රවයන් ක්ෂය කළ රහත් භික්ෂුව විසින් සියළු සංස්කාරයෝ අනිත්‍ය වශයෙන් ඒ වූ සැටියෙන් ම මනා ප්‍රඥාවෙන් මැනැවින් දකින ලද්දාහු ය. ඇවැත්නි, ආශ්‍රවයන් ක්ෂය කළ රහත් භික්ෂුව විසින් සියළු සංස්කාරයෝ අනිත්‍ය වශයෙන් ඒ වූ සැටියෙන් ම මනා ප්‍රඥාවෙන් මැනැවින් දකින ලද්දාහු ය යන යමක් ඇද්ද, යම් බලයකට පැමිණ ක්ෂීණාශ්‍රව රහත් භික්ෂුව 'මා තුළ ආශ්‍රවයෝ ක්ෂය වූවාහු ය' යි ආශ්‍රවයන්ගේ ක්ෂය වීම ප්‍රතිඥා දෙයි නම් මෙය ත් ක්ෂීණාශ්‍රව රහත් භික්ෂුවගේ බලයක් වෙයි.

තව ද ඇවැත්නි, ආශ්‍රවයන් ක්ෂය කළ රහත් භික්ෂුව විසින් කාමයෝ ගිනි අඟුරු වළකට උපමා කොට ඒ වූ සැටියෙන් ම මනා ප්‍රඥාවෙන් මැනැවින් දකින ලද්දාහු ය. ඇවැත්නි, ආශ්‍රවයන් ක්ෂය කළ රහත් භික්ෂුව විසින් ....(පෙ).... 'මා තුළ ආශ්‍රවයෝ ක්ෂය වූවාහු ය' යි ආශ්‍රවයන්ගේ ක්ෂය වීම ප්‍රතිඥා දෙයි නම් මෙය ත් ක්ෂීණාශ්‍රව රහත් භික්ෂුවගේ බලයක් වෙයි.

තව ද ඇවැත්නි, ආශ්‍රවයන් ක්ෂය කළ රහත් භික්ෂුවගේ සිත විවේකයට නැඹුරු වෙයි. විවේකයට යොමු වෙයි. විවේකයට ම බර වෙයි. විවේකයෙහි ම පිහිටියේ වෙයි. නෛෂ්ක්‍රම්‍යයෙහි ම ඇලුණේ වෙයි. සියළු අයුරින් ආශ්‍රවයන්

ඇති කරවන කරුණු වලින් ඉවත් වූයේ වෙයි. ඇවැත්නි, ආශ්‍රවයන් ක්ෂය කළ රහත් භික්ෂුවගේ සිත ....(පෙ).... 'මා තුළ ආශ්‍රවයෝ ක්ෂය වූවාහු ය' යි ආශ්‍රවයන්ගේ ක්ෂය වීම ප්‍රතිඥා දෙයි නම් මෙය ත් ක්ෂීණාශ්‍රව රහත් භික්ෂුවගේ බලයක් වෙයි.

තව ද ඇවැත්නි, ආශ්‍රවයන් ක්ෂය කළ රහත් භික්ෂුව විසින් සතර සතිපට්ඨානයෝ වඩන ලද්දාහු ය. ඉතා මැනැවින් ප්‍රගුණ කරන ලද්දාහු ය. ....(පෙ).... 'මා තුළ ආශ්‍රවයෝ ක්ෂය වූවාහු ය' යි ආශ්‍රවයන්ගේ ක්ෂය වීම ප්‍රතිඥා දෙයි නම් මෙය ත් ක්ෂීණාශ්‍රව රහත් භික්ෂුවගේ බලයක් වෙයි.

තව ද ඇවැත්නි, ආශ්‍රවයන් ක්ෂය කළ රහත් භික්ෂුව විසින් පංච ඉන්ද්‍රියයෝ වඩන ලද්දාහු ය. ඉතා මැනැවින් ප්‍රගුණ කරන ලද්දාහු ය. ....(පෙ).... 'මා තුළ ආශ්‍රවයෝ ක්ෂය වූවාහු ය' යි ආශ්‍රවයන්ගේ ක්ෂය වීම ප්‍රතිඥා දෙයි නම් මෙය ත් ක්ෂීණාශ්‍රව රහත් භික්ෂුවගේ බලයක් වෙයි.

තව ද ඇවැත්නි, ආශ්‍රවයන් ක්ෂය කළ රහත් භික්ෂුව විසින් සප්ත බොජ්ඣංගයෝ වඩන ලද්දාහු ය. ඉතා මැනැවින් ප්‍රගුණ කරන ලද්දාහු ය. ....(පෙ).... 'මා තුළ ආශ්‍රවයෝ ක්ෂය වූවාහු ය' යි ආශ්‍රවයන්ගේ ක්ෂය වීම ප්‍රතිඥා දෙයි නම් මෙය ත් ක්ෂීණාශ්‍රව රහත් භික්ෂුවගේ බලයක් වෙයි.

තව ද ඇවැත්නි, ආශ්‍රවයන් ක්ෂය කළ රහත් භික්ෂුව විසින් ආර්ය අෂ්ටාංගික මාර්ගය වඩන ලද්දේ ය. ඉතා මැනැවින් ප්‍රගුණ කරන ලද්දේ ය. ඇවැත්නි, ආශ්‍රවයන් ක්ෂය කළ රහත් භික්ෂුව විසින් ආර්ය අෂ්ටාංගික මාර්ගය වඩන ලද්දේ, ඉතා මැනැවින් ප්‍රගුණ කරන ලද්දේ ය යන යමක් ඇද්ද, යම් බලයකට පැමිණ ක්ෂීණාශ්‍රව රහත් භික්ෂුව 'මා තුළ ආශ්‍රවයෝ ක්ෂය වූවාහු ය' යි ආශ්‍රවයන්ගේ ක්ෂය වීම ප්‍රතිඥා දෙයි නම් මෙය ත් ක්ෂීණාශ්‍රව රහත් භික්ෂුවගේ බලයක් වෙයි. මේ සාක්ෂාත් කළ යුතු ධර්ම සත යි.

මෙසේ සැබෑ ලෙස ම ඇති, සත්‍ය ලෙස ම ඇති, ඒ වූ පරිදි ම ඇති, කියූ අයුරින් මිස අන් පරිදි නොවන ස්වභාව ඇති, වෙනත් ස්වභාවයකට පත් වන ගති නැති, මේ සැත්තෑ ධර්මයෝ තථාගතයන් වහන්සේ විසින් ඉතා මනා කොට පිරිපුන් ව අවබෝධ කරන ලද්දාහු ය.

8

ධර්ම අටක් බොහෝ උපකාරී වෙයි. ධර්ම අටක් ප්‍රගුණ කළ යුතු වෙයි. ධර්ම අටක් පිරිසිඳ දැක්ක යුතු වෙයි. ධර්ම අටක් ප්‍රහාණය කළ යුතු වෙයි. ධර්ම

අටක් පිරිහීම ඇති කර දෙයි. ධර්ම අටක් දියුණුව ඇති කර දෙයි. ධර්ම අටක් අවබෝධයට දුෂ්කර වෙයි. ධර්ම අටක් උපදවා ගත යුතු වෙයි. ධර්ම අටක් විශිෂ්ට නුවණින් දැක්ක යුතු වෙයි. ධර්ම අටක් සාක්ෂාත් කළ යුතු වෙයි.

බොහෝ උපකාරී වන ධර්ම අට මොනවා ද? බඹසරට මුල්වන ප්‍රඥාව නොලැබී ඇත්නම්, එය ලැබීම පිණිස ත්, ලැබී ඇත්නම්, එය වැඩි දියුණු වීම පිණිස ත්, විපුල බවට පත්වීම පිණිස ත්, භාවනාවෙන් පිරිපුන් වීම පිණිස ත් පවතන හේතු අටකි. ප්‍රත්‍ය අටකි.

1. ඇවැත්නි, මෙහිලා භික්ෂුවක් ශාස්තෘන් වහන්සේ හෝ ඇසුරු කොට වාසය කරයි. යමෙකු කෙරෙහි ඔහු තුළ තියුණු ලැජ්ජා භයක් පිහිටියේ වෙයි ද, ප්‍රේමය ත් ගෞරවය ත් පිහිටියේ වෙයි ද, එබඳු ගුරුතන්හිලා සැලකිය හැකි එක්තරා සබ්‍රහ්මචාරීන් වහන්සේ නමක් හෝ ඇසුරු කොට වාසය කරයි. බඹසරට මුල්වන ප්‍රඥාව නොලැබී ඇත්නම් එය ලැබීම පිණිස ත්, ලැබී ඇත්නම් එය වැඩි දියුණු වීම පිණිස ත්, විපුල බවට පත්වීම පිණිස ත්, භාවනාවෙන් පිරිපුන් වීම පිණිස ත් පවතින පළමු හේතුව, පළමු ප්‍රත්‍යය මෙය යි.

2. හෙතෙමේ ඒ ශාස්තෘන් වහන්සේ ඇසුරු කොට වාසය කරයි ද, යමෙකු කෙරෙහි ඔහු තුළ තියුණු ලැජ්ජා භයක් පිහිටියේ වෙයි ද, ප්‍රේමය ත් ගෞරවය ත් පිහිටියේ වෙයි ද, එබඳු ගුරුතන්හිලා සැලකිය හැකි එක්තරා සබ්‍රහ්මචාරීන් වහන්සේ නමක් හෝ ඇසුරු කොට වාසය කරයි ද, උන්වහන්සේලා කරා කලින් කල එළඹ ප්‍රශ්න කරයි. නැවත නැවත විමසයි. 'ස්වාමීනී, මෙය කෙසේ ද? ස්වාමීනී, මෙහි අර්ථය කුමක් ද?' වශයෙනි. එවිට ඒ ආයුෂ්මත්වරු ඔහුට වැසී ඇති දෙය විවෘත කරති. අප්‍රකට දේ ප්‍රකට කරති. නන් වැදෑරුම් සැක ඇතිවෙන ධර්මයන්හි සැකය දුරු කරති. ඇවැත්නි, බඹසරට මුල්වන ප්‍රඥාව නොලැබී ඇත්නම් එය ලැබීම පිණිස ත්, ලැබී ඇත්නම් එය වැඩි දියුණු වීම පිණිස ත්, විපුල බවට පත්වීම පිණිස ත්, භාවනාවෙන් පිරිපුන් වීම පිණිස ත් පවතින දෙවන හේතුව, දෙවන ප්‍රත්‍යය මෙය යි.

3. හෙතෙමේ ඒ ධර්මය අසා දෙවැදෑරුම් විවේකයකින් යුක්ත වෙයි. කාය විවේකයෙනුත්, චිත්ත විවේකයෙනුත් ය. බඹසරට මුල්වන ප්‍රඥාව නොලැබී ඇත්නම් එය ලැබීම පිණිස ත්, ලැබී ඇත්නම් එය වැඩි දියුණු වීම පිණිස ත්, විපුල බවට පත්වීම පිණිස ත්, භාවනාවෙන් පිරිපුන් වීම පිණිස ත් පවතින තුන්වන හේතුව, තුන්වන ප්‍රත්‍යය මෙය යි.

4. තව ද ඇවැත්නි, භික්ෂුව සිල්වත් වෙයි. ප්‍රාතිමෝක්ෂ සංවරයෙන් සංවර වූයේ වෙයි. යහපත් ඇවතුම් පැවතුම් ඇතිව වසන්නේ වෙයි. අණුමාත්‍ර වූ

වරදෙහි ත් බිය දකින සුළු ව සමාදන් වූ ශික්ෂාපදයන්හි හික්මෙන්නේ වෙයි. බඹසරට මුල්වන ප්‍රඥාව නොලැබී ඇත්නම් එය ලැබීම පිණිස ත්, ලැබී ඇත්නම් එය වැඩි දියුණු වීම පිණිස ත්, විපුල බවට පත්වීම පිණිස ත්, භාවනාවෙන් පිරිපුන් වීම පිණිස ත් පවතින සිව්වන හේතුව, සිව්වන ප්‍රත්‍යය මෙය යි.

5. තව ද ඇවැත්නි, භික්ෂුව ධර්මය බොහෝ සෙයින් අසන ලද්දේ වෙයි. ඒ ඇසූ දහම් දරන්නේ වෙයි. ඒ ඇසූ දහම් සිත්හිලා රැස් කරගන්නේ වෙයි. යම් ඒ ධර්මයෝ කල්‍යාණ වූ පටන් ගැනීමෙකින් යුක්ත වෙත් ද, කල්‍යාණ වූ මැදකින් යුක්ත වෙත් ද, කල්‍යාණ වූ අවසානයෙකින් යුක්ත වෙත් ද, අර්ථ සහිත වෙත් ද, පැහැදිලි වචනයෙන් යුක්ත වෙත් ද, හැම ලෙසින් ම පිරිපුන් පිරිසිදු නිවන් මග පවසත් ද, එබඳු වූ ධර්මයෝ ඔහු විසින් බොහෝ කොට අසන ලද්දාහු ය. ධාරණය කරගන්නා ලද්දාහු ය. වචනයෙන් පිරිවහන ලද්දාහු ය. මනසින් විමසන ලද්දාහු ය. නුවණින් අවබෝධ කරන ලද්දාහු ය. බඹසරට මුල්වන ප්‍රඥාව නොලැබී ඇත්නම් එය ලැබීම පිණිස ත්, ලැබී ඇත්නම් එය වැඩි දියුණු වීම පිණිස ත්, විපුල බවට පත්වීම පිණිස ත්, භාවනාවෙන් පිරිපුන් වීම පිණිස ත් පවතින පස්වෙනි හේතුව, පස්වෙනි ප්‍රත්‍යය මෙය යි.

6. තව ද ඇවැත්නි, භික්ෂුව පටන් ගත් වීරිය ඇත්තේ වෙයි. අකුසල් දහම් ප්‍රහාණය කිරීමට හා කුසල් දහම් උපදවා ගැනීමට දැඩි වීරියෙන් යුතු වූයේ, දැඩි පරාක්‍රමයෙන් යුතු වූයේ, කුසල් දහම් පිළිබඳ ව පසුබට නොවන වීරිය ඇත්තේ වෙයි. බඹසරට මුල්වන ප්‍රඥාව නොලැබී ඇත්නම් එය ලැබීම පිණිස ත්, ලැබී ඇත්නම් එය වැඩි දියුණු වීම පිණිස ත්, විපුල බවට පත්වීම පිණිස ත්, භාවනාවෙන් පිරිපුන් වීම පිණිස ත් පවතින සයවන හේතුව, සයවන ප්‍රත්‍යය මෙය යි.

7. තව ද ඇවැත්නි, භික්ෂුව සිහියෙන් යුක්ත වෙයි. උතුම් වූ අවස්ථාවෝචිත ව සිහිය පැවැත්විය හැකි අයුරින් යුක්ත වෙයි. බොහෝ කලකට පෙර කළ දේ ත්, බොහෝ කලකට පෙර පැවසූ දේ ත් සිහි කරයි. නැවත නැවත සිහි කරයි. බඹසරට මුල්වන ප්‍රඥාව නොලැබී ඇත්නම් එය ලැබීම පිණිස ත්, ලැබී ඇත්නම් එය වැඩි දියුණු වීම පිණිස ත්, විපුල බවට පත්වීම පිණිස ත්, භාවනාවෙන් පිරිපුන් වීම පිණිස ත් පවතින සත්වන හේතුව, සත්වන ප්‍රත්‍යය මෙය යි.

8. තව ද ඇවැත්නි, භික්ෂුව පංච උපාදානස්කන්ධයන් පිළිබඳ ව හටගැනීම ත්, නැතිවීම ත් නුවණින් දකිමින් වාසය කරයි. 'රූපය මෙසේ ය. රූපයේ හටගැනීම මෙසේ ය. රූපයේ නැතිවීම මෙසේ ය. විඳීම මෙසේ ය. විඳීමේ

හටගැනීම මෙසේ ය. විඳීම නැති වන්නේ මෙසේ ය. සංඥාව මෙසේ ය. සංඥාවෙහි හටගැනීම මෙසේ ය. සංඥාව නැතිවීම මෙසේ ය. සංස්කාර මෙසේ ය. සංස්කාරයන්ගේ හටගැනීම මෙසේ ය. සංස්කාරයන් නැතිවීම මෙසේ ය. විඤ්ඤාණය මෙසේ ය. විඤ්ඤාණය හටගන්නේ මෙසේ ය. විඤ්ඤාණය නැති වන්නේ මෙසේ ය' යනුවෙනි. බඹසරට මුල්වන ප්‍රඥාව නොලැබී ඇත්නම් එය ලැබීම පිණිස ත්, ලැබී ඇත්නම් එය වැඩි දියුණු වීම පිණිස ත්, විපුල බවට පත්වීම පිණිස ත්, භාවනාවෙන් පිරිපුන් වීම පිණිස ත් පවතින අටවන හේතුව, අටවන ප්‍රත්‍යය මෙය යි. මේ බොහෝ උපකාරී වන ධර්ම අට යි.

ප්‍රගුණ කළ යුතු ධර්ම අට මොනවා ද? ආර්ය අෂ්ටාංගික මාර්ගය යි එනම්; සම්මා දිට්ඨිය ය. සම්මා සංකල්පය ය. සම්මා වාචා ය. සම්මා කම්මන්ත ය. සම්මා ආජීව ය. සම්මා වායාම ය. සම්මා සති ය. සම්මා සමාධිය ය. මේ ප්‍රගුණ කළ යුතු ධර්ම අට යි.

පිරිසිඳ දැක්ක යුතු ධර්ම අට මොනවා ද? ලෝක ධර්ම අට යි. ලාභය ත්, අලාභය ත් ය. යස පිරිවර නැතිකම ත්, යස පිරිවර ත් ය. නින්දාව ත්, ප්‍රශංසාව ත් ය. සැප ත්, දුක ත් ය. මේ පිරිසිඳ දැකිය යුතු ධර්ම අට යි.

ප්‍රහාණය කළ යුතු ධර්ම අට මොනවා ද? වැරදි බවට පත්වන කරුණු අට යි. මිථ්‍යා දෘෂ්ටිය ය. මිථ්‍යා සංකල්ප ය. මිථ්‍යා වාචා ය. මිථ්‍යා කර්මාන්තය ය. මිථ්‍යා ආජීවය ය. මිථ්‍යා වායාම ය. මිථ්‍යා සතිය ය. මිථ්‍යා සමාධිය ය. මේ අටක් වූ ධර්මයෝ ප්‍රහාණය කළ යුත්තාහු ය.

පිරිහීම ඇති කර දෙන ධර්ම අට මොනවා ද? කම්මැලිකමට කරුණු අටකි.

1. ඇවැත්නි, මෙහිලා භික්ෂුව විසින් කළ යුතු කිසියම් කටයුත්තක් ඇත්තේ වෙයි. එවිට ඔහුට මෙසේ සිතෙයි. 'මා විසින් මේ කටයුත්ත කළ යුතු වන්නේ නොවැ. මේ වැඩය කරන කල්හී මාගේ ශරීරය ක්ලාන්ත වනු ඇත. එහෙයින් මම එයට පෙර නිදාගන්නෙමි' යි ඔහු නිදයි. නොපැමිණි මාර්ගඵලයන්ට පැමිණීම පිණිස, නොලැබූ මාර්ගඵලයන් ලැබීම පිණිස, අත්නොදුටු මාර්ගඵලයන් අත්දැකීම පිණිස, වීර්යය පටන් නොගනියි. මෙය කුසීත බවට මුල් වන පළමු කරුණ යි.

2. තව ද ඇවැත්නි, භික්ෂුව විසින් කිසියම් කටයුත්තක් කරන ලද්දේ වෙයි. එවිට ඔහුට මෙසේ සිතෙයි. 'මම මේ කටයුත්ත කළෙමි. මේ වැඩය කරන කල්හී මාගේ ශරීරය ක්ලාන්ත වී ගියේ නොවැ. එහෙයින් මම දැන් නිදාගන්නෙමි' යි ඔහු නිදයි. නොපැමිණි මාර්ගඵලයන්ට පැමිණීම පිණිස, නොලැබූ මාර්ගඵලයන්

ලැබීම පිණිස, අත්නොදුටු මාර්ගඵලයන් අත්දැකීම පිණිස, වීර්යය පටන් නොග නියි. මෙය කුසීත බවට මුල් වන දෙවෙනි කරුණ යි.

3. තව ද ඇවැත්නි, භික්ෂුව විසින් යා යුතු කිසියම් ගමනක් ඇත්තේ වෙයි. එවිට ඔහුට මෙසේ සිතෙයි. 'මා විසින් මේ ගමන යා යුතු වන්නේ නොවැ. මේ ගමන යන කල්හී මාගේ ශරීරය ක්ලාන්ත වනු ඇත. එහෙයින් මම එයට පෙර නිදාගන්නෙමි' යි ඔහු නිදයි. නොපැමිණි මාර්ගඵලයන්ට පැමිණීම පිණිස, නොලැබූ මාර්ගඵලයන් ලැබීම පිණිස, අත්නොදුටු මාර්ගඵලයන් අත්දැකීම පිණිස, වීර්යය පටන් නොගනියි. මෙය කුසීත බවට මුල් වන තුන්වෙනි කරුණයි.

4. තව ද ඇවැත්නි, භික්ෂුව විසින් කිසියම් ගමනක් ගියේ වෙයි. එවිට ඔහුට මෙසේ සිතෙයි. 'මම මේ ගමන ගියෙමි. මේ ගමන යන කල්හී මාගේ ශරීරය ක්ලාන්ත වී ගියේ නොවැ. එහෙයින් මම දැන් නිදාගන්නෙමි' යි ඔහු නිදයි. නොපැමිණි මාර්ගඵලයන්ට පැමිණීම පිණිස, නොලැබූ මාර්ගඵලයන් ලැබීම පිණිස, අත්නොදුටු මාර්ගඵලයන් අත්දැකීම පිණිස, වීර්යය පටන් නොගනියි. මෙය කුසීත බවට මුල් වන සිව්වෙනි කරුණ යි.

5. තව ද ඇවැත්නි, භික්ෂුව ගමකට හෝ නියම් ගමකට හෝ පිඬු පිණිස යයි. එහිදී රූක්ෂ වේවා, ප්‍රණීත වේවා කුස පිරෙන තරමට ආහාර නොලැබුණේ වෙයි. එවිට ඔහුට මෙසේ සිතෙයි. 'මම ගමකට හෝ නියම් ගමකට හෝ පිඬු පිණිස ගියෙමි. එහිදී රූක්ෂ වේවා, ප්‍රණීත වේවා කුස පිරෙන තරමට ආහාර නොලැබුණේ නොවැ. ඒ මාගේ ශරීරය ක්ලාන්ත වී ඇත. මම කිසිවක් කරගත නොහැක්කෙමි. එහෙයින් මම නිදාගන්නෙමි' යි ඔහු නිදයි. නොපැමිණි මාර්ගඵලයන්ට පැමිණීම පිණිස, නොලැබූ මාර්ගඵලයන් ලැබීම පිණිස, අත්නොදුටු මාර්ගඵලයන් අත්දැකීම පිණිස, වීර්යය පටන් නොගනියි. මෙය කුසීත බවට මුල් වන පස්වෙනි කරුණ යි.

6. තව ද ඇවැත්නි, භික්ෂුව ගමකට හෝ නියම් ගමකට හෝ පිඬු පිණිස යයි. එහිදී රූක්ෂ වේවා, ප්‍රණීත වේවා කුස පිරෙන තරමට ආහාර ලැබුණේ වෙයි. එවිට ඔහුට මෙසේ සිතෙයි. 'මම ගමකට හෝ නියම් ගමකට හෝ පිඬු පිණිස ගියෙමි. එහිදී රූක්ෂ වේවා, ප්‍රණීත වේවා කුස පිරෙන තරමට ආහාර ලැබුණේ නොවැ. එහෙයින් මාගේ ශරීරයෙහි බර ගතියක් ඇත. මම කිසිවක් කරගත නොහැක්කෙමි. මැ ඇට වැළඳූ කලක සෙයින් හැඟෙයි. එහෙයින් මම නිදා ගන්නෙමි' යි ඔහු නිදයි. නොපැමිණි මාර්ගඵලයන්ට පැමිණීම පිණිස, නොලැබූ මාර්ගඵලයන් ලැබීම පිණිස, අත්නොදුටු මාර්ගඵලයන් අත්දැකීම පිණිස, වීර්යය පටන් නොගනියි. මෙය කුසීත බවට මුල් වන සයවෙනි කරුණයි.

7. තව ද ඇවැත්නි, භික්ෂුවට ස්වල්ප වූ ආබාධයක් උපන්නේ වෙයි. එවිට ඔහුට මෙසේ සිතෙයි. 'මට මේ ස්වල්ප වූ ආබාධයක් උපන්නේ නොවැ. හාන්සි වී සිටින්නට අදහස ඇත. එහෙයින් මම නිදාගන්නෙමි' යි ඔහු නිදයි. නොපැමිණි මාර්ගඵලයන්ට පැමිණීම පිණිස, නොලැබූ මාර්ගඵලයන් ලැබීම පිණිස, අත්නොදුටු මාර්ගඵලයන් අත්දැකීම පිණිස, වීර්යය පටන් නොගනියි. මෙය කුසීත බවට මුල් වන සත්වෙනි කරුණ යි.

8. තව ද ඇවැත්නි, භික්ෂුව ගිලන් බවින් නැගී සිටියේ වෙයි. ගිලන් බවින් නැගිට වැඩිකල් ඇත්තේ නොවෙයි. එවිට ඔහුට මෙසේ සිතෙයි. 'මම ගිලන් බවින් නැගී සිටියේ වෙමි. ගිලන් බවින් නැගිට වැඩිකල් ඇත්තේ නොවෙමි. එහෙයින් මගේ කය දුර්වල නොවැ. කිසි කටයුත්තකට නොනැමෙයි. හාන්සි වී සිටින්නට අදහස ඇත. එහෙයින් මම නිදාගන්නෙමි' යි ඔහු නිදයි. නොපැමිණි මාර්ගඵලයන්ට පැමිණීම පිණිස, නොලැබූ මාර්ගඵලයන් ලැබීම පිණිස, අත්නොදුටු මාර්ගඵලයන් අත්දැකීම පිණිස, වීර්යය පටන් නොගනියි. මෙය කුසීත බවට මුල් වන අටවෙනි කරුණ යි. මේ පිරිහීම ඇති කර දෙන ධර්ම අට යි.

දියුණුව ඇති කර දෙන ධර්ම අට මොනවා ද? වීර්යය ඇති කරගැනීමට කරුණු අටකි.

1. ඇවැත්නි, මෙහිලා භික්ෂුව විසින් කළ යුතු කිසියම් කටයුත්තක් ඇත්තේ වෙයි. එවිට ඔහුට මෙසේ සිතෙයි. 'මා විසින් මේ කටයුත්ත කළ යුතු වන්නේ නොවැ. මේ වැඩය කරන කල්හී මා හට බුදුරජුන්ගේ අනුශාසනය මෙනෙහි කරන්නට පහසු නොවෙයි. එහෙයින් මම කලින් ම නොපැමිණි මාර්ගඵලයන්ට පැමිණීම පිණිස නොලැබූ මාර්ගඵලයන් ලැබීම පිණිස, අත්නොදුටු මාර්ගඵලයන් අත්දැකීම පිණිස, වීර්යය පටන් ගනිමි.' ඔහු නොපැමිණි මාර්ගඵලයන්ට පැමිණීම පිණිස, නොලැබූ මාර්ගඵලයන් ලැබීම පිණිස, අත්නොදුටු මාර්ගඵලයන් අත්දැකීම පිණිස, වීර්යය පටන් ගනියි. මෙය වීරිය පටන් ගැනීමට මුල් වන පළමු කරුණ යි.

2. තව ද ඇවැත්නි, භික්ෂුව විසින් කිසියම් කටයුත්තක් කරන ලද්දේ වෙයි. එවිට ඔහුට මෙසේ සිතෙයි. 'මම මේ කටයුත්ත කළෙමි. මේ වැඩය කරන කල්හී මට බුදුරජුන්ගේ අනුශාසනය මෙනෙහි කරන්නට බැරි වූයේ නොවැ. එහෙයින් මම නොපැමිණි මාර්ගඵලයන්ට පැමිණීම පිණිස, නොලැබූ මාර්ගඵලයන් ලැබීම පිණිස, අත්නොදුටු මාර්ගඵලයන් අත්දැකීම පිණිස, වීර්යය පටන් ගනිමි.' ඔහු නොපැමිණි මාර්ගඵලයන්ට පැමිණීම පිණිස, නොලැබූ මාර්ගඵලයන් ලැබීම

පිණිස, අත්නොදුටු මාර්ගඵලයන් අත්දැකීම පිණිස, වීර්යය පටන් ගනියි. මෙය වීරිය පටන් ගැනීමට මුල් වන දෙවෙනි කරුණ යි.

3. තව ද ඇවැත්නි, භික්ෂුව විසින් යා යුතු කිසියම් ගමනක් ඇත්තේ වෙයි. එවිට ඔහුට මෙසේ සිතෙයි. 'මා විසින් මේ ගමන යා යුතු වන්නේ නොවැ. මේ ගමන යන කල්හී මා හට බුදුරජුන්ගේ අනුශාසනය මෙනෙහි කරන්නට පහසු නොවෙයි. එහෙයින් මම කලින් ම නොපැමිණි මාර්ගඵලයන්ට පැමිණීම පිණිස, නොලැබූ මාර්ගඵලයන් ලැබීම පිණිස, අත්නොදුටු මාර්ගඵලයන් අත්දැකීම පිණිස, වීර්යය පටන් ගනිමි.' ඔහු නොපැමිණි මාර්ගඵලයන්ට පැමිණීම පිණිස, නොලැබූ මාර්ගඵලයන් ලැබීම පිණිස, අත්නොදුටු මාර්ගඵලයන් අත්දැකීම පිණිස, වීර්යය පටන් ගනියි. මෙය වීරිය පටන් ගැනීමට මුල් වන තුන්වෙනි කරුණ යි.

4. තව ද ඇවැත්නි, භික්ෂුව කිසියම් ගමනක් ගියේ වෙයි. එවිට ඔහුට මෙසේ සිතෙයි. 'මම මේ ගමන ගියෙමි. මේ ගමන ගිය නිසාවෙන් මා හට බුදුරජුන්ගේ අනුශාසනය මෙනෙහි කරන්නට බැරි වූයේ නොවැ. එහෙයින් මම නොපැමිණි මාර්ගඵලයන්ට පැමිණීම පිණිස, නොලැබූ මාර්ගඵලයන් ලැබීම පිණිස, අත්නොදුටු මාර්ගඵලයන් අත්දැකීම පිණිස, වීර්යය පටන් ගනිමි.' ඔහු නොපැමිණි මාර්ගඵලයන්ට පැමිණීම පිණිස, නොලැබූ මාර්ගඵලයන් ලැබීම පිණිස, අත්නොදුටු මාර්ගඵලයන් අත්දැකීම පිණිස, වීර්යය පටන් ගනියි. මෙය වීරිය පටන් ගැනීමට මුල් වන සිව්වෙනි කරුණ යි.

5. තව ද ඇවැත්නි, භික්ෂුව ගමකට හෝ නියම් ගමකට හෝ පිඬු පිණිස යයි. එහිදී රූක්ෂ වේවා, ප්‍රණීත වේවා කුස පිරෙන තරමට ආහාර නොලැබුණේ වෙයි. එවිට ඔහුට මෙසේ සිතෙයි. 'මම ගමකට හෝ නියම් ගමකට හෝ පිඬු පිණිස ගියෙමි. එහිදී රූක්ෂ වේවා, ප්‍රණීත වේවා කුස පිරෙන තරමට ආහාර නොලැබුණේ නොවැ. ඒ මාගේ ශරීරය සැහැල්ලු වී ඇත. මම යමක් කරගත හැක්කෙමි. එහෙයින් මම නොපැමිණි මාර්ගඵලයන්ට පැමිණීම පිණිස, නොලැබූ මාර්ගඵලයන් ලැබීම පිණිස, අත්නොදුටු මාර්ගඵලයන් අත්දැකීම පිණිස, වීර්යය පටන් ගනිමි.' ඔහු නොපැමිණි මාර්ගඵලයන්ට පැමිණීම පිණිස, නොලැබූ මාර්ගඵලයන් ලැබීම පිණිස, අත්නොදුටු මාර්ගඵලයන් අත්දැකීම පිණිස, වීර්යය පටන් ගනියි. මෙය වීරිය පටන් ගැනීමට මුල් වන පස්වෙනි කරුණ යි.

6. තව ද ඇවැත්නි, භික්ෂුව ගමකට හෝ නියම් ගමකට හෝ පිඬු පිණිස යයි. එහිදී රූක්ෂ වේවා, ප්‍රණීත වේවා කුස පිරෙන තරමට ආහාර ලැබුණේ වෙයි. එවිට ඔහුට මෙසේ සිතෙයි. 'මම ගමකට හෝ නියම් ගමකට හෝ පිඬු

පිණිස ගියෙමි. එහිදී රූක්ෂ වේවා, ප්‍රණීත වේවා කුස පිරෙන තරමට ආහාර ලැබුණේ නොවැ. එහෙයින් මාගේ ශරීරයෙහි සවිබල ඇත. මම කිසිවක් කරගත හැක්කෙමි. එහෙයින් මම නොපැමිණි මාර්ගඵලයන්ට පැමිණීම පිණිස, නොලැබූ මාර්ගඵලයන් ලැබීම පිණිස, අත්නොදුටු මාර්ගඵලයන් අත්දැකීම පිණිස, වීර්යය පටන් ගනිමි.' ඔහු නොපැමිණි මාර්ගඵලයන්ට පැමිණීම පිණිස, නොලැබූ මාර්ගඵලයන් ලැබීම පිණිස, අත්නොදුටු මාර්ගඵලයන් අත්දැකීම පිණිස, වීර්යය පටන් ගනියි. මෙය වීරිය පටන් ගැනීමට මුල් වන සයවෙනි කරුණ යි.

7. තව ද ඇවැත්නි, භික්ෂුවට ස්වල්ප වූ ආබාධයක් උපන්නේ වෙයි. එවිට ඔහුට මෙසේ සිතෙයි. 'මට මේ ස්වල්ප වූ ආබාධයක් උපන්නේ නොවැ. යම් හෙයකින් මාගේ මේ ආබාධය වැඩිවෙයි නම්, එබඳු දෙයකට කරුණු ද පෙනෙයි. එහෙයින් මම කලින් ම නොපැමිණි මාර්ගඵලයන්ට පැමිණීම පිණිස, නොලැබූ මාර්ගඵලයන් ලැබීම පිණිස, අත්නොදුටු මාර්ගඵලයන් අත්දැකීම පිණිස, වීර්යය පටන් ගනිමි.' ඔහු නොපැමිණි මාර්ගඵලයන්ට පැමිණීම පිණිස, නොලැබූ මාර්ගඵලයන් ලැබීම පිණිස, අත්නොදුටු මාර්ගඵලයන් අත්දැකීම පිණිස, වීර්යය පටන් ගනියි. මෙය වීරිය පටන් ගැනීමට මුල් වන සත්වෙනි කරුණ යි.

8. තව ද ඇවැත්නි, භික්ෂුව ගිලන් බවින් නැගී සිටියේ වෙයි. ගිලන් බවින් නැගිට වැඩිකල් ඇත්තේ නොවෙයි. එවිට ඔහුට මෙසේ සිතෙයි. 'මම ගිලන් බවින් නැගී සිටියේ වෙමි. ගිලන් බවින් නැගිට වැඩිකල් ඇත්තේ නොවෙමි. මාගේ මේ ආබාධය නැවත ත් හටගන්නට ඇති ඉඩකඩ පෙනෙයි. එහෙයින් මම කලින් ම නොපැමිණි මාර්ගඵලයන්ට පැමිණීම පිණිස, නොලැබූ මාර්ගඵලයන් ලැබීම පිණිස, අත්නොදුටු මාර්ගඵලයන් අත්දැකීම පිණිස, වීර්යය පටන් ගනිමි.' ඔහු නොපැමිණි මාර්ගඵලයන්ට පැමිණීම පිණිස, නොලැබූ මාර්ගඵලයන් ලැබීම පිණිස, අත්නොදුටු මාර්ගඵලයන් අත්දැකීම පිණිස, වීර්යය පටන් ගනියි. මෙය වීරිය පටන් ගැනීමට මුල් වන අටවෙනි කරුණ යි. මේ දියුණුව ඇති කර දෙන ධර්ම අට යි.

අවබෝධයට දුෂ්කර වූ ධර්ම අට මොනවා ද? නිවන් මග හැසිරෙන්නට නොහැකි වන අවස්ථා වන අක්ෂණ අටකි.

1. ඇවැත්නි, මෙහිලා අරහත් වූ සම්මා සම්බුද්ධ වූ තථාගතයන් වහන්සේ ත් ලෝකයෙහි උපන්නාහු වෙති. කෙලෙස් සංසිඳවන්නා වූ පිරිනිවීමට හේතුවන්නා වූ සත්‍යාවබෝධය කරවන්නා වූ සුගතයන් වහන්සේ විසින් දෙසන ලද ධර්මය ද දේශනා කරනු ලැබෙයි. එකල්හී මේ පුද්ගලයා ත් නිරයෙහි උපන්නේ වෙයි. මෙය නිවන් මග හැසිරෙන්නට නොකල් වූ නුසුදුසු පළමු අවස්ථාව යි.

2. තව ද ඇවැත්නි, අරහත් වූ සම්මා සම්බුද්ධ වූ තථාගතයන් වහන්සේ ත් ලෝකයෙහි උපන්නාහු වෙති. කෙලෙස් සංසිඳවන්නා වූ පිරිනිවීමට හේතුවන්නා වූ සත්‍යාවබෝධය කරවන්නා වූ සුගතයන් වහන්සේ විසින් දෙසන ලද ධර්මය ද දේශනා කරනු ලැබෙයි. එකල්හී මේ පුද්ගලයා ත් තිරිසන් යෝනියෙහි උපන්නේ වෙයි. මෙය නිවන් මග හැසිරෙන්නට නොකල් වූ නුසුදුසු දෙවෙනි අවස්ථාව යි.

3. තව ද ඇවැත්නි, අරහත් වූ සම්මා සම්බුද්ධ වූ තථාගතයන් වහන්සේ ත් ලෝකයෙහි උපන්නාහු වෙති. ....(පෙ).... සුගතයන් වහන්සේ විසින් දෙසන ලද ධර්මය ද දේශනා කරනු ලැබෙයි. එකල්හී මේ පුද්ගලයා ත් ප්‍රේත විෂයෙහි උපන්නේ වෙයි. මෙය නිවන් මග හැසිරෙන්නට නොකල් වූ නුසුදුසු තෙවෙනි අවස්ථාව යි.

4. තව ද ඇවැත්නි, අරහත් වූ සම්මා සම්බුද්ධ වූ තථාගතයන් වහන්සේ ත් ලෝකයෙහි උපන්නාහු වෙති. ....(පෙ).... සුගතයන් වහන්සේ විසින් දෙසන ලද ධර්මය ද දේශනා කරනු ලැබෙයි. එකල්හී මේ පුද්ගලයා ත් එක්තරා දීර්ඝ ආයුෂ ඇති දෙව් ලොවක උපන්නේ වෙයි. මෙය නිවන් මග හැසිරෙන්නට නොකල් වූ නුසුදුසු සිව්වෙනි අවස්ථාව යි.

5. තව ද ඇවැත්නි, අරහත් වූ සම්මා සම්බුද්ධ වූ තථාගතයන් වහන්සේ ත් ලෝකයෙහි උපන්නාහු වෙති. ....(පෙ).... සුගතයන් වහන්සේ විසින් දෙසන ලද ධර්මය ද දේශනා කරනු ලැබෙයි. එකල්හී යම් තැනක භික්ෂු, භික්ෂුණී, උපාසක, උපාසිකාවන්ගේ ගමනක් නැද්ද, එබඳු වූ අතිශයින් අඥාන වූ ම්ලේච්ඡ වූ ප්‍රත්‍යයන්ත ජනපදයන්හි මේ පුද්ගලයා ත් උපන්නේ වෙයි. මෙය නිවන් මග හැසිරෙන්නට නොකල් වූ නුසුදුසු පස්වෙනි අවස්ථාව යි.

6. තව ද ඇවැත්නි, අරහත් වූ සම්මා සම්බුද්ධ වූ තථාගතයන් වහන්සේ ත් ලෝකයෙහි උපන්නාහු වෙති. ....(පෙ).... සුගතයන් වහන්සේ විසින් දෙසන ලද ධර්මය ද දේශනා කරනු ලැබෙයි. එකල්හී මේ පුද්ගලයා ත් මධ්‍ය දේශයෙහි උපන්නේ වෙයි. නමුත් ඔහු විපරීත දැකුම් ඇති මිථ්‍යා දෘෂ්ටිකයෙක් වෙයි. 'දුන් දෙයෙහි විපාක නැත. උපස්ථානයෙහි විපාක නැත. සේවයෙහි විපාක නැත. කුසල - අකුසල කර්මයන්ගේ ඵල විපාක නැත. මෙලොවක් නැත. පරලොවක් නැත. මවක් නැත. පියෙක් නැත. ඕපපාතික සත්වයෝ නැත. යමෙක් මෙලොව ත් පරලොව ත් තම විශිෂ්ට ඥානයෙන් සාක්ෂාත් කොට ප්‍රකාශ කරයි ද, එබඳු වූ යහපත් මග ගිය, යහපතෙහි පිළිපන් ශ්‍රමණ බ්‍රාහ්මණයෝ ලෝකයෙහි නැත' යන මිසදිටුව ගත්තේ වෙයි. මෙය නිවන් මග හැසිරෙන්නට නොකල් වූ නුසුදුසු සයවෙනි අවස්ථාව යි.

7. තව ද ඇවැත්නි, අරහත් වූ සම්මා සම්බුද්ධ වූ තථාගතයන් වහන්සේ ත් ලෝකයෙහි උපන්නාහු වෙති. ....(පෙ).... සුගතයන් වහන්සේ විසින් දෙසන ලද ධර්මය ද දේශනා කරනු ලැබෙයි. එකල්හී මේ පුද්ගලයා ත් මධ්‍ය දේශයෙහි උපන්නේ වෙයි. නමුත් හේ ජඩ වූයේ, කෙළතොළු වූයේ, ප්‍රඥාවෙන් තොර වූයේ වෙයි. මනා ලෙස පැවසූ දෙයෙහි ත්, නොමනා ලෙස පැවසූ දෙයෙහි ත් අරුත් හඳුනාගන්නට අසමර්ථ වෙයි. මෙය නිවන් මග හැසිරෙන්නට නොකල් වූ නුසුදුසු සත්වෙනි අවස්ථාව යි.

8. තව ද ඇවැත්නි, අරහත් වූ සම්මා සම්බුද්ධ වූ තථාගතයන් වහන්සේ ත් ලෝකයෙහි නූපන්නාහු වෙති. කෙලෙස් සංසිඳවන්නා වූ පිරිනිවීමට හේතුවන්නා වූ සත්‍යාවබෝධය කරවන්නා වූ සුගතයන් වහන්සේ විසින් දෙසන ලද ධර්මය ද දේශනා කරනු නොලැබෙයි. එකල්හී මේ පුද්ගලයා ත් මධ්‍ය දේශයෙහි උපන්නේ වෙයි. හේ ජඩ නොවූ, කෙළතොළු නොවූ, ප්‍රඥාවන්තයෙක් වෙයි. මනා ලෙස පැවසූ දෙයෙහි ත්, නොමනා ලෙස පැවසූ දෙයෙහි ත් අරුත් හඳුනාගන්නට සමර්ථ වෙයි. මෙය නිවන් මග හැසිරෙන්නට නොකල් වූ නුසුදුසු අටවෙනි අවස්ථාව යි. මේ අවබෝධයට දුෂ්කර වූ ධර්ම අට යි.

උපදවා ගත යුතු ධර්ම අට මොනවා ද? මහා පුරුෂ විතර්ක අට ය.

1. මේ ධර්මය තිබෙන්නේ ඉතා අඩු අවශ්‍යතා ඇති අල්පේච්ඡ කෙනාට ය. මේ ධර්මය තිබෙන්නේ ලාභ සත්කාර කීර්ති ප්‍රශංසාවලට දැඩි ආශාවෙන් යුතු මහේච්ඡ කෙනාට නොවෙයි.

2. මේ ධර්මය තිබෙන්නේ ලද දෙයින් සතුටුවන කෙනාට ය. මේ ධර්මය තිබෙන්නේ ලද දෙයින් සෑහීමකට පත් නොවී වඩ වඩා ත් සිව්පසය සොයන කෙනාට නොවෙයි.

3. මේ ධර්මය තිබෙන්නේ හුදෙකලා විවේකයෙහි ඇලුණු කෙනාට ය. මේ ධර්මය තිබෙන්නේ පිරිස් සමඟ ඇලීමෙන් වසන කෙනාට නොවෙයි.

4. මේ ධර්මය තිබෙන්නේ අකුසල් ප්‍රහාණයට ත්, කුසල් වැඩීම ත්, පටන් ගත් වීරිය ඇති කෙනාට ය. මේ ධර්මය තිබෙන්නේ අකුසල් ප්‍රහාණයට හා කුසල් වැඩීමට කම්මැලි කෙනාට නොවෙයි.

5. මේ ධර්මය තිබෙන්නේ පිහිටුවා ගත් සිහිය ඇති කෙනාට ය. මේ ධර්මය තිබෙන්නේ සිහි මුලා වූ කෙනාට නොවෙයි.

6. මේ ධර්මය තිබෙන්නේ සිත එකඟ කරගත් කෙනාට ය. මේ ධර්මය තිබෙන්නේ සිත එකඟ නොකරගත් කෙනාට නොවෙයි.

7. මේ ධර්මය තිබෙන්නේ ප්‍රඥාවන්ත කෙනාට ය. මේ ධර්මය තිබෙන්නේ දුෂ්ප්‍රාඥයාට නොවෙයි.

8. මේ ධර්මය තිබෙන්නේ කෙලෙස් ඇතිවන අයුරින් කල්පනා නොකරන නිෂ්ප්‍රපඤ්චයාට ය. මේ ධර්මය තිබෙන්නේ කෙලෙස් ඇතිවන අයුරින් කල්පනා කරමින් සිටින ප්‍රපඤ්චයන්ට ඇලුම් කරන්නාට නොවෙයි. මේ ධර්මය තිබෙන්නේ කෙලෙස් සහිත ස්වභාවයෙන් කල්පනා නොකිරීමට ඇලුම් කරන කෙනාට ය. මේ ධර්මය තිබෙන්නේ කෙලෙස් සහිත ස්වභාවයෙන් කල්පනා කිරීමට ඇලුම් කරන කෙනාට නොවෙයි. මේ උපදවා ගත යුතු ධර්ම අට යි.

විශිෂ්ට ඥානයෙන් දැක්ක යුතු ධර්ම අට මොනවා ද? අභිභූ ආයතන අට ය.

1. ආධ්‍යාත්මයෙහි රූප සංඥා ඇත්තේ කෙනෙක් බාහිර ස්වල්ප වූ වර්ණවත්, දුර්වර්ණ රූප දකියි. ඒවා මැඩගෙන දනිමි යි දකිමි යි යන මෙබඳු සංඥාව ඇත්තේ වෙයි. මෙය පළමු අභිභූ ආයතනය යි.

2. ආධ්‍යාත්මයෙහි රූප සංඥා ඇත්තේ කෙනෙක් බාහිර අප්‍රමාණ වූ වර්ණවත්, දුර්වර්ණ රූප දකියි. ඒවා මැඩගෙන දනිමි යි දකිමි යි යන මෙබඳු සංඥාව ඇත්තේ වෙයි. මෙය දෙවෙනි අභිභූ ආයතනය යි.

3. ආධ්‍යාත්මයෙහි අරූප සංඥා ඇත්තේ කෙනෙක් බාහිර ස්වල්ප වූ වර්ණවත්, දුර්වර්ණ රූප දකියි. ඒවා මැඩගෙන දනිමි යි දකිමි යි යන මෙබඳු සංඥාව ඇත්තේ වෙයි. මෙය තුන්වෙනි අභිභූ ආයතනය යි.

4. ආධ්‍යාත්මයෙහි අරූප සංඥා ඇත්තේ කෙනෙක් බාහිර අප්‍රමාණ වූ වර්ණවත්, දුර්වර්ණ රූප දකියි. ඒවා මැඩගෙන දනිමි යි දකිමි යි යන මෙබඳු සංඥාව ඇත්තේ වෙයි. මෙය සිව්වෙනි අභිභූ ආයතනය යි.

5. ආධ්‍යාත්මයෙහි අරූප සංඥා ඇත්තේ කෙනෙක් බාහිර නිල් වූ, නිල් පැහැ ඇති, නීල නිදර්ශන ඇති, නිල් ආලෝක ඇති රූප දකියි. නිල්වන්, නිල්වන් දැකුම් ඇති, නිල්වන් ආලෝක ඇති, නිල් දියබෙරලිය මල යම් සේ ද, නිල්වන්, නිල්වන් දැකුම් ඇති, නිල්වන් ආලෝක ඇති, දෙපැත්තට ම මටසිලිටි වූ බරණැස නීල කසීසළුව යම් සේ ද, එසෙයින් ම ආධ්‍යාත්මයෙහි අරූප සංඥා ඇත්තේ කෙනෙක් බාහිර නිල් වූ, නිල් පැහැ ඇති, නීල නිදර්ශන ඇති, නිල් ආලෝක ඇති රූප දකියි. ඒවා මැඩගෙන දනිමි යි දකිමි යි යන මෙබඳු සංඥාව ඇත්තේ වෙයි. මෙය පස්වෙනි අභිභූ ආයතනය යි.

6. ආධ්‍යාත්මයෙහි අරූප සංඥා ඇත්තේ කෙනෙක් බාහිර කහ වූ, කහ පැහැ ඇති, කහ නිදර්ශන ඇති, කහ ආලෝක ඇති රූප දකියි. කහවන්, කහවන් දකුම් ඇති, කහවන් ආලෝක ඇති, කහ කිණිහිරි මල යම් සේ ද, කහවන්, කහවන් දකුම් ඇති, කහවන් ආලෝක ඇති, දෙපැත්ත ම මටසිලිටි වූ බරණැස කසීසළුව යම් සේ ද, එසෙයින් ම ආධ්‍යාත්මයෙහි අරූප සංඥා ඇත්තේ කෙනෙක් බාහිර කහ වූ, කහ පැහැ ඇති, කහ නිදර්ශන ඇති, කහ ආලෝක ඇති රූප දකියි. ඒවා මැඩගෙන දනිමි යි දකිමි යි යන මෙබඳු සංඥාව ඇත්තේ වෙයි. මෙය සයවෙනි අභිභූ ආයතනය යි.

7. ආධ්‍යාත්මයෙහි අරූප සංඥා ඇත්තේ කෙනෙක් බාහිර රතු වූ, රතු පැහැ ඇති, රතු නිදර්ශන ඇති, රතු ආලෝක ඇති රූප දකියි. රතුවන්, රතුවන් දකුම් ඇති, රතුවන් ආලෝක ඇති, රතු බඳුවද මල යම් සේ ද, රතුවන්, රතුවන් දකුම් ඇති, රතුවන් ආලෝක ඇති, දෙපැත්ත ම මටසිලිටි වූ බරණැස රතුවන් කසීසළුව යම් සේ ද, එසෙයින් ම ආධ්‍යාත්මයෙහි අරූප සංඥා ඇත්තේ කෙනෙක් බාහිර රතු වූ, රතු පැහැ ඇති, රතු නිදර්ශන ඇති, රතු ආලෝක ඇති රූප දකියි. ඒවා මැඩගෙන දනිමි යි දකිමි යි යන මෙබඳු සංඥාව ඇත්තේ වෙයි. මෙය සත්වෙනි අභිභූ ආයතනය යි.

8. ආධ්‍යාත්මයෙහි අරූප සංඥා ඇත්තේ කෙනෙක් බාහිර සුදු වූ, සුදු පැහැ ඇති, සුදු නිදර්ශන ඇති, සුදු ආලෝක ඇති රූප දකියි. සුදුවන්, සුදුවන් දකුම් ඇති, සුදුවන් ආලෝක ඇති, ඕෂධී තාරුකාව යම් සේ ද, සුදුවන්, සුදුවන් දකුම් ඇති, සුදුවන් ආලෝක ඇති, දෙපැත්ත ම මටසිලිටි වූ බරණැස සුදුවන් කසීසළුව යම් සේ ද, එසෙයින් ම ආධ්‍යාත්මයෙහි අරූප සංඥා ඇත්තේ කෙනෙක් බාහිර සුදු වූ, සුදු පැහැ ඇති, සුදු නිදර්ශන ඇති, සුදු ආලෝක ඇති රූප දකියි. ඒවා මැඩගෙන දනිමි යි දකිමි යි යන මෙබඳු සංඥාව ඇත්තේ වෙයි. මෙය අටවෙනි අභිභූ ආයතනය යි. මේ විශිෂ්ට ඥානයෙන් දැක්ක යුතු ධර්ම අට යි.

සාක්ෂාත් කළ යුතු ධර්ම අට මොනවා ද? විමෝක්ෂ අට ය.

1. රූප ධ්‍යානයෙන් යුක්ත වූයේ බාහිර රූපයන් දකියි. මෙය පළමු විමෝක්ෂය යි.

2. ආධ්‍යාත්මයෙහි අරූප සංඥා ඇත්තේ කෙනෙක් බාහිර රූප දකියි. මෙය දෙවෙනි විමෝක්ෂය යි.

3. සුභ දෙයක් ම යැයි සළකා ධ්‍යානයට ඇළුණේ වෙයි. මෙය තුන්වෙනි විමෝක්ෂය යි.

4. සියළු ආකාරයෙන් ම රූප සංඥාවන් ඉක්මවීමෙන්, ගොරෝසු සංඥාවන් නැති වීමෙන් නා නා සංඥා මෙනෙහි නොකිරීමෙන් 'අනන්ත වූ ආකාසය' යැයි ආකාසානඤ්චායතනයට පැමිණ වාසය කරයි. මෙය සිව්වෙනි විමෝක්ෂය යි.

5. සියළු ආකාරයෙන් ම ආකාසානඤ්චාතනය ඉක්මවීමෙන්, 'අනන්ත වූ විඤ්ඤාණය' යැයි විඤ්ඤාණඤ්චායතනයට පැමිණ වාසය කරයි. මෙය පස්වෙනි විමෝක්ෂය යි.

6. සියළු ආකාරයෙන් ම විඤ්ඤාණඤ්චායතනය ඉක්මවීමෙන් 'කිසිවක් නැතැ' යි ආකිඤ්චඤ්ඤායතනයට පැමිණ වාසය කරයි. මෙය සයවෙනි විමෝක්ෂය යි.

7. සියළු ආකාරයෙන් ම ආකිඤ්චඤ්ඤායතනය ඉක්මවීමෙන් නේවසංඥානාසංඥායතනයට පැමිණ වාසය කරයි. මෙය සත්වෙනි විමෝක්ෂය යි.

8. සියළු ආකාරයෙන් ම නේවසංඥානාසංඥායතනය ඉක්මවීමෙන් සංඥාවේදයිත නිරෝධයට පැමිණ වාසය කරයි. මෙය අටවෙනි විමෝක්ෂය යි. මේ සාක්ෂාත් කළ යුතු ධර්ම අට යි.

මෙසේ සැබෑ ලෙස ම ඇති, සත්‍ය ලෙස ම ඇති, ඒ වූ පරිදි ම ඇති, කියූ අයුරින් මිස අන් පරිදි නොවන ස්වභාව ඇති, වෙනත් ස්වභාවයකට පත් වන ගති නැති, මේ අසූ ධර්මයෝ තථාගතයන් වහන්සේ විසින් ඉතා මනා කොට පිරිපුන් ව අවබෝධ කරන ලද්දාහු ය.

9

ධර්ම නවයක් බොහෝ උපකාරී වෙයි. ධර්ම නවයක් ප්‍රගුණ කළ යුතු වෙයි. ධර්ම නවයක් පිරිසිඳ දැක්ක යුතු වෙයි. ධර්ම නවයක් ප්‍රහාණය කළ යුතු වෙයි. ධර්ම නවයක් පිරිහීම ඇති කර දෙයි. ධර්ම නවයක් දියුණුව ඇති කර දෙයි. ධර්ම නවයක් අවබෝධයට දුෂ්කර වෙයි. ධර්ම නවයක් උපදවා ගත යුතු වෙයි. ධර්ම නවයක් විශිෂ්ට නුවණින් දැක්ක යුතු වෙයි. ධර්ම නවයක් සාක්ෂාත් කළ යුතු වෙයි.

බොහෝ උපකාරී වන ධර්ම නවය මොනවා ද? ධර්මය තුළින් ලත් නුවණ යොදා මෙනෙහි කිරීම (යෝනිසෝ මනසිකාරය) මුල් වූ ධර්ම නවය ය. ධර්මය තුළින් ලත් නුවණ යොදා මෙනෙහි කිරීමෙන් ප්‍රමුදිත බව උපදියි.

ප්‍රමුදිත බව ඇතිවූ කෙනාට ප්‍රීතිය උපදියි. ප්‍රීති සිත් ඇත්තාගේ කය සැහැල්ලු වෙයි. සැහැල්ලු කය ඇති කෙනා සැපයක් විඳියි. සැප ඇති කෙනාගේ සිත සමාධිමත් වෙයි. සමාධිමත් සිත් ඇති කල්හී සත්‍යය ඒ වූ සැටියෙන් ම දැනගනියි. සත්‍යය ඒ වූ සැටියෙන් ම දන්නා විට, දකිනා විට අවබෝධයෙන් ම එපා වෙයි. අවබෝධයෙන් ම එපා වූ විට එයට නොඇලෙයි. නොඇලුණු විට එයින් නිදහස් වෙයි. මේ බොහෝ උපකාරී වන ධර්ම නවය යි.

ප්‍රගුණ කළ යුතු ධර්ම නවය මොනවා ද? පිරිසිදු බව ඇතිවන ප්‍රධාන අංග නවය යි. ශීල විශුද්ධිය යනු පිරිසිදු බව ඇති වන ප්‍රධාන අංගයකි. චිත්ත විශුද්ධිය යනු පිරිසිදු බව ඇති වන ප්‍රධාන අංගයකි. දිට්ඨි විශුද්ධිය යනු පිරිසිදු බව ඇති වන ප්‍රධාන අංගයකි. කංඛාවිතරණ විශුද්ධිය යනු පිරිසිදු බව ඇති වන ප්‍රධාන අංගයකි. මග්ගාමග්ග ඤාණදස්සන විශුද්ධිය යනු පිරිසිදු බව ඇති වන ප්‍රධාන අංගයකි. පටිපදා ඤාණදස්සන විශුද්ධිය යනු පිරිසිදු බව ඇති වන ප්‍රධාන අංගයකි. ඤාණදස්සන විශුද්ධිය යනු පිරිසිදු බව ඇති වන ප්‍රධාන අංගයකි. ප්‍රඥා විශුද්ධිය යනු පිරිසිදු බව ඇති වන ප්‍රධාන අංගයකි. විමුක්ති විශුද්ධිය යනු පිරිසිදු බව ඇති වන ප්‍රධාන අංගයකි. මේ ප්‍රගුණ කළ යුතු ධර්ම නවය යි.

පිරිසිඳ දැක්ක යුතු ධර්ම නවය මොනවා ද? සත්තාවාස නවය යි.

1. ඇවැත්නි, කයින් ද නා නා ස්වභාව ඇති, සංඥාවෙන් ද නා නා ස්වභාව ඇති සත්වයෝ සිටිති. යම් සේ මිනිස්සු ද, ඇතැම් දෙවියෝ ද, ඇතැම් විනිපාතිකයෝ ද වෙත් නම් එබඳු ය. මෙය සත්වයන්ගේ පළමු වාසස්ථානය යි.

2. ඇවැත්නි, කයින් නා නා ස්වභාව ඇති, සංඥාවෙන් එක ම ස්වභාවයක් ඇති සත්වයෝ සිටිති. යම් සේ පළමු ධ්‍යානයෙන් උපන් බ්‍රහ්මකායික දෙවියෝ වෙත් නම් එබඳු ය. මෙය සත්වයන්ගේ දෙවෙනි වාසස්ථානය යි.

3. ඇවැත්නි, කයින් එක ම ස්වභාව ඇති, සංඥාවෙන් නා නා ස්වභාව ඇති සත්වයෝ සිටිති. යම් සේ ආභස්සර දෙවියෝ වෙත් නම් එබඳු ය. මෙය සත්වයන්ගේ තෙවෙනි වාසස්ථානය යි.

4. ඇවැත්නි, කයින් ද එක ම ස්වභාව ඇති, සංඥාවෙන් ද එක ම ස්වභාව ඇති සත්වයෝ සිටිති. යම් සේ සුභකිණ්හ දෙවියෝ වෙත් නම් එබඳු ය. මෙය සත්වයන්ගේ සිව්වෙනි වාසස්ථානය යි.

5. ඇවැත්නි, සංඥාවෙන් තොර වූ සංවේදී බවින් තොර වූ සත්වයෝ

සිටිති. යම් සේ අසඤ්ඤසත්ත දෙවියෝ වෙත් නම් එබඳු ය. මෙය සත්වයන්ගේ පස්වෙනි වාසස්ථානය යි.

6. ඇවැත්නි, සියළු අයුරින් රූප සංඥාවන් ඉක්මවීමෙන්, ගොරෝසු සංඥාවන් නැති වීමෙන් සංඥාවන්ගේ නා නා ස්වභාවය මෙනෙහි නොකිරීමෙන් 'අනන්ත ආකාසය' යැයි ආකාසානඤ්චායතනයට පැමිණි සත්වයෝ සිටිති. මෙය සත්වයන්ගේ සය වෙනි වාසස්ථානය යි.

7. ඇවැත්නි, සියළු අයුරින් ආකාසානඤ්චායතනය ඉක්මවීමෙන්, 'විඤ්ඤාණය අනන්ත' යැයි විඤ්ඤාණඤ්චායතනයට පැමිණි සත්වයෝ සිටිති. මෙය සත්වයන්ගේ සත්වෙනි වාසස්ථානය යි.

8. ඇවැත්නි, සියළු අයුරින් විඤ්ඤාණඤ්චායතනය ඉක්ම ගොස් 'කිසිවක් නැතැ' යි ආකිඤ්චඤ්ඤායතනයට පැමිණි සත්වයෝ සිටිති. මෙය සත්වයන්ගේ අටවෙනි වාසස්ථානය යි.

9. ඇවැත්නි, සියළු අයුරින් ආකිඤ්චඤ්ඤායතනය ඉක්මවීමෙන් නේවසඤ්ඤා නාසඤ්ඤායතනයට පැමිණි සත්වයෝ සිටිති. මෙය සත්වයන්ගේ නව වෙනි වාසස්ථානය යි. මේ පිරිසිඳ දැකිය යුතු ධර්ම නවය යි.

ප්‍රහාණය කළ යුතු ධර්ම නවය මොනවා ද? තණ්හාව මුල්කර ගත් ධර්ම නවය යි.

තණ්හාව හේතුවෙන් සොයන්නට පටන් ගනියි. සෙවීම හේතුවෙන් ලැබෙයි. ලැබීම හේතුවෙන් ලද දෙය පිළිබඳ ව විනිශ්චයකට යයි. විනිශ්චය හේතුවෙන් ඡන්දරාගය ඇතිවෙයි. ඡන්දරාගය හේතුවෙන් 'මෙය මාගේ ය, මට අයත් ය' වශයෙන් එහි සිත දැඩි ව බැසගනියි. එහි සිත දැඩි ව බැස ගැනීම හේතුවෙන් තමා සතු කරගැනීමට වෙහෙසෙයි. තමා සතු කරගැනීමට වෙහෙසීමෙන් මසුරුකම ඇතිවෙයි. මසුරුකම හේතුවෙන් ආරක්ෂා කිරීමට පෙළඹෙයි. ආරක්ෂාව උදෙසා ඇතිවන අර්බුදය හේතුවෙන් දඬු මුගුරු ගැනීම්, අවි ආයුධ ගැනීම්, කලකෝලාහල, වාදභේද, ගැරහුම්, 'තෝ තමයි, තෝ තමයි' ආදිය ඇති ව කේලාම් කීම්, බොරු කීම් ආදී අනේක වූ පාපී අකුසල ධර්මයෝ පවතිත්. මේ ප්‍රහාණය කළ යුතු ධර්ම නවය යි.

පිරිහීම ඇති කර දෙන ධර්ම නවය මොනවා ද? වෛර බැඳගැනීමට හේතුවන කරුණු නවය යි.

පෙර මට අනර්ථය කළේ ය කියා වෛර බැඳ ගනියි. දැනුත් මට අනර්ථය කරයි කියා වෛර බැඳ ගනියි. අනාගතයේ ත් මට අනර්ථය කරන්නේ ය කියා වෛර බැඳ ගනියි.

පෙර මාගේ ප්‍රියමනාප කෙනාට අනර්ථය කළේ ය කියා වෛර බැඳ ගනියි. දැනුත් මාගේ ප්‍රියමනාප කෙනාට අනර්ථය කරයි කියා වෛර බැඳ ගනියි. අනාගතයේ ත් මාගේ ප්‍රියමනාප කෙනාට අනර්ථය කරන්නේ ය කියා වෛර බැඳ ගනියි.

පෙර මාගේ අප්‍රිය අමනාප කෙනාට උදව් කළේ ය කියා වෛර බැඳ ගනියි. දැනුත් මාගේ අප්‍රිය අමනාප කෙනාට උදව් කරයි කියා වෛර බැඳ ගනියි. අනාගතයේ ත් මාගේ අප්‍රිය අමනාප කෙනාට උදව් කරන්නේ ය කියා වෛර බැඳ ගනියි. මේ පිරිහීම ඇති කර දෙන ධර්ම නවය යි.

දියුණුව ඇති කර දෙන ධර්ම නවය මොනවා ද? වෛර දුරුකිරීමේ කරුණු නවය යි.

පෙර මට අනර්ථය කළේ ය. එනමුත් එය නොවේවා කියා මෙහිලා කෙසේ නම් ලබන්ට දැයි සිතා ඒ වෛර බැඳ ගැනීම දුරු කරයි. දැනුත් මට අනර්ථය කරයි. එනමුත් එය නොවේවා කියා මෙහිලා කෙසේ නම් ලබන්ට දැයි සිතා ඒ වෛර බැඳ ගැනීම දුරු කරයි. අනාගතයේ ත් මට අනර්ථය කරන්නේ ය. එනමුත් එය නොවේවා කියා මෙහිලා කෙසේ නම් ලබන්ට දැයි සිතා ඒ වෛර බැඳ ගැනීම දුරු කරයි.

පෙර මාගේ ප්‍රියමනාප කෙනාට අනර්ථය කළේ ය. එනමුත් එය නොවේවා කියා මෙහිලා කෙසේ නම් ලබන්ට දැයි සිතා ඒ වෛර බැඳ ගැනීම දුරු කරයි. දැනුත් මාගේ ප්‍රියමනාප කෙනාට අනර්ථය කරයි. එනමුත් එය නොවේවා කියා මෙහිලා කෙසේ නම් ලබන්ට දැයි සිතා ඒ වෛර බැඳ ගැනීම දුරු කරයි. අනාගතයේ ත් මාගේ ප්‍රියමනාප කෙනාට අනර්ථය කරන්නේ ය. එනමුත් එය නොවේවා කියා මෙහිලා කෙසේ නම් ලබන්ට දැයි සිතා ඒ වෛර බැඳ ගැනීම දුරු කරයි.

පෙර මාගේ අප්‍රිය අමනාප කෙනාට උදව් කළේ ය. එනමුත් එය නොවේවා කියා මෙහිලා කෙසේ නම් ලබන්ට දැයි සිතා ඒ වෛර බැඳ ගැනීම දුරු කරයි. දැනුත් මාගේ අප්‍රිය අමනාප කෙනාට උදව් කරයි. එනමුත් එය නොවේවා කියා මෙහිලා කෙසේ නම් ලබන්ට දැයි සිතා ඒ වෛර බැඳ ගැනීම දුරු කරයි. අනාගතයේ ත් මාගේ අප්‍රිය අමනාප කෙනාට උදව් කරන්නේ ය. එනමුත් එය නොවේවා කියා මෙහිලා කෙසේ නම් ලබන්ට දැයි සිතා ඒ වෛර බැඳ ගැනීම දුරු කරයි. මේ දියුණුව ඇති කර දෙන ධර්ම නවය යි.

අවබෝධයට දුෂ්කර වූ ධර්ම නවය මොනවා ද? නා නා ස්වභාව නවය යි. ධාතු නානත්වයෙන් ස්පර්ශ නානත්වය උපදියි. ස්පර්ශ නානත්වය නිසා

වේදනා නානත්වය උපදියි. වේදනා නානත්වය නිසා සංඥා නානත්වය උපදියි. සංඥා නානත්වය නිසා සංකල්ප නානත්වය උපදියි. සංකල්ප නානත්වය නිසා ඡන්ද නානත්වය උපදියි. ඡන්ද නානත්වය නිසා පරිදාහ නානත්වය උපදියි. පරිදාහ නානත්වය නිසා සෙවීමේ නානත්වය උපදියි. සෙවීමේ නානත්වය නිසා ලැබීමේ නානත්වය උපදියි. ලැබීමේ නානත්වය නිසා මුලාව සිතීමේ නානත්වය උපදියි. මේ අවබෝධයට දුෂ්කර වූ ධර්ම නවය යි.

උපදවා ගත යුතු ධර්ම නවය මොනවා ද? සංඥා නවය යි. අසුභ සංඥාව ය. මරණ සංඥාව ය. ආහාරයෙහි පිළිකුල් සංඥාව ය. සියළු ලෝකයෙහි නොඇලෙන සංඥාව ය. අනිත්‍යය සංඥාව ය. අනිත්‍යයෙහි දුක් සංඥාව ය. දුකෙහි අනාත්ම සංඥාව ය. ප්‍රහාණ සංඥාව ය. විරාග සංඥාව ය. මේ උපදවා ගත යුතු ධර්ම නවය යි.

විශිෂ්ට ඥානයෙන් දැක්ක යුතු ධර්ම නවය මොනවා ද? නව අනුපූර්ව විහාරයෝ ය.

1. ඇවැත්නි, මෙහිලා භික්ෂුව කාමයන්ගෙන් වෙන් ව, අකුසල ධර්මයන්ගෙන් වෙන් ව, විතර්ක විචාර සහිත වූ විවේකයෙන් හටගත් ප්‍රීති සුවය ඇති පළමුවෙනි ධ්‍යානය උපදවාගෙන වාසය කරයි.

2. විතර්ක විචාරයන් සංසිඳීමෙන් තමා තුළ පැහැදීම ඇති කරවන සිතේ එකඟ බවින් යුතුව විතර්ක විචාර රහිත වූ සමාධියෙන් හටගත් ප්‍රීති සැපය ඇති දෙවෙනි ධ්‍යානය උපදවාගෙන වාසය කරයි.

3. ප්‍රීතියට ද නොඇලීමෙන් සිහියෙන් හා නුවණින් යුතුව උපේක්ෂාවෙන් වසයි. කයෙන් සැපයක් ද විඳියි. ආර්යයන් වහන්සේලා උපේක්ෂාවෙන් යුතුව, සිහියෙන් යුතුව ඇති සැප විහරණය යැයි යම් ධ්‍යානයකට කියන ලද්දේ ද, ඒ තුන්වෙනි ධ්‍යානය උපදවාගෙන වාසය කරයි.

4. සැපය ද ප්‍රහාණය කිරීමෙන්, දුක ද ප්‍රහාණය කිරීමෙන් කලින් ම සොම්නස් දොම්නස් ඉක්ම යෑමෙන් දුක් සැප රහිත වූ උපෙක්ෂා සති පාරිශුද්ධියෙන් යුතු සතර වෙනි ධ්‍යානය උපදවාගෙන වාසය කරයි.

5. සියළු අයුරින් රූප සංඥාවන් ඉක්මවීමෙන්, ගොරෝසු සංඥාවන් නැති වීමෙන් සංඥාවන්ගේ නා නා ස්වභාවය මෙනෙහි නොකිරීමෙන් 'අනන්ත ආකාසය' යැයි ආකාසානඤ්චායතනය උපදවාගෙන වාසය කරයි.

6. සියළු අයුරින් ආකාසානඤ්චායතනය ඉක්මවීමෙන්, 'විඤ්ඤාණය අනන්ත' යැයි විඤ්ඤාණඤ්චායතනය උපදවාගෙන වාසය කරයි.

7. සියළු අයුරින් විඤ්ඤාණඤ්චායතනය ඉක්ම ගොස් 'කිසිවක් නැතැ' යි ආකිඤ්චඤ්ඤායතනය උපදවාගෙන වාසය කරයි.

8. සියළු අයුරින් ආකිඤ්චඤ්ඤායතනය ඉක්මවීමෙන් නේවසඤ්ඤා-නාසඤ්ඤායතනය උපදවාගෙන වාසය කරයි.

9. සියළු අයුරින් නේවසඤ්ඤානාසඤ්ඤායතනය ඉක්මවා ගොස් සංඥාවේදයිත නිරෝධ සමාපත්තිය උපදවාගෙන වාසය කරයි. මේ විශිෂ්ට ඥානයෙන් දැක්ක යුතු ධර්ම නවය යි.

සාක්ෂාත් කළ යුතු ධර්ම නවය මොනවා ද? නව අනුපූර්ව නිරෝධයෝය.

ප්‍රථම ධ්‍යානයට සමවැදී සිටින තැනැත්තාගේ කාම සංඥාව නිරුද්ධ වෙයි.

දෙවෙනි ධ්‍යානයට සමවැදී සිටින තැනැත්තාගේ විතර්ක විචාරයෝ නිරුද්ධ වෙති.

තුන්වෙනි ධ්‍යානයට සමවැදී සිටින තැනැත්තාගේ ප්‍රීතිය නිරුද්ධ වෙයි.

සිව්වෙනි ධ්‍යානයට සමවැදී සිටින තැනැත්තාගේ ආශ්වාස ප්‍රශ්වාසයෝ නිරුද්ධ වෙති.

ආකාසානඤ්චායතනයට සමවැදී සිටින තැනැත්තාගේ රූප සංඥා නිරුද්ධ වෙයි.

විඤ්ඤාණඤ්චායතනයට සමවැදී සිටින තැනැත්තාගේ ආකාසානඤ්චායතන සංඥාව නිරුද්ධ වෙයි.

ආකිඤ්චඤ්ඤායතනයට සමවැදී සිටින තැනැත්තාගේ විඤ්ඤාණඤ්චායතන සංඥාව නිරුද්ධ වෙයි.

නේවසඤ්ඤානාසඤ්ඤායතනයට සමවැදී සිටින තැනැත්තාගේ ආකිඤ්චඤ්ඤායතන සංඥාව නිරුද්ධ වෙයි.

සංඥා වේදයිත නිරෝධයට සමවැදී සිටින තැනැත්තාගේ සංඥාව ත් වේදනාවත් නිරුද්ධ වෙයි. මේ සාක්ෂාත් කළ යුතු ධර්ම නවය යි.

මෙසේ සැබෑ ලෙස ම ඇති, සත්‍ය ලෙස ම ඇති, ඒ වූ පරිදි ම ඇති, කියූ අයුරින් මිස අන් පරිදි නොවන ස්වභාව ඇති, වෙනත් ස්වභාවයකට පත් වන ගති නැති, මේ අනූ ධර්මයෝ තථාගතයන් වහන්සේ විසින් ඉතා මනා කොට පිරිපුන් ව අවබෝධ කරන ලද්දාහු ය.

10

ධර්ම දසයක් බොහෝ උපකාරී වෙයි. ධර්ම දසයක් ප්‍රගුණ කළ යුතු වෙයි. ධර්ම දසයක් පිරිසිඳ දැක්ක යුතු වෙයි. ධර්ම දසයක් ප්‍රහාණය කළ යුතු වෙයි. ධර්ම දසයක් පිරිහීම ඇති කර දෙයි. ධර්ම දසයක් දියුණුව ඇති කර දෙයි. ධර්ම දසයක් අවබෝධයට දුෂ්කර වෙයි. ධර්ම දසයක් උපදවා ගත යුතු වෙයි. ධර්ම දසයක් විශිෂ්ට නුවණින් දැක්ක යුතු වෙයි. ධර්ම දසයක් සාක්ෂාත් කළ යුතු වෙයි.

බොහෝ උපකාරී වන ධර්ම දසය මොනවා ද? තමාට පිහිට සළසා දෙන ධර්ම දසය යි.

1. ඇවැත්නි, මෙහිලා භික්ෂුව සිල්වත් වෙයි. ප්‍රාතිමෝක්ෂ සංවරයෙන් සංවර වූයේ වෙයි. යහපත් ඇවතුම් පැවතුම් ඇති ව වසන්නේ වෙයි. අණුමාත්‍ර වූ වරදෙහි ත් බිය දකින සුළු ව සමාදන් වූ ශික්ෂාපදයන්හි හික්මෙන්නේ වෙයි. ඇවැත්නි, යම් හෙයකින් භික්ෂුව සිල්වත් වෙයි නම් ....(පෙ).... සමාදන් වූ ශික්ෂාපදයන්හි හික්මෙන්නේ නම් මෙය ද පිහිට ලබා දෙන ධර්මයකි.

2. තව ද ඇවැත්නි, භික්ෂුව ධර්මය බොහෝ සෙයින් අසන ලද්දේ වෙයි. ඒ ඇසූ දහම් දරන්නේ වෙයි. ඒ ඇසූ දහම් සිත්හිලා රැස් කරගන්නේ වෙයි. යම් ඒ ධර්මයෝ කල්‍යාණ වූ පටන් ගැනීමකින් යුක්ත වෙත් ද, කල්‍යාණ වූ මැදකින් යුක්ත වෙත් ද, කල්‍යාණ වූ අවසානයකින් යුක්ත වෙත් ද, අර්ථ සහිත වෙත් ද, පැහැදිලි වචනයෙන් යුක්ත වෙත් ද, හැම ලෙසින් ම පිරිපුන් පිරිසිදු නිවන් මග පවසත් ද, එබඳු වූ ධර්මයෝ ඔහු විසින් බොහෝ කොට අසන ලද්දාහු ය. ධාරණය කරගන්නා ලද්දාහු ය. වචනයෙන් පිරිවහන ලද්දාහු ය. මනසින් විමසන ලද්දාහු ය. නුවණින් අවබෝධ කරන ලද්දාහු ය. ඇවැත්නි,යම් හෙයකින් භික්ෂුව ධර්මය බොහෝ කොට අසන ලද්දේ වෙයි ද, ...(පෙ).... නුවණින් අවබෝධ කරන ලද්දේ වෙයි ද, මෙය ද පිහිට ලබා දෙන ධර්මයකි.

3. තව ද ඇවැත්නි, භික්ෂුව කලණ මිතුරන් ඇත්තේ වෙයි. කල්‍යාණ සහායකයන් ඇත්තේ වෙයි. කලණ මිතුරන්ගේ ඇසුරට නැඹුරු වූයේ වෙයි. ඇවැත්නි, යම් හෙයකින් භික්ෂුව කලණ මිතුරන් ඇත්තේ වෙයි ද, කල්‍යාණ සහායකයන් ඇත්තේ වෙයි ද, කලණ මිතුරන්ගේ ඇසුරට නැඹුරු වූයේ වෙයි ද මෙය ද පිහිට ලබා දෙන ධර්මයකි.

4. තව ද ඇවැත්නි, භික්ෂුව කීකරු වූයේ වෙයි. කීකරු බව ඇතිකරන ගුණදහමින් යුක්ත වූයේ ද වෙයි. ඉවසීමෙන් යුක්ත වූයේ වෙයි. අවවාදයන්

ලැබෙන විට පැදකුණු කොට ගරු බුහුමන් සහිතව පිළිගන්නේ වෙයි. ඇවැත්නි, යම් හෙයකින් භික්ෂුව කීකරු වූයේ වෙයි ද, කීකරු බව ඇතිකරන ගුණ දහමින් යුක්ත වූයේ වෙයි ද, ඉවසීමෙන් යුක්ත වෙයි ද, අවවාද ලැබෙන විට පැදකුණු කොට ගරු බුහුමන් සහිතව පිළිගන්නේ වෙයි ද, මෙය ද පිහිට ලබා දෙන ධර්මයකි.

5. තව ද ඇවැත්නි, භික්ෂුව සබ්‍රහ්මචාරීන් වහන්සේලාගේ යම් කුදු මහත් වැඩපළ සොයා බැලිය යුතු ව ඇද්ද, එහිලා දක්ෂ වෙයි. අලස බවින් තොර වෙයි. එහිලා විමසා බලා වැඩකටයුතු කරන්නේ වෙයි. ඒ කටයුතු කිරීමට දක්ෂ වූයේ ද වෙයි. පිළිවෙලකට කිරීමට දක්ෂ වූයේ ද වෙයි. ඇවැත්නි, යම් හෙයකින් භික්ෂුව සබ්‍රහ්මචාරීන් වහන්සේලාගේ යම් කුදු මහත් වැඩපළ සොයා බැලිය යුතු ව ඇද්ද, එහිලා දක්ෂ වෙයි ද, අලස බවින් තොර වෙයි ද, එහිලා විමසා බලා වැඩකටයුතු කරන්නේ වෙයි ද, ඒ කටයුතු කිරීමට දක්ෂ වූයේ වෙයි ද පිළිවෙලකට කිරීමට දක්ෂ වූයේ වෙයි ද මෙය ද පිහිට ලබා දෙන ධර්මයකි.

6. තවද ඇවැත්නි, භික්ෂුව ධර්මයට කැමති වූයේ වෙයි. ප්‍රිය වූ බසින් ධර්මය දෙසන්නේ ද වෙයි. ගැඹුරු ධර්මයෙහි ත්, ගැඹුරු විනයෙහි ත් උදාර වූ සතුටක් විඳින්නේ වෙයි. ඇවැත්නි, යම් හෙයකින් භික්ෂුව ධර්මයට කැමති වන්නේ ද, ප්‍රිය වූ බසින් දහම් දෙසන්නේ ද, ගැඹුරු ධර්මයෙහි ත්, ගැඹුරු විනයෙහි ත් උදාර වූ සතුටක් විඳින්නේ ද මෙය ද පිහිට ලබා දෙන ධර්මයකි.

7. තව ද ඇවැත්නි, භික්ෂුව ලද දෙයින් සතුටු වූයේ වෙයි. ලද සිවුරකින්, ලද පිණ්ඩපාතයකින්, ලද සෙනසුනකින්, ලද ගිලන්පස බෙහෙත් පිරිකරකින් සතුටු වූයේ වෙයි. ඇවැත්නි, යම් හෙයකින් භික්ෂුව ලද දෙයින් සතුටු වූයේ වෙයි ද, ලද සිවුරකින්, ලද පිණ්ඩපාතයකින්, ලද සෙනසුනකින්, ලද ගිලන්පස බෙහෙත් පිරිකරකින් සතුටු වූයේ වෙයි ද මෙය ද පිහිට ලබා දෙන ධර්මයකි.

8. තව ද ඇවැත්නි, භික්ෂුව පටන්ගත් වීර්යයෙන් යුක්ත වූයේ වෙයි. අකුසල් දහම් ප්‍රහාණය කිරීමට ත්, කුසල් දහම් උපදවා ගැනීමට ත් නිසි බල ඇතියෙක් වෙයි. දැඩි වීර්යයකින් යුක්ත වෙයි. කුසල් දහම් ඉපිදවීමෙහිලා අත් නොහළ වීර්යය ඇත්තේ වෙයි. ඇවැත්නි, යම් හෙයකින් භික්ෂුව පටන් ගත් වීර්යයෙන් යුක්ත වූයේ වෙයි ද, අකුසල් දහම් ප්‍රහාණය කිරීමට ත්, කුසල් දහම් උපදවා ගැනීමට ත් නිසි බල ඇතියෙක් වෙයි ද, දැඩි වීර්යයකින් යුක්ත වෙයි ද, කුසල් දහම් ඉපිදවීමෙහිලා අත් නොහළ වීර්යය ඇත්තේ වෙයි ද මෙය ද පිහිට ලබා දෙන ධර්මයකි.

9. තව ද ඇවැත්නි, භික්ෂුව මනා සිහි ඇත්තේ වෙයි. නුවණින් යුතුව උතුම් අයුරින් සිහිය පවත්වන්නේ වෙයි. බොහෝ කලකට පෙර කරන ලද යමක් ඇද්ද, බොහෝ කලකට පෙර පැවසූ යමක් ඇද්ද එය සිහි කරන්නේ, නැවත නැවත සිහි කරන්නේ වෙයි. ඇවැත්නි, යම් හෙයකින් භික්ෂුව මනා සිහි ඇත්තේ වෙයි ද, නුවණින් යුතුව උතුම් අයුරින් සිහිය පවත්වන්නේ වෙයි ද, බොහෝ කලකට පෙර කරන ලද යමක් ඇද්ද, බොහෝ කලකට පෙර පැවසූ යමක් ඇද්ද එය සිහි කරන්නේ, නැවත නැවත සිහි කරන්නේ වෙයි ද මෙය ද පිහිට ලබා දෙන ධර්මයකි.

10. තව ද ඇවැත්නි, භික්ෂුව ප්‍රඥාවන්ත වෙයි. මැනැවින් දුක් ගෙවී යාමෙහි සමර්ථ වූ ආර්ය වූ තියුණු අවබෝධයකින් යුක්ත වූයේ, හටගැනීම ත් නැතිවීම ත් මැනැවින් වැටහෙන ප්‍රඥාවකින් යුක්ත වූයේ වෙයි. ඇවැත්නි, යම්හෙයකින් භික්ෂුව ප්‍රඥාවන්ත වෙයි ද, මැනැවින් දුක් ගෙවී යාමෙහි සමර්ථ වූ ආර්ය වූ තියුණු අවබෝධයෙකින් යුක්ත වූයේ ද, හටගැනීම ත් නැතිවීම ත් මැනැවින් වැටහෙන ප්‍රඥාවෙකින් යුක්ත වූයේ වෙයි ද, මෙය ද පිහිට ලබා දෙන ධර්මයකි. මේ බොහෝ උපකාරී වන ධර්ම දසය යි.

ප්‍රගුණ කළ යුතු ධර්ම දසය මොනවා ද? කසිණායතන දසය යි.

ඇතැමෙක් උඩ - යට - සරස දෙකක් නොවූ අප්‍රමාණ ලෙස පඨවි කසිණය හඳුනාගනියි. ....(පෙ).... ඇතැමෙක් ආපෝ කසිණය හඳුනාගනියි. ....(පෙ).... ඇතැමෙක් තේජෝ කසිණය හඳුනාගනියි. ....(පෙ).... ඇතැමෙක් වායෝ කසිණය හඳුනාගනියි. ....(පෙ).... ඇතැමෙක් නීල කසිණය හඳුනා ගනියි. ....(පෙ).... ඇතැමෙක් පීත කසිණය හඳුනාගනියි. ....(පෙ).... ඇතැමෙක් ලෝහිත කසිණය හඳුනාගනියි. ....(පෙ).... ඇතැමෙක් ඕදාත කසිණය හඳුනාග නියි. ....(පෙ).... ඇතැමෙක් ආකාස කසිණය හඳුනාගනියි. ඇතැමෙක් උඩ - යට - සරස දෙකක් නොවූ අප්‍රමාණ ලෙස විඤ්ඤාණ කසිණය හඳුනාගනියි. මේ ප්‍රගුණ කළ යුතු ධර්ම දසය යි.

පිරිසිඳ දැක්ක යුතු ධර්ම දසය මොනවා ද? ආයතන දසය යි. ඇස ආයතනයකි. රූප ආයතනයකි. කන ආයතනයකි. ශබ්ද ආයතනයකි. නාසය ආයතනයකි. ගන්ධ ආයතනයකි. දිව ආයතනයකි. රස ආයතනයකි. කය ආයතනයකි. පහස ආයතනයකි. මේ පිරිසිඳ දැකිය යුතු ධර්ම දසය යි.

ප්‍රහාණය කළ යුතු ධර්ම දසය මොනවා ද? වැරදි බවට පත්වන කරුණු දසය යි. මිථ්‍යා දෘෂ්ටිය ය. මිථ්‍යා සංකල්ප ය. මිථ්‍යා වාචා ය. මිථ්‍යා කර්මාන්තය ය. මිථ්‍යා ආජීවය ය. මිථ්‍යා වායාම ය. මිථ්‍යා සතිය ය. මිථ්‍යා සමාධිය ය. මිථ්‍යා ඥානය ය. මිථ්‍යා විමුක්තිය ය. මේ ප්‍රහාණය කළ යුතු ධර්ම දසය යි.

පිරිහීම ඇති කර දෙන ධර්ම දසය මොනවා ද? දස අකුසල කර්ම මාර්ග යෝ ය. සත්ව ඝාතනය, සොරකම, වැරදි කාමසේවනයෙහි යෙදීම, බොරු කීම, කේළාම් කීම, එරුෂ වචනය, හිස් වචනය, අන්සතු දෙය තමා සතු කරගැනීමට ආශා කිරීම, ව්‍යාපාදය, මිථ්‍යා දෘෂ්ටිය. මේ පිරිහීම ඇති කර දෙන ධර්ම දසයයි.

දියුණුව ඇති කර දෙන ධර්ම දසය මොනවා ද? දස කුසල කර්ම මාර්ගයෝ ය. සත්ව ඝාතනයෙන් වැළකීම, සොරකමෙන් වැළකීම, වැරදි කාමසේවනයෙන් වැළකීම, බොරු කීමෙන් වැළකීම, කේළාම් කීමෙන් වැළකීම, එරුෂ වචනයෙන් වැළකීම, හිස් වචනයෙන් වැළකීම, අන්සතු දෙය තමා සතු කරගැනීමට ආශා නොකිරීම, මෛත්‍රිය, සම්‍යක් දෘෂ්ටිය. මේ දියුණුව ඇති කර දෙන ධර්ම දසය යි.

අවබෝධයට දුෂ්කර වූ ධර්ම දසය මොනවා ද? ආර්යයන්ගේ වාසස්ථාන දසය යි.

ඇවැත්නි, මෙහිලා භික්ෂුව ප්‍රහාණය කරන ලද අංග පසකින් යුක්ත වූයේ වෙයි. අංග සයකින් සමන්විත වූයේ වෙයි. එක් ආරක්ෂකයෙක් සහිත වූයේ වෙයි. හේත්තු වන පුවරු සතරක් ඇත්තේ වෙයි. මැනැවින් බැහැර කරන ලද වෙන් වෙන් වූ සත්‍ය ඇත්තේ වෙයි. දුරු කරන ලද නිසරු සෙවීම් ඇත්තේ වෙයි. නොකැළඹුණු සංකල්ප ඇත්තේ වෙයි. සංසිඳී ගිය කායසංස්කාර ඇත්තේ වෙයි. මැනැවින් නිදහස් වූ සිතක් ඇත්තේ වෙයි. මැනැවින් නිදහස් වූ ප්‍රඥාව ඇත්තේ වෙයි.

1. ඇවැත්නි, භික්ෂුව ප්‍රහාණය කරන ලද පස් කරුණකින් යුක්ත වන්නේ කෙසේ ද? ඇවැත්නි, මෙහිලා භික්ෂුවගේ පංච කාමයන් කෙරෙහි ඇති ආශාව ප්‍රහාණය වූයේ වෙයි. ද්වේෂය ප්‍රහාණය වූයේ වෙයි. නිදිමත හා අලස බව ප්‍රහාණය වූයේ වෙයි. සිතෙහි විසිරීමත්, පසුතැවීමත් ප්‍රහාණය වූයේ වෙයි. සැකයත් ප්‍රහාණය වූයේ වෙයි. ඇවැත්නි, මේ අයුරින් භික්ෂුව ප්‍රහාණය කරන ලද පස් කරුණකින් යුක්ත වූයේ වෙයි.

2. ඇවැත්නි, භික්ෂුව අංග සයකින් යුක්ත වන්නේ කෙසේ ද? ඇවැත්නි, මෙහිලා භික්ෂුව ඇසින් රූපයක් දැක සතුටු නොවන්නේ ද වෙයි. ගැටුණේ ද නොවෙයි. මනා සිහි නුවණින් යුක්ත ව උපේක්ෂාවෙන් වාසය කරයි. කනෙන් ශබ්දයක් අසා ....(පෙ).... නාසයෙන් ගඳ සුවඳ ආඝ්‍රාණය කොට ....(පෙ).... දිවෙන් රසයක් විඳ ....(පෙ).... කයෙන් පහසක් විඳ ....(පෙ).... මනසින් අරමුණක් දැන සතුටු නොවන්නේ ද වෙයි. ගැටුණේ ද නොවෙයි. මනා සිහි නුවණින් යුක්ත ව උපේක්ෂාවෙන් වාසය කරයි. ඇවැත්නි, මේ අයුරින් භික්ෂුව අංග සයකින් යුක්ත වූයේ වෙයි.

3. ඇවැත්නි, භික්ෂුව එක ආරක්ෂකයෙක් සහිත ව සිටින්නේ කෙසේ ද? ඇවැත්නි, මෙහිලා භික්ෂුව සිහිය නම් වූ ආරක්ෂකයා සහිත වූ සිතින් යුක්ත වෙයි. ඇවැත්නි, මේ අයුරින් භික්ෂුව එක ආරක්ෂකයෙක් සහිත ව සිටින්නේ වේ.

4. ඇවැත්නි, භික්ෂුව අපස්සේන නම් වූ හේත්තු වන පුවරු සතරක් ඇති ව වසන්නේ කෙසේද? ඇවැත්නි, මෙහිලා භික්ෂුව නුවණින් සලකමින් එක් දෙයක් සේවනය කරයි. නුවණින් සලකමින් එක් දෙයක් ඉවසයි. නුවණින් සලකමින් එක දෙයක් වළකයි. නුවණින් සලකමින් එක් දෙයක් දුරු කරයි. ඇවැත්නි, මේ අයුරින් භික්ෂුව අපස්සේන සතරකින් යුක්ත වූයේ වෙයි.

5. ඇවැත්නි, භික්ෂුව 'මෙය ම සත්‍යය' යැයි වෙන් වෙන් ව පවසන දෑ දුරු කරන්නේ කෙසේ ද? ඇවැත්නි, මෙහිලා භික්ෂුව ඉදිරියේ යම් ඒ බොහෝ ශ්‍රමණ බ්‍රාහ්මණවරු වෙන් වෙන් ව සත්‍යය යැයි පවසන බොහෝ දේ ඇත්තාහ. ඒ සියල්ල බැහැර කරන ලද්දේ ය. මැනැවින් බැහැර කරන ලද්දේ ය. අත්හරින ලද්දේ ය. වමාරන ලද්දේ ය. නිදහස් වෙන ලද්දේ ය. ප්‍රහීණ කරන ලද්දේ ය. මැනැවින් සංසිඳවන ලද්දේ ය. ඇවැත්නි, මේ අයුරින් භික්ෂුව මැනැවින් දුරු කරන ලද වෙන් වෙන් ව පවසන ලද සත්‍යයන් ඇත්තේ වෙයි.

6. ඇවැත්නි, භික්ෂුව ඒසනා හෙවත් නිසරු සෙවීම් දුරු කොට සිටින්නේ කෙසේ ද? ඇවැත්නි, මෙහිලා භික්ෂුව තුළ පංච කාමයන් සෙවීම ප්‍රහාණය වූයේ වෙයි. භවයන් සෙවීම ප්‍රහාණය වූයේ වෙයි. බුදු සසුනෙන් බැහැර මතවාදයන්හි ප්‍රතිපදාවන් සෙවීම සංසිඳුණේ වෙයි. ඇවැත්නි, මේ අයුරින් භික්ෂුව නිසරු සෙවීම් දුරුකොට සිටින්නේ වෙයි.

7. ඇවැත්නි, භික්ෂුව නොකැළඹී ගිය සංකල්ප ඇතිව සිටින්නේ කෙසේ ද? ඇවැත්නි, මෙහිලා භික්ෂුව තුළ පංච කාමයන් පිළිබඳව සංකල්ප ප්‍රහාණය වූයේ වෙයි. ද්වේෂ සහගත සංකල්ප ප්‍රහාණය වූයේ වෙයි. හිංසාකාරී සංකල්ප ප්‍රහාණය වූයේ වෙයි. ඇවැත්නි, මේ අයුරින් භික්ෂුව නොකැළඹී ගිය සංකල්ප ඇත්තේ වෙයි.

8. ඇවැත්නි, භික්ෂුව සංසිඳී ගිය කාය සංස්කාර ඇතිව සිටින්නේ කෙසේ ද? ඇවැත්නි, මෙහිලා භික්ෂුව සැපය ද ප්‍රහාණය වීමෙන්, දුක ද ප්‍රහාණය වීමෙන් කලින් ම සොම්නස් දොම්නස් දෙක අත්හැරීමෙන් දුක් සැප රහිත වූ පාරිශුද්ධ සිහියෙන් යුතු උපේක්ෂාව ඇති සතර වෙනි ධ්‍යානයට පැමිණ වාසය කරයි. ඇවැත්නි, මේ අයුරින් භික්ෂුව සංසිඳී ගිය ආශ්වාස ප්‍රශ්වාස නම් වූ කාය සංස්කාර ඇත්තේ වෙයි.

9. ඇවැත්නි, භික්ෂුව මැනැවින් නිදහස් වූ සිතක් ඇති ව සිටින්නේ කෙසේ ද? ඇවැත්නි, මෙහිලා භික්ෂුවගේ සිත රාගයෙන් නිදහස් වූයේ වෙයි. ද්වේෂයෙන් නිදහස් වූ සිතක් ඇත්තේ වෙයි. මෝහයෙන් නිදහස් වූ සිතක් ඇත්තේ වෙයි. ඇවැත්නි, මේ අයුරින් භික්ෂුව මැනැවින් නිදහස් වූ සිතක් ඇත්තේ වෙයි.

10. ඇවැත්නි, භික්ෂුව මැනැවින් නිදහස් වූ ප්‍රඥාවකින් යුක්ත වන්නේ කෙසේ ද? ඇවැත්නි, මෙහිලා භික්ෂුව 'මා තුළ රාගය ප්‍රහාණය වී ඇත. මුලින් ම සිඳී ගොස් ඇත. මුදුන් කරටිය සිඳුණු තල් ගසක් මෙන් වී ඇත. අභාවයට පත් වී ඇත. යළි කිසිදා නූපදිනා ස්වභාවයට පත් වී ඇතැ'යි දන්නේ වෙයි. 'මා තුළ ද්වේෂය ප්‍රහාණය වී ඇත. ....(පෙ).... මා තුළ මෝහය ප්‍රහාණය වී ඇත. මුලින් ම සිඳී ගොස් ඇත. මුදුන් කරටිය සිඳුණු තල් ගසක් මෙන් වී ඇත. අභාවයට පත් වී ඇත. යළි කිසිදා නූපදිනා ස්වභාවයට පත් වී ඇතැ'යි දන්නේ වෙයි. ඇවැත්නි, මේ අයුරින් භික්ෂුව මැනැවින් නිදහස් වූ ප්‍රඥාවෙන් යුක්ත වූයේ වෙයි. මේ අවබෝධයට දුෂ්කර වූ ධර්ම දසය යි.

උපදවා ගත යුතු ධර්ම දසය මොනවා ද? සංඥා දසය යි.

අසුභ සංඥාව ය. මරණ සංඥාව ය. ආහාරයෙහි පිළිකුල් සංඥාව ය. සියළු ලෝකයෙහි නොඇලෙන සංඥාව ය. අනිත්‍යය සංඥාව ය. අනිත්‍යයෙහි දුක් සංඥාව ය. දුකෙහි අනාත්ම සංඥාව ය. ප්‍රහාණ සංඥාව ය. විරාග සංඥාව ය. නිරෝධ සංඥාව ය. මේ උපදවා ගත යුතු ධර්ම දසය යි.

විශිෂ්ට ඥානයෙන් දැක්ක යුතු ධර්ම දසය මොනවා ද? කෙලෙස් දිරා විනාශයට යෑමේ කරුණු දසය යි.

1. නිවැරදි දෘෂ්ටිය ඇත්තහුගේ වැරදි දෘෂ්ටිය විනාශ වූයේ වෙයි. වැරදි දෘෂ්ටිය නිසාවෙන් හටගන්නා අනේක වූ යම් පාපී අකුසල් දහම් ඇද්ද, ඔහු තුළ ඒවා ද විනාශ වූයේ වෙයි. නිවැරදි දෘෂ්ටිය නිසාවෙන් අනේක වූ කුසල් දහම් ද දියුණු වීමෙන් පරිපූර්ණත්වයට යයි.

2. නිවැරදි සංකල්ප ඇත්තහුගේ වැරදි සංකල්ප විනාශ වූයේ වෙයි. වැරදි සංකල්ප නිසාවෙන් හටගන්නා අනේක වූ යම් පාපී අකුසල් දහම් ඇද්ද, ඔහු තුළ ඒවා ද විනාශ වූයේ වෙයි. නිවැරදි සංකල්ප නිසාවෙන් අනේක වූ කුසල් දහම් ද දියුණු වීමෙන් පරිපූර්ණත්වයට යයි.

3. නිවැරදි වචන භාවිතය ඇත්තහුගේ වැරදි වචන භාවිතය විනාශ වූයේ වෙයි. වැරදි වචන භාවිතය නිසාවෙන් හටගන්නා අනේක වූ යම් පාපී

අකුසල් දහම් ඇද්ද, ඔහු තුළ ඒවා ද විනාශ වූයේ වෙයි. නිවැරදි වචන භාවිතය නිසාවෙන් අනේක වූ කුසල් දහම් ද දියුණු වීමෙන් පරිපූර්ණත්වයට යයි.

4. නිවැරදි කායික ක්‍රියා ඇත්තහුගේ වැරදි කායික ක්‍රියා විනාශ වූයේ වෙයි. වැරදි කායික ක්‍රියා නිසාවෙන් හටගන්නා අනේක වූ යම් පාපී අකුසල් දහම් ඇද්ද, ඔහු තුළ ඒවා ද විනාශ වූයේ වෙයි. නිවැරදි කායික ක්‍රියා නිසාවෙන් අනේක වූ කුසල් දහම් ද දියුණු වීමෙන් පරිපූර්ණත්වයට යයි.

5. නිවැරදි ජීවිකාව ඇත්තහුගේ වැරදි ජීවිකාව විනාශ වූයේ වෙයි. වැරදි ජීවිකාව නිසාවෙන් හටගන්නා අනේක වූ යම් පාපී අකුසල් දහම් ඇද්ද, ඔහු තුළ ඒවා ද විනාශ වූයේ වෙයි. නිවැරදි ජීවිකාව නිසාවෙන් අනේක වූ කුසල් දහම් ද දියුණු වීමෙන් පරිපූර්ණත්වයට යයි.

6. නිවැරදි උත්සාහය ඇත්තහුගේ වැරදි උත්සාහය විනාශ වූයේ වෙයි. වැරදි උත්සාහය නිසාවෙන් හටගන්නා අනේක වූ යම් පාපී අකුසල් දහම් ඇද්ද, ඔහු තුළ ඒවා ද විනාශ වූයේ වෙයි. නිවැරදි උත්සාහය නිසාවෙන් අනේක වූ කුසල් දහම් ද දියුණු වීමෙන් පරිපූර්ණත්වයට යයි.

7. නිවැරදි සිහිය ඇත්තහුගේ වැරදි සිහිය විනාශ වූයේ වෙයි. වැරදි සිහිය නිසාවෙන් හටගන්නා අනේක වූ යම් පාපී අකුසල් දහම් ඇද්ද, ඔහු තුළ ඒවා ද විනාශ වූයේ වෙයි. නිවැරදි සිහිය නිසාවෙන් අනේක වූ කුසල් දහම් ද දියුණු වීමෙන් පරිපූර්ණත්වයට යයි.

8. නිවැරදි චිත්තේකාග්‍රතාව ඇත්තහුගේ වැරදි චිත්තේකාග්‍රතාව විනාශ වූයේ වෙයි. වැරදි චිත්තේකාග්‍රතාව නිසාවෙන් හටගන්නා අනේක වූ යම් පාපී අකුසල් දහම් ඇද්ද, ඔහු තුළ ඒවා ද විනාශ වූයේ වෙයි. නිවැරදි චිත්තේකාග්‍රතාව නිසාවෙන් අනේක වූ කුසල් දහම් ද දියුණු වීමෙන් පරිපූර්ණත්වයට යයි.

9. නිවැරදි ඥානය ඇත්තහුගේ වැරදි ඥානය විනාශ වූයේ වෙයි. වැරදි ඥානය නිසාවෙන් හටගන්නා අනේක වූ යම් පාපී අකුසල් දහම් ඇද්ද, ඔහු තුළ ඒවා ද විනාශ වූයේ වෙයි. නිවැරදි ඥානය නිසාවෙන් අනේක වූ කුසල් දහම් ද දියුණු වීමෙන් පරිපූර්ණත්වයට යයි.

10. නිවැරදි විමුක්තිය ඇත්තහුගේ වැරදි විමුක්තිය විනාශ වූයේ වෙයි. වැරදි විමුක්තිය නිසාවෙන් හටගන්නා අනේක වූ යම් පාපී අකුසල් දහම් ඇද්ද, ඔහු තුළ ඒවා ද විනාශ වූයේ වෙයි. නිවැරදි විමුක්තිය නිසාවෙන් අනේක වූ කුසල් දහම් ද දියුණු වීමෙන් පරිපූර්ණත්වයට යයි. මේ විශිෂ්ට ඥානයෙන් දැක්ක යුතු ධර්ම දසය යි.

සාක්ෂාත් කළ යුතු ධර්ම දසය මොනවා ද? නිවන් මග හික්මී අවසන් කරන ලද ධර්ම දසය යි. අසේඛ සම්මා දිට්ඨිය ය. අසේඛ සම්මා සංකල්පය ය. අසේඛ සම්මා වාචා ය. අසේඛ සම්මා කම්මන්තය ය. අසේඛ සම්මා ආජීවය ය. අසේඛ සම්මා වායාම ය. අසේඛ සම්මා සතිය ය. අසේඛ සම්මා සමාධිය ය. අසේඛ සම්මා ඥානය ය. අසේඛ සම්මා විමුක්තිය ය. මේ සාක්ෂාත් කළ යුතු ධර්ම දසය යි.

මෙසේ සැබෑ ලෙස ම ඇති, සත්‍ය ලෙස ම ඇති, ඒ වූ පරිදි ම ඇති, කියූ අයුරින් මිස අන් පරිදි නොවන ස්වභාව ඇති, වෙනත් ස්වභාවයකට පත් වන ගති නැති, මේ සියයක් ධර්මයෝ තථාගතයන් වහන්සේ විසින් ඉතා මනා කොට පිරිපුන් ව අවබෝධ කරන ලද්දාහු ය."

ආයුෂ්මත් සාරිපුත්තයන් වහන්සේ මෙය වදාළ සේක. සතුටු සිත් ඇති ඒ භික්ෂූහු ආයුෂ්මත් සාරිපුත්තයන් වහන්සේගේ භාෂිතය සතුටින් පිළිගත්තාහු ය.

සාදු! සාදු!! සාදු!!!

දසුත්තර සූත්‍රය නිමා විය.

- එහි පිළිවෙල උද්දානයයි :

පාථික සූත්‍රය, උදුම්බර සූත්‍රය, චක්කවත්ති සූත්‍රය, අග්ගඤ්ඤ සූත්‍රය, සම්පසාදන සූත්‍රය, පාසාදික සූත්‍රය, මහා පුරිසලක්ඛණ සූත්‍රය, සිඟාල සූත්‍රය, ආටානාටිය සූත්‍රය, සංගීති සූත්‍රය, දසුත්තර සූත්‍රය වශයෙන් සූත්‍ර දේශනා එකොළොසකින් යුක්ත වූ දහම් සමූහය පාථික වර්ගය යැයි කියනු ලැබේ.

දීඝ නිකාය නිමා වූයේ ය.

දසබලසෙල්ලප්පභවා නිබ්බානමහාසමුද්දපරියන්තා
අට්ඨංග මග්ගසලිලා ජිනවචනනදී චිරං වහතූති

දසබලයන් වහන්සේ නමැති ශෛලමය පර්වතයෙන් පැන නැගී
අමා මහා නිවන නම් වූ මහා සාගරය අවසන් කොට ඇති
ආර්ය අෂ්ටාංගික මාර්ගය නම් වූ සිහිල් දිය දහරින් හෙබි
උතුම් ශ්‍රී මුඛ බුද්ධ වචන ගංගාව (ලෝ සතුන්ගේ සසර දුක නිවාලමින්)
බොහෝ කල් ගලාබස්නා සේක්වා !

(සළායතන සංයුත්තය - උද්දාන ගාථා)

සාදු! සාදු!! සාදු!!!

නමෝ තස්ස භගවතෝ අරහතෝ සම්මාසම්බුද්ධස්ස.
ඒ භාග්‍යවත් අරහත් සම්මා සම්බුදුරජාණන් වහන්සේට නමස්කාර වේවා!

මේ උතුම් ගෞතම බුදු සසුනේදීම මේ ආශ්වර්යවත් ශ්‍රී සද්ධර්මය මැනැවින් උගෙන තම තමන්ගේ නුවණ මෙහෙයවා ධර්මයෙහි හැසිරීමෙන් ආර්ය ශ්‍රාවකයන් බවට පත්ව සතර අපා දුකෙන් සදහටම මිදෙනු කැමැති ලංකාවාසී සැදැහැවත් නුවණැතියන් හට වඩාත් හොඳින් තේරුම් ගැනීම පිණිස මහත් ශ්‍රද්ධාවෙන් යුතුව සිංහල භාෂාවට දීඝ නිකායෙහි තෙවෙනි කොටස වන පාථික වර්ගය පරිවර්තනය කිරීමෙන් ලත් සකල විපුල පුණ්‍ය සම්භාර ධර්මයන් පින් කැමැති සියල්ලෝම සතුටින් අනුමෝදන් වෙත්වා! අප සියලු දෙනාටම වහ වහා උතුම් චතුරාර්ය සත්‍ය ධර්මය සත්‍ය ඥාණ වශයෙන් ද, කෘත්‍ය ඥාණ වශයෙන් ද, කෘත ඥාණ වශයෙන් ද අවබෝධ වීම පිණිස ඒකාන්තයෙන්ම මේ පුණ්‍ය වාසනාව උපකාර වේවා!

සාදු! සාදු!! සාදු!!!

නමෝ තස්ස භගවතෝ අරහතෝ සම්මාසම්බුද්ධස්ස.

www.ingramcontent.com/pod-product-compliance
Lightning Source LLC
Chambersburg PA
CBHW081453040426
42446CB00016B/3228
* 9 7 8 9 5 5 6 8 7 0 4 5 9 *